Georg K. Glaser

Geheimnis und Gewalt

GEORG K. GLASER

Geheimnis und Gewalt

Ein Bericht

Stroemfeld / Roter Stern

CIP-Titelaufnahme der Deutschen Bibliothek

Glaser, Georg K.:
Geheimnis und Gewalt: e. Bericht/
Georg K. Glaser. – Basel; Frankfurt am Main:
Stroemfeld/Roter Stern, 1989.
ISBN 3-87877-311-0

CH–4007 Basel · Oetlingerstr. 19
D–6000 Frankfurt am Main · Holzhausenstr. 4

Satz: Dörlemann Satz GmbH, Lemförde
Druck: Paul Robert Wilk, Friedrichsdorf/Ts
Bindung: Wilhelm Osswald & Co., Neustadt/Weinstr.
Printed in W. Germany 1989

Inhalt

ERSTER TEIL

ZWEITER TEIL

DRITTER TEIL

ERSTER TEIL

I Gewalt und Widerstand

Er hat acht Kinder in die Welt gesetzt und alles getan, um sie wieder abflatschen zu sehen. Meine älteste Schwester ist allen seinen furchtbaren Bemühungen zum Trotze am Leben geblieben, aber für immer entstellt. Sie ist nach den Vereinigten Staaten gegangen, wie in ein tausend Meilen entferntes Versteck, für immer verstört, das Nasenbein schlecht verheilt, das er ihr mit unmenschlichen Schlägen zertrümmert hatte, als sie noch nicht drei Jahre alt war. Ich bin Franzose geworden, der Drittgeborene wurde ein verstockter, blasser Streber und Angeber, die kleinste Schwester zu einem verschüchterten Wesen. Den jüngsten Bruder habe ich nicht mehr aufwachsen sehen, zwei Geschwister sind in der Wiege gestorben – hat er dazu geholfen? – und Maja hat sich beharrlich geweigert, mit ihm zu leben. Sie hat aufgehört zu leben – ihr geduldiges, stummes Nein war nicht, was man Sterben nennt.

Ich wußte nicht, woraus mir allein unter allen Kindern die Kraft erwuchs, dem Alten in einem jahrelangen Kampf zu widerstehen und damit seine zerstörende Gewalt auf mich allein zu lenken. Zu jener Zeit lag alles in einem Nebel des Entsetzens, den Farbtöne durchbrachen, die allein mir alles vermittelten. Die lichten, Freude und Mut spendenden Farben kamen mir von der Mutter, nicht nur ihrer auserlesenen Eigenschaften halber, sondern auch weil sie die stete Gegenwart ihres Heimatdorfes bedeutete, in dem ich die einzigen glücklichen Jahre meiner Kindheit verbracht hatte, während der Alte im Felde war. Mit ihr zusammen fühlte ich mich dauernd wie in einer Verbannung.

Ich spürte, daß der mörderische Haß des Alten durch meinen Widerstand verursacht war, aber ich konnte mich nicht unterwerfen, denn es ging um mehr als um mein

Leben. Er schlug selten hart in aufbrausendem Zorne. Wollte er mich strafen, so wurde er bleich und befahl mich in die Waschküche, die eigentlich ein Keller war, von einer Treppe im Hofe aus zugänglich. Diese gewissenhaften Vorbereitungen waren fast entsetzlicher als die Strafe selbst. Der Raum war halb dunkel, kalt und feucht von vergangenen Waschtagen. Der Boden war mit Steinen belegt, die Wände grau. Er folgte mir kühl und seltsam beherrscht und schloß sorgfältig die Tür, ehe er sich mir zuwandte.
Es ist erstaunlich, daß er mich nicht erschlagen, ja nicht einmal schwer verletzt hat. Ich erinnere mich eines schweren eichenen Wanderstockes mit eiserner Spitze, den ich mit meinem ersten selbstverdienten Gelde gekauft hatte – ich liebte gewichtige Stöcke und breite Gürtel, ich weiß nicht, warum. Er war dick wie der Stiel eines Vorschlaghammers, und der Alte schlug ihn mir auf dem Rücken in drei Stücke, nur um mich dafür zu strafen, daß ich mein Geld dafür ausgegeben hatte. Gewöhnlich jedoch verwandte er den Spannriemen, den die Schuster gebrauchen, um ihre Arbeit fest zwischen den Knien zu verankern. Mittels einer großen eisernen Schnalle war er zu einer vollendeten Schlaufe geschlossen. Das Leder des Riemens hinterließ nur breite, blaue Striemen auf mir, die Schnalle jedoch riß blutende Wunden in meinen Rücken, an denen tagelang meine Leibwäsche klebte, weil ich sie aus Scham verheimlichte; worauf sie eiterten.
Immer wieder wollte ich mutig bleiben, aber schon der Gang nach dem Keller war stets zu viel. Ich schrie nach den ersten Hieben um Hilfe, flehte und suchte nach einem Loch in der Wand. Ich näßte und beschmutzte meine Kleider. Und darüber begannen seine Züge sich zu verzerren. Er geiferte vor rasender Wut und seine Zähne bleckten fast wollüstig. Er schlug immer gewaltiger und packte mich mit einem einzigen Sprung, wenn ich zu entfliehen versuchte. Er schlug, als wehrte er sich in einem Kampf auf Leben und Tod.

So sehr ich mich dessen nachträglich schämte, ich dachte in meiner Not an Kindererzählungen, klammerte mich an ihn und schrie: »Lieber Papa, lieber Papa!« Er aber stieß mich von sich, um den günstigen Abstand zum Schlagen wiederherzustellen. Es kam vor, daß er seinen Spannriemen beiseite warf und mit geballten Fäusten auf mich einschlug, und in solchen Minuten blitzte die Mordlust in seinen Augen.
Aber nie, nie hatte ich Angst vor dem Tode, denn zu gewaltig war das Entsetzen, das andere, das mich seitdem verfolgt, wohin ich auch geflohen, dieses unheimliche, gähnende Schwarz, die Furcht vor einer Verminderung, vor einem halben Tode.
Meine Mutter war eine überragende Frau. Erst zwanzig Jahre später erfuhr ich karge Einzelheiten des Kampfes dieser Frau, die sich entschlossen hatte, die Kraft der Gewalt durch die Kraft der Liebe, Geduld und Sanftmut zu besiegen. Aber schon in meinen ersten Jahren hatte ich verstanden, daß sie schöner, klüger und fähiger war als die meisten anderen Frauen. Sie behielt stets die stolze, aufrechte Haltung und den geschmeidigen, edlen Gang der Bäuerinnen ihres Heimatdorfes, die von Jugend auf gewohnt waren, ihre Körbe zu Markte und zu den Schnittern und ihre Krüge vom Brunnen auf dem Kopfe zu tragen.
Sie weinte nur selten, klagte nie, zeigte lediglich eine große, senkrechte, kummervoll stolze Falte auf der Stirne und preßte die Lippen aufeinander, wenn sie unglücklich war. Sie warf ihr ganzes Leben zwischen uns Kinder und den Alten, der sie deshalb »alte Glucke« schalt. Sie wusch, buk, nähte auch mit vielem Geschick ihre und ihrer Kinder Kleider. Sie hatte keinen Sonntag und kein Fest. Alles, um mit dem so herausgeschlagenen Gelde den Alten zu besänftigen und uns dadurch Schläge zu ersparen.
Ich weiß es ganz genau, ich wäre ein Ungeheuer geworden, hätten ihre Arme, mit denen sie die Spannriemen des Alten auffing, sooft sie es konnte, um danach tage-

lang gramvoll, aber ohne Scham blaue Streifen über dem Handgelenk zu tragen, hätten diese heiligen Arme nicht meine Seele gerettet.
Es gelang dem Alten erst nach vielen Jahren, und auch dann nur während einer Stunde, die große starke Frau zu zermürben. Ich wurde Zeuge ihres ersten Zusammenbruchs. Ich kam in die Küche und spürte, daß gerade ein Streit zwischen den Elten zu Ende gegangen war. Ihre Gesichter waren verheert wie Felder nach dem Gewitter. Die Mutter weinte, über die Wiege des Jüngstgeborenen gebeugt, und klagte plötzlich: »Armes Würmlein, du wärst auch besser schon tot.«
Der Alte lächelte, böse die Zähne bleckend. Die Mutter aber bäumte sich auf und rief – sie prägte es mir mit glühenden Buchstaben ins Herz: »Der Alte hat seine Frau ins Narrenhaus gebracht, der Junge bringt mich auch noch so weit!«
Wir blieben reglos am Platze. Marternd tickte die Uhr weiter. Der Alte lächelte noch, Verlegenheit und Scham ließen ihn rot anlaufen und Wut glänzte auf seinen Zähnen. Aber eine Feigheit, eine innere Furcht hielten ihn zurück, er wagte nicht, das Lächeln zu beenden, obwohl es leer und störend an seinen Lippen haftete, weil er befürchtete, durch die leise Bewegung des Mundes das Unbekannte und Gefährliche zu reizen, das in der wildverzweifelten Frau aufgestanden war: sie war jenseits der Grenze der Angst.

Seitdem mich dieses zusätzliche Gewicht aus der Vergangenheit erdrückte und ich zu verstehen begann, daß ich Fleisch vom Fleische meines Todfeindes war, träumte und hoffte ich, ein untergeschobenes Kind zu sein.
Als kein märchenhafter, befreiender echter Vater erschien, ging ich auf die Suche nach ihm und bot mich jedem an. Selten konnte ich, der ich doch vor aller Augen litt, in das Leben anderer schauen, und dann immer nur flüchtig, wie von einer nächtlichen Straße aus durch ein erleuchtetes Fenster.

Der Alte schickte mich mit den Mietquittungen zu den Hausbewohnern. Ich lernte den Lokführer Kästner kennen, einen Mann, der seine gebieterische Würde wie zum Spaße trug, so fröhlich leuchtete seine rote Nase über dem buschigen Schnurrbart. Er trank unmäßig während jeder Fahrt, was ihn nicht hinderte, seine Maschine stets heil in den Schuppen zurückzubringen. Er grüßte jedermann freundlich, nicht aber seine eigene Frau, der er kein Wort gönnte. Sie ließ ihre Wohnung im Schmutz verkommen und lief vom Morgen bis zum Abend in die Messe. Der Kästner schloß sich in eine Stube ein, in die er nur einließ, wer ihm gefiel, und das war eigentlich alle Welt, außer seiner Angetrauten.
Seine Klause war ein Wunderland. Auf allen Tischen, Stühlen und Schränken, selbst auf Fußboden und Bett standen herrliche kleine Dampfmaschinen, aber nicht aus Blech, sondern aus Stahl, genau wie die großen, und sie dampten, fauchten und fuhren.
Ich sah erfürchtig die Räder sich drehen und wagte kaum zu atmen. Ich schaute zu, wie Kästner an einem kleinen Teilchen eines neuen Wunderwerks feilte, und ich versuchte mir vorzustellen, ich sei sein Sohn. Er jedoch steckte mir immer nur nach einer Weile verstohlen eine Handvoll Zinnsoldaten zu – nebenbei in seiner Werkstatt entstanden – und schob mich vor die Türe.
Ich kam in die Wohnung des Hausschlachters Kehl, eines Mannes, der so wuchtig auf die Leute zuging, als ob er eine Axt in der Hand trüge, und seine dunklen, traurigen Augen finster in einem runden Seehundsgesicht rollte. Er ging frühmorgens weg und kam spät abends wieder, ohne jemanden kennen zu wollen. Seine Frau blieb allein zu Hause. Sie litt an einer unheimlichen Krankheit – sie wurde immer dicker, unmenschlich dick, und war schon gelähmt, eingeschlossen in Zentern von Fett, seit Jahren bettlägerig. Über ihrem Lager hing an einem Strick von der Decke herab ein waagrechtes Holz, an das sie sich mit beiden Händen klammerte, wenn sie sich aufrichten wollte. Die Leute kannten ihr genaues

Gewicht, halb schadenfroh, halb stolz wie über ein ortsansässiges Wunder über jedes zugenommene Pfund.
Ich blieb stehen, nachdem ich das Mietgeld an mich genommen hatte, das auf einem Tisch bereitlag. Ich hatte so viele Geschichten gelesen, in denen Kinder einsame Kranke erheitert und dadurch Wunder veranlaßt hatten. Sie wandte den Kopf mühselig nach mir um. Ich wartete. Plötzlich ließ mich ein Stöhnen – nicht leise, sondern ein wie aus weiter Ferne kommender, entsetzlicher Schrei – nach der Stelle sehen, wo in dem Berge von Kissen und Decken ihr Gesicht sein mußte. Ich fand ihre Augen, das einzige Leben in der Reglosigkeit, aus denen sich mir ein Flehen, ein Hilferuf übermittelte, eine so entsetzliche Not, daß ich jäh spürte, wie schwach ich selber war; an welche Türe hatte ich gepocht!
Es waren belanglose Abenteuer. Aber sie jagten mich für Wochen und Monate in eine einsame Verschüchterung.
Der Schweißer Knopp, der in den Stahlwerken arbeitete, war ein stiller, in sich gekehrter Mensch, Mitglied des Kirchenvorstandes, der jedes Wort dreimal auf der Zunge umdrehte, ehe er es aussprach, und die Leute dazu aus seinen klugen, grauen Augen ansah, genau beobachtend, wie sie das Wort aufnahmen. Er kam nach Hause, sah mißbilligend auf seine beiden Söhne, schickte sich an, eine Vorhaltung zu machen, ließ sie aber unausgesprochen, seufzte, setzte sich müde und ergeben. Seine Frau dankte ihm mit einem Blick.
Ich blieb in der Türe stehen und wartete auf ein Lächeln der Frau, die alles liebte, was an ihre eigenen Söhne erinnerte. Knopp lächelte mit den Augen allein, ich fühlte, daß er mich durchschaute, und ich war dessen froh, denn es bedeutete also, daß er mich wissentlich die Wärme genießen ließ, die von ihnen allen ausging, aber es konnte nicht dauern. Knopp sagte milde: »Geh, deine Eltern warten.«
Ich grüßte eifrig Heiner, den berühmtesten Mann aus der Zeit der Räte-Tage, die in der Vorstadt noch nicht

vergessen waren. Eine leidenschaftliche Rede zugunsten der Bäume hatte ihn in aller Leute Munde gebracht. Im kohlenarmen Winter neunzehnhundertneunzehn hatte der Arbeiter- und Soldatenrat den Schloßwald der damals noch reichen Familie Althaus abholzen wollen. Dank Heiner war der Wald erhalten geblieben, jedoch nicht für uns, die Arbeiterkinder, wie er es sich gedacht hatte. Eine wehmütige Enttäuschung stand dem Manne auf dem Gesicht geschrieben. Die Arbeiter grüßten ihn liebevoll und schuldbewußt, wie einen teuren Traum, an den zu glauben sie zu alt waren. Er litt darunter, schon zu Lebzeiten den toten Heiligen spielen zu müssen.

An zehn oder zwölf Orten unseres Ländchens saßen Verwandte vater- oder mutterseits, ein Schuster, Schreiner, Leineweber, Kleinbauern, ein Huck, ein Müllersknecht, und ich lief hie und da zu diesem oder jenem. Ich malte mir aus, sie seien wohlhabende Bauern, kleine Könige auf ihren Höfen – denn ich hatte Rosegger, Löns und deren Nachahmer gelesen – und ohne Nachkommen, froh, ein Geschwisterkind annehmen zu können. Aber jedesmal saß ich verlegen an einem Tische vor grobem Brot, und die Leute umkreisten mich und suchten nach Worten, um mich wieder loszuwerden.

Immer öfter verspätete ich mich, und ich erinnere mich der ersten Nacht, während der ich ganz auf der Straße blieb. Es war nach Sankt Nikolaus. Spät schlich ich mich in den Hinterhof. Fast alle Fenster waren noch erleuchtet. Ganz oben wohnte eine kleine Frau, die mich mit »Herr« anredete, nur weil ich im Namen des Alten die Miete einholte, mit ihrem schwarzhaarigen Sohn, der scheu und wild war wie eine herrenlose Katze. Die Fenster unserer Wohnung waren erhellt, aber dahinter war es still.

Ich zwängte mich in das kleine Gäßlein zwischen unserem und dem nachbarlichen Hinterhause. Durch die Mauern hindurch hörte ich die Schreie und das Geklirr der Löffel aus der Wohnung der Familie Kleinmüh, der schmutzigsten, zahlreichsten und ärmsten Sippe unserer Straße. Aber ich hörte sie nach Essen rufen, ganz offen und frei heraus in Gegenwart ihres Vaters, und ich beneidete sie.

Es wurde recht kalt. Nur eine Wohnung lag schon dunkel. Langlahr war natürlich beim Trinken. Hinter einem der Fenster erriet ich das blasse, reglose Antlitz der Langlahrtochter: sie drückte ihre Nase an der Scheibe platt.

Nicht ein Wort und nicht ein Licht, keine Gewohnheit und kein Laut war anders, weil ich zwischen den Mauern versteckt fror. Diese Teilnahmslosigkeit, so unerschütterlich wie Mauern und der Himmel über mir, kroch mir die Glieder herauf, und ich erstarrte in der seitdem so oft gespürten Bitternis der Ausgeschlossenen.

II Sprung vom Karussell des Lebens

Wie oft bin ich geflohen und wieder eingebracht worden, um geschlagen zu werden, wie keiner sein Vieh zu schlagen wagt. Meine vielen Fluchtversuche kann ich nicht mehr auseinanderhalten und für die richtige Reihenfolge einstehen. Aber eine Reise bleibt mir gut im Gedächtnis: Ich war den ganzen Tag über gelaufen und immer noch von der irrsinnigen Angst beherrscht, der Alte könne mich einholen. Ein Lastwagen rasselte vorüber. Ich rannte ihm nach, sprang auf und konnte mich mit beiden Händen an den hinteren Rand des Ladekastens klammern. Ich war jedoch zu schwach, um mich durch einen Klimmzug vollends auf das Gefährt zu hissen, aber noch ehe ich mich wieder hatte fallen lassen, umspannten zwei ungeheuer starke Fäuste meine Handgelenke und zogen mich aufwärts und rücksichtslos über den eisenbeschlagenen Rand kopfüber in den Kasten des übel holpernden und staubenden Fahrzeugs. Ich fand mich verblüfft und erschöpft und zerschunden zwischen Bierfässern sitzen und auf meinen unverhofften Helfer schauen: einen ungemein breitschultrigen Mann mit einem fuchsroten, viereckigen Schnurrbärtchen in einem geröteten Gesicht. Er trug aus graugrünem Soldatentuch geschnittene Kleider und ein tannengrünes spitzes Hütlein, gleich dem Dache eines runden Turmes. Blaue, von List und Schläue sprühende Wildereraugen blickten mich aus einem harten Gesicht an, und eine unnachgiebige Stimme stellte fest – ich spürte, daß ich nicht widerreden dürfte: »Du bist also deinem Alten davongelaufen. Warum?«

Ich starrte den Frager an. Die übernatürliche Fähigkeit, meine Geheimnisse auf den ersten Blick zu erraten, schien mir nicht geheuer. Trotzdem verlockte er mich. Ich sah erleichtert, daß seine List, seine Verschlagenheit und Grausamkeit anderen zugedacht war – mir galt nur ein Lächeln. Es war die Zeit, während der ich noch an Gott glaubte, aber mit ihm im Streit lag. Der geheimnisvolle, fuchsrote Mensch in grünem Gewande konnte der Teufel sein. Ich war bereit, einen Vertrag mit ihm einzugehen.

»Keine Angst, erzähl' schon«, ermunterte er, »ich bin meinem Alten schon davongelaufen, noch ehe ich aus der Schule entlassen war.« Und nachdem ich gebeichtet hatte, fragte er: »Nichts gestohlen, nichts unterschlagen?« und nahm, ohne die Antwort abzuwarten, meine Fußgelenke zwischen seine eisenharten Pranken, zog sie herauf, so daß er die Sohlen meiner Schuhe prüfen konnte, ohne sich hinabbeugen zu müssen, und sagte: »Die Schuhe sind gut. Sie werden den Herbst aushalten.«

Schon während ich mich mit den Ellbogen auf rumpelnd tanzende Bierfässer stützte, um nicht hintenüber zu fallen, hatte ich die Gewißheit, endlich einem Erwachsenen begegnet zu sein, der nicht mit dem Alten verbündet war. Seine Art, meine Schuhe zu begutachten, mehr noch aber die folgenden Fragen, belebten mich mit einer unbändigen Hoffnung.

»Hast du Fleppen?« fragte er, und als ich unwissend schwieg, übersetzte er: »Papiere?«

Ich verneinte betreten, und er wiegte bedenklich den Kopf: »Geld?«

»Nein.«

»Auch nicht?«

Er fuhr fort, »hmm« zu brummen, den Kopf zu wiegen, um endlich zu erläutern: »Uns bleibt nur eins: wir machen uns nach dem Vogelsberg auf den Weg, um uns zur Herbsternte zu verdingen. Mit dem verdienten Geld kannst du Fleppen erstehen, in jeder Penne.«

Die Reise nach dem Vogelsberg ging übel aus. Denn als wir Arbeit gefunden hatten und zum ersten Male in den Betten der Knechtstube des Bauernhofes schliefen, wollte der Rote mich zu abstoßenden Spielen verleiten. Wir wurden einander böse. Ich ging nach dem Süden zurück.

Der Herbst sagte sich kalt und früh an. Ich wurde aufgegriffen und wieder einmal nach Haus zurückgebracht.
Es erwartete mich eine seltsame Überraschung: der Alte empfing mich sanft und stumm. Seine Augen suchten wie in einem Irrgarten und schienen ratlos gepeinigt zu fragen: warum quält man mich? Womit habe ich das verdient? Er näherte sich mir in einer Mischung von Angst, Fürsorge und versteckter Wut, aber ich spürte die Eigensucht noch unter seinen freundschaftlichsten Berührungen. Trotzdem begann der Alte auf mich einzusprechen, unbeholfen, in Sätzen, die den Armbewegungen glichen, mit denen ein Ertrinkender sich von umstrickenden Wasserpflanzen freizumachen sucht: »Ich will dein Bestes ... ich bin auch hart angefaßt worden ... man muß durch eine harte Schule gehen, um etwas zu taugen ... denke an deine Zukunft.«
Er hätte keine besseren Worte finden können, um mich scheu zu machen – ich kannte seine Zukunft, die Farben zeigten sie mir als eine Falle in einem finsteren, unheimlichen Dunkel. Alles Leid war mir unter derselben Begründung auferlegt worden. Aber ich wußte, daß die Zukunft dieselben grauenhaften Farbtöne enthielt, die entstanden, wenn er mich mit Lust schlug: eine Verstümmelung, einen halben Tod.
Ich schämte mich der Schwäche des Alten – sie war seiner unwürdig. Er erinnerte mich an einen fahrenden Musikanten, dem ich einmal begegnet war. Der Mann hatte einen kleinen Schellenbaum auf dem Kopf getragen, auf einer Trompete gespielt und mit den Füßen die Pauke bedient. Seine Frau hatte die Scherflein der Zuhörer eingesammelt. Aber während der Mann eine lustige Weise zum Besten gegeben hatte, war er vor Wut vergangen. Er hatte fürchterliche Blicke auf seine Frau geworfen, die geduckt und furchtsam um ihn hergeschlichen war, stets auf der Hut, einen genügenden Abstand zu wahren. Aber währenddessen hatte der Mann seinen Kopf im Takt der Melodie schütteln müssen, um die Glöckchen auf seinem Haupte zu läuten.

Der Alte sah mich aufmerksam an und las mir Gedanken auf Gedanken ab – ich wußte, daß er sie lesen konnte, oh, wir verstanden uns besser als langvertraute Freunde. Er sah, daß ich ihm auswich und ihn fürchtete, wie seine Liebkosungen mich mit Entsetzen erfüllten und gleichzeitig meine Verachtung weckten. Die Enttäuschung und ein hilfloser Schmerz trieben ihm Tränen in die Augen. So sehr verlor er die Hoffnung, daß er nicht einmal nach meiner Weigerung Lust hatte, zu schlagen.
Ich wurde mit großem Aufwande gewaschen und neu eingekleidet, denn es stand zu befürchten, daß ich mit guterlerntem Bettlerwelsch auch Ungeziefer und Hautkrankheiten ins Haus getragen hatte. Ich ließ alles über mich ergehen und erduldete in der Folge Mißhandlungen und Entbehrungen gleichgültig. Denn der Alte kehrte bald wieder zu seinen Gewohnheiten zurück und belegte mich vor aller Ohren mit seinen unflätigen Schimpfnamen »Rindsbibbel« und »Kuhbumbes«. Ich ertrug es jetzt besser, weil ich durch alle Waschungen, Verhöre und Zureden eine Erfahrung gerettet hatte, die nichts mehr mir nehmen konnte: es gab eine Lücke, die zu einer Freistatt führte.
Der Lastwagen hatte uns bis kurz vor Frankfurt mitgenommen. Der Rote hatte sich so gut in der Gegend ausgekannt, daß er in der Dunkelheit eine Strohdieme auf freiem Felde hatte wiederfinden können. Er hatte mich gelehrt, mich so in das Stroh einzubauen, daß ich gleich gut vor dem Winde und vor den Augen der Bauern geschützt war. Er hatte mir beigebracht, wie man Geld und Brot je nach Bedarf fechten konnte, und mich in die große Bettlerherberge von Frankfurt eingeführt. Damit war ich in eine Welt aufgenommen worden, in der die geschriebenen, in den Schulen gelehrten Gesetze nicht galten, die aber deshalb nicht ohne Gesetz war. So wie die verschiedenen Gattungen der Ratten nicht nebeneinander, sondern in mehreren Schichten übereinander leben, über die ganze Welt hin, so breitete sich unter der
 öffentlichen Gesellschaft eine geheime über das Land

aus, die ihre eigenen Bräuche, Ränge, Sprachen und Werte hatte. Von den verachteten, stinkend bärtigen »Speckjägern« bis zu den edlen »Hamburger Zimmerleuten«, die sich in ihren Streifsamttrachten und mächtigen schwarzen Hüten stolz abseits hielten, über die gesuchten Handwerke der fahrenden Uhrmacher, lebten hundert Kasten nebeneinander, unter ihnen Geldmacher und Neureiche, Kartenverkäufer und Hausierer, Weise und Herrscher. Einige Handelszweige waren von den »Tanten« monopolisiert. Gelassen und freundlich verwaltete der »König des Westerwaldes« sein Reich. Er schrieb jedem wandernden Bettler den Weg durch sein Gebiet vor: »In Odernheim bekommst du an der ersten Tür rechts fünf Pfennige. Die zweite Tür links mußt du liegen lassen, denn die Leute sind mit einem Landjäger verschwägert. An der dritten Tür geben sie nur zu essen – aber nicht vor halb eins. Das folgende Dorf laß in Ruhe, es muß sich einige Wochen erholen. Damit du doch zu Schlafgeld und einem Glas kommst, will ich dir ein ganz hervorragendes Haus überlassen: in Dürkheim das vierte Haus rechter Hand, mit blauen Fensterläden.«
Sie waren immer auf einer Reise ohne Beginn noch Ende. Unterwegssein war ihr Ziel. Sie warnten mich, den Jüngsten: »Wen die Landstraße einmal hat, den läßt sie nicht mehr los« und ahnten nicht, daß es mir wie ein Versprechen klang.

Der letzte Winter zu Hause. Ich wartete wie ein geduldeter Fremder. Ich sah besser und schärfer, aber ohne Teilnahme dem Geschehen zu. Ich spürte, daß die Vergangenheit Spuren in mir hinterlassen hatte, und die Farben des Hauses winselten kläglich, weil die Mauern fast barsten vor dem Elend, das sich in ihnen angesammelt hatte. Ich hatte die Frau nicht vergessen, die in einer der Stuben unter dem Dache umgebracht worden war, ich hörte die Kehlin stöhnen, ich begegnete dem würdigen Knopp und der Langlahrtochter, deren Blässe und Gram stärker gediehen als ihre Brüste und Hüften.

Aber alles und alle waren wie Mauerreste und Stümpfe eines vergangenen Lebens.
Ich stahl von Zeit zu Zeit einige Münzen aus einer Tasse im Küchenschrank, in der meine Mutter ihr Hartgeld aufbewahrte. Sie bemerkte es, litt aber wortlos. Ich selbst war unruhig und vom bösen Gewissen benagt, mehr noch als über die Diebstähle über die Lust, die ich darüber empfand, daß ich nun meine Mutter leiden machen konnte.
Die Zuchthausluft des Hauses hatte nie geschwisterliche Freundschaft und Liebe aufkommen lassen. Nun wurden meine Brüder und Schwestern mir völlig fremd. Meine Schwester hatte einen fiebernden Versuch gemacht, zu einem innigeren Verhältnis zu gelangen. Er war von vornherein vergällt, weil ich die Bücher der deutschen Romantiker zur selben Zeit gelesen hatte wie sie, wir konnten uns nichts mehr vorspielen. Nach einigen Wochen tränenreicher Umarmungen, verwirrender Schwesterküsse und Beichten gewaltiger Träume hatten wir uns gelangweilt.
Ich hatte nie Freunde haben dürfen, war nie in eines der Rudel aufgenommen worden, zu denen sich Kinder zusammenschließen. Außer den nächsten Nachbarn hatte ich niemanden gekannt, die Straße war mir feind gewesen. Aber während jener letzten Monate in der Nähe des Alten fand ich ohne Suchen die Landstraße in ihren Winterquartieren und die Menschengruppen, die schon vom Wind der Suche ohne Ziel entwurzelt waren, ohne dadurch schon ganz zu Kunden geworden zu sein. Es war doch zu der Zeit zwischen den beiden Kriegen, als so viele verarmten. In unserer wie in allen Städten entstand eine Schicht Menschen, die sich noch am Rande der Arbeiterbevölkerung bewegten, aber schon sommersüber wanderten, wohin sie der Zufall oder plötzlicher Einfall schickten. Sie waren tagsüber Gäste der Herbergen. Etliche stahlen oder wurden Helfershelfer der Diebe. Wenige fanden wieder Beschäftigung und kehrten in das Arbeiterdasein zurück. Sie besetzten die öffentli-

chen Anlagen wie Herden staubiger Spatzen, strichen um die Unterkünfte der Besatzungstruppen, um Brot zu ergattern, das die Soldaten, durch Wohlleben übermütig geworden, über die Gitter warfen. Die Obdachlosen besuchten die Versammlungen der Heilsarmee so gut wie die der Partei. Etliche hatten noch eine Dachstube inne oder einen Unterschlupf bei Angehörigen. Ich fand mich zu ihnen, erlernte ihre Weise, sich von Tag zu Tag durchzuschlagen, an Klosterpforten zu essen und auf Bänken zu schlafen, und ich vergaß oft den Weg nach Hause.
Die Älteren saßen oft still auf Bänken und sie gestanden ihr Heimweh nach der Werkbank. Aber die Jungen nahmen die Bedingungen der Straße an. Sie bildeten eigene Rudel, und unter ihnen endlich kam ich den Kindern nahe, mit denen ich seit Jahren unter demselben Dach gewohnt hatte. Weidner, der Sohn der Toten aus der Dachstube, ein ungeschlachter, haßgieriger Bursche, der die Geschichte seiner Mutter wie einen unheimlichen Orden trug. Er tauchte auf, aus Erziehungsanstalten ausgerückt, schüchterte uns ein und führte uns an, bis er wieder aufgegriffen wurde. Ich vertrug mich gut mit Jockel, dem ich bisher nur auf der Treppe begegnet war, an der Hand seiner verstörten, schuldbedrückten Mutter, die sich endlich verheiratet hatte, weshalb Jockel sie mied. Wir blieben tagelang beisammen, bis er wegen mehrerer Fahrraddiebstähle, zu denen erwachsene Spießgesellen ihn verleitet hatten, verhaftet wurde.
Einmal griff mich der Alte nach einer vollen Woche Freiheit in einer Bedürfnisanstalt wieder auf. Ich war dabei, mich vor einem der Steingutställchen aufzustellen, als ein Mann neben mir ankam und sich zu gleichem Tun anschickte. Ich schaute gedankenverloren zu ihm auf, der Mann zu mir herunter, und ich dem Alten in die Augen. Ich bemühte mich entsetzt, vor dem Alten zu Ende zu kommen und zu entweichen. Aber der, wie stets meine Gedanken erratend, strengte sich gleichfalls an. Eine Minute lang fochten wir einen seltsamen Kampf aus, mit vor Anstrengung gefalteten Stirnen. Ich verlor,

weil die Angst mich lähmte. Von diesem Schlachtfeld gefangen nach Hause geschleift, wurde ich schlimmer mißhandelt denn je. Aber zum ersten Male spürte ich unter seinen Schlägen den Willen, mich zur Wehr zu setzen. Mit nackten Händen war ich noch zu schwach. Ich hätte ihn getötet, wären meine Taschen nicht leer gewesen.

Aber die Tage wurden lau.

Ich nahm eine Fahrkarte nur bis Mainz. Denn ich fürchtete, durchschaut zu werden, wenn ich Hamburg verlangte. In Mainz stieg ich aus, und ich fühlte mich schon sicherer. Ich kaufte mir eine lang ersehnte Mütze und einen verwegenen Schal. In einer Wirtsstube verlangte ich fast ohne Zögern ein großes Bier und ein reichliches Frühstück, wie es bisher nur der Alte vor den Augen der Kinder hatte verzehren dürfen. Ich betastete Papiere und Geld und war frohen Mutes.

In Koblenz löste ich eine Fahrkarte nach Köln und trank in Erwartung des Zuges ein Bier. Ein Mann gesellte sich zu mir, und es bedurfte nur weniger Worte, um uns gegenseitig als Brüder zu erkennen. Ich bat ihn um Rat und Auskunft. Ich wollte nach Hamburg, eine Schußwaffe kaufen und »aufs Ganze gehen«. Auf Biegen oder Brechen. Der Mann verstand wohl, aber er gab mir zu überlegen, daß Vorsicht ihm zu zaudern gebot. Geschickt zahlte ich ihm noch ein Bier, hinterher auf den schüchternen Vorschlag des Mannes hin einige Gläser Branntwein und ein großes Paket Tabak, und ich erreichte auch, daß er mich ins Vertrauen zog. »Ich sehe nun«, gestand er, »daß du echt bist.« Er gehörte einer Kölner Bande an, war auf der Flucht vor den Greifern und brauchte dringend Mittel, um zu einem sicheren Versteck im Siebengebirge zu gelangen. Als das Eis durch dieses Geständnis gebrochen war, wurden wir rasch handelseinig. Ich tauschte meine gesamte Barschaft – »Du hast es nicht mehr nötig«, sagte er mir, »denn wo ich dich hinschicke, wirst du unentgeltlich eine Pistole und Geld genug bekommen« – gegen eine Anschrift in Köln ein, wo ich eine

Frau antreffen sollte, deren Mann viele Jahre Zuchthaus zu verbüßen hatte. »Nimm dich in acht«, sagte er warnend, »ein scharfes, sinnliches Frauenzimmer.« Und mir schwindelte. Ich versuchte, gleichgültig dreinzuschauen wie ein Mann, der solcher Dinge fast überdrüssig ist.
Ich kam in Köln an, wartete im Bahnhof die ganze Nacht hindurch und suchte nach der angegebenen »Hohe Straße Nummer sechsundvierzig« wie ein Wanderer, der nach langen Irrfahrten endlich sein Ziel sieht. Noch nie war der Morgen so sehr ein Morgen gewesen. Noch einige Schritte trennten mich von der Grenze der Welt des Alten. Jenseits wartete die sinnliche, heißblütige Frau. Nummer, Nummer – eine Frau putzte die Fliesen des Einganges zu einem großen Lichtspielhaus. Ich fragte nach dem Namen der Anschrift. Aber es wohnte niemand über dem Saal, nein, ohne Zweifel, niemand.
Ich wehrte mich gegen die Erkenntnis des wirklichen Sachverhaltes wie gegen Balken, die über mich zu fallen drohten. Ich verstand seit der ersten Minute, aber ich hielt die Wahrheit zurück, um sie behutsam wie Tropfen schlucken zu können, und erst nachdem ich den ganzen Tag über durch die Straßen gelaufen war und schon die ersten Freßgelegenheiten entdeckt hatte, war ich fähig, vor dem Einschlafen in einer öffentlichen Anlage meinen Schiffbruch zu ermessen.
Am nächsten Morgen stand ich schmutzig, müde und hungrig vor dem Dom. Vierundzwanzig Stunden hatte mich das beklemmende Gefühl nicht verlassen, zu fallen, ununterbrochen zu fallen, senkrecht zu stürzen. Ich spürte, daß ich auf dem Grunde angelangt war. Meine Mütze war zerknittert. Trambahnen, Wagen und Radfahrer rollten an mir vorüber. Leute eilten wohlverpackt und gebürstet an ihre Ziele. Ein beleibter, großer Schutzmann regelte den Verkehr. In den Falten der Kleidung aller hing noch die Wärme der Stuben, und auf ihren Gesichtern lag noch die Genugtuung und das Wohlbehagen des letzten Bissens eines Frühstückstisches. Sie strebten einem Ziele zu, dessen sie gewiß waren, und

ihre Schritte waren deshalb bewußt und entschlossen wie die des Alten. Ich ahnte zum ersten Male, daß sie zusammengehörten, gleichwie eine Belegschaft und wie die Gefangenen, in ihrer Bewegung gefangen, wie Fahrgäste eines Karussells, von dem ich allein abgesprungen war.

Ich stand davor und schätzte, daß es schwer war, wieder mitfahren zu können. Aber ich bedauerte nichts. Nur die Erinnerung an den Betrüger von Koblenz verursachte mir Unbehagen und Scham. Es war, als hätte ich wie ein Bruder zu Brüdern stoßen wollen und man hätte mich zur Begrüßung mit Kot beworfen.

Ich hatte nur die Gesellschaft wechseln wollen und war außerhalb jeder Gesellschaft geraten. Die Vorübergehenden zeigten durch ihr Verhalten, daß ich jenseits der Grenzen war. Sie sahen mich nicht.

Diese Stunde vor dem Dom war wie ein erstes Licht, in dem ich mich sehen konnte, ich hatte sie vor mir wie ein Jugendbildnis: dieser ungewaschene Bursche, dem das Wort »Jüngling« schlecht anstand, war ich.

Ich wußte zu dieser Zeit noch nicht, was echte Butter war, aber es war mir gleich. Ich achtete nicht darauf, was, sondern nur darauf, wieviel ich essen durfte. Denn bislang hatte ich meinen Hunger noch nie bis ans Ende messen können. Deshalb war ich auch blind für das Elend, dessen Zeuge ich war. Ahnungslos und unerschüttert hungerte ich und sah hungern. Es war ein selbstverständlicher, natürlicher Zustand, gegen den du dich wehrtest, wie gegen die Kälte, aber du konntest die Kälte nicht aus der Welt schaffen wollen.

Bünde, Parteien, Bewegungen und Sekten waren mir gleichgültige und unverständliche Erscheinungen. Gewiß hatte ich mich hin und wieder in sie geflüchtet, von ihren Rufen genarrt. Ich hatte es aber aufgegeben, um Aufnahme in eine dieser Verbindungen nachzusuchen, seit ich erfahren hatte, daß es der Aufnahme in einen Verein gleichkam. »Aufgenommen werden« hieß mir etwas anderes.

Ich trug eine Kraft in mir, die ohne Ausdruck und Bezeichnung, ohne Mittel, ohne Anwendung und ohne Rahmen war. Ich wollte, begeistert und mächtig, aber ich wußte nicht, was. Ich fuhr fort, mich anzubieten, wie ein verlorener Hund, der einen Herrn sucht, trotzdem ich mich außerhalb der Gesellschaft ahnte. Ungestüm wandte ich mich jeder Hoffnung ganz zu.

Ich tauchte in den Winkeln um den Buttermarkt und der Kammachergasse unter, in deren Mitte der »Große Ritzen« stand, die berühmteste »wilde« Herberge. Ich wurde gefeit gegen die grauenhaft deutlichen Angebote der wohlfeilen Dirnen und errötete nicht mehr, wenn sie handgreiflich wurden. Ich wurde durchtrieben und geschickt im Erwerb der täglichen Nahrung, wie eine verwilderte Katze. Ich ließ mich nicht mehr ausplündern und übertölpeln, nicht mehr einschüchtern noch zu Erpressungen mißbrauchen, wie es mir in den ersten Tagen geschehen war. Ich hatte einem zufälligen Freunde im »Großen Ritzen« anvertraut, daß ein Kellner mir widerliche Vorschläge gemacht hatte. Der Freund suchte den Kellner auf, nachdem er mir eingeschärft hatte, mich als seinen Bruder auszugeben und zu behaupten, der Kellner habe mich mißhandelt. Ich hatte Mitleid mit dem schreckensbleichen Opfer, das zitternd seine Barschaft herausgab, von der mir übrigens der Erpresser nichts abgab.

Ich aß in dem Kloster neben dem Bahnhof, im Hofe eines Krankenhauses oder, wenn ich Geld hatte, in einer Volksküche. In der Herberge mußte ich mich gegen die »Tanten« wehren wie gegen Schwärme von Fliegen. Ihr helles Kreischen und Schnattern beherrschte die Schlafräume.

Nur selten berührte mich ein leiser Ekel oder ein Anflug von Verzweiflung. Dann zählte ich die Tage, und es genügte, um mich zufrieden weiterleben zu lassen. Schon achtzig Tage, schon neunzig, seit ich weit weg von ihm bin, als ob es gegolten hätte, eine bestimmte Anzahl von Tagen auszuhalten, damit die Welt sich an einen Zu-

stand gewöhnte, oder ihn gültig erklärte oder ihn vergaß. Sobald die Nächte erlaubten, unter freiem Himmel zu schlafen, wanderte ich dem Meer entgegen. In Krefeld fand ich Unterschlupf und Brot bei einem Schausteller, der einen Schießstand und einen Seehund besaß. Um das Zinkbecken auf Rädern, in dem der Seehund sich zu Tode langweilte, hatte der Mann ein Zelt, eine Schaubühne und eine Treppe gebaut. Ich mußte einen Matrosenanzug anziehen, wie von einer unerhörten Fahrt aus seltsamen Meeren zurückkehrend, und auf der Treppe stehend den Leuten zurufen: »Hier ist zu sehen ein geheimnisvolles Wesen, Rätsel der Wissenschaft, halb Weib, halb Fisch.« Mit dunklen Augen, unergründlich wie das Meer und fern wie seine Heimat, schaute der Seehund dann die Leute traurig an.
In der Schießbude nebenan waltete ein rehschlankes, beredtes Fräulein, das seiner braunen Haut und schwarzen Lackhaare wegen »Mokkaböhnchen« genannt wurde. Sie verkaufte Gewehrschüsse auf Schießscheiben und heimlich sich selbst ein wenig. Aber es genügte, daß sie mir einmal über die Haare gefahren war, um mich ein ganzes Leben in Wohnwagen, ein allmähliches Emporarbeiten von der Schaubude zum Riesenzirkus träumen zu lassen. In der gewinnlosen Zeit zwischen dem Ende der Krefelder Frühlingsmesse und dem folgenden Jahrmarkt jedoch schickte mich mein Arbeitgeber auf die öffentlichen Wege, um zehn Tafeln Schokolade zu verkaufen, die eigentlich bestimmt waren, erfolgreiche Schützen der Bude zu belohnen. Ich hatte Hunger und überredete mich leicht: »Ich esse zwei Tafeln und verkaufe die restlichen um fünf Pfennige teurer.« Und kurz darauf, denn die Tafeln waren mit dicken Papiervierecken trügerisch aufgepolstert, enthielten jedoch wenig Eßware, aß ich zwei weitere und bot die übrigen um vierzig Pfennig an. Nach einer weiteren Stunde mußte ich meine Preise auf fünfzig Pfennig steigern, und damit wurden auch die mutigsten Käufer abgeschreckt. Ich mußte all meinen Mut zusammennehmen, um mit leeren Händen vor mei-

nen Herrn im Wohnwagen treten zu können und ihm vorzuschlagen, den Preis der vertilgten Tafeln von meinem Lohn abzuziehen. Schon als der mich ohne Ware noch Geld hatte ankommen sehen, war er düster geworden. Das Wort »Lohn« jedoch ließ ihn wild auffahren. Ich wurde fortgejagt und verlor eines meiner letzten kleinen Teilchen Kinderglaubens: es war nicht einmal wahr, daß fahrende Leute Kinder stahlen.

Eine letzte Nacht schlief ich unter dem Wohnwagen, und Mokkaböhnchens Absätze weckten mich auf. Am frühen Morgen wandte ich mich gegen Süden. Ich glaubte nicht mehr an das Meer. In Düsseldorf in den Rheinanlagen sah und hörte ich auf der Terrasse eines Kaffeehauses einen Geiger. Er spielte allein, in einen schwarzen Umhang gehüllt. Die glänzende, im Lichte von tausend Lampen leuchtende Terasse war von den Allerleutsanlagen nur durch ein fußhohes Eisengehege und ein Band Grünfläche mit einzelnen Büschen geschieden. Ich sah hoffnungslos sehnsüchtig auf die Frauen in hellen Gewändern, auf die Tische mit blinkenden Gläsern unter bunten Schirmen und auf die Herren mit sicheren Gebärden. Die Klage der Geige tat mir weh bis zum Heulen. Ich maß, um wie viel weiter ich mich von dem Karussell entfernt hatte, seit ich mich am Morgen vor dem Dom zum ersten Male außerhalb gesehen hatte. Ich ahnte, daß die Hindernisse zu groß geworden und der Weg hinter mir abgebrochen war. Denn ich sah ein, daß ich, selbst wenn ich das schmale Band Grünfläche überwunden hätte, doch nicht des Zaubers hätte teilhaftig werden können. Selbst die Mücken, die um die Lampen unter dem unwirklichen Grün der Baumkronen verrückt und doch traulich tanzten, waren eingeladen und zugehörig. Mich jedoch hätte das Gebilde aus Klang und Licht nicht einbeziehen können: es wäre zersprungen, nur durch mein Eindringen.

Langsam verliefen sich die Zuschauer auf meiner, auf der Armenseite. Zuletzt standen nur noch aufrecht die Bäume, der Geiger und ich.

Ich konnte dank der Duldsamkeit der Brüder einige Wochen im Kölner Obdachlosenheim der Franziskaner bleiben. Ich begann, mich mit Einzelheiten der Verwaltung und Heimordnung vertraut zu machen, ging den Beauftragten zur Hand und malte mir aus, langsam einen bleibenden Platz zu gewinnen. Aber der Besuch eines Oberen verjagte mich vor der Zeit.

Ich wanderte rheinaufwärts, dem Hause immer näher, je kälter der Herbst wurde. Ich wagte mich in die Straßen der Vorstadt und traf einen Amtsbruder des Alten, der mir ins Herz zu reden versuchte: »Warum so toll? Dein Vater zu streng? Aber mit eigenen Augen habe ich ihn weinen sehen, wenn dein Name fiel –«

Auf jene Begegnung hin verließ ich eilends die Vorstadt nach Süden zu, bis ich in Speyer Arbeit als Ausfahrer fand. Ich mietete mich im »Alten Fritz« ein, der billigsten Schlafgelegenheit, die ich finden konnte. Es war eine saubere, wilde Herberge, fast ausschließlich von alteingesessenen Hausierern, versoffenen Kriegsverletzten mit Renten und Betteleinkommen, fahrenden Handwerkern und anderen Vornehmen des Elends belegt. Ein widerlicher Alter stellte mir bis an mein Bett nach, wollte mich mit Geschenken gefügig machen, und es bedurfte der Hilfe des Hausknechts und einiger Kunden guten Willens, um ihn mit blutenden Lippen fortzujagen. Neben mir schliefen einige eingeborene Pfälzer Trinker. Sie kamen oft nach Mitternacht heim und erbrachen sich, wie es der Zufall wollte, in meine Schuhe oder auf mein Bett. Ich verdiente zu wenig, selbst um in der Herberge mein Leben fristen zu können. Ich verließ sie heimlich, eine kleine Schuld hinterlassend. Am sechsten Dezember sechsundzwanzig – dieser Nikolaustag ist mir im Gedächtnis geblieben – schlief ich zum letztenmal in Speyer, neben dem Dom, auf den großen, meterhohen Stufen, die zum Grabe Rudolfs von Habsburg führen.

Von einer immer wachen Pein getrieben, läutete ich bisweilen bei Pfarrherren und trug ihnen stockend meine Geschichte vor. Aber entweder waren sie lebenslustige Weinpfarrer oder aber dürre Beter. Einer deutete auf den Abguß eines Lutherstandbildes und sagte: »Der Gewaltigste selbst war demütig genug, seinem Vater untertan zu sein, den er doch einen grausamen Mann nannte.« Was hätte ich erwidern können. Es fielen mir Worte ein, aber ich wußte genau, daß es unnütz war. Ich konnte nur erreichen, was vor seinem eigentlichen Glauben lag. Unantastbare Grundsätze lagen wie hinter Mauern, sie waren die Golddeckung der papiernen Werte, mit denen er nicht kargte. An den Schatz aber durfte keiner rühren. Er hätte es »wider die Natur« genannt, Zweifel zu hegen und im besten Falle Pein, Trauer und Mitleid empfunden um eines kranken Sünders Seele. Er saß in Gottes Vorzimmer, beschaulich, still und klein, aber doch Ehrerbietung heischend, wie eine Pfandmarke auf der Türe.

Gegen Norden strolchend kam ich wieder durch die Vorstadt. Die Straßen waren nebelerfüllt und schwach beleuchtet. Am Roten Eck, das so genannt wurde, weil es die Mitte eines Viertels bildete, das von streiklustigen, unruhigen Arbeitern bewohnt war, standen zahlreiche Ansammlungen Volkes vor dem alten Gasthaus »Die zwölf Apostel«. Seine große Pforte mit alten, in Stein gemeißelten Bildern und lateinischen Schriftzeichen und Jahreszahlen stumpfte den Winkel ab, den die Fahrgasse zur Börnestraße bildete. Das Licht fiel aus der offenen Tür bis in die Mitte des kleinen Platzes. »Die zwölf Apostel« waren von oben bis unten auf neu hergerichtet. Das Fachwerk, die gehauenen Bilder und selbst die Ringe, an die vor Zeiten Pferde gebunden worden waren, strahlten geputzt und durch die hellen Farben des Mauerwerks verjüngt und herausgehoben, ausgestellt wie in Schaukästen.

Schulter an Schulter drängten sich Leute vor den Fenstern und preßten ihre Nasen an die Scheiben. Ein Überfallwagen voll Grüner hielt nicht weit von der Pforte. Ich witterte die Erregung und Spannung und gesellte mich zu den Wartenden, neugierig zuhörend. »Eine Her-

ausforderung, eine Frechheit, sich mitten in einer Arbeitergegend zu versammeln«, sagte ein Mann mit einem Abzeichen am Rockaufschlag.
»Sie nennen sich Arbeiterpartei!«
»Sie hätten es nicht gewagt, wenn man ihnen die ›Zwölf Apostel‹ nicht angeboten hätte!«
»Sie hätten keinen anderen Wirt gefunden!«
»Keiner hätte es gewagt. Vielleicht auch die ›Zwölf Apostel‹ kein zweitesmal mehr. Sie sitzen drin und wagen sich nicht mehr heraus.«
Ich eroberte mir einen Platz an dem Fenster nahe dem Schanktisch, und ich konnte die Belagerten sehen. Sie saßen um einen Tisch in der Mitte des Saales unter einer roten Fahne mit einem schwarzen Hakenkreuz in einer weißen Scheibe. Einer der sechs war der Alte. Sechs Gläser Bier standen halbleer und fade vor ihnen, als enthielten sie Gift.
Neben dem Alten saß Langlahr. Ihnen gegenüber der junge Althaus. Die übrigen waren Halbwüchsige in soldatengrauen Windjacken, junge Schreiber oder Hochschüler, denen die Begeisterung auf den Gesichtern festgefroren war. Die Leute vor den Fenstern scherzten. Aber die geheime Schadenfreude kam nicht gegen eine Angst auf – ich konnte nicht vergessen, daß der Alte immer auf seiten des Gesetzes und das Gesetz immer auf seiner Seite gewesen war.

Riesengroß stand dicht hinter der Scheibe der Wirt. Ich erkannte ihn sogleich. Er war einmal ein großer Fuhrunternehmer gewesen, bis die Kraftwagen ihn arm gemacht hatten. Ich erinnerte mich der schweren Pferde, deren eines Gespann von der Schwiegertochter gelenkt worden war, Pferde, deren Schweife und Mähnen so blond gewesen waren wie die Haare der Frau. Er hatte die Reste seines Reichtums in die »Zwölf Apostel« gesteckt. Er hatte gespürt, daß die Welt in Bewegung geraten war, und da er nicht hatte mitwandern wollen, so hatte er eine Herberge am Wege aufgemacht.

Er lauerte hinter dem Schanktisch, auf dem eine gewaltige, mit Grün verzierte Schüssel Kartoffelsalat prangte, wie eine Spinne, die Netz und Köder bereit hat und auf die Fliegen wartet. Seine Genugtuung über die saubere Ausgestaltung der Gaststube strahlte aus ihm. Aber er war gleich einer Spinne, die überzeugt ist, von dem Allmächtigen ein Recht auf Fliegen erhalten zu haben. Er jagte, feilschte und lud nicht ein, er war kaum höflich.
Er sprach nicht, rührte sich nicht und blickte ausdruckslos vor sich hin. Trotzdem taten sich seine Gedanken kund, als ob er sie durch die Poren aussonderte, denn allein der Schweiß durchdrang ihn von innen nach außen.
Plötzlich wollte in den Riesen hinter dem Schanktisch Bewegung kommen. Seine Augen schleppten sich todmüde von Tisch zu Tisch, von Gesicht zu Gesicht, von Glas zu Glas und blieben auf jedem Gegenstand haften, wie um Atem zu schöpfen. Aber ohne auszugleiten, übersah er die Fenster, so gut, als beständen sie nicht, und er bedeutete damit genau, was er von den Leuten dachte, die sich an die Scheiben preßten. Zuletzt brütete er über der mächtigen Schüssel Salat. Er nahm mit seinen gewaltigen Händen, die so viele Brabanter im Zaum gehalten, Karren beladen und entleert hatten, den großen Schöpflöffel aus Horn, der im Salat steckte, und begann, grimmig und düster seine Ware selber zu fressen. Es dauerte lange. Er hatte wahrscheinlich keinen Hunger.
Es vermittelte mir, wie nie ein anderes Schauspiel, daß unsere Zeit zu Ende war.
Aber sein Zähne mahlten deutlich, daß er den Preis der Schüssel anderen ankreidete.

Obwohl ich kaum über sechzehn Jahre alt war, ließen mich die Landjäger in Ruhe, seitdem ich ein Wanderbuch besaß, das mir ein strenger Polizeiwachtmeister ausgestellt hatte. Sicherlich hatte sich der Mann geirrt. Ich hatte gezittert, als er vor mir gezögert und gesucht hatte. Er hätte mich nach Hause bringen lassen können. Aber er hatte es nur einfach nicht ertragen können, einen Menschen auf der Welt zu wissen, der ohne nachprüfbare, stempelschwere Papiere umherlief. Welch kostbares Geschenk hatte er mir damit gemacht. Ich war fortan ein amtlich beglaubigter Landstreicher, schwarz auf weiß war mir bestätigt, daß ich dem Heere der Unruhigen, Ziellosen angehörte. Es verursachte eine schmerzende Freude.

In allen Städten waren die Herbergen und die Heime der Heilsarmee überfüllt. Überall bildete ein Rudel »Tanten« den Kern der Insassen. Ein blonder Junge, kaum älter als ich, bot mir eine berauschende Freundschaft an, einen unverbrüchlichen, ewigen Halt inmitten der Teilnahmslosigkeit. Aber die körperliche Berührung, in die ich zögernd einwilligte, ließ mich so kühl, daß er mich wütend verließ. Ich konnte nichts dafür, meine Liebe war nicht unterwegs.

Oft hatten sich junge Wanderer zu mir gesellt, und immer hatten wir uns wieder getrennt, und wie mir ging es allen. Man war gut Freund mit jedermann, aber so wenig einer sein Ziel kannte, so schnell spürte er doch, daß er den Weg dazu allein gehen mußte.

Während des Winters, dank der Kälte, vor der alle die Nachtasyle nötig hatten, sah ich seltsame Wanderer aus der Nähe, die ich sommersüber nur auf den Straßen gekreuzt hatte. Sie hatten ferne Länder gesehen, wie die zwei jungen Schlosser, die in einem Faltboot über das Mittelmeer durch die Dardanellen und das Schwarze Meer nach Odessa gefahren waren, wo sie unter Spionageverdacht ins Gefängnis geworfen worden waren. Oder sie wollten nach fernen Ländern. Ein junger, schwermütiger Riese mit mächtigen Brauen über großen Augen verkaufte Karten, auf denen er selbst dargestellt war, umrandet von der Erläuterung seines Vorhabens, die Welt zu Fuß zu durchqueren. Eine Pilgerfahrt, zu der er das Heilige Grab erst finden mußte. Andere betrachteten ihr Unternehmen eher als technische Leistung. Ein Mann rollte ein riesiges Faß, in dem er nachts schlief, um die Erde.

Ich schämte mich und beneidete sie. Wie klein war das von mir durchwanderte Gebiet. Ich spürte, daß zu einer Suche, deren erster Gegenstand war, zu finden, was gesucht wurde, die Grenzen weiter gesteckt werden mußten.

III Billigheim, das kleine Weimar

Zu jener Zeit kamen die Nachtasyle für Jugendliche auf. In der Vorstadt behielt der Jugendpfleger, der allmorgendlich die Papiere der nächtlichen Gäste prüfte und auch sonst nach dem Rechten sah, mein Wanderbuch. Ich war ihm ein wenig zu jung. Er brachte mich ins Billigheim, die Anstalt des für seine kühnen Versuche viel gerühmten Erziehers Varlegen. Widerstrebend und mißtrauisch ließ ich mich entkleiden, in eine Badewanne zwingen und in die grüne Soldatenkleidung stecken, die mich zu einem Sträfling machte. Durch diese graue, öde Tür trat ich in einen ungeahnten Garten, als dessen sorgsam behütete Bäumlein wir jungen Verwahrlosten behandelt wurden. Ich sah zu meinem Erstaunen, daß Erziehung eine ganze Wissenschaft war, die alle Regungen und Bedürfnisse der Unmündigen ernst nahm und würdigte. Es war verboten, zu schlagen. Die Zöglinge arbeiteten in Werkstätten und Betrieben wie jedermann, die Anstalt war nur Betreuung und Heim. Nachdem mir bisher alle Erwachsenen, denen ich unterstand, schnell und unsanft beigebracht hatten, daß ich für sie da war, beteuerten mir umgekehrt die seltsamen Gärtner, daß sie für mich da waren, und sie bewiesen es: sie bemühten sich um mein leibliches Wohl, baten und ermutigten mich, Wünsche zu haben, und buchten es als Sieg, wenn ich sie äußerte.

Aber nachdem ihre milde Beharrlichkeit mich aus der Kruste verwilderter Scheu und meines anfänglichen Argwohnes geschält hatte, schlugen plötzlich mein Herz und meine Sinne so überschwenglich nach allen Seiten zugleich aus, daß meine Pfleger mir nicht mehr zu folgen wagten. Es schien mir, als tränke ich, wonach sich seit Jahren gelechzt. Ich war unersättlich wie geborstene Erde. Zu jener Zeit wurde die »geschlechtliche Aufklä-

rung« Sitte. Sofort nach dem ersten Vortrage vor uns Zöglingen litt ich so entsetzlich unter der Not diesbezüglicher Entbehrungen wie ein alter Zuchthäusler. Die Arbeiten Freuds und Adlers wurden uns in volkstümlicher Darstellung zugänglich. Ich trug eine edle Seelenkrankheit zur Schau, die ich wie meinen Augapfel hütete. Ich wagte endlich, die unterste Schublade meines Herzens aufzuziehen: ich schuf meinen ersten Holzschnitt, wozu ich die sparsame Schilderung der Heimkehr von einer Wanderung schrieb. Beide wurden in der kleinen Wochenschrift des Billigheims veröffentlicht, deren Inhalt ausschließlich von Erziehern und Zöglingen bestritten wurde. Die Haltung des alten Varlegen änderte sich: er zeichnete mich nicht aus, er bevorzugte mich nicht – er behielt mich unter den Augen.
Aber das Billigheim war nur der Vorgarten zu einer noch größeren und freieren Welt.
Die Erzieher waren Mitglieder der Arbeiterwandervereinigung »Die Naturfreunde«. Sie nahmen alle Zöglinge, die ausdrücklich darum baten, auf ihre Wanderfahrten zu den Berghütten der Naturfreunde mit, nicht abgesondert, betreut und überwacht wie Klosterschüler, sondern inmitten der musizierenden und singenden Jungen und Mädchen der »linken« Jugendbünde. So erreichte ich die Bannmeile der Arbeiterbewegung.
Jene Zeit ist noch so nahe und erscheint mir doch schon so märchenhaft, daß ich oft innehalten muß, um mich selbst davon zu überzeugen, daß ich sie wirklich gelebt habe: Die Naturfreunde hatten sich zum Ziel gesetzt, die Liebe zur Natur mit den Pflichten des Klassenkampfes zu vereinen, oder die erstere als Vorspann der zweiten auszunutzen. Sie entzogen helle Scharen dem Einfluß der Tanzdielen und Wirtsstuben und führten sie ins Licht der Höhen, um, wer weiß wie, ihr Klassenbewußtsein zu fördern. – Niemals werde ich es müde werden, die Entstehungsgeschichte der Naturfreundehütten zu erzählen. Die Gründer hatten die Sonntage vieler Jahreszeiten geopfert, um jeden Stein und jeden Balken gen

Berg zu tragen – ganze große Gebäude stückweise über zehn, zwanzig Meilen bergan auf den Schultern. Stets noch mit derselben ruhigen Freude erinnere ich mich der Wochenendfahrten und der Wiesen vor den Hütten, auf denen eine fröhliche, bunte Jugend lagerte, durchsetzt von den junggebliebenen Ahnen des Bundes, von denen jeder den anderen mit Du anredete. Und ich erinnere mich der Ferienschulen, Arbeiterhochschulen oder wie sie sich nannten. Der Lehrer, oft ein betagter, bekannter Mann der Wissenschaft, saß nackt bis auf ein Lendentuch unter einem Baum. Um ihn geschart, im Grase liegend, eine Gemeinde braungebrannter, nackter Jungen und Mädchen. Jeder hatte das Recht, dem Lehrer ins Wort zu fallen, zu fragen und zu berichtigen. Wie leicht hatten wir das Unmögliche besiegt, aus unseren Träumen, unserer Freundschaft, der Sonne, der Bergluft und der Gesundheit unserer Leiber eine grenzenlose Zuversicht gewinnend.
Die »Hütten« waren Treffpunkt und Zuflucht unzähliger, schwärmerischer, eigensinniger Persönlichkeiten und winziger Gruppen aller Dienstverweigerer der großen, die Arbeiterbewegung zerfleischenden Parteiheere. Gewiß waren sie auch auf den Bergen eine Minderheit, aber mit welcher Sicherheit fand ich sie aus der Menge heraus. Jeder entzündete eine neue Flamme in mir, und bald brannte ich lichterloh. Ich traf Bahnbrecher, Verkünder und Jünger vergangener und zukünftiger Glaubenslehren, verlorene und ach so ehrliche, liebenswerte Häuflein von Anhängern der Lehren aus der Vorzeit des »wissenschaftlichen Sozialismus«, Nahrungs- und Kleidungserneuerer, Gottsucher und – wahrhaftig – Erneuerer des Beischlafes und der Art, die Toten zu bestatten. Seltsam jedoch war erst, daß alle felsenfest davon überzeugt waren, den einzigen Hebel zu besitzen, der die Welt aus den Angeln heben konnte. Sie wimmelten wie Samen um die große Mitte der Arbeiterbewegung, und jeder wollte derjenige sein, der das Ei befruchtete. Daß es ihnen allein darum ging, übersah ich zunächst völlig.

Denn was mich anzog und überwältigte und mir als Ziel genügte, war ihre Auflehnung gegen das Herkommen. Ich hatte den tödlichen Zwist mit meinem Alten wie eine Schande verborgen und nie das bange Gefühl verloren, anstößig zu handeln, nur indem ich außerhalb seiner Reichweite atmete. Es kam mir nicht einmal so sehr darauf an, daß meine wunderlichen Freunde mir gegen meinen Alten recht gaben, sondern vielmehr, daß sie Dinge wie Stehkragen, Schnurrbärte, Bier, kurzen Haarschnitt, bürgerliche Kleidung verpönten und verspotteten – sie zerrissen das Bild des Alten. Wie befreiend war es für mich, Benennungen zu hören, die aus meinem dumpfen Widerwillen gegen Eigenschaften und Gewohnheiten des Alten ein öffentlich anerkanntes, um die Zukunft und das Glück der Menschen verdientes Streben machten. Ich ließ meine Haare wachsen und meine Kleider ändern, so stürmisch und berauscht, wie ein aufständisches Volk die königlichen Lilien durch die Zeichen der Volksherrschaft ersetzt. Ich schwelgte in immer kühneren Schaustellungen, meine Freunde bald in der Kunst übertreffend, den Bürger zu entsetzen.
Ich machte so wenig Aufhebens von den weltanschaulichen Unterschieden, die doch meine Vorbilder in zahlreiche sich todfeindliche Bünde, Ringe und Gruppen bannten, daß es mir möglich war, getrosten Herzens Mitglied mehrerer sich bekämpfender Vereine zugleich zu sein, natürlich derer, die größte Unerbittlichkeit und Folgerichtigkeit an den Tag legten. Ich hielt selbst Karlchen Wassmann, der, seine grüne Fahne des Propheten mit sich tragend, nacktbeinig und langhaarig eine Zeitung »Die Liebe« in den Wirtsstuben verkaufte, für einen der Unseren, und ich war erschüttert und neidisch, als einmal ein Mann mit einem riesigen Vollbart, in dem Stroh und Heuhalme hafteten, ein über mannshohes Kreuz aus groben Baumästen auf der Schulter schleppend, in der Hütte der Vorstädter Naturfreunde übernachtete und uns erzählte, daß er im Begriff war, seine teure Last durch die ganze Welt zu tragen, zu Nutz und

Frommen der Menschen seine Gedanken verbreitend, die sich als eine innige Verbindung der Lehren Karl Marx' und des Heilandes darstellten.
Aber lange konnte ich nicht verkennen, daß all dieser Mummenschanz nur Schaum auf einem Strome war, den weit ernstere Gewalten aufrührten.
Es konnte keinem auf die Dauer verborgen bleiben. Mehrere Parteigebilde bekämpften sich, jedes mit seinen Gewerkschaften, bewaffneten Heeren, Polizeiorganen, Hochschulgruppen, Heiligtümern, Verwaltungsfachleuten, fähig und einzig und allein bestrebt, nach Vernichtung aller Gegenspieler den Staat vollständig und allein zu bilden. Und nichts mehr konnte sich zuletzt außerhalb dieser Fragestellung vollziehen, schien es. Das Leben war bis in seine winzigsten Ausdrücke, bis in die Schlafstuben, bis in jedes Wort durchtränkt von dem Zwang der Wahl.
Ich lernte ungeheuer schnell. Es war, als hätte ich seit Jahren schon den Platz vorbereitet, um die Worte aufzunehmen, die ich erfuhr. Schon gegen Ende des ersten Sommers, der meiner Einlieferung in die Erziehungsanstalt folgte, war ich ein glühender, zu allem bereiter, nach bezeugendem Leiden lechzender Aufständischer.
Ich nahm an dem Marsch teil, den die Millionen begonnen hatten, in eine andere Welt, in ein anderes Leben, nicht mehr an eintönigen Kilometersteinen vorbei, sondern in Maßstäben und auf Wegen, die versprachen, über die Grenzen eines teilnahmslosen Himmelsgewölbes hinauszuführen.
Ich zögerte lange zwischen Anarchisten und Kommunisten, und das hieß seinerzeit für mich: ich gehörte beiden Jugendgruppen gleichzeitig an. Das Gemisch von Gefühlen, das meine Erscheinung und mein Verhalten hervorgerufen haben muß, kann ich heute noch dank einiger Erinnerungen abschätzen – Erinnerungen, die mich jahrelang wie Peitschenhiebe bissen und hinderten, mich außerhalb der erlaubten, gemeinsamen Denkrichtungen zu wagen.

Nach wochenlangem Suchen fand ich den Mut, eine gewichtige Frage an die Anarchisten zu richten: »Was werden wir tun, wir, die Vorhut der Ausgebeuteten, wenn es uns gelungen sein wird, die bestehende Gesellschaft zu stürzen?«
Zunächst schwiegen alle betroffen, bis mich der eine oder andere achselzuckend, als ob er die Mühe bedauere, auf eine solch müßige Frage eingehen zu müssen, belehrte: »Dann werden wir endlich ein menschenwürdiges Dasein führen können.« Das war genau, was ich erwartet hatte, und zitternd vor Erregung teilte ich meine Entdeckung mit: »Eben davor habe ich Angst – denn damit werden wir zu ›Bürgern‹ werden«, und ich kündete finster entschlossen an: »Ich sehe nur einen Weg.«
Sie wollten wissen, plötzlich gespannt auf die Antwort. Ich deutete ihnen den einzigen Ausweg an, den ich während meiner Suche entdeckt hatte. Was blieb uns anderes übrig, uns, deren einziges Wissen und alleiniger Beruf es war, eine Umwälzung herbeizuführen, sobald wir das Ziel erreicht haben würden? Wir, die Fürsten in Lumpen und Loden? Altersheime für ehemalige Freiheitskämpfer? Waffen nur noch ehrenhalber tragen? Flugblätter ohne Gefahr verteilen, um den Kindern zu zeigen, wir es früher gewesen war? Unser würdig war nur: in Schönheit sterben!
Niemals wieder in meinem Leben habe ich ein so höllisches Gelächter so tiefernst gesprochenen Worten folgen hören.
Zusammen mit Jockel besuchte ich die Studenten des »Instituts für Sozialforschung«. Sie gebrauchten eine Sprache voll seltsamer Worte, wissenschaftlicher Bezeichnungen und Parteiwelsch. Wir schämten uns unserer Unkenntnis, und um sie zu verbergen, gewöhnten wir uns an, die schwindelerregenden Ausdrücke nachzusprechen, ohne Sinn und Verstand, rücksichtslos, wie um uns zu verteidigen. Das hätte lange dauern können, denn keiner der Studenten wollte unser erwachendes Klassenbewußtsein verletzen, wenn mich nicht ein stiller,

schon erwachsener Mensch mit einem dicken Buche unter dem Arm vor zahlreichen Versammelten gefragt hätte: »Weißt du überhaupt, was Dialektik ist?« Bis mich die helle Freude der Zuhörer eines Besseren belehrte, hatte ich dieses bedeutende Wort für eine Bezeichnung der Wissenschaft von den Mundarten gehalten.
Derlei Rügen wirkten auf mich wie auf einen Baumeister, den das Gespött der Gaffer belehrt, daß er die Fenster am Hause vergessen hat.
Rastlos vervollständigte ich mein Wissen. Und über die Beschreibung der jüngsten Aufstände und Revolutionen, über die wissenschaftliche Untersuchung der Gesetze der Entwicklung empfing ich die Botschaft, daß ich einer Klasse angehörte, der die Geschichte eine einzigartige, gigantische, die Ewigkeit sichernde Aufgabe, das Heil der Menschheit, zugedacht hatte.
Wie alle Jugend setzte ich in die Tat um, was ich kaum erfaßt hatte. Als Varlegen meiner Verfassung gewahr wurde, war es zu spät: ich hatte schon eine Zelle gebildet, die im Billigheim verankert saß, gefährlich und bereit, bei der geringsten Berührung wie ein Zündkörper in die Luft zu gehen.

Als ich Jockel im Billigheim zum ersten Male wiedersah, war er ein sehniger, brauner Bursche mit dunkellockigem Zigeunerkopf und prachtvollen Zähnen. Ich erkannte ihn zunächst nicht, und er fiel mir nur auf, weil er schmächtig schien, wohl weil er nachlässig und verlottert gekleidet war und eine Brille trug, aber zur Überraschung aller ein ausgezeichneter Boxer und Schwimmer war. Allmählich erst stellte sich heraus, daß er breite Schultern und außerordentlich gut entwickelte Glieder besaß. Es gefiel ihm, uns zu überraschen. Er lud den alten Varlegen zu einer Schachpartie ein und schlug ihn nach allen Regeln, zum großen Vergnügen der Zöglinge. Er bediente sich mit Geschick eines Flügels – ich kann es nicht beurteilen, ich kann nur sagen, daß er genau die

Tasten zu berühren wußte, deren aufeinanderfolgende Klänge an ein Lied erinnerten. Im täglichen Leben war Jockel Milchausträger und brachte uns jeden Tag eine volle Kanne seiner Ware mit, die ihm rätselhafterweise übriggeblieben war.
Unsere erste Unterhaltung begann mit einer Erzählung Jockels. Ohne Einleitung, wahrscheinlich, weil er wußte, daß ich seine Herkunft und Kindheit kannte und weil er annahm, daß ich mir darüber Gedanken machte, sagte er: »Ich weiß jetzt, wer mein Vater war: Schmuggler in den Karpathen. Er hatte die Mutter vorausgeschickt, um noch einen letzten, besonders lohnenden Grenzgang zu unternehmen, und dabei ist er verschollen – erschossen oder verunglückt oder eingesperrt.«
Es war, als ob ich plötzlich in die Zeit zurückschauen könnte: ich sah, ohne je etwas über das Aussehen des Unbekannten erfahren zu haben, daß Jockel das Ebenbild seines Vaters war. Mehr noch: er war so in jeder Linie seines Gesichts ausgearbeitet, so sorgfältig ausgesucht, daß er am Ende einer langen Auswahl vieler Geschlechter stehen mußte.
Zum erstenmal in meinem Leben war ich erschüttert von einem unglücklichen Zustand eines anderen. Zum erstenmal spürte ich Kräfte, die von Geburt an in uns warten. Er suchte eine verlorene Verbindung zu einer Zeit vor ihm wiederherzustellen. Er stand vor mir als ein Mensch, der nicht vorwärts gehen kann, weil der Weg hinter ihm abgebrochen ist.
Kurze Zeit darauf entließ ihn sein Milchhändler, dessen Kunden dem Begriffe »Liter« nicht dieselbe Auslegung zu geben gewillt waren wie der jugendliche Austräger. Er wurde zu einem Blechnermeister in die Lehre gegeben. Damit hatten wir eine gute Strecke gemeinsamen Weges zur Arbeit.
Gewiß, ich erzählte ihm begeistert von der Verheißung, ich tat alles, was ich konnte, um ihn mitzureißen, aber das Ergebnis stand in keinem Verhältnis zu meinen Bemühungen. Es war, als ob ich mit einem Axthieb an

einen Baum einen grollenden Berg in Bewegung gesetzt hätte, als ob auf einen Ruf in den Wald mir tausend Stimmen antworteten. Noch am selben Tage jagte sein Meister ihn davon, da er sogleich, unbeholfen und zur Tat entschlossen, sämtliche Forderungen aller Gewerkschaften gestellt hatte.

Damit offenbarte er den unausrottbaren Grundzug seines Wesens: einen stets wachen Willen zur unmittelbaren Tat, weder durch Mitleid noch durch Furcht, weder durch Sorgen um mögliche Auswirkungen noch durch Achtung vor Gefühl oder Nutzen Dritter, vor allem aber nicht durch Angst um die eigene Haut, Freiheit oder Gesundheit gehemmt. In Dingen des täglichen Zusammenlebens konnte er in Rücksichtslosigkeit und Verachtung gegenüber feineren Bestrebungen der eigenen Seite ausarten, aber das konnte meine Liebe und Bewunderung zu ihm – und später vieler Freunde – nicht hindern, zu wachsen. Jockel besaß die größte Tugend, er war die verkörperte Tat. Er ist sich bis zum Wahnsinn treu geblieben.

Mir fiel damals eine kleine Schrift in die Hände, die in eingehender Weise darlegte, daß Fleischnahrung nicht nur gesundheitsschädlich, sondern auch volksfeindlich sei und nur die Bereicherung einzelner begünstigte.

Rasch entschlossen warb ich diesem Gedanken Freunde unter den Zöglingen des Billigheims, was nicht schwer war. Niemand hätte einen Vorschlag erdenken können, den eine Handvoll junger Unruhiger nicht auszuführen bereit gewesen wäre. Der alte Varlegen räumte uns bereitwillig einen besonderen Tisch ein. Innerlich fragte er sich sicherlich manchmal, ob er recht getan, die Zöglinge zur Entfaltung ihrer Persönlichkeit zu ermutigen.

Jockel folgte mir als einer der ersten, ohne jedoch schon ganz gewonnen zu sein, wie es anfangs schien. Er sagte, ohne ein spöttisches Lächeln zu verbergen: »Ich schwanke – ich bin fast überzeugt«, setzte sich an unseren Tisch und fraß regelmäßig, solange es anging, die seltenen Fleischgerichte auf, die meine Gemeinde unerbittlich zurückwies. Natürlich fanden sich meine noch zaghaften Jünger nach einigen Tagen als Opfer eines Bauernfanges und kehrten trotz meiner Beschwörungen zu den spärlichen Fleischtöpfen zurück.

Ich habe schon gesagt: das konnte meine Liebe nicht hindern. Nie hätten wir halbwüchsigen Verwahrlosten uns so gut durchsetzen können, ohne die gewissenlose Kühnheit meines Bruders Jockel.

Zweihundert jugendliche Diebe, Betrüger und Landstreicher, oft durch Seuche und Trunksucht der Alten schon faul zur Welt gekommen, geschwächt und gebrandmarkt, durch die frühen Erfahrungen und Hurengassen ihrer Kindheit gewitzt und verderbt, in einem Hause ohne Gitter zu erziehen, sie ohne Strenge zu bessern, ihnen Selbstverwaltung gewähren zu wollen, war ein echtes Wagnis.

Daß die Zöglinge der nach altem, unbarmherzigem Muster aufgebauten Zwangserziehungsanstalten nahezu alle zu Elenden wurden, ging in Ordnung. Es war getan worden, was menschenmöglich war. Sie waren blutig geprügelt, zu schwerer, langer Arbeit angehalten und hinter festen Schlössern und Riegeln verwahrt worden. Wenn sie sich trotzdem nicht gebessert hatten, so war das gerade der Beweis, daß man recht getan, sie von Anfang an durch Strenge zu warnen.

Aber jeder Streich eines Schülers des alten Varlegen war den Befürwortern der alten Gebräuche ein Beweis der Gefährlichkeit der Neuerungen. Gewiß, in den vierzehn Jahren von Weimar wehte ein offener Wind, und keiner wagte ein offenes Verbot auszusprechen. Aber man tauchte jeden, der eine Kerze angezündet hatte, unter dem Vorwand der Brandverhütung bis zum Hals ins Wasser.

Für das Billigheim bedeutete dies die Einsetzung des Hausvaters – die den Zöglingen vorgeschriebene Anrede für den Verwalter von Küche, Kleiderkammer, Garten, Einnahmen und Ausgaben – und Aufpassers Engelschlicht. Er war mehr als ein Beobachter, ein Knüppel zwischen den Speichen, eine Laus im Pelz: er war eine Wolke zähen Gestankes, die nicht mehr wich. Ein Angebot »Gesunder kräftiger Mann, vorzüglich ehemaliger Feldwebel oder Schlächter, als Erzieher gesucht«, hatte seine Laufbahn eingeleitet. Mit einiger Beklemmung gedenke ich heute des Unrechts, das wir dem alten, innerlich schwachen, vielleicht ehrgeizigen Varlegen zugefügt, aber mein Haß gegen den hausväterlichen Schurken, den Schlächter Engelschlicht, ist noch unversehrt von Zweifeln.

Nicht nur überwachte er argwöhnisch Zöglinge und Erzieher! Er durchkreuzte auch die Arbeit Varlegens und seiner jungen Mitarbeiter auf jede Weise. Er war der Koch, der heimlich in die Suppe spuckte. Vorsichtig darauf bedacht, ohne Zeugen zu sein, mißhandelte er in einem Verlies seiner Kleiderkammer die Zöglinge, so wie etwa ein neidischer Bauer die Tiere seines Nachbarn nachts vergiftet. Ich hatte ihn durchschaut, seitdem ich mit angesehen, auf welche Weise, mit welchen Bewegungen er einen Jungen, der sich in einem Anfall von Schwermut erhängt, vom Strick geschnitten hatte. Seine Augen hatten eine Weile prüfend auf dem Toten geruht, kalt und abschätzend, und nachdem er anscheinend zur Überzeugung gekommen war, daß keine Hilfe mehr etwas ändern konnte, hatte er langsam sein Taschenmesser aufgeklappt, noch einmal gewartet und den Strick gleichmütig durchschnitten.

Wenn er gutgelaunt war, saß er abends auf einer Bank im Hofe, sang und begleitete sich auf einer Klampfe. Während er mit weinerlicher Stimme plärrte (und noch heute sind mir einige an sich unschuldige Lieder verhaßt, die er gesungen), huschten seine Augen rastlos und listig im Kreise. Er zeigte dabei einen plumpen Stolz wie auf eine eigene Erfindung, auf das Gemüt der Zöglinge einzuwirken. Ich glaube, selbst die dümmsten Zöglinge fühlten, daß er damit insgeheim Varlegen treffen wollte: »Das ist meine Erziehungsmethode, streng und zart zugleich.« Ihm war die Einführung einer wöchentlichen

Pfarrstunde zu verdanken, eine Neuerung, die unsere Zelle herausforderte und den ersten Zwischenfall verursachte.

Bislang hatte der unglückliche Varlegen mühselig das Gleichgewicht bewahren können zwischen dem Hausvater und den jugendlich wagemutigen Erziehern, zwischen Überschreitungen der erlaubten Ausgaben und unseren geräuschvollen Beanstandungen der Güte und Menge des Essens, zwischen fortschrittlichen und engstirnigen Vorgesetzten. Und dies neben seiner eigentlichen Arbeit: der Betreuung von zweihundert Schwererziehbaren, empfindlich wie eine Mütze voll Eier.
Wir brachen in den kostbaren Burgfrieden ein wie junge Hunde in ein Kegelspiel: vor dem Erscheinen des Geistlichen zur Abhaltung der ersten Betstunde schlug ich ein riesiges Werbeplakat der Freidenker im großen Saale des Billigheims an, an guter Stelle, so daß der Pfarrer es in der Türe schon hätte erblicken müssen. Aber die Begeisterung der Zöglinge, die jauchzend und gespannt auf die Folgen warteten, ließen Engelschlicht aufhorchen, der das Bild noch vor dem Erwarteten entdeckte und abriß. Er suchte und fand mich. Er war weiß vor Wut und vergaß sich so weit, daß er mich vor aller Augen schlug.
Noch in derselben Nacht verließ ich die Anstalt und flüchtete zu einem Genossen, der sofort einen Abgeordneten der Partei in Kenntnis setzte. Durch dessen drohend erregten Anruf erst erfuhr Varlegen den Sachverhalt. Er war entsetzt. Es erforderte nicht sehr viel Vorstellungsvermögen, sich auszumalen, wie die Zeitungen den Zwischenfall ausgebeutet hätten, wäre er an die große Glocke gehängt worden. Die Partei hätte angeprangert: »Arbeiterkinder mit Hieben in die Kirche getrieben.«
Die Gegenseite hätte geantwortet: »Rotes Erziehungsheim hetzt junge Entgleiste gegen Priester.«
Er schwor, flehte, versprach, drohte und stemmte sich

verzweifelt nach links und rechts, so schweißüberströmt, tödlich entschlossen und kläglich zugleich, als ob er zwei Berge hätte hindern wollen, übereinanderzufallen. Er erreichte eine Verständigung. Beide Teile versprachen zu schweigen. Ich tauschte das Versprechen, freiwillig zurückzukehren, gegen die Zusicherung der Straflosigkeit ein. Aber kaum hatte der geplagte Friedenstifter aufgeatmet und ich mich wieder im Billigheim eingefunden, so spürten alle, daß der Friede kaum eine Waffenpause war.

Denn dieses erste Scharmützel hatte uns nur der Notwendigkeit enthoben, unser Spiel zu verheimlichen. Die Gewalttaten Engelschlichts nahmen zu und waren Wasser auf unsere Mühle. Aber unser Lärm verminderte das Ansehen des Alten zugunsten des Schlächters. Wir zogen uns über den Kopf Varlegens hinweg gegenseitig groß. Der Alte jedoch war keineswegs gewillt, »sein Lebenswerk« zwischen den feindlichen Mühlsteinen zerstören zu lassen. Lange versuchte er, mit altgewohnten Mitteln auszukommen, zu unterhandeln und Hausvater und Zöglinge gegeneinander aufzuwiegeln. Erst am Ende aller Geduld wandte er sich gegen Jockel und mich, um uns mit allen Maßnahmen zu schlagen. Hundertmal versuchte er, mich zu »bejahender Mitarbeit« zu bewegen, fast demütig, geduldig erläuternd und Verständnis heischend. Ich lachte ihm ins Gesicht.

Schon vor dem Zwischenfall mit dem Freidenkerbild in der Pfarrstunde hatte ich den Bürger Varlegen ein wenig von oben herab angesehen, aus der Höhe eines klassenbewußten Arbeiters, der von seiner geschichtlichen Mission durchdrungen ist. Immerhin hatte mich bis dahin ganz im Innersten doch das Gefühl behindert, das Tun der Erwachsenen nur im Spiele nachzuahmen. Aber seitdem ich mit wohltuendem, wie ein Rausch erregendem Erstaunen erlebt, daß Leute, oft älter als mein Vater, sich wütend darum gestritten hatten, ob die empfangene Ohrfeige eine leichte Rötung und Schwellung meiner Backe verursacht habe, seitdem lebte ich in Billigheim

wie ein einem kleinen Lande aufgezwungener Gesandter einer großen, fernen Macht.
Ich verhandelte mit allen Vollmachten im Namen meines Reiches. So grenzenlos es war, und obgleich es den Namen einer Partei und eines Landes einschloß, war mir doch bewußt: mein Reich war ich.

Den geltenden Erziehungsgrundsätzen nach durften wir das Wochenende verbringen, wie es uns gefiel. An großen Feiertagen hatte ich Fahrten unternehmen können, die mich tagelang jeglicher Überwachung entzogen, allein oder in Gesellschaft von Genossen, über die Varlegen keine Gewalt hatte, die er nicht kannte, aber eines schädlichen Einflusses auf mich verdächtigte. Er verbot mir, allein auszugehen.
Ich verließ zum zweiten Male heimlich mit Sack und Pack das Billigheim. In einem Schreiben, feierlich, glühend und erhaben wie eine Unabhängigkeitserklärung, teilte ich dem Alten mit, daß meine Würde und meine Liebe zur Freiheit mir gebiete, mich auf unbestimmte Zeit seinen erniedrigenden Übergriffen zu entziehen, und daß ich, um meine Ablehnung jeglicher Gewaltherrschaft recht zu unterstreichen, nur zurückzukehren gedenke, sobald ich mich frei entschlossen habe.
Ich wanderte von Ort zu Ort, meist von Genossen beherbergt, immer zur rechten Zeit in den Städten, die Schauplatz großer »roter Treffen« waren, deren Teilnehmerabzeichen ich auf meinen Stock nagelte. Ich erwanderte mir die vollständige Sammlung eines roten Wallfahrers, die Achtung neben dem Mitleid heischte, das dem Opfer bürgerlicher Zwangserziehung nie verweigert wurde.
Ich lernte eine verdiente, bewunderte Genossin kennen, die erst kurze Zeit zuvor eine harte Gefängnisstrafe wegen Verleitung der Besatzungssoldaten zur Gehorsamsverweigerung beendet hatte. Ihr galt meine erste große Liebe, so stürmisch, daß ich Arbeit in den gifterfüllten Farbwerken annahm, nur um mich in der Nähe meiner Geliebten ansiedeln zu können, aber trotzdem schüch-

tern, weil sie zu den Auserlesenen gehörte, zu den großen Beispielen. – Auf gleichem Fuße stand ich mit Lies, einem jungen Mädchen, das, genau wie ich, aus einer Anstalt entwichen war. Sie schloß sich mir an, und wir wanderten, Felleisen auf dem Rücken und Arme und Beine braungebrannt, Seite an Seite durch die Wetterau. Aber sie hatte mir verhehlt, daß nach ihr gefahndet wurde, und als ein Landjäger sie stellte, war es zu spät: er nahm mich gleichfalls fest.

Der Winter im Billigheim war bitter. Ich wurde in die Schleiferei der Stahlwerke geschickt. Nach zwei Monaten Arbeit im Schleifstaub begann ich zu husten und schwarz zu spucken. Der vorsichtige Arzt fürchtete eine tödliche, schleichende Lungenkrankheit. Ich mußte die Arbeit unterbrechen.

Ich gewöhnte mir ein bitteres, wehmütiges Lächeln an, trug nur noch schwarze Schuhe und Strümpfe, einen dunklen Streifsamtanzug und weiße, offene »Schillerkragen«. Ich beachtete nicht mehr einen Satz der Hausordnung, kam und ging wie ich wollte. Die Zöglinge ermahnte ich zu Widerstand und Aufruhr, eindringlich und ernst wie ein Mann, der sein Vermächtnis anvertraut. Und kein Mensch, selbst nicht Engelschlicht, wagte einzuschreiten. Ich sah sie auf den leisesten Vorwurf hin nur aus einsamen Augen in einem blassen Gesicht stumm, schon aus dem Jenseits an.

In der ersten Bestürzung war es den Erziehern entgangen – nicht jedoch mir – daß ich, wie jeder Arbeiter, als Mitglied der öffentlichen Kassen ein regelmäßiges Krankengeld in Höhe meines Lohnes empfing. Mir war es ein ansehnliches Taschengeld, das genügte, um die Langeweile aus meinen Tagen zu bannen. Niemand überwachte mich mehr. Ich brachte die Vormittage im Kaffeehaus Pfister zu, dem gewohnten Aufenthalt der Genossen. Ich kam ihnen näher, obwohl sie von einer Scheu behindert waren, die sie vergeblich zu verbergen trachteten. Wenn ich bleich, mit schmerzlicher Freude die erste Sonne des Frühjahrs begrüßte, die meine letzte sein konnte, und

wenige Minuten später ein ganzes Pfund Schinken zu einem Laib Brot verschlang, als ob ich vom Leben noch hastig erraffen wollte, soviel in mich hineinging, sahen sie mich erstaunt an.
Ich bummelte durch die Straßen, sah täglich einen anderen Film und kaufte Schriften und Bücher. In jener Zeit erwarb ich die Werke, die mich in der Folge nie mehr verließen, und von denen die Anstaltsleiter glaubten, daß sie das Geheimnis meiner Erfolge und meines Einflusses auf die Zöglinge enthielten. Ich erinnere mich der »Zehn Tage, die die Welt erschütterten«, »Zement«, des »Manifestes«, »Schkid, die Republik der Strolche«.
Ich sah die Frauen, wie ein Sterbender Blumen an seinem Bett. Und plötzlich war der Traum zu Ende: der Arzt entdeckte, daß ich kerngesund war, und Engelschlicht, daß ich die Einnahmen dreier Monate verausgabt hatte. Mehr noch als der Verlust des Geldes tat den Erziehern samt dem alten Varlegen jene sanfte Nachsicht leid, die sie an mich vergeudet hatten. Sie versuchten, sich durch Härte zu entschädigen.
Der Sommer verlockte mich zu einer neuen Flucht. Ich wanderte bis an den Bodensee, wo ich mich bei einem Bauern zu Erntearbeiten verdingte. Ich half das Getreide von den Hügeln um den See einzubringen und ritt abends die schweren Pferde in den See. Als Kind schon hatte ich eine Art edler Sinnlichkeit in den Formen der Pferde erspürt, und jene Abende am Strande, wenn die naßglänzenden Körper der Tiere sich mit den verführerisch liebkosenden Wellen durchsichtig grünen Wassers mischten, waren der Beginn eines unvergeßlichen Sommers.
Nachdem ich Geld genug für ein neues Hemd und die Schiffahrten auf dem See verdient hatte, fand ich am Strande von Gstaad nahe bei Konstanz eine Gesellschaft von jungen Handwerksburschen, Naturfreunden und Arbeitslosen, die nachts um große Feuer lagen, sangen und spielten, frühmorgens im steingrünen Wasser schwammen und schliefen und aßen – ich wußte nicht

wann. Mir fiel ein schwäbisches Mädchen auf, das braun war und im Scheine der nächtlichen Flammen bezaubernd fremd wurde. Wir gefielen und liebten uns. Mehr noch war ich in den See verliebt. Ich ließ sein Wasser zwischen den Fingern hindurchrieseln, und wenn ich bei Fahrten von Ufer zu Ufer am Bug des Schiffes stand, war ich versucht, in die lockenden, durchsichtig klaren Wellen zu springen, deren flüchtige Gestaltung die Hüften einer liegenden, sich streckenden, anschmiegenden, wollüstig sich wendenden Göttin immer neu schuf.
Ich wurde aufgegriffen und auf Ersuchen Varlegens zur Beobachtung in eine Heilanstalt gebracht, unter dem Verdachte »krankhaften Wandertriebes«. Ich war überrascht und betäubt, wie von einem tückischen, von ehrlichen Kämpfern verachteten Schlag.
Wieder im Billigheim, wurde ich zu erniedrigenden Arbeiten gezwungen und von den übrigen Zöglingen getrennt. Jockel aber blieb mir trotz Bevorzugung und Versprechen treu. Wie stets war unsere Freundschaft stärker als Versuchungen, die von außen herangetragen wurden, und als die Mißverständnisse, die sich aus der Verschiedenheit unserer Veranlagung ergaben.
Es geschah mir, mich zeitweilig von mir selbst zu entfernen, in kurzen Gesichten, die mich weit trugen. Die Wochen am Bodensee, die wie ein Wunder in meiner Erinnerung leuchteten, und die darauffolgenden Nächte inmitten lebender Zerrbilder hatten mich Tore ahnen lassen, die sich nun auftaten.
Die junge Erzieherin Friedel, mit Augen wie nasse Kiesel und einem Munde, der sich wand und zuckte wie ein an Land gespültes, leuchtend rotes Weichtierlein, bat mich an einem jener Fiebertage, ihre Schuhe zu putzen, da sie es eilig hatte. Ich saß auf der Treppe, bemühte mich um ihr Schuhwerk und aß eine Frucht, die sie mir zum Lohne gegeben hatte, als die Hausmutter – die würdige Gattin des Schlächters, die wir »die Unke« nannten – angefaucht kam, sich mit Friedel in deren Zimmer einschloß und eine Flut wütender Beschimpfungen herun-

terkreischte. Sie schoß aus der Stube und an mir vorbei, ohne mich eines Wortes zu würdigen. Friedel aber weinte. Und plötzlich wurden alle Dinge zu Teilen eines anderen Bildes, zwischen denen sich Hintergründe in unendlichen Weiten öffneten: die halboffene Türe des Mädchenzimmers, die Schuhe, die nicht neu und reizend, aber ergreifend waren, weil sie ein Gesicht hatten, von ganz heimlichem lieblichen Elend mitgeprägt, der hohle Treppenschacht, der auf eine seltsame Begegnung zu warten schien, die Schleppe aus Feindschaft, die noch die Bahn des bösen Weibes bezeichnete, die angebissene Frucht, die blanken Kiesel, die weinten. Es war etwas geschehen, schwer wie ein Mord. Ich fand keine Ruhe. Wie die Zeichen einer seltsamen Schrift schnitt ich das Bühnenbild jener Begegnung in Holz. Aber ich konnte das Geheimnis nicht wieder einfangen, nicht in Farben, nicht in Linien und nicht zwischen Worten.
Jockel grinste. Warum nicht? Wir waren uns in wichtigeren Dingen einig – wir waren vollauf damit beschäftigt, eine Zeitung der Verwahrlosten herzustellen.

Die Erinnerung an unsere erste Zeitung erweckt in mir widerstreitende Gefühle, aber trotz der unheilvollen Folgen jener Unternehmung setzt sich eine Wehmut über eine verlorene, reine Kraft und Zuversicht durch.
Der Name war »Der Bespresorny«, eine schlechte Verdeutschung der russischen Bezeichnung für jugendliche Vagabunden. Wir hatten »Schkid« gelesen und wir waren »Komsomolzen«.
Die erste Seite war von einem Holzschnitt ausgefüllt: ein riesiger Panzer, auf dessen Turm die Fahne mit Hammer und Sichel wehte, erdrückte unter seinen Raupenketten eine sich wurmartig windende, scheußliche Menschheit von Richtern, Polizisten, Geistlichen, Generälen und dicken Leuten mit Zigarren und Zylinderhüten.
Gegen alles Erwarten war die Bezirksleitung der Partei mit dem Inhalt der Zeitung unzufrieden. Wir hatten uns linke Abweichungen zuschulden kommen lassen. Zum

ersten Male begegnete ich dem bedeutungsvollen Wort: »Die Linie«. Vernichtend aber war die Wirkung auf Varlegen. Er ließ uns vor sich laden, sah uns bitterböse und verzweifelt zugleich an und sprach ohne Aufhören: »Wißt ihr denn, was ihr tut? Ich brauche euch doch nicht erst zu raten, die Jungens zu fragen, die aus der Aumühle, die aus Recklinghausen, aus Wichern kommen, oder die in Marienhausen unter der Fuchtel der Ordensbrüder waren. Ihr habt euch doch längst erzählen lassen, was ›Zwangserziehung‹ ist! Ich habe es vor dreißig Jahren gesehen, und seitdem habe ich dagegen gekämpft, jede Minute – bah, habe ich es nötig, euch Rotznasen zu erzählen, was mich das gekostet hat, welche Mühsal und wie viele Demütigungen, wie viele Kniefälle – ihr Idioten, ihr verrannten! Könnte ich nach tausend solcher Beschmutzungen noch einem ins Gesicht schauen, wenn ich nicht alles geschluckt hätte für das Billigheim, gegen die Zwangserziehung – jawohl, ihr Narren – gegen die Zwangserziehung? Und was habt ihr angestellt? Euer dreckiger, lächerlicher Wisch kann das Ende bedeuten, das Ende des Billigheims. Wollt ihr mich durchaus zwingen, euch dorthin zu schicken, wo euch die Augen aufgehen werden? Wo ihr all das, was ihr in eurem Blättchen mir vorwerft, auch wirklich erleiden werdet? Noch wie ihr seid, frech, selbstbewußt und besoffen von Freiheit, seid ihr es einzig und allein dank uns, dank dem Billigheim, das ihr mit Dreck bewerft, verleumdet und zugrunde richtet. Ich könnte heulen – muß ich meinen eigenen Grundsätzen zuwiderhandeln, um zu retten, was zu retten ist? Bei Gott, ich werde es tun, um der übrigen zweihundert Jungen willen.«

Mir war durchaus nicht wohl zumute. Ich maß das Weh, das wir dem Alten zufügten. Aber ich wußte, daß er etwas vergessen hatte, das auch ich nicht mit Worten bezeichnen konnte, etwas, das weiterging als die Farben der Fahnen und die Unterschiede der Meinungen, und das uns trotzdem recht gab.

Aber auch wenn ich es gewollt, hätte ich den Lauf der Dinge nicht mehr ändern können. Ein Fieber hatte die Zöglinge erfaßt. Sie umringten uns mit fordernder Aufmerksamkeit. Wir läuteten die Glocke. Vor den Versammelten zwangen wir die Erzieher, den Neubau zu verlassen. Wir versperrten die Türen und Fenster mit aufeinandergeschichteten Bänken und Tischen und empfingen jeden, der sich den Hindernissen näherte, mit Steinwürfen. Wir blieben die ganze Nacht über auf der Hut. Der einzige, den weder Fieber noch Furcht erfaßt hatte, war Jockel.
Auf der anderen Seite des Hofes, in einem Fenster des Altbaues, stand Varlegen, genau mir gegenüber. Er hielt aus, reglos und aufrecht, mit tränenglänzenden Augen. Es war, als habe von uns beiden verloren, wer zuerst seinen Platz verlasse. Hinter ihm standen die bleichen Erzieher, stumm zu uns herüberschauend, wie Leute vor dem Auszug das letzte Schwelen der Balken des abgebrannten Hauses beobachten.
Wir wurden von den Grünen überwältigt. Der alte Varlegen sah zu, traurig und ergeben wie ein Mann, der seine Ernte vernichtet sieht. Jockel und ich wurden nach der Erziehungsanstalt Schloß Dehrn übergeführt, und wir zählten nicht mehr die Backenstreiche und Tritte, und wir lernten faulen Kohl und nasses Brot hinter verschlossenen Eisentüren essen.

Wir brauchten sechs Wochen, um die Zöglinge auf Schloß Dehrn zum Aufstand reif zu machen. Sie gehörten einer härteren Gattung an, tückischer, grausamer und mutiger. Mit ihnen konnten wir uns der Spritzen der gegen uns aufgebotenen Feuerwehren der Umgegend bemächtigen.
Eine Stunde vor der Niederschlagung durch die Landespolizei schärften wir den Aufständischen ein, alle Verantwortung auf uns zu laden, und flohen.
Wir wurden aufgegriffen und beide zur Beobachtung in ein Narrenhaus gebracht. Wir wurden gesund befunden,

aber in den paar Wochen in Käfigen mit den Fratzen und Schreien eines Alpdruckes am hellichten Tage, mehr noch unter den Augen der kühlen Ärzte, die mich wie einen Gegenstand zerlegten, war eine namenlose Angst in mir gekeimt, die ich verbarg und unterdrückte, aber mitnahm.

Wir wurden in die Zwangserziehungsanstalt Aumühle gebracht. Wir waren berühmt geworden. Als wir ankamen, erwarteten uns schon die Zöglinge und jubelten: »Jetzt wird es anders werden – Jockel und Haueisen sind da.« Mit geheimem Grauen sah ich ihre groben Hände, ihre schweren Schuhe voll Ackererde und ihre ausdruckslosen, in harten Umrissen erstarrten Gesichter. Ihr Wortführer schien ein ungeschlachter, fleischiger, blasser Junge zu sein, einer jener Menschen, deren in glattem Gewebe eingebettete Muskeln eine heimtükkische Kraft verdeutlichen. Seine Augen waren durch die erkaltete Härte des Blickes schon alt. Ich fragte mich, woher ich dieses Gesicht kannte, und plötzlich erinnerte ich mich mit heißem Erschrecken: es war Weidner, der Sohn einer Ermordeten. Wie jede Erinnerung aus der Zeit, die ich vergessen hatte, erfüllte mich das Wiedersehen mit Unbehagen, so als ob dadurch die ganze Vergangenheit wieder heraufbeschworen würde.

Der Vorsteher der Aumühle lud uns vor. Er saß hinter seinem Schreibtisch und blätterte in einem Briefhefter. Er sah uns aus Schweinsäuglein an und begrüßte uns: »Da seid ihr –«, und schrie unvermittelt: »Wo, denkt ihr, wo seid ihr? Irgendwo in den Wolken? Im Himmel? In der klassenlosen Gesellschaft?«

Er dämpfte seine Stimme zu einer jeden Buchstaben drohend betonenden Warnung: »Ich werde euch auf die Erde zurückbringen!« Er zeigte auf die Briefe: »Das Billigheim hat abgelehnt, euch wieder aufzunehmen. Schloß Dehrn – abgelehnt, Recklinghausen – abgelehnt, Marienhausen – abgelehnt. Ich habe angenommen. Ich habe keine Angst vor euch.«

 Und ich wußte, daß er die Wahrheit sprach. Zum ersten

Male verlor ich den Kopf. Ich fürchtete, gegen eine Gewalt zu kämpfen, die zu groß für mich war, unbekannt und tödlich. Die Partei war weit und wußte nichts von uns. Wir hätten in einem Verlies dieses Zuchthauses umkommen können – sie hätten uns vergessen. Unsere erprobte, einfache Herstellungsweise eines Aufstandes – je mehr Strenge, desto mehr Auflehnung – ließ sich nicht mehr anwenden. Denn der Schrecken der Aumühle war nicht nur größer, sondern auch anderer Natur. Er machte aus einem guten Teil der Zöglinge unterwürfige Feiglinge, die jedes Wort und jede Vorbereitung einer Flucht hinterbrachten, ihre Rache an den Bedrückern nur noch in Diebstählen und anderen Vergehen suchend. Von einem geheimen Entsetzen getrieben und nur, um zu entkommen, arbeitete ich mit Jockel und Weidner einen Plan aus, in den wir die übrigen nur einweihten, als es zu spät zu einem Verrat war: wir schlugen die zwei Wächter, die unsere Rotte bei der Feldarbeit beaufsichtigten, mit Hacken zusammen, und zerstreuten uns in alle Winde, zweiundzwanzig Mann.

Es war, als habe der Zustand, den einer flieht, einen Einfluß auf das mögliche Leben, das er durch die Flucht erreicht. Ich fiel zurück in die Kaste der niedersten zerlumpten Landstreicher, und dies war mir um so schmerzlicher, als ich wieder bis zum Bodensee hinunterging. In einem Nachtasyl schrieb die Hausordnung vor, daß Kleider und Schuhe vor der Nachtruhe abgegeben werden mußten. Der Schlafsaal hatte nur winzige, vergitterte Gefängnisfenster.

In der Mitte stand ein riesiger Ofen, den der Hausmeister bis obenan füllte, bevor er uns einschloß. Auf zwei Pritschen lagen wir nebeneinander, wohl hundert Mann, Junge und gespenstisch eckig dürre Alte, vor der Berührung von Haut zu Haut nur durch zerrissene, stinkende Decken bewahrt. In der zweiten Hälfte der Nacht entstand ein unerhörter Tumult. Der Ofen füllte den Raum mit giftigen Gasen. Elf der Alten, die sich hartnäckig

der Plätze nächst des Ofens bemächtigt hatten, waren tot.
Am Morgen darauf sollten wir im Holzhof arbeiten, um der Stadtverwaltung unser Schlafgeld zu verdienen. Aber wir weigerten uns. Zwei besser gekleidete Kumpane waren empörter als alle anderen und erklärten, sie seien Flüchtlinge aus dem Elsaß und verdienten mehr Achtung und dergleichen Dinge mehr.
Mit einigen Jungen ging ich baden, obgleich das Wasser winterkalt war. Aber wir wollten die Erinnerung an die furchtbaren Toten, an die knochendürren Glieder und die starren Zotteln auf ihren Leibern aus uns herauswaschen. Wir rieben uns gegenseitig trocken und blieben ein wenig in der armseligen Nebelsonne. Und die Frage nach dem Sinn des Lebens würgte uns und wollte nicht hinunter.
Im Schwäbischen lud mich ein Bauer wortlos ein, an seinem Tische Platz zu nehmen. Sobald ich mich auf der Bank eingerichtet hatte, war ich gebannt: die Möbel waren braun vom Alter, schlicht und schwer, die Wände geweißt. Alle Dinge boten dem Blick ruhige, einfarbige Flächen, wie mit breiten Spachteln aufgetragen. Nichts ereignete sich, das nicht sorgfältig ausgewählt schien, um zum Übrigen zu passen. Der Napf, den der Bauer mir vorsetzte, war rund und einfach wie eine aus zwei Händen geformte Mulde. Die Dickmilch, die er enthielt, war mattgelb überzogen. Der Löffel war geschwungen, wie mit einem einzigen Zuge eines Stiftes gezeichnet. Die Hände des Mannes, die Art, in der er ein Brot anschnitt und mir vorlegte, sein geruhsamer Schritt, während er hin und her ging, wohl fünfmal, um alles Notwendige zu holen und mir mit besonnenem Eifer, der gerade vor der Demut haltmachte, aufwartete, gaben mir zu verstehen, daß dieser Mensch ein wissender Zeuge der großen Unruhe war. Und es sah aus, als hätte er es aus besserer Verbindung erfahren als aus Zeitungen. Er weigerte sich, sie Herr über sich werden zu lassen, aber den Ruhelosen diente er.

Er erinnerte mich an die Bauern der Brudergemeinden meiner Heimat, aber es störte mich nicht. Seine Haltung kam von weiter her. Seine Wahrheit ging mich an. Ich kannte sie nicht, aber sie war mir nicht verloren, weil ich sie mit dem Bilde dieses Mannes in dieser Stube mitnehmen mußte.

Ich wurde aufgegriffen und saß vier Wochen in Haft, bis sich endlich ein Mutiger fand, der mich wollte. Ich kam in das Wichernheim, eine Tochtergründung oder Nachahmung des Rauhen Hauses.

Ich entfloh.

Ich wurde aufgegriffen und saß zwei Monate in Haft, bis sich der Leiter des Jugendamtes der Vorstadt, der sich Appel nannte und einer der gütigsten und verständigsten Menschen war, die mir je begegnet sind, meiner erbarmte.

Im Warteraum vor seiner Schreibstube prallte ich mit Jockel zusammen, er genau so wie ich an einen Landjäger gefesselt, schmutzig und in Lumpen, braungebrannt, mager und glücklich. Jeder lachte durch Tränen über das Bild, das der andere bot, und lachte, um seine freudige Bewegung zu verbergen.

Wir wurden als unverbesserlich entlassen, zwei Jahre vor unserer Volljährigkeit. Wir hatten gesiegt. Appel lächelte, als er das Wort »unverbesserlich« aussprach, an dem er unschuldig war. Er wußte, daß Prüflinge kaum stolzer auf gute Zeugnisse waren, als wir über jenes Urteil.

Wenig später standen wir zum erstenmal seit langer Zeit wieder auf einem Bürgersteig, ohne die Greifer fürchten zu müssen. Jockel erzählte mir, was ihm zugestoßen war, seit wir uns getrennt hatten, und schloß: »Ich habe wieder Neues über meinen Vater erfahren – er war nicht Schmuggler, sondern Arzt in Odessa.«

Gemessen an den Beispielen ertragener Qualen, die heute jedem Kinde geläufig sind, haben wir nicht gelitten, weder im Billigheim noch in den strengeren Anstalten. Als Beweis will mir gelten, daß Jockel wie ich, als wir frei auf dem Bürgersteig standen, von einem Bedauern heimgesucht wurden: wir waren aus einem großen Abenteuer ausgeschieden, um junge Arbeitslose unter Millionen zu werden. Wir fühlten uns ärmer und der Verdacht streifte uns, um etwas betrogen worden zu sein.

Wir wurden bald gewahr, daß wir erst an der Schwelle des Abenteuers standen. Der letzten hindernden Bevormundung durch die Fürsorge ledig, konnten wir unablässig daran arbeiten, unser Dasein dem Traum immer näherzubringen, dem herrlichen, gewaltigen Traume, an dem wir alle zugleich träumten, wie hundert Steinmetzen an einem Dom arbeiten, uns allnächtlich mit Gegnern raufend, alle persönlichen Sorgen und Wünsche, Bedürfnisse und ererbten Besonderheiten beiseiteschiebend und verdrängend, um dem Traume Platz zu machen, so wie der Mann, der sein Brot und sein Wasser wegwarf, als er Gold fand.

IV Ferien im Reiche des Elends

Meine Bleibe, um die mich viele beneideten, fand ich bei Margaret. Die alte Genossin stand einer zahlreichen, durch mehrere Untermieter und noch mehr Besucher und Hausfreunde vergrößerten Familie vor, in einem Gebäude, das sichtbar dem Verfall entgegenging. Augensichtlich: denn von Zeit zu Zeit machte einer der Anwesenden längs eines Bilderrahmens einen senkrechten Strich an die Wand, dem er das Datum anfügte. Der Strich folgte der zunehmenden Neigung der Wand, während das Bild fortfuhr, lotrecht zu hängen. Dieses Spiel war schon so oft wiederholt worden, daß sich zu seiten des Rahmens ein regelrechter, nach unten offener Fächer ergeben hatte, der genau die Geschwindigkeit angab, mit der das alte Bauwerk sich senkte.

Wir sahen die Darstellung ohne Besorgnis. Wir verglichen den morschen Wohnbau mit dem der alten Gesellschaft und verfolgten heiterer Laune den Wettlauf zwischen der Fallgeschwindigkeit und dem anderen, mächtigeren Naturgesetz der heranreifenden Umwälzung. Wir hätten über Warnungen nur gelacht und den Zweifler einen Narren gescholten, so unumstößlich war in uns die Gewißtheit, daß der Sieg unserer Klasse uns ein neues Haus beschert, lange bevor das alte uns hätte unter sich begraben können.

Zuweilen konnten sich fünfzehn oder mehr Menschen in der gar nicht großen Wohnstube Margarets treffen. Sie liebte Leute um sich und war um so strahlender und alle Falten ihres gütigen Gesichtes lächelten dann um so glücklicher, je mehr Lärm und Leben ihren Lehnstuhl umgab. Sie war erpicht auf immer neue Gesichter und jeder erstmalige Besuch war ihr Anlaß, auf das rote Plüschruhebett zu deuten und dessen geschichtliche Bedeutung zu verkünden. Es hatte »Rosa« als Nachtlager gedient, sooft sie in unsere Stadt gekommen war. Margarets kluge Augen leuchteten, wenn sie aus jener Zeit erzählte, die uns Jungen fern erschien wie die Geburt des Erlösers. Wir waren ergriffen, Zeitgenossen einer Zeugin zu sein, die eine Gestalt der »Geschichte« noch in Fleisch und Blut gesehen hatte.

»Wie ich sie zum erstenmal gesehen hab«, träumte sie uns vor, während wir an ihrem Antlitz hingen, um einen besonderen Glanz zu entdecken, den die Begegnung mit der großen Toten hinterlassen haben mußte. »Ach, das war ganz am Anfang, da hab ich mir gesagt, Gott, so e klein Frauche, kaum soo hoch, wie kann sie vor dem ganze Marktplatz schwarz voll von Mensche sich durchsetze.« Sie unterbrach sich stolz: »Ja, wenn es geheiße hat, die Rosa spricht, dann is kein Arbeiter daheim gebliebe. Und wie sie angefange hat zu rede – da hab ich verstande, warum, mir is es Herz durchgange –«

Sie vergaß, weiterzusprechen, fuhr fort, in sich hineinzulächeln, sie sah, was wir nicht mehr sahen, sie ließ uns vor der geheimnisvollen Türe zu ihrer Zeit stehen, saß vor uns, groß, silberweiß und unendlich gut, ermutigte uns spitzbübisch, wenn wir alle Töpfe leerten, wenn wir sie arm fraßen.

Der einzige Vollverdiener des Haushaltes, einschließlich der Untermieter und Freunde, war der Tochtermann der Margaret, Willem. Er kam von der Arbeit, fand in seiner Wohnung eine ganze Gemeinde vor, brummte undeutlich einen Gruß, lehnte mit groben Bewegungen seiner mächtigen Hände die Stühle ab, die alle aufspringend ihm anboten, und stand stundenlang so schweigsam und trotzig in einer Ecke, daß ihn alle neuen Besucher zunächst als mürrisch und feindselig fürchteten und das Brot im Halse spürten, das sie ohne ihn an seinem Tisch genossen hatten. Aber alle halben Jahre kam es vor, daß er den Mund auftat, um schüchtern einen Satz voll Liebe und Güte zu wagen: »So Mensche wie die Mudder werde net mehr gemacht – die Gußform ist verlore.«

 Ich habe nicht im Gedächtnis behalten, was wir täglich

aßen und wie wir zu den nötigen Schuhen und Kleidern kamen. Ich weiß noch, daß ich einige Male an Klosterpforten um Suppe bettelte, ich weiß auch noch, daß Jockel lange Zeit einer kleinen Bande von Sängern und Musikanten angehörte, die auf Straßen und in Höfen Geld sammelte. Aber das waren Ausnahmen. Es fand sich immer ein Tisch, an dem wir mitessen konnten, und eine Münze, um die Schuhe flicken zu lassen. Meist war die einzige große Sorge jeden Tages nur, zu zwei Groschen zu kommen, um das Glas Fruchtsaft im Kaffeehaus Pfister bezahlen zu können, der Wachstube der Freiheit, dem »Parteiverkehrslokal«.
Keiner fehlte nur einen Tag, denn allen war es ein Bedürfnis, ihr Feuer regelmäßig mit dem der anderen vereint zu einer großen Flamme werden zu sehen. Gewiß gestand es niemand ein, denn das Modell eines Kämpfers, dem wir uns anzugleichen versuchten – jede Partei hatte ihr Modell entwickelt, oft gar bildlich auf Werbemitteln – war ein von eiserner Gesetzmäßigkeit beherrschter, schwärmerische Anwandlungen verachtender, kleinbürgerliche Gefühle ausmerzender Mensch. Aber nach Jahren derselben Auseinandersetzungen um Fragen zwischen Urschleim und Volkskommissar waren wir unserer täglichen Wiedersehen noch nicht müde, und je wortkarger wir im Schatten drohender Gefahren wurden, um so begieriger lauschten wir auf den gemeinsamen Herzschlag.
Zuverlässig wie die große Uhr der Stadtkirche saß von ein Uhr nachmittags ab der alte ruppige Rabe Gottwohl, Leiter der Roten Hilfe, Vorstand des Erwerbslosenausschusses und Schreiber und »Mädchen für alles« unserer Stadtverordneten in einem Winkel bei Pfister und krächzte ein fröhliches Willkommen. Schwarzgekleidet, hager, stachelbärtig und schnoddrig grinsend, bearbeitete er Stöße von hastiggeschriebenen Aufzeichnungen. Es waren Fälle besonders empörender Verelendung, die er mundgerecht zuschnitt, um sie durch die Stadtverordneten vortragen zu lassen, beileibe nicht, »um Mit-

leid zu erregen und Mildtätigkeit zu erflehen, sondern um die widerlichen Schwären zu entblößen, welche die Verantwortlichen zu verbergen trachteten«.

Allmorgendlich holte er eine neue Ernte erschütternder Elendsklagen aus der »Sprechstunde der Stadtverordneten der Werktätigen«. Eine Menge Unglücklicher stand geduldig Schlange, um ihre Angst und Verzweiflung herausschreien zu können. Wer unter den Überlebenden jener Zeit erinnert sich nicht der kinderreichen Arbeitslosen, denen man plötzlich die Unterstützung entzogen, oder der zwangsweisen Ausmietungen, der Kranken ohne Hilfe und Heil? Unter Gottwohls eilender Feder wurden die Beschwerden zu Brandfackeln. Stets fanden sich unter den Bittstellern Enttäuschte, die geldliche Unterstützung erhofft hatten, und nur schwer glauben wollten, daß wir ihnen besser halfen als mit Almosen. Sie wollten die Nacht, in die sie hineingingen, um den nächsten Schritt erhellt haben, während wir die Nacht überhaupt aus der Welt zu schaffen uns bemühten.

Wer Gottwohl eigennütziger Berechnungen verdächtigt – denn seit vielen traurigen Erfahrungen fühlen sich die Beistandheischenden immer von den Leuten hinter Schaltern und Schreibtischen betrogen, die ihre eigentlichen Feinde waren –, hätte leicht Lügen gestraft werden können: er hätte ihn nur in seine Wohnung einzuladen brauchen. Zwischen Wänden, die von oben bis unten mit Bildnissen der in die Geschichte eingegangenen Genossen und mit Ausschnitten aus unseren Zeitungen beklebt waren, lag eine vom Fieber bis auf die Knochen verbrannte Frau, die nach den Händen der besuchenden Freunde haschte, um sie in ihren heißen Fingern zu pressen und mit feurigen Augen aus den Schatten der Brauen zu fragen: »Geht es vorwärts?« Außer dem Lager, drei Stühlen, einem Tische und einer Kiste war die Dachstube leer. Auf der Kiste stand neben dem Kocher eine kleine Flasche schwarzer Tusche, mit der Gottwohl die hellgescheuerten Ränder seines Anzuges nachfrischte. Den Anzug aber pflegte und trug er aus einer ganz besonderen Rücksichtnahme: es schien ihm nicht erlaubt, Menschen, nur weil sie arm waren, zu vernachlässigen und ohne die Höflichkeit zu empfangen, die sich in der Kleidung ausdrückt.

An einem Tisch in der Nähe der Fenster saß Albert. Stets schien er auf ein Unglück zu warten. Er hatte die geheimnisvolle Fähigkeit, alle denkbaren Unbilden auf sich zu ziehen, sobald er sein warmes Schreibzimmer verließ, in dem er seine Doktorarbeit vorbereitete, wobei er unaufhörlich Kaffee trank. Wo er hingeriet, war er Vorbote einer Verwicklung. Er unterschied sich von allen durch sein Gepräge »alleinstehender Herr«. Stets verfolgten ihn immer andere ältliche Mädchen mit einem Haß, dessen Ursachen in der Vorgeschichte der Menschheit liegen mußten. Er sah ihnen verblüfft und hilflos entgegen, wie ein Uhu den zornigen Singvögeln.
Nur die Vertrauten schätzten ihn, wie es ihm gebührte, und wußten um seine außerordentliche Vergangenheit. Wohl hatte er sich bei Kriegsausbruch freiwillig gemeldet, um einem unfreundlichen Mutterhaus zu entkommen. Aber die folgenden fünf Jahre waren ihm eine harte und lehrreiche Schule gewesen. Am Ende des Schlachtens hatte er zusammen mit dem alten Heiner und Willem, dem Tochtermann Margarets, den Arbeiter- und Soldatenrat auf den kühnen Weg geführt, den Rosa und Liebknecht vorgeschlagen. Er trug den unsichtbaren Orden der Überlebenden jener Schar, die dem tausend Jahre alten Namen eines Aufständischen einen neuen hellen Klang und Glanz gegeben hatten: Spartakus.
Viele Feuer sind erloschen. Wie viele ernste Worte sind grausame Scherze geworden. Aber immer noch – oder vielleicht gerade erst, nachdem wir wissen – steigen mir Tränen in die Augen, wenn ich mich der verzweifelten Lieder erinnere, in denen die Matrosen, Soldaten und Arbeiter der einzigen echten Revolution des Proletariats ihre Todesgewißheit besungen:

Der Noske schießt mit Artillerie
Spartakus hat nur Infanterie
Granaten schlagen bei uns ein
die Noskehunde stürmen Büxenstein.
O Büxenstein, o Büxenstein
aus Dir wird bald ein Leichenstein
wir haben gekämpft bei Büxenstein
und dafür werden wir erschossen sein.

Die wenigsten aber wußten, daß Albert von gezuckertem Wasser und trockenem Brot lebte, um seine Studien fortsetzen und den Schatz, den er hütete, mit abgehungerten Kostbarkeiten bereichern zu können. Er öffnete nicht vor vielen die zehn großen, ledernen Koffer, worin in steifen, mit säuberlichen Aufschriften versehenen Umschlägen verwahrt und geordnet die Sammlung aller Aufrufe, Flugschriften, Maueranschläge und Zeitungen der Arbeiterbewegung von ihren allerersten Anfängen bis in die neueste Zeit ruhte. Mit angehaltenem Atem, andächtig und feierlich wie vor aufgefundenen Briefschaften verschollener Ahnen, las ich die Schriften der Männer des Bundes der Gleichen, die sie geschrieben, bevor sie auf einer Barrikade in Baden oder in Paris gefallen, im Namen einer finsteren Gerechtigkeit enthauptet worden, in einer Wildnis verschollen oder im Elend der Verbannung gestorben waren. Ich sah die Mitgliedskarten des Bundes der Kommunisten, auf denen in zwanzig Sprachen gedruckt stand: »Alle Menschen sind Brüder.« Wer war der Unbekannte gewesen, der die erschütternden Aufrufe der Kommune von Paris, von den ersten begeisterten Ausrufungen und zielsicheren Verordnungen bis zu den letzten, verzweifelten Beschwörungen, vor der Vernichtung gerettet hatte? Sie waren in ihren Verstecken vergilbt, aber so, wie in den Mauern alter Konvente noch Schatten den Lebenden begegnen, so bewahrten sie den Lärm der Kämpfe, den Geruch des Pulvers und des Blutes und den Hauch des einen Traumes von der Freiheit und der Gerechtigkeit.

Längst hatte ich erreicht, vergessen zu können, was meine Vergangenheit wie ein Feind hatte besetzt halten wollen. Was ging mich der grausame Mann an, dessen Namen ich trug, und was die Frau, die mich geboren und gestillt hatte? In meinen Adern floß das Blut, das Richtblöcke und aufgerissene Pflaster benetzt hatte.

Jockel sah ich fast täglich, aber mehr und mehr wie aus einer unüberbrückbaren Entfernung. Ich trat durch die Tür des »Pfisters«, und mein erster Blick fiel auf vier junge Leute, die um einen fünften standen wie um einen Mann aus dem Feuerland. Ich erriet so deutlich, als ob sie unter einem grellen, sie durchstrahlenden Licht ständen, was zwischen Mann und Mann und in jedem allein vorging, aber weil mich aus ihnen beklemmende Ahnungen und Tönungen anfielen, räumte ich die ganze Erscheinung sorgfältig aus meinem Bewußtsein.
Aber ich konnte nicht, ich konnte nicht, so weh es mir auch tat, zu Jockel gehen, der unter ihnen stand: sein prächtig freches, von keiner Spur Angst behindertes Lachen wie eine Fahne aufgezogen. Ich grüßte ihn mit einem Kopfnicken. Neben ihm stand Weidner, der zu uns gehörte wie die Ratte zum Schiff und hart und drohend auf jeden blickte, der sich zum Reden anschickte. Er war wie ein ungeschlachter Stift, wachsam wartend, um alle Worte, die Forderungen nach Gewalt, Haß und Unerbittlichkeit ausdrückten, mit dem ganzen Gewicht seines Körpers zu unterstreichen. Bruno Schelm, der wie gewöhnlich vertraut und eingeweiht mit dem Helden der Stunde tat, und Rudi, dessen weiche, träumerische Maleraugen leuchteten, weil er von der Ritterlichkeit begeistert war, die erlaubte, mit einem Gegner friedlich zu plaudern. Denn der fünfte war Althaus, einer der bekanntesten Führer der Sturmabteilung – wahrlich aus dem Feuerlande zu Besuch. Keiner war etwa von dem Willen beseelt, sich mit einem Abgesandten aus dem feindlichen Lager in einem Wortstreit auseinanderzusetzen. Sie dachten auch nicht an Versöhnung und

noch weniger an Überlaufen. Einer wie der andere wußte klar, daß sie sich in der folgenden Nacht wie in allen vorangegangenen Nächten Schußwunden und Messerstiche zuzufügen bestrebt sein würden. Im Gegenteil lud der nächtlich fortgesetzte Krieg das Stelldichein im Tageslicht mit einer angenehm erregenden Spannung, mit der Jockel spielte, als er sagte: »Am ersten Tage der Machtübernahme werde ich dich eigenhändig hängen«, worauf der Bedrohte in das fröhliche Gelächter aller einstimmte.

Die Unseren verschlangen den Besucher mit den Augen und versuchten, sein Gehabe zu erlernen, das von seinem Landsknechtsdasein und von geheimen Eigenschaften geprägt war, die sie witterten und ihm neideten. Nur das zu erhaschen und nachzuahmen, war ihnen wichtig. Es war ohne Beziehungen zu den gegenseitigen Weltanschauungen, es war eine Auseinandersetzung auf einer anderen geheimen Ebene, vielleicht wie sich die Knechte feindlicher Heere im Laufe eines langdauernden Krieges Waffen und Trachten, ja auch Worte und Lieder ablernten. Aber ich hatte die schmerzliche Gewißheit, daß die Genossen dabei waren, etwas preiszugeben. Sie konnten dem anderen bestenfalls äußere Gebärden abgewinnen, nicht aber den verborgenen Sinn erkennen, von dem sie nur ein Ausdruck waren. Mir war, als wohnte ich einem Würfelspiel zwischen einem unredlichen Werber und Bauernsöhnen bei. Und ich hätte nicht sagen können, wo und wann er betrog, aber ich wußte, ich wußte, daß er um sie selber spielte.

Meine Beziehungen zu Bruno und Weidner waren von jeher kühl geblieben. Sie hatten nie die Welt verlassen, in der von mir gehaßte und verworfene Worte noch Geltung hatten. Es hätte mich vielleicht wenig bedrückt, sie in solcher Verfassung zu wissen, wenn nicht Jockel ihnen immer ähnlicher geworden wäre. Und ihm gegenüber war ich ohne Worte. Denn seine Haltung entsprach der gewissenhaften Befolgung der Beschlüsse: aus einer kleinen Vorhut sollten wir eine Massenpartei werden.

Es durfte nicht mehr auf Reife, Verständnis und innere Bereitschaft Wert gelegt werden. Mit Mitteln, dem Jahrmarkt entlehnt, die den rückständigsten Gehirnen schmeichelten und nur wirksam waren, wenn sie auf zehntausend zugleich angewandt wurden, mit Worten, die knallten und blendeten, mit Fahnen, Märschen und Versteigerungen wurde geworben, wie zum Eintritt in eine Schaubude.
Mir war es, als ob ich Jockel für mich, für meine Welt geworben hätte. Er war meine Zucht, ich war für ihn verantwortlich. Ich litt sogar darunter, daß er sich so voll und ganz der Partei ergab, während ich an der Schwelle zögerte. Ich war eifersüchtig.

Ich war glücklich, wenn sich ein Anlaß ergab, der uns zusammenbrachte. Einmal stieß ihm – ich glaube, durch die Vermittlung seines Vormundes – das unerhörte Glück zu, eine Gelegenheitsarbeit zu finden: es galt, ein weitläufiges Kellergewölbe leerzuräumen, wofür der Lohn in den nicht unbedeutenden Restbeständen an Kohlen und Holz bestehen sollte, die der Keller enthielt. Allerdings war auch eine Menge Unrat zu entfernen. Jockel holte Bruno, Rudi, Weidner, der seinerzeit als fliegender Gemüsehändler sein Leben fristete, und mich zu Hilfe. Wir leerten den Keller und verkauften, was sich losschlagen ließ. Als die Gewölbe leer waren, fiel uns ein kleines Gelaß auf, das durch eine Lattentür verschlossen war. Durch die Lücken entdeckten wir eine lange Reihe mit Flaschen gefüllter Regale.
War dieser Reichtum in dem Vertrag einbegriffen oder nicht? Wir zogen vor, der Frage nicht ganz auf den Grund zu gehen und im beruhigenden Halbdunkel des Zweifels das Gelaß gewaltsam zu öffnen. Wir entnahmen aus jedem Fach drei Flaschen – eine Ziffer, auf die sich unser schlechtes Gewissen mit unserer Gaumenlust einigte –, insgesamt einhundertzweiunddreißig Flaschen. Mit unserer Beute und einem genügenden Vorrat an Eßwaren schlossen wir uns in Gesellschaft unserer Gefährtinnen

in die Stube Jockels ein und tauchten erst nach fünf Tagen wieder auf, der Zimmerwirtin die hundertzweiunddreißig leeren Flaschen überlassend, um sie für vier schlafgestörte Nächte zu entschädigen.
Guten Willens, wenn auch unbeholfen, strebte ich das Vorbild der Genossen der Kampfverbände an, ein Modell, das die Gebärden, die Stärke und Grobheit eines riesigen, furzenden und saufenden Schwerarbeiters, die Hemmungslosigkeit eines Raufboldes und die Seele eines verbitterten, in langen Elendsjahren haltlos gewordenen, verschlagenen und halb verbrecherischen Arbeitslosen vereinigte. Ich trank mit Bruno, der stolz auf die schwerste aller Eroberungen war: die Liebe einer Hure.

In diesem Verhalten war keine Spur von Verworfenheit, es war im Gegenteil eine große Reinheit und Unschuld, es glich dem Verhalten der Kinder des Weltkrieges, die sich im Dreck gewälzt hatten, um ihren Helden ähnlich zu werden, weil die Soldaten der vordersten Linien alle mit Schlamm und Läusen behaftet zurückgekommen waren.
Denn mit demselben Jockel fand ich mich zusammen, um schwierige Bücher gemeinsam zu meistern. Als wir aus einer Zeitschrift für Volksgesundheit erfuhren, daß Zucker als wirksame Nahrung des Gehirns betrachtet wurde, bereiteten wir uns gezuckertes Trinkwasser und stellten Teller mit Süßigkeiten zwischen uns auf, sooft wir uns eine Arbeit vornahmen.
Dies trug sich in einer anderen Stube zu als der des Trinkgelages. Sein Vormund bezahlte ihm eine Zeitlang ein kleines Zimmer in der Wohnung einer Familie, die eine gewisse Aufsicht über den Pflegling ausüben sollte. So war es ihm verboten, Besuche zu empfangen. Ich mußte mich, sooft ich kam, auf Zehenspitzen einschleichen, und ich kam oft, denn Jockel teilte das Abendbrot, das seine Wirte ihm zubereiteten, mit mir. Wir aßen schweigend und reglos und hörten das Klappern der

Bestecke aus dem nebenanliegenden Eßzimmer der Familie.
Nun setzten die Leute oft ihrem Gast Heringe und Salate vor. Es kam, daß ich gegen Ende eines Mahles geräuschvoll einen Wind fahren ließ. Sofort hörte das Klappern nebenan auf. Jockel, peinlich berührt, aber auch hilflos dadurch, daß die Leute ihn allein glaubten, machte mir wütende, aber stumme Vorwürfe, indem er einen wahren Tanz vor mir aufführte, und das alles war so unwiderstehlich lustig, daß ich laut lachen mußte. Das Schweigen nebenan wurde fast greifbar. Sie mußten ihren Mieter für verrückt halten, der sich unanständig aufführte und eine Minute darnach – hahaha – laut dazu lachte. Aber wie unbeschreiblich flehend, beteuernd, gleichzeitig aber verzweifelnd waren die Blicke, die Jokkel nach jedem solchen Vorkommnis in die Augen der Tochter des Hauses zu senken versuchte, die ihn jedoch furchtsam mied.
Warum ich das erzähle? Weil, so oft es auch vorkam, Jockel nie, niemals auch nur auf den Gedanken kam, mir deshalb sein Zimmer zu verbieten, in das ich mich doch vor allem schlich, um die Hälfte seines Essens zu verzehren. Wir haben uns oft in der Gefahr beigestanden – aber jene teuflische Probe scheint mir doch der beste Maßstab unserer Freundschaft.

Und trotzdem konnten wir uns begegnen wie Leute aus verschiedenen, wenn auch befreundeten Lagern. In den Versammlungen traten die Kampfgruppen, zu deren Leitern Jockel gehörte, soldatisch auf, trugen an hohen Schaftstiefeln Absatzeisen, die fast wie Sporen klirrten, und an blauen Schirmmützen lederne Sturmriemen. Während der Zeit des allgemeinen Uniformverbotes umgingen die Wehrverbände aller Parteien das Gesetz, indem sie überall kaufbare Mützen, Stiefel und Reithosen trugen. Meist konnte man erst ganz aus der Nähe die eisenklirrenden Leute als Braune oder Unsrige erkennen. Die Abzeichen waren zahlreich, von roten Sternen

oder geballten Fäusten bis zu kleinen kupfernen oder silbernen Abbildern der großen Führer.
Es liegt mir fern, Untersuchungen über die Haltung der Partei anzustellen. Ich erzähle, wie wir lebten, das ist alles, aber ich nehme dabei kein Blatt vor den Mund. Das Gehaben eines Teiles unserer Genossen war das geschilderte, aber da sie die Mehrheit waren und da sie dem Geschmack der »Masse« am nächsten kamen und da wir entschieden hatten, eine Massenpartei zu werden, waren die Versammlungen mehr und mehr darauf ausgerichtet, ihre Begeisterung zu erzeugen.
Viele gute alte Genossen wurden rot vor Scham, wenn ein Marktschreier zur Aufnahmeerklärung in die der Partei angegliederten Gewerkschaften und Wehrverbände anfeuerte: »Dreißig, einunddreißig, zwei- , drei-, vierunddreißig – es fehlen noch sechsundzwanzig bis zum gesteckten Ziel – wer wagt den Schritt – wer will noch etwas für seine Klasse tun – ahaaaah, fünf-, sechs-, siebenunddreißig.« Oder wenn die dicke Reichstagsabgeordnete Reese schrie: »Ich gehe nicht eher von der Bühne, bis sich dreißig Arbeiter in die Partei eingeschrieben haben . . .«
Und in den Nächten, die auf Versammlungen folgten, oder nach dem Besuch der »Arbeiterhochschulen«, oder müde und doch erregt von einer stundenlangen Jagd – die Braunen jagend oder von Grünen gejagt – gingen wir ratlos durch die dunklen, immer stilleren Gassen, zu viert, zu dritt, meist aber Reitinger und ich allein, ziellos, oft bis in den Morgen. Immer seltener, und bald überhaupt nicht mehr, kam Jockel mit uns. Mir war es, als ob mit ihm die Tat selbst uns verließe. Unser Traum, der Traum der Jungen, die sich auf das Eingehen in die kommende Zeit wie zu einer Hochzeit zu läutern und vorzubereiten bemühten, die unablässig an sich arbeiteten, von der Sorge beseelt, keine der seelischen Gebrechen, Hemmungen und Schäden der Vergangenheit wie Schmutz an den Sohlen in die Zukunft zu tragen, die
 nicht nur über den Weg, sondern auch über das unmit-

telbare und das ferne Ziel und die Gestaltung ihrer Welt suchten und stritten: unser Traum wurde abseitig, und wir träumten ihn schlechten Gewissens.

Wir wußten, daß es zu den Geheimnissen und Bedingungen des Erfolgs gehörte, mit beiden Füßen in der nüchternen Wirklichkeit zu bleiben. Wir träumten, ja, aber von unserer Erde. Uns leuchteten keine heiligen Lichter, uns verwirrten keine übersinnlichen Mädchenaugen, und uns rührten keine Gesänge. Vor unseren Augen erstanden Heere donnernder Raupenschlepper, erstanden Ziffern, die sich wie flammende Botschaften aus der Zukunft lasen. Ein gewaltiger Atem wehte uns aus den Jahresabrechnungen des großen Planes der Rätestaaten an.

Ich fragte Reitinger: »Hast du gelesen? Sie habe einer Belegschaft eine neu erdachte sozialistische Kleidung anprobiert, ohne Rockkragen, der ja lediglich eine unerklärliche Stoffvergeudung ist. Ohne Taschen, die ja nur Staub sammeln. An deren Statt ein kleiner Beutel, am Gürtel getragen.«

Der gründliche, nachdenklich schürfende, aufmerksam beobachtende Freund, mit dunklen Vogelaugen in einem pausbäckigen Gesicht, kaum jünger als ich, aber noch mit den linkischen Bewegungen eines Fohlens, schwieg. Denn er war ein leidenschaftlicher Maschinenbauer und nur über die Neuerungen, die sein Fach angingen, gut unterrichtet. Er sagte nach einer Weile ehrfürchtig: »Letzthin haben sie Versuche angestellt, mittels Flugzeugen zu säen.«

Nicht die Obdachlosen, die auf den Bänken der Anlagen schliefen, solange die Grünen es dulden wollten, nicht die durch die Straßen streifenden jungen Verwahrlosten und nicht unsere schäbigen, zerfallenden Kleider und Schuhe schoben sich lästig in meinen Traum: ich sah ein weißes, in der Sonne blitzendes Flugzeug über eine dunkle Wirrnis gestaltloser Schatten fliegen und säend eine breite, trockene, helle Straße ziehen, die das unbekannte

Dunkel besiegte, indem sie es erschloß. Wir hatten kein festes, beschränktes Ziel, unsere einzige Gewißheit war nur die Richtung eines Werdens, die Richtung nach oben, nach der Befreiung.
Viel später sagte Reitinger, und seine Gedanken waren genau angekommen an dem Überschwang, den ich erreicht hatte, denn er nahm mir die Worte aus dem Munde: »Wenn wir erst einmal so weit sein werden, wenn wir an unserem Plan arbeiten werden, Mann, ich weiß nicht, mit Freuden will ich zehn, zwölf, vierzehn Stunden an der Werkbank stehen, ich glaube, ich werde nicht mehr müde sein können.«

Aus jener kurzen Pause zwischen meiner Entlassung aus der Fürsorge und meiner Verhaftung als Landfriedensbrecher weiß ich weiter nichts mehr. Ja, mir fällt noch ein: wir gingen baden.
Mitten unter den Hunderttausenden, die sommersüber die Ufer der Flüsse bevölkerten, weil keine Arbeit und kein Tisch auf sie wartete, lagen wir in der Sonne. Wir litten weniger als unsere Mitmenschen. Denn wir erhofften kein Glück und keine Laufbahn mehr. Wir hatten endgültig mit der alten Gesellschaft abgeschlossen und bis zum Anbruch der neuen Zeit Ferien im Reiche des Elends genommen.

V Soldat der kommenden Zeit

So wurde ich ein getreuer Soldat der kommenden Zeit. Wie stolz war ich auf das Wort eines angesehenen Beauftragten der Partei, mit dem er lächelnd Jockel und mich bezeichnet hatte: »Die jungen Offiziere der künftigen Roten Armee Deutschlands.«
Als während eines Hungermarsches der Befehl durchgegeben wurde, um keinen Preis zu weichen, blieb ich wacker stehen und sah den Lohndienern der herrschenden Klassen entgegen, die in zwei lockeren Reihen hintereinander vorgingen, die Börnestraße gegen das »Rote Eck« zu abkämmend. Die Knöpfe ihrer Waffenröcke, die Knäufe ihrer Seitengewehre und die kindskopfgroßen Sterne ihrer Helme blitzten wohlberechnet, um schon durch ihren Anblick Furcht und Schrecken zu erregen. Die Gesichter im Schatten der Helmschirme wurden immer finsterer und feindseliger, während wir schrien: »Nieder mit den Bluthunden der Ausbeuter« und »Gebt uns Arbeit und Brot, sonst schlagen wir euch tot.«
Neben einer Laterne, die mir ein wenig Schutz zu gewähren schien, faßte ich den Grünen ins Auge, der auf mich zukam, und hielt ihm, als er in Reichweite gekommen war, beide Handgelenke fest, um ihn am Gebrauch seiner Waffen zu hindern. Eine Sekunde lang maßen wir unsere Kräfte, und ich roch seinen üblen Atem, während er sich vergeblich bemühte, fauchend frei zu kommen. Er hatte die gelbliche Haut eines Leberkranken.
Ich handelte schnell. Ganz plötzlich ließ ich seine unbewaffnete Hand los – in der anderen hielt er seinen Knüppel – und schlug ihm kräftig unter das Kinn, so heftig, daß er mit dem Hinterkopf an die Laterne prallte. Dieser Rückschlag machte ihn leicht besinnungslos, so daß ich ihm ohne Hast einen zweiten Haken versetzen konnte, der ihn vollends auf die Knie zwang.

Ich sah mich um und um – kein Mensch mehr war am Roten Eck. Es war klar, die Genossen, noch mit den Eierschalen kleinbürgerlicher Erziehung behaftet, hatten sich von der prangenden Entfaltung der den Buchstaben des Gesetzes nach rechtmäßigen öffentlichen Gewalt unversehens beeinflussen lassen. Und die Grünen hatten weiter hinter ihnen hergekämmt, ohne zu bemerken, daß ich ihnen einen Zahn aus dem Kamm gebrochen hatte.
Unbesiegt, galt es dennoch zu verschwinden, ehe sie des Sachverhaltes gewahr wurden. Ich versteckte mich in einem Hausflur, bis die Grünen sich zurückgezogen und von neuem hungerschreiende Rotten die Straßen füllten. Denn es war die Kampfweise des unbewaffneten Volkes, den Angriffen der Ausbeutergarden geschmeidig auszuweichen und sofort wieder aus dem Boden zu wachsen, wenn die Grünen nach getaner Arbeit abfuhren.
Einige wohlmeinende Zeugen meiner Tat rieten mir, mich zu verbergen. Aber nun, da meine Tat zu einem Schaustück geworden war, mußte ich den Helden weiterspielen. Ich entgegnete ihnen, auf mein Abzeichen am Hemdkragen deutend, daß ich zur Vorhut der kämpfenden Arbeiterklasse gehörte und der erste Schritt zu Erringung der Macht die Behauptung der Straße sei. Sie hielten mir folgerichtig vor, daß die Grünen wahrscheinlich wieder auftauchen würden und mich nach der Beschreibung, die der gezüchtigte Beamte sicherlich gegeben haben mußte, ganz besonders aus der Menge heraussuchen würden. Ich sollte wenigstens meine Kleider wechseln.
Meine Kleidung allerdings war noch auffällig. Von allen Einsichten, die ich einmal erworben, hatte ich keine wieder aufgegeben. Ich verachtete den Halskragen, und nie beschattete eine Kopfbedeckung meine Stirne. Meine Kopfhaare wuchsen frei und lang. Meine Hosen waren so kurz, wie sie nur sein konnten. Mein Gepräge mutete ein wenig seltsam und verrückt an, war aber gerade im Gegenteil das Ergebnis sachlicher Erwägungen – das Äußere des Menschen von morgen.

So war es den Beamten leicht, mich bei ihrem nächsten Säuberungsunternehmen zu entdecken, und ihre einzige Sorge wurde sofort, mich dingfest zu machen. Sie schlugen rücksichtlos auf meine Nachbarn ein, um mich auszusondern, und packten mich zu mehreren. Ich wehrte mich, getreu dem Grundsatz, stets Beispiel zu sein und in der Hoffnung auf Beistand. Denn wir waren der Hungerrufenden sicherlich tausend, die Grünen höchstens fünfzig. Aber die wurden rasch mit mir fertig. Es war ihr Handwerk, und sie wandten schonungslos die menschenunwürdigen Knüppel an. Sie gingen daran, mich abzuführen.
Das aber war nicht leicht. Denn sie mußten sich vorerst eine Gasse durch die Menge bahnen, durch die sie mich zu geleiten hatten. Sie mußten die vier Leute, die mich festhielten, nach allen Seiten abschirmen, vor allem aber mußten sie den Sturm abwehren, der uns folgte. Denn der Rücken, selbst bewaffneter Mannschaften, ist eine Blöße, die Mut und Angriffslust erzeugt.

Die Leute kannten mich. Es ging mir wie allen jungen Genossen der Zelle Vorstadt. Wir hatten einen guten Ruf, jedoch aus denselben Gründen, die uns in den Augen unserer Mitbürger zu ein wenig sonderbaren Heiligen machten: sie bewunderten, daß wir nicht rauchten und uns berauschender Getränke enthielten (und ich glaube, daß Jockel und andere es aufgaben, weil sie sich in der Haut von Heiligen nicht wohlfühlten). Wir hatten stets Bücher unter dem Arm, deren Inhalt wir besprachen, uns mit lauter Stimme ehrfurchtheischender Fremdworte bedienend. Die Straßenmädchen erlaubten sich wohl hin und wieder Scherze über meine kurzen Hosen, aber sie achteten mich doch und hörten geduldig zu, wenn wir auch diesen Opfern bürgerlicher Sittenlehre erläuterten, warum eigentlich sie zu ihrem traurigen Geschäft gekommen waren.
Sie blieben etwas erstaunt und ungläubig, waren aber die empörtesten aller Zeugen meiner Verhaftung. Hatte

sie meine Tat beeindruckt oder bewegte sie meine aufrechte Gelassenheit? Ich erinnere mich, daß sie mir Kosenamen zuriefen, den ratlosen Mannsleuten aber Schimpfworte, sie gellend in unzweideutigen Ausdrükken der Entmannung verdächtigend, weil sie nicht wagen wollten, mich zu befreien. Die Frauen waren es, die einen Gemüsewagen plünderten, um dessen Inhalt auf die Beamten zu werfen. Es wurde gefährlich, und die Grünen waren von der außerordentlichen Teilnahme der Leute an meinem Schicksal so beeindruckt, daß sie zu argwöhnen begannen, einen ganz besonderen Fang getan zu haben. Sie zogen ihre Schußwaffen.
Ich dachte an die »jungen Offiziere« und ging aufrecht und langsam, noch meine Verhaftung zu einer anfeuernden Zeugenschaft umkehrend. Doch einer meiner Wächter, um meine Gangart zu beschleunigen, trat mir bei jedem Schritt auf die Absätze. Ich drehte mich um, in der Absicht, ihn zur Rede zu stellen, aber er schloß mir den Mund mit einem Faustschlag. Um aber doch nicht gezwungen zu sein, schneller zu gehen, ließ ich mich fallen. Die Leute glaubten, die Mißhandlungen hätten mir die Sinne geraubt, und tobten schlimmer als je. Eine Minute lang sah es aus, als ob sie mich befreien wollten. Hätte sich ein geschulter, entschlossener Genosse, Jokkel, Gottwohl oder Reitinger unter ihnen gefunden, so wäre ich sicherlich nicht länger ein Gefangener geblieben.
Wohl oder übel mußte ich aufstehen, denn meine Peiniger schickten sich an, mich an Händen und Füßen weiterzutragen, und ich wollte nicht in dieser unwürdigen Weise zur Schau gestellt werden. So ging ich weiter, die Hände in den Hosentaschen, um damit Gleichmut und Verachtung sichtbar zu demonstrieren.
Alles aber änderte sich von Grund auf, als ich die Schwelle der berüchtigten Polizeiwache »Geistpförtchen« überschritten, und die erzürnt zugeschlagene Tür mich in den Augen der schreienden Menge entzogen hatte.
 Ich erhielt einen Tritt ins Kreuz, der mich waagerecht

über den Bretterboden der Wachstube beförderte, bis zur Tür, die in den Gang vor den Verliesen führte. Ich hörte schreien: »Das ist der, der den Hübner geschlagen hat.« Mehrere Grüne folgten mir, und ich sah mit aufsteigendem Entsetzen, daß sie sich ihrer hindernden Waffenröcke entledigten und ihre Hemdärmel aufkrempelten. In dem halbdunklen Gang traten sie mir mit den Füßen auf den Leib, um mich zum Aufstehen zu zwingen, zogen mich an den Haaren in die Höhe, als ich nicht schnell genug folgte, schrien: »Hände hoch«, mir dabei ihre Schußwaffen vorhaltend, weil ich unbewußt das Antlitz mit den verschränkten Armen schützte. Sobald ich die Hände erhob, fuhren mir mehrere Fäuste gleichzeitig ins Gesicht. Aber nach den ersten Schlägen bemächtigte sich eine wohltuende Mattigkeit meiner Sinne. Ich sah und spürte ihre Mißhandlungen wie durch einen Nebel von Watte.

Als sie sich müde gearbeitet hatten, schlossen sie eine Zelle auf und warfen mich wie einen Sack hinein. Ich blieb zunächst reglos liegen. Die darauf folgende Minute ist mir noch mit einer Schärfe im Gedächtnis, als sei sie langsamer abgelaufen als alle übrige Zeit.

Ich spürte, wie meine Sinne wiederkehrten, aber einer Angst den Weg weisend, die ihnen auf dem Fuße nachkroch – es gibt kein anderes Wort für das, was schlammig, feucht meine Adern ausfüllte. Ich konnte mich nicht wehren, denn die Angst vor der nahenden Angst lähmte mich, weil ich sie erkannte. Es war keine Furcht, die jeden anfällt, der ihr begegnet, sondern sie suchte mich allein. Es war meine persönliche Angst, die mich schon einmal besessen hatte, allgewaltig, schrecklich und tödlich.

Vielleicht dauerte es nur Sekunden, bis Hände, die im Dunkel sorgsam über mein Gesicht tasteten, und Stimmen, die besorgt fragend meinen Namen flüsterten, nach einem kurzen Grauen der Überraschung jäh den folternden Spuk beendeten. Noch nie hatten mich Menschen so unendlich erleichtert, so weit aus dem Reiche des

Entsetzens zurückgeholt. Ich umklammerte die erste Hand, die ich fassen konnte, wie um sie nie mehr loszulassen. Der Unbekannte, den ich so festhielt, spürte meinen Zustand und sprach mir sanft zu: »Hab keine Angst, erkennst du uns nicht? Ich bin Gottwohl, Gottwohl – der alte Gottwohl. Neben dir sitzt Jockel, Jockel, dein guter Gefährte Jockel.«
Ich vermeide jene Romantik der »im Feuer geschmiedeten Kameradschaft« und ähnlicher Dinge, wo ich kann. Aber in der Zelle des »Geistpförtchens«, als ich die lieben Namen geduldig und gelinde wiederholen hörte, durchströmte mich eine heiße Welle von Liebe und sofort darauf heftige Besorgnis: war ich des Ranges eines »jungen Offiziers der künftigen Roten Armee« würdig geblieben, während ich die Herrschaft über meine Sinne verloren hatte? Klopfenden Herzens fragte ich: »Habe ich geschrien?«
Mit jedem Wort ihrer erlösenden Versicherungen – sie hatten mich lediglich zwischen dem Klatschen der Schläge wimmern hören, ich hatte mich »sehr sauber« gehalten – wuchs ich besser in meine alte Haut. Man fährt mit einem furchtbaren Schrei aus einem Traume auf, aber keiner der Schläfer im Saal ist davon erwacht, und alle, die nicht schlafen, bezeugen, daß sie nur ein gepreßtes Stöhnen vernommen haben.
Das Tier, das begonnen hatte zu streunen, war wieder gefangen.

Man kann mich einen Toren, einen Lügner oder einen geborenen Mönch schelten, man kann mir auch vorwerfen, den weniger glücklichen Gefangenen des Volksstaates von Weimar einen heimtückischen Fußtritt zu versetzen – ich kann nicht anders sagen: die sechs Wochen Untersuchungshaft im Gefängnis der Hammelgasse waren eine herrliche Zeit.
Ich hatte eine blitzsaubere Zelle, größer als meine Bleibe bei Margaret. Ich hatte regelmäßig zu essen, was mir die
 Freiheit nie bescherte, und wenn die Kost ein wenig

eintönig war, so bereicherten sie tägliche Liebesgaben der Genossen und der »Roten Hilfe«. Ich durfte lesen. Bald hatte ich eine ganze Bücherei, die Albert mir nach und nach angebracht. Ich durfte schreiben und Besuche empfangen, und wie empfing ich sie!

Eine gewisse, sorgfältig gepflegte Zerstreutheit zeigte an, daß ich in emsigen Studien aufging. Gelassenheit, Geduld, ja eine Neigung zu Scherzen über mein eigenes Unglück bewiesen, daß ich unerschüttert aushielt. Nur eine zarte Blässe und eine zeitweise Wortkargheit waren unvermeidbare Spuren des Leidens.

Alle spielten ernsthaft mit; am ersten Mai überreichte mir die Landtagsabgeordnete Fränze, begleitet von dem Stadtverordneten Guschi und von Albert, einen riesigen Strauß roter Nelken, der Nelken, die von jeher das Maiabzeichen der deutschen Arbeiter waren.

Eine Überraschung war der Besuch einer meiner Lieben, eines jungen Mädchens mit Namen Gerte, eines Kindes aus begütertem Hause mit seidener Wäsche auf überpflegter Haut. Ich hatte sie geliebt und ihr gleichzeitig gerne weh getan; sie zu verführen hatte ich genossen wie eine vorweggenommene Rache an ihrer Klasse.

Sie war von den nüchtern grauen Farben des Sprechzimmers und den strengen Gesichtern der Wächter eingeschüchert, und nur ihre Angst um mich gab ihr den Mut, den Mund zu öffnen. Sie brachte mir ein Huhn mit, in einem Glase eingeweckt, mit all den leckeren Geheimnissen zubereitet, die in übersatten Kreisen beliebt sind. Sie hatte es aus dem elterlichen Vorrat entwendet. Sie bemühte sich sorglich und liebreich um mich, konnte sich aber doch nicht enthalten, mir meine »Dummheit« vorzuwerfen. Ich sah sie eiskalt an. Ich bedauerte jedes Wort, das ich vergeudet hatte, um sie davon zu überzeugen, daß die Vorurteile der Keuschheit, Ehe und Treue nicht nur der freien Entwicklung des Geistes, der Gesundheit und den Beziehungen der Geschlechter zueinander schadeten, sondern auch in der marktlosen Gesellschaft ungültig geschrieben waren.

Entschlossen schob ich ihre Gabe zurück. Mein Handeln und Denken verunglimpfen und mir gleichzeitig ein Geschenk anbieten war eine versuchte Bestechung. Aber während sie betrübt daranging, ihr Glas wieder einzupacken, sah ich voraus, daß sie ihre Alten nur um dieses Gut wieder bereichern würde, und ich kam ihr zuvor: ich nahm an.

Ohne vorher meine Erlaubnis eingeholt zu haben, hatte mein Verteidiger, der günstige Auswirkungen von einer Beurteilung meines Geisteszustandes erhoffte, den beamteten Gerichtsarzt um einen Befund ersucht.
Der kleine, verlotterte Gelehrte war stadtbekannt. Er war angeheitert wie bei jeder Amtshandlung, als er zu mir in die Zelle trat, und gab mir vollen Aufschluß über den Gegenstand seines Besuches. Ein gutmütiger Säufer, in dreißig Jahren Umgang mit Dieben und Dirnen, Ermordeten und Mördern abgebrüht und duldsam geworden, war er freundlich bereit, meine Zurechnungsfähigkeit öffentlich anzuzweifeln, um mildernd auf die Strafbemessung einzuwirken. Er hatte denselben Dienst schon Unzähligen erwiesen.
Mich aber packte ein heilloses Ensetzen. Ich mußte ihn unter allen Umständen dazu bewegen, mich als gesund und für meine Tat voll verantwortlich zu erklären. Aber gerade um die gegenteilige Meinung wie um eine Gunst gebeten zu werden und sie großherzig zu verschenken, schien ihm so selbstverständlich, daß ich fürchtete, mich gerade durch meine ungewohnte Bitte der Narrheit verdächtig zu machen. Jedes Lebenszeichen konnte als Begleiterscheinung oder sichtbares Zeichen eines gestörten Gleichgewichtes ausgelegt werden. Ich versuchte, gleichgültig und gelassen zu bleiben, aber ich wagte weder zu lächeln noch mit zu großem Ernste dreinzuschauen, weder mich zu rühren noch zu reglos stehenzubleiben, weder seinen Blick zu meiden noch ihm in die Augen zu schauen.
 Mit einer Stimme, die ich sorgfältig auswog, ohne hörba-

res Zittern und ohne Hast, auch nicht zu langsam, sachlich und abgeklärt, aber nicht ohne Wärme, bat ich ihn, sein Angebot ablehnen zu dürfen, dessen menschenfreundliche Begründung ich nicht verkenne und durchaus nicht geringschätze. Jedes Wort sprach ich erst aus, nachdem ich die Wirkung des vorhergegangenen auf seinen Zügen beobachtet hatte.

Es war mir, als spielte ich um mein Leben. Es gab keinen Ort, der mir mehr Furcht einflößte als ein Narrenhaus. Hätte ich zehn Jahre Gefängnis gegen zehn Monate in einer Heilanstalt eintauschen können, ich hätte das Gefängnis gewählt. Ein Gefangener konnte zornig, lustig, traurig oder reizbar sein. Er konnte singen, seufzen, schreien oder murren. Verstieß er damit gegen die Hausordnung, so wurde er bestraft. Er war ein gequälter, unter einer Nummer versteckter, hungernder, darbender Mensch – aber ein Mensch, der noch einen Rest Würde dem Kranken voraus hatte, der unter den Augen der Ärzte zu einem Gegenstand wurde, ohne Schutz den unheimlichen Gebräuchen einer erbarmungslosen Gesellschaft von Zauberern ausgesetzt, die in eklen, blutigen Messen stets wechselnden Götzen huldigten. So wie die heidnischen Tempeldiener aus den Gedärmen der geopferten Rinder oder aus dem Blute der geschlachteten Tauben die Zukunft zu lesen vorgaben, so verfolgten die neuen Zauberer in weißen Blusen jede Zuckung und jeden Aufschrei, jede Erinnerung und jede Angst ihrer Opfer, um daraus Weissagungen zu folgern, die Menschen wie Gesetze trafen, schwer und tödlich.

Man konnte einem Manne helfen, der den Dienst unter der Waffe verweigerte, oder einem Wilderer. Ein Landjäger konnte die Augen schließen, um einen Armen nicht zu sehen, der aus Hunger ein Brot stahl. Ein Kerkermeister einem Gefangenen seine Achtung bezeugen, der aus Gewissensgründen büßte. Auch ein Schänder seiner eigenen Tochter, jeder Mörder konnte sich wehren, und fand Verteidiger vor jedem Richter der Welt. Aber wer hätte gewagt, sich vor den Unglücklichen zu stellen, den

der Spruch eines Gerichtes in weißen Mänteln verdammt?
Niemand versagte einem aus dem Zuchthaus Entlassenen das Recht auf ein Neubeginnen. Der Ausruf eines Meuterers vor den Gewehren: »Es lebe der Friede« wurde gehört und wiederholt. Der verzweifelte Schrei eines Verurteilten: »Ich bin unschuldig, unschuldig, unschuldig« hallte in vielen Köpfen nach und erweckte Zweifel und Unruhe. Aber ein zum Narren Verurteilter hätte Bittschriften schreiben, er hätte sich an den Boden krallen, schreien und flehen können: »Rettet mich, nehmt den Fluch von mir, ich bin ein Mensch, ein Mensch«, wer hätte ihn nicht um so bereitwilliger ausgeliefert?
Manche verdammten im Namen des wirklichen Gottes die irdische Gerechtigkeit. Manchen stürzten im Namen der Gerechtigkeit die Altäre. Andere verbrannten im Namen der Freiheit die Gesetzbücher und fesselten die Freiheit im Namen des Gesetzes. Aber niemand wagte in niemandes Namen an die neuen Götzen zu rühren, denen die unerbittlichsten Priester aller Zeiten dienten.
Aber mein kleiner Säufer war ein aufsässiger Priester jenes Glaubens, Gott sei Dank; er grinste verständnisinnig und versprach, mich nach meinem Wunsche zu begutachten.

Ebenfalls ohne mein Wissen noch meine Erlaubnis hatte der Vorsteher des Gefängnisses den am wenigsten erwarteten Besuch jener sechs Wochen vorbereitet. Er war sicherlich voll guten Willens gewesen – er arbeitete in seinem Bereiche ungefähr nach ähnlichen Grundsätzen, die der alte Varlegen im Billigheim angewandt hatte: »Heilpflaster auf die Wunden der Alten Gesellschaft.« Absichtlich hatte er mir sein Vorhaben verheimlicht und sich gerade von der Überraschung einer ungeahnten Gegenüberstellung die von ihm erwünschte, wohltätig erschütternde Wirkung versprochen.
Ein Aufseher holte mich unversehens aus der Zelle und führte mich nicht in die gewohnte Sprechstube, sondern

über nie betretene Gänge vor die allerheiligste aller Türen, die sich in die Amtsstube des Vorstehers auftat. Ich war neugierig und guter Dinge, aber ein plötzlicher Schreck fuhr mir in die Knie: als ich ohne Arg eintrat, stand ich vor meinem Vater, vor dem Alten.

Ich faßte mich im Bruchteil einer Sekunde, denn ich erkannte sogleich, daß er ungefährlich war; er stak in seiner öffentlichen Ausführung, in dem Zollbeamten Haueisen, wie er von den Leuten gesehen sein wollte. Ein ernster, ehrlicher, streng gerechter Mann, ohne irgendwelche anstoßenden, Mißfallen, Ärgernis oder Eifersucht erregenden Besonderheiten, eher guten Rates, höflich, fast zu bescheiden.

Er war mit den Jahren ein wenig in die Breite gegangen, wohlgekleidet, wie es sich für einen Hausbesitzer und Beamten gebührte, und er trug – es war die einzige Neuerung – mutig die »Spinne« der Hitlerbewegung am Rockaufschlag. Keiner von uns beiden wollte den Mund zuerst auftun. Ihn so dicht vor mir zu sehen, ohne ihn fürchten zu müssen, war erregend, wie die Nasenspitze eines Tigers zu berühren, der an einer Kette zurückgehalten ist. Er war mir so fremd wie irgendeiner der unter den Fenstern Vorübergehenden, in deren unschuldige, biedere Erscheinung er sich vermummt hatte. Ich erinnerte mich, aber ruhig, als ob es sich um eine einmal gehörte Geschichte handelte, des reißenden Tieres, das er wirklich war.

Während ich ihn musterte, nahm ich wahr, daß ich ihm wehe tat, indem ich fremd und stumm blieb, und diese Entdeckung erfüllte mich mit unbändiger, grausamer Lust. Ich konnte ihm heimzahlen – ach, nur den tausendsten, den zehntausendsten Teil dessen, was er mir zugefügt. Ich fragte ihn, um ihn noch mehr zu quälen: »Erinnerst du dich noch deiner Weissagungen, als du mir eine finstere Zukunft ausmaltest, in der ich dank meiner Faulheit und Schlechtigkeit bei den Roten endete?«

Er schien nicht glauben zu wollen, daß ich ihn zu quälen vorhatte. Er antwortete knurrend »Emmmh« und sah mich unsicher an. Es war beschämend, belustigend und empörend zugleich, den Verruchten so erbärmlich schwach zu sehen, der aus seiner Wohnküche und zwei Stuben, aus einem »Heim« elende Verliese gemacht hatte, in denen er seine Frau und sieben Kinder verwahrte, ohne Licht und Luft verkümmernd, immer vor seiner dröhnenden Stimme zitternd, seine nahenden Schritte von weitem hörend, an nie mehr zu heilenden Wunden leidend.

»Du hast recht gehabt«, fuhr ich fort, »ich bin bei den Roten.« Und ich wiederholte, um ihn zu reizen, um nicht versucht zu werden, ihn zu schlagen: »Bei den Roten – und deshalb bin ich hier.«

Er schwieg. Nach einer peinlichen Weile drehte ich mich zu dem Vorsteher um, dessen Augen entsetzt blickten, als sei er Zeuge eines Mordes, und bedeutete ihm durch ein Achselzucken, das sinnlose, aufreibende Lustspiel zu beenden.

Der Alte wußte, daß er endgültig ausgespielt hatte. Nicht eine kleine Faser mehr verband mich mit ihm. Er schaute mir traurig, ratlos, fast verstört nach, als ich weggeführt wurde. Ich war nicht mehr sein Besitz, seine Fortsetzung. Mit ihm hörte seine verfluchte Linie auf, so wie seine Zeit unterging. Ich hatte einen Anflug von Mitleid.

Aus den während der Hungerunruhen Festgenommenen waren nur die schwerster Vergehen Beschuldigten unter Anklage gestellt worden, zwanzig oder dreißig Leute, nach Ort und Zeitpunkt ihrer Verhaftung zu kleinen Karrenladungen zusammengefaßt. Mit mir erschienen vor dem Richter Jockel und zwei unbekannte, unserer Bewegung fernstehende Erwerbslose.

Nur einmal hatte ich Jockel bei einem Rundgang im Gefängnishof sehen können. Wir hatten uns Mut zugelacht. Die beiden anderen sah ich erst vor den Schranken des Gerichts auf derselben Bank, auf der ich saß. Während ich das Urteil wie den Ritterschlag erwartete, bekannten sich die beiden unterwürfig und ängstlich zu ihrer Schuld und erheischten Milde. Es war unbegreiflich: ein riesiger, verwilderter Ackerknecht, erst kurz zuvor zugewandert, hatte sechs Pferde der berittenen Polizei an den Zügeln gefaßt, um sie aufzuhalten. Der Richter selbst konnte eine gewisse Hochachtung nicht verhehlen. Und dieser tapfere Mensch wand sich schüchtern und reuevoll durch gestammelte Entschuldigungen.

Aber auch Jockel weigerte sich, »aus einem Angeklagten zu einem Ankläger zu werden«; er log, leugnete und zog sich aus der Klemme, wie er konnte. Er war stolz, wie auf einen Sieg seiner List über die Dummheit des Feindes, und er lachte herausfordernd, als er mit einer Strafe bedacht wurde, die durch die Untersuchungshaft schon verbüßt war.

Es tat mir weh, daß Jockel so verächtlich es mir überließ, den standhaften Zeugen darzustellen. Mit ihm verließ mich wie so oft ein wesentlicher Bestandteil unserer Welt: die nüchterne Tat, die kühle Berechnung. Mein Benehmen wurde unecht und es fiel mir schwer, meine Rolle nicht zu verlassen.

Der kleine Gerichtsarzt, der mir bis dahin von seinem Platze aus fröhlich zugezwinkert hatte, hielt sein Versprechen. Er nannte mich das Urbild eines Rädelsführers, der Tragweite seiner Handlungen voll bewußt. Ich konnte mich kaum enthalten, ihm zu danken; er gab mir endlich Gewicht.

Trotzdem blieb der Vorsitzende wohlwollend und fast lustig, und er fragte gegen Ende den Verteidiger: »Geben wir ihm Strafaufschub?«

Noch ehe der Verteidiger freudig bejahen konnte, verweigerte ich heftig und erklärte: »Ich lege weder Berufung ein, noch will ich Strafaufschub. Beides würde einer Anerkennung der bürgerlichen Rechtsprechung gleichkommen, deren Vernichtung unser Ziel ist.«

Mein Anwalt sah mich vorwurfsvoll an, und ich sagte ihm laut und im ganzen Saale vernehmlich – vor allem aber, um es Jockel hören zu lassen– stolz und unvertüncht, grob und gradeaus, als ein Mann, der seine Sprache in Werkstätten und auf Baustellen, nicht aber im Verkehr mit Herzoginnen gebildet hat: »Die neun Monate sitze ich auf einer Arschbacke ab.«

VI Geheimnis und Gewalt

Es ist nicht einfach, von den folgenden Monaten zu erzählen. Meine Haltung in jener Zeit glich der des berühmten spartanischen Knaben, der einen gestohlenen Fuchs zwischen Haut und Hemd verborgen trug und vor den Erwachsenen gleichgültig oder prahlerisch lächelte, obwohl ihm das Tier den Leib zerbiß; die Angst vor den Folgen einer Entdeckung war stärker als die Qual.
Ich spielte tapfer weiter; ich setzte in der Strafanstalt Preungesheim das Leben fort, an das ich mich im Untersuchungsgefängnis Hammelsgasse gewöhnt hatte. Ich war Überzeugungstäter und deshalb zu keinerlei abstumpfenden Gefangenenarbeiten angehalten, durfte lesen, schreiben, Liebesgaben erhalten und Besuche empfangen.
Ein dicker Wachtmeister mit roter Nase gewöhnte sich an regelmäßige Besuche in meiner Zelle. Wir gerieten bald in einen lebhaften, täglich fortgesetzten, nie endenden Meinungsstreit über die Notwendigkeit einer Neuordnung, worüber wir uns einig; über den Weg dazu, über den wir sehr verschiedener Meinung waren; und über die Gestaltung der Zukunft, worüber wir uns gegenseitig alle Erwägungen, Vorstellungen und Träume erlaubten, soweit wir nicht von vornherein miteinander einverstanden waren.
Es war meine Pflicht, an der Zersetzung der bürgerlichen Ordnungskräfte zu arbeiten, wie und wo immer sich die Gelegenheit dazu ergab. Ich überwachte jede meiner Gebärden und war stets gelassen, willig, aber doch hinter einer Schranke kühler Höflichkeit bleibend. Es galt, durch mein Benehmen zu zeigen, daß ich die Strafe ungebrochen ertrug, aber ich durfte mich auch nicht in unwürdiger Weise anbiedern.
Der tägliche Rundgang im Hofe und die Baderäume,

Büchereien, Vorträge erzieherischer Art, die Hausflure und die Sprechzimmer waren eine andere Bühne, auf der ich vor den Gefangenen spielte.
Alle zwei Wochen besuchten mich Genossen und Genossinnen. Und die Gestalt, die ich vor ihnen darstellte, war gleichzeitig die am sorgfältigsten geübte, aber auch die am willigsten geglaubte.
Und noch wenn ich allein war, spielte ich vor mir selbst. Meine Zelle war voller Bücher und auf meinem Tisch lag stets Papier und Schreibzeug.
Aber ohne Zeugen hielt ich es nicht lange aus. Ich ergab mich dem wütendsten Schmerz. Ich konnte in der Zelle hin und her rennen, während von innen her die Lust zu brüllen, wild zu brüllen an meine Hirnschale pochte. Oder aber jäh reglos den rasenden Sturm der Unordnung, der Zerrissenheit zu bändigen versuchen, indem ich mich selbst warnte, mit gemurmelten Worten: »Nimm dich zusammen, nimm dich zusammen, nimm dich zusammen« warnte, mich aufzuhalten bemühte, wenn ich mich in den Irrsinn gleiten spürte.
Die eisernen Laufstege widerhallten immer unheimlicher, Riegel klirrten mitten in der Nacht immer erschreckender, und ich hörte immer beklommener Seufzer und erstickte Schreie.
Es geschah nichts, was eine schlimme Auslegung der Geräusche gerechtfertigt hätte, ich wußte es mit aller Bestimmtheit. Erklangen sie überhaupt? Ich wußte, daß die Anstalt von einem jungen, einsichtigen Menschen geleitet wurde, der sich am Tage meiner Einlieferung persönlich vorgestellt hatte, wie ein höflicher, um das Wohl seiner Gäste besorgter Wirt. Ich kannte einen guten Teil der Schließer, auf die Einhaltung der Hausordnung streng bedacht, aber zu kleinen Gefälligkeiten und erleichternden Handreichungen stets bereit. Ich war in den Händen gesitteter Leute. Die Gefangenen wie die Schließer wußten es nicht anders; sie alle wohnten in einem sauberen Hause.
 Ich allein wußte, daß es ein riesiges Hochgericht war, so

übergroß für unsere Augen, daß wir es nicht als solches erkennen konnten. Es war außer Tätigkeit, aber konnte es deshalb eine Herberge sein? Es wartete auf den Henker, und dieses Warten marterte mich; ich kannte den Henker von jeher. Jeder Riegel, jedes Rad und jeder Knecht war eigens dazu vorgesehen, ihm zu dienen, nur ihm. Sie ruhten vorläufig, aber sie konnten tausendfache Gewalt werden, sobald er eintraf. Gnade mir.

Merkwürdig war, daß ich zur selben Zeit eine klare Vorstellung davon hatte, was in mir vorging. Ich wußte, daß ich mich des unbeschreiblichen Entsetzens meiner Kindheit hatte entledigen wollen, indem ich die ganze Vergangenheit vergessen hatte; so wie man eine Türe zuschlägt und die Klinke festhält, um einem Verfolger den Eintritt zu verwehren.

Aber ich war ihm seitdem wieder begegnet, grausamer denn je, im Narrenhaus, in der Aumühle, auf der Polizeiwache; als ich mich in einem Kampf um die Zukunft verborgen und in der Arbeiterbewegung einen Genossen in einem persönlichen Zwist erhofft hatte, war er im Alten verkörpert gewesen. Aber gegen seine neue, gestaltlose, furchtbare Allgegenwart ließen mich meine Freunde und meine Wahrheiten im Stich. Kein Wort der Lehre der Partei riet mir oder tröstete mich.

Einige der verantwortlichen Genossen begannen, mich als ein wirres, traumbesessenes Element zu betrachten und sich meiner überschäumenden Begeisterung genau so entschieden zu verweigern wie meinen dunklen Zweifeln. Bald würde niemand mehr sich auf mich verlassen wollen, und ich konnte ihnen nicht entgegenkommen, und selbst dieses Zerwürfnis noch trug widersinnigerweise dazu bei, mir die Partei immer notwendiger zu machen.

Inmitten eines wüsten Trümmerfeldes nahm ich an zwei Auseinandersetzungen, die sich auf verschiedenen Ebenen vollzogen, die sich überschnitten, gleichzeitig teil. Die Partei ging vor in einer Welt der Gedanken, Überlegungen und in Worte faßbarer Begriffe. Ich aber irrte in

einem unbekannten Gelände der Farben und Schatten und Erscheinungen ohne Halt noch Hilfe.
Ich versuchte, sie unmittelbar wiederzugeben, da ich sie nur empfinden, nicht aber zerlegen konnte. Meine Ohnmacht ließ diese ersten Erzählungen zu Beschwörungen, zu Warnungen und zu Bettelbriefen um Liebe und Verstehen werden. Meine Suche kreiste um den Menschen, den ich am tiefsten haßte und den ich am meisten liebte; es war aber derselbe Feind, den ich am ersten töten, von dem ich den zweiten befreien wollte. Aber bis zuletzt zweifelte ich daran – und es machte mich heulen –, daß meine Sprache ohne Worte, meine Folge von Farben und Erscheinungen von Menschen würde verstanden werden.

Ich kannte Althaus schon aus frühester Kindheit; er allerdings erinnerte sich meiner sicherlich nicht. Denn zu jener Zeit war sein Vater noch Besitzer der Werke gewesen, die seinen Namen getragen, und ich war dem Jungen eines der hundert Armeleutkinder gewesen, die zu berühren ihm verboten war und die ihn begafft hatten, sooft er nach dem Gottesdienst vor dem Kirchentor in seinen Wagen gestiegen war. An manchen Tagen war er an der Hand seines Vaters durch die Gassen gegangen und hatte mit eifrigem Blick die Ehrenbezeugungen der Leute vor seinem Alten überwacht, geizig und genau, wie ein Schatzmeister die seinem König geschuldeten Zölle erhebt.
Seitdem hatte ich ihn einmal flüchtig durch die Scheiben der »Zwölf Apostel« gesehen, am Abend der Gründung der Hitlerbewegung.
Er war einer der seltenen Braunen, die in der Vorstadt selbst wohnen durften. Während wir sorgsam darüber wachten, daß kein feindlicher Stiefel das Pflaster des »roten Ecks« entweihte, hatte er durch Gewöhnung und leutselige Lebensart das Bürgerrecht erworben. Wie gewohnt, lächelte er klug am Schanktische des »Pfisters« und schwieg höflich belustigt zu den üblichen Drohun-

gen. Er verteidigte keine eigene Ansicht, gab seinen Gegnern in jeder Frage recht, und er war ehrlich: es war ihm völlig einerlei, ob es morgen noch Reiche und Arme geben, ob die Werke nach einem einheitlichen Plane arbeiten und ob die gesetzgebenden Kammern nach freiem Wahlrecht oder nach dem Gutdünken eines Herrn oder einer Partei gewählt werden würden. Aber die Genossen, die ihn für einen schwankenden oder irregewordenen Gefolgsmann des Führers hielten, irrten sich. Er war keine Wetterfahne und am Kampfe nicht unbeteiligt. Er hörte mit der überlegenen Ruhe eines Mannes zu, der einem Streite um ein Haus beiwohnt, zu dem er den Schlüssel in der Tasche hat. Er war unbestreitbar einer jener Besessenen, die Tag und Nacht an ihr Ziel denken; aber es wurde in den Worten nicht erwähnt.
Er fühlte sich wohl trotzdem unter den Genossen nicht ganz sicher, denn wachsam eilten seine Augen nach der Tür, sobald er sie aufklinken hörte. Er wußte nicht, wem er begegnen konnte. Ich empfing seinen Blick in der ersten Sekunde unserer ersten Begegnung, als er ihn noch nicht wieder getarnt hatte, und er widerspiegelte sich in mir mit der Tönung und Tiefe, die eine verhaßte Gewalt bedeuteten. Ich besaß eine seltsame Fähigkeit, ich empfing den Tonfall der Worte, den Geruch und die Gebärden eines Fremden wie auf einer Wand, die alle Erscheinungen in eine einzige Tönung zwischen Licht und Nacht umsetzte. Es waren genau gesagt keine Farben, sondern Leeren, und ihre Tiefe und Abstufung von Hell zu Dunkel gaben mir genau an, was ich zu fürchten hatte, obwohl es ohne Namen noch Begriff blieb.
Gegen die leiseste Regung der verhaßtesten aller Gewalten, die ich in den Augen des Althaus wiedererkannte, war ich empfindlich wie ein Mädchen, das als Kind vergewaltigt worden ist, gegen die bloße Nähe eines Mannes. Deshalb gewahrte ich in derselben Sekunde schon den Einbruch des widerlichen Geistes in die Seelen der Genossen; in meine werdende Welt der unantastbaren Persönlichkeiten. Ich sah die bekannten Spu-

ren der unbekannten Kraft, die genagelten Stiefel, die Angst zu erzeugen hatten, um andere Angst zu verscheuchen, die Wollust der Hörigkeit, die Verminderung durch den Gehorsam und die Unterwerfung in der Anbetung.
Von diesem ersten Augenblick an wurden Althaus und ich uns feind, persönlich feind, abseits der politischen Gegnerschaft, auf unserem Felde. Ich durchschaute ihn, ich wußte auch, daß seine Angst, seine Art Angst ihn gefährlich machte, und er erriet, daß ich ihn erreichen konnte. Es war ein Kampf auf Tod und Leben, und keiner versuchte, seine Partei dabei zu Hilfe zu holen.
Meine Gedanken streunten um ihn, stets das Bild vervollkommnend, das mir von ihm in Erinnerung geblieben war, jedoch immer nach weiteren Blößen und Schwächen suchend. Es war, als wollte ich ein sorgfältiges Standbild von ihm errichten und es verbrennen, um ihn zu treffen. Aber ich entdeckte allmählich, daß ich nichts von ihm wußte. Er war in das Geheimnis seiner Persönlichkeit gekleidet wie in einen Harnisch.
Mir war geläufig, was jedermann erzählen konnte: die Geschichten über den wirtschaftlichen Zusammenbruch der väterlichen Unternehmen, über die Unterbrechung der Studien des Sohnes, und die umlaufenden Berichte und Histörchen, die verrieten, was ihm die Frauen waren; es ist dies letztere nicht weiter verwunderlich, wenn man weiß, daß die Vorstadt, wie jedes Viertel einer großen Stadt, ein Dorf war, in dem alle über alle Bescheid wußten, außer vielleicht die Meistbetroffenen, die nichts ahnten. Schon den Kindern war bekannt, daß dieser eifrig die Huren besuchte und jener das eigene Geschlecht dem andern vorzog. Ich erinnere mich noch des alten Krämers am Marktplatz, zu dem sich unter den wissenden Augen der Bevölkerung die Halbwüchsigen stahlen, die dringend Taschengeld brauchten. Darüber hinaus jedoch hatte ich die spöttischen oder aufgebrachten Enthüllungen altgeübter Dirnen und die Beichten der armen, jungen, langsam ohne Arbeit im Elend verkommenden Ladenmädchen angehört.

Durch diesen Spalt konnte ich in das wohlversteckte Leben meines Feindes schauen, zu eng, um viel zu entdecken, aber weit genug, um Trümmer, Angst und Drohung zu spüren.

Er ging auf den Jahrmarkt. Die schlechtgekleideten, hungrigen und gelangweilten Arbeitslosen, von den Motororgeln aus allen Buden und Bauten des Festes schrill und krampfhaft um ein wenig Freude angefleht, waren das rechte Publikum für die Aufführung, zu der er eine weibliche Heldin suchte.
Er trug in fürstlicher Haltung, von seinem Alten ererbt, einen gutsitzenden Anzug, der erkennen ließ, daß nur übertrieben sorgfältige Schonung und Pflege ihn bis dahin gerettet hatten.
Sie war meist blutjung, mager wie ein Nagel, blond, und in ein armseliges, gewirktes Fähnchen aus einem Einheitspreisgeschäft geputzt. Ihre Geschichte stand auf ihr geschrieben: arbeitslos, arbeitslosen Eltern entwichen, zwischen zwei Arbeitsmöglichkeiten eine kleine Gelegenheitsdirne, die nicht einmal wußte, daß sie es war. Sie stand reglos vor der Bude eines Zuckerbäckers und ließ ihre Augen nicht von den aufgetürmten Kuchen. Es war nicht gespielt, um einem Freier die erste Anrede in den Mund zu legen, nein, es war grimmig ernster Hunger. »Es ist noch nicht lange her«, erwähnte Josepha dazu, »vielleicht zwei Jahre. Aber siehst du, wie jung ich noch war; ich hätte mich vor einem Ochsenbrater aufstellen sollen, nur meinem Hunger nach, aber ich war noch wie ein Kind auf Zuckerwerk aus, ich war genau, was er suchte.«
Althaus faßte den unteren Saum seiner Jacke mit beiden Händen, zog sie mit einem kurzen Ruck in ihren faltenlosen Sitz und näherte sich. Er sah ihr in die Augen als ein Mann, der wohl beeindruckt, aber nicht schüchtern ist. Er hatte plötzlich die wohlerzogenen Augen eines Herrn, der nicht sieht, was eine Frau nur gegen ihren Willen zeigt. Aber sein Mund war hart und kühl.

»Ich hätte schon in der ersten Minute sehen können, daß er alles im voraus berechnet und ausgedacht hatte, wäre ich nicht so dumm gewesen. Heute –«

Er änderte selbst seine Gangart: er ging wie sein Vater, wenn dieser ein Fest seiner Arbeiter besucht und es den »Leuten von Herzen gegönnt« hatte. Er geleitete sie ritterlich durch die Menge. Er kaufte ihr einen Kuchen, nachsichtig lächelnd, wie zu einem mutwilligen Einfall. Denn er mußte den Herrn spielen, der sich nicht vorstellen kann, daß Leute außerhalb der Essenszeiten Hunger haben können.

Wahrscheinlich mit seinem letzten Groschen – »er warf mit der Wurst nach der Speckseite« sagte Josepha bitter – bezahlte er eine Fahrt auf der Achterbahn. Er lächelte herablassend, um zu zeigen, daß er den Reiz der billigen Vergnügungen zu genießen vorurteilslos bereit war. Ihr wurde ein wenig übel, aber sie schrie nicht in den Abstürzen wie andere junge Mädchen. Sie wurde schweigsam blaß, und »du kannst mir glauben, es war nicht aus Angst«.

In den Gassen zwischen den Festwiesen und der Mitte der Vorstadt hatten sich damals eine Menge Kneipen, Kaffeehäuser und Schnellgaststätten aufgetan, die meist so plötzlich wieder eingingen wie sie emporschossen, obwohl sie gut besucht schienen. Aber die zahlreichen Gäste saßen halbe Tage lang vor denselben billigsten Bestellungen, den Preis ihrer Tasse Tee oder ihres Glases Fruchtsaft als Eintrittsgeld in ein eintöniges, vertrautes Tagesasyl drangebend.

Die Kleine sah verlangend auf die hellerleuchteten Eingangstüren. Er jedoch hielt seinen Blick beharrlich von den hellen Scheiben abgewandt, als fürchte er, vom Ekel überwältigt zu werden. Eine hilflose Gebärde seiner Hände beschrieb vom Mitleid gemilderte Verachtung. Er zog sie mit sich, schaute sie von Zeit zu Zeit gütig an, und nur einmal sagte er einen Satz: »Mir wäre mein Hunger zu schade –«

 »Seinem Anzug nach zu urteilen, hatte ich eine einigermaßen gut ausgestattete Stube erwartet. Aber sie war so leer, als ob hundert hungrige Ratten sie verlassen hätten. Er hatte nichts, aber auch nichts zu essen, die Schubladen waren leer von Wäsche, er hatte nicht einen Heller, nicht einmal eine Uhr. Aber siehst du, wie ich war; gerade das ging mir an die Seele. Ich rechnete es ihm hoch an, daß er sich so sauber hielt, so stolz und unnahbar, obwohl ihm das Wasser am Halse stand, und noch etwas beeindruckte mich, aber das ist schwer zu sagen, was es war: verstehst du, man sah es noch den Wänden an, daß er oft darin hin und her wanderte, ganz allein mit Gedanken, mit unverständlichen Gedanken, aus denen ich nur spüren könnte, daß sie groß waren, daß er daran litt. Es war, als ob er mir erlaubt hätte, in ein Geheimnis zu dringen; ich wagte nicht zu fragen, was in den Büchern stand, das einzige Gut, das er besaß, und ich versuchte heimlich, die Bezeichnungen auf den Bücherrücken zu lesen. Aber er fing meinen Blick auf, und mir war, als ob er alles von mir wüßte und ich nichts von ihm. Aber daß ich ihm so ausgeliefert war, war mir fast lieb.«

Sie entkleidete sich guten Willens, aber doch noch ungeschickt, und mit ihrem schmalen Gesichtchen, den hilflosen Augen und dem linkischen Eifer war es nicht weit entfernt von einer echten Hingabe. Als sie nach einer heißen Stunde einschlafen wollte – sie hatte sich seit mehreren Nächten obdachlos umhertreiben müssen –, lauschte er auf ihren Atem und wählte sorgsam den Augenblick, um, auf den Ellbogen gestützt, zu sagen: »Nicht schlafen.«

Sie wußte zunächst nicht, was mit den Worten beginnen. Sie nahm ihren Mut zusammen und sagte ein wenig schmollend: »Ich bin so müde.«

Er richtete seinen Blick, sorgfältig aus viel unnahbarer Kälte und ganz wenig Spott gemischt, fest auf sie, aufmerksam, um nicht einen Deut von der langsamen Wirkung zu verlieren. Um seinen Mund spielte ein kluges Lächeln. Sie suchte ratlos in seinen Augen nach einer

barmherzigen Auslegung. Sie hatte Angst und sträubte sich, in die Richtung zu denken, in die sein Blick sie klar zwingen wollte: »Verstehst du, hätte er mich beschwätzt, mich benutzt und fortgejagt, du meiner Treu, ich hätte es längst vergessen, man muß überall Lehrgeld bezahlen. Aber es war etwas anderes, ich sah zu spät, daß er es von der ersten Minute an begonnen hatte.«
Er fuhr fort, sie lächelnd anzusehen, wie man ein Brennglas geduldig hält. Er legte ihr sein Begehren beharrlich und ohne Gnade auf wie ein Joch und fügte seinem Blick eine Strenge zu, die vorläufig noch väterlich sein wollte.
»Ich kann dir nicht sagen, warum es so furchtbar war. Du kennst die Alte, die an der Ecke der Rosengasse wartet. Sie hat einen Freier, der sie regelmäßig aufsucht, gerade weil sie wie eine gute alte Hausmutter aussieht. Denn er spielt mit ihr einen Aufzug: er zieht ein Mädchenkleid an, und sie muß eine erboste Mutter darstellen, die ihrer liederlichen Tochter in ganz fürchterlichen Worten vorwirft, daß sie sich die ganze Nacht hindurch und mit jedermann – was willst du, wissen die Heiligen warum, das braucht er. Ich weiß, mit ihrem Aussehen würde sie keinen Hund mehr hinter dem Ofen hervorlocken, ich kann der Alten keinen Vorwurf machen. Ich muß mich auch zu allerhand hergeben, aber niemals, niemals hat einer verlangt, was mich so elend gemacht hätte; im Gegenteil wollen doch alle, daß ich so echt wie möglich bin. Sie möchten alle, daß ich ihre Geliebte sein solle. Was mich aber dem heulenden Elend nahe brachte, war, daß ich nicht anders konnte, als ihm den Gefallen tun, wenigstens zum Teil. Ich konnte mich drehen und wenden wie ich wollte – denn ich war nackt und mußte aufstehen und mich vor ihm zeigen –, die heilige Jungfrau weiß, daß ich nicht prüde bin. Und ich schwöre dir, daß ich mich gewehrt hätte, zudem ich spürte, daß er ganz zuunterst Angst hatte, eine ganz große Angst, daß die Welt sich nicht so drehen wollte, wie er es bestimmt hatte; aber gerade deshalb hätte er mich vielleicht am Ende umgebracht.«

Sie stand auf und versuchte durch die folgenden Minuten zu hasten wie durch Feuer. Seine Augen verfolgten sie bis an das Ende. Er blickte sie so ausdrücklich und breit an, daß sie nicht vergessen konnte, daß er sie sah, ihre Wäsche, die nicht ganz rein war, sie selbst, wenig gepflegt, und ihre Schuhe und Strümpfe, die durchlöchert waren. Sie war geblendet vor Scham, und ehe sie ging, versuchte sie, ihm ihren Haß auf die Seele zu laden. Aber ihr kleiner unbeholfener Haß war zu schwach.

Meine Sorge um Jockel zwang mich, in unsere gemeinsame Kindheit zurückzukehren. Aus dem Nebel der Vergessenheit tauchte eine grauenhafte Erfahrung auf, die erste meiner Erinnerungen, die reif wurde; ich will sagen, die sich aus einem lastenden Gewicht löste und mitteilbar wurde. Und plötzlich entdeckte ich, daß sie den Schlüssel zu unserem Verhalten enthielt, aber ich wußte nicht, wo genau und wie ihn anwenden.
Was ich heute vor fast dreißig Jahren, in einem trüben Treppenschacht auf und ab gehend, mich an erregten Erwachsenen vorbeistehlend, erfahren habe, erfüllt nunmehr die ganze Welt mit Schreien, die sich derartig folgen, daß sie zu einem einzigen ewigen Schrei werden, unbesiegbar und folternd, so daß nur bleibt, sich daran zu gewöhnen.
Und immer noch lebe ich aus dem Schatten, und obgleich ich nicht mehr wie damals alle Erwachsenen im selben Schauspiel handeln sehe, von dem wir Kinder wußten, daß sie es uns ernsthaft vorspielten, ohne uns ernst zu nehmen, bleibt der Eindruck bestehen, daß alle, die man in Ermordete, Mörder und Zeugen scheidet, im selben Banne befangen sind.

Es war zu jener Zeit, als sich unter seltsamen Namen aus den Trümmern des geschlagenen Heeres Freikorps und staatliche Wehren bildeten und unter anderem die Marineschulen entweder noch nicht aufgelöst oder neu gebildet worden waren. Tagtäglich sahen wir die geschlechtskranken Matrosen über den Gartenzaun des Krankenhauses klettern, um in der Stadt die Mädchen anzufallen und in Hausflure zu ziehen. Sie nannten die Abteilung, in der sie gepflegt wurden, »Ritterburgen«, und was sie den Mädchen antaten »veredeln«.

Die uneheliche Mutter Weidners war eine laute und herausfordernde Dachstubenbewohnerin in dem verfluchten Hause des Alten. Ihr Leben, ihre Stimme, ihr Lächeln und ihre Kleidung waren ihm Ursachen von Ärgernis. Er wollte saubere Bewohner in einem sauberen Hause. Aber wie um ihn zu verspotten, blieb ihr Tod ein unauslöschlicher Fleck auf seinem Besitz, den er mit allen Farben der Welt nicht ausmerzen konnte.

Eines Abends sahen wir fünf Soldaten auf unser Haus zukommen und die Treppen emporsteigen. Wir lasen aus ihren Gesichtern, daß sie zu einer Frau zu kommen vorhatten. Sie klopften an die Tür der Weidner, während ihr Sohn wie gewöhnlich auf der Straße war. Sie fragte durch die geschlossene Tür nach Namen und Begehr, und als niemand antwortete, öffnete sie, neugierig geworden.

Es waren also fünf Soldaten eines Verbandes, dessen Namen verlorengegangen ist. Der vorderste der fünf, den sie kennen mußte und den wir schon im Hause gesehen hatten, war ein vielleicht vierzigjähriger Mensch, dessen Gesicht Trauer und Güte erfüllte. Die anderen waren Halbwüchsige, die um so besser mit Waffen und Stiefeln lärmten, je weniger sie ihnen paßten. Der Anführer lachte die Frau an, um seine Verlegenheit und Hilflosigkeit zu verbergen, denn es war sofort ersichtlich, daß die Frau die einzigen Gründe ihres Kommens erraten hatte. Sie, die sich mit so vielen Mannsleuten herumgetrieben hatte, sie hätte ihnen die Worte wiederholen können, mit denen er wahrscheinlich seine Kameraden zu ihr gelockt hatte. An ihr lag es, die Versprechungen zu halten, die er gegeben hatte.

Aber dieses Wissen um ihre Gedanken und die Nüchternheit des Empfanges hatte den eigentlich erhofften

Genuß schon zunichte gemacht, und schon keimte Haß in den Halbsoldaten, die von den Beziehungen der Menschen zueinander nur wußten, wie Widerstand zu leisten oder zu brechen ist. Aber sie konnten ihr einziges Wissen nicht anwenden, denn das Hindernis, das sich ihnen entgegenstellte, war unsichtbar und körperlos. Die Frau nahm den Haß wahr, erschrak und versuchte zu spät, ihre Gedanken zu verbergen. Sie sah voraus, daß sie nun zu vielen Diensten bereit sein mußte, um sie zu beschwichtigen und ein lärmendes Ende zu vermeiden. Sie vertraute auf ihre Geschicklichkeit, Männer zu handhaben.

Es entstand eine Einleitung, die der Überzeugung entbehrte. Die Frau warf einen raschen Blick in den Treppenschacht, um sich zu vergewissern, daß ihr Junge nicht in der Nähe war, und sagte geziert: »Die Herren wünschen?«

Der erste schrie, um ihr seine friedlichen Absichten und den anderen seine wirkliche Vertrautheit mit der Frau zu beweisen: »Wie geht es, Kind?«

Es war keine Antwort, aber es war genug, um eine gewisse Form gewahrt zu haben, und die Besucher traten ein. Es zeigte sich, daß sie mehrere Flaschen Wein bei sich hatten, die sie auf den Tisch stießen. Sie versuchten damit, wie mit allem, mit ihren Stiefeln, mit den Stühlen und ihren Reden, Lärm zu verursachen. Nur ihre Worte kamen spärlich. Denn die Armseligkeit und das Schweigen der Wände bedrückte sie. Es erinnerte sie vielleicht an ihr eigenes Zuhause. Die Frau lächelte geübt und versuchte zu scherzen: »Mein Gott – was soll der Wein?«, aber suchte eilends alle möglichen Trinkgefäße, Tassen und Gläser verschiedenster Ausführung zusammen. So konnte sie sich vor den Soldaten drehen und wenden.

Als alle angestoßen hatten, wußten sie, daß sie nun die letzte Spanne ausnutzen mußten, um in einen Rausch gleiten zu können, der den Traum ersetzen konnte. Sie wagten sich an schmutzige Geschichten, wollten die ersehnte Stimmung mit Liedern herbeizwingen, und trotzdem blieben sie wenige Minuten später in einem lastenden Schweigen stecken. Sie fanden nicht mehr den Weg heraus.

Sie sahen sich in der Stube um. Sie war sauber, aber alltäglich, so alltäglich. Ein Bügeleisen und einige Töpfe standen auf einer Anrichte. Alles war hassenswert nützlich.

Die Wände waren schadhaft. Durch das Fenster sahen sie noch weniger; schwarze Bauten und die ewigen Rauchfahnen über Kaminen und schmutzigen Kirchtürmen. Und plötzlich hörten sie ein Kind schreien.

Nachdem der ältere sein Versprechen eingelöst hatte, ging er. Wir sahen ihn fortgehen, und seine Zufriedenheit ermutigte uns, ihn anzubetteln. Wir sahen auch später die Jungen flüchten mit Augen voll grauenhafter Not. Kein Mensch fragte uns aus, und wir hätten sicherlich nichts gesagt. Einmal, weil die Kinder jener Jahre, die Kohlen stahlen, Waffenlager plünderten und Brot bettelten und somit sich selbst, wenn nicht ihre Eltern, ernährten, den Großen nie sagten, was sie wußten. Zum zweiten aber waren uns die vier Jungen näher, denn sie waren von etwas gequält, was auch uns wehe tat.

Die Weidner blieb noch eine Weile angewidert liegen, während die Soldaten schon wieder am Tische saßen, den Rest ihres Weines tranken und die Liegende hoffnungsleer und in stummrasender Wut anstarrten. Alles war unwiederbringlich vorbei. Sie waren wie Spieler, die den letzten roten Heller verloren hatten und argwöhnten, Opfer gefälschter Würfel zu sein.

Sie sahen die Erdenschwere und Begrenztheit des grobgliedrigen Körpers, die Poren der Haut, und schämten sich. Einer schüttete den Inhalt seines Glases über sie aus.

Da wurde sie zum ersten Male echt: sie zuckte unter der kalten Berührung zusammen, richtete sich erschreckt halb auf und beschrieb eine flehende Bewegung mit dem rechten Arm, während sie sich auf den linken Ellbogen stützte, eine Gebärde, die gleichzeitig bettelte und in

zorniger Scham aufbegehrte, und wie eine die Brüste schützende Abwehr aussah.
Sie sah die Jungen an und ihre Welt brach zusammen. Sie erkannte, daß ihre Rechnung so falsch war wie die der Jungen. Wein, Kuß und Beischlaf ergaben nicht Glück, und die bestimmte Erlaubnis nach der bestimmten Handreichung ergab nicht eine bestimmte Haltung jeden Mannes. Sie ahnte, daß sie verloren war, und ein wahnsinniges Entsetzen erfaßte sie.
Angesichts der zaghaften Auflehnung flutete ihnen der Haß bis in die letzten Enden der Adern. Sie bemächtigten sich des unscheinbaren Vorwandes, daß sie sich vor ihnen hatte schützen wollen, um vor sich selbst zu rechtfertigen, daß sie Gewalt gegen Gewalt setzen durften, das einzige Gesetz ihrer Welt. Sie legten Hand an den Leib, der sie geäfft hatte; in dem etwas sich ihnen entzogen hatte, um nie mehr erreichbar zu sein; der nur auf Geheimworte antwortete, die ihnen vorenthalten waren, und wollten ihn wie eine Truhe zerschlagen, um vollends in den Besitz des Geheimnisses zu gelangen. Sie wollten die anklagende Ähnlichkeit mit ihren Müttern auslöschen und ihren Einsatz wiedergewinnen, den Traum, den ihnen die Erniedrigte gestohlen hatte.
Sie haßten ihr Opfer noch dafür, daß es sich vor der Zeit in den Tod gerettet hatte.

VII Die Frage der Macht war gestellt

Im Augenblick selbst, als das Tor von Preungesheim hinter mir zufiel und ich Rudi und Reitinger sah, die auf mich warteten, spürte ich fast körperlich, wie die Partei mich in die Hand nahm; in ihre Hände, die gleichzeitig die tiefste Geborgenheit eines Hafens nach einer Irrfahrt, eine von mächtiger Kraft gesicherte Ordnung und die Teilnahme an dem gewaltigsten Abenteuer aller Zeiten enthielten. Sie übersah meine bösen Träume mit verzeihendem Schweigen. Die beiden nahmen mich in ihre Mitte, und während wir im gleichen Schritt der Vorstadt zustrebten, war es, als seien sie von Hunderttausenden ausgeschickt worden, um mich in deren Mitte zu geleiten. In der Schreibstube der Roten Hilfe krächzte mir Gottwohl ein herzliches Willkommen entgegen und händigte mir die Unterstützung aus, die allen um der Sache willen Leidenden zustand.

Die paar Silbermünzen, so wenig sie galten, wurden zu einem Gewicht in einer Waage, in deren anderer Schale die Niederschriften lagen, die ich aus dem Gefängnis mitgebracht hatte. Es war schwer, nur eine Sekunde lang, und das Ausschlagen nach der einen oder der anderen Seite war endgültig. Es waren die Scherflein derselben Genossen, deren Verhalten mich entfremdet hatte, aber sie hatten ihre Pfennige in einer Begeisterung gegeben, die mit mir verdächtigen Mitteln entfacht worden war. Das Geld annehmen, hieß alles in Kauf nehmen, wenn nicht gutheißen. Aber es ablehnen, hieß die Stimme des Mannes vor mir, der mich ein Jahr zuvor aus dem Grauen zurückgeholt hatte, nicht mehr hören, die beruhigende Tuchfühlung mit den Freunden verlieren, statt unter Hunderttausende in die Einöde einer Zelle zurückkehren, einer Zelle außerhalb der Zeit.

 Als ich auf die Straße trat, wurde mir schwindlig von

dem Lärm und dem Gedränge der Straßen wie von einem Glase kalten Wassers auf nüchternen Magen – war es die monatelange Entwöhnung oder das Blut, das mir nach meiner schweren Entscheidung in die Adern zurückfloß?
Natürlich war es ein Zufall, aber welch trefflicher, daß wir noch am selben Tage marschierten, ich weiß nicht mehr, welches Fest zu feiern oder welche Forderung zu unterstreichen. Der letzte Nachgeschmack der Benommenheit, des Zögerns und der Schwäche verwehte im gleichen Wind, in dem die roten Fahnen flatterten, hinter denen ich, da eben aus dem Gefängnis entlassen, in der ersten Reihe marschierte. Neben, vor und hinter mir gingen im gleichen Schritt die vertrauten Freunde Jockel und Reitinger, Albert und Rudi, Gottwohl und Willem, Bruno und die beiden Heiner. Weidner trug die Fahne voran, und Hunderte grüßten von den Bürgersteigen. Auf allen Gesichtern las ich die freudige Überraschung, mit der sie mich wiedersahen. Wir sangen: »Wir sind die junge Garde des Proletariats –« und »Wohlan, wer Recht und Wahrheit achtet –« und »Wir sind geboren, Taten zu vollbringen –« und »Wacht auf, Verdammte dieser Erde –« und »Schultert das Gewehr, die Rote Armee marschiert« und »Licht, im Osten aufgegangen, immer heller wird dein Strahlen –« und »– auf die Barrikaden, rote Soldaten –«, und wir betranken uns mit Liedern, und wir sahen uns an mit Blicken, die Umarmungen waren.
In der folgenden Nacht ging ich mit Reitinger zum ersten Male wieder durch die nächtlichen Gassen. Wir gedachten unserer früheren Streifen und waren beide bewegt. Wir fühlten uns reifer und ernster. Als wir durch die Bahnunterführung gingen, welche die Vorstadt mit der Altstadt verbindet, sagte er halb zögernd, als ob es ihn viel kostete, ein ängstlich gehütetes Geheimnis preiszugeben, und als legte er mir ein seltenes Geschenk in die Hände: »Komm, ich will dich mit Lysiane bekannt machen.«

Ich sehe noch die große, von einem matten Schirm überschattete Stehlampe. Sie leuchtete die glänzenden, bunten Rücken einer Bücherei und einen runden Tisch an, auf dessen heller Decke einige Tassen standen. Es herrschte eine angenehme Wärme, die nicht vom Ofen, sondern von der wohltuenden Übereinstimmung herzurühren schien, zu der sich Farben und Flächen, Linien und Inhalte zusammentaten. Überhaupt waren nicht die Gegenstände selbst, sondern was sie zwischen sich entstehen ließen und festhielten, außerordentlich.
Ich sehe noch mich selbst, seit der ersten Sekunde von dem unbekannten Hausgeist gebannt, auf dem Rande eines Diwans sitzen und ernsthaft nach den Ursachen meiner Benommenheit forschen, meine in Abendschulen und volkstümlichen Büchern zusammengekramte Wissenschaft anwenden und feststellen, daß es nicht der gewisse Wohlstand und die Bildung der Frau sein konnten, denn ich hatte schon mehrere Töchter angesehener Häuser gekannt, die mich durchaus nicht in gleicher Weise beeindruckt hatten, daß es auch nicht jene Steigerung der Tätigkeit einer Gruppe von Drüsen war, die man nach einem geistesträgen Übereinkommen als »beginnende Liebe« bezeichnet.
Ich sehe noch Lysiane, die meine Zerfahrenheit für eine Folgeerscheinung der überstandenen Haft halten wollte. Ihr zu Gefallen erfaßte mich sofort eine tiefe Niedergeschlagenheit. Schon während sie sich am Tische zu schaffen machte, groß, dunkelblonde Haare wie ein seidenes Geschmeide um ein blasses, durchsichtiges Antlitz gelegt und im Nacken verknüpft, auf kleinen Füßen wippend und mit wunderschönen, wagemutigen Beinen ausschreitend, plauderte sie leicht und lächelnd, meine düstere Nachhaftstimmung auflösend, wie man mit sanften Bewegungen eine Wunde auswäscht.
Sie erzählte von ihrer Arbeit. Sie war Armenpflegerin einer Wohltätigkeitsgesellschaft. Sie hatte den Posten vor einigen hundert anderen Bewerberinnen erhalten, auf eine Art, die kennzeichnend für sie war: sie hatte das

Angebot am Strande eines kleinen Seebades gelesen. Auf der ersten glatten Fläche, einem Stück braunen Packpapiers, hatte sie mit einem entliehenen Bleistift ihre Bewerbung geschrieben, und ihre rasche Entschlußkraft hatte sie vor allen übrigen Bewerberinnen ausgezeichnet, deren Schreiben auf feinem Papier sauber niedergeschrieben waren.

Mit Nachsicht und Geduld unterhielt sie mich, so lange und beharrlich ich auch schwieg, und nach und nach erfuhr ich die Geschichte ihres Lebens. Zu Beginn des Weltkrieges hatte ihr Vater sich samt seiner Familie nach Dänemark gerettet, um nicht zum Waffendienst herangezogen zu werden. Dort hatte sie den Ausbruch der russischen Revolution erfahren und war, siebzehn Jahre alt, nach Moskau gefahren, um zu helfen; sie hätte nicht sagen können, in welcher Weise. Sie hatte die ersten grimmigen Hungerjahre, den Bürgerkrieg, beginnende Enttäuschungen und den Aufstand von Kronstadt miterlebt und als Übersetzerin im Kreml gearbeitet, in dessen Vorzimmern ihr Lenin, wie er leibte und lebte, begegnet war.

Sie pflegte noch Beziehungen zu Freunden in Rußland und fuhr von Zeit zu Zeit nach Moskau. Sie erzählte von seltsamen Schwierigkeiten, von den Überraschungen und den ganz besonderen Sorgen des neuen Menschen, von einem Freunde, der Häuser mit Badezimmern, Zentralheizung, elektrischen Kochherden und Aborten mit Wasserspülung für Kirgisen gebaut und damit leidenschaftliche Diskussionen ausgelöst hatte, denn die unerfahrenen Leute hatten die schmucken Bauten innerhalb weniger Wochen zuschanden gewohnt, indem sie darin wie in den heimatlichen Zelten gehaust und die vertrauten Holzfeuer auf den Fußböden angezündet hatten. Ich erfuhr, daß Lenin sich nie von einer Gesamtausgabe der Werke Gorkis trennte. Sie beschrieb mir ihre Moskauer Freunde, deren einer auf die Frage, was er von der Lage in Deutschland halte, geantwortet hatte: »Das kann man nur mit einer ganz feinen Psychologie verstehen.«

Sie bemerkte nicht, daß ich anders schwieg als zu Anfang. – Es waren nicht die Tatsachen und Aussagen an sich, aber die Selbstverständlichkeit, mit der Lysiane sie wiedergab, die bewies, daß es unter vielen Genossen gang und gäbe war, darüber zu sprechen, und es waren die unerhörten Versprechen, die einige Erwähnungen enthielten – Lenin, der Gorki nicht entbehren konnte –, es waren ihre Augen, die mir ohne Wanken Freundschaft anboten, ihre sanfte Entschlossenheit, die meine Seele bei der Hand nahm, die Entdeckung, daß die Partei auch die Welt eines Menschen wie Lysiane sein konnte; welchen Reichtum mußte die Partei enthalten, und wie reich wurde die Partei. Alles zusammen sagte mir, daß ich dort angekommen war, wonach ich lange gesucht hatte, es war ein herrliches Gefühl des »Daheimseins«. Ich wußte, daß ich meinen persönlichen Widerstreit nicht mehr zu verleugnen brauchte; ich spürte plötzlich die Handschriften aus dem Gefängnis in meiner Tasche und ich mußte lächeln in dem Gedanken, daß ich sie hatte heimlich vernichten wollen; es war, als sagte mir die Partei selbst: »Erst nachdem du gewillt warst, deine eigenen Sorgen hintanzustellen und deine Erzählungen zu zerreißen, bist du es wert geworden, sie vorzuweisen.« Und ich zeigte sie, zitternd und zagend.

Und Lysiane fand das unbedachteste und gütigste Wort, das man mir je gesagt: »Du kannst schreiben, Mann, schreibe, schreibe, wenn du fleißig bist, so kannst du unser Gorki werden.«

Wieder stocke ich vor einer Erinnerung, die mich unwirklich anmutet. Ich kann unter den Frauen, die sich heute in den Parteien bemühen oder Führern folgen, nicht mehr jene herrlichen, großartigen Geschöpfe entdecken, die ich zu meiner Zeit kannte.

Verdächtigt mich nicht, ein alter Mann zu sein, der die Zeit nicht mehr versteht und den Lieben seiner Jugend nachtrauert, die er durch zeitliche und örtliche Entfernung verschönt sieht. Denn alles ist doch noch nicht so lange her, und mein Gedächtnis ist unversehrt.

Als Kind hatte ich oft mit Käfern gespielt, die ich an Halmen hatte emporklettern lassen, welche ich umgedreht, genau in dem Augenblick, in dem die also Genarrten an der höchsten Spitze angekommen waren. Mir war zumute wie jenen kleinen Lebewesen, die ihren Aufstieg von neuem hatten beginnen müssen; ich hatte geglaubt, den höchsten Turm menschlicher Voraussicht erstiegen zu haben, und ich sah mich an einem allerersten Anfang. Aber ich sah eine Tür offen, eine neue Zeit hub an, ich war den Sternen unseres Himmels näher. Es begannen die zwei glücklichen und fruchtbaren und ruhigen Jahre meines Lebens. Hundert Geister schienen die Steine vor meinen Füßen wegzuräumen. Ich stürmte nicht mehr auf einem Wege in einer Richtung voran, ich gewann Land nach allen Seiten zugleich, wie ein Meer, unendlich weite Räume um mich her und in mir.

Ich trug meine Geschichten zu der freisinnigen, reichen »Frankfurter Zeitung«, deren Ansehen seinerzeit so groß war, daß es für einen jungen Dichter einer Weihe gleichkam, in ihre Spalten »unter dem Strich« aufgenommen zu werden. Ich setzte mich so leicht und rasch durch, daß ich fast bedauerte, so wenig verkannt worden zu sein; denn die Lebensgeschichte so vieler Großer beginnt damit. Der alte Varlegen, der Jahre hindurch um Aufnahme seiner Arbeiten in die Zeitung gebettelt hatte, war so eifersüchtig auf meinen Erfolg und so aufgebracht über den Inhalt, daß er bei der Schriftleitung vorsprach und ausplauderte, ich sei durch zwei Irrenanstalten gegangen.

Ich sah den »Weg ins Leben«, ich las Romain Rolland, Kafka, Zola, Stendhal, ich sah Barbusse persönlich auf einem Weltkongreß, ich hatte die Erlaubnis, die Bücherei des »Instituts für Sozialforschung« zu benutzen, ich besuchte die Abendschulen, in denen Heinrich Meng und Max Hodann über die menschliche Seele Aufschluß gaben, ich liebte, liebte, liebte; ach, ich weiß nicht mehr all die Namen und erinnere mich nicht mehr aller Gesichter. Ich wohnte den Gerichtssitzungen bei, über die ich in der Parteizeitung berichtete. Oft veröffentlichte ich die Verteidigungsreden, die ich an Stelle fauler Verteidiger hätte halten mögen. Ich erinnere mich eines Falles: ein Richter hatte einen jugendlichen Dieb zur Höchststrafe verurteilt, weil der, statt sich Brot zu kaufen, eine seinerzeit zur Mode gewordene »Klubjacke« erstanden hatte. In der »Frankfurter« hielt ich ihm entgegen, daß das Recht auf Leben auch solche Dinge einschließe. Meine Arbeit wurde in zehn Blättern nachgedruckt und brachte mir Briefe aus allen Winden ein, aus Berlin, dem roten Berlin, und selbst von den Balearen. Den Brief samt Umschlag und Briefmarke von den fernen Ufern trug ich lange mit mir.

Manchmal setzte die Bewegung und das Geräusch des Lebens aus, und ich hatte fern der Erde ein Gesicht, das ich nicht wiederzugeben wagte, oder nur, nachdem ich meine ganze Kühnheit gefunden hatte; ich sah im Tiergarten einen riesigen Büffel reglos hinter den Gittern stehen. Er verlor in unaufhörlichen Entladungen und Spannungen seinen Samen, der Unterleib und Erde bedeckte, und klagte dumpf und sehnsüchtig. An wen richtete er seinen Vorwurf und seine Frage? Es war die Zeit, während der er berufen war, eine Herde zu befruchten. Unzählige Milliarden von Keimen künftigen Lebens starben unter ihm.

Es war noch kalt, und nur wenige Besucher fanden sich vor den Käfigen. Vor dem Stier stand nur ein alterndes Fräulein. Die schmucklos eintönige Farbe ihrer Kleidung und ihre schon knochigen Hüften zeigten an, daß sie längst jenseits der Hoffnung war, eine vollständige Frau werden zu dürfen. Sie trug schon an den zwanzig oder dreißig Jahren, die noch vor ihr lagen. Sie standen sich unbeweglich gegenüber, so sehr aus verschiedenen Jahrmillionen und verschiedenen Sternbildern, wie zwei Planeten, die eine Minute lang in ihrem Laufe innehalten. Aber allein durch die Begegnung, die sie nicht gewollt hatten, hoben sie sich gegenseitig plötzlich aus ihren gewöhnlichen Umgebungen, in denen sie alltäglich und unauffällig waren, und wurden zu einem einzigen, gewaltigen, einmaligen, wie zu Fels gewordenen Schrei, einer urgrundtiefen Auflehnung gegen die Schöpfung.

Ich lernte bis zur Erschöpfung, so wie ein Schnitter mäht. Aber wenn ich in die Gasse, die Gasse, die ich in das Feld gebahnt, mit Genugtuung zurückschauen konnte, so schien mir das Gefilde vor mir immer weiter und bald grenzenlos. Wenn ich meinem besten Freund auf der »Frankfurter« zuhörte, dessen Erscheinung, Gebärden, Wissen und Worte die Gediegenheit eines edlen Gusses, die durch Feile und Glättung von Jahrhunderten geschaffene Vollkommenheit, die durch Meisterung des Geistes fremder Völker erworbene Bereicherung und Weite ausströmten, war ich vernichtet von dem Bewußtsein meiner Winzigkeit, gleichzeitig aber auch von brennendem Ehrgeiz erfaßt, diesen gewitterten Reichtum zu erwerben.
Ich spürte die Gefahr des verführerischen Zaubers. Ich war auf der Hut, und nahm die Ratschläge meines Freundes nur mit den Fingerspitzen an. Ich flüchtete mich in meine einzige Überlegenheit; er war ja auf der Seite einer sterbenden Welt und ich gehörte zu ihren Totengräbern. Oft stritten wir aneinander vorbei wie in verschiedenen Zungen, und einmal, ermattet und enttäuscht, entfuhr ihm: »Alles steht und fällt mit der Antwort auf die eine Frage: ist der Mensch gut?«
Ich wußte natürlich, daß die Frage unwissenschaftlich war. Ich wußte aber auch, daß mein Widersacher sie absichtlich vereinfacht hatte. Ich hatte noch nie über eine Antwort nachgedacht, aber ich spürte in einem Augenblick, daß eine Verneinung die Grundlagen meiner Welt bedrohte, mehr noch, daß ich selbst mich damit hätte aufgeben müssen, und ich bejahte die Frage, ohne auch nur einen Atemzug lang zu zögern, leidenschaftlich und stürmisch, als ob es gegolten hätte, eine Gefahr zu beschwören. In der nächsten Sekunde war ich überrascht und benommen von meinem eigenen Eifer.

Mein Freund ließ nicht locker. Er belagerte mich mit Büchern, die er hinterher mit mir besprach, nahm mich mit, wenn er Freikarten zu Vorstellungen hatte, und wir unternahmen nächtliche Fahrten in die Berge.
Wir aßen zusammen, und ich lernte, daß die Nahrung und die Art, sie zuzubereiten, zu einer Kunst werden konnten, genau so wie die Liebe zu einer Auflehnung gegen die Natur.
Wir nahmen den letzten Vorortzug, der uns an den Fuß des Gebirges brachte, und kletterten die ganze Nacht hindurch bergan, um noch vor Sonnenaufgang auf dem höchsten Gipfel den Tag zu erwarten. Angelangt, waren wir an einem Anfang, als ob die ganze Schöpfung ausgewischt sei und wir ihrer Neuentstehung von Anbeginn an beiwohnten. Wie in dem biblischen Märchen war es zunächst leer. Wir sahen nichts und hörten nur das Rauschen und Wispern eines Dunkels, das uns wie das erste Wort umfing. Die sanft aufkommende Helle schied die milchigen Meere der Wolken zu unseren Füßen von den ungeheuer ragenden, nackten, tot anbetenden Inseln der Berggipfel. Das zunehmende Licht erlöste die Wälder, und die Wolkenmeere öffneten sich über frühschimmernden, fernen Flußläufen. Noch war es totenstill. Mein Begleiter wartete neben mir wie der Versucher. Vielleicht war, was er anstrebte, nur die Erschütterung, vielleicht auch der Zwang, die Welt von neuem zu denken, um mich zu verwirren und unsicher zu machen. Ein mächtiges Angebot drängten die Bilder mir auf. Erst als die Helle zu Sonnenlicht wurde, die Tiere sich zu regen begannen und weit in der Ferne die Wohnungen der Menschen sich abzeichneten, erlösten mich die von Rauchschwaden und Giftwolken eingehüllten, von Hochbauten überragten Stahlwerke am Horizont. Ich sagte: »Es ist uns gelungen, fast eine Mehrheit für den Streik zu gewinnen.«
Der Zauber wich. Der Mann neben mir schüttelte wortlos den Kopf.

Jockel traf ich fast immer nur zufällig; eine unserer Begegnungen fand unter merkwürdigen Umständen statt. Ich sah einen älteren, schnurrbärtigen Mann mit allen Zeichen der Todesangst durch eine Gasse rennen, verfolgt von Jockel mit einem gezückten Messer in der Hand. Ich schloß mich der Jagd an; es gab vorläufig nichts zu überlegen. Wir rannten dreimal um den Häuserblock, bis es dem Verfolgten gelang, in einen Hausflur zu entkommen. Jockel blieb vor der Türe stehen, wie ein Hund vor einem Baum, auf den sich eine Katze gerettet hat, und konnte mir nach einem längeren Atemholen erzählen. Der Mann war sein Stiefvater; er nannte ihn anders, den »Mann seiner Mutter«, und Jockel schien ihm vorzuwerfen, daß er die Mutter mißhandle, aber er sprach davon so verworren und so widerwillig, daß ich ihn der Lüge verdächtigen mußte und mich seiner Hilflosigkeit schämte. Ich war froh, als er wieder ehrlich wurde, indem er sagte: »Wie hat die Mutter ihn nur nehmen können; ein Althändler, ein Althändler –«, und er fügte hinzu: »Ich habe wieder einige Auskünfte erhalten. Mein Vater war einer der führenden Gegner des alten Österreich.«
Wie ich liebte Jockel toll und wurde geliebt. Wir gerieten uns darüber nie in die Haare, unsere Begriffe von Schönheit waren nicht dieselben. Nur um ein einziges Mädchen beneidete ich ihn, eine kleine Tänzerin; eine blutjunge Anfängerin, den Kopf voll seltsamer kindlicher Vorstellungen über ihre Laufbahn. Sie schlüpfte jeden Morgen zu Jockel in die Stube und tanzte vor ihm, nur mit einem wehenden Schleier bekleidet; so wie ein junger Dichter seiner Geliebten Verse vorträgt. Die Poesie warb um Jockel, es war ein ungeheuerliches Mißverständnis. Sie hatte seltene Seelenschwingungen zu zaubern erhofft in Jockel, der sie geliebt, sooft sie gewollt, und er hatte halb spöttisch und halb verächtlich seine Eindrücke in einem Satze zusammengefaßt: »Sie hat Brüstlein, wunderbar – so hart wie Stein.« Hätte sie sich mir beschert, welche Höhen hätten wir gewonnen! Bald

übrigens fand er die Gefährtin, die ihn zu binden verstand. Sie war von einem rechtschaffenen Vater bewacht, und es bedurfte eines bewaffneten Unternehmens in das kleine Dorf, in dem sie wohnte, um sie heimzuholen.

Ich berichtete über den Mordprozeß »Stubenrauch und Genossen«. Es waren drei Braunhemden, der Älteste und Hauptschuldige zwanzig, die beiden Helfer jeder achtzehn Jahre alt. Sie hatten ein von Stubenrauch geschwängertes Mädchen umgebracht. Eine besonders empörende und häufig erwähnte Einzelheit war, daß Stubenrauch das Opfer fünf Minuten vor Begehung des verabredeten Mordes noch einmal mißbraucht hatte, während die beiden Handlanger hundert Schritte weiter schon auf der Brücke gewartet, von der aus sie die Unglückliche in den Fluß geworfen hatten. Ich sah die drei auf der Anklagebank und am Tatort, zu dem sie in Fesseln geführt wurden, um zur Belehrung der Richter und Geschworenen vorzuspielen, wie sie das Verbrechen vollendet hatten. Die Verhandlungen dauerten mehrere Tage, und wenn ich das Gerichtsgebäude verließ, fand ich in den Gesichtern der jungen Arbeitslosen, die an allen Ecken lungerten, die betäubten rat- und trostlosen Augen der dreie wieder. Sie verfolgten mich von Tag zu Tag eindringlicher, sie erweckten die Erinnerung der schmalen Gesichter der Fürsorgezöglinge, sie verließen mich selbst nicht mehr, wenn ich allein war, und aus der vergessenen Zeit tauchten die Augen der kleinen Landstreicher, meiner Weggenossen und der armen Pupenjungen von Köln, Frankfurt, von überall auf.
Es geschah mir, während ich mitten in dem eindrucksvollen Gestühl der Presseberichter saß, dem würdigen Hochsitz der Geschworenen gegenüber, den gestärkt und gebügelt thronenden Büsten aus Purpur und Hermelin der Gerichtsherren zugewandt, daß ich mich plötzlich meines Platzes schämte.
Unter meinen Augen, schien es mir, vollzog sich eine ungeheuerliche Schandtat, und ich war nicht auf der

Seite der Opfer. Nicht alle Täter waren im Saale, aber alle Anwesenden waren Mithelfer, bewußt oder blind. Ich schämte mich plötzlich der geläufigen Erklärungen, nach denen die Ursache aller dieser erschütternden Trauerspiele in der Ausbeutung der Menschen durch die Menschen zu finden waren. Es schien mir so scheinheilig wie das Gehabe der Priester, die im Namen der Nächstenliebe einem Verurteilten nur mit einem Gebete beistehen. Aber ich mußte wahrnehmen, daß ich unfähig war, in einer anderen Sprache als der meinen zu schreiben, meiner Sprache der Bilder, der Gesichte, die aus hundert Einzelheiten, unlöslich miteinander verbunden, bestanden. Und unsere Zeitung hatte weder Platz dafür, noch erlaubte die Bedeutung der Stunde ein Verweilen am Platze. Denn der Tag, an dem die Wissenschaft auch in unserem Lande zur Tat werden sollte, kam nahe. Die Frage der Macht war gestellt. Alles, was dem Feinde nicht unmittelbar tödlich war; der Schatz, die Fahnen, jene Waffen, die in einem zukünftigen Ringen um die Seelen der Menschen erst eingesetzt werden konnten, mußten beim Troß bleiben. Traurig, aber auch wie ein Soldat, der nach beendeter Ausbildung zum ersten Male den Donner wirklicher Geschütze vernimmt, setzte ich unter der Aufsicht unseres Schriftleiters auf: »Drei viehische braune Mordbuben, Abschaum des Lumpenproletariats –«

Die Frage der Macht war gestellt; ein gewaltige Wort, glühend wie eine Verheißung und zugleich kühl wie die Feststellung eines Arztes, prägte den Sommer zweiunddreißig.

Eine noch nie erlebte Bewegung ging durch die Reihen, als Severing, der linke Minister von Preußen, durch die Polizei verhaftet wurde. Margaret ließ Körbe voll Nahrungsmitteln aufkaufen; denn »wenn es losgeht, dann werden die Läden wieder geschlossen bleiben müssen. Man wird nicht auf die Straße gehen können, ohne in das Feuer zu geraten, wie achtzehn, neunzehn –«

Wir verließen die Straße nicht mehr, die auf das Feuer wartete. Ich atmete die einzigartige Luft, die um die Zusammenrottungen und Versammlungen der Arbeiter entstand. Zum erstenmal, seit ich die ersten Worte über Arbeiterbewegung vernommen hatte, konnten sich Angehörige der beiden großen Parteien der Linken zusammenfinden und sich das Wort gewähren. Reitinger und ich gingen durch die Gassen wie über ein Feld am Morgen vor der Schlacht. Wir hätten uns gut geschlagen, wir warteten, warteten zitternd vor Kampfeslust auf den Befehl zum Losschlagen.
Fassungslos hörten wir einen Einfältigen, der sich stolz tröstete: »Der Hauptmann und die Wachtmeister, die ihn verhaftet haben, die haben stramm gestanden und mit der Hand am Helm gegrüßt, jawohl, bevor sie ihn weggeführt haben.«
In denselben Sommer fällt auch eine meiner lieblichsten, kostbarsten Erinnerungen: ich arbeitete in meiner Dachstube an einem Büchlein, in dem ich eben der schweren Ahnung, die mich vor »Stubenrauch und Genossen« erfaßt hatte, Gestalt geben wollte. Und während aller dieser Wochen brauchte ich mich um meinen Unterhalt nicht zu kümmern. Seit meine ersten kleinen Geschichten gelesen worden waren, pflegten mich die alte Margaret und nach ihr alle Hausfrauen der umliegenden Wohnungen, halb wie einen Sohn, halb wie einen im Rufe der Heiligkeit stehenden Einsiedler. Noch das nächtliche Klappern meiner Schreibmaschine hörten sie mit Nachsicht und Freundschaft. Und dieselben müden Arbeiter, die den Rundfunknarren über den Hof zubrüllten »Fenster zu«, sagten mir morgens: »Du Lump, du, du hast mich zweimal aus dem Schlaf gerissen, komm, trink eine Tasse Kaffee und iß ein Stück Brot.« Sie berieten sich, als handle es sich um eine gemeinnützige Angelegenheit, über mein Vorhaben, nach Berlin zu wandern, um einen Verleger zu finden. Sie fanden Adam, der mich auf seinem Motorrad hinfahren wollte.
Ich aber schrieb wie in ihrem Auftrage.

VIII Berlin, die rote Stadt

Niemand, der nicht jene Zeit in unseren Reihen miterlebt hat, kann sich vorstellen, was mir Berlin, die roteste aller Städte der Erde außerhalb der Räteunion, bedeutete. Die rote Festung, die Stadt der Maibarrikaden, die Stadt Spartakus'.

Ich lief fünf oder sechs Tage durch die Straßen. Ich erfragte meinen Weg und konnte nur mit Bewegung die berühmten Namen der Stadtteile Wedding, Lichtenberg, Neukölln nennen. Ich suchte auf allen Mauern nach Kugeleinschlägen. Ich sah allen Vorübergehenden voll ins Gesicht, denn ich war überzeugt davon, daß ein Auge, das einmal über eine Barrikade gespäht hatte, für alle Zeiten anders blicken mußte. Ich summte und pfiff die unzähligen Lieder des »Roten Wedding«, des »Roten Berlin«, »Haltet die roten Reihen geschlossen, denn unser Tag ist nicht weit!« Ich stand vor dem sagenhaften Karl-Liebknecht-Haus und wurde es nicht satt, die rußgeschwärzten Steine anzuschauen, die anders waren, als Steine jemals sein konnten.

Selbst die Untergrundbahn, die ich nehmen mußte, um zu den Parteidichtern zu gelangen, beeindruckte mich, das Haus, die Treppe, das Schild, welches wissen ließ, daß die Räume der Vereinigung sich in dem und dem Stockwerk hinter der Tür Nummer soundsoviel befanden. Vollends überwältigt wurde ich von dem Schauspiel hinter der Tür: alle bekannten oder gar berühmten Parteidichter saßen um einen Tisch und sahen mich an. Kirch mit seinem hakennäsigen, braunen, lockenüberschatteten Gesicht eines klugen, hartherzigen Teufels – wie oft hatte ich es in den Zeitungen gesehen; Hans, der Mann der ätzenden Analysen, alle überragend dank seiner hünenhaften Gestalt; Erb, der bewaffnete Prophet, in eine Lederjacke gekleidet; mir zunächst aber Käthe, die mich aus flimmernden dunklen Spalten ihrer fast geschlossenen Augen musterte. Alle warteten auf eine Erklärung, mein Kommen mußte eine wichtige Besprechung unterbrochen haben. Aber befreit, erstaunt und wie glücklich atmete ich auf, als sie auf mein stammelnd vorgetragenes Begehren und Nennung meines Namens antworteten: »Du bist es, der Haueisen aus der Vorstadt!«

Alle kannten mich. Meine Geschichten waren mir vorangeeilt. Ich wurde mit offenen Armen aufgenommen, nicht nur von Menschen, deren Namen ich nur in ehrfürchtiger Scheu aussprechen konnte, sondern auch in einer verwirrenden Welt Unbekannter in Kaffeehäusern, Kleinbühnen und in den Gesellschaftsräumen von Vorortvillen. Vielfach waren es Leute, die auf die andere Seite der Barrikade gehörten.

Eine reiche Dame, die zu malen vorgab, wollte mich auf einer Leinwand verewigen. Es mißfiel mir, daß sie mit einer ungesunden Neugier mein Leben erfahren wollte, aber ich mied sie endgültig, als sie in einer weißen Arbeitsbluse erschien, unter der sie nackt war, wie ich feststellen mußte, als sie die Knie übereinanderschlug. Ich floh sie für immer, da sie nicht anziehend war.

Ich lernte ein reizendes Mädchen kennen, ohne Falsch und Tadel – sie hatte nur einen Fehler, sie hieß Gurke – und konnte sie dazu bewegen, mich in das freundliche Stübchen zu begleiten, das Käthe mir überlassen hatte. Aber je näher wir der gastlichen Wohnung kamen, um so größer wurde ein Bedenken in mir: ich hatte das Gefühl, unredlich zu handeln, indem ich eine so herzliche Gastfreundschaft ausnutzte, um persönliche Abenteuer zu fördern. Und es schien mir eine besondere Stätte zu sein, reiner, größer, durch den Aufenthalt der Dichterin zu etwas anderem geworden als eine Wohnung. Und konnte es nicht sein, daß ich sie in grober Weise verletzte?

Ich hieß meine Begleiterin warten und klopfte um Mitternacht an die Tür Käthes, die aus dem Schlafe auffuhr

und mich durch die Wände fragte. Ich antwortete sehr zaghaft: »Ich muß dich unbedingt sprechen.«
Sie fragte zurück: »Muß es ausgerechnet jetzt sein?«
Ich beteuerte die Dringlichkeit meines Anliegens und wurde seufzend gebeten, einzutreten. Käthe hatte die Bettlampe erhellt und die Decken bis an das Kinn hinaufgezogen. Sie sah mir stirnrunzelnd entgegen. Ich begann weitschweifig: »Ich bin in einer heiklen Lage. Auf der einen Seite möchte ich deine kostbare Gastfreundschaft nicht mißbrauchen. Auf der anderen Seite jedoch, ich weiß nicht, wie sagen, ich bin ein Mann –«
In diesem Augenblicke nahm ich wahr, daß ihr Gesicht eisig wurde, und die schreckliche Ahnung eines Mißverständnisses dämmerte in mir auf. Ich beschleunigte meine Erklärung bis zur erlösenden Sicherheit. Sie schwieg eine Sekunde lang überrascht, dann aber erhellte ein befreiendes Lachen ihr Antlitz.

Ein einziges Mal griff mich die alte Angst, aber kaum erkennbar, wieder an. In einem Arbeiterkino des Wedding sah ich einen alten Film von Chaplin, in dem er wie so oft von Polizisten verprügelt wurde. Und die Arbeiter im Saale, die klassenbewußten Arbeiter des roten Wedding, die täglich unter den Gewalttaten der Grünen zu leiden hatten, lachten, lachten. Warum?
Mein Verleger war Theo. Er war sanft wie seine traurigen Augen, hilfsbereit und freundlich, obwohl er ein unheilbares Leiden durch seine Tage schleppte. Er ließ mich die zahlreichen Manuskripte lesen, die seinem Verlage zugeschickt worden waren und sich angesammelt hatten. Ich entdeckte einen Roman eines jungen Dichters aus dem Rheinlande – ich erinnere mich nicht mehr des Namens, also sage ich Grünwald – der inzwischen ertrunken war. Theo ließ das Buch drucken und beauftragte mich, den »Waschzettel« zu verfassen; das ist die gedrängte, lobende Inhaltsangabe des Buches und Lebensbeschreibung des Dichters, die die Verlage ihren Büchern beizulegen pflegen. Aber mein Verleger unter-

brach mein Beginnen und bat mich nie mehr um einen ähnlichen Dienst, nachdem er über meine Schultern hinweg die ersten Zeilen meiner Arbeit gelesen hatte: »Grünwald ist tot. Thomas Mann lebt noch. Zweifaches Unglück der deutschen Dichtung.«

Weiß der Himmel wie, erhielt ich eine Einladung zu einer »Matinee« der Gesandtschaft der Rätestaaten. Mit dem ersten Gelde, das mein Buch mir eingebracht, hatte ich mir dickwollene Golfhosen, dreifach besohlte Wanderschuhe und eine Lederjacke gekauft, eine Kleidung, die getreu dem Seelenzustand eines bewaffneten Propheten entsprach, sportlich, proletarisch und soldatisch zugleich. Sie folgte ich getrost der Einladung unseres Vaterlandes.

Der Türhüter sah mich ungläubig an und erlaubte mir erst einzutreten, nachdem er meine Einladung um- und umgedreht und meinen Namen mit dem meiner Arbeitslosenkarte verglichen hatte. Erstaunt und verwirrt stieg ich die Treppe empor und mußte erleben, daß das gewinnende Lächeln des Geschäftsträgers, der die Gäste auf der Treppe empfing, ungewiß und fragend wurde. Ich war eingeschüchtert, unsicher und betroffen, aber im großen Festsaal gingen mir die Augen auf.

In der Mitte der riesigen Halle, mit rotem Samt ausgelegt und mit wandhohen Spiegeln in goldenen Rahmen geschmückt, stand ein langer, langer Tisch mit Bergen seltener Bissen bepackt.

Drei Diener in goldbetreßten Livreen schenkten kostenlos verschiedene Getränke aus. Auf kleinen Ecktischchen standen freigiebig geöffnete Kisten voller Zigarren. Hunderte von Herren in denselben schwarzen Abendanzügen, mit denen unsere Zeichner die Zerrbilder der Ausbeuter bekleideten, und Scharen von Frauen in vornehmen, bis auf die Füße fallenden Seidenkleidern drängten sich um die Tafel.

Entsetzt flüchtete ich mich in eine Ecke neben eine der Zigarrenkisten, und als ich verstört an mir herniederschaute, entdeckte ich, daß ich mir in der Straße »Unter

den Linden« eine Menge winterfeuchter, braunfaulender Blätter angetreten und mit in den Saal gebracht hatte. Schauderhafte, gezackte Kränze umgaben meine sportlichbreiten Absätze, gleich denen eines Bauern, der im Mist gearbeitet hat. Ich versuchte verzweifelt, so harmlos wie möglich dreinzuschauen und zündete die erste Zigarre meines Lebens an, mit deren Hilfe ich mir Haltung zu geben trachtete. Ich versuchte mir einzuhämmern, daß ich schließlich hier zu Hause war, und wandelte längs der Wand auf und ab, meine Absätze unauffällig gegen den Samt des Bodens reibend, um die Blätter loszuwerden. Aber des Rauchens ungewohnt, befiel mich bald ein Schwindelgefühl, das mich zwang, stillzustehen.
Mit letzter Anstrengung wankte ich einem benachbarten Saale zu, als der Gesandte das Zeichen zum Beginn einer Filmvorführung gab, die dort stattfinden sollte. Ich wählte einen Platz, nicht zu schlecht, aber auch nicht unter den besten, und wartete wohl eine Viertelstunde, ohne daß weitere Gäste mir gefolgt wären.
Ich kehrte in den großen roten Saal zurück und sah, daß die feinen Leute immer noch um den Eßtisch geschart waren, während der Gesandte immer noch vergeblich in die Hände klatschte. Er mußte zu guter Letzt das Licht ausschalten lassen, so daß die Esser im Dunkeln in die Butter faßten, um sie endlich zu bewegen, seiner Einladung zu folgen. Mit mir aber wechselte er einen verständnisvollen Blick! Oh, wie war ich getröstet.
Aber Berlin war groß. Es wurde mir zu einer Schule mit fünf Millionen Lehrern, als der Verkehrsarbeiterstreik begann, den die Partei, mit den Braunen verbündet, gegen die freien Gewerkschaften führte. Es war ein schwindelerregendes Wagnis.
Wenn ich an den Verlauf jenes letzten großen Streiks auf deutschem Boden denke, dann erfassen mich Scham, tiefe Scham und Trauer; in jenen Tagen setzten Hunderttausende ihren Glauben und ihren Gehorsam gegen alles bessere Wissen und alle düsteren Vorahnungen.

Wie blind und unerschütterlich war unser Glaube, und wie groß das Vertrauen, das unseren Gehorsam begründete, um eine Arbeit vollbringen zu können, von der wir selbst in jeder Minute spürten, wie schmutzig und unehrlich sie war. Wir klirrten um so mehr mit der Härte und Unerbittlichkeit unserer Beweisführung; so wie die jungen Arbeitslosen in den Kampfverbänden mit ihren Absatzeisen. Es ging noch an, uns nicht mehr mit den armseligen Jungen der Sturmabteilungen herumzuschlagen, die einst zu einem guten Teil unter unseren Fahnen gesungen hatten und vielleicht wieder zu uns stoßen konnten. Aber die vornehmen SS-Studenten mit ihren edlen Schmissen, die Henker mit silbernen Achselstükken, die wir all der Morde fähig wußten, die sie wenig später vollbracht, grinsend unter den Türen ihrer Sturmheime stehen zu sehen, während wir die gewerkschaftlich eingeschriebenen, den Weisungen ihrer Leitung folgenden Arbeiter oft mit Gewalt nötigen mußten, von der Arbeit abzulassen, war uns widerlich.
Die Grünen jagten uns, nur uns. Ich stand Streikposten mit Peter, einem Genossen, in dessen kleiner Dachstube ich schlief, um ihn nicht verlassen zu müssen. Seine Bleibe war so voll von Flugblättern, die er unermüdlich verteilte, daß wir auf den Bündeln aßen, saßen und schliefen. Er war mager, blond und hatte einen eigentümlich schleppenden Gang. In den Kämpfen der Nachkriegszeit in seiner Heimat Oberschlesien hatten ihm die Weißen seine Füße so zerschlagen, daß er mit dreißig Knochenbrüchen in ein Krankenhaus eingeliefert worden war.
Am dritten oder vierten Streiktag tauchte morgens früh um fünf Uhr ein Grüner vor uns auf und fragte nach dem Wohin und Woher. Er war entrüstet und beleidigt, als wir ihm zumuteten, zu glauben, daß wir frische Luft zu schöpfen im Begriffe waren. Wortlos, aber unmißverständlich bedeutete er uns, ihm voranzugehen. Er trieb uns in einen dem Bahndamm entlang führenden, ahnungsschwer dunklen Weg, in dem mehrere Hundertschaften

Grüner in Bereitschaft standen. Die Gefängnisse waren zu jener Zeit überfüllt, und die Grünen wußten, daß wir die Gefängnisse nicht fürchteten.
Sie bildeten auf Befehl ihres Vorgesetzten zwei einander zugekehrte Reihen – eine Prügelgasse – und man befahl uns, hindurchzulaufen, Spießruten zu laufen. Der Befehlshaber überwand unser Zögern mit einem Tritt ins Kreuz, der uns in die Gasse schnellen ließ. Ich lief als erster, natürlich so schnell ich konnte. Erst mitten in der Gasse fiel mir mit heißem Schrecken ein, daß Peter, durch seine schlecht verheilten Füße behindert, nur langsamer rennen konnte.
Ich rannte noch, als ich die Gasse schon weit hinter mir hatte, so sehr saß mir das Entsetzen in den Knochen. Erst am Ende des Weges, der zu einem Gartenweg geworden war, kam ich zu Atem, und sofort erfüllte mich eine verzweifelte Wut der Demütigung. Ein Mann kam auf mich zu. Ich sah blanke Knöpfe blinken, und ich nahm einen Stein auf, einen schweren faustgroßen Stein; ab er es war ein Eisenbahner, kein Grüner.
Peter holte mich ein. Und sobald er wieder den Mund auftun konnte, verzog sich sein Gesicht zu einem glücklichen Grinsen: »Hast du nicht gespürt«, fragte er eifrig, »daß einer darunter war, der nur zum Schein geschlagen hat?« und fügte in der Erinnerung lächelnd hinzu: »Er hat nur so getupft.«
Er beschämte mich. Weniger geschult als ich, hatte er doch die Fähigkeit, noch in den dunkelsten Stunden wichtige, hoffnungsschwangere Anzeichen für ein leises Krachen im Staatsgebälk wahrzunehmen.

IX Straßenkampf, Hunger und Hitler

Die Lederjacke veränderte mein Verhalten: ich nahm die Parteiarbeit ernster und ließ mich gerne als Beauftragter in den Bezirk schicken. Mein Büchlein hatte mein Ansehen bei den Genossen der Vorstadt erhöht. Sie verwandten mich gerne zu oft schwierigen Aufgaben. Ich fuhr nach der kleinen Stadt Worms am Rhein, die Schauplatz wüster, mehrtägiger Straßenkämpfe gewesen war, um die erste Hilfe zu organisieren, die Kinder der Erschossenen, Verletzten und Eingekerkerten zu sammeln, in ein Heim der Roten Hilfe zu geleiten und die Lage zu sichten. Als ich ankam, waren die Spuren der Kämpfe noch nicht verwischt.
An die mittelalterliche Stadtmauer lehnte sich die Judengasse an, ein unbeschreibliches Gewirr von alten Baulichkeiten, neben- und aufeinandergeschichtet wie kunterbunt angehäufte Schachteln. Noch stand das uralte jüdische Gotteshaus, aber seit langem hatten verelendete, kinderreiche Erwerbslosenfamilien die früheren Bewohner der Gasse abgelöst, welche die Hauptkampflinie des beendeten Aufstandes gewesen war.
Die Arbeiter von Worms waren ein eigenartig grausames, dabei aber treuherziges und verspieltes Volk. Sie töteten und ließen sich töten, aber nur im Verlaufe eindrucksvoller Schaustellungen, die sie über alles liebten. Sie hatten sich in der Judengasse verschanzt, in deren Gewirr und geheimen Gängen sich kein Grüner auskannte, die alten Stadtmauern wie während einer mittelalterlichen Belagerung besetzt und mit roten Fahnen besteckt und drei Tage und Nächte lang allen Angriffen der Ordnungskräfte widerstanden. Sie hatten sich aus eigenem Entschluß zurückgezogen. Noch feierte ein Schild über dem Tor der Gasse den siegreichen Ausgang des Streites:

»Hier haben sich die Bluthunde des Volksstaates die Zähne ausgebissen.«
Während ich meiner Aufgabe getreu von Wohnung zu Wohnung ging, traf ich unversehens Jockel, der schon Wochen zuvor nach Worms geschickt worden war, um die jungen Mannschaften der Abwehrverbände auszubilden. Er war der alte hauende und stechende Raufbold, übermütig, frech, tollkühn und gewissenlos – ihm begegnen hieß, in ein Abenteuer geraten. Es ließ nicht auf sich warten.
In jenen Tagen war es gerade durch ganz Deutschland gegangen, daß die Sturmabteilungen Hitlers vor dem Karl-Liebknecht-Haus aufmarschieren wollten. Die Wormser Braunhemden nun wollten ihre Berliner Genossen nachahmen, indem sie vor dem Wormser Parteihause vorbeizumarschieren gedachten, allerdings zur Nacht, denn sie waren zu schwach, um sich am hellichten Tag zeigen zu dürfen. Die Unseren jedoch hatten von dem Vorhaben Wind bekommen.
Das Haus der Partei in Worms lag am Ende eines engen Gäßchens, dessen Bewohner mit wenigen Ausnahmen eingeschriebene Genossen waren. Selbst die übrigen waren Freunde der Sache. Unsere Leute kamen abends in unauffällig kleinen Rotten oder einzeln an und wurden in den Wohnungen bis unter die Dächer versteckt. Nur ein einziger Mann stand Wache vor dem Parteihause; es war ein eindrucksvolles Schauspiel, der einsame Mann, recht nach dem Herzen der Wormser.
Wir mußten lange warten. Erst kurz vor Mitternacht hörten wir den Gleichschritt mehrerer Hundert genagelter Stiefel.
Auch die Braunhemden waren gebürtige Wormser. Auch sie hatten sich zu einem Schauspiel geschmückt. Es fehlten keine farbigen Schnüre, kein Nickelknopf am Braunhemd und kein Schulterriemen noch Hoheitsadler am gehörigen Platze. Voran ging ihnen eine Abteilung mit Totenköpfen auf schwarzen Kragenspiegeln und Mützen, Standarten und Fahnen.

Der einsame Mann vor dem Parteihaus ließ die Spitze des aufgeputzten Zuges bis auf zwanzig Schritte herankommen, kehrte eindrucksvoll gelassen um und schlug die Türe hinter sich zu. Es war ungeheuer eindrucksvoll. Einige Sekunden folgten, so still, daß den Braunen über dem Geräusch ihrer eigenen Stiefel unbehaglich zumute wurde, dann trillerte eine Pfeife, und ein Regen von Steinen und Dachziegeln leitete das Treffen ein.
Es kam zu keinem Kampf; es wurde ein Gemetzel. Die Reihen der Braunen lösten sich auf, und sie versuchten schon in der ersten Minute, in kopfloser Flucht zu entweichen. Aber aus allen Haustüren brachen die Unseren, die ihnen den Weg verlegten. Mit in Handtücher gebundenen Steinen, mit Bleirohren und Messern machten sie einen nach dem anderen der schmucken Soldaten nieder, die »Mutter«, »Hilfe« und »Laßt mich, bitte, laßt mich, Gnade« flehten.
Die Krankenwagen fuhren die ganze übrige Nacht hindurch hin und zurück, um die Toten und Verwundeten vom Pflaster zu klauben und in Sicherheit zu bringen. Nicht der zehnte Teil der Braunhemden war heil genug geblieben, um sich auf eigenen Füßen retten zu können.
»Während der nächsten zehn Jahre wird sich keiner mehr mit einem Hakenkreuz hier zu zeigen wagen«, frohlockte Jockel.
Wenig später – als wir erfuhren, daß die Braunen unbehelligt vor dem Karl-Liebknecht-Haus vorbeimarschiert waren – sah ich Jockel zum ersten und einzigen Male schüchtern gegen die Linie aufbegehren, sofort nach der ersten Aufwallung jedoch von ängstlicher Unruhe erfaßt: was hatte er falsch gemacht?

Es nagte an uns – uns, den Genossen, die ihr Vertrauen bewußt hingaben und es nicht wie die neuen Jahrgänge opferten, um ihrer Verantwortung ledig zu werden –, in diesem kältesten und wolkenschwersten aller Winter zu warten. Die Partei legte uns den Gehorsam auf wie ein Schulterjoch, an dem wir schwer trugen. Wir wiederhol-

ten uns die zwingenden Gründe, die uns zu der Treue gegenüber der Partei verpflichteten: wir durften die Einheit der Partei nicht gefährden, nicht Unordnung und keinen Zweifel säen, nicht jetzt, wo wir Gewehr bei Fuß standen, wo jeder, der nicht für uns, gegen uns war.
Aber wir mußten es uns oft in Erinnerung rufen. Wir trösteten uns: »Sobald wir in Deutschland gesiegt haben werden, wird sich der Einfluß der Rätestaaten auf die Geschicke der Arbeiterbewegung vermindern; hat nicht Lenin selber es vorausgesagt, daß Rußland zum Hinterland der Revolution werden wird, sobald ein neuzeitliches Industrieland seine Revolution vollendet haben wird?
Unser Land mit seinen Millionen geschulter Arbeiter, seiner gewaltigen Industrie, dank seiner Lage im Herzen Europas, ist das Tor zur Welt. Über unseren Sieg wird die Linie von neuem die aller Unterdrückten der Welt werden.«
Niemals hatten wir mehr gestritten als in jenen Tagen, in denen unser Verhältnis zur Partei immer ausschließlicher von Liebe, Hoffnung, Glaube und Vertrauen bestimmt war. Es war ein Irrtum, eine Blindheit, die einige unter uns hoffen ließ, außerhalb der Partei freier und erfolgreicher gegen Mängel und Fehler Stellung nehmen zu können.
Hätte Albert gewagt, mit wissenschaftlichen und geschichtlichen Einwänden der Partei entgegenzutreten, wenn er hätte erkennen können, was in den Genossen vorging? Sie spürten mit untrüglicher Sicherheit, daß es den »Spaltern« im allerbesten Falle gelingen konnte, die mächtigen Gefühle auszulöschen, die sie mit der Partei und den Rätestaaten verbanden; daß aber die Nörgler nichts, nichts hatten, um sie zu ersetzen.
Insgeheim spürten sie ihre Schwäche – sie wußten vielleicht, daß sie verdammt waren, wie hundert andere Splitterungen in der Vergessenheit zu verschwinden – und ihr Auftreten war unsicher und ohne Überzeugung.
Sehr schnell erweckten sie Haß. Niemand mehr konnte

ihnen verzeihen, daß sie uns einer Flamme hatten berauben wollen. Jockel und Bruno warfen Albert die Treppe hinunter. Es war den Kampfgewohnten leicht, sich des Widerstrebenden zu bemächtigen. Sie waren anfänglich zurückhaltend, aber Albert wurde dadurch ermutigt und fuhr fort, auf sie einzureden, bis Bruno die Geduld verlor und ihm den Mund blutig schlug. Albert sah ihn mit tränenerfüllten Augen an, ohne Verständnis. Ich sah ihn in der Dunkelheit untertauchen. Ich dachte an vergangene Tage, an den Schatz aus vergilbten Blättern, für den er gedarbt hatte, ich war versucht, ihn einzuholen, um ihn zu trösten – oh, nicht weil ich einverstanden war mit ihm. Aber ich ließ ihn gehen. Nachdem wir so viel, so viel schon hingegeben, nahmen wir auch den Begriff der Freundschaft aus unserem Dasein und schenkten ihn der Partei.
Was blieb uns noch zu opfern?

Am vorletzten Januartage fuhr ich nach Darmstadt, um in unserer Zeitung über den Hungermarsch auf die hessische Landeshauptstadt zu berichten! Unversehens fand ich mich wieder angesichts des Elends, das ich selbst so lange gelitten, ohne es wahrgenommen zu haben. Ich erkannte plötzlich, daß die Menschen, die Arbeiter, in deren Namen zu sprechen ich gewohnt war, seit Jahren dabei waren, zu verhungern; ich sah es selbst, nicht über Zeitungsberichte, meine eigenen Berichte, nicht über Reden, ich sah es zuinnerst.
Gegen neun Uhr morgens näherten sich die Spitzen der ersten ankommenden Züge der Stadtmitte. In Decken und Säcke gehüllt, die Schnurrbärte, Augenbrauen und die Ränder ihrer Halstücher, die ihr Atem streifte, weiß bereift – denn ein grimmiger Wind fegte über das flache Land Starkenburg, waren sie die ganze Nacht hindurch gelaufen, beleuchtet und geführt von einigen Stallaternen, die im trüben Morgen noch brannten, als sie auf dem Schloßplatz ankamen. Sie schrien die Drohung aller Erwerbslosen:

Gebt uns Arbeit und Brot,
sonst schlagen wir euch tot.

Es war die einzige Äußerung und Gebärde, die an den politischen Kampf erinnerte, dessen Ausdruck der Hungermarsch sein sollte. Viele Tausende kamen von weit her, aus Mainz, aus Offenbach.
Die von Worms waren erbittert, und sie maulten enttäuscht ob der fehlenden Voraussicht der Veranstalter: irgendwer hatte ihnen Feldküchen mit warmen Getränken und Suppen versprochen. Sicherlich waren einige darunter nur unzufrieden, weil das Schauspiel somit des erhofften Gepränges ermangelte, aber wie viele unter ihnen hatten darauf gebaut und waren dreißig Kilometer durch das nächtliche Ried gelaufen, in der Hoffnung auf eine Kelle Nahrung?
Den meisten sah man an, daß sie seit Jahren ohne Arbeit waren. Sie froren in dürftigen Kleidern und abgelaufenen Schuhen. Viele trampelten mit den Füßen, um sich die Zehen zu erwärmen. Aber es war alles andere als lustig. Sie starrten abwesend vor sich hin, sie vergaßen, daß sie trampelten. Wenige nur hatten Mäntel. Die Augen der meisten hatten den Ausdruck derer, die alle Dinge, auch notwendige, nur durch Schaufenster, nur unerreichbar sehen.
Der Umfang und die Menge des zusammengelaufenen Elends war so groß, daß etwas sich änderte, bis in die Luft. Es ging plötzlich nicht mehr um Lebensbedingungen, es ging um das Leben selbst, alles wurde zur Frage um den Sinn überhaupt. Die Trambahnen fuhren nicht mehr, die Grünen wagten nicht mehr einzuschreiten, es war, als warteten sie die Antwort auf die Frage ab; unsere Abgeordneten sprachen anders, eine unerhörte Angst schien sie zu jagen, Schweiß bildete sich auf ihren Stirnen; sie rangen wie vor einem betend knienden Volke, das von einer Sturmflut oder einem Erdbeben bedroht ist. Sie sammelten den verzweifelten Willen zum Leben, die Luft der trostlosen Wohnungen, in denen Tausende

ihre hungernden Frauen und Kinder zurückgelassen hatten, die Erbitterung und die Entbehrung, das Flehen und die Drohungen auf sich und trugen sie vor den versammelten Landtag wie eine ungeheure Last, die nur die Schultern der Unseren tragen konnten.
Weil alle spürten, daß ein Zustand seine äußersten Grenzen erreicht hatten, waren sie fast frohen Mutes. Sie mußten erhört werden. Während die Müden in der Kälte zitternd auf die Antwort des Landtages warteten, drang eine Nachricht zu mir.
Ich überschaute die Menge von einem Brunnenrande aus und sah, wie die Neuigkeit näher kam, wie ein Windstoß über einer Wasserfläche, die er immer stärker trübt und kräuselt: Hitler war Kanzler des Reiches.
Niemand verließ deshalb die Versammlung, niemand hörte weniger bange den Rednern zu, niemand schrie weniger laut Beifall, aber ich spürte, als ob sie sich aus meinem eigenen Herzen risse, wie die verzweifelt irrende Hoffnung sich von uns entfernte.

Am zweiten Tage der braunen Kanzlerschaft versuchte eine Bande siegestrunkener Sturmleute in die rote Vorstadt einzudringen. Mitten in der Unterführung, die wie ein Tor die Vorstadt abschließt, wurden sie von den Unseren empfangen. Die schwere Straßenschlacht endete mit der Flucht der Eindringlinge, die zwei Tote zurücklassen mußten. Aber auch zwei Genossen waren verblutet. Jockel wurde am Tage darauf verhaftet. Soviel wir erfahren konnten, war die Spitze seines Messers im Leibe eines der getöteten Gegner abgebrochen und von dem untersuchenden Arzte aufgefunden worden.
Zum letzten Male geleiteten wir Tote öffentlich zu Grabe, mit allem Aufwand, Gebräuchen und Ehrungen der feststehenden Begräbnisordnung, die sich im Verlaufe der Jahre gebildet hatte; keine Woche war ohne nächtliche Zusammenstöße geblieben. Die Schalmeienbläser spielten den Trauermarsch: »Unsterbliche Opfer, ihr sanket dahin.« Vertreter aller Vereinigungen sprachen

letzte Worte, die Fahnen senkten sich über den Särgen. Wir marschierten mit erhobener Faust an den offenen Gräbern vorüber. Wir waren noch zahlreich. Aber sobald die Totenfeier beendet war, beeilten sich viele, um nicht außerhalb des Friedhofes in unserer Mitte gesehen zu werden.
Wann begann das große Entsetzen? Niemand hätte eine Stunde oder ein Ereignis angeben können; es entstand langsam, wie ein grauenhafter Stoff, der zunächst einem Nebel glich, der sich schwer auf die Lungen legte, immer dichter und kälter wurde. Jede Nachricht von draußen nahm uns ein wenig Licht und Wärme. Wie vom Wind herangetragene Fetzen der Schreie Gefolterter erreichten uns Berichte aus Worms, die zu hören wir weder die Kraft noch den Mut hatten.
Nach dem Reichstagsbrand erlitten wir die erste »Reinigung« der Vorstadt. Panzerwagen besetzten die Schlüsselpunkte und das Rote Eck. Menschen versuchten, sich zu retten, Kraftwagen auf den Fersen. Ein Mann winkte verzweifelt. Ich hörte nicht, was er schrie, aber es mußte sein, was in den Gesichtern aller zu lesen stand: »Haltet ein, haltet ein, es ist gegen die Spielregeln, so war es nicht ausgemacht.«

Wir warteten noch. Die letzten Wahlen, Anfang März, ergaben noch vierzehn Millionen Stimmen für die Arbeiterbewegung, Stimmen, die Nachrufe waren, letzte klagende Rufe in einer angebrochenen Nacht. Niemand antwortete. Wir, wir warteten noch. Wir kannten seit langem keine Eltern und Geschwister mehr, wir waren keinem Berufe und keiner Berufung gefolgt, wir hatten Liebe und Lust, Freude und Freundschaft der Partei gegeben und unsere Jugend nicht gelebt, wir hatten unser Elend und unseren Hunger der Partei dargebracht; wir hätten verzweifeln können oder zu Verbrechern werden, oder aber versuchen können, uns im trüben Zwielicht der Unordnung zu bereichern; hatten wir nicht als Kinder schon gelernt zu räubern?

Während über uns das blutige Schwert hing, und an jedem Morgen eine andere Wohnung von dem Entsetzen eines nächtlichen Einbruches erfüllt war, von dem Rauche eines Brandes, warteten wir auf ein Wort. Wir hatten alles eingesetzt, unser Hemd, uns selbst, und immer noch wollte das Glück sich nicht wenden, wir hatten nichts mehr einzusetzen.

X Ein gejagter Geist

Jeder der Beteiligten war sich wohl im klaren darüber, daß er mit allen zusammen im nächsten Augenblick zum Teufel gehen konnte, falls irgend etwas schiefging. Sich einem Freunde nähern war schon gefährlicher, als einen Feind angreifen. Aber noch täuschten sich die meisten über Dauer und Stärke des furchtbaren Sturmes, noch hatten die bewußten Kämpfer der Linken den Zusammenhalt der Mannschaft eines Schiffes, meisterten das Zittern der Panik und handelten überlegt, nach gemeinsamem Plane, um einen Mann zu retten. Verlassen von der großen Menge fühlten wir uns wie Überlebende einer Seuche.
Als ich mich des freundlichen Appel erinnert und ihn um Hilfe für Jockel angerufen hatte, erprobte ich mit Erstaunen, daß ich ihn noch oder wieder beurteilen konnte nach seinen persönlichen Eigenschaften: er war tapfer, er war rundlich, er war gütig, nachdem ich Jahre hindurch ihn wie andere nur nach seiner Stellung und nach seiner Parteizugehörigkeit behandelt hatte. Wir sahen uns wieder wie ehemals feindliche Nachbarn, deren beider Höfe ausgestorben sind. Er bat sich freie Hand aus und entschied, mit Lysiane und mir zum alten Varlegen zu gehen. Gottwohl und Albert schickte er auf die Zuhörerbänke des Schwurgerichtes.
»Lysiane, Sie haben Einfluß auf Bürger, und der Alte weiß das« – Bürger war der Mann der »Frankfurter«, den Varlegen seit Jahren um Veröffentlichung seiner Arbeiten anbettelte –, »und an Ihnen, Haueisen, hat er einen Narren gefressen – nein«, verhinderte er mich aufzubegehren, »Sie haben ihm übel mitgespielt, aber im Grunde ist er stolz auf Sie, schließlich sind Sie doch sein Zögling.«
Ich hatte einen anderen Einwand auf dem Herzen; war

es wirklich noch möglich, solche Schwächen auszubeuten? Lebten diese winzigen Berechnungen und Händel von Einflüssen noch weiter, wie die Haare eines Leichnams fortfahren zu wachsen?

»Der Narr, der Narr«, murmelte Gottwohl und fuhr sich über das wüste, schwarzstoppelige Kinn. Albert war versucht, den Angeklagten durch Winkzeichen zu warnen – seit Tagen konnten solche Unternehmen mit dem Tode bezahlt werden – und mit seiner berüchtigten Unfehlbarkeit, immer das Folgenschwerste heraufzubeschwören, kurz, er begnügte sich, verzweifelt auf der Zuhörerbank hin und her zu rutschen und zu flüstern: »Er hat überhaupt keine Ahnung davon, woher der Wind draußen weht.«
Jockel saß hinter seinem Verteidiger in dem Holzkasten der Anklagebank. Er zeigte lächelnd seine blanken Zähne und sah dem Vorsitzenden spottend ins Gesicht. Er gab sich gar keine Mühe, seine Verachtung zu verbergen. Er wußte nicht, daß, während er in Untersuchungshaft gesessen hatte, aus der kleinen politischen Katze ein Tiger geworden war, und fuhr fort, sie fröhlich an den Barthaaren zu zupfen.
Die Richter mußten sich zusammennehmen, um nicht ihre eigenen Gesetze zu übertreten, und sie konnten nur würdig bleiben, weil sie ihrer Beute sicher waren; dieser freche Kopf gehörte dem Scharfrichter. Die Geschworenen knurrten vor Empörung, denn seine Haltung entkleidete sie ihrer Kronen von Herren über Leben und Tod, die sie nur mit Mühe trugen, und machte sie zu Mitspielern einer Posse. Sie waren die ersten jener neuen Menschen, die mir begegneten, Menschen, die nur eines nicht verzeihen konnten – daß einer keine Angst vor ihnen haben konnte.
Die zahlreichen Zeugen in braunem Hemde sagten, Hände an der Hosennaht und mit knapper Stimme, einstimmig und eindeutig aus: alle hatten ihn erkannt, er war ein stadtbekannter Bursche, und sie hatten ihn mit

eigenen Augen das tödliche Messer gebrauchen sehen. Es war zu spüren, daß sie sich Gewalt antaten, um nicht einfach über die Brüstung der Anklagebank zu setzen und den Mann herauszuholen. Sie warfen haßerfüllte Blicke auf den Mörder ihres Kameraden, der ihnen lustig zulachte.
»Was haben Sie dazu zu sagen?« fragte der Richter, und seine Stimme zitterte gepreßt, so mühselig blieb er ruhig und würdig.
Lächelnd antwortete Jockel: »Ich glaube, ich habe einen Doppelgänger«, und lachte selber über den Scherz.
Der Staatsanwalt ließ die Messerspitze, die man im Körper des toten Braunen entdeckt hatte, und das Messer, dem sie fehlte – im Besitze des Angeklagten gefunden – dem Vorsitzenden reichen und bei den Geschworenen von Hand zu Hand gehen. »Was haben Sie dazu zu sagen?« wiederholte der Vorsitzende mit nutzlos geduldiger Stimme, fast als ob er flehen wollte: »Hat es wirklich noch Sinn, weiterzuspielen?«
Jockel lächelte liebenswürdig und hob die Schultern, wie um sich zu entschuldigen, leider dem Wunsche nicht nachkommen zu können, und sagte: »Nichts, das Messer habe ich auf der Straße gefunden. Glauben Sie wirklich, ich sei so dumm gewesen, es nicht zu verstecken oder zu vernichten, wenn ich gewußt hätte, welche Bewandtnis es mit der fehlenden Spitze hat?«
In den letzten Jahren von »Weimar« hatten die Gerichte alle politischen Vergehen nur gelinde zu ahnden gesucht. Wie der Staat, dem sie dienten, hatten sie zu recht oder unrecht den Ruf der Beschränktheit und Schwäche. Die Braunen auf der Zeugenbank wußten so gut wie wir, so gut wie jedermann im Saal, daß Jockel nur guter Dinge war, weil er sich noch in jenen Zeiten glaubte. Was uns zittern ließ, machte ihre Wut geduldig und erfüllte sie mit Schadenfreude.
Aber etwas trat ein, das die Aufmerksamkeit aller beanspruchte: ein Gerichtsdiener trat auf den Zehenspitzen zu dem Verteidiger, der freudig nickte, aus den Händen

des Beamten eine Karte entgegen nahm, einige Worte schrieb, und der Bote ging mit geübtem, geräuschlosem Schritt zum Vorsitzenden und reichte ihm die Karte.
Der Vorsitzende las, schwieg und neigte sich zu dem Beisitzer links, danach zu dem Beisitzer rechts von ihm. Er brauchte Beistand. Er war wie ein Priester, der heimlich schon einer neuen Glaubenslehre angehört und mißgelaunt und gelangweilt seine alten Gebete herunterleiert, weil sein Vertrag ihn bis zum Ende der Woche an den alten Tempel bindet, und der nun durch seine leeren Worte, aus Versehen oder Vergeßlichkeit, doch ein Wunder bewirkt.
Er drehte die Karte ratlos und mißtrauisch um und um, als ob er eine Fälschung vermutete. Er war so gedankenverloren, daß er nicht sah, wie gespannt der ganze Saal an seinen Lippen hing, als er mit säuerlich gewordener Stimme den Beamten an der Türe anwies: »Den Zeugen der Verteidigung, Herrn Direktor Varlegen.«
Die Geschworenen hatten sofort ernstere Gesichter und wurden ein wenig größer und breiter. Ihre Aufgabe war zu leicht gewesen. Sie hatten sich fast überflüssig gefühlt. Die braunen Zeugen aber waren überrascht, wie von der Rückkehr eines Totgeglaubten. Sie lauerten verwundert und zugleich drohend nach der Türe, um diesen vergessenen Gegner zu sehen. Sie glaubten nicht recht an ihn.
Varlegen trat ein. Er wußte, was er zu tun hatte, denn zu oft hatte er schon in Sachen »seiner Jungens« vor der Zeugenbank gestanden. Er ging vornübergeneigt, die Beine trippelten eilig, um den Oberkörper einzuholen, ohne Zögern auf den Tisch vor dem Vorsitzenden zu, legte seinen Hut, seinen Stock und seine Aktentasche vor sich hin und verneigte sich vor Richtern und Geschworenen. Sein großer, runder, fleischiger Kopf auf der Masse seines aufgeschwemmten Körpers wirkte fast gebieterisch. Niemand wagte, ihm anzusehen, daß die Nase zu klein, der Mund zu ungewiß und die Augen zu oberflächlich waren. Er gab seinen Namen, seinen Wohnsitz und Stand an, war verheiratet, Erzieher, unbeschol-

ten, und schon diese eintönigen Fragen und Antworten fielen in eine argwöhnische, wachsame Stille. Der Vorsitzende wog jedes Wort, ehe er es annahm. Er wollte um jeden Preis den Betrug hinter dem Wunder entlarven. Jockel lächelte seinen alten Peiniger liebevoll spöttisch an. Ich dachte an die große Mühe und schwierige Überredung, die es gekostet hatte, den Alten herzubemühen, und hoffte, wie ein Junge hofft, der ein Schifflein auf einem Teiche schwimmen läßt, daß das Federwerk nicht abläuft, bevor das Spielzeug den Rand wieder erreicht hat. Appel rührte sich nicht, seit wir neben Gottwohl saßen, preßte sein Doppelkinn zwischen Unterkiefer und Kehlkopf, sah ein wenig von unten herauf über seine Brille, und seine gebogene Nase und die gesträubten Kopfhaare machten ihn zu einem aufmerksamen Kampfhahn gutmütiger Lebensart. Obwohl die soldatischen Zeugen Varlegen nun sahen, glaubten sie noch nicht an sein Bestehen. Sie waren seit Wochen dabei, sich einzurichten, und ihre Wangen glühten noch, ihr Atem flog noch von der fröhlichen Anstrengung. Wo hatte dieser Mensch die letzte Zeit verbracht? Es war mehr als Verachtung und Beleidigung, Mut oder Blindheit. Es war ein Nichtanerkennen der Wirklichkeit, ihrer Wirklichkeit; oh, sie hatten noch Gegner, aber Gegner, die dasselbe Gesetz anerkannten: es gibt keine geteilte Macht, es gibt entweder die braune oder die rote oder die mehrfarbige Macht; alle Menschen wußten seit Jahren, daß die Frage nur so stehen konnte, und sie hatten sich danach gerichtet. Sie hatten sich gleichgeschaltet, und die, welche die neue Macht bekämpften, taten es nicht im Namen eines anderen Grundsatzes, sondern nur, um ihre Macht an die Stelle der jetzigen zu setzen. Aus welcher Zeit stammte dieser alte Mann?
»Kennen Sie den Angeklagten?« pirschte sich der Vorsitzende an.
»Jawohl, Jockel so und so, am soundsovielten in der Vorstadt geboren, vaterlos, erzogen im Waisenhaus Diez an der Lahn, in der Folge Zögling der Erziehungsanstalt

Billigheim, deren Leiter ich bin. Der Angeklagte ist mir in besonders lebhafter Erinnerung geblieben, weil er sowohl außerordentlich klug und gewandt, als auch sehr schwieriger Veranlagung und widerspenstig war, vor allem, seit er unter dem Einfluß eines Mitzöglings stand, mit dem zusammen –«

Der Vorsitzende blätterte in Papieren: »Der Angeklagte ist als ›unverbesserlich‹ entlassen worden. Dieser Begutachtung nach muß der Angeklagte ein gefährlicher, gesetzloser Bursche gewesen sein, das scheint mir klar –«

Varlegen schüttelte den Kopf. Er sann eine Weile nach und sagte – er sprach wie gewohnt, leicht belehrend und immer zu verstehen gebend, daß er aus »einer reichen Erfahrung schöpfte« und seine Urteile von einer selten erreichten Höhe aus gewann: »Nein, in einem Sinne, in Anbetracht der ganz besonderen Verhältnisse, unter denen sie herangewachsen sind, nicht wahr –«

Er schaute auf, denn an solchen Stellen erntete er gewöhnlich ein bestätigendes Kopfnicken, und konnte plötzlich nicht weiter.

Wahrscheinlich ermaß er nun erst, gegen wen er sich richtete, wenn er Jockel verteidigte, der eines Vergehens angeklagt war, das mehr war als ein Mord. Er war um so verwirrter, als er in seine Lage geraten war, gerade weil er gewohnte, erprobte Pfade gegangen war. Er suchte nach einem Satz, der ihm als Loch dienen konnte, durch das er aus der Sackgasse entschlüpfen konnte. Der Vorsitzende weidete sich an der Verstörtheit des Zeugen, aber er stürzte sich zu hastig in die Bresche: »Was hat Sie eigentlich dazu bewogen, sich unaufgefordert der Verteidigung zur Verfügung zu stellen?«

Varlegen ging auf die unverblümte Anspielung ein wie auf einen Schlag ins Gesicht. Er begehrte allein schon durch seine veränderte Haltung auf. Er versuchte, eine empörte Falte in seiner fetten, runden Stirne zu bilden, die rot anlief, und seine Stimme zu schärfen: »Ich habe nach meinem Wissen und Gewissen gehandelt. Ich bin es der Wahrheit schuldig –«

Ich begann zu verzweifeln. Statt sofort seine Aussage zu machen, ließ sich der Alte auf Ebenen entführen, auf denen er ausgleiten mußte. Ich spürte angstvoll, wie fremd und flehend die Worte »Gewissen« und »Wahrheit« in der Luft hängen blieben, weil niemand sie aufzunehmen gewillt war. Sie fanden kein Ohr.
Appel wartete mit dem Ausdruck jener wachen Müdigkeit, die entsteht, wenn man seit zu langer Zeit nicht mehr geschlafen hat. Aber ich witterte in ihm ein Gleichgewicht, ein Wissen um Dinge, die ich nicht kannte, und ich wollte seiner Eigenschaften teilhaftig werden. Er war stärker als ich. Ich hatte plötzlich das ungestüme Bedürfnis, ihm näherzukommen und sein Vertrauen zu gewinnen. In einer Anspielung auf unsere inständigen Bitten an Varlegen schrieb ich auf ein Blatt, das ich Appel reichte: »Man könnte glauben, der Alte sei aufrichtig.«
Er schrieb zurück: »Er ist –«, das »ist« heftig unterstreichend.
Lysiane sah mich an, so wie man jemand ansieht, wenn man ein vorausgegangenes, gemeinsames Erlebnis mit einem gegenwärtigen wortlos in Verbindung bringen will, und machte ein unmerkliches Zeichen in Richtung des stammelnden Zeugen. Sie ließ mir ihre Augen geduldig, bis ich gelesen hatte, was sie enthielten: wir erhofften Genugtuung und Hilfe von Leuten, die wir im Namen von Werten angegangen waren, deren Lügenhaftigkeit wir seit Jahren klar bewiesen hatten. Und nun sie von den neuen Machthabern – die unseren eigenen Lehrsatz »Recht ist, was der Arbeiterklasse nützt« anwandten, indem sie lediglich das Wort »Klasse« durch »Volk« ersetzt hatten – geächtet worden waren, fehlten sie uns.
In diesem Augenblick entdeckte mich Jockel auf der Hörerbank. Ich hielt seinen lachenden Gruß aus, entsetzt wie von der Umarmung eines Aussätzigen, und hoffte inbrünstig, daß kein Braunhemd mich als denjenigen ausgemacht hatte, den der Mörder gegrüßt hatte.
Ich schämte mich meiner Angst nur halb; ich wollte

nicht sterben, ehe ich nicht wußte, wofür. Die Partei war mir eine Antwort schuldig, viele Antworten, die ich erst erhalten mußte.

Jockel jedoch war ohne Furcht. Ich las in seinen Augen, daß er unbekümmert war, und daß alle sich irrten. Er war auf dem laufenden, er wußte, was die Stunde geschlagen hatte, was geschehen war, noch geschah und ihm blühte. Aber er weigerte sich, es anzuerkennen. Er wollte nicht eine seiner Gebärden deshalb ändern.

In mir mischten sich schmerzlich Bewunderung, ein mächtiges Heimweh nach der Zeit unserer größten Freundschaft und eine Unruhe; ich wiederholte die Worte, die ich ihm Jahre zuvor gesagt hatte, aber es waren alltägliche Worte eines jungen Genossen, millionenfach von Mund zu Mund gegangen. Er allein hatte etwas aus ihnen herausgehört, eine versteckte Botschaft nur an ihn, und einen geraden Weg eingeschlagen, ohne je wieder weitere Worte hören zu wollen, ohne zu ruhen, über Blut und Tote vorwärtsdrängend – wohin?

Es gelang dem Verteidiger, der für seinen Zeugen zu fürchten begann, den Vorsitzenden zu der Frage zu bewegen: »Erzählen Sie, was Sie zu der Sache vorzutragen haben –«

Varlegen sagte aus: »Vor etwa vier Wochen traf ich einen jungen Mann auf der Straße, den ich anrief, weil ich in ihm ohne Zögern meinen früheren Pflegling Jockel erkannte. Ich bot ihm die Hand und war erstaunt, ja aufgebracht, als er sie verweigerte. Er schüttelte den Kopf und sagte: ›Ich kenne Sie nicht.‹ Noch in diesem Augenblick war ich fest davon überzeugt, Jockel vor mir zu haben und erwiderte: ›Aber Jockel, was fällt dir ein, was soll die Komödie?‹ Auch seine folgenden Beteuerungen konnten mich nicht von meinem Irrtum überzeugen. Erst als ich dem Leiter des Jugendamtes, Herrn Appel, die merkwürdige Begegnung erzählte, erfuhr ich, daß Jockel seit Wochen in Untersuchungshaft saß.«

Ein Schweigen folgte, das nicht mehr zu enden schien.

 Ich verfolgte nicht mehr, was vor sich ging. Die Geschworenen berieten, ihre Gewissensfrage ging wie eine Erscheinung durch den Saal.

Jockel wurde freigesprochen.

Und augenblicklich war der Bann zu Ende. Die Versammlung zerfiel in ihre sich feindlichen Bestandteile, wie Körper, die an geschütztem Orte erhalten geblieben, zerfallen, sobald sie an die Luft kommen. Varlegen trippelte müde und sorgenvoll aus dem Saale, und Appel lief, ihn einzuholen. Ich war dessen froh, denn ich gönnte dem Alten Beistand, Trost und Dank. Für uns aber hieß es rennen, denn es ging immer noch um ein Leben. Wir umringten schützend Jockel, während die Braunen wutkochend nach den Fernsprechzellen stürmten. Wir mußten hinaus aus dem Hause, in dem ein gejagter Geist noch einmal aufgeatmet hatte, hinaus auf die Straße, in das Heute der genagelten Stiefel und Blutlachen.

XI Die Neue Zeit

Die Neue Zeit kam schweigend und unsichtbar. Wahrzunehmen war nur die Leere, die jeder ihrer Schritte hinter sich ließ.
Man fand Tote in den umgebenden Waldungen, von denen niemand etwas zu wissen wagte. Lautlos verschwanden Leute, und ihre besten Freunde hatten nicht den Mut, nach ihrem Verbleib zu fragen. Nur ganz selten wurden ein Schrei, ein grauenhafter Flüsterbericht über die Umstände eines Todes, eine Verfolgung oder ein Kesseltreiben laut; sie wurden weniger bemerkt als die täglichen Verkehrsunfälle.

Die Mutter Heiner bat mich, ihren Mann zu besuchen. Sie schärfte mir ein: »Sie dürfen nicht sagen, daß ich Sie geschickt habe. Kommen Sie wie im Vorübergehen.«
Als ich ankam, war er nicht zu Hause. Seine Frau bat mich inständig, zu warten: »Er muß jeden Augenblick kommen. Bleiben Sie. Er hat es so nötig, andere Gesichter zu sehen.«
Sie beugte sich zu mir nieder und flüsterte, obwohl wir allein waren: »Sie dürfen nicht mit ihm reden über das, was draußen vorgeht –«, und fast unhörbar: »Er hat immer gehofft, den Tag noch zu sehen. Nun will er vor uns verbergen, daß er daran zweifelt. Aber es frißt an ihm wie die Schwindsucht.«
Ich war betreten und hilflos. Sie mißverstand meine Verlegenheit und erläuterte mir, als ob sie eine versehentlich eingestandene Schwäche ihres Mannes entschuldigen wollte: »Vierzehn schon war Liebknecht sein Herrgott. Achtzehn war er bei Spartakus. Sie wissen, wie es ausging. Dreiundzwanzig war er wieder Feuer und Flamme. Er war keinen Abend zu Hause. Die Kinder und ich: er sah durch uns hindurch, wir hätten krank sein oder

davongehen können, er hätte es vielleicht nicht gemerkt. Alles war so gut vorbereitet, sogar Sanitäter hatten sie aufgestellt. Am angesetzten Tage haben sie droben Stellungen ausgehoben, und in der allerletzten Minute hat Brandler abblasen lassen. Um zehn Uhr ist er heimgekommen, hat sich an den Platz gesetzt, an dem Sie sitzen; ich sehe es noch wie heute, hat den Kopf in den verschränkten Armen auf den Tisch gelegt und geweint, geweint wie ein Kind.«
Später hörte ich seine Schritte im Gang, und als er in die Türe trat, legte mir sein Blick eine Bürde auf. Ich schämte mich wie noch nie in meinem Leben, aber ich mußte weiterspielen: den jungen Offizier der Roten Armee, den Gelehrten, der alle Bücher gelesen hatte, auf die Heiner schwor, ohne sie zu kennen, wie einstmals gläubige Unbelesene die Heilige Schrift auf eine Wunde gelegt.
Dabei wußte er weit mehr als ich – er hatte sich die Geschichte der Arbeiterbewegung und die Ursachen der Erfolge und Niederlagen und alle Regungen, die einen Menschen zum Aufständischen oder zum Untertanen machen, angeeignet wie ein Bauer sein Wissen um Wetter und Wachstum.
Ich war wie einer, der sich zum Scherz, oder um die Achtung der Leute zu erschleichen, in ein Priestergewand gesteckt hat und den man vor einen wirklich Sterbenden führt – ich konnte seinem Blick nicht standhalten. Ich verfluchte das Gepränge der Bücher.
Er sah nur, daß ich in Bedrängnis war, und mit geheimnisvoller, rauher Stimme flüsterte er mir zu: »Unser Weizen blüht, unser Weizen blüht.«
Nur noch einmal habe ich seitdem die Menschen sich verhalten sehen wie meine Freunde in jenen Tagen: während der Zerschmetterung des französischen Heeres im Mai neunzehnhundertvierzig sah ich eine glorreiche Einheit, eine Brigade Alpenjäger, die berühmten »blauen Teufel«, an einem gefährdeten, wichtigen Abschnitt der Somme Stellung beziehen. Sie waren von Maultieren begleitet und mit Gewehren und leichten Maschinen-

waffen ausgerüstet, den besten Werkzeugen, die je erdacht worden waren, um einem Soldaten zu ermöglichen, einen feindlichen Soldaten aus der Entfernung außer Gefecht zu setzen.

Kaum hatten sie begonnen, mit Eifer und Schneid – sie waren die Blüte der französischen Fußtruppen – die vorgeschriebenen Schützenlöcher auszuheben, als die menschenlose, neuzeitliche Kriegsmaschine sie mit entsetzlicher Wucht anfiel, buchstäblich mit Erde und Steinen vermengte und zermalmte. Die Wirkung war um so plötzlicher und vernichtender, als jeder Jäger davon überzeugt war, daß seine Einheit das letzte Wort in einem Kriege von Menschen zu Menschen hatte. Nun waren sie verblutet, noch bevor sie einen einzigen Feind aus Fleisch und Blut gesehen hatten, gegen den sie ihren Krieg hätten führen können. Während der grauenhaften Minuten, in denen die grauen Panzer sich näherten, sie zerdrückten und weiterfuhren, und währenddem die Kampfflieger zum Sturze einschwenkten, erschossen sich die meisten Offiziere. Ich sah, wie sich einige der überlebenden Soldaten, ohnmächtig und wahnsinnig, das Gesicht mit Stroh bedeckten.

Neunzehnhundertdreiunddreißig sahen wir die Maschine, gegen die alle unsere Waffen versagten, einen ganzen Sommer hindurch auf uns zurollen und zwischen uns durchbrausen, und wir hatten den Eindruck, daß ihr Angriff nie mehr enden würde. Wir versteckten uns hinter Sätzen, die wir krampfhaft wie Beschwörungsformeln wiederholten.

Das lächelnde Denkerantlitz des Freundes in der »Frankfurter« war ernst geworden. »Wir haben nur eine Aufgabe«, flüsterte er – alle flüsterten nur noch –, »wir müssen bleiben um jeden Preis.«

»Ich verstehe«, nickte ich verständnisinnig, »zwischen den Zeilen durchblicken lassen, alte Verfasser zitieren und ähnliche geistige Schmuggelei.«

»Nein, um Himmels willen, nein: einzig und allein fortdauern. In der Endsumme erhalten bleiben. Im Jahre

Tausend dieses Reiches noch bestehen. Bestehen als einziges Ziel.«
Viele liefen umher und bewiesen, daß Hitler nur ein Hampelmann war, der den eigentlichen Herren der Stunde, Papen, Schacht oder anderen gehorchte. Andere hofften auf das Ausland: »Es kann nicht dauern. Niemals werden die ausländischen Großmächte erlauben, daß ein starkes, im Wettstreit um die Märkte gefährliches Deutschland entsteht. Warte, du wirst sehen ...« Ich glaubte und wiederholte alles getreu, weil alles mir gut war, um die Stunde hinauszuschieben, die Stunde eines neuen Wiedersehens mit meinem Feinde. Und während der ganzen Zeit im Sommer 1933 wußte ich, daß alle Überlegungen Unsinn waren, und daß nichts mich vor der Stunde retten konnte. Ich klammerte mich verzweifelt an meine Freunde und an unsere Meinungen und Hoffnungen, aber alle zusammen glitten wir derselben Stunde zu.
Ich traf noch viele der bekannten Uferbewohner: einen kleinen Bibelforscher in Badehosen, der unermüdlich predigte, bis er in ein Lager gebracht wurde, den jungen Buchdrucker Parrer, den wenig später die Braunen vor seiner Haustüre zusammenschlugen, Bretzel, der seinem Bruder in die SS folgte, die jungen Schauspielerinnen der »Roten Bänkelbühne«. Nichts mehr war fest, Wahrheit, Sicherheit, Rat. Ich faßte den Entschluß, nach Berlin zu fahren, um verantwortliche Genossen zu finden, die mir ein Wort, einen Befehl, einen Auftrag, einen Trost, ach nur ein Augenzwinkern schenken konnten. Ich brach alle Brücken hinter mir ab, verkaufte meine Schreibmaschine, die mir nicht einmal gehörte, meine Lederjacke und meine Bücher, für die sich so schwer Käufer fanden, als ob ich Bomben angeboten hätte.
Entweder brachte ich eine Antwort heim, und dann war alles gut. Oder ich kehrte leer zurück, und alles war mir gleich.
Den ersten, den ich in Berlin aufsuchen wollte, war Peter. Vom Bahnhof bis zu seiner Wohnung ging ich noch

gelassen, wenn auch vorsichtig. Das Schauspiel des Lebens auf den Straßen war sogar beruhigend. In einer Art Trinkstube wurde der Saft gepreßter Trauben verkauft, die Keltern arbeiteten vor den Augen der Kunden, es erinnerte mich an die Weinlesen meiner ersten Jugend, und ich trank ein Glas oder zwei. Eine vergrämte, verängstigte Frau hielt mich auf der Treppe zu Peters Dachstube an. Peter war tot, einer der ersten, mitten auf der Straße erschlagen. Ich stahl mich aus dem Hause, und von da an begann eine unheimliche Suche, in der ich verfolgt war und doch finden wollte. Ich lernte mich vorsichtig den Wohnungen nähern, von hundert mißtrauischen Hauswarten beobachtet. Ich traf hier und da Bekannte, aber sie waren entsetzt, keiner wollte mir ein Nachtlager gewähren. Um sich meiner zu entledigen, schickten sie mich zu den seltsamsten Leuten. Ich wartete stundenlang auf eine Kindergärtnerin, die mich hatte kommen sehen und den Hauswart beauftragt hatte, mich wegzuschicken. Die Nächte verbrachte ich auf den Straßen und in den Wartesälen, und ich konnte nicht fassen, wie ruhig, fast glücklich alles seinen Gang ging. Um die rauchenden Stände der Wursthändler standen Esser, Freudenmädchen luden Vorübergehende ein. Der Hunger, die Müdigkeit, die Angst und die Verzweiflung schwächten mich. Ich wurde übertrieben vorsichtig und zugleich vertraulich mit Unbekannten, ich wollte Kraft gewinnen aus der Hoffnung, daß eine Unzufriedenheit gärte, daß unsere Sache unterirdisch in einem geheimen Prozeß gewönne. Ich führte ein Hitlermädchen an die Brücke des Landwehrkanals, in deren Nähe die Leiche Rosa Luxemburgs gefunden worden war, und erzählte ihr deren Geschichte. Ich sprach mit einem Musiker auf einer Bank des Tiergartens – er war wie ich von Groll gegen die neuen Herrscher erfüllt.
Endlich fand ich in einem Krankenhaus eine Genossin. Ich weiß nicht mehr, wer mich zu ihr gewiesen hatte. Aber durch sie konnte ich eine uns beiden bekannte Lehrerin erreichen, die ihres Wissens noch nicht über-

wacht wurde und bereit war, mich verantwortlichen Genossen vorzustellen. Ich klagte ihr mein Leid, und sie erzählte mir von den Zweifeln der Berliner Genossen, von den Versuchen, die Linie der »Massen« weiterzuführen, von der »Massenmanifestation« einiger hundert Opferbereiter, die mit einem entsetzlichen Blutbad geendet hatte.
Aber als ich vor dem Manne saß, vor dem verantwortlichen, lange gesuchten Genossen, brachte ich kein Wort hervor. Erbittert und enttäuscht sah ich die Aussichtslosigkeit jeglicher Bemühungen. Meine Reise und meine Irrfahrten waren umsonst gewesen.
Die Lehrerin wurde bleich vor Wut: »Also heraus mit der Sprache. Du kommst an und willst Rat, gewiß, wir bringen dich mit Genossen in Verbindung. Aber weißt du denn nicht, was es kostet, an Gefahr und Mühe und Zeit ...«
Sie suchte mich zu verletzen, sie mußte sich zurückhalten, um mich nicht zu ohrfeigen, fand aber nur: »Sitz nicht da wie ein ... wie ein Ölgötze, wie ein ... man könnte glauben ...«
Ich war guten Willens. Aber ich kam über den Mann nicht hinweg. Er war klein, hager, dunkelhaarig und gelbhäutig, ein lebhafter, unruhig auf seinem Stuhle umherrutschender, südländischer Mensch, aber er schien dick und fett bis zur Unbeweglichkeit, selbstzufrieden wie ein Blutspender. Es war, als lebte er an einem geschützten Ort in einer stets gleichen Wärme und mit der stets gleichen, sorgfältig ausgewogenen Nahrung, einem Ort, den er nur verließ, wenn sein kostbarer Inhalt benötigt wurde. Oh, er war bereit, nicht damit zu kargen. Er wartete auf meine Klage und meinen Bericht, um mir die heilende Wissenschaft, mit der er angefüllt war, in der richtigen Zusammensetzung und Menge einflößen zu können.
Aber ich hätte nicht einen Tropfen davon aufnehmen können. Ich wußte genau, was er in sich hatte: nicht ein einziges eigenes Wort, sondern nur, was hunderttausend

mit ihm in Abendschulen gelernt hatten – er war nur ein besonders großer Napf der Wissenschaft gewesen –, dieselbe Geschichte und Erklärung, anwendbar auf die Neger und Napoleon, auf den Burenkrieg und die Kommune, auf Goethe und den »Wahren Jakob«. Ich hätte ihm nicht sagen können, was daran falsch war, und nicht, was ich suchte.
Ich ließ ihn sitzen. Der Mann sah vorwurfsvoll auf die Lehrerin, wie ein großer Zauberer, der, mit seinen steifsten Gewändern angetan und allen Geräten versehen, gekommen ist, um den bösen Geist auszutreiben und sich gefoppt glaubt.

Wieder zu Hause, versteckte ich mich vor meinen Freunden. Ich versuchte zu trinken, aber ich hatte dazu kein Geld. Ich flüchtete mich zu den Frauen. Es war mir gleichzeitig Betäubung und Trost, und ich richtete unablässig eine Frage an den weißen, überreifen Leib Lisas: es war mir, als ob in ihm eine Antwort sei. In ihm war ein Anfang, der sich selbst genügte. Ich wußte nicht mehr, wohin ich wollte.
Ich wurde auch dieses Spiels müde und suchte Rudi auf, dem ich von meinen Landstraßenjahren erzählt hatte, um ihn zu überreden, mit mir zu kommen. Ich traf seinen Vater an, einen alten Arbeiter, der widerstrebend Meister geworden war, nur um Geld genug zu verdienen, seinem Sohne den Besuch der Hochschule zu ermöglichen. Er war mürrisch und trübe. Aber Rudi ließ mich nicht mit ihm allein. Er ging mit übertriebener Freude auf meinen Vorschlag ein, packte sein Bündel, und ich erhaschte im Weggehen einen letzten traurigen Blick, den der Alte seinem Jungen nachschickte.
Ein Lastwagen nahm uns bis in die Pfalz mit. Wir liefen zu Fuß bis nach Speyer, badeten im Rhein, übernachteten in den Herbergen für Handwerksburschen, wanderten weiter nach Schwaben hinunter und kehrten vor Stuttgart um, durch das Neckartal und über die Bergstraße nordwärts nach Hause. Rudi erzählte unaufhör-

lich. Von seinem Dorfe Kilianstädten, einer jener Arbeitersiedlungen um unsere Stadt, in denen immer nur Angehörige desselben Berufes beisammenwohnten. Es gab Metallarbeiterdörfer, Maurerdörfer. Kilianstädten war eine Gemeinde von Kaminbauern. Die jungen Leute gingen sonntags auf den Kirchweihen der umliegenden Bauerndörfer tanzen. Sie waren an ihrer Tracht erkenntlich, sauber geflickten Streifsamthosen, einem weißen Hemd ohne Kragen, dessen oberster Knopf oft mit einem roten Bierflaschengummi verstärkt war, einer schwarzen Jacke und sehr teuren glänzenden Lackschuhen, worauf sie vor allem Wert legten. Regelmäßig gerieten sie mit den Bauernsöhnen in Streit um die Tänzerinnen – allmählich erst hatten sich die Bauern in die braunen Stürme und die Arbeitersöhne in die Rote Front eingegliedert. Seit Beginn des Dritten Reiches waren die meisten der jungen Kilianstädter zu Hitler übergegangen, verlockt von der Erlaubnis, Waffen tragen und ungestraft wildern zu dürfen.

Einige Monate zuvor noch war nur ein Mann in Kilianstädten Anhänger Hitlers gewesen, ein Bauer, gottgläubig und sanft, voll krauser Gedanken und Erfindungen. Rudi sprach mir von ihm mit Liebe und Freude, der Mann war ein feiner Beobachter der Naturvorgänge, ritterlich und gerecht, wie viele der übelbeleumundeten Landsknechtsführer der Freikorps. Er erzählte mir Beispiele aus der Zeit der Nachkriegskämpfe, und bis dahin hörte ich ihm zu, ich folgte ihm, mir schien, als enthalte sein Bild von Kilianstädten Hinweise und Andeutungen größerer, bisher mißverstandener Ereignisse. Aber er erzählte sie mir, um ein Geständnis vorzubereiten: er war in die SS eingetreten. »Du kannst dir nicht vorstellen«, schoß er los, sobald er sein Geständnis hinter sich hatte, »als wir zum ersten Male eine Ausfahrt auf Lastwagen unternommen haben, da haben einige Kameraden zum Scherz das Lied der Roten Armee gesungen; du weißt: ›Wer macht die ganze Welt erzittern, wer bricht das schwere Sklavenjoch. . .‹.« Der Sturmführer hat ge-

fragt, abgehackt und grimmig wie sie sind: »Was ist das für ein Lied?« Und als man es ihm gesagt: »Aufschreiben!« Mir sind die Tränen in die Augen gestiegen.
Nun verstand ich den Gram und die Trauer seines Vaters. Aber ich konnte Rudi nicht böse sein. In wessen Namen hätte ich ihn auffordern können, uns zu folgen? Das ganze Land, das wir seit Tagen durchwanderten, hatte sich in Bewegung gesetzt in eine entgegengesetzte Richtung. Überall waren die Straßen, Plätze und Gassen voll fröhlich harrender Menschen. In den Türen standen nur Leute, die auf einen angesagten Festzug zu warten schienen, müde von einer schweren Arbeit, aber voll Hoffnung, wie am Abend vor einem Kirchweihtag, wenn das Pflaster besprengt und gekehrt ist und der Geruch des sommerlichen Staubes und verdunstenden Brunnenwassers die Luft weich macht. War es möglich, daß Menschen erschlagen worden waren, andere dabei waren zu sterben und noch andere darauf warteten, zum Sterben geholt zu werden?
Vielleicht waren die Greuel im Gewissen der Menschen nur wie die Bilder einer Schaubude, voller Darstellungen der »größten Mörder der Geschichte« und der »schrecklichsten Blutbäder seit den Christenverfolgungen«.
Als ich von der Fahrt nach Hause kam, erzählten mir die Vermieterin und deren Töchter eine verwirrende Geschichte: meine Mutter und meine Schwester, die eigens aus den Vereinigten Staaten herübergekommen waren, hatten mich besuchen wollen. Meine Schwester hatte eine Handtasche gehabt aus schwarzem und weißem Leder, genau wie die Tochter sich eine seit langer Zeit wünschte. Ich hörte nicht zu, was die Schwatzhaften erzählten.
So hatte das große Erdbeben für einen Augenblick längst verschollene Dinge zutage treten lassen. Ja, ich hatte eine Mutter und eine Schwester. Aber es blieb mir fremd, ich konnte mich nicht daran gewöhnen.

XII Leben und Tod für sinnlose Worte

Zweimal wurde ich auf offener Straße verhaftet. Einmal im Verlauf einer Razzia durch die Braunen. Ich hielt ihnen vor, daß ich meine Gesinnung nicht wie ein Hemd wechseln könnte, daß sie wohl auf die »Märzgefallenen« nicht besonders stolz sein könnten. Sie ließen mich laufen. Ein zweites Mal, als Althaus mich einem Grünen bezeichnete. Der Beamte schrie mich an, aber ich hatte den Eindruck, daß er Drohung und Zorn nur vorspiegelte, um mir Gelegenheit zu geben, mich zu retten.
Ich verlor den letzten Rest meiner Habe, ich mußte mein Zimmer mit einer winzigen Mansarde vertauschen, und ich hatte nicht die Kraft, einen Geldschein zurückzuweisen, den mir eines Tages ein Gerichtsberichterstatter anbot, neben dem ich früher auf der Pressebank des Landgerichtes gesessen hatte.
Und ganz plötzlich flackerte ein letztes Mal das Feuer wild auf: Lysiane stellte mich in meiner Dachstube, ganz früh am Morgen, um sicher zu sein, mich zu überraschen. Es war ungewöhnlich, sie hätte meine Zurückgezogenheit geachtet, und sie war auch zu stolz, um mir nachzulaufen – nur ein außergewöhnlicher Grund hatte sie also dazu bewegen können.
Ich schämte mich der Unordnung meines Bettes, des Geruchs in dem schlechtgelüfteten Raum. Sie zögerte. Sie wog die Neuigkeit, den Grund ihres Kommens ab, wie man einen Hammer handlich auswiegt, ehe sie damit zuschlug: »Jockel ist zurückgekommen.«
Ich fuhr auf, wollte etwas sagen und wußte nicht was. Ich schaute nur ungläubig und verstört drein. Ich spürte, wie mein ganzes Dasein sich änderte. Sie nickte, lächelte, weil ich mich genau so verhielt, wie sie es sich vorgestellt hatte, und unterstrich: »Seit zehn Tagen.«
Und nun erläuterte sie, fast leise sprechend, wie man

Worte sagt, deren Wirkung gewiß ist: »Er kommt von der Saar mit Richtlinien der Reichsleitung.« Sie beobachtete mich, sie wußte genau, was in mir vorging, weil es mir nicht anders gehen konnte als ihr selbst, als Gottwohl, Reitinger und Albert: wir mußten, mußten, mußten den betörenden Worten folgen, einer verzweifelten Hoffnung hörig, und gegen alle Vernunft das Abenteuer wagen. Wir sahen uns mit Tränen in den Augen an. Zu spät? Wird ein Verdurstender nicht gierig trinken, auch wenn er weiß, daß ihm der Krug zu spät gereicht wird?

Seit dem ersten Schritt hatte keiner mehr eine Minute Ruhe. Am entscheidenden Tage kam ich eine halbe Stunde zu früh an, und ich war nicht der erste. Ich erfuhr, daß Bruno Schelm nach der Saar geschleust worden war. Jockel lachte sein ewiges Lachen. Er trug eine blaue Schifferjacke. Es war eine gute Eingebung, denn in diesem Vorort nahe dem Binnenhafen war man an unbekannte Schiffer gewöhnt. Aber Jockel war verändert; er hatte das Gewicht des Mannes aus dem Auslande. Ich wurde nicht satt, ihn verstohlen zu beobachten, es erfüllte mich mit Freude und manchmal mit Wellen von Liebe, einige der altbekannten Gebärden, ein besonderes Falten des Gesichts, einen eigenartigen Blick wieder zu erkennen. Aber sein Auftrag, seine ganz besondere Bedeutung als Gesandter mit allen Vollmachten machte ihn fremd, unerreichbar: er war stets die Tat gewesen, nun aber wurde er die menschenlose Tat.

Über dem Bett hing ein leeres Bücherbrett, dasselbe Schauspiel überall. Die Leere war verdächtig, und Jockel hatte einige Zeitungen und einen der gelben Ullstein-Einmarkbände daraufgelegt. Aber so ergab sich noch sichtbarer der Eindruck überstürzter Räumung. Jockel schloß das Fenster, obwohl das Zimmer auf der Gartenseite lag. Danach ging er vor die Tür und lauschte in den Treppenschacht. Wir in der Stube lauschten mit. Leise kam er zurück und hatte ein kleines Brecheisen in der Hand. Er sah einen nach dem anderen eindringlich und wie es schien, feierlich an: Lysiane, Albert, Reitinger,

Gottwohl, mich und ein junges Mädchen, das mit hochroten Wangen zwei Nächte hindurch im Keller Maschine geschrieben hatte.
Wenige Monate zuvor – und jeder schwer wie ein Jahrhundert – hatten noch Hunderttausende die Hoffnung auf eine bessere Zukunft in begeisterten Zügen durch die Straßen getragen. Sie waren wie Rauch verflogen und hatten nur einen Bodensatz von einigen hundert ingrimmigen, verborgenen Treuen übriggelassen. Von diesen wenigen waren nur sieben bereit oder fähig gewesen, sich hervorzuwagen. Da saßen sie nun in der kleinen Stube, erdrückt von der Last, in die sich vorher Unzählige geteilt hatten.
Jockel hob mit seinem Brecheisen zwei Bretter aus dem Fußboden und holte aus dem so sichtbar gewordenen Versteck das Bündel Blätter. Er lachte wieder, ein wenig vaterstolz – und das griff mir ans Herz, weil es verriet, daß er noch lebte. Er zählte jedem vierzehn Blätter ab. Einige prüften die Klarheit der Schrift, denn die Flugschrift war im Kerzenlicht vervielfältigt worden. Wir falteten die Zeitungen einzeln zusammen. Jeder verbarg sie, so gut er konnte, bei sich, aber immer greifbar, denn es konnte notwendig werden, sich ihrer schnell entledigen zu müssen. Wir überprüften uns gegenseitig, und Jockel öffnete die Tür. Es war noch kalt, dunkel und feindselig neblig. Mit Jockel gingen Albert, Gottwohl und die Kleine. Reitinger, Lysiane und ich warteten einige Minuten und folgten.
Es war zehn nach fünf. Die Zeitung war in dem kleinen Vorort hergestellt worden, weil die Vorstadt zu gut durchsiebt, in Schrecken und Angst gehalten und überwacht war. Die beiden Orte waren durch Trambahn miteinander verbunden, aber wir durften sie nicht benutzen, da wir den Streifen hätten auffallen können, die andauernd die Züge durchsuchten. Wir waren alle bekannt. Wir mußten zu Fuß durch das Ried gehen.
Fünf vor sechs war der dichteste Andrang der Tagschicht, und drei Minuten nach sechs verließ der Groß-

teil der Nachtschicht die Tore. Wir mußten diese acht Minuten Durcheinander ausnutzen und verschwunden sein, ehe die Suche einsetzte. Wir klommen auf den Damm der Nidda. Vor uns lag das Ried. Ein ganz matter Schein verklärte den Horizont. Ein bissiger kleiner Wind riß den Nebel in Fetzen, die im niederen Gehölz hängenblieben, blau wie Tabakrauch. In der Ferne zitterten die Lichter im Rauch und in den Dämpfen der Stahlwerke. Kleine Tiere rührten sich den schilfigen Gräben entlang. Das Braun der Äcker war durch das nasse Dunkel sanft wie Samt. Der kleine, kalte Wind drang durch die Kleider, und nur die Zeitungen unter den Jacken hielten der Kälte stand. Das zwang fast die Vorstellung auf, daß die Vierecke von außen sichtbar sein mußten, so wie Fremdkörper unter Röntgenstrahlen.
Unsere Unruhe wurde zur Angst. Unser Plan erschien uns plötzlich lächerlich unnütz. Wir waren jetzt schon müde. Unser verzweifelter Mut wich unter dem Wind. Wir spürten, daß wir uns geirrt hatten: wir hatten die jammervolle Entstehungsgeschichte der Zeitung heruntergeschluckt und geglaubt, damit ihrer ledig zu sein. Aber nun kam sie uns wieder hoch. Wir waren heiß wie von einem stürmischen langen Lauf gewesen, als wir nach Erhalt der Nachricht von Jockels Rückkehr ihn aufgesucht hatten. Und wie kaltes Wasser mitten in das erhitzte Gesicht hatten wir die Richtlinien empfangen; die alte Trommel, von Blinden gerührt, die nicht sehen, daß sie längst nicht mehr in bewohnten Straßen gehen. Es wurde uns aufgetragen, die jungen Menschen, denen es Auszeichnung und Heldentat war, für das Neue Reich zu bluten, schaffen und hungern zu dürfen, denen das Herz begeistert klopfte, wenn sie ein Gewehr tragen durften oder einen Kampfwagen aus der Nähe sahen, mit der Losung »Butter an Stelle der Kanonen« zum Widerstand aufzurufen. Es wurde uns befohlen, von denselben Arbeitern, die seit vielen Jahren endlich wieder ein Werkzeug zur Hand nehmen durften, den »Streik gegen die Handlanger der Ausbeuter« zu fordern. Gleichzeitig

jedoch wurde uns gesagt, die Ängstlichen und Eingeschüchterten mit Abwartelosungen zu trösten: »Wir sind die Erben des kommenden Zerfalls der Hitlerbewegung.« Aber Scham und Wut überwältigten uns, als uns geboten wurde, diese Losungen, die sich so wenig mit der wirklichen Verfassung der Menge vermählten wie Wassertropfen mit Öl und die immer nur störende Fremdworte sein konnten, zu verkaufen, schwarz auf weiß zu verkaufen. Wir hatten es immer für ein Werk eines heimlich in unseren Reihen arbeitenden braunen Schurken gehalten, als die Zelle der Stahlwerke eine Sammelliste »zugunsten der Opfer des braunen Terrors« hatte umgehen lassen, auf der die Arbeiter ihren Namen und die Höhe des gestifteten Betrages gewissenhaft eingetragen hatten, worauf alle verhaftet worden waren.
Wir hatten es nicht geglaubt, als uns erzählt wurde, daß Unterschriften von fünfunddreißigtausend Berliner Arbeitern, die gegen ein Todesurteil protestierten, an das Justizministerium geschickt worden waren.
Wer waren die Wahnsinnigen, die uns zu einem solchen Selbstmord treiben wollten?
Es war doch klar, alle Lehren und Weisungen wirkten nur so weit, als sie den Traum und die Glaubensbereitschaft von Menschen anziehen konnten, so daß es einen Dreck darauf ankam, ob die Linie richtig war oder nicht. Es kam einzig und allein auf den Gehorsam, auf die Disziplin an. Wir haßten in jener Stunde die Leute, die uns mit ihrer Wissenschaft die Hände banden und uns angreifen hießen. Und unsere Leitung mußte wissen, was im Lande vorging, aber sie wählte den Weg der scheinbaren Blindheit, um ihrerseits besser gehorchen zu können, jenen fernen kalten Göttern, die gewohnt waren, in Menschen wie in Mörtel zu schöpfen. Sie konnten recht haben in einem Lande, in dem zweihundert Millionen sich demselben Ziele zudrängten, aber hier waren sie gewissenlos, hier, wo nur noch ein ganz kleiner Funke in so wenig Menschen am Glimmen war.
Die Stahlwerke hatten fünftausend Arbeiter, die Zei-

tung war in einer Auflage von hundert Abzügen hergestellt worden. Ihr Inhalt war hahnebüchener Unsinn. Und dafür konnten wir alle umkommen.
Wir erwarteten ein einziges Wort, um alle erleichtert die Wische in die Nidda zu werfen. Jeder hoffte auf den andern, keiner sprach das Wort aus. Denn Jockel war mit uns: die Tat. Deshalb beherrschte uns die Partei, weil sie den Schlüssel zur Tat besaß. Was waren alle Worte, alle Auflehnung, alle richtigen Einwände gegen die Allgewalt der Tat, stumm und immer siegreich.
Zögernd setzten wir einen Fuß vor den anderen und gingen. Keiner sprach ein Wort. Wenn einer den Mund aufgetan hätte, wenn auch nur, um von daheim oder vom Wochenende zu reden, es wären doch nur Worte über die Richtlinien geworden. Wir schwiegen, um nicht Gefahr heraufzubeschwören, die uns früh genug an den Stahlwerken erwartete.
Über uns kreisten zwei große Raubvögel. Es wurde ganz langsam heller. Die großen Wasserlachen glänzten dick wie flüssiges Zinn. Die Pfade, die durch die schimmernden und flüsternden Schilfmeere führten, schienen von vorzeitlichen Tieren begangen worden zu sein. Das ganze wilde Ried hatte einen Hauch vergessener Urlandschaft. Die Lichter der Stahlwerke zwinkerten in falscher Vertraulichkeit.
Langsam rückten die Lampen nach links. Wir mußten den Damm verlassen und einen schmalen Pfad nehmen, der zwischen beginnenden Gartenzäunen auf die Werke zulief. Der Boden war aufgeweicht, und wir fluchten abwechselnd, weil wir bei jedem Schritt ausrutschten. Der Pfad mündete in einen von einigen Laternen spärlich erhellten Platz. Das gelbe Licht der Laternen und die blaue Asche, mit welcher der Platz bestreut war, schienen von derselben Farbe zu sein wie die Mauerflächen der kleinen Häuser mit ihren Kaninchenställen. Wir überquerten den Platz und nahmen eine Gasse. Die unbebauten Grundstücke zwischen den Wohnbauten waren mit Bretterzäunen geschlossen. Dahinter rag-

ten die fensterlosen Seitenwände der armseligen Mietsgebäude.
Der Geruch der Stahlwerke schlug uns entgegen. Die riesigen Kühltürme und die Schornsteine wuchsen hinter den Dächern der Vorstadt. Frauen huschten schon hastig und vernachlässigt nach Milch und Brot. Ein Paar ging langsam zur Arbeit. Einige Hitlerjungen warteten an einer Straßenecke.
Wie man nur schrittweise in kaltes Wasser geht und haltmacht, um Atem zu holen, so kamen wir überein, in einer kleinen Kneipe die zehn Minuten abzuwarten, die uns noch vom Schichtwechsel trennten.
Einige Arbeiter standen am Schanktisch. Nur ein einziger Gast saß vor einem Tisch. Eine Frau mit unordentlich aufgesteckten Haaren war dabei, den Boden des kleinen Saales aufzuwischen, in dem sonntags getanzt wurde. Die Frauenzimmer aus den Stahlwerken trugen dann selbstgefertigte Kleider, und die jungen Leute neckten sie und tranken Bier, als ob es ein Vergnügen wäre. Die Mädchen sahen zu den Mannsleuten hin, kaum verschämter, als die Männer die Mädchen musterten. Keiner wollte sehen, daß aller Hände hart und zerrissen waren, die Gesichter entstellt und das Gift und die Entbehrung in ihnen. Alle sahen es trotzdem und wurden verzweifelt wild, um sich aus der Verstrickung zu lösen, die sie hinderte, ganze Menschen zu sein. Aber selbst im größten Lärm blieb etwas in ihnen kalt. Es war, als ob man nur einen schwarzen, leblosen Block mit hellen Farben übertüncht hätte.
Vorher hatten wir uns wenig aus diesen Dingen gemacht; wir waren guten Mutes gewesen und hatten die unangenehmen Seiten hingenommen wie ein Heer, das, des Sieges gewiß, auf einem unwirtlichen Felde übernachtet. Erst seit Wochen erschien mir das Elend. Aber hinter jedem Bild der Armut stand das Wort: Ewig. Ausweglos waren wir an das Leben gebunden. Alles war unverändert und doch anders, wie eine andere Welt. Hinter uns bestellte der Mann ein kleines Bier. Einige Leute in

Streifsamthosen, mit Netzen in den Händen, die Eßnäpfe und Brot enthielten, zögerten in der Tür. Der Mann hob sein Glas und sagte: »Zum Wohl.« Das kam so unerwartet und ohne jeden Zusammenhang, daß seine Worte sich anzüglich und höhnend anhörten. Keiner wollte antworten. Es schien eine Falle in dem Zuspruch versteckt zu sein. Schon vorher hatte keiner gesprochen, aber nun wurde das Schweigen erstickend. Die Leute drehten das Wort heimlich hin und her, um zu wissen, wer und wie es gemeint war. Plötzlich brüllten die Stundenzeichen der Stahlwerke.

Noch rührte sich keiner; war es, um sich von dem Überfall des Brüllens zu erholen, oder weil ein zu hastiger Aufbruch Verdacht erregen konnte. Ich sah auf die Uhr und stieß meine Genossen an; es war Zeit. Das Bier hatte keinen Schaum mehr, als wir es austranken.

Die tausend Lampen der Werke zitterten noch im ungewissen Morgen. Die Nachtschicht arbeitete noch oder war dabei, sich umzuziehen. In einem ununterbrochenen Trauerzuge kam die Tagschicht an. Ich trennte mich von meinen Begleitern und ging etwa drei oder vier Schritte voran. Die Werke dröhnten, der Atem aus den schadhaften Leitungen zischte und der heiße Dampf fuhr mir in kurzen schmeichelnden Wolken über das Gesicht.

Bis jetzt wußte noch kein Mensch, daß wir lebten. Aber in vier oder fünf Minuten würden die Fernsprecher nur um unseretwillen klingeln und eine umfangreiche Maschinerie in Bewegung setzen. In drei Minuten. Leute würden verhaftet werden. Wie eine Lawine würden die läutenden Fernsprecher Reihen von Lastwagen in Bewegung, in ein vernichtendes Rollen bringen. In zwei Minuten. Sie würden keine Ruhe geben, ehe sie nicht etwas gefunden haben würden, schuldig oder unschuldig. Noch aber schlief das Tier und schlief die Aufmerksamkeit der Menschen, unserer Menschen.

Warum das alles? Warum sich wie Narren draufgehen lassen, wofür? Für Losungen, für die Linie, für das Programm?

Keiner hielt ein. Wir gingen weiter auf die Werktore zu für etwas, irgendwas, was vielleicht wieder einmal möglich war. Wir hatten unser Kreuz auf uns genommen.
Der Dampf verwandelte sich in einen feinen Regen und bildete glitzernde Höfe um die Bogenlampen. Die kleinen, knarrenden Wagen der Förderbahn hielten an, um den Schichtwechsel zu erwarten. Eine Dieselmaschine stand hinter dem Schlagbaum der Toreinfahrt. Der Motor lief langsam warm. Der Fahrer wartete neben den Schienen und sah nach den Frauen, die sich im Lichte und der Stallwärme der offenen Hallentore drängten. Ein Rohr rann. Es war mit einem Stück Sackleinwand verbunden, aber eine rostbraune Flüssigkeit sickerte durch wie aus einer eklen schwärenden Wunde.
Ich gab mir einen Ruck, ging auf das Dunkel zwischen zwei Bogenlampen zu und gab den ersten fünf Leuten, die mir vor die Nase kamen, ein Blatt. Sie versuchten, ihre Schritte verlangsamend, zu lesen, und ihrer zwei blieben unter der ersten Lampe stehen. Einer drehte sich kurz darauf um und schrie: »Heeeh –«
Die anderen wurden nun auch mißtrauisch. Ich ging schneller, ohne mich umzusehen, faßte nach meiner Schußwaffe in der Tasche, bog in eine Seitengasse ein, steckte meine Mütze ein, kehrte wieder um und stieß auf die ersten Leute der Nachtschicht. Wieder entledigte ich mich fiebernd einiger Blätter und entfernte mich sofort in Richtung des Rieds, die Schande hinter mir. Die Kneipe leuchtete mir entgegen. Ich hatte noch drei Zeitungen. Kurz entschlossen trat ich ein, warf jedem der beiden einzigen Gäste eine Zeitung zu und rannte in der Tür mit Althaus zusammen, der im Begriff war, die beiden Stufen mit einem Satz zu nehmen.
Er war hinter mir her. Er sah mich an, ich sah ihn an, und ein lähmender Schreck packte mich. Ohne Zweifel, er wußte, er war auf der Suche nach den Verteilern der Blätter, und er wußte, daß ich deren einer war. Er war zu schnell zur Stelle: wer hatte uns verraten? Ich handelte ohne Überlegung: ich drückte dem Verfolger mein letz-

tes Blatt in die Hand. Ich glaube heute noch, ich lächelte vor Entsetzen. Meine Gedanken hasteten. Wer hatte verraten? Von welcher Seite kam die Gefahr? Und mein Herz wiederholte rasend: schnell, schnell, schnell ...
Das unerwartete Anbieten des Blattes hatte Althaus eine winzige Zeitspanne lang übertölpelt, eine Zehntelsekunde, die Zeit, die ein gehetzter Mensch braucht, um sich zu retten. Er schrie zu spät: »Halt, im Namen des Gesetzes –«
Ich drehte mich um und zog meine Waffe. Althaus sah den blauen Glanz des Stahles, sprang eiligst einen Schritt zurück und schlug die Tür zu. Die beiden Gäste retteten sich in das Innere der Gaststube. Althaus hatte keine Zeit mehr, sich zu retten oder sich zu wehren. Ich ließ ihm nicht mehr Zeit dazu. Aber in dieser Spanne, nicht länger als ein Wimperzucken, durchlebte ich mehr, als ich in Stunden hätte sagen können. Ich wußte, was mich im Falle einer Verhaftung erwartete: er hätte mich endgültig getötet. Aber noch nie hatte ich mich ergeben, nie, meine Angst war zu furchtbar. Ich zielte und schoß mit solch einer rasend hassenden Wollust, daß ich die Zähne zusammenbeißen mußte. Ich traf ihn mit der ersten Kugel, aber ich schoß weiter. Ich flehte inbrünstig, daß meine Geschosse zu Hämmern werden möchten, die ihn zermalmten, in die Erde stampften. Ich schoß, ich schoß. Eine Minute lang atmete ich befreit auf, dann rannte ich um mein Leben.
Das Ried lag wieder vor mir, wie eine Stunde zuvor. Ich war um ein Jahr älter. Man sah noch nicht weit. Der Lärm der Stahlwerke war immer weniger zu hören. Das Gehölz kam wieder auf den Damm zu. Tote Äste versperrten den Weg. Ich versteckte mich an dem verabredeten Platz. Ich sah Lysiane kommen und wenig später Gottwohl. Wir kauerten uns eng aneinander, ohne zu reden. Jeder machte seine Rechnung.
Wir hatten geübt und gelehrt, die Umstände unseres Daseins zu hassen; die Bedürfnislosigkeit war der größte Feind. Wir hatten unsere Zeit geopfert, um unaufhörlich

zu schreien und anzuklagen – und eine Türe war zugefallen. Die Menschen, zu denen wir geredet hatten, waren jenseits und wollten unser Schreien nicht mehr hören. Und wir, denen es nicht um ein Wohlleben gegangen war, wir waren von nun an verdammt, unser Elend und das der anderen Stunde um Stunde zu spüren.

Gottwohl sah auf seine Fußspitzen nieder. Der schnoddrige Mensch, ewig mit Zigarettenstummeln beklebt, war voller schlecht verheilter Leidenschaften. Er hielt zusammen, solange die Sache ihn hielt. Jetzt war er dabei, auseinanderzufallen wie ein Faß, dessen Reifen gesprungen sind.

Ich sagte: »Ich habe Althaus erschossen«, und: »Ich muß über die Grenze«, und indem ich es sagte, überwältigte mich eine Trauer, deren Tränen mir in die Augen schossen. Die Freiheit, die meine Tat mir eingebracht hatte, war schon verbraucht. Ich hatte die geheime Gewißheit, die Vorstadt nie wieder zu sehen. Von nun an mußte ich für immer in unbekannten Städten suchen. Nichts war gelöst, nichts war beantwortet; immer nur Fragen, größere, schwerere, erdrückendere Fragen waren erstanden. Und noch keine Antwort auf die erste.

Die Wellen der Nidda klatschten leise. Das Gehölz und die fernen Höhen waren blau wie Stahl und alles andere grau, und die Äcker dampften. Das Ried war still, als ob es auf ein Geräusch von nahenden Schritten lausche. Aber wir sahen, daß niemand kam. Wie in furchtsamer Verwunderung stand die Tageshelle auf.

XIII Jockel, ein Stein in der Mauer, die mich umschließt

Hie und da, immer seltener, fand ich Jockel in Europa wieder. Am ersten Tage meiner Ankunft im Saargebiet schon traf ich seine Gefährtin, die er seinerzeit mit Gewalt aus ihrem Elternhaus geholt hatte; sie war nicht allein, und es war sofort ersichtlich, daß der junge blasse Mensch, der sie auf Weg und Steg begleitete, ihr Liebhaber war.

In der Art, in der alle Genossen, die sich von der Saar aus um die unterirdische Arbeit im Reiche kümmerten, den Namen Jockels aussprachen, war Bewunderung und Dankbarkeit herauszuspüren: er tat die unerhörte Arbeit, deren sie sich, deren ihre »Stelle«, ihre Organisation sich nur rühmten. Aber Wochen vergingen, er war verspätet, und schlimme Befürchtungen wurden laut.

Die Geschichte seiner Rückkehr gelangte zwei Tage vor ihm selbst in die Stadt: er hatte eines Abends gegen das Hoftor eines kleinen Bauerngütchens geklopft, das uns als günstiger Stützpunkt diente, zweihundert Schritte diesseits der Grenze. Die Bewohner waren schon zu Bett gegangen. Sie hatten im Halbschlaf das Klopfen und Rufen gehört, aber zunächst an den Unfug eines Betrunkenen geglaubt, zumal sie torkelnde Schritte gehört. Aber die Tochter des Hauses hatte zu guter Letzt die Stimme erkannt, die ihr aus besonderen Gründen lieb und wert war.

Und doch war ihr der Mann, den sie eingelassen, im ersten Augenblick fremd erschienen. Er hatte gehinkt, sich nach vorn getastet, sich gebeugt, ächzend auf einen Stock gestützt. Die Genossen, die ihn dort gesehen hatten, erzählten, daß er bis zur Unkenntlichkeit zugerichtet war. Ich jedoch erkannte ihn, sobald ich ihn sah. Ich hätte ihn erkannt, auch wenn seine Haare weiß, seine Haut faltig geworden wären und ein Bart sein Gesicht

überwuchert hätte. Denn es blieb, was allein ihn ausmachte: die mutigen, nie ausweichenden Augen und das Lachen der erbarmungslos lustigen Zähne.
Von welch unermeßlichem Wert war mir das erste Geschenk, das er mir machte: mich trotz seiner Leiden sofort zu erkennen, seine Freude über unser Wiedersehen nicht zu verbergen. Vielleicht war nur ein Geschenk größer, einige Tage sich nicht mehr von ihm zu trennen. Er erzählte mir seine Abenteuer, von dem Tage ab, da ich Althaus erschossen hatte, Reitinger verhaftet worden war und Jockel nach einer kurzen Pause an der Saar an die Ruhr gegangen war, um die unter fürchterlichem Blutvergießen zerschlagenen Jugendverbände wieder aufzubauen und unterirdische Flugschriften, vor allem Auszüge des Braunbuches über den Reichstagsbrand, herzustellen und zu verbreiten.
»Ich war beim Pfarrer«, berichtete er, unter Schmerzen spöttisch lachend, »denn es gehörte zu meinen Aufgaben, unsere Zellen in die kirchlichen Jugendvereinigungen zu überführen, um die einzigen gesetzlichen Möglichkeiten auszunutzen. Ich ging also in die Kirche. Ein Mann in Hemdsärmeln machte sich am Altar zu schaffen. Ich sah nicht genau, was er machte, stellte er Blumen auf oder rieb er diese Dinger blank, diese Geräte, weiß der Teufel wie sie heißen. Ich sagte: ›Ich möchte den Herrn Pfarrer Soundso sprechen.‹ Er antwortete: ›Der bin ich.‹ Ich sagte daraufhin: ›Ich möchte Sie allein, strikt unter vier Augen sprechen.‹
Er ermutigte mich: ›Aber wir sind allein, reden Sie ruhig, haben Sie keine Angst.‹
Ich gab mir einen Ruck und sagte leise, ihn fest anschauend: ›Ich komme im Auftrag der Arbeiterjugend . . .‹
In dem Augenblick war es aber plötzlich an ihm, sich nicht ganz allein und ohne Zeugen zu fühlen. Er sah sich blaß nach allen Seiten um und unterbrach mich heftig: ›Warten Sie, warten Sie, ich komme gleich wieder zurück.‹
Er rannte in das kleine Zimmer hinter dem Altar. Ich

faßte meine Pistole in der Tasche; ich konnte nicht wissen, ob er nicht anrufen würde. Aber er kam im Handumdrehen wieder, noch im Laufen seinen schwarzen Rock mit den hundert Knöpfen schließend, und schob mich vor sich her durch eine kleine Tür in den Pfarrgarten bis in die hinterste Ecke. Er mißtraute noch den Vögeln und den Bienen, aber er war doch mutig, wir wurden uns einig. Ganz am Schluß fragte er, ein bißchen schüchtern: ›Ja, und werden Sie auch regelmäßig den Gottesdienst besuchen?‹ Da aber konnte ich nicht anders: ich mußte lachen, und am Ende lachte er mit.«
Er war stolz auf seine Arbeit: »Wir haben einen unglaublichen Erfolg gehabt. Die Arbeiter haben sich um unsere Blätter gerauft. Wir haben sie für fünfzig Pfennige angeboten, aber die meisten haben eine Mark und mehr gegeben. Ein Schlächtermeister aus der Nachbarschaft ist mir nachgelaufen, er hat mir fünf Mark geboten, aber zu der Stunde war schon alles vergriffen.«
Die Braunen hatten das Viertel durchsucht, die Straßen gesperrt, Fußgänger und Fahrzeuge angehalten und nach bekannter Weise nicht geruht, bevor sie nicht eine Menge Verdächtiger festgenommen hatten, Jockel unter ihnen.
»Sie haben mich unmenschlich zugerichtet, jeden Tag von neuem, sie sind pünktlich jeden Morgen zu dritt oder viert in meine Zelle gekommen, haben mich zu Boden geschlagen und sind mir mit beiden Absätzen gleichzeitig auf den Rücken gesprungen, wie um mich zu zerstampfen. Sie haben mir die Wirbelsäule geschunden; ich kann immer noch nicht gerade stehen. Einmal hat ein höherer Vorgesetzter sie begleitet, und ich habe eine Eingebung gehabt, die mir vielleicht das Leben gerettet hat. Ich habe gejammert: ›Ich werde mich bei meiner Regierung beschweren. Ich werde erzählen, daß es also wahr ist, was die linken Zeitungen über Mißhandlungen und Folterungen schreiben.‹ Der Sturmführer, oder was er war, hat sofort gefragt: ›Wieso, wieso, was sind Sie für ein Landsmann?‹ Ich habe einen roten Saar-

paß gehabt, der Kerl hat seinen Leuten befohlen, einzuhalten und hat angerufen. Das Ende vom Lied war, daß sie mich in einen Wagen geladen und scharf bewacht an die Grenze gefahren haben. Sie haben mich in einigen Hitlerjugendlagern herumgezeigt, die längs der Grenze liegen, um zu sehen, ob mich einer kannte. Aber ich hatte Glück. So haben sie mich über die Grenze abgeschoben.«
Sein Gesicht leuchtete. Sie hatten ihm Haut und Knochen beschädigt, aber sein Mut war unverletzt. Der bittere Verdacht beschlich mich, daß er es sein konnte, der recht hatte, daß, was er einmal aus meinen Worten herausgehört hatte, die eigentliche, wesentliche Wahrheit war, an der ich blind vorbeigegangen: ich klagte und irrte in der Dunkelheit in einem Morast, während sein schmerzentstelltes Gesicht von einer übermenschlichen Gewißheit glänzte. Seine Erzählungen waren Windstöße, die mir eine reine, so lange entbehrte Luft zutrugen. Wir kamen vom Hundertsten ins Tausendste, und ich fragte ihn, was mit seiner Gefährtin los sei. Sein Gesicht wurde finster, und er antwortete: »Aus. Sie hat sich übel benommen. Während ich drüben war, hat sie mir einen Brief geschrieben, in dem sie mit mir brach – stell dir vor, drüben.« Ich sprach aus, daß es mir leid tat, daß es ihm wahrscheinlich leicht sein würde, sie zurückzuerobern, was gut sei, denn sie hatten gut zusammengepaßt. Er antwortete mir; das Herz stand mir still vor Grauen, vor dem Leichnam einer Seele, vor dieser grausamen Härte und Blindheit, und ein unbeschreiblicher Schmerz packte mich, weil ich jäh erkannte, daß mein Freund mir fremder war als alles in der Welt – es war ein endgültiger Schiffbruch eines Versuches, zu dem unser Tun, unser Glauben, unser Leben nur die Rohstoffe gewesen waren; er antwortete: »Nichts zu machen – er leckt sie.«

Erst wieder in den letzten, düsteren Tagen vor der Saarabstimmung kamen wir von neuem einander nahe. Zeitlebens werde ich mich der unheilvollen Nacht vor der

Veröffentlichung der Wahlergebnisse und der darauffolgenden achtundvierzig Stunden erinnern. Die paar tausend Menschen der Volksfront verbrachten die Stunden der Ungewißheit eng zusammengeschart in Wirtschaften und Wohnungen. Keiner konnte die Erwartung allein in seinen Wänden ertragen. Ich blieb in einer kleinen Stube in der Suppengasse, unter schätzungsweise zwanzig Leuten der Arbeiterwehr, die rauchten, spuckten, spielten oder angekleidet schliefen. Von Zeit zu Zeit kehrte eine Streife zurück, einen Hauch eisiger Kälte mitbringend, und daraufhin bereiteten andere sich vor, eine Runde zu unternehmen. In der Suppengasse selbst waren mehrere Häuser ebenso voll von unseren Leuten. Aber in allen umliegenden Straßen staken die Wohnungen von den Dachböden bis in die Keller voll von Sturmabteilungen der Braunen. Bei alledem waren die Straßen menschenleer, bis auf die Streifen beider Seiten.
Zusammenstöße konnten nicht ausbleiben. Nach Mitternacht waren sie so zahlreich geworden, daß die Braunen eine Art psychologischen Angriffes unternahmen, das eindrucksvollste und unheimlichste Schauspiel, das ich je gesehen.
Kurz nach drei Uhr morgens kamen unsere Streifen von allen Seiten in höchster Aufregung zurück und erzählten, daß sich in allen Straßen ringsum die Sturmabteilungen in Viererreihen aufstellten.
Ich kann ruhig sagen, daß ohne Jockel allen der Mut entsunken wäre. Er schickte die Leute, die Feuerwaffen besaßen, auf die andere Seite der Gasse und ließ in unserem Haus nur die mit Totschlägern, Messern und anderen Nahkampfwerkzeugen Bewaffneten. Er rechnete mit einem Angriff auf unsere Unterkunft und wollte den Angreifern mit einem verwirrenden Feuer in den Rücken fallen. Hinter jeder Türe und jedem Fenster war ein Mann versteckt.
Wir jedoch mußten uns zeigen. Jockel erläuterte uns wie in einer Unterrichtsstunde für Truppenführer, daß ein
 Gebäude nur von außen verteidigt werden kann. Die

Kälte und Sachlichkeit seiner Ausführung beruhigte unsere Nerven.
Nur wenige Gaslampen erhellten die Gasse. Wir sahen die Spitze des feindlichen Zuges nur wie eine dunkle Masse in unsere Gasse einschwenken. Aber wir hörten das Geklirr der Stiefel und wir sahen, daß die dunkle Masse nicht mehr endete und die Gasse ausfüllte von einem Ende bis zum anderen. Wir standen mit dem Rücken gegen die Wand, und die Gasse war so eng, daß die im Gleichschritt geschwenkten Arme der Gegner uns berührten. Kein Schrei und kein Befehl wurde laut. Die Sturmführer gingen ihren Abteilungen voran, geradeaus blickend – sie würdigten uns keines Blickes. Wie ein Alptraum folgten sich die Kolonnen. Wir umkrampften unsere Eisenstücke und Messer, gelähmt vor Angst. Den einen oder anderen verließen die Nerven, und er wollte entsetzt in das Haus zurück. Aber im Eingang stand Jockel und zwang jeden hinaus. Wir preßten uns an die Wand, wie um durch sie hindurch zu entweichen. Wir waren zehn, zwölf Verfolgte – und nahmen eine Parade der Schatten unserer zehntausend Verfolger ab. Aber in jeder Sekunde konnte ein halblautes Wort, das als Befehl verstanden, oder eine Gebärde, die als Drohung ausgelegt würde, unseren Tod einleiten. Wir hielten uns – ich weiß nicht, wie lange der Spuk dauerte. Und Jockel überwachte uns. Er zwang uns, ihn entweder ganz anzuerkennen oder ihn ganz zu hassen.
Um fünf Uhr, zwei Stunden vor der Verkündung der Ergebnisse, fuhr ein Schnellwagen der Polizei vor unserem Hause auf, die Beamten drangen mit vorgehaltenen Pistolen in unsere Stube, und wir wurden auf den Wagen geladen und zum Gefängnis gefahren. Drei Tage danach, kaum freigelassen, noch umnebelt vom Entsetzen, ging ich ein letztes Mal durch die Hauptstraße der Stadt, ehe ich über die Grenze flüchtete. Ich sah Jockel, er trug ein riesiges Bündel Zeitungen unter dem Arm, eilte durch die Menge und rief laut »Die Arbeiterzeitung« aus, alte Nummern. Die Leute sahen ihn entsetzt an, sie wichen

ihm aus wie einem Amokläufer. Ich versteckte mich, rot vor Schande.

Zum letzten Male traf ich Jockel zu Beginn des Krieges neununddreißig in Paris. Ich war erregt nach Hause geeilt, in den Ohren noch die Meldung der Mobilmachung und verfolgt von den Rufen der Zeitungsverkäufer. Jede neue Nachricht erschütterte das winzige Gebäude meines kleinen Daseins bedrohlicher.
Vor dem Tor des Mietshauses hatte ich die kleine Frau gefunden, die meinen Namen trug, die Hände voller Einkaufstaschen und zitternd vor Erregung. Ich hatte sie getröstet, leichter als mich selbst. In dem dunklen Gang vor der Tür zu unserer Wohnung hatte ein Unbekannter gewartet. Meine Frau hatte geöffnet, und das Licht aus der Stube war auf das Gesicht des Wartenden gefallen: Jockel. Sogleich fiel mir ein, daß es nicht anders sein konnte; kein Abenteuer, das wir nicht auf irgendeine Weise gemeinsam bestanden hatten. Er war in Spanien tot erklärt worden, aber er kehrte von den Toten zurück an meine Seite. Er lachte sein altes, freches Lachen, und ich hätte ihn umarmen mögen. Tausend Erinnerungen blitzten und klirrten auf seinen Zähnen. Er war gut gekleidet, auf seine Weise. Zerfahren und zerzaust war er mit unbestreitbar sehr teuren Kleidern behängt.
Er erzählte: er war aus Spanien abberufen und auf die Totenliste gesetzt worden, weil er an die Kriegsschule in Moskau befohlen worden war. Er hatte den Rang eines Leutnants und war verheiratet, Vater zweier Kinder. Er bereitete sich auf eine Reise in unsere Heimat vor, Kundschafter der Roten Armee. Wie es ihm vorgeschrieben war, suchte er vor seiner gefahrvollen Reise eine Klinik auf, um sich auf Herz und Nieren untersuchen zu lassen. Als er davon zurückkam, erzählte er mir die Voraussagen der Doktoren. »Ich werde einen Bauch haben«, grinste er frech, »schlechte Ernährung während der Kindheit und Jugend. Leichter Druck gegen das Herz.«

Vielleicht weil er eine gutgefüllte Brieftasche locker mit sich führte und bürgerlich gekleidet war, gab mir dieses Zukunftsbild einen Stich. Ich fuhr zusammen, aber Jockel bemerkte es nicht, er war zu sehr beschäftigt mit seinen Einkäufen, zu denen er mich in dieses und jenes Geschäft mitschleppte. Er mußte einen Feldstecher und eine Krawatte von einer ganz bestimmten Farbe haben, und nebenbei dachte er schon ganz wie ein höflicher Freund des Hauses an einen Seidenschal für meine Frau. Wir aßen in guten Gasthäusern auf Kosten der Räte, und Jockel erklärte: »So, nun muß ich mir das Nachtleben anschauen. Es ist uns vorgeschrieben; wir müssen uns weltmännischen Schliff erwerben.«
Ich setzte zu einem herzlichen Lachen an, sah aber noch rechtzeitig die todernste Miene des Sprechers, der nicht inbrünstiger hätte dreinschauen können, wenn er erklärt hätte, er müsse einen Menschen verfolgen oder befreien. Die Komödie wurde zu einem Trauerspiel. Er fragte mich um Rat. Ich kannte das Nachtleben nun nicht, aber mir fiel der Name des bekanntesten Freudenhauses von Paris ein, der in allen Witzblättern regelmäßig vorkam. Als wir dort an einem Tisch saßen, vor dem die nackten Mädchen paarweise vorübertanzten, junge Körper erster Auslese, wie es einem teuren, weltbekannten Betriebe geziemte, die dunklen Gärten ihrer Leiber in Höhe unserer Gesichter, befiel ein schwerer Gewissenskampf den Leutnant. »Ich weiß nicht«, sagte er ratlos, »ob dies dazu gehört.« Während er in Gedanken seine Vorschriften durchdachte, nahm ich Abschied von ihm – er war doch tot. Er war nicht lebend aus einem sonderbaren Jenseits zurückgekehrt, aus dem die Toten nicht als Schatten, sondern als Körper erschienen, ihrer Jugend, ihres Feuers, ihres Traumes und ihrer Seele beraubt, nach Vorschrift und Erlaubnis sündigend, unheimliche Gespenster der Zukunft.
Er legte die Bestimmungen der Ausführung zu seinen Gunsten aus und zog sich mit einem Mädchen zurück, um seine Erziehung zum Weltmann zu vervollständigen.

Ich ging. Erst auf der Straße fiel mir ein, daß er mit keinem Wort mehr von seinen Forschungen nach seinem Vater gesprochen hatte.
Ich fragte mich unruhig: war ich schuldig? Er war von mir geworben worden, mein erster Geworbener. Oft tat er mir leid, manchmal erfüllte er mich mit Neid. Er war Leutnant, angesehen, glorreich. Wie unschuldig, rührend einfach war er doch noch gewesen, selbst in jenem Bordell. Immer ausschließlicher mündete die Erinnerung an ihn in die Fragen: was hatte ich von ihm erhofft, was gewollt, und woran lag es, daß auch er zu einem Stein der Mauer geworden war, die mich ausschloß.

ZWEITER TEIL

I Die Saar 1934, ein böses Land

Die Sitze des gut geheizten Schnellzuges, der mich dem rettenden Ausland zutrug, waren so wohlig gepolstert, und ich dachte mit einem solchen Widerwillen an die bevorstehende abenteuerliche Flucht unter einem unfreundlichen Regen zu Fuß auf aufgeweichten Schleichwegen über die Grenze, daß ich am letzten Bahnhof vor der Grenze nicht ausstieg; ich wählte das gefährlichere, aber behaglichere Wagnis.

Drei aufeinanderfolgende Kontrollen durchsiebten den Zug; die erste bekümmerte sich um die mitgeführten Geldmengen. Meiner Treu, in der Hinsicht war ich ruhigen Gewissens. Aber der Beamte schaute nebenbei auf die Papiere und fragte mich: »Das ist alles, was Sie vorzeigen können?« Und auf meine zögernde Bejahung hin: »Sie werden schwerlich damit durchkommen.«

Ihm folgten die Zöllner, die nur einen verächtlichen Blick in meinen offen vorgezeigten Koffer aus Pappe warfen. Aber hinter ihnen blitzte der silberne Stern am Tschako eines Grünen, der die Pässe prüfte.

Ich hielt ihm mit schlecht verhehlter Angst mein einziges Papier, die rote Stempelkarte der Erwerbslosen der Vorstadt, entgegen, zusammengefaltet, um sie ansehnlicher zu machen. Es war wie in allen vorausgegangenen ähnlichen Notlagen. Zu spät verfluchte ich meine Waghalsigkeit, zu spät wurde mir die Höhe des Einsatzes bewußt, und wie stets hoffte ich auf meinen Stern, auf ein außerordentliches Ereignis, das Eingreifen einer Naturgewalt oder eines seltsamen Zusammenspiels der Zufälle.

Er durchlas die Pässe mit großer Aufmerksamkeit. Schöne, vielseitige Pässe, wahre Bücher, deren hundert Stempel eine sichere Geborgenheit darstellten. Ich sah ihn näher und näher. Er gab meinem Nachbarn den Paß zurück und schaute flüchtig auf meinen roten Papierfetzen, dessen Ränder zerrissen waren, als ob ein Schuster darin die Maße von hundert Füßen vermerkt hätte, winkte ab und sagte: »Gut.« Ich hatte ein Wunder erhofft, aber es verwirrte mich doch, als es eintrat. Angstvoll war ich bedacht, meine Karte nicht zu geschwind wieder einzustecken, weil ich damit meine überwältigende, knieschwächende Erleichterung hätte verraten können. So fuhr ich fort, sie dem Grünen anzubieten. Er aber – als ob mein Verhalten den Vorwurf bedeutete, daß er nicht zuvorkommend genug gewesen sei – setzte ein gütiges Lächeln auf und wiederholte: »Gut, gut.« Ich hatte gewonnen.

Erst jenseits der Grenze erfuhr ich die vernünftige Erklärung: meine Stempelkarte war rot, wie die Ausweise der Saarbewohner. Und angesichts der bevorstehenden Abstimmung war den reichsdeutschen Beamten anbefohlen worden, die Stimmberechtigten nur mit Samthandschuhen zu behandeln.

Eine heuchlerische Maßnahme des Feindes hatte mir genützt, und ich hatte damit schon vor den Toren eine Probe jener ganz besonderen Luft zu atmen bekommen, welche zu der Zeit an der Saar wehte, so wie mir erste Kohlenstaubkörnchen ins Auge flogen, noch bevor ich die Fördertürme des Bergbaugebietes sah.

Tag für Tag kamen Flüchtlinge nach Saarbrücken, oft zerschlissen und hungrig, armselig, aber stolz auf ihre gelungene Flucht, noch bewegt von dem atemberaubenden Abenteuer eines verwegenen Grenzüberganges, den zu erzählen sie begierig waren. Meist gar traten sie in die Schreibstuben der Roten Hilfe ein, als ob sie einen festlichen Empfang erwarteten.

Sie alle jedoch erwartete nur dieselbe Frage, die erbarmungslos ihre Freude zurückwies: »Genosse, hast du die Erlaubnis oder den Befehl von deiner Bezirksleitung, nach hier zu kommen?« Auf aller, ausnahmslos aller Gesichter spiegelten sich dieselben Regungen in derselben Reihenfolge wider: Zunächst ein fassungsloses Er-

staunen, dann ein vorübergehender Verdacht, begleitet von einem argwöhnisch prüfenden Blick: war der Fragesteller ein Narr, ein Spaßmacher oder ein Lump? Aber indem sie so die Mienen durchforschten, stießen sie auf den niederschmetternden Ernst der Frage, so tierisch ernst, daß sie von der Ahnung gelähmt wurden, als die einzigen feigen, schlechten und faulen Genossen dazustehen, die nicht allein unfähig gewesen waren, mit der Leitung ihres heimatlichen Bezirks eine Verbindung herzustellen, sondern deren Bestehen überhaupt nicht geahnt hatten. Und selbst diejenigen, die genau wußten, daß es in ihrem Lande eine solche Leitung nicht gab, versuchten das nicht mehr zu behaupten, denn sie spürten, daß sie dadurch mit der Auffassung der Partei in Konflikt geraten wären.
Sie schämten sich und wurden von der wohlbekannten Angst gepackt, der einzigen Angst der Genossen, zum Schrott geworfen zu werden. Oh, sie waren bereit, auf den Händen zu stehen, nur um zu beweisen, daß sie gute, getreue Streiter waren. Und nun waren sie durch eine einzige Frage innerhalb zweier Minuten aus Helden zu armen Sündern geworden. Wie dankbar und lechzend nach Wiedergutmachung gingen sie darauf ein, wie eifrig waren sie bereit, wenn der Verantwortliche ihnen eröffnete: »Genosse, wir müssen dich zurückschicken. Dein Platz ist drüben.«
Tapfer verbargen sie das Grauen vor der Aussicht, die sich ihnen bot: eine Minderheit nur war geflohen, um sich einer Verhaftung zu entziehen, während die meisten eine persönliche Rache, keine Gefängnisstrafe, sondern einen fürchterlichen Tod zu erwarten hatten, und verhehlten ihr Erstaunen und ihre Unwissenheit, wenn sie hörten: »Man kann viel tun.« Sie wollten in jener Minute davon überzeugt scheinen, daß ununterbrochene Arbeit auf sie wartete. Sie blieben einige Zeit, während der ihre Erwartungen immer bescheidener wurden. Sie lungerten in den Wirtschaften umher und verschwanden eines Tages. Sie hatten gehofft, eine Art Schule der unterirdi-

schen Arbeit durchmachen zu dürfen und mit bestimmten Aufgaben im Rahmen eines umfassenden Planes an vorgesehene Stellen geschickt zu werden, fast wie ganz winzige Gesandte von weither.
Aber sie mußten aufs Geratewohl gehen, durch die Elendswochen des kurzen Exils noch zerschlissener, hungriger und ärmer, ohne sichere Papiere, ohne Geld, ohne Waffen, ohne Anleitung noch Ermutigung, noch bezeichnetes Ziel, sich blutenden Herzens über die Todesgrenze zurückschleichen, ein nie enden wollender Zug. Keiner wagte, nur mit einem Wort daran zu rühren, und es war deshalb nicht zu ersehen, wie viele unter denen, welche zurückgingen, wie unter denen, die blieben, sich verurteilt fühlten in dem geheimen Prozeß gegen Van der Lubbe, den das Braunbuch neben dem öffentlichen gegen Hitler führte. Während die Richter des Dritten Reiches sich anschickten, den jungen Rebellen zum Tode zu verurteilen für eine Tat, die nach jedem Gesetzbuch der Welt höchstens zwei Jahre Gefängnis verdiente, forderte die genasführte »freie Welt«, sich auf das Braunbuch und den »Gegenprozeß« von London (an dem die berühmtesten Verteidiger des Rechtes aller Länder teilnahmen) berufend, durch den Mund Dimitroffs den Kopf Van der Lubbes. Vielleicht litt ich allein unter der Ähnlichkeit mit der verdammten Gestalt des unsteten, suchenden, zweifelnden Rebellen. Tausend Millionen, eine Welt von Unmündigen, wollten seinen Tod. Es galt nicht, einen Schuldigen, sondern die Haltung des Aufständischen, der für die Sache von sich aus tut, was er von sich aus beschlossen hat, zu verurteilen, um nur noch Gehorsame zu dulden; die Augen der verantwortlichen Genossen erläuterten es mir deutlich. Sie trieben mich in die Einsamkeit des Elends, des körperlichen Hungers und der Ratlosigkeit, der Entmutigung und Verbitterung. Wie den Gefangenen in Leipzig, der entgegen aller fadenscheinigen Beschuldigungen die Sache nie verlassen hatte, hatte die Sache mich verlassen.
 Ich schlug um mich wie ein Mensch, den der Morast

langsam verschlingt; ich träumte, ich sah mich zurückkehren und die gefährliche Tat vollbringen helfen, wieder einfachen Herzens in der Gewißheit atmend, wieder sauber sein, und dadurch jedem Unbekannten überlegen, wieder nichts anderes empfinden als die Wärme der Freundschaft in der Gefahr, keine Scham, keine Unruhe und keine Schuld; ich versuchte, mich geflissentlich der Lehren der Geschichte zu erinnern: die Ohnehosen waren in Holzschuhen an den Feind geeilt, die Kommunarden von Paris hatten die Breschen der Hindernisse mit ihren Leibern gefüllt, das aufständische Volk von Sankt Petersburg war in einem ergreifenden Aufzuge in Lumpen mit leeren Händen zum Angriff geschritten, ich wollte mich als Zeugen einer großen Zeit sehen; wir waren der Kern, die Ahnen eines gewaltigen Heeres, aber immer wieder fiel ich zurück in meinen Jammer, schmutziger, hungriger und leerer.
Ich ging ein bitteres Brot betteln. Schon die würdige Frau, die mir die erste Türe öffnete, riet mir an, mich in den Arbeitsdienst aufnehmen zu lassen: »Wie kann ein junger, gesunder Mensch hier betteln gehen, während im Reich eine herrliche Arbeit für ein großes Ziel auf ihn wartet?« Ich wollte ihr antworten, aber die erste Andeutung nur der Zustände, deren Zeuge ich gewesen war, erfüllte ihre Augen mit demselben Haß und Ekel, mit dem wir selbst vor nicht allzulanger Zeit alle die Lügner verfolgt hatten, die das Land der Räte hatten verdächtigen wollen.
Verfolgt von der Verachtung des ganzen Landes, fassungslos und ohnmächtig vor Leuten, denen alle Hinweise auf Mord und Gewalt nichts anhaben konnten, abgewiesen selbst von den Mönchen an den Toren der Klöster und von den barmherzigen Schwestern an den Küchentüren der Krankenhäuser, die sich alle schon gleichgeschaltet hatten, schlief ich hungrig auf Bänken quer durch die ganze Stadt und wagte kaum mehr, auf den Schreibstuben und in den Wirtschaften der Partei mich sehen zu lassen. Immer schwächer wurden meine

Anstrengungen, meine Gedanken der Idee zuzuwenden. Ich konnte es kaum fassen, daß die freien Gewerkschaften keinen anderen Vorschlag zur Abstimmung machen wollten als den, für die Beibehaltung der Völkerbundsregierung zu stimmen. Die Menschen standen zur Regierung Deutschlands, unter deren Fuchtel sie mit aller Kraft zurückstrebten, wie ein Pferd zu seinem Bauern. Es ist ausgebeutet und unterdrückt. Aber es hat den Eindruck, Essen und Sicherheit gegen Folgsamkeit und Fleiß einzutauschen. Das Gesetz des Bauern scheint ihm ein Vertrag.

Die Verfassung der Saar jedoch berührte wie eine letzte traurige Spur eines Gewaltspruches, den auszusprechen doch erst fünfzehn Jahre zuvor die Staatsmänner so vieler Nationen ihren ganzen Witz, ihre ganze Vorsicht und ihre ganze Voraussicht gebraucht hatten, aber es mangelte diesem Überrest selbst die wehmütige Schönheit von Ruinen. Warum eigentlich war die Saar vom Reiche getrennt worden, für fünfzehn Jahre einer Verwaltung des Völkerbundes unterstellt und ihr endgültiges Schicksal von einer Volksabstimmung abhängig gemacht? Ich fragte die Leute, aber es war vergessen worden. Etliche vermuteten höhnisch und schadenfroh, daß Frankreich sich damit die Möglichkeit einer friedlichen Eroberung habe ausbedingen wollen.

Die Partei wollte zu klug sein; auf der ersten Seite ihrer Zeitung rief sie die klassenbewußten Arbeiter auf, für die Rückkehr ins Reich zu stimmen, während die Spalten aller folgenden Seiten voll waren von Schilderungen über Mißhandlungen und Morde an klassenbewußten Arbeitern im Reich. Und ein führender Genosse erklärte im Landrat: »Ich will lieber an einer deutschen Saar gehenkt werden als an einer welschen leben.«

Ich verkam in einem bösen Lande, in dem alle Begriffe sich verwirrten, und ich hatte nicht mehr die Kraft, ihnen nachzugehen. Ich wurde dem jungen Landstreicher von einst immer ähnlicher. Meine letzten Beziehungen zu Menschen bestanden zuletzt nur noch in

meinen Besuchen der Arbeiterwirtschaften. Abgerissen und ungewaschen, verachtet von Kellner und Wirt, wartete ich darauf, daß ein Gast bereit war, »Solidarität« an mir zu üben. Es kam mir vielleicht weniger auf das Glas Bier an als auf die Anrede »Genosse«.
Selbst dieser letzte Aufenthalt wurde mir nahezu verleidet durch einige jener Leute, die sich in allen Parteien tummeln, Leute, die hinter jedem Genossen, den sie nicht als Vorgesetzten ansehen, einen feindlichen Kundschafter vermuten. Mein Zustand, mein Geruch des Elends zog sie an wie Mücken. Ich mußte sie dulden; sie wurden immer mutiger. Einer machte mir unverblümte Andeutungen von toten Schächten, geeignet, unbequeme Leichen aufzunehmen. Ich mußte sie dulden, denn was blieb mir noch?

II Die Trommel der Unschuld

Jäh wurde ich aus meiner Einsamkeit, aus meiner Verbannung in der Verbannung, erlöst. Ich sah einen Mann mutterseelenallein in einer Trinkstube sitzen, dunkel wie ein Rabe mit gesträubten und zerzausten Federn. Seine Kleider waren so schwarz, angeschmutzt und verwildert wie seine Haare und die Stoppeln seines Bartes. Sein steifer, hoher Kragen war gelb von Schweiß wie die Farbe seiner Haut. Nur ein einziger Mensch in der Welt konnte so aussehen.

Mich erschütterte eine Freude so unbändig, daß ich dieses erste wiedergefundene Gesicht unter Tränen hätte küssen mögen. Ich überfiel ihn ungestüm, ich schrie, und ich war glücklich, dem Kellner und dem Wirt zeigen zu können, daß auch ich Freunde und Bekannte hatte. In der ersten Sekunde war Gottwohl durch meine närrischen Übertreibungen erschreckt, aber er faßte sich sogleich und brüllte mit mir, gab mir die Schläge auf die Schultern zurück und krächzte fröhlich: »Dich habe ich gesucht. Gerade dich brauche ich.« Sobald er es gesagt, glitt ein Schatten über sein Gesicht, ein Ärger über eigene Voreiligkeit. Er schien eine Unbedachtsamkeit zu bereuen.

Mich beengte eine bange Ahnung, und das Elend erstickte mich schon wieder; es war schon aus mit der Freude, und ich war schon um einen Schmerz reicher. Ich hatte schon gespürt, daß von nun an die Vorstadt zu der Zeit gehörte, deren Zeugen ich nur mit Beklemmung wiedersehen konnte. Um mir selbst wenigstens noch eine kleine Sekunde lang ein reines Gewissen vorzulügen, fragte ich: »Warum ich? – ich? Warum brauchst du gerade mich?«

Ich hatte Angst vor der Antwort. Ich las aus seinem Gesicht, dessen Schatten dichter und bedrückender wur-

den, daß er etwas wußte, von so unheilvoller Bedeutung, daß mein bisheriges Elend nur der Rand eines Abgrundes war. Ich klammerte mich an meine Unwissenheit, ich wollte noch eine Frist, nur noch einen Atemzug vor dem Sturz, und ich nahm hastig, um ihn an einer Antwort zu hindern, das Pilgerabzeichen auf seiner Brust zum Vorwand einer zweiten Frage: »Du machst eine Wallfahrt nach dem Heiligen Rock in Trier?«
Gottwohl lachte, im Vorgenuß, einen gelungenen Streich erzählen zu dürfen. Er rieb liebevoll das kleine Blech glänzend, und krächzte schnoddrig wie von jeher: »Ja, ja, – ich bin ein frommer Pilgrim. Damit kannst du mit den Pilgerzügen ungeschoren über die Grenze kommen, hin und zurück. Ein wahres Glück, daß sie gerade dieses Jahr den Jahrmarkt mit dem Heiligen Rock in Trier aufgeschlagen haben. Da fahren jeden Tag zehn oder zwanzig Sonderzüge hin und her. Die Grenzer lassen sie in Ruhe. Aber du kannst es mir glauben: ich habe die frommen Lieder mitgesungen, so laut und inbrünstig es die Lungen erlaubten.«
Er lachte noch einmal schallend, und es war wieder so weit wie zuvor. Gottwohl sah mich nicht an, als er fortfuhr: »Ich bin hier, weil Reitinger in Preungesheim sitzt und auf die Hinrichtung wartet; wir haben Geld gesammelt, vor allem natürlich haben seine Eltern ihr Letztes hergegeben, und ich bin geschickt worden, einmal, weil ich die Rote Hilfe geleitet habe, und dann, weil ich als alter Saarländer die Grenze am besten kenne, um im Ausland die Öffentlichkeit aufmerksam zu machen; ich war im Saal, als das Urteil verkündet wurde, er hat geschluchzt wie ein Kind, er ist es ja noch, er ist nicht einmal zwanzig Jahre alt. Dir brauche ich es ja nicht zu sagen: es ist ein reiner Mord, wenn sie ihn köpfen!«
Nun kannte ich die Antwort und wußte, warum er »gerade mich« brauchte, warum ich es besser als andere wissen mußte, daß Reitinger unschuldig war. Aber ich konnte dem wachsenden Grauen nicht untätig widerstehen und hoffte gegen alle Gewißheit auf eine Erlösung.

Ich wollte reden, irgend etwas reden, um nicht von dem Schweigen getötet zu werden und fragte: »Und warum brauchst du mich dazu?«
Gottwohl stieß mich unbarmherzig, vielleicht ohne es zu wissen, in mein Elend zurück: »Aber Himmelherrgott, das weißt du doch; du bist unser Kronzeuge. Du hast Althaus erschossen. Keiner kann besser als du die Unschuld Reitingers beschwören.«
Ich hatte das Gefühl, auf einer schiefen Ebene zu gleiten, und versuchte vergebens, mich darauf zu behaupten. Aber ich glitt weiter in das Dunkel, in dem die Bahn verschwand, einem Ende zu, das ich spürte. Ich hörte, als ob ich ein Gespräch durch eine Wand hindurch vernähme, Gottwohl besorgt tröstend sagen: »Komm, nimm dich zusammen, du kannst nichts dazu. Kein Mensch macht dir Vorwürfe. Wir alle wissen, komm zu dir, Valtin, allez, komm zu dir; sie wollten ein abschreckendes Beispiel geben, sie mußten unbedingt beweisen, daß sie zu strafen verstanden. Sie mußten zeigen, daß ihnen keiner entkommen kann. So ungeheuerlich es scheint: Reitinger hat ein Geständnis abgelegt; was muß er gelitten haben! Mehr noch, so unglaublich es dir sein wird: Augenzeugen haben unter Eid ausgesagt, Augenzeugen! Leute, die gesehen haben wollen, wie er geschossen hat! Es ist unabänderlich. Du kannst nichts, nichts, nichts daran ändern; selbst wenn du zurückgingest, um dich zu stellen und deine Tat zu gestehen, so würdest du kein Wort am Urteil ändern können; sie würden dich heimlich beiseite schaffen, um Reitinger öffentlich hinrichten zu können. Sie müssen, sie müssen ihn töten. Vergiß es nicht: es geht nicht um Recht und Gerechtigkeit.«
Mitten in meiner Zerrissenheit erweckten die letzten Worte die Erinnerung an die Verhandlung gegen Jockel. Es war wie ein Sinnbild eines anderen Lebens: wie wenn auf einem reißenden Strome plötzlich ein Tisch, der noch Blumen und eine Decke trägt, vorbeischießt; ich spürte eine heiße Scham: wenn es nicht um Recht und Gerechtigkeit ging, so nur, weil beide Teile sie nicht

wollten, wenn nur eine Seite sie angestrebt, so wäre notwendigerweise ein Kampf darum entstanden.
Gottwohl glaubte mich besänftigt, und er sprach sachlich weiter: »Was wir von dir erwarten: Du mußt eine öffentliche Erklärung abgeben, vor vereidigten, angesehenen Leuten, bürgerlichen Anwälten, es gibt deren genug, mit allem Gepränge, Titeln, Stempeln, die Eindruck machen, und du mußt in Zeitungen schreiben –« Er fügte hinzu, schnoddrig und beißend, so wie wir ihn geliebt hatten: »Du mußt die Trommel der Unschuld rühren.«
Ich, der Mörder. Ich konnte mich eines grenzenlosen Ekels nicht erwehren. Seine Vorschläge enthielten gemeine, niedrige Angebote. Ich sah ihn an, und ich blieb stumm, plötzlich gebannt von einem unheimlichen Schauspiel: ich sah ihn in der Verwirrung stehen, wie ein Teil seiner selbst; er war eine letzte, das steigende Meer überragende Insel, Bruchstück eines weiten Landes, auf die sich neben dem Menschen auch Ratten und widerliche, schleimige Kriechtiere gerettet hatten, mit denen er den Burgfrieden der Überlebenden eines großen Unterganges einhielt.
Mit drei kleinen Worten verwandelte sich Gottwohl vollends in einen alten, verkommenen Halunken: er lud mich ein, vertraulich und verschmitzt: »Ein Glas Bier?« Mich quälte die Scham, denn ich wußte mit Sicherheit, daß er mir sein Spießgesellenvertrauen nur schenkte, weil er auch mich beschmutzt sah. Ich hielt neben ihm aus, wie an ihn gekettet; ich hatte das Gefühl, er sei das Gefäß, das meine Schande enthielt. Ich mußte es bewachen, ich fürchtete, die Schande ergieße sich über das ganze Land, sobald ich mich entfernte. Und ich konnte mich nur in die Vereinsamung entfernen, aus der er mich eine halbe Stunde zuvor erlöst. Ich empfing seine Beichte und verbarg sie in mir, wie einen Gang zu einer Hure.
Das Ende des Weltkrieges hatte ihn an die Saar verschlagen, wo er – so wie andere Lampenputzer oder Bankvorsteher oder Hundezüchter oder Schieber – Schriftführer

einer reichen, gelben oder christlichen Gewerkschaft hatte werden können. Die Geldentwertungen und die doppelte Währung der Saar geschickt ausnutzend, hatte er Unsummen unterschlagen und sie mit der Tochter eines Verbandsgewaltigen, seines unmittelbaren Vorgesetzten, durchgebracht. Er schämte sich jener Lumpereien nicht; denn er hatte sie Leuten zugefügt, deren Gegner im Meinungskampf er inzwischen geworden war. Er bedauerte nur, sein Wissen um die anrüchige Vergangenheit der meisten augenblicklichen Führer der braunen Front, die seinerzeit mit ihm an demselben Kuchen genagt hatten, nicht veröffentlichen zu können, da er sich dabei selbst zu sehr hätte bloßstellen müssen. Nach der Entdeckung seiner Veruntreuungen und dem Hinauswurf aus der gelben Gewerkschaft hatte er es vorgezogen umzusiedeln und zur gleichen Zeit die Farbe seines Hemdes gewechselt. Mit ihm erst hatten sich die ersten Rotten der Braunhemden in der Vorstadt durchsetzen können. Denn er besaß eine ungeheure Kraft, Menschen zu sammeln, zu gliedern und zu leiten. Ich erinnerte mich der fröhlichen Erzählungen des alten Heiner, wie er mit seinen Freunden dem Gottwohl und dessen Hitlerjungen aufgelauert und sie windelweich gebleut hatte. Ich hatte bisher nur nicht gewußt, daß es derselbe Gottwohl gewesen war, der, entmutigt durch die wachsende Feindseligkeit der Vorstädter, die Niederlagen bei den Wahlen und den Zusammenbruch des Münchener Gewaltstreiches, oder gezwungen durch die Aufdeckung einer erneuten Unredlichkeit – nun zur Partei übergetreten war. Seiner Erzählung nach hatte ihn das alternde, kleine Frauchen bekehrt, mit dem er seine Dachstube schon seit langem geteilt, bevor ich ihn kennengelernt hatte. Sie war inzwischen gestorben. Seitdem hatte er gewerkt, so wie ich ihn gekannt hatte; sein Leben war eintönig geworden, er war schnoddrig und verwahrlost von Schreibstuben in Versammlungen, von raucherfüllten Sälen in hehre Ämter gewandert, Ledertaschen voller Papierfetzen, Vorentwürfen und Forde-

rungen mit sich schleppend, halb geehrt, halb spöttisch geliebt. Er war noch nicht über fünfzig Jahre alt. Er hatte sich recht früh auf das Altenteil eines Berufspolitikers zurückgezogen.
»Du kannst dir einfach nicht vorstellen«, erzählte er, begeistert träumend, »du kannst dir nicht vorstellen, wie mir zumute war, als ich die Kaffeehäuser und Wirtschaften wiedersah, in denen ich seinerzeit gezecht hatte; der Anblick allein hat mich wieder jung gemacht. Wie alt bist du jetzt? – ach, auf jeden Fall bist du zu jung, um zu wissen, was leben heißt! Wir haben gesoffen, gesoffen, und die Frauenzimmer vollgekotzt. Millionen, Millionen und aber Millionen sind hier verhandelt worden, verhandelt und verjubelt«, er schloß, in der Erinnerung glücklich wie ein Zeuge einer weltbedeutenden Schlacht: »– und ich, ich war dabei.«
Er vergaß mich. Es war, als ob sein Gehirn nicht recht rund liefe, denn er dachte schnurrend, naß zischend und keuchend. Seine Gedanken kündeten sich an wie sich nähernde Zugmaschinen. »Und jetzt«, schrie er, unvermittelt aufspringend, »jetzt will ich mein Liebchen holen gehen, mein Liebchen von damals – und du kommst mit.«
Wieder war ich vor die quälende Wahl gestellt, entweder im Schmutz, aber nicht allein zu essen, oder allein, grimmig allein zu hungern, und auch im Schmutz, und das noch unvollendete Elend, das Gottwohl mir zugetragen, zu einem abgeschlossenen zu machen. Ich konnte ihn nicht verlassen. Wir stiegen den Hügel hinter dem Bahnhof hinauf, auf dem ein neues Viertel aus billigen Wohnschachteln erstellt worden war, das sich Rothenhof oder Rodenhof nannte. Wir läuteten. Nichts rührte sich. Wir läuteten ein zweites Mal und hörten leise ein zaghaftes Schlurfen von Tuchsohlen, ein mäuschenstilles Knittern von Stoffen und einen unterdrückten Atem hinter der Türe. Gottwohl pochte mit der Faust gegen die Türfüllung und schrie: »Heh, Leni, ich bins.« Das Klimpern einer mit zitternder Hand ausgelösten Sicher-

heitskette folgte dem Schürfen zurückgeschobener Riegel und Schlösser. Die Türe ging vorsichtig und langsam auf, und ich erstarrte zwischen Abscheu und Grauen: Ich hatte mich auf ein gealtertes, aber doch lebendiges Frauenzimmer vorbereitet, vom Trinken und Huren mitgenommen, schamlos, vielleicht mit gefärbten Haaren und übertrieben geschminkt – ein von dem Kampf mit dem Alter schrecklich verwüstetes Feld, nicht wahr? Aber es schien, wir hätten eines dieser bleichen, blinden Tiere aufgestöbert, die eine Pflugschar manchmal unversehens ans Tageslicht wirft. Sie trug eine zeit- und geschlechtslose Altweiberkleidung. Sie blinzelte so verstört und eingeschüchtert, daß ihr Blick fast zu flehen schien: »Erbarmen, ich kann nichts dafür, daß ich lebe – ich tue es so wenig wie möglich.«
Fast wollte sie Gottwohl zulächeln, aber sie erschrak rechtzeitig über das Wagnis. Sie machte die Türe vollends auf und trat zur Seite, hatte aber sogleich Angst, uns damit beleidigt zu haben. Sie hatte nicht mehr Mut genug, ihre Gebärde mit einladenden Worten zu vollenden.
Ich folgte mit gesträubten Sinnen meinem Genossen in einen halbdunklen Gang voller Heiligenbilder. Die Luft war mit der unsäglichen Angst, die das bleiche Wesen ausgedünstet, gesättigt. Eine Tür stand offen, und ich sah an einer Wand im dunklen Zimmer – dunkel, weil alle Fensterläden geschlossen waren – drei schlechte Lichtbilder in Lebensgröße – das ihres Vaters, das des toten Ehegatten und das des einzigen Sohnes. Die Luft blieb mir im Halse wie ein Knebel. Ich fühlte, daß ich am Tatort eines Mordes war. Ich sah die gläubigen, unmenschlich strengen Täter von der Wand blicken, immer noch wachend. Sie hatten den vom Gesetz geschützten Körper der unreinen Tochter, Frau und Mutter verschont, und die Seele aus ihr gemartert. Das Staunen der Lebenden vor den Toten ergriff mich vor der lichtscheuen, huschenden Hülle – dies war also einmal ein vollblühender Mensch gewesen, eine Frau, die beim Wei-

ne gesungen, in einer Umarmung vor Lust aufgeschrien, in nächtlichen Straßen schallend gelacht, einen Sohn empfangen und geboren hatte.
Gottwohl hatte sicherlich auch nicht erwartet, seine Geliebte so verändert wiederzusehen. Zu der wachsenden Wirkung seines Rausches gesellten sich Verwirrung, geheimes Grauen und Scham über eine eigene Schuld. Er begann, irre zu reden. Er wurde es nicht müde, mit vielen »weißt du noch –« das verstörte Weib durch Erinnerungen an das ausgelassene, gefällige Mädchen von damals verdrängen zu wollen. Aber mitten hinein schien sich die Erinnerung an die in der Vorstadt Verstorbene zu mengen, dann gerieten ihm Sätze aus plötzlich mühsam gefurchter Stirne: »Sie fehlt mir – ach Valtin, du weißt nicht – kein Mensch weiß, was sie mir war. Seit sie tot ist, bin ich nur noch ein halber Mensch.«
Die Alte sträubte sich mit kindischem Kichern gegen seine Einladungen und wich seinen Händen aus, schelmisch, wie ein Gerippe. Aber sie war zu schüchtern, um zu widerstehen. Hätte er sie kurzerhand angebrüllt und ihr befohlen zu folgen, so hätte sie keine Sekunde zu zögern gewagt. Er zog sie Schritt für Schritt aus ihrem Loch, wie einen Wurm, der zu zerreißen droht. Ich folgte ihnen auf ihre Fahrt in einen wüsten Traum. Auf der steinernen Treppe, die zur Stadt hinunterführte, ging sie uns voran. Sie drehte sich mehrere Male um und lächelte, so unmerklich es war, ein wenig verhurt.
Hinter dem Rücken der Alten grinste Gottwohl mir zu. Er wollte mich wissen lassen, daß er wohl wußte, wie sie wirklich beschaffen war, und er bat mich stumm um die Duldsamkeit, die viele Männer einander zu gewähren gewohnt sind für alle Schwächen und Gemeinheiten, welche als erlaubte Kriegslisten gegen Frauen gelten. Aber er schickte sich an zu reden, und ich wurde rot in der Erwartung der Worte, denn ich sah sie – seine Gedanken bildeten sich sichtbar auf seinen Zügen. Er wollte alles, was er mir erzählt und gezeigt hatte, als einen eigentlichen Grund zur Freundschaft gewertet haben, es

einem gemeinsamen Unternehmen zusteuern, er wollte nicht damit allein bleiben. Mir aber graute so sehr vor seinem noch unausgesprochenen Verlangen, daß ich unwillkürlich meine Schritte beschleunigte, und er, der gut erriet, vor was ich flüchtete, einige hundert Schritte stumm halb hinter mir herlief. Plötzlich aber blieb er stehen, hielt mich am Arm zurück und sagte: »Unser Parteihaus und die Druckerei sind nicht weit von hier – machen wir den Umweg.«

Mich erfaßte eine Verwunderung über den teuflischen Scharfsinn des Betrunkenen, er wußte genau, was ich über allem Elend fast vergessen und nur insgeheim dunkel gesucht hatte. Er wußte, daß ich sein Angebot nicht hatte annehmen können, weil ich die eherne Grundlage unserer früheren Freundschaft wiederzufinden noch nicht aufgegeben hatte, die Grundlage, auf der fußend jeder seine eigenen Schwächen hatte besiegen oder unterdrücken, die der anderen belächeln und verzeihen können, die uns so stark gemacht hatte, daß wir von ihr abhängig geworden waren, und die uns noch vollständiger besaß, seitdem sie sich uns entzogen hatte: die Verkörperung, der Wagen unseres Traumes, die Partei. Einen Augenblick lang hoffte ich, daß Gottwohl aus dem gleichen Verlangen heraus vorgeschlagen hatte, zur Partei zu gehen. Ich sah ihn wieder wie seinerzeit mit ausgemergeltem, fröhlich strahlendem Gesicht, als der Ruf der Partei noch gleich der Bewegung gewesen war, mit der ein Riese sein Haupt erhebt, als er zum tausendsten Male vor den Erwerbslosen geredet und – nachdem der Versammlungsleiter gesagt hatte: »Wir werden hier abwarten, Gewehr bei Fuß, während unsere Abordnung unsere Forderungen vortragen wird, denn die herrschende Klasse muß fühlen, daß hinter unseren Genossen die Massen stehen« – aufgestanden und durch die Wartenden gegangen war, das Vertrauen und die Hoffnung seiner Hörer als die einzige Würde tragend, die wert war, errungen zu werden. Aber ich erkannte sogleich, daß er mich nur überführen wollte, mir nur beweisen wollte,

daß Freundschaften mit den Knien im Schlamm geschlossen werden.
Ich nahm seine Herausforderung an – oh, ich wußte gut, daß meine Pein dem klaren Bau der Partei fremd war, wie die Herzensnot eines Beters den Steinen, aus denen ein Dom gefügt ist. Ich hatte auch nicht die Absicht, meine Sorgen vorzutragen und Rat oder Erleichterung zu erflehen. Ich war überdies ein zu nüchterner, wissenschaftlich geschulter Genosse, um an den erlösenden Einfluß heiliger Stätten glauben zu können.
Aber ich ging doch gemeinsam mit dem gespenstischen Paar, wir gingen zu dem einzigen noch öffentlich auf deutschem Boden wirkenden Parteigebäude, es war, als könnten wir damit die Geschehnisse der letzten Monate auswischen, es war noch einmal wie früher, es war doch eine Hoffnung auf die heilsame Berührung mit einer besonderen Luft.
Zu unserer beider Erstaunen gab das Weib eine eigene Meinung kund: sie schreckte vor der Tür des Parteihauses zurück, wie vor dem Eingang zu einer Hölle. Gottwohl mußte sie halb ermutigen, halb nötigen, einzutreten. Der Pförtner, der den Vorgang mißtrauisch und belustigt beobachtet hatte, wies uns in eine Schreibstube, in der unser Eintreten die Unterredung zweier Leute unterbrach. Wir erkannten freudig überrascht den Geschäftsführer des Unternehmens, einen pünktlichen, treuen Rechner, der bis zur Schließung unserer Einrichtungen im Reiche die Parteidruckerei der Vorstadt verwaltet hatte. Der Mann, der eine Armlänge hinter ihm im Schatten stand, war uns unbekannt, aber ich wußte sogleich, welcher Gattung er angehörte: er war ein Genosse von weither. Er war einer der Gesandten aus der fernen Mitte unserer Welt, die auch hinter leutseligstem Geplauder kalt und unnahbar blieben, nicht aus Überheblichkeit, sondern weil sie eine Sicherheit besaßen, die sie an einer uns unzugänglichen Quelle empfangen hatten und uns nicht übertragen konnten. Wir konnten sie nur genießen, indem wir uns ihr unterordneten.

Auch sie lebten ein gefährliches Leben, aber nicht unter unseren Gefahren, und sie hatten schwere Sorgen, aber nicht die unseren. Sie trugen uns Botschaften zu, über die wir nicht zu reden hatten, obwohl sie unser Dasein vernichten oder großmachen konnten, und wir mußten sie annehmen und ausführen, um nicht in eine Wüste verstoßen zu werden, ohne jene Sicherheit, in deren Schatten wir nur ruhen konnten, und abseits des großen, geheimnisvollen Planes, dessen Erfüllung die Freiheit war.
Der Geschäftsführer wollte zunächst auf nichts eingehen und nichts versprechen. »Wenn ihr eine Ahnung hättet, wie überlastet wir sind, so würdet ihr nicht mit jedem Dreck zu uns kommen.«
»Aber Genosse«, schrie Gottwohl entsetzt, »es geht um das Leben eines Unschuldigen!«
Der Genosse hob in leiser Verachtung die Schultern. Halb war er ergrimmt über die Hartnäckigkeit Gottwohls, halb schien er sich mit jüngst erstandenen Pflichten abgefunden zu haben, die darin bestanden, sich mit neuartigen Klageweibern und Lebensrettern auseinandersetzen zu müssen. Geduldig antwortete er: »Weißt du, wie viele heute fallen? Alle, alle sind unschuldig. Weißt du, wie viele Hundert mit denselben Anliegen hierhergekommen sind? Ihr müßt drüben arbeiten, drüben, an dem Abschnitt der Front, der euch anvertraut ist, wir sind mitten in einem Kriege, in einem erbarmungslosen Kriege.«
Er wollte am Ende denn doch etwas für uns tun. Gottwohl gab ihm den handgeschriebenen Entwurf einer Flugschrift und zwang ihm eine Summe Geldes auf, um die Druckkosten zu bestreiten. Es war eine jammervolle Posse; der Geschäftsführer nahm an, um den Bittsteller loszuwerden, und Gottwohl bestand darauf, um sich seiner Pflicht zu entledigen und sich die Hände in Unschuld waschen zu können. Und bis zuletzt wollte der Mann für eine wortgetreue Wiedergabe nicht einstehen:
 »Das ist zu umfangreich, um Himmels willen, wir kön-

nen euch doch nicht ein ganzes Buch drucken, wir werden streichen müssen.«
Ich suchte erst nach einem Einwand, der die stumme Verschwörung zunichte machen konnte. Ich litt unter meiner Feigheit und suchte doch nach einer Lüge, um mein Gewissen zu betören. Aber ich blieb ohne Ausrede und Trost, blutend und ohnmächtig, den Becher der Schande bis zur Neige trinkend. Sie spielten ihre Posse bis zum Ende: der Geschäftsführer schrieb einen regelrechten Empfangsschein aus, der unser Anliegen vollends zu einem gewöhnlichen, laufenden Auftrag machte, als ob es sich um einen Handel drehte, und Gottwohl faltete das Papier sorgsam zusammen und verwahrte es in seiner Tasche, er hatte seinen Ablaßzettel. Und keiner, keiner konnte vergessen, daß der Wisch unnütz war. Alle wußten und wußten voneinander, daß sie es wußten, daß der Empfänger ihn zerreißen und in alle Winde streuen mußte, lange vor der Grenze. Gottwohl sah die Alte und mich an. Auf seiner Stirne strahlte die Bestätigung, die er erhalten hatte, daß allein Zustände und Zeit die Verantwortung trugen. Es war Krieg, und er wußte von Geburt an, wie es im Kriege zu leben gilt. In seinen Augen ging die Hemmungslosigkeit durch. Ein letzter Faden schien gerissen zu sein. Seine Gebärden luden deutlich ein: »So – nun beginnt der lustige Teil.«
Ich konnte aber nicht einfach die Last wieder aufnehmen und davongehen. Selbst im Augenblick, als ich den ersten Schritt neben Gottwohl zur Tür hin machen wollte, schauderte mir vor der Aussicht des Weges. Es schien mir, als sei ich dabei, die allerletzte Gelegenheit zu verscherzen, meiner Bedrängnis ledig zu werden. Ich spürte, daß ich mich anschickte, eine Dummheit zu begehen, und deshalb überstürzte ich mich – ich wollte der Vernunft nicht mehr gehorchen. Ich sprach den Genossen von weither an, zitternd vor Erregung, vor Spannung, vor Mühe, die es mich kostete, meine Nerven im Banne zu halten. Ich hätte Worte finden mögen, fähig, wie Hände

zu greifen, zu beten, zu schütteln, festzuhalten, um mich mit jeder Silbe an ihn klammern zu können.

»Du kannst nicht wissen, Genosse«, hastete ich hervor, »wie unschuldig Reitinger ist, um den es in der Flugschrift geht. Denn du weißt nicht, daß der wirkliche Täter ich bin – ich. Ich habe Althaus erschossen, und ich war allein, ohne Helfer, ich wollte mich nicht festnehmen lassen –«

Eine peinliche Stille entstand. Die Alte sah mich entsetzt an – es war merkwürdig, mitten in meiner Erregung bemerkte ich ihr fassungsloses Gesicht und lächelte innerlich. Gottwohl schien sich für mich verantwortlich zu fühlen. Er beschwor mich: »Quäle dich doch nicht selbst unnützerweise, Mann Gottes«, ehe er den übrigen erläuterte: »Er kann nichts daran ändern, gar nichts. Würde er sich stellen, um sich öffentlich selbst beschuldigen zu wollen, so würden sie ihn doch nicht zu Worte kommen lassen, das liegt klar auf der Hand.«

Der Geschäftsführer, den der Zeitverlust ärgerte, wollte etwas sagen. Ich selbst wollte erklären, worauf es mir ankam. Aber der Genosse von weither, der mich bis dahin gemustert hatte, trat einen Schritt vor und fragte langsam, sanft und freundlich: »Kannst du uns einen ausführbaren Vorschlag machen, Genosse?«

Und damit war alles gesagt. Der kleine Satz enthielt die lohnende Voraussetzung, daß der Genosse von weither mich zu den fortgeschrittenen Kämpfern zählte, welche die ganze Tragweite der Frage zu ermessen imstande waren und die kein schädliches Eigenleben mehr behindert. Dieses Lob war nur das »Entweder« zu einem furchtbaren »Oder«: war ich ein wimmernder, irregehender Sucher, so war kein Wort mehr zu verlieren, das Urteil war schon gesprochen. Und heiß durchfuhr mich die Angst, meine Ähnlichkeit mit dem jungen Brandstifter, der verdammten Gestalt, sei schon äußerlich sichtbar.

Es war unerträglich: solange ich noch unerschüttert geglaubt und geworben, hatte mich die Aussicht, aus der Partei gestoßen zu werden, nie so über alle Maßen er-

schreckt. In meiner jetzigen Not jedoch schien sie mir so tödlich, wie mitten in einem Meer von einem letzten Floß gewiesen zu werden. Ich blieb stumm vor Angst. Ich verfluchte mein winselndes Suchen und war auf eine einzige Andeutung hin bereit, allen aufsässigen Gedanken abzuschwören. Mein Schweigen erhöhte noch meine Angst, ich fürchtete, es könne als Halsstarrigkeit ausgelegt werden. Ich flehte innerlich den Genossen von weither an, es durch ein Wort zu beenden. Der beobachtete mich aufmerksam und wartete, bis ich vor ihm zusammengeschmolzen war, ehe er mir nur zur Belohnung – er ließ es mich gut fühlen, daß es keinesfalls eine Auseinandersetzung war – anvertraute: »Ich weiß, viele gute Genossen sind es geworden durch einen solchen Gewissenskampf, aber nur, weil sie ihn haben überwinden können, weil sie rechtzeitig erkannt haben, worauf es ankommt.«
Er ging auf und ab, und sprach in dem Tonfall des Vorgesetzten, der sagen will, daß auch er Schwächen haben könne: »Verantwortung? Schuld? – Was heißt das? Wenn du hier an der Saar billig Reis kaufen kannst, so nur, weil der französische Imperialismus Millionen von Indochinesen ausbeutet, und weil er hier diesen blutigen, billigen Reis als Argument in die Wahl wirft. Überall, nur indem du lebst, wirst du mitschuldig, und es gibt nur einen Weg, um dich freizukaufen, die Partei, und nur die Partei.«
Ich hörte ihm zu, dankbar und gelehrig. Er redete noch lange, und ich ließ ihn glauben, er verkünde mir eine unbekannte Wahrheit. Erst als er mich freundlich entließ, und ich mich zum Gehen wandte, fiel mir Gottwohl wieder in die Augen, der ungeduldig wartete. In dieser Sekunde schon ermaß ich, daß ich nicht nur nichts gewonnen, sondern mich noch tiefer in das Verhängnis verstrickt hatte. Ich war müde, müde. Die Vorstellung eines Elends ohne Grund, einer bodenlosen Tiefe, schreckte mich nicht mehr. Alles, was mich gequält, war ausgeschlossen und verdammt, und deshalb blieb alles darin. Eine letzte brennende Sehnsucht nach der Zeit, in

der ich Genosse und sauber hatte sein können, in der alles schon so klar beantwortet gewesen war, packte mich. Dann folgte ich dem Pärchen.

Wir soffen und fraßen. Das Weib wehrte sich mit furchtsam gehauchtem »Hoooo«. Es war ihr zu reichlich, es war ihr zu viel, es war ihr zu teuer, Glas folgte zu rasch auf Glas. Schließlich aß und trank sie doch, vielleicht nur, weil sie dem Wirte zu mißfallen fürchtete, den sie doch vor jedem Bissen um Erlaubnis zu fragen schien. Sie konnte nicht alles bewältigen und steckte verstohlen eine Scheibe Brot und ein Stück Braten in die Tasche ihres Altweiberrockes. Tat sie es, um die geretteten Überreste zu Hause zu verzehren, oder, weil sie es für strafbar hielt, den Teller nicht leerzuessen? Gottwohl lachte schallend. Und sooft ich ihren dürren Mund sich auftun, bei jedem Schluck, den ich Gottwohl trinken sah, und sooft ich selbst ein Glas zu Munde führte, dachte ich dieselbe Frage, die ich nicht zu stellen wagte, weil die Antwort ungeheuerlich war, und weil ich vielleicht nicht mehr hätte fortfahren können zu trinken und zu essen: was war es für ein Geld, mit dem Gottwohl so freigebig um sich warf?
Gottwohl gewann die wirre Unternehmungslust und den Starrsinn der Sorte von Betrunkenen, die man nur mit scheinbarer Nachgiebigkeit überlisten kann. Er beschloß plötzlich, einen anderen Ausschank aufzusuchen. In dessen Türe angekommen, schrie er schon nach Gläsern und Musik. Eine Frau hinter dem Schanktisch lachte, beschaute ihn abschätzend und schaltete den Lautsprecher ein. Der Empfang war gestört, und Gottwohl schrie: »Was ist denn das, das brummt, das brummt; ich dachte, das sei der Rundfunk, aber das ist ja ein Bienenkorb.« Er lachte, daß ihm die Tränen über die Backen liefen und wiederholte, sobald er Luft zum Atmen hatte schöpfen können: »Ein Bienenkorb, ein Bienenkorb.« Noch während des ganzen Heimwegs wiederholte er das Wort alle hundert Schritte, immer verzweifelter brüllend.

Die Alte bemühte sich mit einer unvermuteten Sachkenntnis darum, Gottwohls Schritte zu lenken; hatte sie das mit ihm in der vergangenen, großen Zeit oder aber später geübt? Sie konnte zum ersten Male Geltung gewinnen und wurde fast tätlich, als sie ihrem alten Liebhaber einen am Wege liegenden Ausschank streitig machte. Immer mehr wurde sie von einem Spottbilde zu einem unheimlichen Blendwerk. Er setzte sich in den Kopf, mit der Alten zu schlafen. Listig nutzte er aus, daß sie ihn nicht loszulassen wagte – er wäre umgefallen wie ein Sack – um sie zu liebkosen und eindeutige Vorschläge zu flüstern. Sie sah mich an, sie nahm mich zum Zeugen. Ihre Augen waren voll der ratlosen Empörung und Würde einer Ente, der ein junger Puter den Hof macht.
Die beharrliche Schläue, die Gottwohl inmitten seiner grenzenlosen Unordnung entwickelte, um zu seinem Ziel zu kommen, war erschreckend. Es war seiner Meinung nach zu spät, um ein Nachtlager in einem Gasthof zu finden. Sie war allein in einer großen Wohnung, der Sohn beim Arbeitsdienst im Reich, sie konnte ihn, ihren alten Schatz, nicht mitten in der Nacht auf der Straße lassen; seine Rechnung war einfach, aber sie rechnete mit. Sie entwickelte eine erstaunliche Wachsamkeit: ihre Geisterstunde hatte geschlagen. »Ja, gut, psssccht«, beschwichtigte sie, »in der Dachstube könnt ihr bleiben«, und beschwor hechelnd: »Aber keinen Lärm, psscht, die Nachbarn –«
Ich folgte und schleppte meine Schande und meinen Ekel durch Wirtschaften und Pißbuden und hinter den beiden her durch die Gassen. Und bei keinem Schritt konnte ich vergessen, was wir getrunken und was wir gegessen hatten: das Unternehmen Gottwohls gab Reitinger eine Aussicht von weniger als eins zu zehn Millionen, und trotzdem war es, als hätten wir ihn getötet; mit Jockel hatte ich auf den Gegner eingeschlagen; mit Gottwohl Freunde geworben; mit Reitinger geträumt. Die Gespenster um mich her hatten sich von einem jungen

Traum genährt. Wir stiegen auf den Zehenspitzen über die Treppen bis zum Dachboden, die Alte tänzelte hinter uns her, bleich, entsetzt, sooft Gottwohl polternd fehltrat. Unsere Schatten zuckten und flatterten um uns, und ich wußte nicht, ob ich träumte oder wachte.
Das Geplänkel ging weiter. Im Lichte der kleinen, schirmlosen Birne machte die Ablehnung ihr Gesicht zu dem einer alten Jungfer, die nicht recht weiß, worauf Männer eigentlich hinauswollen, aber schämig und spitz lächelt, um vorzugeben, daß sie die Welt doch kennt. Gottwohl wollte nicht in der Dachstube bleiben, er wollte in die darunterliegende Wohnung, er bat und versprach, und als alles nichts half, drohte er: »Es gibt ein Unglück.« Es beeindruckte sie nicht, und er suchte nach einer wirkungsvolleren Drohung.
»Mein Gott«, schrie er plötzlich, »ich muß austreten.« Die Alte erschrak, denn der Abort war in der Wohnung. Aber ein erlöstes Lächeln nach einer Minute angestrengten Nachdenkens kündete an, daß sie einen Ausweg gefunden hatte: »Pssssch t – Zeitungen auf den Boden, still sein – psssch t – dann durch das Fenster, pfutt – auf die Straße, psssch t.« Ihre Augen funkelten zwischen Glück, Scham und List. Gottwohl brüllte vor Lachen. Er entblößte sich zitternd, wankend, lahm vor Lachen. Er drohte hinterrücks umzufallen, während er niederhockte, und seine alte Liebe hielt ihn fürsorglich an den Schultern fest. Sie machten gemeinsam ein Bündel und warfen es auf die Straße. Sie blieben aneinandergeschmiegt im Fenster liegen, bis sie es auf dem Pflaster aufklatschen hörten.
Die Tränen kullerten Gottwohl noch über die Backen, und er rang noch nach Atem, lange nachdem die Alte uns verlassen hatte. Auf dem Bett sitzend, sagte er plötzlich, und seine Tränen flossen erneut: »Der arme Reitinger, das arme Josephchen.«

III Die wiedergewonnene Welt

In einer Zelle wacht einer auf und ist niedergeschmettert von den kahlen Wänden, den Gittern, den eklen Farben, scheinbar eigens ausgesucht, um zu foltern und zu bedrücken, und der eisernen, unbesiegbaren Tür. Er möchte glauben, daß es ein Alptraum sei, aber er weiß, und feucht kriecht die Verzweiflung nahe an das Herz. Aber die Hast des Tages, das Geklirr der Schlüssel, das Essen – so ungenießbar es auch sein mag –, die Sonne, die Runde im Hof und vielleicht ein Buch oder ein Wort erwecken die Hoffnung wieder. Am Abend nimmt er einen Traum mit in den Schlaf, um am Morgen darauf wieder grausam nüchtern zu erwachen, die Gewißheit immer tiefer, die Verzweiflung näher. Zuerst hofft er auf das Ende von drei Tagen, dann auf das Ende von drei Wochen, vielleicht ist er stark genug, das Ende von drei Monaten, vielleicht sogar von drei Jahren zu erhoffen. In den meisten siegt am Ende der Alltag: sie richten sich im Elend häuslich ein, werden Gefangene aus Gewohnheit. Wehe aber dem, dessen Hoffnung stärker ist als drei Jahre Wartens, dem Grau grau bleibt, der gezwungen ist, wach zu bleiben und zu erkennen, daß er für immer und ewig gefangen ist. Er spürt, wie die Verzweiflung endlich das Herz erreicht. Wie dröhnende Tropfen folgen sich ihm die Morgen und treiben ihm die Gewißheit mit Hammerschlägen in das Gehirn.

Ich hatte zu verschiedenen Zeiten vogelfrei auf den Landstraßen gelegen und mich in den anrüchigen Gassen der großen Städte umhergetrieben, Hunger und Entbehrung nicht gespürt. Denn so sicher wie die Sterne am Himmel standen, hatte ich gewußt, daß es ein Abenteuer bleiben würde. Aber seitdem war ich aus vielen Träumen erwacht, immer und immer wieder auf einer Bank unter freiem Himmel, und die Bänke waren immer weniger Rast auf einem Wege, waren immer mehr ein Ende. Das Erwachen in den öffentlichen Anlagen wurde zur Schwelle von leeren, quälenden Tagen, in die mich die Stunden gewaltsam drängten. Der Hunger erzeugte eine wachsame, wütende Gier, aber die Schwäche und die Hitze machte mich gleichzeitig seltsam gleichgültig gegen mein Schicksal. Ich durchwühlte die Papierkörbe in den Straßen nach Brotresten; oft waren mir streunende Hunde zuvorgekommen.

Nur noch der Zufall ließ mich für kurze Minuten an die Partei rühren. Ich begegnete einem der Genossen, der einen untergeordneten Posten innehatte. Ich erkannte die Schuhe und Kleider, die er trug. Sie waren ihm von einem der Jungen, die in das Reich geschickt worden waren, anvertraut worden. Sicherlich war er tot, so wie alle, die vor dem zuletzt entdeckten Spion abgefahren waren. Oh, ich wußte, ich wußte – im Kriege wie im Kriege. Ich hatte oft genug gehört, daß Soldaten ihre toten Kameraden oder Gegner der Stiefel entledigt. Aber trotzdem griff mich etwas, durch die Betäubung des Hungers dringend, kalt an – wie sehr schmolzen Freunde und Feinde in eine einzige Form, die der Gestalt des alten Verfolgers immer ähnlicher wurde.

Und doch verdankte ich einst jenem Spion das einzige Wort, das meinen Glauben an die Partei durch die grimmigsten Wochen rettete: er war ein blonder, junger Kerl mit einem hellen, offen strahlenden Gesicht und hatte es erreicht, mit den Adressen aller Anlaufstellen des Ruhrgebietes versehen, mit Geld und Aufträgen unterstützt und beglaubigt abgesandt zu werden. Jockel und ich brachten ihn an die Bahn. Und als er schon im Abteil war und sich, aus dem Fenster gebeugt, mit uns unterhielt, fragte ich ihn – ohne Hintergedanken, um die lange Minute auszufüllen, während der man auf die Abfahrt wartet –: »Du warst also Zellenleiter in Bochum?« Er antwortete: »Nein, nein, ich war etwas viel Höheres.« Der Zug fuhr an. Jockel und ich, wir sahen uns in die Augen, beide wortlos vor ohnmächtigem Entsetzen. Wir

konnten nichts mehr, nichts mehr unternehmen, um die ungeheuerliche Katastrophe, in der vielleicht hundert Menschen einen elenden Tod finden würden, zu verhindern. Obwohl sie erst in acht oder zehn Stunden ihre Opfer erreichen konnte, die sich zur Zeit noch sicher fühlten und vielleicht mit einer bereits sinnlosen Vorsicht einander aufsuchten, gab es kein Mittel, da ein Herrgott nicht lebte, um sie zu warnen, nichts, nichts.
Und trotzdem, durch alle Not und alles Grauen hindurch, schöpfte ich einen Trost daraus, daß »etwas Höheres« so wenig in unseren Wortschatz gehörte, so sehr all unseren Gefühlen und Maßstäben fremd war, daß seine bloße zufällige Nennung uns mit Gewißheit den Gegner verriet. Aber alles, was die Partei anging, mein Ekel und meine Freude, wurde nicht wirklich rege. Ich verwahrte es in meinem Innern: so wie ein Mann, der eine Reise durch ein wüstes Land unternommen hat, sich vielleicht mit Freude und Sehnsucht einiger Kostbarkeiten erinnert, die er zuvor an sicherer Stelle versteckt hat.
Ich hatte nicht mehr Kraft genug, um am Leben teilzunehmen. Ich haßte die Leute, denen unser Schicksal gleichgültig war, sobald wir ihnen überflüssig oder nutzlos schienen. Hätte man mich zu jener Zeit sterben geheißen, so hätte ich gefolgt, aber trotzdem diejenigen, die es verlangt, gehaßt.
Nützlich schien ich nur noch jenen Genossen, die angeblich oder wahrhaftig dem Nachrichtendienst der Partei angehörten, und ihren Berufskollegen aus den Polizei- und Spitzelapparaten der Braunen. Sie allein konnten von einem Toten noch Genugtuung und Gewinn erzielen, und sie kreisten wie Aasvögel um mich. Die Braunen arbeiteten nach derselben, eingelernten Weise: sie versprachen Arbeit, Geld und Wohlleben und versuchten damit, die Elenden in Fallen zu locken. Und ich konnte nur ohnmächtig heulen und um mich schlagen.

Gönnerhaft mit den Augen zwinkernd, hatte Gottwohl mir geraten, ehe er weggefahren war: »Und wenn du einmal nicht ein noch aus weißt vor Hunger, dann gehe ruhig zur Alten.« Ich hatte mich zusammennehmen müssen, um nicht zornig aufzufahren, und ihm nicht geantwortet.

Aber seitdem folgten sich die Tage betäubender Leere, ausgefüllt mit ziellosen Wanderungen. Gehen, nur weil es besser ist, als still zu stehen, stets durch dieselben Straßen, vor Schaufenstern verweilend, um einige Minuten ablaufen zu lassen, und doch nichts erwartend. Eine armselige Versuchung, in der es nicht um ein Königreich, sondern nur um die Hoffnung auf eine Suppe ging, erschien mir immer häufiger der Rat Gottwohls, und eines Tages stieg ich zum Rodenhof hinauf. Ich war müde und mußte nach jeder fünften Treppenstufe ausruhen. Ich schämte mich vor den Steinen des Pflasters, ich mied die Augen der Vorübergehenden. Im Flur und auf der Treppe zur Wohnung trat ich leise auf, damit kein Mieter mich bemerke. Ich schellte, ich schellte drei-, viermal. Ich schellte inbrünstig. Vergebens.

Ich hörte ihre mäuschenhaften Schritte und spürte sie deutlich hinter der Tür, nur einige Fingerbreit von mir getrennt. Ich läutete und klopfte immer wütender, und es war nicht wegen des Essens, das ich mir ausgemalt. Ich begann zu schreien: »Zum Donnerwetter, lassen Sie mich ein«, und »ich weiß, daß Sie hinter der Türe stehen«, und »verfluchtes Frauenzimmer, so rede wenigstens ein Wort.« Ich war blind von Tränen der Verzweiflung und der Wut. Es war die allerletzte, bitterste Beleidigung und Demütigung, keine andere Tür der Welt hatte mich so sehr ausgeschlossen, ich flehte um Schonung, ich schlug aufs neue rasend mit der Faust gegen die Türfüllung: »Elende, dreckige Hure, rede oder mach auf.«

Ich – der unzerstörbare, nie schwankende Teil meines Bewußtseins – ich sah mich zu einem bösen Tier werden. Ich hatte oft in einer angenommenen Gestalt gelebt, als frühem Tode geweihter Dichter, als aufrechter Zeuge vor feindlichen Richtern, als junger Offizier der künftigen Roten Armee, als Parteikämpfer, doppelt so hart wie Stahl, aber ich hatte sie ausleben wollen, diese Leben. Nun aber war ich ohnmächtig vor mir selbst. Die Rolle nahm mich in Besitz. Ich kehrte mehrere Male vor die Tür der Alten zurück. Ich war davon besessen, daß ich nur durch ihre Tür wieder in die Welt aufgenommen werden konnte.

Noch halb ein Kind, hatte ich unter erwachsenen Landstreichern gelebt, deren innere Verfassung ich getreu von den Gesichtern hatte lesen können. Während ich nun vor der Tür stand, lebte ich mit allen Fasern, rasend und irr vor Haß, einen Bettelbruder, den ich gekannt, bevor er zum Mörder geworden war; er war treppauf, treppab gegangen, tausend Tage lang, vor hunderttausend Wohnungen. In jener Gegend aber bestand die scheußliche Sitte, die Leute immer erst durch ein Guckloch in der Türe zu mustern. Sooft er geklopft hatte, war der kleine Schieber, der das Guckloch versperrte, lautlos zurückgeschoben worden, und ein Auge hatte ihn abgeschätzt, während er still und stumm den Schimpf hatte erdulden müssen. Er war verrückt geworden, hatte sich ein spitzes Eisen beschafft, mit dem er blitzschnell durch die kleine, runde Öffnung gefahren war.

Am vierten oder fünften Tage erst ließ die Alte mich ein. Ich ging durch die Tür, ohne ein Wort der Begrüßung oder des Dankes, fast ohne die Frau zu beachten, direkt in die Küche. Es brannte kein Feuer. Ich suchte. Ich öffnete die Schränke und alle Schubladen. Die Frau wagte nicht, Einwände zu erheben. Mein Zustand übertrug sich auf sie. Sie wußte, daß ich sie hätte töten können, wenn sie sich mir entgegengestellt. Ich fand nichts, außer einem Teller voll Kartoffeln, die mit Wasser geröstet waren. Ich verschlang sie restlos und suchte nach weiterer Nahrung. Ich ging durch die Stuben. Fast alle Schränke waren leer. Sie stand vor mir, entsetzt und wortlos, sie hatte kein Brot mehr, kein Geld, kein Feuer, keinen Gegenstand, den man hätte verkaufen können. »Kommen Sie doch wieder«, bat sie zitternd in der höchsten Not, »wenn ich meine Unterstützung erhalten haben werde.« Ich fragte lüstern: »Wieviel bekommen Sie denn monatlich?« – »Dreihundert Franken«, antwortete sie gehorsam, »aber davon muß ich doch meinem Jungen etwas schicken, der mir sonst einen bösen Brief schreibt.« Ich war enttäuscht. Die Summe war lächerlich gering. Und die Erwähnung des Sohnes verursachte mir ein Unbehagen, als ob schon ein anderer Räuber mir zuvorgekommen wäre. Ich sah mich noch einmal gründlich in der Wohnung um, ehe ich ging. Aber sie war ohne Zweifel leer und kalt.

Viele Elende, die wissen, daß nichts mehr sie retten kann, träumen deshalb von einem Wunder. Mir aber geschah es. Es war so besorgt um mich, daß es sich demütigte und in schmutziger Gestalt zu mir in den Schlamm kam, um mich nicht zu erschrecken, und sich erst blendend enthüllte, als ich geborgen war.
In den städtischen Anlagen traf ich zunächst zufällig, später aber von beiden Seiten gewollt, ein braunes, rehäugiges Mädchen. Sie war Kunstschülerin und besaß einen großen Raum unter dem Dach einer ehemaligen Kaserne, der ihr Werkstatt und Wohnung war. Anfänglich witterte ich nur die Möglichkeit, einen behaglichen Unterschlupf zu finden. Die Nächte wurden kalt. Ich wandte gewissenhaft alle Kenntnisse des Liebesspiels an, die ich durch Erfahrung und in Aufklärungsschriften und -schulen gewonnen hatte. Als wir aber zum ersten Male selig müde beieinander lagen, durchdrang mich langsam und mächtig eine unbezähmbare Sehnsucht nach dem Leben, so mächtig, daß sie alles Schmerzliche aus mir fegte. Ich sah erstaunt und plötzlich glückdurchströmt ihren weißen, matten Leib, so als sei sie erst in dieser Minute erschienen, und ich umfing sie von neuem, mit einem mächtigeren, heißeren Hunger.
 Seit meine Mutter mich geboren hatte, waren es die

Frauen, die mir das Leben immer wieder von neuem geschenkt hatten. Aber nie war ich so weit in den Anfang des Daseins zurückgekehrt, in den ersten Tag, in den Ursprung der Dinge, so nahe an das Geheimnis.
Ich lebte einige Wochen, die still und wohltuend wie die Tage eines Genesenden immer näher einer glücklichen Vollendung zureiften, mit dem braunäugigen Mädchen. Sie waren wie die Wende einer Zeit, ein Abschluß der Vergangenheit und ein Beginn. Noch mündeten alle meine Erfahrungen in große, bange Fragen. Verantwortung? Was eigentlich hatte sich in unserem Lande zugetragen? Aber ich gewann den Mut, sie laut und deutlich zu stellen. Ich schrieb eine Erzählung, ich spürte, ich wußte, daß es die beste Arbeit war, die ich je hatte schaffen können, und über der Anstrengung wurde ich meiner Kraft bewußt. Ich schilderte das Verteilen unserer Zeitung vor den Stahlwerken. Und wenn mir eine Klage, ein Schrei, eine Frage gelungen war, wenn ich sie selber hörte, so war ich glücklich und stolz, so jubelte ich innerlich, weil ich die Fähigkeit besaßt, so gut zu leiden, zu klagen, zu rufen und zu fragen.
Ich ließ alle Einwände und Vorwürfe gegen die Parteilinie beiseite, um ohne Anweisungen und Verbindung zu handeln, ich wollte meine Fragen nicht verstecken und verstricken, und ich wollte nicht wie ein Gegner auftreten, sondern wie ein Schüler zu Lehrern. Denn ich wußte seit einiger Zeit auch, an wen ich mich zu wenden hatte: an die Lehrer und bewaffneten Propheten, die Träger verehrter Namen, die mich seinerzeit so herzlich in Berlin empfangen hatten, an die Dichter, die im Gegensatz zu den Leuten des Apparates gewohnt waren, die Menschen immer ganz zu sehen. Sie alle lebten in Paris.

IV Das sanfte Elend von Paris

Als ich reisebereit vor ihr stand, wußte sie, daß es endgültig aus war. Sie wußte auch, daß mir ihre Wohnung, ihr regelmäßiger Tisch mindestens ebenso zugesagt hatten wie ihr Leib. Aber es schien, als ob ihr gerade die rücksichtslose Selbstverständlichkeit, mit der ich geräuschvoll von ihrem Gut und Leben Besitz ergriffen hatte, fehlen würde. Und deshalb war es notwendig, uns zu trennen, nicht für die Dauer einer Reise, sondern für immer. Denn aus dem Wunder, das mein Leben gerechtfertigt und für das ich ihr zeitlebens danken würde, wäre etwas Schlimmes geworden.

Sie konnte ihre dunklen, klagenden Augen nicht von mir lassen, als ich am Vortage des Heiligen Abends meinen alten Mantel anzog und die engbeschriebenen Seiten meiner Erzählung in der Tasche barg. Die Blätter ließen sie an die Nächte denken, während derer sie mich, am Tische unter der Lampe schreibend, beobachtet hatte; es hatte mir wieder gefallen zu spielen, nicht mehr einen todkranken Verschworenen, aber einen fremden, unbegreiflichen Dichter, von der Luft einer anderen Insel umgeben. Als ich bereit war zu gehen, sah ich sie lächelnd an, um einer Rührung vorzubeugen. Sie sagte tapfer, um zu zeigen, wie wert sie meiner war: »Ich habe dich immer nur wie einen Soldaten auf Urlaub gesehen.«

Sie begleitete mich, sicherlich in der Hoffnung, daß im letzten Augenblick ein unvorhergesehener Umstand die Reise verhindern würde, bis zu dem Platz in der Nähe des Bahnhofs, wo wir einen kleinen Lieferwagen erwarteten, dessen Fahrer versprochen hatte, mich bis nach Metz mitzunehmen. Er hielt sein Wort.

Kurz hinter der Grenze hielten uns zwei Gendarmen an. Ich blieb mäuschenstill sitzen, während sie den Fahrer aussteigen und die Tür seines Wagens öffnen hießen.

Als der Mann hinter dem einen Gendarmen die Durchsuchung seines Laderaumes abwartete, kam der andere wieder nach vorn zu mir und fragte mich vertraulich: »A-t-il quelque chose?« »Hat er etwas bei sich?«
Ich verneinte mit ebenso vertraulich leiser Stimme. Der Teufel weiß, für wen sie mich hielten.
In Metz angelangt, zeigte mir der Fahrer die große Straße nach Verdun. Ich blieb die halbe Nacht im Wartesaal des Bahnhofs. Italienische Auswandererfamilien saßen und lagen um mich her. Frauen gaben ihren Kleinen die Brust und Männer tranken Rotwein aus mitgeführten Flaschen. Ich hatte weder zu essen noch zu trinken und machte mich noch vor Tagesanbruch auf den Weg. Es war bitter kalt, und ich lief, mit den Armen um mich schlagend, um das Blut in die Fingerspitzen zu treiben, den Rest der Nacht und den ganzen folgenden Tag hindurch, mehr als sechzehn Stunden. Ich verirrte mich einige Wegstunden vor Verdun, und die Dunkelheit überraschte mich auf einer abwegigen Straße. Ein Motorrad überholte mich, und mir blieb das Herz stehen; die Maschine hielt an, und der Fahrer mit runder Amtsmütze und in der Dunkelheit blinkenden Knöpfen winkte mich heran. Aber es war kein Landjäger, sondern ein Soldat, ein Unteroffizier, der mich einlud, auf dem Rücksitz Platz zu nehmen. Er brachte mich bis nach der Stadt Verdun und zeigte mir freundlich ein billiges Gasthaus. Aber ich verneinte und konnte nur sagen: »Paris, Paris.« Der Soldat schüttelte ungläubig den Kopf, sah mich besorgt an, aber wies mir doch den Weg. Ich lief weiter bis nach neun Uhr und klopfte in einem kleinen Dorfe an die Türe des Pfarrhauses, dessen Bewohner mich mit zwei Franken wegschickte. Ich übernachtete in einem für Obdachlose vorgesehenen Stall auf einer Lage Stroh, so wie neunzehnhundertdreiunddreißig Jahre zuvor die kleine Familie, die der Pfarrer heute als Heilige verehrte. Ich schlief vier Stunden in dem »refuge« und verließ das Dorf, noch ehe der Hahn krähte.
Am ersten Weihnachtstag kurz nach Châlons verlor ich

meine gesetzlich geschützten Aufklebesohlen. In der folgenden Nacht klopfte ich gegen zwei Uhr morgens an ein Bahnwärterhäuschen, aus dem Licht schimmerte, und bat die erstaunt zusammengelaufenen Bahnwärtersleute um ein wenig wärmenden Kaffee. Ich mußte ihnen erklären, woher ich kam und wohin ich wollte. Danach aber durfte ich selbst zwei Stunden auf dem Feldbett in der Nähe des glühenden Ofens schlafen; nur schlechten Gewissens weckte mich der Wärter, als er sein Lager selber benötigte.

Die Straße war vereist und führte durch Waldungen, deren feuchte Nebel das Glatteis noch gefährlicher machten. Wenn die Straße bergan oder bergab führte, konnte ich nur vorsichtig Fuß vor Fuß setzen. Drei wildernde Hunde brachen aus dem Holz und umringten mich. Ich konnte sie nicht verscheuchen, da jede heftige Bewegung mich hätte ausgleiten lassen. Ich mußte, fast heulend vor Wut, dulden, daß sie meine Absätze beschnupperten, ohne sich darum zu scheren, ob es mir gefiel oder nicht. Was mich vollends demütigte, war die Gewißheit, daß sie nicht nur meine Hilflosigkeit genau einschätzten, sondern auch durch meine gesellschaftliche Bedeutungslosigkeit erkühnt waren.

Zwischen Epernay und Château-Thierry nahm mich ein Mann in seinem alten blechklappernden Auto über zwanzig Meilen weit mit. Er stellte mir zehnmal dieselbe Frage, die ich nicht verstehen konnte und nur mit verneinenden, ratlosen Gebärden beantwortete. Des Fragens müde deutete der Mann zuerst auf das Namensschild am Uhrenbrett des Wagens, sodann auf seine Nase und sah mich fragend an. Ich verstand jäh und antwortete erleichtert: »Non, non – nix israelite.« Kurz vor Château-Thierry fand ich Unterschlupf in einem Geräteschuppen. Die Kälte und die Ungeduld jagten mich bald wieder auf, und am Ausgange des Städtchens las ich zum ersten Male auf einem Wegweiser den Namen: Paris.

In meiner engeren Heimat hat Paris den Klang eines Wortes aus dem Märchen. Was ich auch später las und erfuhr, nahm ihm diesen Glanz nicht. Es war die Stadt Heinrich Heines, die Stadt Johann Christophs, die Stadt Hugos, Balzacs, Zolas, die Stadt Marats, Robespierres, Dantons, die Stadt der ewigen Barrikaden und der Kommune, die Stadt der Liebe, des Lichtes, der leichten Luft, des Lachens und der Lust. Und ob ich auch seit Tagen auf sie zuwanderte, spürte ich doch, daß ich erst angesichts des wunderbaren Wegweisers an Paris zu glauben begann als an eine bewohnte, wirklich erreichbare Stadt. Da sie ein auf amtlichen Schildern angegebener Ort war, so mußte auch wahr sein, daß meine Freunde ihn bewohnten. Ich überschaute wie von einer endlich gewonnenen Höhe aus den Weg, den ich hinter mir gelassen hatte. Seit elf Monaten irrte ich durch eine Wüste geplünderter Wohnungen und angstgeladener Straßen, nur belebt von flüsternd Zagenden und durch die Nacht huschenden, gewaltsam mutigen Genossen, wenn nicht von hinterwäldlerischen, beamtenhaft verknöcherten Vollziehern der Weisungen, oder von Abenteurern, die von Feigheit oder Verworfenheit wie von Fäulnis ergriffen waren, mit jedem Schritt tiefer in ein ungeahntes Elend sinkend, mich verstrickend in Fragen, immer dunkler und weiter. Und nun erst war ich einer Antwort gewiß.
Dank eines Wagens, der mich über die letzten vierzig Kilometer mitnahm, kam ich schon am gleichen Abend am Tore von Vincennes an. Ich schritt zwischen den beiden riesigen Säulen nahe der »Place de la Nation« hindurch, als ob sie mir zu Ehren errichtet worden seien. Ich hatte in vier Tagen und Nächten zweihundertsechzig Kilometer zu Fuß und hundertdreißig in Fahrzeugen hinter mir gelassen. Ich hatte nichts gegessen, außer einem für die zwei Franken des Dorfgeistlichen gekauften Stück Brot, und nichts getrunken, außer dem Kaffee des Bahnwärters.
Ich zeigte einem jungen Menschen, seiner Kleidung nach

Angestellter, das Stück Papier, auf dem die Anschrift der »Flüchtlingshilfe« vermerkt war. Der junge Mann zeigte mir den Eingang der Untergrundbahn. Er gab mir ein kleines Geldstück, als ich ihm bedeutete, daß ich ohne Mittel war, die Fahrt zu bezahlen. Ich erhielt Gutscheine für die Herberge der Heilsarmee und streckte mich endlich nach einem warmen Essen und einer kalten Brause auf dem schmalen Bett des Bettlerhotels aus. Meine Knie waren geschwollen. Ich war zu müde, um einschlafen zu können. Ich versuchte, meine Arbeit noch einmal durchzulesen. Aber ich konnte nur halbwach von den Dingen träumen, die mir bevorstehen würden. Noch ahnten die Freunde nicht, daß ich in derselben Stadt weilte, vielleicht ganz in der Nähe ihrer Wohnungen. Ich hörte schon ihre überraschten Ausrufe, wenn sie mir die Türe öffnen und mich sehen würden und sah schon die eifrigen Gebärden, mit denen sie einen Stuhl heranrückten und einen Teller auf den Tisch stellten. Ich vernahm schon ihre Aufforderung: »Nun erzähle –« Ich hatte so viel, so viel zu erzählen. Und ich sah auch, wie unter meinen Worten ihre Gesichter ernster werden, wie sie an meiner Unruhe teilnehmen würden.

Es war furchtbar: alle Angekommenen hielten sich mit kleinen Verdienstmöglichkeiten und in winzigen Wohnungen wie in Booten über Wasser und schlugen jedem, der im Strome treibend sich an sie klammern wollte, erbittert auf die Hände. Aber sie hatten auch Angst vor einer möglichen Verzweiflungstat der Schwimmer, die ihr leichtes Boot zum Kentern hätte bringen können, riefen denen im Strome ermutigende, tröstende Worte zu und reichten ihnen selbst von Zeit zu Zeit stärkende Bissen.

Die Parteidichter gewährten mir einige Geldscheine aus der Kasse des Bundes. Ich bezahlte damit meine Unterkunft in einem kleinen, fast ausschließlich von Flüchtlingen bewohnten Hotel, dessen Anschrift mir schon an der Saar angegeben worden war. Von diesem Hafen fuhr

ich jeden Tag in einer anderen Richtung aus, um in stundenlangen Wanderungen durch die riesige Stadt meine Freunde aufzusuchen. Keiner nahm mich ernst.
Käthe, deren preisgekrönte Bücher ich ehrfürchtig gelesen, und die ich fast wie eine Heilige verehrt hatte, kaum wagend, ihre Freundschaft anzunehmen, wie eine zu große Gabe – Käthe sagte mir: »Du darfst nicht empfindlich sein wie eine Mimose.« Und auf meine Frage nach der Versammlung, die sich mit mir auseinanderzusetzen bereit war: »Nächstens – dein Fall ist vorgesehen, aber wir haben wichtigere Sachen zu behandeln.« Und nach meinen langen Beichten schnitt sie mir das Wort ab: »Lieber Valtin, laß mich mit deinen Klagen in Ruhe. Du verstehst nichts von den großen Notwendigkeiten, nichts. Du bist mir lieb und wert – weißt du, warum? Einzig und allein, weil du noch für mich derselbe freche Gassenjunge von uns daheim bist.«
Der asketische Paul schnob durch zitternde Nasenflügel: »Du bist entmutigt und müde, das ist verzeihlich. Aber was nicht entschuldbar ist, das ist, daß du auf andere schädlich wirkst. Wenn man dich anhört, könnte man glauben, daß die Hitlerherrschaft drüben noch zehn Jahre dauern würde.«
Theo sagte still und gezähmt: »Ich verstehe dich gut. Ich habe es selbst durchgemacht. Aber glaube mir – ich habe schwer bezahlt, um es zu wissen: wenn dir scheint, eine Kluft entstehe zwischen dem Gedanken und der Partei, zwischen dem Wort und der Tat, so rette dich, rette dich ohne nachzudenken auf die Seite der Partei. Ohne die Partei bist du weniger als nichts, verloren.«
Ich spürte, daß er durch eine schreckliche Erfahrung gegangen sein mußte. Er war einmal Künstler gewesen, aber seit Jahren führte er nur noch mit steter müder Bescheidenheit emsig langweilige Geduldsarbeiten für irgendeine unserer Einrichtungen aus. Ich dachte an den grausamen Rat über die Verwendung der »Intellektuellen« innerhalb der Partei – er mußte das Wort kennen: »Preßt sie aus wie Zitronen und werft sie weg.«

Ich hatte nach Frage und Antwort gelechzt, aber keine vertraulichen Geständnisse und Trostsprechungen, sondern eine Aussprache und Belehrung, Urteile und Bestätigungen ersehnt und angestrebt. Und wieder durchschauerte mich eine geheime Panik, als es von neuem bergab mit mir ging. Unser Verantwortlicher eröffnete mir, daß die Kasse des Bundes leer war. Ich mußte das Hotel eines Nachts unter Hinterlassung einiger Schulden verlassen, ein Auszug, den die französischen Künstler, denen es oft geschah, »à la cloche de bois«, »in der Art einer hölzernen Glocke«, nannten.
Bei Käthe konnte ich essen, so oft ich mich einstellte. Aber sie wohnte weit außerhalb der Bannmeile. Paul setzte mir asketische Salate vor, und Theo lud mich in Gaststätten ein. Aber er konnte seine Einladungen nicht oft wiederholen. Ich erinnere mich noch der Tafel Schokolade, die er mir mit todtrauriger Miene angeboten, als er sonst nichts mehr hatte. Eine Zuckerbäckerin fütterte mich eine Weile mit ihrer Ware. Aber weder der Zucker noch die Bäckerin behagten mir auf die Dauer. Ein einheimischer Genosse bot mir eine Schlafstatt in seiner Wohnung an, wurde mir aber feind, nachdem ich ein Paar seiner ledernen Hausschuhe zuschanden geschlurft hatte, weil meine eigenen Schuhe vollends auseinandergefallen waren. Wie meine Schuhe ging alles in die Brüche. Nichts hatte Bestand. Ich wartete immer noch auf die Auseinandersetzung, die mir helfen sollte. Meine besten Freunde bauten auf die Vollendung einer neuen Arbeit, die ich unternommen hatte. Aber ich kam damit nicht vorwärts, weil nichts klar war und weil ich den lieben langen Tag hindurch auf der Suche nach Schlaf und Essen war, ohne dies je zu finden. Eines Tages kamen sie zusammen und baten mich, ihnen vorzulesen. Ich hatte aber nur Stichworte, Fragen und einzelne Sätze. Ich versuchte zu erklären und konnte plötzlich nicht mehr weiter, weil Tränen meine Stimme erstickten. Sie sahen sich betreten an.
 Ich wurde langsam wieder zu einem Landstreicher. Und

es gab keine Hauptstadt mehr, kein Berlin und kein Paris, nach der meine Hoffnungen sich noch einmal hätten wenden können.

Schon in den ersten Wochen, als ich noch in dem kleinen Hotel gewohnt, hatte mich ein junger französischer Dichter und Maler, etwa meines Alters, in den »Cercle François Villon« eingeführt. Der Cercle war eine Stiftung zugunsten mittelloser Künstler, weshalb Villon, der Dichter der Galgenvögel und fahrenden Schüler, zum Schutzheiligen erkoren worden war.
Noch sehr begüterte oder zum mindesten früher einmal reich gewesene Damen in weißen Handschuhen tischten einigen hundert erschreckend gefräßigen Nutznießern reichliche Mahlzeiten auf, mit Vorspeisen, Salätlein und Wein, wie es die französische Küche gebietet. Wie unerschütterlich mußte der Glaube jener Damen an die Kunst sein, der sie zu dienen wähnten, indem sie freundlich, nachgiebig und großherzig Tag für Tag solchen freiwilligen Dienst verrichteten, die Überprüfungen und Aufnahmebedingungen in den »Cercle« so weitmaschig gestaltend, daß ein Ochse sich mühelos hätte durchwinden können, und den Wünschen der Gäste bereitwillig nachkommend, ältliche Engel am Himmel der Maler und Dichter.
Aber welche Gäste! Es war, als seien die Teilnehmer eines Faschingsballs durch einen Zauber in die geschichtlichen Persönlichkeiten oder Romanhelden oder Gestalten vergangener Zeiten verwandelt worden, die sie nur in ihrer Verkleidung einmal hatten spielen wollen.
Besessen und überzeugt lebte jede und jeder die Geschichte des gewesenen oder erdachten Helden nach, in dessen Kleidung er sich einmal gesteckt hatte. Zwischen wildbärtigen, grobgekleideten, beizenden, dichten Rauch erzeugenden Gestalten der »Bohème« aus den Büchern von Murger, vornehmgekleideten, an edlen Leiden krankenden Schatten von Nerval oder Musset, einem kriegerischen, heftig ringenden Cellini und einem düsteren

Spieler von Dostojewski schwebte eine Großherzogin, von rosa Federn umwippt und wassergrünen Schleiern umwallt – ihrer eigenen Überzeugung nach getreu der Baden-Badener Mode der zweiten Hälfte des vorigen Jahrhunderts gekleidet. Ein Apostel wandelte erhaben durch den Saal, seinen langen roten Bart streichelnd, begrüßt von einem abgrundtief lächelnden Satan.

Ich brauchte einige Zeit, um herauszufinden, daß einige sich wahrlich doppelt verkleideten. Der Apostel zum Beispiel lebte vom Schriftdeuten, sein eindrucksvolles Gepräge mitsamt seinem Barte gehörte gewissermaßen zu seinem Handwerkszeug. Andere verkauften ihre Werke auf den sonntäglichen Boulevards und kleideten sich genau so, wie die kleinen Leute sich einen Künstler vorstellten. Aber der größte Teil der Leute war echt. Eine Malerin erzählte mir verzweifelt, daß einer ihrer Auftraggeber sie gezwungen, die Farbe des Himmels auf einem Gemälde der Farbe der Wand anzugleichen, an der das Bild aufgehängt werden sollte. Ich spürte die tiefe Demütigung, unter der sie litt.

Ich hielt mich zu einer kleinen Minderheit junger, umstürzlerischer Künstler, die ich mit sicherer Witterung aus der Menge herausgefunden hatte. Natürlich hatte ihre Kleidung mich auf die Spur gebracht. Zu ihnen gehörte der sanfte Malerdichter, der mich in den »Cercle« eingeführt, weiterhin ein Araber mit wildrollenden Augen und goldblinkenden Zähnen in einem männlichen Gesicht, eine kleine braune Polin und ein italienischer Bildhauer, so riesenstark, daß man ihn für fähig hielt, seine Granitblöcke mit den Händen zu kneten, aber mit einem braunlockigen, rührend kindlichen Engelskopf.

Ein Schweizer Maler, den alle Welt nur unter seinem Vornamen Peter kannte, trug langwallende, selbstgewebte Gewänder von biblischem Schnitt, die bis auf die eigenhändig gebastelten Sandalen hinunterfielen. Mit seinen langen, lockigen Haaren, seinen großen sanften Augen in einem glatten Antlitz sah er dem gewohnten

Bilde des Jüngers Johannes ähnlich. Er lebte mit zwei Frauen, die gleich ihm in handgesponnene, helle Tücher gewickelt einherwandelten, gefolgt von mehreren Kindern in Lendenschurzen. Der arme Heilige ging in jenem Sommer vierunddreißig mit Mut und Einfalt daran, einen lange gehegten Traum zu verwirklichen. Er mietete ein verwahrlostes, ausgedehntes Anwesen in der lieblichsten Gegend der Bannmeile, eine Besitzung, zu der außer einem unendlich großen, schloßartigen Hauptgebäude – einer Kreuzung aus zehn Baustilen – auch Stallungen, Bedientenwohnungen, Pförtnerhaus, Wintergarten, Gewächshaus, ein großer Gemüsegarten, vor allem aber ein riesengroßer, wunderschöner, mit jahrhundertealten Bäumen bestandener Wald gehörten, in dem sich auf der einen Seite eine kleine Kirche und auf der anderen eine Jagdhütte verbargen.

Auf diesem vertraglich erworbenen Grunde wollte er eine Gemeinde erhabener Geister, ehrlich Suchender und um Gestaltung ringender Künstler versammeln, die nahe der Natur, in reiner Luft, an gemeinsamer Tafel reine Pflanzenkost genießend, ihre Gedanken und Werke vollenden konnten, gestützt, ermutigt und gefördert durch Aussprachen, wenn nicht schon durch die bloße Berührung mit Gleichen.

Dieses Vorhaben verbreitete sich wie ein Lauffeuer unter allen erfolglosen Malern, hungernden Poeten und brotlosen Jüngern der Wissenschaft. Eine ordentliche Auswanderung, fast einer Jagd nach einem neuentdeckten Goldfelde gleich, setzte ein. Der »Cercle« wurde menschenleer. Ich gehörte zum Kern der künftigen Gemeinde.

Als wir zum erstenmal um den langen, schweren Tisch unter den Linden des Hofes saßen, hielt Peter uns eine bewegte Rede der Einweihung. Seine Gewänder flatterten und leuchteten, von der Sonne durchflutet, wenn er die Arme hob. Aber als er sagte: »Freunde! Natürlich sind wir keine Ausbeuter; wir werden uns nicht dazu erniedrigen, etwa Preise für Kost und Bett festzulegen und zu fordern. Nein, tausendmal nein! Seht hier! Hier ist ein Opferstock. Nach jeder Mahlzeit lege jeder unauffällig das Seine hinein. Und wenn jemand einmal in Bedrängnis ist, so wollen wir nicht sehen, daß er daran vorbeigeht, er braucht nicht schamerfüllt vorbeizuschleichen, er kann erhobenen Hauptes weitergehen, denn wer dagegen einmal vom Glücke begünstigt ist, lege zum Ausgleich eine größere Summe zu.«

Als er das gesagt hatte, funkelten aller Augen vor Freude, und ohrenbetäubender Beifall unterbrach ihn. Peter war glücklich, von Stolz und Wagemut gebläht wie ein Vollschiff, das mit leuchtenden Segeln, einen jungvermählten Prinzen an Bord, den Hafen verläßt. Fast hörte man die erwartungsfrohe Weise, welche die Matrosen sangen, und sah fast, wie eine ganze Menschheit mit bunten Tüchern winkte. Aber jene Minute war des armen Peter einziger Lohn. Noch angesichts des Hafens sank das Schiff, jäh und unrettbar, leck wie ein Sieb.

Sofort sichtbar wurde die Gefahr natürlich nach der täglichen Leerung des Opferstockes. Es war einfach: soviel sich in der Gemeinde herumsprach, weilte nur ein einziges, »vom Glück begünstigtes« Wesen unter uns, ein junges, trotz ihrer gewichtigen, runden Glieder springlebendiges Mädchen aus den Vereinigten Staaten, mit wunderbaren Zähnen und einer herzerfreuenden Bereitschaft, mit aller Welt Freundschaft zu schließen. Daß sie pünktlich zahlte, wurde ihr nicht angerechnet – es war für einen Bürger der Vereinigten Staaten kein Kunststück. Im Gegenteil errichtete sie damit eine Schranke zwischen sich und den anderen.

Niedergeschmettert und rot vor Scham verlangte Peter die Entrichtung eines festgelegten Preises. Daraufhin jedoch blieb seine Tafel verwaist, nicht aber sein Grundstück. Es begann aus allen Schornsteinen zu rauchen, und wo keine Schornsteine waren, über Lagerstätten im Walde von eigenbrötlerischen Feuern, und da der Tisch doch nicht mehr kostenlos war, kauften sich die Leute, was ihnen gefiel. Peter mußte den ihm widerlichen Ge-

ruch gebratenen Tierfleisches atmen. Keiner zahlte auch nur Miete, und immer neue Zuzügler, die Freunde der Freunde, die Peter nur zufällig kennenlernte, nisteten sich ein.
Er sah Unbekannte in seinem Walde und erfuhr, daß sie bereits seit Wochen bei ihm hausten. Aus seinem Gemüsegarten erntete er nicht eine einzige Frucht, nicht eine gelbe Rübe, die er doch mit Liebe und Vorbedacht gepflanzt hatte. Er ging abends die Tomaten zählen, von denen er sagen konnte: »Die werden morgen reif sein.« Wenn er aber mit einem Henkelkorb wiederkam, sie zu pflücken, waren sie verschwunden. Mit bewunderungswürdiger Ausdauer versuchte er zu retten, was zu retten war. Aber nichts konnte den Untergang aufhalten, obwohl er doch von Anfang an menschliche Schwächen und Hang zu heiterem Wohlleben klug mit einberechnet hatte. Er hatte beweisen wollen, daß er kein engstirniger Lebensfeind war – ein Abend der Woche war dem Tanz vorbehalten, und Peter selbst gab das Beispiel geklärter Ausgelassenheit.
Es war ein wunderlicher Anblick, ihn mit einer seiner Magdalenen zu den Klängen einer Schallplatte über den spiegelglatten Tanzboden des großen Saales im Herrenhause schweben zu sehen. Aber schon am zweiten oder dritten Abend trübten liederliche Burschen die naturreine Freude der heiteren Gesellschaft. Sie verschwanden in immer kürzeren Abständen durch die Türfenster in den Park, auch einige junge Mädchen verleitend, und tauchten nach jeder Abwesenheit mit immer gröberen Anzeichen einer geräuschvollen, ungesunden Lust wieder auf. Das Mißtrauen Peters erwachte schnell, und er entdeckte, daß sie in einem nahen Gebüsch einen ganzen Vorrat berauschender Getränke kühlgestellt hatten.
In der höchsten Not, als die Gerichtsvollzieher schon an die Tore pochten, verfiel er darauf, von den sonntäglichen Besuchern ein Eintrittsgeld zu erheben. In weniger als zwei Monaten war er vom Erzvater einer neuen Welt zum Schaubudenbesitzer herabgesunken. Nun allerdings

kamen in ungeheuren Mengen allerhand Leute, schon samstags, vor allem aber an den schönen Sonntagnachmittagen. Einige wollten ihr Wochenende in dem herrlichen Walde verbringen, vor allem aber waren es die Bewunderer der kleinen Dichter und Maler, welche uns mit den vollgestopften Vorortzügen zureisten.
Es ist erstaunlich, aber wahr, daß viele Brüder unserer Gemeinde eine winzige Anhängerschaft hatten. Jeder war jemandes »großer Mann«. Für die kleinen Besucher bedeutete es vorerst eine Möglichkeit, den Glanz des Mäzenatentums, bisher immer nur Vorrecht und Zier der Großen und Reichen, in verbilligter Ausführung zu erlangen, aber da sie einer zu wohlfeilen Ware mißtrauten und der Urteilsfähigkeit mangelten, war es ihnen auch eine Lotterie – jeder hoffte es, daß sein Dichter sich über alle anderen erhöbe –, wenn es nicht noch schlimmer war, indem sie nämlich das fehlende Kunstgefühl durch die politische Anschauung ersetzten und einen großen Künstler in dem sahen, der ihr Parteiprogramm mit Bildern verschönte oder in Verse setzte.
In halber Höhe einer sanftansteigenden Lichtung im Walde hatte der Dichter Lörsch sein Zelt aufgeschlagen. An den Sonntagnachmittagen saß er vor dem Eingang in Badehosen, mit gekreuzten Beinen, und las den zu seinen Füßen lagernden Kennern seine Arbeiten vor. Er war der erste, dem der Anblick von Peters Elend unerträglich wurde – er verließ das sinkende Schiff noch vor den Ratten: eines Tages packte er sein Zelt mit allen seinen Kochtöpfen, Bratpfannen, Decken und Hemden und Büchern zu einem riesigen, mannshohen Ballen zusammen, lud ihn sich auf den Rücken und ging davon. Auf der Lichtung, an der Stelle, auf der sein Zelt gestanden, blieb nur ein Viereck gelblichen Strohs zurück.
Ich begleitete ihn an die Bahn, und während er neben mir ging, unter der Last seines Ballens schwankend, geduldig und schläfrig wie ein Wiederkäuer aus heißen Zonen, fragte ich ihn: »Wann wird dein nächstes Werk erscheinen?«

Er antwortete mir mit Grabesstimme: »Nach meinem Tode.«
Schwierigkeiten noch anderer Art erwuchsen Peter, als die Nachbarn sich beschwerten. Wir liefen den ganzen Tag in Badehosen umher, die oft in hellen Farben gehalten und so winzig waren, daß es von weitem aussehen konnte, als seien wir völlig nackt. Zu guter Letzt mußte der Arme zum Tugendhüter werden. Und die Polizei mischte sich ein, denn es kam ihr zu Ohren, daß von den einigen hundert Menschen, die in dem Anwesen lebten, zwanzig nicht regelrecht angemeldet und mit Aufenthaltsbewilligungen versehen waren. Mehrere Male fuhren Lastwagen voll Landjägern vor den Toren auf. Aber der Wald unseres Anwesens grenzte an das »Bois de Meudon«, das Gehölz von Meudon, von dem er nur durch eine niedrige, zerfallene Mauer getrennt war. Wie leicht zu begreifen: sooft die Landjäger klirrend und waffenstarrend auffuhren, sprangen einige hundert nahezu nackte Leutchen beiderlei Geschlechts über die Mauer und zerstreuten sich in dem weiten Gehölz.
Trotzdem nur der kleinere Teil der Gemeinde in Frankreich geboren war, war das Trauerspiel um Peter doch echt französisch. Es hatte nur in Paris entstehen können. Keiner nahm Peter ernst. Die Leute bezogen aus der Luft selbst die Gewißheit, daß keinem Menschen etwas Ernsthaftes, Endgültiges zustoßen konnte. Auch war man solch seltsame Heilige zu sehr gewohnt, um ihnen noch Aufmerksamkeit zu schenken; es gab zu viele Menschen, die in Frankreich den Boden gefunden zu haben glaubten, auf dem die Blume ihrer Träume gedeihen konnte, ganz abgesehen davon, daß hundert Vereinigungen und Einzelgänger beharrlich fortfuhren, merkwürdige Ideen vergangener Zeiten zu verbreiten. Und gibt es eine einzige Umwälzung auf unserem Erdteil, deren Geschichte nicht zu irgendeiner Zeit in Paris gespielt hat?
Nach Monaten verzweifelten Kampfes lud Peter mich einmal zu einem Glase Most ein. Most ist gewiß nicht

sehr berauschend, aber er stürzte den Inhalt seines Glases hinunter wie ein vom heulenden Elend gepackter Trinker ein Maß Branntwein. Allein schon ihn so trinken zu sehen, erweckte in mir plötzlich ein Gefühl der Reue. Aber als er mich mit seinen ehrlichen, großen Augen, so brunnentief und beseelt wie die eines Pferdes, ansah, Augen, in denen ein unheilbares Leid glomm und ein geheimes Entsetzen nachzitterte, wie nach einer furchtbaren Begegnung, wurde mir plötzlich bewußt, daß ich gefrevelt hatte. Peter wollte glauben, daß seine Sinne ihn getäuscht hatten, sein Herz klammerte sich an die Hoffnung, das scheußliche Ungeheuer, dem er begegnet war, sei ein Alpdruck, eine Luftspiegelung gewesen, und ich schämte mich des unverdienten Vertrauens, das er in mich setzte, indem er mich um Rat angehen wollte. Aber die Gestalt, die er seiner Frage gab, traf mich – ich weiß nicht – vielleicht so, wie einen flüchtenden Mörder eine Hand lähmt, die er plötzlich auf der Schulter spürt: »Ist der Mensch gut?« Ich entdeckte viele Dinge in derselben Minute, und das verwirrte mich und machte mich hilflos, wie inmitten zusammenstürzender Bauten auf einer bebenden Erde. Alles zerfiel, woran sich meine Gedanken halten wollten. Ich konnte mir nichts mehr einreden, ich sah klar, daß ich nicht blind und von ungefähr, sondern mit Lust und Grausamkeit beigetragen hatte, den einfältigen Reinen zu mißbrauchen und auszuplündern; ich hatte es vorsätzlich getan, um meine eigene Jugend zu verraten und mich mit der Besessenheit der Enttäuschten selbst zu verspotten. Ich erinnerte mich mit heißer Wehmut, mit welcher ungestümen Kraft ich vor nicht ganz zwei Jahren noch an die Güte des Menschen geglaubt hatte. Ich litt darunter, daß ich jetzt mit der Antwort zögerte, aber eine Versuchung hinderte mich, der ich nicht Herr werden konnte; den Unschuldigen zu vergiften, meinesgleichen zu verurteilen, um meinesgleichen zu rechtfertigen. Trotz allem war ich nicht versucht, mich mit der üblichen Parteiantwort herauszuwinden – der Mensch ist weder gut noch

schlecht, und so weiter –, denn es war nicht wahr, wir hatten von jeher an die Menschen geglaubt.
Ich antwortete wie zwei Jahre zuvor; es war aber nicht die alte Zuversicht, die mich hinderte, auf den Handel einzugehen, sondern die Ahnung dessen, was ich daranzugeben hatte. Und wie um mich zu belehren, welchen vorteilhaften Kauf ich verscherzt hatte, fiel mich sogleich alles Elend wieder an; ich konnte nun ermessen, wohin ich geraten war. Alles, was ich mitgebracht, hatte weitergewirkt wie eine heimliche Krankheit; stillschweigend war mein Ziel zerbröckelt; ich war in einem Strome aus Schweigen und Warten abgetrieben, und ich versuchte angstvoll zu erkennen, wohin.

V Gegen die Wand

Meine eigentliche Schlafstätte in Peters Anwesen war ein Winkel des Heubodens über den ehemaligen Stallungen. Aber ich übernachtete dort nur samstags und sonntags. Während der übrigen Zeit war mir erlaubt, ein Zelt zu benutzen, dessen rechtmäßige Besitzerin nur ihre Feiertage darin verbrachte. Eine merkwürdige Frau; wenn das Wetter schön war, bot sie ein Bild, das ich heute noch mit Vergnügen vor mir sehe: sie war eine grauhaarige Russin und lag, mit einem feuerroten Badeanzug gewagtesten Schnittes angetan, in der Sonne auf der Wiese vor dem Zelt und las in einer russischen Bibel, so groß wie ein Paar Fensterflügel.
Eines schönen Tages, als ich das Zelt innehatte, kurz nach der verzweifelten Frage Peters, überraschten mich Hans und Paul mit einem Besuch. Im ersten Augenblick ließ sich unser Wiedersehen gut an; Hans zeigte mir eine seiner Arbeiten, aus einer Schweizer Zeitung ausgeschnitten, in der er mich lobend erwähnt hatte, als den ersten, der das unterirdische Deutschland dichterisch gestaltet hatte. Damit erst erfuhr ich, daß meine Erzählung in Prag und Wien erschienen war. Ich war glücklich überrascht. Aber meine Besucher gingen auf meine Freude nicht ein, und ich erriet bange, daß sie mit einer bösen Aufgabe gekommen waren. Vollstrecker eines Urteils, das bereits gesprochen war.
Ich bot ihnen Tee an, den ich mit Sorgfalt aufgoß und einschenkte, um eine Minute oder zwei zu gewinnen. Sie nahmen an und tranken, keineswegs getäuscht noch gerührt, und Hans, die heiße Schale in der Hand, griff mich ohne Umschweife an: »Valtin, du machst dich unmöglich, man muß es dir einmal sagen, klipp und klar. Wir können nicht mehr länger zusehen. Du kommst an, läufst überall hin und klagst und jammerst. Wir nehmen

uns deiner an, überall kommt man dir mit offenen Armen entgegen; und heute will man nirgendwo mehr von dir hören. Du verkommst, du verlierst den letzten Halt, du führst ein Lumpendasein, wir haben dich gebeten, uns vorzulesen, und du hast vor uns geheult –«
Paul unterbrach ungeduldig. Er barst förmlich vor harten Worten, die aus ihm fuhren: »Du hättest ordentlich leben können. Wir haben dir über die ersten Tage hinweggeholfen bis zur Erschöpfung unserer Kasse. Wir haben dir Arbeit gegeben, die du im Stich gelassen hast, sofort nachdem du die ersten Scheine in der Hand hattest.«
Ich sah voraus, daß sie mir nichts ersparen würden, und ich wußte, was sie wollten, was ich ihnen gewähren konnte und was ich ihnen verweigern mußte. Aber ich wußte es nicht in Worten. Ich hatte mich vergangen, aber gegen etwas, das gar nicht in ihrem Gesetzbuch stand. Ich fühlte mich vor Peter verantwortlich; ich erkannte jäh, daß wir nicht dasselbe dachten, wenn wir das Wort »Schuld« aussprachen. Wieder begannen die Entdekkungen auf mich einzudringen, vernichtend und Leeren in die bekannte Welt reißend.
Es war richtig: sie hatten mir Arbeit gegeben. Der Redakteur einer unserer Zeitungen hatte mir Ausschnitte aus reichsdeutschen Blättern gezeigt: »Der Arbeiter A. wurde wegen Hochverrats zum Tode verurteilt«, »Drei Häftlinge wurden auf der Flucht erschossen« und andere derartige Meldungen. Er hatte mir erläutert: »Daraus mußt du uns kleine Erzählungen machen.« Und ich hatte es nicht gekonnt. Ich hatte mir vergebens die Nützlichkeit meiner Aufgabe vorgestellt, die Vorstellungskraft träger Menschen zu wecken und sie wie an den Ohren den Kreuzgang jener Unglücklichen entlangzuführen. Ich hatte meinem Widerwillen zwei kleine Geschichten abnötigen können und mich dann dem Verhängnis ergeben, das über allen Beziehungen zu meinen Genossen waltete.
»– um zu saufen und zu huren«, wütete Paul.

Ich senkte den Kopf, auch das war richtig. Schon in den ersten Tagen von Paris war mir eine hübsche, runde Gelehrtin zugelaufen, die mich durch den beginnenden Frühling begleitet hatte. Ihr waren zwei Schwestern gefolgt. Wir waren zusammen ausgegangen. Die Luft des Frühsommers hatte uns wohlig liebkost, die traumverlorenen Lampenreihen zu Wanderungen verführt, immer von einer Straße in die andere gelockt; stets warteten an den anderen Enden anderer dunkler Straßen geheimnisvolle Versprechungen wunderbarer Ziele. Ich hatte versucht, zu ergründen, aus welchen Stoffen das sanfte, einmalige Dunkel der Häuserfluchten bestehen konnte, und gefunden – was sicherlich Unzählige schon vor mir entdeckt hatten, weshalb es mich aber nicht weniger gefreut hatte, es noch einmal zu entdecken –, daß nur Jahrhunderte reicher Vergangenheit es hatten erzeugen können: es waren Straßen, gealtert und geklärt wie Weine.
Verstohlen hatte ich meine Begleiterinnen beobachtet. Vom Scheine der Lampen erhellt, hatten ihre leichten, durchsichtigen Kleider auf dem Hintergrunde jenes abgelagerten Dunkels gewogt wie tanzende Düfte. Eine unbekannte Verlockung, die sich nicht an die groben Sinne gerichtet hatte, war von ihnen ausgegangen. Sie war der Lockerung einer überzüchteten Blüte gleichgekommen, deren Duft und Farben nicht mehr der Fortsetzung der Art dienen, deren Genuß aber unvergeßlich und lebenswichtig für jeden wird, der sie einmal gekostet. Mir waren die Augen über einem Wunder aufgegangen, das aus vielen seltenen Teilen erstanden war, die nur in dieser einzigen Stadt hatten zusammengefügt werden können. Ihm war ich seitdem nachgejagt, immer auf dem Wege über Frauen, es witternd und vermutend und nie erreichend!
Mit meinen Schreibgeldern, alles in allem zwei Tagelöhne eines gutbezahlten Arbeiters, hatte ich mich endlich imstande gefühlt, das Wunder zu gewinnen. Ich war aber groß geworden in dem traurigen Trümmerfeld des Vor-

geländes der Stahlwerke und im Schatten der nassen Mauern eines romanischen Domes. Deshalb haschte ich nur unbeholfen und täppisch nach den Schleiern der tänzelnden Königinnen in Reifröcken.
Ich hatte im »Cercle« zwei Malerinnen und den italienischen Bildhauer mit dem Engelskopf eingeladen, mein Geld durchbringen zu helfen. Sie hatten mir raten müssen, denn ich hatte noch nicht gewußt, was die seltsamen Namen auf den Flaschen aussagten. Wir hatten schwere, süße Weine gekauft und einen Wagen gemietet, der uns zur Wohnung und Werkstatt der beiden Mädchen gebracht hatte. Aber ich war nicht zu Füßen der weißen Göttinnen des Luxembourg erwacht.
Zur selben Zeit hatte ich um die Gunst eines Kunstwerks geworben. Es war ein junges Modell vom Montparnasse. Aber es hatte geschienen, als sei umgekehrt ihr Körper zu einem Steinbilde, ihr Antlitz zu einem Gemälde und ihre Seele zu einem Hauch auf den Lippen einer Madonna geworden. Ihre Augen hatten unter den zu feinsten Bögen verminderten Brauen heiter und forschend geblickt – die Heiterkeit, die man durch Schwere der Lebenserfahrung filtert. Sie war sich bewußt gewesen, daß sie durch die Bildnisse, deren Vorlage sie gewesen, in die Ewigkeit eingetreten war; sie hatte ihre feingewölbte Stirne überhöht, indem sie die Grenze ihrer Kopfhaare mittels eines Schabmessers zurückverlegt hatte. In dem armseligen Stundenzimmer, in das zu folgen sie mir endlich gewährt hatte, war mir eine peinliche Überraschung zuteil geworden: sie hatte alle ihre Sorgfalt dem Gesichte zugewandt und dafür ihren Leib sehr vernachlässigt. Vielleicht auch war ihr Dasein zu hasterfüllt, vielleicht ihr Zuhause zu armselig. Und ich hatte die Landessprache zu schlecht gesprochen, um einer so schwierigen Lage genügen zu können. Ich hatte sie wortlos vor das Waschbecken geführt, den Hahn aufgedreht und Seife zur Hand genommen. Sie, die nun mein Vorhaben durchschaut, hatte sich empört. Und mir war nur eingefallen, ihr mit Mühe und Not verständlich

zu machen, daß ich mit meinem Tun einem krankhaften Laster frönte, worauf sie »ah, bon« verständnisinnig gelächelt und mich hatte gewähren lassen.
Es waren kleine Abenteuer gewesen, ach, nicht niedrig und nicht schmutzig, aber ein wenig verarmend und verödend. Paul jedoch zog einen Strich darunter, und es wurde eine Rechnung, die bewies, daß ich verspielt hatte. »Längst hätten wir dich hinausgeworfen, wenn nicht Käthe und Gertrud für dich eingetreten wären; und sie haben es getan, weil deine Art den Frauen gefällt«, zischte er, und die letzten Worte waren vom Haß gepreßt. Seine Nasenflügel zitterten, und seine Haut wurde gelb.
Es war gut, daß ich mich seiner nicht zu erwehren brauchte wie der Hunde im Walde vor Château-Thierry. Denn ich war gleichgültig vor Betäubung. Ich war allein, ausgeschlossen, und selbst die jähe Gewißheit, daß sich die Freunde aus der Vorstadt, von deren Bedrängnis und Not ich erzählt hatte, von mir abwenden würden, ließ mich unbeteiligt. Ich spürte, daß meine Ausweisung noch weiter gehen würde, in unbekannte, menschenleere Einöden; als es noch Brauch war, Meuterer auszusetzen, gab man ihnen wenigstens Brot, Wasser und ein Segel, vielleicht sogar die Richtung der nächsten Küste; hier jedoch nahm man mir noch hastig alles, was mir hätte helfen können in der Nacht, die man mir bereitete. Es war nicht einmal mehr glaubhaft für mich, daß wissenschaftliche Erkenntnisse den Intellektuellen in die Partei getrieben hatte.
Die Leute, die meine Arbeit veröffentlicht hatten, konnten mir meinen Lohn nicht schicken, die Bestimmungen ihrer Länder über die Geldausfuhr verboten es ihnen. Glücklicherweise war eine Buchhandlung in Paris an sie verschuldet. Man schickte mir eine Anweisung, die mich ermächtigte, mein Guthaben bei den Schuldnern einzutreiben. Im Laden angelangt, wurde ich nacheinander von einem blutjungen Lehrmädchen, einem Herrn, der als »gebildeter Verkäufer« gekleidet war, und einer tatkräftig und entschlossen dreinschauenden Dame nach

meinem Begehr gefragt. Der kahle, trübselige Herr hatte meine Erzählung gelesen und lobte sie vor den Ohren der Damen, aber die Inhaberin erklärte mir trotzdem rundheraus, nicht in der Lage zu sein, mich zufriedenzustellen, weder augenblicklich noch in absehbarer Zeit.

Ich setzte mich in einen der weichen Lehnstühle, die in dem salonartig ausgestatteten Raum umherstanden, und erwiderte genau so kurz und bündig, daß ich nicht gedächte, den Laden zu verlassen, bevor mein gerechtes Verlangen nicht erfüllt sei: »Der Verleger ißt, trinkt und schläft in einem Bett. Sie selbst essen, trinken und haben sicherlich eine Wohnung. Sie alle leben; ich aber, der ich mitgeholfen habe, eigentlich zu schaffen, was Sie lediglich verkaufen, ich habe Hunger und bin ohne Bleibe.«

Abwechselnd näherten sich mir der Herr und die Dame, in der Absicht, mir gut zuzureden. Um augenfällig zu beweisen, daß ich Zeit und Geduld hatte, um bis an den jüngsten Tag zu warten, nahm ich eines der dicksten Bücher zur Hand. Das junge Mädchen wich mir in weitem Bogen aus, mich nur aus der Ferne scheu und erschreckt musternd. Ich blieb bis in den späten Abend. Der Herr ließ einen Rolladen nach dem anderen herunter. »Und lassen Sie sich nicht einfallen, einen Schutzmann zu rufen«, drohte ich, »denn noch bevor er würde einschreiten können, würde ich Ihnen alle Schaufensterscheiben einschlagen: das würde Ihnen teurer zu stehen kommen als die Summe, die Sie mir schulden.«

Das junge Mädchen drehte die Lampen aus. Und als alle Welt zum Gehen bereit war, standen sie vor mir, die Dame klirrte leise mit den Schlüsseln, stumm, denn jeder hatte bis zum Überdruß gesagt, was zu sagen war, und versucht, was versucht werden konnte, und plötzlich zuckten aller Lippen, und wir lachten erlöst. Erst als ich mein Geld in der Tasche hatte und mich verabschiedete, fiel mir auf, daß ich noch nie in meinem Leben ein so erhebend unschuldiges Gesicht gesehen hatte wie das des jungen Lehrmädchens. Im gleichen Augenblick emp-

fand ich eine unwiderstehliche Sehnsucht nach einem neuen, sauberen Dasein, dessen Inbegriff und Sinnbild sogleich das zarte, unberührte Geschöpf wurde.
Alles auswischen, noch einmal sorgfältig zusammenstellen, was das Wunder bewirken konnte! Ich begann noch zur selben Stunde aufzuräumen, ließ alle Liebeleien fahren! Mit meiner Barschaft kaufte ich ein Hemd, Schuhe und Strümpfe.

Am Mittag darauf fiel nach langen Wochen klaren Himmels – so unerschütterlich blau und heiß, daß er zur Gewohnheit geworden war – der erste Regen. Die großen Tropfen versickerten noch in der heißen Erde, bald jedoch setzte sich die beharrliche Nässe durch, kleine Bächlein stahlen sich unter den Zeltwänden durch und richteten sich als Teiche häuslich bei mir ein, als ob sie das Ende des Regens abwarten wollten. Noch behutsam, aber schon behaglich, ohne mich zu beachten – wie eine Katze von einer Stube Besitz nimmt – breiteten sie sich sanft aus und wußten nicht, daß sie mein ganzes, aus leichten sommerlichen Gelegenheiten erstandenes Dasein zerstörten, unbarmherzig wie eine Flut.
Es begann ein erbärmliches Verharren auf dem Platze, ohne Aussicht auf Erfolg. Langsam drängten mich die Elemente und die Menschen aus Paris hinaus. Die Leute, die mit mir Peter ausgebeutet hatten, verkrochen sich; alle hatten einen Unterschlupf für den Winter, und bald war ich allein in dem verlassenen, zerstörten Schloß. Das Zelt war unbewohnbar, und das Dach des Heubodens rann. Während ich durch die Straßen wanderte, rannen mir die Regentropfen den Hals hinab unter das Hemd.
Ich klammerte mich an die Partei. Ich kämpfte mich durch den Dunst von Abneigung, mit dem mir die Parteidichter ihre Versammlungen verekeln wollten. Ich war schmutzig, ich konnte nie mein Glas bezahlen, ich roch nach Armut, Unordnung und Verkommenheit. Die Leute rückten von mir ab. Das Rudel der Kleinen hatte

gewittert, daß die Großen gegen mich waren, und sie griffen mich an, von der Seite her, stolz auf ihren gehorsamen Haß. Und ich mußte sie gewähren lassen, denn die Großen hielten streng darauf, den Anstand der freien Aussprache zu wahren, und ich wollte bleiben. Ich liebte noch, was die Maschinen versprachen, und es schien mir, daß die Partei den Weg aus dem Elend und die Teilnahme an der Geschichte wie einen Engpaß besetzt hielt: ich mußte ihr Tribut zahlen. – Bis Kirsch sich eines Abends gegen mich wandte. Es entstand ein erwartungsvolles Schweigen, denn er allein war die Stimme des Gerichtes. Er allein konnte sagen, warum ich verurteilt worden war. Er fegte den Unrat, den die Kleinen angehäuft hatten, weg und erklärte in zwei klaren Sätzen: »Es ist einfach nicht duldbar, eine Gruppe von Menschen zu zeigen, die ohne Verbindung mit der Führung kämpft, besser eine Zelle, die Verbindung hat und untätig bleibt.« Nur einen Augenblick lang war ich entsetzt über den Mut, mit dem er aussprach, was mir ein schamloses Geständnis zu sein schien. Aber sofort darauf erkannte ich, daß er alles gesagt hatte, daß er auf seiner Seite recht hatte. Aber ich konnte ihm nicht folgen. Ich sah keinen Ausweg. So wie ein schlechter Rechner sein Leben lang die Kugeln eines Rechenschiebers braucht, so konnte ich immer noch nur mittels der Farben erkennen und entscheiden, sobald die feindliche Kraft, die mich mein Leben lang verfolgt hatte, auftrat. Ich konnte nicht; was mich hinderte, war so ohne Namen und Gestalt, wie die Luft inmitten eines Reifens; wer einmal hindurchgesprungen, war für immer vermindert.
Ich verließ die Versammlung, noch bevor sie aufgehoben worden war. Aber auf dem Platz vor dem Kaffeehaus mußte ich stehenbleiben, denn das heulende Elend packte mich. Ich ermaß, was ich verlassen hatte: eine Vergangenheit und eine Zukunft, und ich konnte nicht mehr dahin zurück, von wo ich gekommen war, bevor ich meinen Traum begonnen hatte, um dessentwillen ich zum Dieb und Mörder geworden war.

Der Regen rieselte immer noch. Er richtete sich ein, um zu bleiben. Selbst wenn er aufhören würde, die Sonne des folgenden Tages hatte nicht mehr Kraft genug, die Erde wieder vollends zu trocknen. Hinter dem schwarzen Vorhang des Regens starrten die Türme von Saint-Sulpice. Die Erinnerung eines Zusammenbruchs dämmerte in mir auf, aber so weit zurück und undeutlich, als ob ich ihn in einem früheren Leben erlitten hätte. Die Steine der Kirche, die kalten, teilnahmslosen Pfeiler und was die Mauern bargen, schienen mir eine Anhäufung von Hüllen toter Träume, zu denen Tote wallfahrten.

Ich blieb tagelang auf meinem Lager über den Stallungen liegen, unfähig aufzustehen, um nach Nahrung zu fahnden. Meine Kleider, das Heu, die Luft waren feucht. Ich deckte mich mit allem zu, was ich besaß, ich rollte mich zusammen und fror doch. Ich fieberte.

Antworten, die ich zur rechten Zeit nicht hatte finden können, bemächtigten sich meiner so gewaltsam, daß ich laut zu den Wänden redete:

»– sittlich und Schuld und Rechenschaft gehören dem Himmel, und uns geht nur an, was die Erde betrifft. Aber ich weiß, daß sie doch die Erde betreffen. Ihr und ich, alle, wir haben die Opfer, die wir getötet haben und töten wollten, und die anrüchigen Handlungen, die uns notwendig schienen, um unseren Sieg zu vollenden, an dem Vergleich mit einer mörderischen Naturgewalt gerechtfertigt; aber ein Vulkan bleibt ein Vulkan, während wir, nachdem wir Menschen getötet haben, ja schon nachdem wir Menschen gezwungen haben, verändert worden sind; ich weiß es nun: eine Tat lebt allein weiter, wir lassen sie hinter uns wie einen Brand und können nichts mehr tun, um sie ungeschehen zu machen. Das Gewissen – noch ein verpöntes Wort, und es sollte nicht verpönt sein, denn es ist die einzige mögliche Auflehnung gegen das, was man Schicksal oder Gott nennt. Ich hatte eine Gewißheit: der Mensch ist gut, die Möglichkeiten in den Menschen sind herrlich; ich weiß, aber ich frage

euch: hätten wir jahrein, jahraus predigen können: gebt allen Brot, so wird es keine Diebe mehr geben; beseitigt alle hemmenden Gesetze, so wird es keine Huren, keine Kindsmörderinnen, keine Narren und keine Laster mehr geben; errichtet eine neue Gesellschaft ohne Eigentum und Ausbeutung, und ihr werdet frei und glücklich sein. Hätten wir es sagen können ohne die felsenfeste Überzeugung, daß der Mensch gut ist, ohne das Leben stürmisch und vorbehaltlos zu bejahen?
Ricardo hat die Industrialisierung an sich begrüßt, hatte diese Entwicklung nützlich und notwendig gefunden, die Millionen Seidenweber in Lyon und Bergarbeiter in Südengland mit einem unsäglichen Elend bezahlt haben, um derentwillen Hunderttausende von Kindern an Schwindsucht oder Hunger gestorben sind. Und Marx hat ihm recht gegeben. Aber hätte er es tun können, wenn er nicht insgeheim einen unerschütterlichen Glauben daran bewahrt hätte, daß aus jener Reise durch das Grauen nicht nur ein ungeheurer Reichtum an Gütern, sondern auch eine Menschheit hervorgehen würde, deren innerste Seele heil, jung und sauber genug geblieben sei, um noch fähig zu sein, »das Reich der Freiheit« zu errichten: Nein. – In den bittersten Stunden hat mich noch der große Unterschied getröstet, der darin liegt, ob man die Worte »etwas Höheres« ausspricht oder nicht. Und als Peter mich gefragt hat: »Ich weiß, ich weiß, wir müssen uns beschmutzen, indem wir eine so beschmutzte Erde reinigen, wir müssen schuldig werden. Aber um nicht darüber aus Hochzeitern zu Bütteln zu werden, brauchen wir einen Maßstab. Wir müssen wissen, wann wir uns beschmutzen, um wieder sauber werden zu können; Sauberkeit ist ein anderes Wort für Auflehnung. Ihr wollt mich aus unserem Hause verjagen, das nicht aus Lehren, sondern aus der Hoffnung, der Inbrunst, der Empörung, den Leiden und den Träumen von Menschen erbaut ist, aus der Suche Irrender; es ist nicht Marx, der die Armen in sein Reich eingelassen hat, sondern die Entrechteten haben Marx beauftragt, das zu

schreiben, was ihnen dient. Aber wenn ihr recht hättet, wenn sich unsere Träume und Sehnsüchte, unser Drang nach der Tat nur kristallisiert hätten um das feste Gefüge eines Programms, was sucht ihr, die ihr mich fragt, was ich in der Partei suche, was sucht ihr dann unter den Dichtern –«

Die Wände wiederholten meine Worte. Wenn ich meines Zustandes gewahr wurde, stürzte ich in meine Einsamkeit; ich erfuhr, daß es, so wie es Ängste und eine Angst gab, viele Möglichkeiten des Einsamseins, aber nur eine Einsamkeit gab; ich konnte allein sein inmitten einer Gemeinde, einer Schule, einer Werkstatt, eines Landes. Allein inmitten aller Menschen, allein, wie die Menschen in der Wüste mit Gott, aber die letzte Einsamkeit war ohne Gott, ohne Wüste, verlassen selbst vom Sinn des Lebens, von allen Wahrheiten, allen Wegen, aller Freude, allen Gestalten, allen Gesichten. Ich bäumte mich verzweifelt auf, entweder ganz vom Traume besessen, oder jäh endgültig ergeben. Mit fliegenden Pulsen fragte ich mich: warum nicht noch einmal wagen? Meinen arbeitslosen Mut, ziellosen Glauben, Willen und Bereitschaft zu leiden, zusammennehmen und von neuem einen Weg einschlagen; keinen Ausweg, einen Weg, von dem noch keiner zurückgekommen ist. Vielleicht mußte ihn von Zeit zu Zeit einer gehen, von dem man lange nachher eine Botschaft wie eine Flaschenpost fand; alle Bezeichnungen hatten ihren Inhalt geändert. Unser Dasein war von ganz neuen Erscheinungen geprägt, für die es noch keine Worte gab, und alle nennbaren Werte waren unter der Einwirkung des Neuen abgegriffen und salzlos geworden.

Warum nicht Worte wie Breschen schaffen, Geburtsurkunden neuer Tugenden, Steckbriefe gegen die ungenannten, im Gewande alter Tugenden anschleichenden, feindlichen Gewalten?

Oft jedoch suchte mich die schlimmste Entmutigung heim, und ich war bereit, der ganzen Menschheit den Krieg zu erklären; da sich alle verbündet hatten, um mich schlecht zu machen, so wollte ich es wirklich werden. Und ein böser Zufall half mir: um dem Druck zu entgehen, hatte ich daran gedacht, an die Saar zurückzufahren, nicht nur, um unter Leute meiner Sprache zu kommen und dem Kampf näher zu sein – die Unzufriedenheit vieler Genossen setzte sich in einen Frontsoldatengeist um, der die Etappe verachtete –, sondern vor allem, um auf unerlaubte Weise zu Papieren zu gelangen, was an der Saar in jenen Monaten leicht möglich war. Sobald ich es geäußert hatte, bestürmten mich eine Menge Leute. Alle wollten Papiere, die ihnen Arbeitserlaubnis und Aufenthaltsbewilligung bedeutet hätten. Ich hatte sie für arm gehalten, von der Hand in den Mund lebend. Sie hatten mich sieben monatelang dürftig in einem Stall leben sehen, und nun boten sie mir Summen an, von denen ich monatelang hätte leben können. Ich warnte sie; seit meiner Abreise von der Saar konnten die Dinge sich geändert haben, vielleicht war es nicht mehr so leicht, zu den roten Ausweisen zu kommen. Sie wollten es nicht glauben. Sie warfen mir Mangel an Freundschaft vor.

Außer dem Gelde der Betrogenen nahm ich aus Paris nur das Versprechen des jungen Kindes aus der Buchhandlung mit, mir auf meine Briefe zu antworten. Es war neu; noch nie hatte ich eine Stadt verlassen, in der jemand zurückblieb, um auf ein Wiedersehn zu warten. Es schien mir der allererste Beginn einer Ordnung.

Den Weg, den ich zu Fuß gekommen war, fuhr ich damals in einem gepolsterten, geheizten, schnellen Zuge zurück. Die letzten Umrisse von Paris verschwanden hinter den trostlosen Gerümpelhütten der Bannmeile. Sieben Monate inmitten verzauberter Straßen, mit Frauen, Flüchtlingen in Kaffeehäusern, Künstlern und träumenden Narren, weißen Göttinnen. Und ich verließ die Stadt, wie aus einer Schlacht flüchtend, aus vielen Schrammen und Wunden blutend, beschmutzt und müde, nachdem ich alles verloren, was ich mitgebracht hatte.

VI Die Saar vor der Entscheidung

Ich hatte erwartet, die Saar als Schmiede im Walde wiederzusehen und fand statt deren ein Zeltlager; eine jener unübersehbaren, lebensstrotzenden Niederlassungen, die über Nacht um die Stätte eines Goldfundes entstehen und genau so plötzlich wieder spurlos verwehen.
Von der verachteten Dorfbürgermeisterwahl hing mit einem Male die Zukunft unseres ganzen Erdteiles ab. Die drei letzten Monate vor der Entscheidung wachten hie und da Menschen auf und schauten besorgt nach dem Ländchen. Die Anwesenheit bewaffneter Heereseinheiten aus fernen Staaten beruhigte sie: vier Völkerbundsmitglieder, England, Schweden, Holland und Italien hatten Ordnungskräfte entsandt.
Im Bahnhof empfing mich jubelndes Geschrei: ein ganzes Heer junger Leute grüßte im Vorbeifahren aus den Fenstern eines Zuges, der langsam den Bahnhof verließ, andere Jungen, die einem angekommenen Zuge entstiegen: die Ausfahrenden reisten nach dem Reiche, um sich zum Arbeitsdienst zu stellen, die Heimkehrer hatten ihren freiwilligen Dienst beendet.
Sie waren meine Altersgenossen, in deren Namen ich einst geschrieben hatte. Ich gesellte mich zu ihnen, beklommen und fast freudig. Sie gaben mir bereitwillig Auskunft, solange ich nur fragte, wo und wie lange sie im Reiche gewesen und was dergleichen Fragen mehr sind. Aber sobald ich in sie drang, um zu erfahren, was man sie gelehrt, was man von ihnen verlangt, wie man sie genährt und gepflegt hatte, erfühlten sie aus meinen Worten, welch Geistes Kind ich war, und sie rückten von mir ab. Sie wurden einsilbig, und der Glanz in ihren braunen, gesunden Gesichtern erlosch. Sie wandten mir eine Ehrlichkeit und Einfachheit zu, so ruhig und stark wie ein bestelltes Feld.

Mir brannte der Boden unter den Füßen. Ich fühlte mich wie ein alter Verführer, dessen gewohnte Mittel plötzlich nicht mehr wirken, und es fiel mir ein, daß ich nicht mehr zu den Leuten gehörte, die allein das Recht hatten, sie zu gebrauchen, vor den peinlich sauberen Augen der Jungen suchte ich mich in eine fremde Haut zu retten, in eine Rolle, aber es war aus; es schien mir, daß einsam und ausgeschlossen sein hieß, nicht mehr spielen zu können; die Jungen bedeuteten mir stumm und hart, daß zwischen der Zeit der Erwägungen, in der meinesgleichen lebten, und der Zeit, in der sie marschierten, Jahre lagen.
Und das Abenteuer ging weiter.
Die Straßen waren dicht besetzt von Leuten, die ohne weiteres als Sturmabteilungen erkannt werden konnten: sie trugen die schwarzen Reithosen und Stiefel und die schwarzen Mützen. So dicht standen sie einer am andern, daß kein Mensch anders als durch eine absichtlich offengelassene, enge Gasse von Leibern zur Türe eines großen Saales gelangen konnte, in dem die Volksfront eine Versammlung einberufen hatte.
In der Nähe des Einganges hatten sich Hunderte von Sturmmännern mit Photoapparaten aufgestellt. Die wenigen diensttuenden Landjäger, wahrscheinlich Mitglieder derselben Sturmabteilungen, die sie zu überwachen hatten, scherzten in Erwartung der Versammlungsbesucher mit ihren Freunden.
Ein ohrenbetäubendes Gejohl und Pfeifen kündigte an, daß die ersten Mutigen sich in die Gasse wagten. Niemand hinderte sie – es durften keine Toten oder Verwundeten von Zwang zeugen –, aber tausend Münder bespieen sie, Speichel schlägt keine Wunden, die man zeigen kann. Ihre Namen und Wohnungen wurden von Mund zu Mund weitergeschrien. Vom Scheitel bis zur Sohle besudelt, angeprangert und von den Landjägern – unter dem höhnischen Vorwande, sie zu schützen – geschlagen und gestoßen, gesenkten Hauptes taumelnd, wurden sie zuletzt von hundert Photographen aufgenom-

men; die schlimmste Drohung, denn die Bilder waren als Beweise für »nachher« vorgesehen.
Das Abenteuer hatte kaum begonnen, aber wohin führte es! Während Stunde um Stunde die Begriffe hohl wurden und einstürzten, wußte noch niemand, aus was die siegende Kraft bestand, ich spürte unruhig, daß ich, so fürchterlich sie mir schien, doch heimlich angezogen war von etwas tiefstinnerst Verwandtem.
Ich hatte keine andere Zuflucht, ich wurde zurückgetrieben unter die Besiegten. Immer mehr verlassen, rückten wir näher aneinander. Eine Handvoll Leute, freisinnige Bürger und Arbeiter, die erkannten, daß sie etwas Gemeinsames zu verteidigen hatten, als es endgültig verloren war – und schon damals hatten wir einen Feldgeistlichen, wie sie heute jedes Lager hat –, leisteten wir einen unglaublichen Widerstand.
Wir hielten uns in vielleicht sechs oder sieben Wirtschaften auf, tanzten sonnabends im großen Saale des »Stiefels« und tranken wochentags Tee bei »Grete«. Im dritten Stockwerk eines Hauses in der Hauptstraße hatte eine gerettete Reichstagsabgeordnete eine Teestube und Gaststätte eingerichtet.
In den letzten Wochen vor der Entscheidung hatten die Braunen ihren Anhängern befohlen, die Hakenkreuzflagge zu hissen; eine der üblichen, wohlberechneten Erfindungen, um einerseits die Wohnungen ihrer Gegner zu erfahren, andererseits die Ängstlichen und Unentschlossenen auf ihre Seite zu zwingen. Denn wie viele wagten, durch fahnenlose Fenster ihre Einstellung offen zu zeigen? Die Hauptstraße, die vor allem von Geschäftsleuten bewohnt war, die mehr als andere den Unwillen der künftigen Herren fürchteten, verschwand unter den Fahnen mit dem Kreuz. Zudem durften nur die Farben von Staaten, die Mitglieder des Völkerbundes waren, gezeigt werden. Wir wußten lange nicht, wir, die nichts zu verlieren hatten, wie antworten. Bis jemand entdeckte, daß die Fahne des Sultans von Sansibar rot war, rot,
 ohne Mond und Sichel noch Kreuz, ohne Ecken noch

Felder. So hing denn unter den tausend roten Fahnen mit Zeichen die unsere, verursachte Aufläufe und Versuche, das Haus zu stürmen, die letzte rote Fahne der Arbeiterbewegung auf deutschem Boden, dem Sultan von Sansibar entliehen.

An einem Dezemberabend saß ich im Ratskeller am Tisch einiger Freunde, sauberer Menschen, die mich duldeten. Ich lehnte mich schlechten Gewissens zurück aus ihrem Kreise, denn ich verdiente nicht, unter ihnen sitzen zu dürfen, und sah durch die Fenster des Kellers. Dicht vor den Scheiben eilten Menschen vorüber, von denen ich nur die Füße sah, im Hintergrund ragten die nebelgrauen Giebel der Häuser, deren Erdgeschosse unsichtbar blieben. Zeitweise schoben sich Trambahnen in das grauerfüllte Blickfeld. Der Platz vor der Stadthalle war die Mitte der Saar, die in einigen Wochen aufhörte zu sein – was eigentlich hörte auf? Kein Stein würde sich verschieben, die Straßenbahnen nicht aufhören zu klingeln und in den Kurven zu kreischen. Die Menschen würden weiterhin sich beeilen, um der Winterkälte zu entkommen. Die Ersetzung der bisherigen Verfassung durch die braune Ordnung würde wahrscheinlich von der Mehrheit der Bevölkerung mit Begeisterung begrüßt werden.

Es war aber gewiß: eine große, traurige Veränderung lastete im Nebel. Die Flüchtlinge würden von neuem flüchten müssen. Die letzte deutsche Erde würde verloren sein. Die Umwälzung würde zum ersten Male ihre ersten Grenzen übertreten; das alles war es nicht, aber vom Tage der Übergabe der Saar an würde eine Schuld besiegelt sein, an der alle teilhatten, aus Angst, aus Berechnung, aus Gleichgültigkeit.

Wenn auch nicht einer unter tausend wußte, daß die freie Entscheidung nur eine Verkleidung war, wenn auch die Menschen noch die Entsendung der fremden Ordnungstruppen als eine Gewähr für die gerechte Durchführung der Abstimmung ansahen, während sie nur einen letzten Schrei und eine letzte Auflehnung verhinderten und viele auf den Weg des geringsten Widerstandes trieben: die Gewissen aller Menschen würden zusammengenommen die Kenntnis von dem Betruge enthalten. Das Leben würde unverändert weitergehen, aber jenes Wissen würde selbständig werden und fortan auf die kommenden Geschehnisse einwirken.

Durch die Scheiben fiel das graue Licht des Wintertages, der versiechte, ohne gewesen zu sein. Im Spiele des Außenlichtes mit dem beklemmend reglosen Schatten des Kellers hoben sich die Gesichter der Freunde von dem dunklen Hintergrunde der eichenen Banklehnen wie gestochen ab.

Der Mann mir gegenüber: kühl ätzend, Worte und Gebärden wie Scharten eines Reiters und scherzend über die Menschen mit heimlicher Liebe, wie es nur einer kann, der schwerste Leiden siegreich bestanden, also verziehen hat. Sein Nachbar, der seine weichen, großen, nußbraunen Augen fest auf Frager und Hörer richtete, ohne wehe zu tun noch zu beengen und trotzdem durchdringend und unentrinnbar. Und Hutten, der so jung war, blutjung gewiß auch an Jahren – er hatte sich eine schwarze Bürste unter der Nase wachsen lassen, um mehr Gewicht zu haben – jung aber vor allem durch ein unbeirrbares Wollen, eine Leidenschaft und eine Fähigkeit zur Begeisterung und Sauberkeit.

Ich versuchte, mir ein Bild ihrer Gedanken zu machen, die sie unbekümmert gegen Freunde und Feinde vertraten, gegen die Volksfront, in der sich Beamte und Buchhalter der Trümmer der Arbeiterbewegung mit Beauftragten der Genossen von weither und mit Überlebenden des rheinischen Abenteuers von 1923 die Macht teilten, gegen die deutsche Regierung und gegen die Staatsmänner so vieler Länder, die an dem Verkauf der Saar arbeiteten. Sie hatten nichts als ihr Wort, und doch hatte der Feind aufgezuckt: mit Bestechung durch vieles Geld und Schleichhandel übelster Sorte hatte Berlin ihre Zeitung zu zerstören versucht.

Ihre Meinung erschien mir gefährlich wie Sprengstoff und angetan, alle Menschen zugleich zu schrecken und zu verletzen; ich hatte Angst vor ihrer zu großen Nähe, wie in der Nachbarschaft tollkühner Attentäter; ich hörte genau so fassungslos wie alle Leute den Vorschlag, ohne Verbrechen und für die echte Freiheit genau das zu tun, was die Gewaltschleicher in Deutschland mit verbrecherischen Mitteln für ein Verbrechen verwirklicht hatten, und trotzdem war ich noch nie Menschen so nahe gewesen. Es war mir, als fehlte nur noch wenig, um zu erreichen, was ich gesucht hatte; ich spürte, sie stellten kein Programm auf, sie setzten den Ereignissen das Wort entgegen, das freie, keinem Götzen und keinem Zeichen hörige Wort, es war, als wohnte ich der Geburt einer Idee bei, und eine Idee war eine Realität.
Aber ich war ausgeschlossen. Ich war zu feige, ich fühlte mich zu schmutzig, um meine Freundschaft anbieten zu können. Und das waren nur äußere Zeichen meines Falles; ich hatte alle Begeisterung, allen Glauben, alle Hoffnung und alles Wollen verloren.
Ich schrieb noch, halb von alten Beständen zehrend, halb wie erste Gehversuche ohne Stock. Und schlief im Nachtasyl der Heilsarmee, das voll war von »Tanten«, die gleich uns vor dem Schutzhaftlager geflüchtet waren.

VII Das Opfer ruft den Henker

Um den dritten oder zweiten Tag vor dem Ende suchte mich Hall auf, einer der geheimnisvollen Leute des Nachrichtendienstes der Partei, und lud mich ein, an einem Unternehmen teilzunehmen, von dem er peinlich schwieg. Er ließ mich nur wissen, daß es darum ging, einen gefährlichen Gegner zu verfolgen, festzunehmen und unschädlich zu machen. Und ich sollte den Mann kennen, hieß es.
Da der genaue Weg des Opfers nicht bekannt war, begannen zur voraussichtlichen Stunde seines Erscheinens zahlreiche Streifen gleichzeitig das Viertel um den Bahnhof durchzukämmen. Ich ging mit Hall von der Ludwigskirche aus gegen die Stadtmitte zu. Ich war von dem Gedanken an das Wild gewürgt, das wir jagten. Ich vermied den hohlen Blick der kleinen Fenster in den schiefen, feuchten Hütten der Suppengasse und spürte ihn noch im Rücken, als wir schon die Helle des Hofes um die Ludwigskirche vor uns hatten. An den Wänden klebten noch Aufrufe und hingen noch Fetzen abgerissener Werbebilder. Es war endlich verboten worden, Fahnen auszuhängen und so ragten, Hohn auf das Verbot, die schwarzweißroten Fahnenstangen leer aus den Fenstern. Ein Lastwagen voll fremder Soldaten fuhr vorüber. Eine Straße aus kranken Mauern mündete auf einen von alten Prachtbauten umgebenen Paradeplatz, eine Fabrik wuchs hinter dem Fürstenhof; die Stadt schien einmal in Stükke geschnitten und falsch wieder zusammengesetzt worden zu sein. Ich wollte es Hall sagen. Aber sein Gesicht entmutigte mich. Er hätte mich auf eine Weise angesehen, daß ich meine Worte sofort bereut hätte, und vielleicht verächtlich gefragt: »Nicht recht bei Trost?«
Hall war im Dienst. Er trug seine Pflichttreue und den Willen zur Erfüllung der ihm aufgetragenen Aufgabe auf

seinem biederen, beschränkten Gesicht wie der Bannerträger eines Vereines die ihm anvertraute Fahne. Es waren keine fünf Leute in der Straße, aber Hall ließ kein Auge von ihnen, ehe er nicht genau festgestellt hatte, daß sie weder die gesuchten und genau beschriebenen Hosen anhatten noch ihre Kopfhaare von der gemeldeten Farbe waren. Die verborgenen Leiter des Nachrichtendienstes mußten die Pünktlichkeit schätzen, mit der ihr »ausführendes Organ« arbeitete, und mußten ihm getrost Gewalt über den Menschen gegeben haben, der gefunden werden mußte, ehe es ihm gelungen sein konnte, in den abfahrenden Zug nach dem Reich zu entkommen. Hall brauchte nichts anderes. Sein Traum war erfüllt; sein Kindertraum, der ihm auf dem Gesicht geschrieben stand, den er in seiner heimatlichen Armeleutegasse geträumt hatte: er durfte Schutzmann sein, ohne sich schämen zu müssen. Er trug soldatisch strenge Kleidung und aß wenig und einfach. Er liebte es; es tat ihm leid, daß er es aus eigener Wahl tat, wie stolz und glücklich wäre er gewesen, hätte man es ihm vorgeschrieben.

Wir kamen wieder durch die Armengasse. Ich blieb fast stehen, um einige Kinder im Schnee spielen zu sehen. Seit einiger Zeit zogen mich Kinder seltsam an, und die Tränen schossen mir bereits in die Augen, als ich einen kleinen Jungen sah, der mit nacktem Ärschlein auf einer kalten Steintreppe saß. Sein kleines Geschlecht war blau vor Kälte und so schmutzig wie sein Frätzlein; das Näschen war rosa angelaufen und kleine glitzernde Rotzbäche liefen ihm in das Mäulchen. Warum hielt ich immer an, wie vor einer Tür, die mir bekannt vorkam?

Im selben Augenblick packte mich Hall am Arm und flüsterte: »Da ist der Bursche –« Ich schrak auf und sah auf der anderen Seite der Gasse einen mittelgroßen, aufrecht ausschreitenden, gut gebauten Menschen gehen. Er trug die bekannten Reithosen der Schwarzen Garden und Rohrstiefel, und ging, einen Koffer in der Hand, so sicher und gelassen gegen den Bahnhof, daß ich fast versucht war, »Achtung« zu rufen, wie zu einem Fußgänger, der zerstreut vor die Trambahn läuft. Als ich näher zusah, schien es mir doch, als ob der Beschattete ahnte, daß man ihm auf den Fersen war, und sich nur zusammennahm. Und plötzlich überfiel mich die Überraschung: der Verfolgte war Bruno Schelm.

Viele Erinnerungen und jähes Verstehen überstürzten sich in mir. Darum also waren seinerzeit die Geheimen so schnell vor die Stahlwerke gekommen. Darum war der junge, blonde Verbindungsmann, der etwas »Höheres« hatte gewesen sein wollen, so leicht in den »Apparat« gekommen. Welches Feld von Leichen mußte der rothaarige Schuft hinter sich gelassen haben, er, der in hundert Geheimnissen zu Hause gewesen war. Aber ich dachte all das unter einem schmerzenden, betäubenden Eindruck der letzten, urplötzlichen Gegenwart der Vorstadt.

Von der nächsten Straßenkreuzung ab folgten ihm schon zwei weitere Runden von je zwei Leuten. Er lief tapfer in das Netz hinein, das um den Bahnhof gelegt war und sich mit jedem Schritt enger zog. Wenn der Gejagte die Menschen nicht spürte; ich spürte sie an seiner Stelle. Ich war gespannt, trunken vor Aufregung, ich war wie ein ferner Zuschauer und sah doch alle wesentlichen Einzelheiten wie über sie gebeugt durch ein Glas.

Die Nachrichtendienste und andere Einrichtungen der Volksfront hatten sich zusammengetan, um einen verzweifelten Hieb zu führen. In jenen Tagen, als schon alles verloren, verraten, gestohlen und verkauft war, als unser Bund noch einige Schritte taumelnd hielt, ehe er aufhörte, als die offenen und verborgenen Gegner schon an uns wie eine Meute an einem Eber hingen, so unzählig, daß wir mit jedem Hieb einen trafen, als die Verfolgung schon nichts mehr verhindern, nichts mehr rächen konnte – in diesen Tagen bemühten sie sich, einen Menschen unschädlich zu machen, der schon unschädlich war, weshalb er nur ausreißen wollte. Es war gleichzeitig lächerlich und unheimlich; während vermutlich alle unsere

Leute von den Braunen beschattet waren, so sorgfältig, daß sie keinen Furz fahren lassen konnten, der nicht im Braunen Hause mit einem Strich vermerkt wurde – die Hitlerischen machten wenig Gebrauch von ihrem Wissen, weil sie für die Gegenwart ohne Sorge waren –, legte unser Dienst die unheilvolle Tätigkeit eines einzigen unserer Gegner bloß. Auch davon hatten die Geheimen des Braunen Hauses Wind bekommen, ihrem Manne Geld und Paß gegeben und ihn nach dem Reiche beordert.

Die Verfolger taten, als kennten sie einander nicht. Das fiel ihnen nicht schwer, denn in den Niederungen jener anrüchigen Abwehrdienste hatten die alten Feindschaften nicht aufgehört. Die Fäulnis hatte weitergefressen. Die Vertreter aller Parteipolizeien hatten sich in der Volksfront wie Hunde in einem Käfig mißtrauisch berochen und notgedrungen geduldet.

In der Bahnhofshalle standen wir zu zwanzig um den Flüchtenden herum. Es galt, ihn ruhig seine Karte lösen zu lassen, die als Beweis seiner Fluchtabsicht nach dem Reiche dienen konnte. Erst drei Schritte vor der Sperre schlossen wir ihn ein, und in lachenden, plaudernden Rotten verbargen wir völlig vor den Umstehenden, was in unserer Mitte vorging. Bruno selbst wußte natürlich, was es zu bedeuten hatte. Noch nie hatte ich ein Gesicht derartig von Angst entstellt gesehen. Auf seiner Oberlippe bildeten sich Schweißtropfen. Seine Lippen gehorchten ihm nicht und zitterten, als er versuchte, zu sprechen. Er kämpfte sichtlich gegen die lähmende Schwäche, die ihn hinderte, zu schreien oder um sich zu schlagen. Aber noch ehe er sich wieder in der Gewalt hatte, sagte Hall mit karg bemessener Stimme, die keinen Widerspruch zuließ: »Kamerad – mal mitkommen – Landesleitung – Fragen regeln – klarstellen.«

Der Gefangene war sich klar darüber, daß jeder der Leute um ihn Bescheid wußte, und alle Fragen und Zweifel längst endgültig geregelt und klargestellt waren. Aber die Angst trieb ihn zu unsinnigen Hoffnungen.

Keiner der Hunderttausende, vielleicht Millionen, die von einer der neuzeitlichen Polizeien verhaftet worden sind, war sich nicht ganz genau im klaren darüber, was ihn erwartete. Und doch haben sich neunundneunzig von hundert abführen lassen. Er versuchte, uns zu überlisten, und sagte mit kaum wiedergewonnener Stimme: »Gut, natürlich, ich sehe das ein. Ich komme gleich zurück; ich muß auf den Bahnsteig, eine Dame abholen.«

Einer konnte sich nicht enthalten, hell über die Einfalt zu lachen. Aber ein Mann, der seit dem rheinischen Abenteuer 1923 an der Saar war, ein Kerl mit stark gewölbten Schläfen, kleinen, unsteten Augen, verkümmerter Nase und einem böse gefältelten Mündchen, drängte sich eng an den Gefangenen, stieß ihm eine Pistole durch die Rocktasche in die Seite und pfiff zwischen den Zähnen: »Du gehst mit, augenblicklich, oder ich knalle dich über den Haufen.«

Hall sah mißbilligend auf den Voreiligen und wandte sich an Bruno Schelm mit einem beruhigenden Vorwurf: »Du siehst – böses Blut – ruhiges Gewissen – mitkommen.« Bruno nickte nur. Er verging vor Angst. Er hätte zu einer Pfütze schmelzen wollen, um unter unseren Füßen wegfließen zu können. Nichts anderes als die Pistole machte ihn gefügig.

Ein Mann legte den Arm um ihn, unter Brunos Jacke, damit die Waffe, die er in der Hand trug, unsichtbar blieb. Und wir anderen verließen um die brüderlich Umarmten herum, Arm in Arm, lachend und im Gleichschritt den Bahnhof, wie eine siegreich heimkehrende Fußballmannschaft. Wir rieben uns fast an den Posten der Ordnungstruppen, die in jenen Tagen auf alles gefaßt die Straßen besetzten. Das Land sah aus wie eine Wohnung während eines Umzugs. Immer lustig gingen wir an der Schenke »Das Reich« vorüber, Sitz des Stabes der SS, vor der die Schläger der Sturmabteilungen sich herumlümmelten. Der Gefangene lächelte ein jammervolles Lächeln, um beflissen zu zeigen, daß er selbst

nicht durch ein trauriges Gesicht um Hilfe zu rufen versuchte, denn er spürte den verstärkten Druck der Pistole gegen seinen Rücken.
Aber an der Ecke der menschenleeren Vorortstraße angekommen, von der aus das niedrige, graue Haus der Landesleitung einer der Volksfrontparteien sichtbar wurde, blieb der Gefangene wie angewurzelt stehen, wie ein Rind vor dem Viehwagen. Wieder war es Hall, der auf ihn einredete: »Keine Geschichten - rasch erledigt - ein Mann, kein Waschlappen.«
Der Mensch in unserer Mitte sah sich verzweifelt um und erkannte mich. Ich erschrak, ich wurde rot, aber noch ehe ich einen Gedanken hätte fassen können, hatte er sich aufschluchzend an mich geklammert und flehte: »Valtin, Valtin, wir kennen uns doch. Du weißt doch, daß ich ein guter Genosse bin, es ist nicht wahr, es ist nicht wahr, ich habe nichts getan, hilf mir, hilf mir doch!« Er fuhr fort zu stammeln. Ich hörte ihn nicht mehr. Die Schande brauste in meinen Ohren. Sein Gehabe war ekelerregend, jammervoll und unangreifbar wie die Beschimpfungen einer betrunkenen Dirne. Ich erstickte fast, und das Brausen der Schande verstärkte sich und ließ meine Augen flimmern, als ich mich sagen hören mußte: »Aber ja, Bruno, aber ja, wir waren immer gute Freunde. Geh mit, geh mit. Nimm dich zusammen, ich helfe dir, ich bleibe bei dir.« Er ließ mich nicht mehr los, und obwohl er mir wehe tat, so fest klammerte er sich an mich, und obwohl seine Berührung mich anekelte, und obwohl ich die Schande kaum ertragen konnte, führte ich ihn, weil dazu noch am wenigsten Kraft und Mut gehörte.
Wir konnten ohne jeden weiteren Zwischenfall durch den Hausgang in den Hinterhof und von da aus in eine Stube zu ebener Erde kommen, deren Läden und Türen wir sorgfältig schlossen. Hall wählte eine Nummer, fragte: »Karl, bist du es?« und fügte nur noch hinzu: »Er ist da.«
Karl Wander kam nicht allein; seine Leibschreiberin

Marai begleitete ihn mit einer Ledertasche unter dem Arm. Sie war ein starkes Geschöpf mit den Knochen eines Pferdes. Vorläufig war ihre Haut erst zwanzig Jahre alt und so frisch, daß sie das Gerüst unter ihr vergessen machen konnte. Sie veränderte die Luft. Sie befremdete, weil sie kühl und geschäftig ihre Ledertasche öffnete, Papier und Schreibzeug bereitlegte und ihren Herrn wartend ansah. Wo glaubte sie sich? Mehr aber noch reizte sie. Denn die Gegenwart von Frauen bei Handlungen, wie wir sie vorhatten, ruft eine schwüle, berauschende, alles vergessenmachende Luft hervor – es ist keine Luft, es ist eine Feuchtigkeit, in der man badet.
Ihr Herr spürte es wohl, und ihm war übel zumute. Er war ein schlichter Eingeborenenfürst, in dessen abgelegenes, kleines Reich sich unvermittelt ein geschlagenes Heer gerettet hatte. Sie ließen ihn am Platz und erwiesen ihm Ehrbezeugungen, aber offensichtlich nur, weil sie nur über ihn zu seinen Untertanen gelangen konnten, deren sie bedurften, um hastig ihre Reihen für eine letzte, verzweifelte Schlacht zu füllen. Es war nicht zu verbergen, daß sich in Wirklichkeit der geringste der fremden Soldaten dem Alten haushoch überlegen fühlte. Bis zu dem großen Einbruch hatte er gemütlich die »Forderungen des arbeitenden Volkes« dem Landrat erzählt, der sie wohlwollend angehört hatte; er bestand nur aus Vertretern der »Arbeiterparteien« aller Kirchen. Es war nicht denkbar, daß ihn die Ereignisse nicht erschüttert hatten, aber äußerlich unbeirrt fuhr er fort, sinnlos zu arbeiten, ehrfürchtig, streng die gesetzlichen Regeln des Wahlkampfes zu beobachten. Er befehligte ein Heer von Schreibern, die Tag für Tag Einsprüche gegen Fälschungen der ausgelegten Wahllisten einsandten, Wagenladungen voll Briefe zur Post fuhren. Er fuhr nach Genf, um mit Säcken voll Klagen und unwiderlegbaren Beweisen hitlerischer Gewalttätigkeit in Vorzimmern zu warten. Es war fast wie ein Versuch, den Irrsinn einer Verfassung durch buchstabengetreue Befolgung zu beweisen. Er mußte die Ankunft der Amerikaner erlebt

haben, jener fünfzigtausend Leute, die man in den Vereinigten Staaten aufgeboten, weil sie an der Saar geboren waren und somit wahlberechtigt waren, auf »Kraft-durch-Freude«-Schiffen nach Deutschland gebracht, mit unbeschreiblichem Jubel empfangen, mit Reden, Gelagen, Fahnen und Spielen betrunken gemacht und mit Sonderzügen nach der Saar gebracht hatte, um abzustimmen. Er mußte gerade, während er vor uns saß, die Aufrufe und den Entschluß der französischen Regierung gelesen haben, die seiner Sache den Gnadenstoß gaben. Es war nicht mehr zu ersehen, ob sein Verhalten größte Tapferkeit oder größte Schwäche war.
Die Geschichte mit Bruno Schelm ging ihn an, weil er das erste und bedeutendste Opfer des Kundschafters war. Er hatte sich mit Versprechungen gefügig machen lassen, und Bruno hatte ihn bestohlen, vor allem aber die Namenlisten aller seiner Leute geraubt. Er übernahm den Vorsitz. Aber keiner glaubte an das Schauspiel. Wir waren entschlossen, den Mann mit oder ohne Zustimmung des alten Redners zu erledigen.
Wander begann seufzend und widerwillig: »Ein trauriger Fall zwingt uns, eine Untersuchung einzuleiten –«
Ihm selbst, wie uns allen, war es im voraus klar, daß seine Art »Beratung im Ausschuß« unmöglich war. Aber niemand hätte zu hoffen gewagt, daß es der Gefangene sein würde, der sich zuerst dagegen auflehnen würde. Er mußte wissen, daß er sich damit uns auslieferte, und man weiß, wie scharf, wie ungeheuer sicher und empfindlich der Instinkt eines Menschen in Todesangst wird, wie genau er aus jedem Tonfall jedes Wortes und jeder Gebärde eine Hoffnung erspürt, die winzigste Hoffnung einer Hoffnung.
»Schluß!« schrie er, »ich habe nichts gestohlen, und ich bin euch keine Rechenschaft schuldig, reicht eine Klage ein, wenn ihr mich verdächtigt. Schluß, ich gehe.«
Nein. Er mußte wissen, daß er nicht gehen konnte, und daß er nur den alten Wander gezwungen hatte, abzudanken. Hall und der Mann des rheinischen Abenteuers

bemächtigten sich gleichzeitig des Gefangenen. Hall begann, ihn zu durchsuchen.
»Nun«, sagte er, »wird es ernst, Spaß vorbei, muß sein, nun, wie es sich gehört.«
Schelm weigerte sich, seine Taschen selbst zu leeren und traf Anstalten, sich einer Durchsuchung zu widersetzen. Aber das böse Mäulchen des Mannes mit der verkümmerten Nase fältelte sich noch enger zusammen, und seine Äuglein leuchteten krank durch die Flüssigkeit hindurch, in der sie schwammen. Er fühlte seine Stunde gekommen, holte aus und gab dem Widerspenstigen zuerst einen furchtbaren Schlag ins Gesicht, dann einen Fußtritt mit voller Wucht in die Geschlechtsteile. Im Augenblick war Hall so unfähig wie Wander, einzuschreiten. Die Marai barg ihr Gesicht in den Händen und schrie auf; und ihr Schrei und ihre Tränen waren erregend. Bruno aber rang entsetzt und ächzend nach Besinnung und brach jäh so endgültig zusammen, daß er in einem unmenschlichen, grauenhaften Tone zu heulen begann; es war kaum zu verstehen, so sehr schrie er wie durch einen gurgelnden, blutigen Schlamm hindurch: »Nicht schlagen – hauhhh, nicht schlagen –«
Aber dieses erbärmliche Schauspiel, vor allem aber das unmenschliche Heulen, peitschte in allen einen solchen Haß auf – sie zuckten zusammen, wie gepackt von einer mächtigen Hand –, daß sie sich fast gegenseitig wehe taten, um als erste an den Elenden heranzukommen. Ich biß die Zähne zusammen, daß sie knirschten, und krallte meine Fingernägel in meine Schenkel, um dem Verlangen widerstehen zu können, gleichfalls auf den Heulenden einzuschlagen, um ihn schweigen zu machen. Es war das Opfer, das die Peiniger rief.
Wen rief er an? Aber warum, und warum jault er? Was ruft er? Gegen alle Erfahrungen, gegen alle Ordnungen, alle Gesetze und Instinkte? Was ist verlorengegangen zwischen dem Heulen und dem Zerrissenwerden, oder noch nicht entstanden?
 Jemand hieß ihn, seine Reithosen und die bekannten,

eisenklirrenden, Angst gegen die Angst erzeugenden Stiefel auszuziehen, die er angeblich gestohlen hatte. Er gehorchte eilig und unterwürfig und winselnd. Er entkleidete sich aller Würde und aller Mittel des Schrekkens. Als er in Unterkleidung vor uns stand, sah ich, daß er aus dem Unterleibe blutete. Er bat zitternd, durch seinen Mund voll Blut und zerschlagenem, geschwollenen Zahnfleisch nur noch mühselig murmelnd, unterbrochen von dem Gurgeln des Blutes in der Kehle: »Laßt mich – laßt mich – ich muß – ich muß.«
Es gelang Hall, sich zwischen die Angreifer und ihr Opfer zu drängen und Einhalt zu gebieten. Während der Mann mit dem Mäulchen zeterte: »Unsere Frauen und Kinder hat er verraten – unsere Genossen haben sterben müssen –«, suchte Hall den Gemarterten noch einmal sorgfältig ab, damit er kein aufschlußreiches Beweisstück bis zum Abort durchschmuggeln konnte. Hall bedauerte, daß sich die Unschädlichmachung unter solchen Umständen vollzog. Er hätte ein Gericht bevorzugt, dessen stummer Vollstrecker er geblieben. Deshalb sprach er nur das äußerst Notwendige. Das Wort war Sache der Richter, der Gelehrten, der Priester – so wenig es seine Sache war, das Urteil zu fällen, so wenig hätten Richter etwa selbst Hand an den Verdammten gelegt. Es stand Hall auf dem Gesichte geschrieben, daß er »es nicht in Ordnung fand«.
Wachen stellten sich im Hofe auf, und ich begleitete Schelm in die kleine Holzbude im Hof hinter die Tür mit dem ausgeschnittenen Herzen. Ich blieb vor ihm stehen, während er sich zitternd, mit den Bewegungen eines Blinden, setzte und sich bemühte zu beweisen, daß er wirklich auf den Abort hatte gehen müssen. Seine Wäsche klebte an ihm, und er stank entsetzlich; er hatte sich unter den Schlägen entleert. Ich hatte es erfahren, ich wußte, was nun in ihm vorging: mit einem namenlosen Entsetzen spürt man die ersten Schläge. Dann entfernt eine wohltuende Betäubung alles Geschehen und allen Schmerz. Man hört auf zu sein, und nur ein Tier in

uns schreit und winselt unaufhörlich weiter. Wenn aber eine Pause eintritt und die Besinnung und die Nerven langsam wiederkehren und auf die Wunden der zermalmten Glieder stoßen, dann überflutet eine vernichtende Angst alles Denken, und die Augen klettern wahnsinnig über die Wände ringsum, rennen gegen die Tür und suchen nach Ritzen in den Mauern. Noch nie hatte ich einen Menschen so vollständig besessen, wie ein Spielzeug, wie einen Hund, von dem ich hätte verlangen können, zu springen, zu knien; er hätte alles getan und alles darüber hinaus.

Aber ich hätte dadurch nichts erfahren. Ich nahm wahr, daß alles, was ich wußte und im Augenblick von ihm gelernt hatte, daß er nicht für Geld gearbeitet hatte, daß er sich, wie früher Abenteurer in Ritterkleidung und später in Bankiersröcke, in die große Gestalt unserer Zeit, die des Geheimen, gesteckt hatte, und daß er, wie viele, sich dadurch im sicheren Schatten der verborgenen Lenker wähnte. Hätte ich nur ein Wort gesagt, so wäre er zerflossen vor Unterwürfigkeit, vor Flehen, vor Hoffnung.

Ein Motor lief an. Ich berührte den Sitzenden leise mit den Fingerspitzen an den Schultern, um ihn zu ermahnen, daß die Zeit um war. Der Mann schrak zusammen, und ich legte ihm die Hand vollends auf die Schulter, damit er deren Wärme spürte. Er hatte auf alles verzichtet, auf Frauen und Freude. Er wollte einzig und allein, und er flehte mit aller Inbrunst darum, auf dem Abort sitzen bleiben dürfen. Ich zögerte eine Sekunde. Ich hoffte, daß irgend etwas später einmal siegen würde, aufstehen würde, eine Rettung, so wie jemand nur den Mut findet, sich zu entleiben, weil er damit rechnet, daß man ihn auffindet und wieder ins Leben ruft – ehe ich den Mann gehen ließ, um zu sterben.

VIII Das Spiel wird ernst

Während der letzten Tage, zwischen den Wahlen und der Veröffentlichung der Ergebnisse – denn eine undurchdringliche Verordnung hatte gewollt, daß sie erst drei Tage später kundgegeben werden durften – lagen die Arbeiterwehren in Bereitschaft. Es war eine Aussicht, eine gemurmelte, erwogene, gestammelte Aussicht auf Widerstand, die uns in Bann hielt. Falls wir eine starke Minderheit der Stimmen hätten buchen können, so hätten wir ohne Übertreibung annehmen dürfen, daß angesichts der Gewaltmaßnahmen der Gegner wir in Wirklichkeit die Mehrheit der Bevölkerung hinter uns hatten. Und wir hätten losgeschlagen – immer nach den nie eingestandenen Gerüchten – selbst wenn wir nur einen Teil der Saar hätten behaupten können.
Wir waren erregt, ungeduldig, schlaflos. Wir schlugen uns in vielen kleinen Scharmützeln und wurden verhaftet, meine Gruppe, die einmal die Gruppe Jockels war, und ins Gefängnis gefahren.
Durch die Fensterluken der Zelle hörten wir nach sieben Uhr Jubelschreie in den Straßen. Fahrzeuge fuhren immer zahlreicher, die Rufe folgten sich immer dichter und wurden zu einem ununterbrochenen Brausen. Um acht Uhr kam ein alter Wachtmeister uns besuchen und teilte uns mit, daß neunzig vom Hundert für Hitler gestimmt hatten. Wir lachten bleich und glaubten ihm nicht. Aber eine Kugel aus dickem Brei wollte mir nicht mehr die Kehle hinuntergleiten. Um zehn Uhr öffnete sich unsere Zellentür wieder, ein Kraftfahrer der Polizei in schwarzer Lederjacke trat ein, musterte uns und griff einen jungen Genossen heraus, den er in den Gang vor der Zelle zerrte. Wir hörten Gepolter, von Schlägen unterbrochen, unser Genosse wurde blutend und blau in die Zelle zurückgeworfen, und wir wußten, daß der alte Wachtmei-

ster die Wahrheit gesagt hatte. »Die Saar war deutsch«, und wir waren gefangen.

Im Verlauf des Tages mußten wir alle jene demütigenden Messungen, Abnahmen von Fingerabdrücken und Befragungen über uns ergehen lassen, welche zusammen mit der Ermüdung die Entmenschlichung aller Opfer einleiten. Noch am späten Abend, als geschlossene Lastwagen uns in das Landesgefängnis überführten, wußten wir nicht, wessen wir angeklagt waren. Wir erfuhren es: im Treppenschacht des Gefängnisses mußten wir uns in Abständen von drei Meter mit dem Gesichte gegen die Wand aufstellen, Wärter liefen mit Knüppeln hin und her, schlugen uns auf die Köpfe, traten uns und schrien: »Ihr Sauhunde ihr – ihr dreckigen Sauhunde – schlimmer als das Vieh – eine arme Frau überfallen und ausrauben – und dabei noch frech, heh, frech wie Rotz, aber wir werden euch beibringen –« Die Worte betäubten mich schlimmer als die Schläge. Sie brachten mich halb ohnmächtig in eine Zelle, und ich brachte langsam Ordnung in meine Gedanken: meine Lage war aussichtslos.

Man hatte uns eines gemeinen Verbrechens angeklagt, weil die politischen Vergehen von einem Gerichtshof des Völkerbundes, besetzt von ausländischen Richtern, behandelt wurden, ungerechnet der Amnestie, die alle politischen Gefangenen aus den Gefängnissen befreien würde, ehe die Saar gesetzlich von der deutschen Verwaltung übernommen werden würde.

Mörder und Diebe wurden von ordentlichen Gerichten, von einheimischen Richtern verurteilt. Die meisten waren hitlerhörig. Auch die übrigen würden ihr Amt nicht verlieren wollen – sie brauchten lediglich die Voruntersuchung nicht einmal zu verzögern, sondern nur nicht zu beschleunigen – es dauert immer mehr als zwei Monate, und in zwei Monaten war Schluß. Wir waren aufgehoben wie in Einmachgläsern.

Ein Schließer kam zu mir in die Zelle und tröstete mich mit Worten, die mich vollends verzweifeln ließen: »Armer Kerl, du bist aber schön in der Scheiße. Wie hast du dich angestellt, um da hineinzugeraten. Es gibt nur noch eine Rettung, stell dich um, stell dich um, ehe es zu spät ist.«

Und es war leicht anzunehmen, daß kein Mensch in dieser Stunde an uns denken würde. Selbst wenn – mußte er annehmen, wir seien über die Grenze geflüchtet! Denn welche heillose Flucht mußte begonnen haben.

Ich hatte einmal für die Sache leiden wollen. Ich hatte stolz und laut vor den Richtern gestanden. Aber das hatte ich nicht gewollt, es war mir nie so ernst gewesen, zu keiner Stunde meines Lebens so nackt unbarmherzig stumm ernst gewesen wie in dieser Situation. Ich konnte an die Wände pochen, ich war versucht, wie ein Tier zu schreien, aber sie lehnten es ab, den Handel rückgängig zu machen. Sie hatten entschieden, mich jetzt leiden zu lassen. Ich stritt mit ihnen, ich sagte, daß ich die Sache verloren hatte, daß es ein Spiel gewesen war. Vielleicht hatten die Braunen uns auf diese Weise gefangen, um den Tod Brunos zu rächen. Ich sagte, daß ich nur zufällig damit zu tun gehabt hatte. Aber die Wände blieben die Wände.

IX Die Fahrt aus der Geschichte

Mit uns war ein junger Bursche verhaftet worden, Sohn einer Witwe, die sich kümmerlich durchschlug. Und während kein Hahn nach uns krähte, lief jene Frau durch das tolle Durcheinander der Auflösung von Schreibstube zu Schreibstube einer Regierung, die niemand mehr anerkannte, nach jeder gleichgültigen oder spöttischen Antwort nur noch wilder schreiend und ihr Kind fordernd. Sie scherte sich nicht um Parteifarben, sah nicht, was um sie vor sich ging, und sie erreichte, daß einige Völkerbundsleute doch aufmerksam wurden. Damit waren wir gerettet. Innerhalb einiger Stunden war alles erledigt. Wir waren der beraubten Frau gegenübergestellt worden, die mit Bestimmtheit versichert hatte, daß wir ihre Angreifer nicht waren. Wir waren frei.

Ich lief von Haus zu Haus und alle Verantwortlichen, Schreiber und Rechner, Priester und Krieger, hatten sich gerettet. Ihre Wohnungstüren standen offen. Nur einige hundert kleine Leute lungerten in den Wirtschaften umher.

So weit waren schon alle unsere bekannten Leute und gewohnten Führer, und so völlig geschlagen und hirnlos war die Menge in den französischen Grenzbahnhöfen, daß ein hinkendes, irrsinniges, benachteiligtes Männchen an die Spitze der herrenlosen Herde geraten konnte und sie eine ganze Nacht hindurch führte, ehe man seiner Verfassung gewahr wurde. Natürlich wurde er bei erster Selbstbesinnung abgeschüttelt, wenn er sich auch leidenschaftlich an seinen Platz klammerte.

Es begann in den wackligen Buden des Grenzbahnhofes am zweiten Morgen nach dem Ende alles dessen, was einige Tage zuvor, jenseits der Grenze den meisten noch wert erschienen war, gelebt und gelitten zu werden. Die Köpfe waren leer wie ein Jahrmarktsplatz nach dem

Wegzug der Schaubuden. Das hastige, farbenfreudige Feuerwerk der Saarhoffnungen war erloschen. Der alte Wander hatte den Anschluß versäumt. Eigentlich hätte er wie die anderen Großen schon längst in Paris sein müssen, aber er stand, seiner Würde entblößt, fröstelnd, des Gewichtes seines Amtes ledig, hilflos und betreten abseits von den übrigen Flüchtlingen – Männern, Frauen und Kindern, die, in allerhand Decken und Mäntel gehüllt, durcheinander standen und saßen, etliche mit Koffern, viele ohne jede Habe. Mit jedem Zuge kamen andere an, mit denen ein Wort zu wechseln verboten war, ehe sie nicht durch Vernehmung und Prüfung gegangen waren. Ihre Gesichter waren die von Überlebenden am Morgen nach einem Schiffbruch, und die Leute, die sie auf dem Bahnsteig erwarteten, lasen die Gerüchte und die Spuren in den Augen der Ankommenden auf wie Bruchstücke, die das Meer an den Strand gespült hat, um daraus die Geschichte des Unterganges zusammenzusetzen. Mit Beklemmung und Erstaunen sahen sich die Leute an – sie konnten nicht fassen, daß sie gestern noch zusammen denselben Traum geträumt hatten.
Die Ankömmlinge brachten Gerüchte mit, die wie eine würgende, schwere Luft unter den Wartenden blieben, obwohl doch die meisten schon außer Gefahr waren. In Röchlingen waren sieben Leute erschlagen worden, in Neunkirchen vier, oder umgekehrt. Ein Holzhändler, der hatte fliehen wollen, war von einem Landjäger erschossen worden, den keiner zur Rechenschaft zu ziehen gedacht hatte.
Die Mehrzahl der Flüchtenden wagte nicht mehr, einen Zug zu nehmen, weil die Bahnhöfe in vielen Orten belagert waren, sondern ging in kleinen Rotten, die Waffen in der Hand, über die Grenze, in der Nähe der Goldenen Bremm, durch den Warndtwald oder andere Löcher.
Diesseits der Grenze erwarteten sie die Elsässer und kauften ihnen die schönen, neuen Waffen für billiges Geld ab.
Gegen neun Uhr stiegen einige Männer auf die Rampe,

auf der sonst die Koffer für die Zolluntersuchungen geöffnet wurden. Alle Leute sahen ihnen zu, verfolgten beklommen jede Bewegung, jedes Räuspern, und tausend Augen hefteten sich angstvoll und ahnungsschwer auf die Papiere, die sie in Händen trugen. Denn aus den Worten, die die Männer auf der Rampe sich augenscheinlich zu sprechen anschickten, und aus den Sätzen, die auf den Papieren geschrieben waren, erwuchsen die ersten Fingerzeige über die Zukunft. Die Wartenden schickten sich an, begierig und artig zuzuhören, bereit, jedes Wort wie Gottes eigenes Gebot anzunehmen, das ihre Zukunft beschrieb. Sie, die Vorhut der Menschen, die ihr Leben lang für die Zukunft eingetreten waren und mit Lebensaltern wie mit kleinstmöglichen Zeitmaßen der Geschichte gerechnet hatten.
In jenem Augenblick hinkte das Männchen in das öffentliche Leben. Seine wie Faßdauben gebogenen Beine steckten in weiten Streifsamthosen. Er ruderte heftig mit den Armen und machte zu jeder nützlichen Bewegung drei überflüssige Gebärden. Es war augenblicklich klar – aber wer hatte dafür Augen – daß der Mann sich selbst zu klein für den Platz fühlte, den zu behaupten er trotzdem vorhatte, weshalb er sich blähte und spreizte, um die anderen zu täuschen. Er war von einer herausfordernden Angst erfüllt; er zog die Augenbrauen hoch, so daß sie die unteren Halbbögen der Tränensäcke zu einem Kreis vollendeten und schaute aus der Mitte dieser Pfannen heraus, ernst und väterlich, zu dem Volke hinunter, wie um zu sagen: »Ich bin streng und gerecht, seid folgsam, und ich werde gut sein, aber ich kann furchtbar werden.« Aber gleichzeitig flackerte in seinen Augenwinkeln eine Unsicherheit, die sich zu einer flehenden Bitte steigerte und verriet, daß er zum ersten Male in seinem Leben Gelegenheit hatte, führen zu dürfen, und daß er davon geträumt haben mußte, bis zum Irrsinn geträumt haben mußte. Er wollte nur eine kleine Weile lang geduldet werden. Er lugte hinter seinem gestrengen Blick hervor wie ein Hund, der dabei ist, eine Hündin zu dek-

ken und nach dem Besitzer seiner Partnerin schielt, der sich mit einem dicken Prügel nähert. Er hatte nicht viel zu sagen: eine lange Liste von Namen wurde verlesen, und alle Aufgerufenen mußten zur Seite treten! Ich war unter ihnen. Hall blieb unverkauft. Die Nichtgenannten und die Auserlesenen sahen sich an und fragten sich, wer von beiden Haufen gewonnen hatte. Wir mußten uns in Viererreihen aufstellen, wurden auf einen Bahnsteig geführt, Soldaten teilten uns Brot und Fleisch zu, und nach einer Weile Wartens lief ein leerer Zug ein, den wir zu besteigen hatten. Ich fand mich in einem Abteil mit Leni, der Schreiberin einer Zeitung, und ihrem Manne Albert nebst Unbekannten, von denen wir sogleich nur noch die Rücken sahen, denn sie hängten sich in Trauben aus den Fenstern.
Der Zug wartete noch sicherlich fünfzehn Minuten, Zeit genug, um jene tödliche Langeweile entstehen zu lassen, die uns immer peinigt, wenn das letzte Wort gesagt und der letzte Händedruck gewechselt ist, und wir uns immer noch ansehen müssen und von neuem ein Wort tauschen, das wir immer schwer finden, und der Zug fährt immer noch nicht ab. Es wurde ein wenig gescherzt, aber das Lachen klang gefroren. Keiner wußte, wohin die Fahrt ging. Obwohl alle darauf warteten, überraschte alle der erste harte Ruck des anfahrenden Zuges so sehr, daß einen Augenblick lang keiner einen Ton hervorbrachte. Und ebenso plötzlich schrien die Zurückbleibenden, und die Abfahrenden antworteten wild und verzweifelt lustig: »Freiheit, Freiheit.« Sie wiederholten das Wort, insgeheim erschüttert und fassungslos vor der Gewalt, mit der dieser Ruf sich in dieser Stunde ihrer bemächtigt hatte.
Ich hatte nicht den Mut, aus dem Fenster zu schauen. Das Ende eines Fadens schien an einen Grenzpfahl geknüpft, und der fahrende Zug schien ihn immer rascher aus meinem Leibe zu ziehen. Es verursachte einen feinen, schneidenden Schmerz, und der Faden wollte nicht aufhören. Er lief durch die Eingeweide und das

Herz und schnürte die Kehle zusammen. Es wurde unerträglich und endete in einer jähen, niederschmetternden Erkenntnis: ich wußte nichts von dem Lande, das ich verließ, es war zu spät.
Leni ließ ihr feinblondes Köpfchen in den verschränkten Armen auf die Knie fallen. Ihr zerbrechlich zarter Körper wurde von einem haltlosen Schluchzen geschüttelt. Albert und ich versuchten unbeholfen, sie zu trösten. Wir wagten nicht, zu laut zu werden, wir hatten Angst, etwas Empfindliches zu zerstören. Sie schüttelte verneinend den Kopf und sagte, nur in ihren Schoß jammernd: »Nein – nein – nein – nein –« Albert fuhr fort, sie behutsam zu trösten, über ihre blonden Haare zu fahren und ermutigende Bilder der nächsten Zukunft auszumalen. Aber sie antwortete ihm wild – wie auf eine Beleidigung –, sie biß in ihr Taschentuch, um ihr Weinen zu überwältigen, und immer wieder unterbrachen Schluchzen und Tränen ihre Worte: »Es ist nicht wahr, es ist nicht wahr, und du weißt es, du lügst, wir werden hin und her gestoßen werden, die Leute werden uns scheel ansehen, überall, überall. Fremde, Fremde. Menschen zweiten Ranges überall, in Lagern hungrig und schmutzig, es ist aus, alles aus; wir werden alt sein, wenn wir je wieder werden zurückkehren können, und dann in unserem eigenen Lande Fremde sein. Es ist aus, ich wollte ich wäre geblieben, und ob es auch Elend, und ob es auch der Tod –« Albert vergaß, sie zu trösten, und er wagte kein Wort mehr zu sagen. Er sah mich nicht an, und ich sah ihn nicht an. Wir hatten Angst, uns unsere Gedanken einzugestehen.
Wir fuhren bei mondheller Nacht durch das Rhônetal. Wir aßen, tranken, träumten. Nur Leni schlief, müde vom Weinen, wie von einer überschweren Anstrengung. Einer nach dem anderen taute auf und erzählte sein Abenteuer. Ich hörte zu, hungrig zu erfahren. Es war zu spät, es war zu spät, um das Land kennen zu lernen, das wir gerade verlassen hatten, meine eigene Jugend, meine eigene Zeit, und ich las begierig aus den Erzählungen

der Nachbarn. Ich erfuhr, was sich zugetragen hatte, während wir im Gefängnis gesessen hatten: die Arbeiterwehren füllten den großen Saal der »Arbeiterwohlfahrt« aus. Hinter dem Tisch des Vorstandes auf der Bühne wartete der Lautsprecher. Alle Leute trugen ihre Armbinden und blieben in Rotten und Hundertschaften geordnet beisammen. Denn keiner wußte, was nach dem Bekanntwerden der Ergebnisse getan werden mußte.
Zwei Minuten vor sieben wurde der Lautsprecher eingeschaltet. Auch Max Braun trug eine Armbinde. Er stand vor dem Lautsprecher, als die Ziffern ausgeschrien wurden. Nie in meinem Leben habe ich einen Menschen so plötzlich erstarrt, so versteinert gesehen. Er war bleich, kein Tropfen Blut mehr in seinen Lippen. Er zitterte und konnte kaum die Worte herausbringen, um zu sagen: »Genossen, für lange Zeit ist es aus. Singen wir zum letzten Male gemeinsam auf deutschem Boden: *Wohlan, wer Recht und Freiheit achtet* –«
Aber schon während des zweiten Verses – *wenn auch die Lüge uns noch umnachtet* – löste sich die Ordnung auf. Leute traten sich auf die Füße, ohne sich zu entschuldigen. Wir waren kaum noch dreißig Mann, als wir die letzten Worte des Liedes sangen. Die Straßen rings um die »Arbeiterwohlfahrt« waren mit abgerissenen Armbinden übersät.
Eine Menge Leute liefen von Abteil zu Abteil, sei es aus Langeweile oder Neugier, oder um Bekannte zu finden. Einer fragte Albert: »Wo haben wir uns schon gesehen?« und sie suchten: »Auf dem Jugendtreffen in Leipzig? In Wien?«, »Oh, erinnerst du dich der Tage –?« Und alle Leute, die zu uns kamen, blieben, als die großen Tage wieder aufstanden, und ich wagte kaum zu atmen, ich hörte alles, trotzdem ich es erlebt, wie neu.
»Als die Polizeischüler uns mit Bajonetten angriffen, im sinkenden Abend, unheimlich war das Blitzen der Waffen, die in Reihen gegen uns vorgingen wie eine Maschine –« – »Als die Arbeitersportler aufmarschierten, voran ein Trommler- und Pfeiferkorps von fünfzehnhun-

dert Mann, stellt euch vor, allein die Trommler und Pfeifer fünfzehnhundert Mann, und dann die Fahnen, Fahnen, eine halbe Stunde lang nur Fahnen, aus Deutschland, aus Österreich, aus Böhmen, aus Frankreich, aus allen, allen Ländern. Wer hätte damals gedacht –«
Alle verstanden, was damals keiner gedacht hatte. Das große Rätsel war wieder gestellt. Und der Gedanke an das Ende griff allen an die Gurgel, wir spürten plötzlich, daß wir uns mit jedem Takt der Räder auf den Schienen weiter entfernten, aus unserer Welt heraus, daß unsere Erinnerungen immer mehr verblichene Bilder eines Todes wurden. Und fast ohne Überleitung sangen wir das Lied der Wiener Arbeiter, vielleicht aus Trotz, vielleicht um uns zu trösten, vielleicht gerade weil es ein Hohn auf unser Elend war:

Wir sind das Bauvolk der kommenden Welt,
wir sind der Sämann, die Saat und das Feld,
wir sind die Schnitter der kommenden Mahd,
wir sind die Zukunft und wir sind die Tat.
So flieg, du flammende, du rote Fahne,
voran den Weg, auf dem wir ziehn,
wir sind der Zukunft getreue Kämpfer,
wir sind die Arbeiter von Wien.

Immer noch kamen Schlaflose in unser Abteil, angezogen von unseren Liedern. Der alte Wander erkundigte sich besorgt: »Kennt einer den Transportleiter? Ich habe ihn noch nie gesehen, er gehört keiner Partei an, er war nicht in der Volksfront«, und als keiner ihn kannte, wurde er deutlicher: »Ich glaube, er ist verrückt –.« Es war so offensichtlich, daß der Alte aus den Trümmern seiner vergangenen Würde Münze schlagen wollte, um an der Stelle des Verrückten zum Transportleiter aufzusteigen, daß wir vor Scham schwiegen, bis sich einer aufraffte und ihm mit rüden Worten die Tür wies.
Nach ihm kam ein junger Münchener, der uns gleichfalls von dem Narren erzählte. Er bewies uns klar und eindeu-

tig, daß wir tatsächlich von einem Irren geführt wurden – wohin? »Er hat uns erzählt«, berichtete er, »daß er zehn Jahre in der Fremdenlegion gedient habe. Was ihm besonders am Herzen gelegen hat, war, uns die wunderbare Kameradschaft der Legionäre und die noch erstaunlicheren Eigenschaften der Dromedare glauben zu machen; er behauptet, in einem Kamelreiterregiment gedient zu haben, ich weiß nicht, ob es das überhaupt in der Legion gibt. Er hat uns geschildert, daß jene seltsamen Tiere so schnell rennen, daß sie zweihundert Meter brauchen, um aus dem vollen Galopp zum Stehen zu kommen. Daraufhin habe ich ihn gefragt: ›Gesetzt der Fall, dein Kamerad neben dir stürzt verwundet vom Tier, der Feind ist nahe; läßt du deinen Kameraden dann im Stich, nur weil dein Reittier schlecht bremst?‹ Das hat ihn betroffen gemacht. Er hing an beiden Erinnerungen, an der Kameradschaft wie an den Dromedaren, mit gleicher Treue. Aber er hat eine Antwort gefunden. ›Dann lasse ich mein Tier im Kreise um den Verwundeten herum sich auslaufen.‹«

Wir waren durch die Nacht wie durch einen langen, langen Tunnel mitten durch die Erde gefahren, denn am Morgen waren wir auf einer anderen Seite der Welt. Fremde, hellbraune Ebenen, ganz plötzlich von Schluchten kleiner Flüsse durchrissen, von wilden, felsigen Rükken überragt, deren olivgrünes Buschwerk noch freie Tiere bergen mußte. In der Ebene zerstreut lagen Gehöfte, so umfangreich wie kleine Weiler. Der Zug hielt oft, um andere Züge vorbeizulassen, denn er war nicht fahrplanmäßig. Wir sahen mit Muße, daß die Höfe groß waren, nur, weil man die Mühe gescheut hatte, zerfallende Scheunen und Wohnhäuser niederzureißen, und sie einfach durch danebengebaute ersetzt hatte. Wir sahen Ochsengespanne Karren ziehen, die Stirnen starr mit Deichseln verbunden, von Jahrtausenden unberührt, mit altertümlichen Jochen, wie wir sie auf römischen Töpfereien abgebildet gesehen hatten. Fuhrleute folgten langsam, die Tiere mit einem Stachel treibend und lenkend, das Hemd über den Hosen tragend. Sie erhoben die Augen nicht zu den Bergen und nicht zu dem Bombergeschwader, in dessen Gedröhn das Blau des Himmels zitterte. Wir waren ungewaschen, die Kleider der Frauen zerknüllt, die Kinder verheult. Wir spürten einer in des anderen Augen, wie wir die Demütigung kaum noch ertragen konnten. Immer neue, unvorhergesehene Umstände – dieser Zug, der nicht fahrplanmäßig war, dieses Land, das uns ausschloß – vertieften die Not und machten uns hilfloser. Wir schämten uns nicht mehr der Tränen in den Augen und sangen mit trockenen, heiseren Stimmen immer wieder:

Wir sind das Bauvolk der kommenden Welt,
wir sind der Sämann, die Saat und das Feld,
wir sind die Schnitter der kommenden Mahd,
wir sind die Zukunft und wir sind die Tat.
So flieg, du flammende, du rote Fahne,
voran den Weg, auf dem wir ziehn –

Immer wieder kam einer auf die Vergangenheit zurück. Die Erzählungen, die Müdigkeit und der Schmutz setzten sich wie Staub über den einen großen Schmerz, die Reue über einen endgültigen Verlust. Ich hatte etwas verspielt, das weiter ging als mein Leben. Während ich spürte, wie die Vergangenheit immer fremder wurde und nur noch die Erinnerung an eine gewesene Klarheit blieb, folgte ich den Worten, hungrig nach einem Troste. Es schien, als empörten sich die Genossen gegen ein Urteil: sie waren jung und wollten nicht bezahlen und leiden für die tote Hülle einer merkwürdig gewordenen Erfindung, eines sonderbaren Gespenstes. Sie versuchten, mit ihren Erinnerungen – immer mühseliger aus der entschwindenden Zeit geholt – die Vergangenheit wieder zu beleben und fügten doch nur Schatten an Schatten zu der Erscheinung eines Toten. Schon rief er das bekannte ungläubige Erstaunen hervor: hatten wir das wirklich geschrien, waren wir wirklich so marschiert, hatten wir

verbotene Uniformen auf Bühnen getragen, um sie sofort nach dem Schauspiel in Papier einzuwickeln, hatten wir abtrünnige Junkerssöhne als Helden gefeiert, weil es einer geheimnisvollen Diplomatie der Zukunft so gefiel, uns über den »Verrat an Südtirol« in heiligen Zorn geredet, Wahlkämpfe ausgefochten, in denen wir nur die Nummer drei unserer Liste den Nummern eins und zwei gegenübergestellt hatten, in denen jede Nummer einen Vorschlag zur selben Einheit, zur nebelverhüllten Tür aus dem Elend, bezeichnet hatte, ein kopfloses Drängen zu einem letzten Ziel, das alle beschleunigt hatten? Alle Verlierenden hatten für den einen Sieger gearbeitet.
Und während aller jener Jahre hatte mich nie das Unbehagen verlassen, stets hatte ich gespürt, daß in allen Programmen und Vorschlägen geheime Angebote sich mitteilten, die allein von den Menschen gehört wurden, und wenn etwas widerstand, so nie eine Lehre einer anderen Lehre, sondern eine Verheißung einem Handel, ein Traum einer Angst. Immer hatten mich die Augen meiner kleinen verwahrlosten Kameraden der Landstraßen gerufen, aber alles, was ich denken konnte, war nur noch Totenklage, Jammern über Unwiederbringliches. Eine Bewegung hatte begonnen, unübersehbar, und wir flüchteten vor ihr, sie nicht kennend, nur fürchtend.
Wir hielten im Bahnhof eines Städtchens und sahen italienische Pächter im Garten einer Wirtschaft mit großen Holzkugeln, andere ein Spiel spielen, zu dem sie Finger vorzeigten und uno, quatro, cinque riefen. Wir sahen junge Mädchen, stolz auf herzzerreißend armselige Fähnchen und weiße Bastschuhe, mit jungen Leuten tanzen, die zu Alltagskleidern nur ein farbiges Halstuch trugen. Die Felder waren mit Tabak und Weizen bestellt. Wir waren alle sterbensmüde, und nichts mehr hielt uns wach als die Erwartung des Zieles. Wir mußten bald am Ende der Welt sein. Keiner wußte, wer es erfahren und auf welche Weise, aber alle glaubten es, als ein Name von seltsam bezauberndem Klang von Mund zu Mund ging: Toulouse. Die Felder wurden rosagrau und langsam zu

einem einzigen Weinberg. Als wir in Toulouse ankamen, warteten schon am Bahnhof die Tanten aus dem Nachtasyl der Heilsarmee, die mit dem allerersten Flüchtlingstransport angekommen waren.
Nachdem wir zum ersten Male wieder richtig geschlafen hatten, fegte ein wütender Sturm des Unwillens das transportleitende Männchen weg. Aber um den leeren Platz begann sofort ein schwieriger, tückischer Buschkrieg vielerlei winziger Stämme gegeneinander, der die wenigen Friedfertigen in eine schmerzliche Einsamkeit verbannte.

Später begannen Monate, im voraus begrenzt, die zwischen Zäunen aus Fremdengesetzen und Verdienstmöglichkeiten verliefen. Ich regte mich, tat mich um, ich wollte Arbeit, ich ging nach Paris, das Mädchen aus der Buchhandlung erwartete mich, ich ging in eine Berufsschule. Ich wurde auf die Polizei geladen, ich lernte die Kaffeehäuser der Flüchtlinge bis zum Erbrechen kennen; ich suchte in der Erinnerung, ich wollte das Geheimnis von Paris gewinnen, ich las, folgte endlosen Diskussionen, es war ein dauerndes Schweben, Fallen, Verzweifeln, Erstaunen, Umsichschlagen, Hoffen, Warten, Hungern, bis mich eines Tages das berauschende Gefühl vollends davontrug, das Gefühl, Boden unter den Füßen zu haben.

X Die Pestboten

Erst als uns der Wagen dritter Klasse aussetzte, verließen wir recht die Stadt. Der Zug entfernte sich so eilends, daß ihm der Graf argwöhnisch nachsah – die Gegend schien nicht geheuer zu sein. Er zauderte. Der Bahnhof ohne Stadt ließ ihn ohne Rat, wie einen Lahmen ohne Krücken. Er raffte sich auf, sah mich unter seinen großen Augenlidern hervor, deren eines in edler Nachlässigkeit halb geschlossen war, an und sagte weltmüde: »Mein lieber Haueisen, da wären wir nun.«

Ich hörte ihn nicht mehr. Denn seit der eiserne Vorhang des wegfahrenden Zuges sich vor der Landschaft aufgetan hatte, war ich von der Stille, dem Inbegriff der Stille, gefangen. Die vier Bogenstriche der Geleise verhallten in einem einzigen Punkte der Ferne. Die Bahnsteige waren menschenleer. Hinter und neben dem Bahnhofsgebäude zitterten die Gärten in der vollendeten Stille, die nur das verschmolzene Geräusch unzähliger Millionen Halme, Blätter und Kleintiere erzeugen kann. Über all das hinaus enthielt die Stille einen nie vernommenen Bestandteil.

Der Graf sah mich mit der wohlwollenden Geringschätzung an, die ein klardenkender Mensch für einen Träumer übrig haben kann, ersetzte einen Seufzer durch eigens dazu geschaffene Falten in der Stirne, denn es ging gegen seine Lebensart, hörbar zu seufzen, und nahm seine Koffer auf, Zeugen seiner großen Zeit, unter denen besonders einer, der wie ein lederner Blasebalg aussah und mit bunten Marken aus aller Herren Gasthöfen beklebt war, Ehrerbietung heischte. Aber auch die noch guterhaltenen Schuhe, der sorgfältig geschonte, englische Anzug, ein heller Hut und schweinslederne Handschuhe, welch letztere gerade durch ihr Alter vornehm wirkten, machten ihn zu einem großen Herrn.

Ich hatte nur eine braungestrichene Holzkiste, die einem Mann aus Toulouse nützlich gewesen war, ehe er sie mir geschenkt hatte. Sie war mangels Schloß und Riegel mit Bindfaden verschnürt, sah aber trotzdem besser aus als ihr Inhalt. Während ich sie mir auf den Rücken lud, versuchte ich immer noch zu enträtseln, was eigentlich an der Stille neu war. Es war nicht die Feierlichkeit und grundlegende Bedeutung eines ersten Tages. Es war nicht, weil ich zur Stunde einig mit mir war.
Wir gingen über die Gleise und durch den Wartesaal auf den Platz vor dem Bahnhof hinaus, ohne unserer Fahrkarten ledig geworden zu sein. Auf dem staubigen Platz, den große, gärtnerisch verstümmelte Platanen bewachten, standen einige Wagen ohne Fahrer. Das wenige Aufheben, das unser Erscheinen verursachte, wurde nachgerade beleidigend. Es blieb uns nichts anderes übrig, als aufs Geratewohl auf dem breitesten der drei Fahrwege voranzugehen, der hundert Schritte weiter in eine vielversprechende Landstraße mündete. Die unbekannte Stille verweigerte das Geräusch unserer Schritte. Wir waren nicht vorgesehen.
Der Graf war mißmutig ob der Ungewißheit des Weges, er scheute überflüssige Mühen, sein Leben bestand ausschließlich nur noch darin, sie zu vermeiden. Überdies traute er der Welt nicht mehr und wehrte sich selbst gegen den Duft der Fruchtbäume wie gegen betrügerische Werbemittel. Wir bogen in die Landstraße ein und erblickten fünfzig Meter weiter vor dem Tor eines Gehöftes die ersten menschlichen Lebewesen. Der Graf fuhr auf und sagte hastig: »Also es bleibt dabei: wenn man uns fragt, so nur, wir sind Flüchtlinge, wir arbeiten in den Eisenbahnwerkstätten von Canon, alles andere geht keinen Menschen etwas an.«
Meine Augen waren dabei, die blühenden Bäume, die wie Wiederkäuer im Grün liegenden Dächer der Scheunen und den strahlenden Himmel wie eine Ernte einzubringen, in die jäh die Worte prallten und meine Fuhren umwarfen, und ich wußte nun, was in der Stille beson-

ders und außerordentlich war: noch niemals hatte in diese Stille hinein ein Mensch Worte gesprochen, die aus einer so hundertfach elenden Vorgeschichte bedingt waren.

Landfremder noch als die Sprache, in der sie ausgedrückt, war ihr Geist. Sie waren wie eine erste Beflekkung – nie mehr konnte sich die Luft, die dazu gedient hatte, jene Sätze zu bilden, wieder in dem Blau und dem Duft auflösen.

Der Graf legte zwei Finger seiner rechten Hand an den Hut und erbat Auskunft. Während er sorgenvoll blieb, wie alle Vertriebenen, die sich die Seele wundgeirrt haben, so daß sie vor Launen und Gebärden der Bürger ihres Gastlandes zittern, sah ich mich, unter der Gewalt des Schauspielers in mir, begeistert auf die vier Männer schauen. Sie unterbrachen ihr Gespräch, nahmen ihre Pfeifen aus dem Mund, den sie nicht ganz wieder schlossen, und zögerten mit der Antwort. In mir entstanden Bilder voll biblischer Schönheit und voll Frieden mit Herden und Glocken. Diese Leute schienen mir noch von keiner Stadt verseucht, sie waren noch naturverbundene, bedächtige Säeleute. Statt uns Auskunft zu geben, stellte ein Mann mit listig funkelnden Augen eine Gegenfrage: »Was wollt ihr denn in den Werkstätten?« Er mußte ein Meister der schlauen Vorsicht sein. Nur lebenslange Übung von Ureltern ererbter Künste konnte ihn so rasch eine so vieldeutige, nach allen Seiten zugleich vortastende und absperrende Frage finden lassen. Sie lag uns wie ein Bündel Stacheldraht im Wege – wir konnten sie nicht umgehen, und wir konnten nicht darüber hinweg. Die Betonung des »ihr« allein enthielt nicht nur die Unterfragen »Wer seid ihr?« und »Wo kommt ihr her?«, sondern auch Rüge und Verdacht: »Eure Sprechweise und euer Verhalten, der Schnitt eurer Kleidung, alles an euch ist höchst sonderbar«. Die Unterstreichung des »was« und der »Werkstätten« jedoch ließ uns einen landeseigenen Streit ahnen. Erst später erfuhren wir, daß die Bauern zu sagen pflegten: »Wenn

deine Kuh nicht trinken will, dann setze ihr nur eine Eisenbahnermütze auf.«
Wir durften um keinen Preis antworten. Denn wir hätten nur neue Fragen heraufbeschworen und vom Hundertsten ins Tausendste kommen müssen, um zuletzt unsere ganze Lage wie eine abstoßende Krankheit vor den Fragern ausgebreitet zu haben, ohne deshalb etwas erklärt zu haben noch verstanden worden zu sein, und ohne Mitgefühl eingetauscht zu haben. Denn keine Heilslehre und keine Wissenschaft war so glatt und rund und vollendet, als der zu altersschöner Sitte und Brauch gewordene Haß Alteingesessener gegen das Fremde. Er war einfach wie ein Stock, keines Beweises bedürftig.
Wir mußten mit einem Dank gehen, nachdem wir aus Armbewegungen die Richtung des Weges erraten hatten. Wir spürten das Ungeheuer Neugierde uns auf den Rücken springen, und wir wußten, weil wir selber darunter litten, was es besonders reizte: was konnte zwei so gegensätzliche Menschen zu einer gemeinsamen Reise zusammengespannt haben? Wir gehorchten nur einer eisernen Notwendigkeit. Wir waren so empfindlich geworden, daß wir uns denken hörten, wie ein altes Ehepaar. Wir waren miteinander verbunden wie die Katze mit der Blechpfanne und schätzten einer die erzwungene Gesellschaft des anderen. Wir trugen mühselig eine schwere Last zwischen uns und schleiften die Neugier nach. Jeder gab dem anderen die Schuld an der bemerkenswerten Ungleichheit unserer Erscheinungen. Wir waren noch keine halbe Stunde im Lande – diesem neuen, unberührten Lande – und schon wieder ganz und vollständig in unserem Elend. Vergebens bemühte sich die Landschaft, uns zu trösten, indem sie die Gehöfte durch liebliche, bunte kleine Häuser ersetzte, mit Vorgärten voll Blumen wartete und die sanften, bewaldeten Hügel näher an die Straße rückte.
Es war, als sagte man uns: »Hier laßt euch nieder, hier laßt uns Hütten bauen«, aber verschwiege, daß im Brunnen eine Schlange, unter dem Dache ein Marder und im

Garten ein Wolf hauste. Uns peinigten die fragenden Blicke der Frauen, die, aus den Fenstern schauend, die Brauen falteten, als ob die Sonne sie blende. Ein letztes Spießrutenlaufen begann, als die Kinder, die ausgerechnet die Gemeindeschule zu der Minute verließen, als wir in Sicht der Werkstätten gekommen waren, uns umschwärmten und hinter uns herliefen wie hinter Bärenführern. Als wir endlich vor dem Tor der Werkstätten standen, waren wir keinesfalls erlöst. Denn es erwarteten uns Gewißheiten, um die Hoffnungen und Erwartungen zu ersetzen, die wir an unsere künftigen Arbeitsplätze geknüpft hatten. Und durch Erfahrung belehrt, mißtrauten wir.

Betreten fragten wir nach dem Leiter der Werkstätten. Und eine erste wohltuende Überraschung wurde uns beschert – der Mann kam sofort. Er war ein junger, blasser Mensch, fast ebenso schüchtern wie ein Meßknabe. Er nahm das Schreiben, das ihm der Graf entgegenhielt, so wie man einen Stock einem Hunde hinhält, damit er da hinein statt in das Bein beißt, sagte wahrhaftig »Danke schön«, las und rief aus: »Hahah, sehr gut, das können wir brauchen, einen Anzeichner und einen Schweißer.«

Ich war durch so viel Liebenswürdigkeit glücklich verwirrt, und es verdroß mich zu sehen, wie mein Gefährte sich durch die bloße Erwähnung der Berufe schon in die Flucht schlagen ließ. »Wissen Sie«, sagte er verlegen und sah den Chef bittend mit hängendem Munde an, »ich bin nicht auf der Höhe. Meine Augen ertragen nicht mehr recht die Schweißflamme, ich würde lieber eine einfachere, ruhigere Arbeit –«

Ich weiß nicht, was sich meiner so unwiderstehlich bemächtigte, oder vielmehr, es war der Spieler, der eine neue Gestalt gefunden hatte. Was aber gab ihm eine solche Gewalt, das unberührte Land, die Freundlichkeit des Chefs, alles zusammen, eine plötzliche Hoffnung? Ich unterbrach den Grafen fast zornig. »Ich«, und mit diesem harten »ich« kündigte ich die Notgemeinschaft

mit meinem Genossen, »ich will auf jeden Fall als Anzeichner arbeiten.« Der Chef sah mir voll ins Gesicht. Er suchte nach einer Erklärung unseres merkwürdigen Verhaltens. Er spürte den Streit. Mehr noch als aufmerksamer Argwohn stand eine milde, weltabgewandte Verwunderung in seinen Augen zu lesen. Ich versuchte umgekehrt, ihn abzuschätzen. Wes Geistes Kind war er? Denn jede seiner Regungen und Eigenschaften konnte unser Dasein erleichtern oder zur Hölle machen. Was auf den ersten Blick Schüchternheit eines Meßknaben schien, war bei näherem Zusehen Gelassenheit und Gleichgewicht der Art, die man in stetem Verkehr mit Jahrhunderten oder mit der Ewigkeit gewinnt. Schloß er sich mit Dichtern oder mit Heiligen ein? Sicher war, daß er die Gegenwart nur sah wie einer, der sich selbst davon ausschließt. Ihr Zerfall hatte ihn keine Verzweiflung, keine Preisgabe und keinen Zwiespalt gekostet, sondern nur die schmerzlichen, feinen Risse der Enttäuschung gezeitigt. Er war anscheinend auf einer beschaulichen Suche nach bleibenden Werten. Gewißlich hatte er den Mut, seine Entdeckungen zu befürworten, auch wenn sie durch Mißbrauch abgegriffen und verleumdet, oder verhöhnt und unbeliebt waren.
»Sie brauchen nicht in Ihrem Beruf zu arbeiten«, wägte er seine Worte ab, »Ihr Beruf ist schwer und verantwortungsvoll, wenn Sie glauben, den Anforderungen noch nicht zu genügen. Ich will Sie gerne einem alten erfahrenen Fachmann beigeben, der Ihnen Lehrmeister sein kann. Überlegen Sie das gut!«
»Ich kann allen Ansprüchen gerecht werden«, log ich feierlich und entschlossen wie bei einem Fahneneid.
»Sind Sie dessen sicher?« beharrte der Chef.
»Längst«, beschwor ich, und in mir schämte ich mich des Spielers.
»Gut«, schloß der Chef knapp wie auf eine Herausforderung, »morgen früh werden Sie eine Probearbeit machen.«
 Er änderte seinen Ton: »Haben Sie schon eine Bleibe?

Nein? Dann warten Sie – ich werde Ihnen einen Mann mitgeben, der Sie zu einer Wirtschaft geleiten wird, in der Sie gut aufgehoben sein werden!«
Wir blieben stumm wie zu einem Irrtum, den wir aus Achtung vor dem Urheber nicht zu berichtigen wagten. Aber als wir erleben durften, wie ein rotbackiger, schwerfälliger Taglöhner zu erläuternden Worten seines Vorgesetzten nickte, seinen Besen beiseitestellte und uns gemessenen Schrittes voranging, um uns mit einer Empfehlung seines Patrons einer kugelrunden, lächelnden Wirtin vorzustellen, fühlte ich den Boden unter mir schwanken, die Planken des Schiffes meiner Hoffnung, das sich vom Ufer löste, und ich mußte mitfahren. Die Würfel waren gefallen. Der Spieler in mir jubelte wie zu einem persönlichen Sieg, und ich sah den Grafen gönnerhaft an. Der jedoch verschanzte sich hinter seinen menschenfeindlichen Zweifeln: »Wahrscheinlich gibt ihm die Wirtin ein Schmiergeld für jeden zugeschickten Gast.«
Aufmerksam überwachte die Wirtin durch die Glastür uns beide fremde Vögel. Wie oft schon mußten an ihren Tischen wildfremde Ankömmlinge gesessen haben, eine Eisenbahnwerkstätte sieht viele kommen und gehen. Alle hatten wohl am ersten Abend überflüssig und eingeschüchtert in einer Ecke der Wirtsstube gesessen, wie kleine Nager in ungewohnten Käfigen sich sofort in die entferntesten Ecken retten und sich nicht mehr rühren. Sie hatten die gewohnten Gäste von der Arbeit kommen sehen – allein schon durch ihr sicheres Auftreten hatten die letzteren gezeigt, daß sie hier zu Hause waren – müde und durstig. Und alle hatten schon in der Tür einen abschätzenden Blick auf die Neuen geworfen, die sich noch kleiner gemacht hatten, schon als sie die Schritte vor der Tür gehört hatten.
Es geht ganz gut ohne sie, hatten die Eingesessenen gedacht. Wir haben unseren Schuster, unseren Schneider, unseren Schmied, unseren Bäcker, die Bauern brauchen keine Leute, in den Werkstätten hat jeder Platz

seinen Mann, nichts ist im Rückstand – wo sollen wir die Fremden brauchen können?
Unruhe war entstanden – was ist unberechenbarer und gefährlicher als ein Mensch? Vielleicht nahmen sie einem den Platz weg, vielleicht hatten sie Krankheiten, vielleicht waren sie Schürzenjäger und richteten Unheil an wie Füchse im Hühnerstall, vielleicht hatten sie eine üble Vergangenheit, waren gesucht. Indem man einen Menschen in die Gemeinschaft aufnahm, vermehrte man sie um unbekannte und damit drohende Bestandteile, die das Unglück anziehen konnten.
Für alle Neuen hatte es gegolten, den kalten Bach des Mißtrauens mit den kräftigen Stößen einer Beichte zu durchschwimmen. Das war Leuten schwergefallen, die aus der Stadt kamen, wo die Menschen nebeneinander herleben, ohne sich kennen zu wollen. Die Auskunft über das Woher und Wohin, Absichten und Gründe gegeben, das Unbekannte vor der Türe gelassen. Sie hatten sich beriechen lassen und beweisen müssen, daß sie zur selben Herde gehörten und nach derselben Erde rochen. Sie hatten zu arbeiten begonnen und sich langsam in die Gemeinde eingewachsen. Sie waren auf den Tanzboden gekommen, und die Frauenzimmer, die stets das Fremde lieben, hatten sich um sie bemüht und ihnen am ersten Abend geholfen. Sie hatten Freunde und Feinde erworben und alle ihre Eigenschaften, gute wie böse, waren irgendwie Gemeingut geworden, indem sie in den Dorfgeschichten Platz gefunden hatten. Und wenn einer eines Tages gesagt hatte: »So, nun muß ich weiter«, dann hatten sich die Zurückbleibenden mit Erstaunen erinnert, daß er einmal unbekannt und überzählig hergekommen war, und wenn er gegangen war, so hatte er eine Lücke gelassen, er fehlte.
Aber nie und nimmer konnten wir in die Gemeinde hineinwachsen. Wir sahen uns verstört an, der Graf rückte auf der Bank umeinander, wie ein Zeltbewohner, der zum ersten Male zwischen Wänden sitzt. Im besten
 Falle würden sich die Einheimischen um uns herum

gewöhnen, wie die Fahrgeleise eines Feldweges um einen großen Stein. Denn die Unruhe, die wir in uns trugen, mußte sich mitteilen wie ein Geruch. Jeder Mensch, der bei der Mutter Yvon einkehrte, hatte sein Gepräge: dieser war Städter, jener Bauer, Soldat oder Viehhändler. Aber wir: uns sah sie erschöpft auf unseren Plätzen sitzen, wie nach stürmischen Nächten die Meeresvögel, die sich landeinwärts gerettet hatten, auf den Telegrafendrähten – dann wußten die Leute, daß draußen der Sturm übel gehaust haben mußte.

Noch war alles still, und die Kühe grasten noch zwischen der Herberge und dem Bürgermeisteramt. Aber stand den Neuen nicht auf dem Gesicht geschrieben, daß sie fürchteten, verfolgt zu sein? Es gingen seltsame, bangemachende Nachrichten von Aufständen, Bürgerkriegen durch Zeitung und Rundfunk.

Die Wirtin trat seufzend auf die Schwelle und machte sich daran, ein Huhn zu rupfen. Ich sah es, und meine schon wieder irregewordene Hoffnung klammerte sich daran. Ich stieß dem Grafen begeistert den Ellbogen in die Seite. Aber er verteidigte sich hartnäckig gegen die aufsteigende Rührung: »Ich glaube daran, sobald ich es unter dem Messer haben werde. Vielleicht ist es dasselbe Huhn, das sie jeden Tag vor der Türe rupft, um Kunden anzulocken.«

Wir bekamen es doch zu essen, und als wir dabei waren, es in einer wohltuenden Betäubung zu verdauen, ging die Tür auf. Mit jähem Schrecken erkannten wir den Bauern, dem wir auf der Landstraße die Antwort schuldig geblieben waren. Kam er sie holen? Seine Äuglein sahen listig versteckt aus ihm heraus, wie aus einer Hecke. Angstvoll ermaßen wir die ruhige Beharrlichkeit des Menschen, der uns Stunden zuvor hatte laufen lassen müssen, aber uns gesucht hatte, um uns weiterhin bedächtig auf den Zahn fühlen zu können. Er kam aber nicht allein, er führte eine leichte Einheit mit sich. Dieser zweite trat nicht ein – er trat auf. Er war groß und schlank, seine Brust kraftvoll gewölbt, seine Gesichtshaut so straff und faltenlos gespannt, daß sie an den Kanten des Kinns, der Schläfen und der feingebogenen Nase glänzte. Seine heiter und sorglos in den Nacken geschobene Baskenmütze krönte einen kraushaarigen Kopf. Seine Gangart, sein Blick, jede Pore strömte Ruhe, Bedachtsamkeit und Gleichmut aus – ein herrliches Mannsbild. Er steuerte wie ein meerbeherrschendes Schiff auf unseren Tisch zu und setzte sich vergnügt und vertraulich neben uns. Wir gewahrten mit Beklemmung, daß er in der unschuldigen Laune eines Mannes war, der, von einem Feste kommend, die ganze Welt liebenswert, gesellig und gut findet. Er stieß ein »Aaah« der Erleichterung aus und ergänzte in einem zur Unterhaltung einladenden Tone: »Ach, bin ich müde.« Er trug einen kleinen Hampelmann am Rockaufschlag, eines dieser unsinnigen Dinge, welche Festteilnehmer zu gegenseitiger Belustigung anstecken. Der Graf sah mich an, wir riefen uns gegenseitig um Hilfe an.

Zum Überfluß gesellte sich die Wirtin zu uns. Es war deutlich zu erraten, daß sowohl sie wie der Bauer auf die entwaffnende und verwirrende Vertraulichkeit des Angeheiterten bauten, auf seine brüderliche Zudringlichkeit. Die Frau versuchte sofort, ihm ordentlich Fragen in den Mund zu legen: »Guten Abend, Herr Thèreau«, sagte sie, »von der Reise zurück? Die beiden Herren hat mir ihr Patron geschickt, sie sind Arbeitskameraden –« Nun gab es kein Ausweichen mehr. Die Wand hinter uns tat sich nicht auf. Wir mußten wieder auf die alte Folterbank, zusehen, wenn die Leute vor unserer Aussprache wie vor einer Krankheit zurückschreckten, verzweifelt nach Worten zu doch nur fehlerhaften Sätzen suchen, und unsere Geschichte erzählen, die nie verstanden und noch weniger geglaubt werden konnte, und trotzdem fortfahren zu berichten, so wie man einen schmutzigen, verklebten Verband abwickelt, versuchen zu lügen und zu beschönigen, zu erläutern, was uns selbst ein Rätsel war. Ich war eingeklemmt zwischen der Aufmerksamkeit des prächtigen Kerls, der ein lebendiger Beweis dafür war, wie unversehrt dieses Land noch war – denn nirgendwo anders hatte ich Menschen begegnen können, von denen eine solche innere Ruhe ausstrahlte, die so wenig zerrissen, deren Gleichgewicht so wenig gestört, die so aus einem Stücke waren – und dem mißtrauischen Blicke der Wirtin. Als seinerzeit die Leute vor der Pest flohen, gelang es wohl den Behendesten, ihr eine Tagereise vorauszubleiben. Aber waren es nicht gerade sie, welche die Seuche an ihren Fußsohlen weitertrugen? Wo sie auch hingerieten, durften sie nicht erzählen, woher sie zugereist und was sie gesehen hatten, um nicht sogleich verjagt zu werden. Um an den letzten Stunden des Friedens und der Ruhe teilhaben zu dürfen, mußten sie lügen. Aus jener Zeit waren die Augen der Wirte wachsam und scharf geworden; sie konnten die Pestboten erkennen.

Aber ein wahrhaftiges Heer kam uns zu Hilfe. Damit begann die eigentliche, wunderbare Geschichte von Canon. Um eine Ordnung zu wahren, muß ich Dinge, die ich erst später erfahren, hier erzählen:
Das Rauchen war in den Werkstätten erlaubt, außer in der Umgebung der Dieselmaschine. Nachdem der Chef uns weggeschickt hatte, wandte er sich um und sah verdächtige blaue Schimmer in der verbotenen Zone. In deren Mitte stand der Maschinenwärter Frère, der oft verwarnte, unverbesserliche Raucher.
»Frère«, rannte der Vorsteher auf ihn zu, »Sie haben geraucht.«
»Nein«, sagte Frère, und lächelte mit seinen frechen, wasserblauen Augen.
Der Chef schnupperte in der Luft: »Aber Mann, ich rieche es noch.«
Frère zuckte die Achseln, unzuständig, jene seltsame Erscheinung zu klären. Er verbarg die rechte Hand ein wenig hinter seinem Rücken.
»Hah, was haben Sie hier in der Hand«, schnellte der Chef vor, »zeigen Sie augenblicklich her.«

Frère sträubte sich, aber beeindruckt von der drohenden Miene des Vorgesetzten, öffnete er langsam, wie widerstrebend, die Faust. Sie war leer.
»Sie haben mich übertölpelt«, sagte der Chef. »Ich hätte daran denken sollen, daß Sie ein Gaukler und Taschenspieler sind, das nächste Mal werde ich auf der Hut sein«, und wandte sich zum Gehen.
»Heh Chef«, hielt ihn Frère zurück, »was waren das denn vorhin für zwei merkwürdige Bürger?«
»Das sind zwei arme Schlucker«, antwortete der Chef halb über die Schulter, »zwei Flüchtlinge aus Deutschland, wissen Sie, Gegner oder Opfer des Regimes.«
»Aaaahah«, sagte Frère.
Er regelte und ölte seine Maschine, so daß sie eine Weile lang ohne ihn weiterlaufen konnte, zündete eine jener scheußlichen »Gauloises bleues« an und ging schnurstracks in die Werkzeugmacherei, in der er einem kleinen, breit in sich gesackten, kahlköpfigen Manne, der tiefsinnig vor einem Schraubstock arbeitete, auf die Schulter klopfte und heftig winkte, ihm zu folgen.
Ein zerstreuter, himmlischer Bildhauer hatte den Kopf des kleinen Mannes gebildet, denn er hatte begonnen, einen Gelehrten zu meißeln, aber einen normannischen Bauern vollendet. Noch zeugten große, rollende, traurige Augen von einem ewigen Widerstreit. Ein Teil seiner Seele fühlte sich nie wohl in ihm und suchte nach einem Ausweg.
Frère stand schon bei Richer und Philippe und machte dem Kleinen Zeichen, sich zu beeilen. Richer war ein junger, fast schwächlicher Mensch mit entsetzlich schadhaften Zähnen. Aber seine klugen, mutigen Augen kauften den ganzen Menschen zurück. Philippe war schwer einzuschätzen, denn seine Persönlichkeit verbarg sich unter einer feuerroten Schutzfarbe, die nicht nur vom normannischen Küstenwind herrührte. Frère wartete, bis der kleine Mann, der sich Vernon nannte, zu den übrigen dreien getreten war – und damit war der Vorstand der »Kämpfer für den Frieden« vollständig ver-

sammelt –, um bedeutungsvoll zu beginnen: »Vor einer Stunde sind zwei Neue angekommen –«
Er machte eine kleine Zauberkünstlerpause. Vernon nickte bestätigend, er hatte uns gesehen. Und Frère vollendete strahlend: »– es sind zwei Vertriebene, zwei Flüchtlinge von drüben.« Er sah seine Hörer an, wie um ihre Bestätigung zu erhalten: »Heh, das ist der Rede wert?«
Es war eine große, erschütternde Nachricht. Sie kämpften seit Jahren für den Frieden. Aber überall, wo er bisher in Gefahr geraten, war es in unerreichbar weit entfernten Ländern gewesen. Sie hatten sich empört, sie hatten vor Ingrimm gezittert und gedroht, sie hatten flammende Beschlüsse eingeschickt, getobt, erklärt, Reden beklatscht, Mitglieder geworben, Zeitungen verkauft, in Canon selbst waren alle längst eins mit ihnen und über die Gemeindegrenzen hinaus hörte sie keiner. Sie schämten sich fast des Wortes »Kämpfer«, dem ihre Nutzlosigkeit einen lächerlichen Beigeschmack gab.
Endlich konnten sie mehr tun als Beifall spenden oder »Pfui« und »Nieder« schreien. Von den fernen drohenden Erschütterungen war ein kleiner Splitter unter sie gefallen, sie hatten nun wirklich teil am Ringen, noch bevor sie uns, die »Opfer der Kriegstreiber«, aus der Nähe gesehen hatten, häuften sie ihren Eifer, ihre Freundschaft, ihre Hilfsbereitschaft, Besorgnis und Liebe und ihren Tatwillen, den sie seit Jahren hatten aufspeichern müssen, auf unsere Häupter. Sie berieten sich lange über die besten Maßnahmen. Sie beschlossen, die »Genossen« sofort nach Arbeitsschluß im Gasthaus aufzusuchen, um sie vor der Neugier der Leute zu schützen, denn sie kannten ihre Mitbürger. Sie kamen überein, nicht an die letzte Vergangenheit zu rühren, »denn es schickt sich nicht, mit einem dem Galgen Entronnenen vom Strick zu sprechen«.
Schon in der Tür überschauten sie die Lage und stellten erleichtert fest, daß sie noch zur rechten Zeit gekommen waren. Der neugierige Bauer wurde verlegen,

als ob er, an seines Nachbarn Glas nippend, ertappt worden wäre. Als sie den rosig angehauchten Théreau sahen, lächelten die Kämpfer für den Frieden verständnisinnig. »Nun«, fragte Richer milde und ermuntert, wie man zu Kindern und Weinseligen zu sprechen geneigt ist, »war die Hochzeit lustig?«
»Aaaah«, antwortete Théreau, glücklich über die Gelegenheit, sein Herz ausleeren zu dürfen und in der Erinnerung schwelgend, »es war noch eine gute alte, bretonische Hochzeit – es verliert sich heutzutage – mit einem Umzug hinter dem Biniou durch das Dorf, drei Tage Schmausen und drei Nächte Trinken –«
Sein fröhlicher Eifer blieb in der fast steifen Feierlichkeit stecken, mit der seine Freunde sich um den Tisch setzten. Er sah sich verwundert fragend um, und sein nächster Nachbar, Frère, flüsterte ihm Bescheid. Daraufhin tat Théreau etwas, er tat es heimlich, nur ich bemerkte es, und eine glückliche Rührung bemächtigte sich meiner: er ließ heimlich seinen Hampelmann in die Tasche gleiten.
Als Vernon und ich uns zum ersten Male sahen, entstand jene Verlegenheit, mit der die meisten guten Freundschaften beginnen: man wittert verwandte Leiden. Und dies ist ein wenig, wie wenn zwei Bucklige sich begegnen: sie haben immer sogleich den Verdacht, daß der andere Buckel eigens dazu getragen wird, um den eigenen herauszustreichen. Er überwand sich schnell, rollte seine klagenden Augen, lächelte mit weltschmerzlichen Lippen und sagte laut und förmlich: »Salut, Genossen.«
Philippe bot seine Freundschaft auf die einzige Weise an, die ihm geläufig war. Er fragte: »Ein Glas –« und rief, ohne die Antwort abzuwarten, nach der Wirtin, die sich enttäuscht zurückgezogen hatte.
»Was trinken wir?« berieten sie vor der wartenden Frau, ernsthaft, als ob ihr Leben davon abhinge, und ich genoß diese Art zu leben. »Martini? Pernod? Porto?« – »Aber nein«, rief Théreau empört dazwischen, »die Genossen

haben doch schon gegessen«, und die Leute schwiegen bestürzt, als ob sie unsere Unwissenheit ausgenutzt hätten, um sich schlimme Scherze zu erlauben. Sie einigten sich auf Calvados; schließlich lag Canon im Herzen der Landschaft Calvados.
Philippe war zu Hause, sobald er mit Gläsern zu tun hatte. Er führte das Wort, lud ein anzustoßen, und alle sagten ernst und bewegt: »Gesundheit, Genossen!«
Ich verfolgte das scharfe, ungewohnte Getränk auf seinem Weg durch die Kehle in die Eingeweide: ein beißendes, feuriges Flüßlein, das sogleich darauf wohltuend wärmte und als erleichternde, heitere Welle wieder aufwärts wogte, so machtvoll, daß es den Kopf davontrug wie auf einem Seidenkissen. Trotzdem sah ich schärfer und vollständiger – Körper und Seele der Dinge und der Menschen zugleich – und fühlte eine unwiderstehliche Kühnheit in mir wachsen.
Etwas Außerordentliches geschah mir, mehr als ein ruhiges Asyl, ein unberührtes Land, eine Pause; seit meiner Kindheit trug ich ruhelos einen großen Vorrat verwaister Zuneigung und Anhänglichkeit mit mir, stets unterwegs, ihn an den Mann zu bringen. Ich hatte jede Begegnung gemessen, wie der Dieb des Märchens den Schlüssel zum Schatze an jedem Schlosse versuchen muß; aber es ging noch weiter zurück, ich ahnte es beglückt und unruhig.
Wir tranken einen zweiten Calvados. Er duftete wie das ganze Land nach Äpfeln und änderte die Entstehungsweise der Gedanken auf wunderliche Art: sie folgten sich nicht mehr einer aus dem anderen geboren und nachgezogen, sondern blühten neben- und übereinander nach allen Seiten auf, wie sich öffnende Blüten, und jeder neue Kelch befreite Mut, Zuversicht und Freude wie einen berauschenden Duft.
Thériau, dem die verschlossenen Verhaltungsmaßregeln nicht bekannt waren, fiel plötzlich mit der Türe ins Haus: »Also, ihr habt also nicht länger drüben unter der Zwangsherrschaft leben wollen?«

Ich wollte richtigstellen, aber der Graf war schon dabei, empörte Verwahrung einzulegen: »Hah, wollen? Mein lieber Freund, mir haben sie den Schädel eingeschlagen, da schaut her, da könnt ihr noch die Narben sehen. Ich habe nachts mit dem Verband um den Kopf aus dem Krankenhaus fliehen müssen; ich habe alles, alles verloren, Gut und Geld.«
Es entstand ein Schweigen, und durch den merkwürdigen Schleier des Calvadosduftes erkannte ich zu meiner Verwunderung, daß die Klage des Grafen abgewiesen war. Thérau war enttäuscht. Ein echter Verbannter war nach seinem Geschmack ein Mann wie Victor Hugo, der freiwillig und stolz das Land verließ, um dessen Unterdrücker zu strafen. Fliehen, allein, weil es den Kopf zu retten galt, war kein Verdienst. Die anderen waren vor allem peinlich berührt davon, daß die Rede nun doch auf »Stricke« gekommen war, aber unter ihrer Verlegenheit verbarg sich doch noch etwas anderes: sie hatten, wie alle Leute, schon ebenso schlimme, wenn nicht grauenhaftere Berichte vernommen, jedoch nur aus Zeitung oder Rundfunk, während sie nun das erste mündliche Zeugnis von Mensch zu Mensch hatten ertragen müssen, und damit wurden sie einbegriffen und mitverantwortlich. Sie zweifelten nicht an der Ehrlichkeit des Grafen, und sie ahnten auch die tieferen Grundursachen jener neuen Zustände, aber sie verweigerten ihnen den Grenzübertritt in ihr Bewußtsein. Diese Dinge mußten im Niemandsland der öffentlichen Berichterstattung bleiben, in dem eine unbekannte, namenlose Macht die Verantwortung trug.
Vernon sah Thérau traurig und mißbilligend an. Philippe wollte den Schaden, den die erste Frage angerichtet hatte, durch eine zweite, unschuldigere, wie'r gutmachen, eine Frage, die ihm seit der ersten Stunde auf dem Herzen lag: »Aber sagt, wie habt ihr zur Bahn kommen können?«
Ich war unter Genossen, und ich durfte und wollte erzählen, wie wir uns die Erlaubnis zur Arbeit erschlichen

hatten. Ich erzählte von der menschenfreundlichen Gesellschaft in der Hauptstadt, die es unternahm, Heimatlosen durch Schulung und Belehrung zu nützlichen Berufen zu verhelfen, die ihnen zu späterer Ansiedlung in fernen, neuerschlossenen Ländern wertvoll sein konnten. Die Staatsbahn hatte sich bereitgefunden, die Berufsschüler eine unbestimmte Zeitspanne lang in ihren Werkstätten arbeiten zu lassen, um deren Schulwissen um Erfahrung und lebendige Anwendung zu bereichern. Wir leerten ein drittes Glas, und ich wurde begeistert geschwätzig; ich wollte auch nicht glauben lassen, daß ich ein künstlich hergestellter Arbeiter war: »Ich habe Schulen nicht nötig – ich habe einen guten Beruf von Hause aus –, mir war es nur um die Arbeitsstelle zu tun. Es ging mir hier wie mit meinem Freunde, dem Studenten, mit dem ich einige Wochen in Paris zusammengewohnt habe. Er war genau so arm wie ich, und wenn wir gar nichts mehr zu essen hatten, dann haben wir uns an ein Heilmittel für Kinder gehalten, das seines üblen Geschmackes wegen in Schokoladepulver gemischt war – ich weiß heute noch nicht, gegen welche Krankheit. Uns war es nur um die Schokolade zu tun.«
»Was bist du von Beruf?« fragte Thereau.
»Anzeichner.«
»Feiner Beruf«, sagten die Zuhörer, »nicht jeder, der es will, kann es sein.«
»Du wirst einen guten Platz haben; die schwerste aller Arbeiten wird wahrscheinlich die Prüfung sein«, sagte Richer.
»Prüfung«, berührte mich unangenehm. Aber ich berauschte mich an meinem eigenen Mut. Seit dem vierten Glase war alles verbürgt und bewiesen und gewonnen; es genügte, mich davon erzählen zu hören.
»Ich werde im Lande bleiben, mich verheiraten, ich werde die Bürgerrechte erwerben, eine feste Anstellung bei der Bahn erhalten.«
Dieselben Zuhörer, die den Bericht des Grafen abgelehnt hatten, um nicht Unordnung in ihr Leben eindrin-

gen zu lassen, vernahmen erstaunt und aufgeschreckt, daß ein Mensch die Worte »Ehe« und »Arbeit«, die ihnen die traulichsten und selbstverständlichsten Begriffe des Lebens zu bezeichnen schienen, so bitter und gewollt mutig ausrufen konnte, als trotze er damit aller Ordnung. Sie wollten es auf die Rechnung des Calvados setzen.

»Oh, hierzulande lebt jedermann nach seinem Gutdünken.«

Sie überboten sich in anschaulichen Darstellungen ihres Daseins: »Unser erstes Gesetz ist Freiheit; du sagst ›Es lebe die Republik‹, so ist es jedem recht, du schreist ›Ich bescheiße die Republik‹, so ist es genau so recht.«

»Sieh dich nur um: ein Haus, ein Garten, Jagd, Fischfang, Vierzigstundenwoche, was willst du mehr? Ein gutes Glas zum Feierabend? Eine Ferienreise? Aber bitte, jeder läßt jeden leben. Von Zeit zu Zeit ein kleines Fest; ihr werdet es sehen, morgen abend werdet ihr tanzen.«

Ich wollte ihnen beweisen, daß ich schon nicht mehr ganz so fremd war, wie es aussah: ich zeigte ihnen meine Einberufung zu einer Heeresübung auf Grund eines Gesetzes über Heimatlose. »Oh«, lobten sie, »dann bist du so gut wie eingebürgert.« Ich holte Bilder des kleinen Mädchens aus der Buchhandlung hervor, und sie fanden sie hübsch, klug und sauber. Ich erzählte von meinen Abenteuern in Toulouse und in Paris, in Straßburg und auf der Straße zwischen Saarbrücken und Paris – und alle bösen Erfahrungen schienen mir ein Mißverständnis – und sie ermutigten mich wieder: »Mann, du kennst das Land besser als mancher unsereiner.«

Wir tranken das letzte Glas im Aufstehen. Der Schleier wurde zu einem Nebel, aus dem Menschen und Dinge nur auftauchten, wenn man sie angestrengt lange ansah. Der Graf aber blieb sitzen. Er klammerte sich an sein Glas, der einzige ruhende Punkt, der ihm geblieben zu sein schien. Ich hatte Mitleid mit ihm. Der alternde Mann blieb allein in dem Gefängnis, das den Namen

»Verbannung in einem fremden Lande« hatte, zurück, seiner früheren Herrlichkeit nachtrauernd. Es war einmal gewesen, die Ehre, bei den ersten Chevaux-Legers, dem feinsten Regiment der bayrischen Krone, dienen zu dürfen, es war einmal gewesen, ein Nachkriegsleben auf Skiern und hinter dem Steuer des Benz. Nun war die Hofkleidung lästig. War er nicht unter allen Teilnehmern jener Schulung der einzige gewesen, den die Huren des Boulevard de la Chapelle angesprochen hatten? Nun lebte er von Galgenfrist zu Galgenfrist und gestand es schamlos ein.
Er begegnete meinem Blick unwirsch und ohne Wanken, wie aus einem letzten Bollwerk schauend. »Geh nur, ich bin dir nicht böse, du junger Narr, du«, grollten seine Augen, »baue dir Kartenhäuser.« Laut aber sagte er mit schwerer Zunge, und es wurde offenbar, daß er nur sitzen geblieben war, um eine Entfernung zwischen meinen Zukunftsträumen und seiner Meinung herzustellen: »Ich lasse mich auf nichts ein: sonntagmorgens den Kaffee ans Bett und Butter aufs Brot, und das so lange Zeit, wie irgend möglich, weiter nichts.«
Als mich die kühle Nachtluft anwehte, konnte ich gerade noch denken »ich bin betrunken«, ehe ich in ein wogendes, schwarzes Meer versank. Ich durfte noch erleben, daß sich alle längs des Mäuerleins gegenüber der Küche Mutter Yvons aufstellten, um zu pissen. Es gibt keine trautere Bestätigung eines Bundes unter Männern, als nebeneinanderstehend, das Gespräch munter weiterführend, der unteren Tätigkeit keinerlei Aufmerksamkeit widmend, zu pissen, und ich war stolz darauf.
Der Calvados und die nächtliche Kühle machten meine Haut gefühllos. Ich sah mich, als ob ich neben mir stünde, strahlend vor Freude und Unternehmungslust. Frère, bei dem ich Wohnung genommen hatte, ich wußte nicht, wann und wie, nahm mich bei einem Arm, der Graf beim anderen, und trotzdem mußte ich alles, was mir an Beherrschung blieb, verbissen darauf verwenden, nicht zu fallen. Mich alltägliche Dinge tun heißen – meine

Kiste auf den Boden stellen und öffnen, auf den Gutenachtgruß Frères antworten –, mußte ich einzeln mühevoll dem wogenden Meere abgewinnen.

Der Inhalt der Kiste war ein getreues Bild der Unordnung der vergangenen Monate; aber plötzlich dachte ich schlechten Gewissens daran, daß ich dabei war, sie zu beenden. Es schien mir, als verriete ich zur gleichen Zeit etwas Wesentliches.

Kleine Zeitschriften, in denen junge Suchende sich an Deutungen der Ereignisse wagten, ohne sich aber – vielleicht, weil die Aufgabe zu schwer war – aus vorgedachten Grenzen zu entfernen, weshalb sie nur wie Blinde im Kreise trotteten und immer zu denselben toten Punkten gelangten, wenn sie auch ihre Blätter »Neubeginnen« und »Gegen den Strom« nannten.

Hundert engbeschriebene Seiten ohnmächtiger Anläufe, um meine Stimme wieder zu gewinnen, dieselben Anfänge einer Erzählung oder einer Klage hundertmal geschrieben, wie man einen Motor anzuwerfen versucht, aber nie darüber hinauskommt: warum war es eine solche Niederlage, warum war es mir unmöglich, jene Trauerspiele um Partei und Bewegung zu gestalten? Fast schien es mir, als sei die Möglichkeit dazu der einzige Prüfstein für die Wahrhaftigkeit einer Sache; vielleicht waren deshalb alle Versuche der Philosophen, ihre Gedankengänge in ein schönes Gewand zu kleiden, so kläglich gescheitert. Aber ich wollte nicht aufgeben; es ging um mehr als Programme. Und mir war, als schickte ich mich an, zwischen den Schirmen leben zu wollen, zwischen denen die gehorsame Menge wandelt, Schirme, die mit Darstellungen der Pflichten, Rechte und Erfolge, Freuden und Belohnungen des artigen Lebens bemalt sind. Jene Menge, die sich die Angst vor dem kalten Unbekannten, die durch die Ritzen zwischen den Schirmen weht, sonntags ausreden läßt. Um darin leben zu können, durfte einer nicht wissen, daß es Schirme waren. Mein erstrebtes Dasein mußte mir bald eng erscheinen, und ich mußte bald die Angst anders spüren

und sie nicht loswerden können so leicht wie die anderen. Nach allem, was ich fliehen wollte, würde ich Heimweh haben, nach dem Wind der endlosen Landstraßen, dem Hunger der erregenden Ungewißheit, an der einer groß wurde, und der Einsamkeit außerhalb der Schirme: dem Geschmack der Freiheit.
Aber es war schon zu spät. Und ich sah auch das Abenteuer, das in meinem Versuche bestand, ein Dasein aufbauen zu wollen. Es war der Mühe wert, einen Besuch in das Dasein zu unternehmen, das meiner Geburt und Erziehung nach das meine hätte sein sollen.
Zuunterst in der Kiste lag das Berufslehrbuch »Der Anzeichner im Kesselschmiedebau«. Ich dachte an die bevorstehende Prüfung und legte es offen vor mich auf den Tisch. Eine plötzliche Hoffnung durchströmte mich. Es war ein Halt, ein erster Anker. Wie schön war schon das Wort allein: ein Beruf.
Was auch sein und kommen mochte, Krieg und Frieden, Freiheit oder Gewaltherrschaft hierzulande, drüben oder über See, heute oder in zehn Jahren, gehorsam oder aufständisch: in jedem Falle hatte ich mehr Gewicht, meine Füße standen fester auf dem Boden. Und was konnte ich damit verraten? Ich wurde meiner Jugend nicht untreu. Es war wenig, aber klar, fest und bleibend. Die Prüfung erwartete mich. Ich mußte sie bestehen.
Der Kopf schmerzte mir, ich öffnete das Fenster und blieb stehen, die lindernde, kühle Nachtluft einatmend. Ich versuchte, alles auf einen Nenner zu bringen: vielleicht ist alles einfach, und nur ich bin von zu viel Elend und Unordnung verwirrt.
Um die Kirche mit dem niedrigen, viereckigen Normannenturm lag das alte, besiegte, in der neuen Siedlung gefangene Dorf. Der Gutshof, das Schloß, groß wie eine Kuchenschachtel, aber mit prahlerischen Alleen nach allen vier Himmelsrichtungen. Telegraphenstangen deuteten die Bahnlinie von der Hauptstadt nach dem Ozeanhafen, der die Werkstätten ihre Entstehung verdankten, an. Halb verborgen hinter den Werkstätten, wie bei-

seitegeräumte, unvollendete Versuche, deren man sich schämte, lagen zwei Siedlungen nach großstädtischem Muster, die eine aus geschwärzten Backsteinen, die andere aus neuzeitlichen Metallwänden. Die endgültig angenommene Lösung waren Hunderte von kleinen, bunten Häuslein, die zu blühen und zu wachsen schienen, gleich den zahllosen Fruchtbäumen, deren duftende Kronen die Ebene bewölkten.

So tief und so mächtig war der Friede, daß er fast die Herzen sprengte, die ihn schlaflos belauschten, und so stark die Hoffnung, daß sie schmerzte. Ich flehte in die Nacht; erst Jahre später nahm ich wahr, wie sehr jenes Flehen einem Gebete, einem Ringen ähnlich gewesen war: daß uns nicht mehr folgen möge, was wir so lange geflohen, daß es dauern möge, daß uns verlassen möge, was wir in uns und an unseren Sohlen mitgebracht.

XI Die Muse von Canon

Schon am frühen Morgen des ersten Arbeitstages, den ich nie werde vergessen können, nahm sich Canon unserer wieder an, um uns nicht mehr aus den Händen zu lassen. Denn kaum hatte der Graf mich mit einem erbarmungswürdigen Lächeln auf einem verschlafenen Gesichte gegrüßt, kaum hatten wir unsere glanzlosen Nasen, die von der feuchten Meeresluft bereift waren, über die Tassen gesenkt, um mit dem Morgenkaffee den Geschmack einer heimlichen Scham über unsere allzu offenen Beichten hinunterzuspülen, als Thêreau uns schallend begrüßte, grob und wohltuend wie ein Roßhaarhandschuh nach einem kalten Bade, und sich brüderlich um uns sorgte.
Er zeigte lachend sein starkes Pferdegebiß, wollte wissen, ob wir die Nacht gut verbracht hatten, flößte uns Mut ein, denn wir schienen ihm, so wie wir vor ihm saßen, allzu eingeschüchtert – »nur keine Bange, alles ist halb so schlimm, bei uns bringt keiner sich bei der Arbeit um« – und lachte zu dem Chef hinüber, der seinen Kaffee stehend trank. Der erwiderte Thêreaus Lachen. Es war weder Herausforderung noch unterwürfige Anbiederung, sondern die Sicherheit eines Mannes, der seinen Wert kennt. Er lachte, indem er gleichsam sein Lachen wie ein Werkzeug zur Hand nahm, solide und sicher. Er gehörte nicht in die Kaste der Lastträger, sondern der Eroberer.
Am Ende mußten wir uns beeilen, denn die Sirene heulte zum zweiten Male. Thêreau behütete uns wie seine Schützlinge, und selbst im Sputen hatte er noch so viel Ruhe übrig, daß es wie Wärme von ihm ausging.
Der Torhüter nahm uns aus den Händen unseres Beschützers entgegen, so ernst, als übernehme er damit gleichzeitig eine schwere Verpflichtung, und verwahrte

uns in einem gutdurchwärmten Pförtnerhäuschen, denn er mußte das letzte Zeichen zum Beginn der Arbeit geben, ehe er uns weitergeleiten konnte, wie es seine Aufgabe war.

Er setzte den Finger auf den Knopf, der die Sirene betätigte, als die große Uhr über seinem Kopf noch zwei Sekunden zu durchlaufen hatte, und schaute wartend durch das Fenster. Die Stunde vollendete sich, aber nicht weit vom Tore eilten noch einige Nachzügler auf uns zu, und um sie nicht als Verspätete buchen zu müssen, wartete er, bis sie die Torschwelle überschritten hatten, ehe er die Stunde verkündete.

Es war unerhört: die Menschen richteten sich nicht nach der Zeit, sondern die Zeit nach den Menschen, die Arbeit begann, sobald alle dazu versammelt waren. Mir platzte die Freude aus allen Nähten, als der Pförtner uns fürsorglich dem Schreiber überlieferte, der uns zuvorkommend um Namen, Stand und Daten bat. Auch er behandelte uns wie versichertes Reisegut. Wir gingen von Hand zu Hand, empfangen und begleitet von freundlichen Blicken, Lächeln und ermutigendem Kopfnicken. Ein guter Geist schien nächtlicherweise allen Leuten Aufschluß über unsere Geschichte gegeben und ihnen die gleiche Haltung eindringlichst ans Herz gelegt zu haben.

Am Ende nahm uns der Chef entgegen. Gütig wie ein großer Herr, der alle Leute an seinem Tische mitessen läßt, fertigte er den Grafen ab: »Sie werde ich zu den Mannschaften geben, welche die Bremsen instandsetzen: dort brauchen wir ruhige, gewissenhafte Leute.« Daraufhin wandte er sich mir zu und wurde kühler, aber weniger herablassend.

Nach einem allgemeinen Brauch, um möglichen Betrügereien vorzubeugen, legte der Chef drei Zeichnungen zusammengefaltet auf den Tisch und lud mich ein zu wählen. Ich nahm ohne Zögern die nächstliegende.

»Sie haben acht Stunden zugestandene Arbeitszeit«, sagte der Chef und sah auf die Uhr, »viel Glück.«

Er entfernte sich, aber ich blieb nicht allein. Ich sah ergriffen, wie die Arbeiter mich von allen Seiten mit besorgten Blicken verstohlen behüteten. Es war mir feierlich zumute, als ich die Zeichnung ausbreitete und daran ging, die notwendigen Längen herauszufinden. Ich spürte wieder das Wiegen des Schiffes auf voller Fahrt.
Ich wollte nicht, ich wollte nicht wissen, daß in dieser Welt, die ich als die meine und einzig wirkliche anzunehmen bereit war, zur selben Stunde vielleicht ganze Heere einberufen wurden, Ungezählte dabei waren, das Waffenhandwerk zu erlernen, Grenzen besetzt und verstärkt, Geheimabkommen getroffen, Hunderttausende in allen Ländern bange auf Bombergeschwader schauten und sich fragten: »Sind es noch die unseren?«, Tausende in Lagern ermordet wurden, Zehntausende dabei waren zu flüchten und Hunderte sich entleibten.
Mit Ingrimm war ich bereit, mich acht Stunden lang abzumühen, um unter der Spitze meines Fußes einmal Boden zu fühlen, ehe ich wieder aufs neue sinken mußte.

Anzeichner sind Vermittler zwischen den Zeichnungen der Ingenieure und den Werkzeugen der ausführenden Kesselschmiede. Sie müssen also Zeichnungen lesen können, selber Rein- und Hilfszeichnungen ausführen, die beschreibende Raumlehre anwenden, und vor allem ein außerordentliches Vorstellungsvermögen haben.
Denn die Zeichnungen geben ihnen nur die Seitenauf- und -anrisse der Pyramiden, Kegel, schrägen Zylinder, Bogenrohre und jener merkwürdigen Zwittergebilde, die man »Gendarmenhüte« oder »Mitra« nennt. Um die wirklichen Längen der Körper herauszufinden, um also gleichsam die Häute abzuwickeln und auf die Stahlbleche zu zeichnen, müssen sie sich das verlangte Werkstück eindeutig vorstellen können.
Gleichzeitig müssen sie einige handwerkliche Erfahrung haben und wissen, wie sich die Metalle unter den Walzen verhalten, wo und wann genietet, geschweißt oder verschraubt werden muß, und wieviel sie für Dehnung und

Hammerwirkung dazugeben müssen. Denn die Arbeiter verlassen sich auf die Anrisse und eingezeichneten Erläuterungen.
Ich machte eine letzte Pause, die sich jedem aufzwingt, wenn er alle Vorbereitungen getroffen, die Reinzeichnungen beendet, die Werkzeuge geschärft und zur Hand gelegt, die Arbeit durchdacht hat, und ihm nur noch die eigentliche Ausführung bleibt.
Für mich galt es, einen zwei Meter hohen Pferdehuf, der sich als Verbindungsstück eines Kondensators bezeichnete, zu bauen. Seine Grundfläche war ein Viereck, aber er endete oben wie ein Huf: ein schiefer Schnitt durch einen halben Kegel. Ich war vom Eifer und der Anstrengung erhitzt. Ich hatte mehrere Stunden über die Zeichenplatte gebeugt gearbeitet. Ich richtete mich auf, beugte mich hintenüber, um das schmerzende Rückgrat einzurenken. Nicht weit von mir war Théreau dabei, eine Zigarette zu rollen. Auch er holte Atem, ehe er seine Arbeit in Angriff nahm.
Zwei Schwerölbrenner und eine Bodenesse waren aufgefahren, Lufthämmer lagen bereit. Ein Güterwagen, seiner Holzwände beraubt, war an den Schienen verankert und zwischen vier waagrecht wirkende Winden geklemmt, wie ein widerspenstiges Pferd, das man in einen Rahmen fesselt, um es zu beschlagen. Durch stete Benutzung auf derselben Strecke, also immer dieselben Pufferstöße, war das Gefährt einseitig geworden, die Rechtecke des Stahlgerippes hatten sich zu Rauten verschoben. Es war keine leichte Aufgabe, diese Masse von tonnenschweren, ineinander vernieteten Stahlbalken wieder genau in rechte Winkel zu zwingen. Eine Unzahl von tückischen Schwierigkeiten mußten mit Listen, die viele Menschenalter von Schmieden entdeckt hatten, besiegt werden.
Théreau zündete seine Zigarette an, maß den Güterwagen wie die Kräfte eines Gegners und hob grüßend die Hand, wie um fröhlichen Abschied zu nehmen. Ich erwiderte stolz dieses Zeichen der Zugehörigkeit.

Wie schwach waren die Hammerschläge gegenüber den schmetternden Stößen der Maschinen auf den Linien und Verschiebebahnhöfen, welche die Wagen verstauchten. Aber durchdacht und an der gewollten Stelle geführt, verhinderten sie die Vernichtung, schoben sie die Verschleißgrenze zurück. Die Arme, welche diese Hämmer führten, waren stärker als hunderttausend Pferde. Ich kehrte zu meiner Arbeit zurück, die Stahlbleche waren trocken und rein, wie neubeschneite Felder. Sie waren mit leimgebundener Kreide geweißt, um meine Eintragungen deutlich wie auf Papier erscheinen zu lassen, so wie ein Arzt einen Körper vorbereitet, um seinen Eingriff zu erleichtern. Ich begann feierlich und mit peinlicher Sorgfalt prüfend und vergleichend, Länge um Länge, Maß um Maß aus den Reinzeichnungen auf die Bleche zu übertragen. Jeder Strich bedeutete nach der Fertigstellung eine unerbittliche Kante oder Biegung. Meine Aufgabe war gleich der eines Zuschneiders, der mit seiner Schere *Raum* aus *Flächen* schneidet. Aber ich schnitt sie mit Feuer aus Stahlflächen und konnte sie nicht mehrere Male einem Kunden anpassen und verbessern. Bis zum letzten Augenblick peinigte mich die Vorstellung, daß im Falle eines Scheiterns der Probe ein zwei Meter hoher, verpfuschter Pferdehuf nicht mehr aus der Welt zu schaffen war, ein starres, der Zerstörung widerstehendes, blickfangendes Denkmal meiner Niederlage.

Nachdem ich mit der notwendigen Hilfe der Schmiede, der Schweißer und des Kranführers die Einzelteile meines Probestückes gerollt, geschmiedet und miteinander verheftet hatte wie in einem atemraubenden Zusammensetzspiel, in dem erst das letzte Stück hoffen ließ, daß alle richtig waren, nachdem ich jede Neigung, Entfernung, jeden Durchmesser und Winkel gemessen, erneut mit der Zeichnung verglichen, nachdem ich die Schönheit der stählernen Massen, des Spiels der Hammerspuren auf den im Schmiedefeuer geglühten Farben,

welche die Flächen wie Adern und Körnung der Haut belebten, der streng zweckmäßigen, wie Mönchskleider schlichten Linien plötzlich empfangen hatte, nachdem ich mein Zögern mit einem Entschluß, als ob die Offenbarung der Schönheit den Beweis der Fehlerlosigkeit erbracht hätte, beiseite geschoben hatte und zum Chef gegangen war, der gesagt hatte: »Sie haben noch eine Stunde Zeit, sehen Sie lieber noch einmal nach«, nachdem der Chef auf meine Weigerung hin genau wie ich selbst wiederholt alle Winkel, Neigungen und Maße verglichen, geprüft und berechnet hatte, mit einer Schmiegelehre die Lücken, die für die Schweißnähte gespart bleiben mußten, nachgefahren war, und mir lächelnd »gut, in Ordnung« gesagt hatte – nach alledem näherte sich mir der Vorstand der Kämpfer für den Frieden, so pünktlich und unmittelbar nach dem glücklichen Ende, als ob er seit langem ungeduldig darauf gewartet hätte, eine Belohnung zu erteilen.
Ich sah sie kommen, sie kamen auf mich zu, wie hinter einem Banner. Sie hatten ihre öffentlichen Vorstands- und Versammlungsgesichter aufgesetzt. Richer ging den anderen einen Schritt voraus und lächelte aus schüchterner Güte.
»Genosse«, begann er und sah verlegen auf seine Nachbarn, »wir haben gesehen, es ist keine müßige Neugier, Genosse, daß ihr beide schlecht mit Arbeitskleidern und Schuhen versehen seid. Wir haben zusammengelegt – nur unter uns, nur unter Genossen, ihr braucht euch nicht zu bedanken, um euch anzuschaffen, was euch fehlt.«
»Es ist kein Almosen«, ergänzte Vernon gehoben und würdig, wie die Verkündung eines Lehrsatzes, »es ist gegenseitiger Beistand, es ist Solidarität.«

Verzweifelt wartete ich auf eine Eingebung, ein Wort oder eine Gebärde nur, die der Lage gerecht wurde. Vorläufig konnte ich nur ein ergriffenes Lächeln anlegen, hinter dem ich mich peinlich verwirrt zu fassen versuchte. Die Unschuldigen sagten »Solidarität« und wußten nicht, welche unendlichen, staubigen Fluchten von Schreibstuben, Rednerpulten, Satzungen, Aufrufen und Stehschlangen vor Schaltern sie damit heraufbeschworen. Ich jedoch wußte nicht, was mit dem einfachen Angebot anfangen. Fehlten mir die Schalter, Bestimmungen und Parteibeamten, war etwas zerstört in mir? Das Unvermögen, mich zu freuen, wie ich es früher einmal gekonnt hätte, erschreckte mich; die bisherige Enttäuschung und Verbitterung hatte einen toten Klotz in mir gebildet. War die Überraschung zu spät gekommen, wie ein Frauenzimmer, das sich zu lange bitten läßt, ehe es ja sagt? Oder hatte ich nur Angst vor der Übermacht der Freude, weil eine darauffolgende neue Enttäuschung um so schlimmer geworden wäre? Ein Übermaß von Trauer und Schmerz verhindert bekanntlich das Weinen.

Denn ich hätte mich freuen müssen: hatte ich nicht doch noch Gold gefunden, nachdem ich, langsam verzweifelnd, Schmutzberge ausgewaschen hatte? Kaufte nicht die schlichte Handlung der Genossen die ganze noch ungeborene und doch schon angefaulte Welt, an der unsere Hoffnung hing, zurück? Das Verfahren war also doch gut, da es das Kostbarste zeitigen konnte, was je Menschen Ziel und Prüfstein gewesen war, was die Anhänger des Gekreuzigten in zweitausend Jahren trotz Himmelslockungen und Höllendrohungen nur in kärglichen, verkrüppelten Ausmaßen hatten erstehen lassen können – und selbst dann anrüchig: die Liebe zum Menschen.

Ich ließ die Freude nur behutsam ein, wie eine zu stürmische Gewalt. Die Genossen besorgten uns Fahrräder, und alle zusammen fuhren wir nach Arbeitsschluß zum Warenhaus der Eisenbahnergenossenschaft. Wir sahen wieder die Landstraße, auf der wir tags zuvor angekommen waren, aber nun quoll die Zuversicht und das Glück in mir über, und im Sirren der Räder sang ein herrliches Lied. Wir begegneten dem Dorfgeistlichen, der höflich den Hut zog.

Hundert Schritte weiter überholten wir einen kleinen, hageren Mann, der mit einem schwarzgekleideten, bleichen Fräulein in Richtung des Bahnhofes wanderte. Es war der Schloßherr, der sich nur zeigte, um seine Zeitung vom Zuge zu holen. Seine Tochter ging nie allein aus.
Wie einfach noch einmal und wie friedlich waren die gefundenen Lösungen – Geistliche und Nachkommen ehemaliger Bedrücker lebten ungefährlich und höflich neben uns – und warum sie nicht leben lassen – wir aber, die Arbeiter, vor denen jene den Hut zogen, ließen die traurigen Wanderer bald zurück. Das Leben fuhr mit uns.
Die Eisenbahnverwaltung, bestrebt, einen Stamm gelernter Arbeiter an die Werkstätten zu binden, unterstützte den Bau kleiner Einfamilienhäuser so gut, daß jeder in wenigen Jahren zu einem Eigenheim kommen konnte. Damit jedoch begünstigte sie die Auslese eines besonderen Menschenschlages: gelernte Arbeiter, Kinderreiche, Kriegsteilnehmer, also Seßhafte, Großstadtmüde, Kriegsgegner, sorgsam abwägende und überlegende Väter; sie machte aus Canon einen Hafen der Friedfertigen, ein Naturschutzgebiet der Friedenskämpfer und der reinen, unbestechlichen Jünger von der alten sauberen Schule der Arbeiterbewegung. Und so war gegen alle Mißstände, Krankheiten, Drohungen und schädlichen Einflüsse an diesem Ort etwas entstanden, das fast ein Versuchsgarten war; ein winziger Beginn eines Anfangs, eine erste lebendige Zelle einer werdenden, möglichen Welt. Alle Bedingungen waren wie sorgfältig ausgesucht, das schönste Land, die beste Nahrung, die Arbeit in einem Betriebe, der groß genug war, um von den Errungenschaften der Neuzeit Nutzen ziehen zu können, aber doch kein Industriezuchthaus, wunderschöne Wohnungen, die besten, saubersten Menschen. Mit jedem Atemzuge wuchs das Wunder, das aus so unscheinbaren Dingen entsprang – einem Glase, einem Gruße, einer bestandenen Prüfung, einem guten Worte, einer helfenden Hand.

Ich vergaß, daß die Arbeiter und mehr noch ihre Frauen und Töchter immer bestrebt sind, die Moden der Reichen mit zwei Jahren Verspätung nachzuahmen. Vom Stolz auf meinen neuen Beruf und meine Zugehörigkeit zu einer Arbeitergemeinde verleitet, zog ich den festen, blauen Arbeitskittel und die Holzschuhe an, die die Genossen mir im Warenhaus ausgewählt hatten. Ich nahm mir die strahlenden Werktätigen der Werbebilder zum Vorbild. Auf dem Festplatze angelangt, mußte ich meinen Irrtum einsehen: alle Leute prangten in ihren besten Feiertagskleidern und sahen mich verwundert an. Mich befiel eine kurze heftige Scham, ich ging sofort zu ihnen über: jener Brauch, schien mir, sich so sauber wie möglich herzurichten und dabei einen gewissen gemeinsamen Stil zu beachten, enthielt den Willen zu gegenseitiger Achtungsbezeugung. Mit welch rührender treuherziger Sorgfalt hatte der alte Kranfahrer seinen Schnurrbart mit einem Klebfett gesteift, das im Scheine der großen Laternen glänzte.
Noch waren die bunten Lampenketten, die von Baum zu Baum gezogen waren, nicht erleuchtet. Nur die Alltagslaternen beschienen die breiten Fächer der Kastanienkronen von unten her und mischten aus ihrem Lichte und dem Grün einen durchsichtigen Ton, traulich und festlich strahlend. Das Dunkel ringsum war mit dem Summen unzähliger Nachtschwärmer und mit der murmelnden Erwartung der Menge geladen. Vorgesehen war die Veranstaltung im großen Saal des alten Landsitzes, der als Bürgermeisteramt diente. Aber schon war er überfüllt. Selbst auf den von den Lichtern des Saales hell erleuchteten Fensterbänken saßen und standen Leute. Die Freitreppe und der steinerne Rand des Springbrunnens waren voll besetzt. Glühende Feuerchen unter den Nasen der Raucher blinkten und wippten im Wechsel der Atemzüge auf und ab. Ich fand mich zu Théreau und Vernon, die feierlich erregt und würdig auf eine Bescherung warteten, bei der sie Weihnachtsmänner und Beschenkte zugleich waren.

Plötzlich änderte sich etwas, ein Ereignis trat ein und kam auf uns zu, Leute drehten sich um, traten zur Seite oder drängten sich im Gegenteil näher auf eine Mitte zu, die sich auf uns hinbewegte. Und noch ehe ich recht begriff, hatte Richer mich erreicht, freundschaftlich am Arme gepackt und vor seinen Begleiter geschoben, um den eigentlich der Strudel sich gebildet hatte; ich erkannte sofort, dank der tausend Bilder in den Zeitungen der Linken und der tausend Spottbilder in den Zeitungen der Rechten, den Abgeordneten und Minister der Volksfront, den unermüdlichen Vorkämpfer der Arbeitersache.
Vor dem ehrwürdigen weißhaarigen Haupt mit dem silbernen, zerzausten Schnurrbart des alten Fechters, dessen Antlitz die Narben des zermürbenden Kleinkrieges voller Tücken trug, den er seit Menschengedenken in den Wandelgängen der Kammer führte, überstürzten sich in mir Eindrücke, Gefühle und Gedanken. Im ersten Augenblick musterte er betroffen meine Aufmachung. Ich hoffte, daß es doch wenigstens in einer Provinz dieses Landes üblich sei, sich so zu kleiden. Er jedoch schien zu glauben, daß es eine aus meiner Heimat mitgebrachte Sitte sei; hätte er mich darum befragt, so hätte ich es ihm gerne bekräftigt.
Sein Gesicht verriet, daß ihm Ränke, Schliche und Schauspiele vertraute Mittel waren. Auch drückte er die alten Knie ein wenig zu gewaltsam gerade. Er wußte sichtlich, und er nutzte es aus, daß er ergreifend wirkte, wenn er seelenruhig wie ein Blinder auf der Brücke des gefährdeten Schiffes stand, das er so lange geführt hatte.
Wir verstanden uns, er spürte genau, daß ich sah, woran er war, aber er schämte sich dessen nicht. Was ihn zwang, Zuversicht zu heucheln – heucheln ist nicht ganz das richtige Wort – und eine jammervolle Gewißheit zu verbergen, war eine erlaubte Rechnung, ein ehrlicher Wahn; es sind immer Gefängniswände, in die man die Sprüchlein seiner Hoffnung kritzelt. Aber er sah auch,

was mich bewegte. Und mich machte es schwach: ich hatte wie ein Betteljunge nach einem Stück Brot gefragt, und die reichen Kinder hatten mich freudig und hochherzig in ihre glänzenden Stuben mitgenommen, mich beschenkt und mir noch mehr in Aussicht gestellt. Aber durfte ich bleiben, war es für immer? War Canon eine Ausnahme, eine Laune, ein Versteck für mich, oder war es nur der reinste Ausdruck der Verfassung eines ganzen Landes? Hatten die Kinder nur einer gesetzgewordenen Sitte gehorcht? Durfte ich hoffen, noch tausendmal eine letzte feierliche Pause zu machen und beginnen, erregt aber sicher, Linien zu ziehen, deren jede hundert Pferde lenkt?

Er fragte freundlich: »Wie gefällt es Ihnen hier in Frankreich?«

Ich suchte nach einer Antwort, die meine Sorge, Hoffnung, Warnung und Angst enthalten konnte. Ich erwähnte das Verhalten der Beamten auf den Polizeiämtern, die allgemeine Flucht vor der Verantwortung, die blinde Engstirnigkeit der Besitzenden.

Er legte mir die Hand auf die Schulter und sagte: »Was Sie hier sehen, ist ein schwerfälliges, kostspieliges Herstellungsverfahren der Ware ›Freiheit‹, das weit mehr Ausschuß als Edelgut liefert. Aber nur um es zu vervollkommnen, haben wir das Recht, an diese Maschine zu rühren.«

Durch einen Druck seiner Hand lenkte er meinen Blick auf den Springbrunnen, in dessen Rand die Wappen der früheren Herren des Landes eingemeißelt waren.

»Es sind immerhin hundertfünfzig Jahre her, seit man begonnen hat, Freiheit herzustellen. Bei euch drüben ist die Freiheit eine Sehnsucht, eine Geschichte der Vergangenheit oder der Zukunft, eine goldgestickte Göttin auf Vereinsfahnen, hier steckt sie in jeder Gebärde, in jedem Blick jedes Menschen, ob er mit seinem Vorgesetzten spricht, ob er ein Glas leert – sie ist natürlich abgegriffen und unscheinbar, weil sie täglich dient.«

Er zählte noch auf, wie oft das Volk zu den Waffen gegriffen hatte, um seine Freiheit zu verteidigen. Hatte er die Wirkung seiner Worte vorausberechnen können oder nicht, eine ungeahnte, feierliche Wunschlosigkeit ergriff mich, wohltuend bis zur Wehmut. Die Last der Befürchtungen fiel von mir ab wie ein schwerer Mantel.

Seitdem ich in den Reihen der Partei, gleichzeitig mit den Todfeinden der braunen Seite, mitgeholfen hatte, wie der Fischer aus Tausendundeiner Nacht die verstaubte Flasche zu zerschlagen, die einen Schatz versprochen hatte, war ich auf der Flucht vor dem Ungeheuer, das wir aus dem Glase befreit hatten.
Ich hatte mich wie alle diesseits des Rheines Verschlagenen angstvoll und reglos unter den Einwohnern des Gastlandes verborgen und gelauscht, ob der Verfolger noch im Vorgehen war. Was mich aber so hilflos gemacht hatte, war, daß nicht nur die Gegenwart und die Grundlagen unseres Lebens aufhörten, sondern auch die Vergangenheit immer weiter zurück ungültig wurde. Es hatte mit dem ersten Riß eines Zweifels an der Haltung der Partei während eines vergangenen Jahres begonnen, aber plötzlich war ein zwanzig Jahre zurückliegendes Ereignis trübe geworden und hatte die Auflösung noch älterer Wahrheiten bewirkt. Und noch hörte dieses unheimliche Schauspiel eines rückwärtigen Zerfalles nicht auf.
Entsetzt klammerten sich viele an die Tage, an die Stunden, die sie lebten, schufen sich kümmerliche Existenzen, hofften zu vergessen, weil sie so taten, als hätten sie vergessen, schreckten zusammen bei jedem Wort eines Einheimischen, das dem neuen Geiste des Heimatlandes verwandt schien, duckten sich wie Hasen in Ackerfurchen in ein Dasein mit Kaffee am Bett, waren bereit, in der Stunde zu verweilen, wie Bruno vor seinem Tode auf dem Scheißhause. Ich aber, indem ich mein Vorhaben zu Ende führte, arbeitete, eine Tochter des Landes ehelichte und französischer Staatsbürger wurde,

erwarb von neuem eine schon bewiesene, fertige, reiche Vergangenheit, deren große Jahreszahlen nicht mehr aus der Geschichte zu entfernen waren, die von den steinernen Kronzeugen der gestürmten Herrensitze beschworen war.

Die Mitte des Saales wurde ausgeräumt, die Musiker nahmen ihre Plätze ein, das Tanzfest begann. Ein junger Schmied, der mir während der Probearbeit zur Hand gegangen war, nickte mir lachend zu. Er trug wie alle Spieler eine goldbestickte Admiralsmütze, er wikkelte ein langes, ausziehbares Blasinstrument aus einem schwarzen Tuch und fügte es seinem runden Haupte an, das so kunstvoll aus einer Kartoffel geschnitzt schien, daß die ganze bescheidene, grundehrliche Gutmütigkeit jener Frucht darin enthalten geblieben war. Ernst und hingegeben blies er mit aufgepumpten Backen in sein Spielzeug, um es zu stimmen. Er erzeugte einen sanften wohligen Klageton, gleich der ratlos verwunderten Frage, die einsame Kühe in den Abendwind schicken. Er lächelte gleich darauf zufrieden über das Ergebnis seines Versuches. Die Wirkung aber war überwältigend. Alle Leute wandten den Kopf der Bühne zu, die Jungen drängten sich näher an den Tanzboden heran, die bunten Festlampen zwischen den Kastanien flammten in allen ihren Farben auf, von vielen Aaahs und Ooohs des Beifalls und der Freude begrüßt. Über den Aufspielenden hing eine große wappenförmige Tafel, eine von Lorbeerkränzen umrankte Harfe schwebte über einer Inschrift: Die Muse von Canon!

Langsam schlenderte ich dem Gasthaus zu, besann mich und kletterte im Vorübergehen auf meine Stube. Auf dem Tisch lagen noch die Wäschestücke, die meine Freunde mir im Warenhaus gekauft hatten. War das wirklich erst heute morgen geschehen?
Ich dachte an die vergnügte halbe Stunde, die nötig gewesen war, um alle Sachen auszuwählen. Wohl fünf-

zig Frauen und Männer hatten sich um uns bemüht, die Stoffe befühlt und geraten, und der Graf hatte sogar Hosen und Socken vor aller Augen anprobieren müssen.

Ich hielt es nicht in meiner Stube aus. Die Straßen, die zum Gasthaus führten, ließen mich in ihr nachtdunkles Geheimnis ein, sie erkannten mich schon als Freund. Sie erinnerten an einen Samstag vor Ostern.

So einfach und wohlgeordnet war mein Dasein geworden, daß meine Gedanken ohne Zwang und Suche geradewegs in jene Zeit zurückfinden konnten, in der ich, an der Hand meiner Großmutter von der Backstube kommend, durch die dunklen Dorfstraßen gegangen war, die nach feuchtem Staub gerochen hatten, denn sie waren besprengt und gefegt worden. Die Leute hatten aus den Fenstern geschaut und nur halblaut zu grüßen gewagt, um nicht das Werden des Festes zu verscheuchen.

Ein Zufall wollte, daß ich trotz der zahlreichen Gäste an denselben Tisch zu sitzen kam, an dem ich am Abend zuvor gegessen hatte. Und es schien mir, als hätte ich schon meinen anerkannten Platz. Ich war plötzlich entschlossen. Ich verlangte Briefpapier und Schreibzeug. Keiner hinderte mich am Schreiben, obwohl es in der Stube hoch herging. Auch im Übermut blieben die Leute zurückhaltend und höflich, das beste Zeichen, daß sie mich schon nicht mehr als einen Fremden betrachteten. Ich schrieb nach Paris, um das Aufgebot zu bestellen. Ich hatte eigentlich bis Weihnachten warten wollen, aber warum? Ich schlug vor, zwei Wochen später zum Standesamt zu gehen, da ich zu der Zeit einige Tage frei nehmen konnte, denn das war unmittelbar vor der Heeresübung, zu der ich einberufen war – ich brauchte nur drei Tage zusätzlichen Urlaubs zu erbitten und einen Umweg über die Hauptstadt zu machen, ehe ich mich der Armee stellte. Somit konnte ich gar den Heeresfahrschein verwerten, um kostenlos zu reisen.

Ich ging zum Bahnhof, um meine Botschaft zum Nachtschnellzug zu bringen. Noch immer standen Wagen ohne

Fahrer neben den Platanen vor dem Bahngebäude. Die Stille widerhallte von dem dunkelausklingenden Nachthimmel. Als ich wieder in die große Landstraße einbog, winkten mir schon von weitem die bunten Lampen entgegen, flimmernd wie unter vertraut zwinkernden Wimpern hervor. Die Tanzweisen wehten mich mild an, wie ein Duft aus verblichener Seide. Die niedrigen Häuser von Vieux-Fume lauschten mit geschlossenen Augen. Der Schnellzug raste vorbei – ich frohlockte, ich kannte nun schon die Fahrzeiten der Züge. Meine Gedanken folgten dem Zug an sein Ziel. Der Brief wurde morgen ausgetragen. Zum ersten Male wollte ich einen Zustand herbeiführen, der länger als einige Wochen oder Monate dauern sollte.

Es war ein großer Entschluß, ein junges Leben annehmen zu wollen, auf Gedeih und Verderben, wie ein anvertrautes Gut. Es wog schwer. Denn was auch Leichtfertige und Überspannte dagegen sagen konnten – ein kaum mündiges, blasses Kind lieferte sich mir aus – ich, Haueisen, hatte zu verantworten, was aus ihr wurde.

Wie eine Erscheinung sah ich die Mutter, an dem Tage, als sie, von einem übermenschlichen Elend geschüttelt, den Vater und den Vater des Vaters angeklagt – nie, nie, nie, nie mehr. Die Kette von Haueisen zu Haueisen war unterbrochen. Ich war entronnen. Ich hatte vor, an unserem künftigen Dasein zu zweien wie an einem Kunstwerk zu arbeiten, nie vollendet und doch stets vollkommen. Ich hatte keine der Lehren und Erfahrungen vergessen, die mir dienlich sein konnten. Seelenforscher und Ärzte hatten das Dunkel gelichtet, in dem sich die Geschlechter noch zu Zeiten der Eltern zerfleischt hatten.

Der Zug verhallte in der Ferne. Sein Donner und sein Rauch hatte die Stille geläutert, die reiner wiederauferstand. Ich überschritt die Grenze der Gemarkungen von Canon und Vieux-Fume. Diesmal spürte ich die Begrüßung der Blumen. Ich war wieder daheim.

Es war äußerlich schlecht zu bemerken, aber mir fiel es im ersten Augenblick auf, sobald ich wieder im Lichtkreis der Laternen unter den Bäumen auftauchte; eine betretene Ernüchterung der Leute. Richer war einsilbig und Vernon verstört. Auf beider Gesichter stand dieselbe Abweisung. Es war wenig geschehen, Flugblätter waren verteilt worden, unterzeichnet: die Zelle der Partei, Canon-Werkstätten. Niemand wußte, wer sie bildete und wann und wie sie entstanden war. Und dieses Geheimnis war schlimmer als das Flugblatt. »Es sind keine Hiesigen«, wiederholte Richer, der sich als Bürgermeister verantwortlich fühlte, mehrere Male. Es war schlecht zu ersehen, ob er sich damit trösten wollte, oder ob ihm die Gefahr um so größer erschien.
Ich war unsicher und wußte nicht warum. Mit leiser Beklemmung dachte ich an den Brief, den ich nicht mehr einholen konnte. Ich nahm mich zusammen und redete mir selber zu: was war los, was konnte es mir denn ausmachen? Es änderte gar nichts, man könnte meinen, der Krieg sei ausgebrochen.
Nur der Wirtin war alles klar. Ihre Augen verhehlten nicht, was sie wußte: sie allein hatte von der ersten Minute an erkannt, daß es Unglücksboten waren, die man ihr ins Haus geschickt hatte.

XII Die Gewalt ist in uns

Ich gewöhnte mich ein. Wie sich aufklärte, hatte mir Frère seine Stube nur vorläufig überlassen; ich nahm endgültig Wohnung bei einem Weichensteller, dessen geschwätzige, sehr fromme und sehr schmutzige Frau an der Kanalküste geboren war. Sie erzählte mir die Geschichte der Krankheit ihres Sohnes – an den ich sie erinnerte, denn er war meines Alters und meiner Statur – dem ein Meerschweinchen in den Nieren gewachsen war, so daß der Arzt es mit einer Nadel durch die Bauchwand hindurch hatte totstechen müssen. Sie wurde böse, als ich lachte; am Ende ergriff mich eine Art Ehrfurcht wie vor einem Überlebenden des Dreißigjährigen Krieges oder vor einem alten Pergamente.
Ich schaffte mir ein weißes Kaninchen und einen jungen Hund an und begann Pfeife zu rauchen. Und aus heiterem Himmel überfiel mich eine Erinnerung, die mich krank werden ließ. Es war die alte Krankheit.
Bisher hatte ich keine Zeit gehabt, krank zu sein, ich hatte alles mit mir geschleppt; oft packen Leiden einen Menschen erst mit voller Wucht, nachdem er endlich sich hat niederlegen können.

Ich wollte meinen Hund stubenrein erziehen; anfänglich fuhr ich ihn nur mit groben Flüchen an, stieß ihm die Nase in seinen Kot, so wie man es mir geraten hatte, und gab ihm immer häufiger eine kleine Tracht Prügel. Er war ein wenig schwer von Begriff, und eines Tages, vom Durchfall schwach, machte er mir dreimal hintereinander in die Stube. Eine rasende Wut packte mich. Ich öffnete die Tür, beförderte das runde, jaulende, plötzlich jammervoll klagende Tierlein mit furchtbaren Fußtritten auf den Gang und die ganze Treppe hinunter, an deren Fuß es winselnd liegen blieb.

In dieser Sekunde durchfuhr mich eine heiße, nie gespürte Angst. Mit drei Sätzen flog ich die Treppe hinunter und beugte mich über das kleine Geschöpf. Sein linkes Vorderbein war gebrochen. Und während ich es abtastete, leckte es mir die Hand; ich fuhr zurück, vor feuriger Scham und Schande taumelnd. Ich brauchte keinen Spiegel, um mich zu sehen. Ich wußte, von wem ich die tödliche Falte auf meiner Stirne geerbt hatte, und auf wem ich die Zornesröte über einem starren, breiten Genick gesehen hatte. Ich war dabei, der Alte zu werden.
Ich rettete das Hündchen. Ich rannte zum Tierarzt. Der ließ mir die Wahl zwischen einer erlösenden Spritze und einer langdauernden Pflege, die seiner Ansicht nach nicht verhindern konnte, daß mein Opfer sein Leben lang hinken würde.
Ich wollte weder das eine noch das andere. Mein Leben schien mir verwirkt, wenn ich nicht gutmachen konnte, was ich angerichtet hatte. Ich nahm das Tierlein wieder mit mir, schnitzte Schienen, drückte die zarten Knochen zurecht, legte einen Verband an, bereitete ein Lager aus weichen Stoffen und pflegte den Hund Tag für Tag. Ich verließ ihn morgens, sah ihn jeden Mittag und sofort nach der Arbeit. Ich suchte und fand die allerbeste Nahrung für ihn. Ich massierte während seiner ersten Gehversuche das geheilte Glied, und durfte sehen, daß er ohne jeden Schaden genas. Ich habe ohne Beschönigung gestanden, was ich ihm angetan hatte, aber glaubt mir auch: wochenlang habe ich um ihn gezittert.
Mich heilte es nicht.
Ich war den Alten noch nicht los. Er lebte in mir, mit seiner ganzen mörderischen Gesundheit, so wie ich ihn kennengelernt hatte, als er damals darangegangen war, eine »Existenz« aufzubauen, unter Anwendung dieser gefühllosen Gewalt, die aus der Panik entsteht, damals nach dem ersten Weltkrieg. Eines Tages rollten die Kanonen müde und geschlagen aus dem Kriege heim. Einer der zurückkehrenden Soldaten kam bärtig und schmutzig in die Wohnung. Die Mutter schrie auf, um-

armte ihn, lachte und weinte zugleich. Ich aber sah nur, daß er nicht wie andere Fremde an der Schwelle stehen geblieben war, sondern die Türe hinter sich zugemacht hatte.
Er ließ einen großen Sack vor sich auf den Boden fallen – der Sack blieb liegen, als sollte er sich nie mehr von der Stelle rühren, ein ewiges Hindernis. Der Soldat hing, ohne zu fragen, seinen Rock über die Stuhllehne, setzte sich, schamlos ächzend vor Wohlbehagen, und zog, mit den gleichen rohen Bewegungen gewaltsamer Besitzergreifung, einen Teller an sich. Sooft er sich rührte, entstand eine neue dunkle Farbe hinter meinen Augen, atemraubender und beklemmender als alle bekannten Tönungen.
Die Mutter gebot, den Heimkehrer »Vater« zu nennen. Schwester Maja, die ihn bis dahin verstört von der Seite her belauert hatte, wandte mit plötzlichen Kopfwendungen, die ihre Zöpfe fliegen ließen, ihr Gesicht ab, um seinen Augen zu entgehen, sooft er versuchte, sie anzuschauen. Nichts konnte sie bewegen, seinen Blick zu erwidern. Sie weigerte sich, diesen fremden Mann gegen den Vater der Feldpostbriefe und eingerahmten Bilder einzutauschen, der ihr lebendiger gewesen war als uns anderen Geschwistern. Keines hatte ihm inniger und eifriger geschrieben und um ihn gebetet.
Ich hing an dem fremden Gesichte wie angesaugt und konnte genau sehen, wie rasch die Regungen in ihm wechselten und immer ungestümer aus allen Teilen seines Körper zugleich brachen, als ob ihnen seine Haut seit langem zu eng gewesen wäre. Er war zunächst über die Ungezogenheit eines kleinen Mädchens aufgebracht, aber sein Zorn war noch nicht vollendet, als er beschämt wie ein durchschauter Lügner wurde. Von da an haßte er seine Tochter wie eine Mißgeburt.
Ich hielt seinem Blicke stand. Ich stemmte mich gegen ihn und fühlte, wie ich mich unter ihm dehnte und bog. Aber ich hätte um alles in der Welt meine Augen nicht von ihm abwenden können. Er war gekommen, hatte die

Türe hinter sich zugemacht und damit uns alle mit einem unfaßbaren Schrecken und mit sich selbst für immer und ewig geschlossen. Und ich wußte schon seit dem ersten Augenblick, daß es nichts bedeutete, daß die Türen noch auf und zu gingen; sie führten nicht mehr hinaus.

Der Vater musterte langsam und eindringlich jeden Gegenstand und jedes Gesicht. Über allen Dingen und allen Gesichtern, die seine Augen gestreift hatten, blieb ein grauer Schleier hängen. Er betrachtete die weißgescheuerte Tischplatte, deren Bohlen längst aus dem Leim gegangen waren, die kleine Anrichte, deren Teile aus verschiedenen Holzarten in verschiedenen Farben gemacht waren, da sie stückweise zusammengekauft worden war, das Geschirr und den Hausrat, und eine panische Furcht schien ihn allmählich zu würgen.

Er sah wieder wirklichkeitsgetreu, was fünf Jahre zuvor der Krieg unterbrochen und langdauernde Entfernung, Träume und Zukunftspläne wie durch einen Zauberspiegel verschönert hatten. Er war kaum sechsunddreißig Jahre alt, voller Spannkraft, und hatte aus den fünf Jahren im Schlamm der Schützengräben einen heißen Lebenshunger aufgespart. Und jetzt, ohne Übergang, jagten ihn hungrige Kinderaugen, eine Frau, die mit dem Fluch der Fruchtbarkeit beladen war und sich so ausschließlich und mächtig den Kindern zugewandt hatte, daß es peinlich war, sie als Geliebte zu denken, jagte ihn den Anblick geflickter Stühle und schlechter Wäsche, die an einer Leine über dem Herde hing, in die Gegenwart. Wir spürten die wütende Gewalt, die nach einem Vorwand suchte, um loszubrechen. Durch das Küchenfenster schickte er einen letzten verzweifelten Blick die Mauern des Hinterhauses hinauf, und als er gewiß war, daß er nicht darüber hinweg konnte, kehrte er zurück und sah seine Angehörigen an, wie ein vor Entsetzen irrer Wolf, der in eine Falle geraten war, zu der wir der Köder waren. Er sah sich während einiger schleichender

 Tage um, roch in alle Ecken, zog Erkundigungen ein und

rechnete verbohrt. Sein Schweigen war unheilvoll und bannend, wie eine Tür, hinter der die Geschworenen das Urteil beraten.
Wir saßen über unsere Schularbeiten gebeugt, und die Mutter ging ihrer Arbeit nach. Aber wir verfolgten jeden seiner Schritte – er allein setzte seine Füße fest auf –, wir hörten ihn auf den Treppen und in den Stuben, und je länger er schwieg, um so drückender wurde die Ahnung dessen, was er uns bereitete. Er sprach zum ersten Male das Wort »Haus« aus. Jenes verfluchte, tausendmal verfluchte Wort; zehn Jahre meines Lebens sah ich das Haus, als einen riesigen, erdrückenden Bau, größer als ein Dom. Als ich einige Jahre später – lange, nachdem ich es endgültig verlassen hatte – daran vorüberging, sah ich zu meinem Erstaunen, daß es ein ganz gewöhnliches, kleines Mietshaus mit drei Wohnungen vorn und weiteren dreien im Hinterhaus, darüber einigen Dachstuben, war.
Er behauptete, zu unserem Besten zu handeln. Merkwürdig war, daß es ihm blutiger Ernst damit war. Er war sehr ehrlich, verstieß nie gegen die Gesetze, er glaubte an die Sage der aufgelesenen Stecknadeln, dank derer einer zum Goldkönig geworden war. Er mietete zwei Kleingärten, um durch den Anbau nützlicher Früchte die Kosten des Haushaltes zu vermindern. Und da er die Natur für eine Händlerin hielt, die um so größere Ernten hergab, als er ihr mehr Dünger zahlte, wurden wir beauftragt, an unseren schulfreien Nachmittagen mit einem Handwagen durch die Gassen zu ziehen, um Pferdekot zu sammeln. Und unser Wagen mußte voll werden. Wie beneideten wir das Mädchen aus dem Märchen, das nur Streichhölzer zu verkaufen gezwungen war.
Er erstand das Recht, den Inhalt der Senkgruben auszubeuten und kaufte ein Faß, das wir auf die kleinen Mietfelder zu fahren hatten in einem stinkenden, schwappernden Hin und Her. Und wenn wir müde nach Hause kamen, sehnten wir uns nach unserem Handwagen zurück, weil wir ihn ohne den Alten fuhren. Denn er hatte

eine Ecke der Wohnküche ausgeräumt, in der wir sieben Menschen aßen, unsere Aufgaben machten, an Sonnabenden der Reihe nach badeten – um sich eine notdürftige Schusterwerkstatt einzurichten, aus der er während seiner Freizeit Geld schlug; nur um zu dem eigenen Haus zu kommen.

Alles wurde betrieben vom ersten Tage an, während Maja dahinstarb. Sie weigerte sich, zu leben. Sie antwortete nie, sah mit unheimlich entschlossenen, stahlgrauen Augen geradeaus, bis sie von einer Gehirnhautentzündung befallen wurde. Es dauerte Wochen, in die ihr zehnter Geburtstag fiel. Sie ließ sich Pflege und Hut gefallen, aber sooft sie halb gesund geworden, sich der Dinge wieder bewußt wurde, fiel sie zurück. In diesen Stunden wurde sie von Angstzuständen heimgesucht, während derer sie die Hand der Mutter wortlos umklammerte. Wir wußten alle, daß es ein Kampf war, in den wir uns nicht mischen konnten. Wir befolgten die Ratschläge des Arztes getreu, aber ohne Hoffnung; er wußte am Ende nichts mehr zu raten.

Der Alte bemühte sich redlich von weitem – er durfte sich ihr nicht nähern –, er tat seine Pflicht. Nur gegen das Ende wurde er ungeduldig. Er weinte an ihrem Sarg, und er war ehrlich, denn er beweinte seine Ohnmacht.

Die erste Zeit des Kampfes um das Haus, der sich vor den Augen der Einwohner unseres übervölkerten Viertels abspielte, war noch erträglich gegenüber den folgenden Jahren, als er es besaß. Die Leute, die uns beobachteten, sahen in dem Alten den Verräter an einer Sache, der sie selbst keinen Namen zu geben wußten. Sein Bemühen, verhöhnt und verachtet, kam so in aller Mund, daß sein angestrebtes Ziel in der ganzen Vorstadt das »Haus« genannt wurde. Er zahlte den Widersachern mit Haß heim. Sie waren nach ihm alle Nichtstuer, Neider und Gescheiterte. Ihre Meinungen und Überzeugungen, unbeholfene Wortsetzungen ihrer geheimen Sache, waren »Entschuldigungen für die eigene Unfähigkeit«. Die Mieter verschworen sich und benutzten nicht mehr die

häuslichen Aborte. Wenn der Alte wütend den niedrigen Pegelstand der Gruben maß, erläuterte Langlahr, sein Vertrauter: »Sie scheißen fremd.«
Langlahr hatte eine kleine Schreinerwerkstatt nicht weit vom »Hause« und wohnte im ersten Stockwerk des Hinterhauses, allein mit seiner blassen, kaum schulentlassenen Tochter. Seine Frau hatte sich erhängt. Hatte er sie sanft und beharrlich trinkend umgebracht oder schwamm er erst seitdem ohne Halt, Ziel und Antrieb im Leben, wie ein Altweibersommer in der Windstille? Er wanderte morgens in seinem grauen Soldatenmantel, einen steifen, schwarzen Hut auf dem Kopf, in seine Werkstatt und kehrte abends heim, stets betrunken, still und in sich gekehrt. Aber die Kinder der Vorstadt waren geübte Sachverständige und errieten seinen Zustand sogleich. Sie liefen ihm schreiend und steinewerfend nach, und er konnte sich dann umdrehen, stehenbleiben und wehmütig fragend und vorwurfsvoll die Kinder ansehen. Er wurde des Alten einziger Freund im Hause, und er war dazu angetan, dessen Einsamkeit inmitten seines eigenen Besitzes noch zu unterstreichen. Er setzte Langlahr als »Unterverwalter« des Hinterhauses ein. Sein geheimer Wunsch war, sich damit Gewicht und Gesicht einer Behörde zu geben. Aber ein Sturm von Gelächter leitete die auffällige, niegesehene Neuerung ein.
Es ging mit allen seinen Maßnahmen ähnlich aus. Er war bestürzt und ratlos. Er war Hausherr, aber nicht Herr seines Lebens. Er hatte das Haus mit barem Geld, mit zehntausend Spielen und dem Lachen seiner Kinder in der Sonne bezahlen müssen, aber als er es hatte, war er nicht reicher. Denn inzwischen waren Häuser eher zu Lasten denn zu vorteilhaften Besitztümern geworden.
Heute noch kann ich nicht recht lachen, wenn ich mich seiner erinnere, wie er vor einem Bogen Papier am Küchentisch saß, um eine Hausordnung zu entwerfen: »Die Aborte sind dazu da, benutzt zu werden . . .«, den begonnenen Satz durchstreichend und versuchend, heiter und freundlich zu schreiben: »Indem Sie Ihre Miete zahlen,

erwerben Sie das Anrecht ...«, und überschäumend, während er mit vor Wut zitternden Händen zum dritten Male versuchte: »Sie unterschlagen einen Teil der schuldigen Miete, wenn Sie ...«

Wir wagten uns nicht zu rühren, ich fürchtete das Kratzen der Feder auf meinem Schulheft, und die Mutter setzte die Deckel auf die Töpfe, als seien sie aus Kristall. Denn wir wußten, daß nichts den Alten so grausam wütend machen konnte als selbst die entfernte Gefahr, lächerlich zu werden, und einen Seufzer von unserer Seite hätte er als ein Kichern gehört. Er wollte todernste Achtung. Es ist möglich, daß er die geldliche Fehlrechnung, die der Kauf des Hauses geworden war, verschmerzt hätte, wären ihm die Leute mit der Ehrerbietung von untergebenen Mietern gegenüber dem allgewaltigen Hausherrn begegnet. Außer dem Trauerspiel um das Haus war er der Zeit nur um einer Sache willen feind: er war sieben Jahre lang unter Waffen gewesen, und indem dunkle Mächte den Kaiser zu Fall gebracht, hatten sie dessen Soldaten um den einzigen Lohn jener sieben Jahre gebracht; die Ehre war vom Spott besudelt.

Immer fühlte er sich von heimtückischen Gewalten geneckt und bestohlen, und verdächtigte alle, die seiner Meinung nach die Male der Minderwertigkeit und Tükke trugen: Linkshänder, Schielende, Rothaarige, Verwachsene, Juden und Träumer. Obgleich er so seine Feinde sichtbar ausgemacht hatte, konnte er sie nicht körperlich vernichten. Aber wie furchtbar wurde er, als sein ohnmächtiger Haß mich fand: ich war Linkshänder und Träumer, und alles übrige entdeckte er in der Folge an mir. Bald sah er meine Haare rot.

Er hatte mich jahrelang neben sich leben sehen, Zugtier für seine Mistkarre, ehe er spürte, daß ich wußte, was in ihm wütete. Er wollte es aus mir hinaushauen, aber nie, auch unter den schlimmsten Schlägen nicht, konnte ich anders, als es ihn wissen zu lassen. Denn es zu verhehlen, wäre der Tod gewesen. Auch das hatte er mich gelehrt. Die Angst ist die größte Versuchung.

XIII Das sorglose Heer

Ich heiratete und fuhr zur Übung.
In tiefstem Geheimnis marschierten wir bei anbrechender Dunkelheit unter strömendem Regen zum Bahnhof. In zwei an den fahrplanmäßigen Schnellzug angehängten Wagen fuhren wir bis Bernay, wo wir einen nächtlichen Triebwagenzug fast vollständig besetzten, die wenigen nichtsoldatischen Fahrgäste unter den Mänteln, Säcken und Waffen fast begrabend. Die Leute machten angesichts dieser Verschiebung bewaffneter Kräfte große erschreckte Augen, sogleich mit dem Schlimmsten rechnend; so wie sie seit einiger Zeit zu leben gewohnt waren, aufschreckend und sofort wieder in Gleichmut und Verantwortungslosigkeit verfallend. Ein Mann fragte flüsternd wie ein Verschwörer: »Um Gottes willen, ist etwas im Gang? Wo schickt man euch hin?«
Mir gegenüber saß eine kleine, blonde Frau, die besorgt auf das Gewehr schaute, das ich zwischen den Knien hielt. Ich versuchte, sie durch einen Blick zu beruhigen, aber stets, wenn ich den ihren auffing, wandte sie sich unnahbar ab. Ich hätte ihr gerne versichert, daß die Waffe nicht geladen war, aber ich wagte nicht, den Mund aufzutun.
Immer noch unter den endlosen Fäden des Regens durchwanderten wir Rouen. Vereinzelte Lampen schnitten wunderbare Häuserfronten, die an Hansestädte erinnerten, aus der Nacht, und kleine, alte, schmale Gassen lockten zu dunkel geheimnisvollen Zielen und Hafenbegegnungen. Die Abteilung erreichte den großen neuen Hafen. Auf den schlafenden Schiffen unterbrachen vermummte Wachen ihr Wandern, um auf uns herunterzusehen. Unvermittelt fanden wir uns im Gelände des Verschiebebahnhofs, in dem ein Zug auf uns wartete. Die meisten Wagen waren schon von Mannschaften aus

anderen Standorten besetzt, und als eine lange Reihe von Güterwagen, beladen mit Kanonen und Kraftfahrzeugen, an den Zug gehängt worden war, fuhr das Geleit ab. Es war zwei Uhr nachts. Es lohnte sich nicht, aus dem Fenster zu schauen, denn der nasse Vorhang schwarz glitzernden Regens verbarg alles. Zum erstenmal sahen sich die Einberufenen mit Muße an und erkundigten sich nach Herkunft und Stand.
»Ich arbeite in den Eisenbahnwerkstätten von Canon.« Sie lächelten ermunternd. »Ich war schon vor einem Jahre zur Musterung. Ich bin drüben ausgebürgert.«
Es war merkwürdig; sie glaubten mir. Sie zweifelten nicht eine Sekunde daran, daß ich ehrlich war und in keiner Weise gefährlich. Aber sie waren trotzdem abgestoßen. Es war stärker als ihr guter Wille. Sie waren betreten wie vor einem Gaukler, der schlecht arbeitet. Ich fühlte plötzlich die himmelblaue Tuchkleidung und das Ledergeschirr wie eine Verkleidung auf mir, deren ich mich schämte, und ich schwieg. Ich schloß die Augen, Müdigkeit vorspielend, und die Nachbarn wollten es glauben.
Um halb acht Uhr morgens hieß es aussteigen und im flutenden Regen mitten auf freiem Felde auf eine sagenhafte Feldküche mit heißem Getränk warten. Ein Hauptmann schimpfte und wünschte die Fahrer der Küche in die Hölle. Er hieß die todmüde Truppe sich in Bewegung setzen, und nun im Vorbeimarschieren sahen wir eine Rampe und eine Holzhütte, die zusammen einen Bahnhof darstellen sollten. Wenige waren munter genug, um den Kopf zu heben. Der Schlamm der Straße war grauweiß und feingemahlen wie Kreide. Kätzchen blühten jenseits der Gräben. Niedriges Gehölz, grasüberwucherte Trichter, zerfallende Bunker, kaum noch erkennbare Stellungen und etliche zerschossene, rostende Geschütze machten uns klar, daß wir auf einem ehemaligen Schlachtfeld waren.
Auf halbem Wege kam endlich die Feldküche. Einige
 Flaschen Branntwein wurden, die belebende Wirkung zu

erhöhen, in den Kaffee geschüttet, der leider nicht heiß genug war. Trotzdem leerten die meisten mehrere Becher hintereinander, die Güte durch Menge ersetzend, oder dem Branntwein nachtauchend. Der Weg schien noch weit zu sein, erst als auch die Geduldigsten es aufgaben, ein Ende zu erhoffen, sahen wir das Lagertor mit der großen dreifarbenen Fahne.
Gott sei Dank waren die Räumlichkeiten vorbereitet. Man warf sich auf die Betten, ohne sich Zeit zu nehmen, Waffen und Ausrüstung in die vorgesehenen Fächer zu ordnen und blieb liegen, ohne sich noch zu rühren. Ich schlief meinen ersten Schlaf im Schoße des Heeres der Republik.
Zwölf Tage wurden wir durch die Gegend befohlen. Wir übten stets die gleichen, einfachen, stumpfsinnigen Bewegungen: Annäherungen an den Feind, Verfolgung und Besetzung des eroberten Geländes; nicht einmal einen guten Rückzug, nicht ein einziges Mal, eine Taktik, die ich bei den Arbeiterwehren fast vor allen anderen gelernt hatte. Als Krönung dieser zwölf Tage aber war die Gewöhnung an den neuzeitlichen schrecklichen Maschinenkrieg vorgesehen: die ganze tausendköpfige Übungseinheit wurde dazu in Hufeisenform aufgestellt, die offene Seite auf das unendliche Übungsfeld zu, auf dem die unheimlichen Todesfahrzeuge ihre Hohe Schule aufzuführen gedachten.
Die Offiziere sahen auf ihre Uhren. Und bald kamen sie: zwei große, wackelnde, hoppelnde Schildkröten, die ein ohrenbetäubendes Geräusch erzeugten, torkelten schwerfällig auf uns zu. Es dauerte eine gute Weile, bis sie ihr Kunststückchen zu Ende gespielt hatten; ihre Geschwindigkeit belief sich laut Erklärung der Offiziere auf zwölf Kilometer in unwegsamem Gelände. Es wurde uns gar gezeigt, wie sie miteinander verkehrten: ein Mann kletterte aus einer Luke und machte Zeichen mit kleinen Flaggen, so, wie man es von den Kriegsschiffen her kennt. Weit schneller hingegen bewegte sich das Flugzeug, das über das Hufeisen brauste, um das Bild

zukünftiger Schlachten abzurunden. Nachdem wir also gestählt und die Schildkröten sich wieder in Richtung ihres Stalles entfernt hatten, waren wir am Ende unserer Schulung angelangt.

Einige flüchtige Freundschaften hatten sich gebildet, die gerade gut genug waren, um das Du zu erlauben und gemeinsam geleerte Flaschen zu rechtfertigen. Die Leute kannten sich am letzten Tag nicht besser als am ersten, wußten aber von jedem Stand, Wohnsitz und Anzahl der Kinder, alles ungefähr. Nur ich hatte ausführlicher von mir erzählen müssen, um das Befremden zu verscheuchen, das mich wie ein Nebel umgab, und die Leute hatten mir gerne zugehört. Aber wenn einer einen zweiten gefragt hatte: »Wo bist du her?« und der hatte geantwortet: »Aus Lisieux«, und der erste hatte ausgerufen: »Tiens, ich bin von Saint-Pierre«, dann war ich vergessen. Sie waren alle Bauern aus der Normandie oder Docker aus Le Havre; sie rochen alle nach derselben Erde. Ich blieb außerhalb. Die Leute gewöhnten sich an mich, wie Kühe ein Pferd oder Pferde eine Kuh auf ihrer Weide dulden. Nur ein junger Geistlicher bemühte sich um mich, aber es schien, als ob er es lediglich tat, um seine berufliche Geschicklichkeit im Seelsorgen zu üben. Ich sehnte mich nach Canon, nach den offenen, runden Gesichtern meiner Freunde und ihren ermutigenden Handschlägen und Zurufen.

Wie es sich für altgediente Jahrgänge gehörte, war der letzte Tag freudigem Abschied geweiht. Schon früh am Morgen kündete ein Bauer von der Kanalküste, der seit dem ersten Tage schon eine ungewöhnliche Geschicklichkeit an den Tag gelegt hatte, vorteilhafte Händel mit den Küchenleuten zu zeitigen, den festlichen Inhalt des Tages an: er hatte es zuwege gebracht, noch bevor wir alle erwacht waren, eine ganze Flasche, Gott weiß wie erhandelt, zu leeren. Unter der mitfühlenden Aufmerksamkeit der ganzen Stube wankte er auf sein Bett und blieb leicht stöhnend liegen. Er war zu nichts mehr zu gebrauchen und wurde krank gemeldet – dank des

Wohlwollens selbst der Sergeanten und Feldwebel –, denn anstandshalber wurde noch ausmarschiert und zum Schein das Ausheben von Schützengräben befohlen. Ein kalter Wind fegte über die Höhen ohne Bäume noch Frucht, so als ob die Natur sich weigerte, sich von dem Blute der vielen zu nähren, die hier gefallen waren. Die Leute maulten ob der unnützen Arbeit – so wie sie über den Befehl gemault hätten, unbeweglich stehen zu bleiben, taten keinen Streich und froren reglos, die Hände in den Taschen. Ich fror eine Weile mit, zog aber endlich meinen Mantel aus und arbeitete, als es mir doch zu kalt wurde, obwohl ich damit der Verachtung meiner Kameraden sicher war. Der Hauptmann eilte freudig lächelnd, stolz auf diese späte, unerwartete Befolgung seines Befehles, auf mich zu und sagte: »Ha, diese Arbeit macht Spaß, nicht wahr?«
»Ja«, sagte ich, »aber ich muß gestehen, daß ich sie nicht mache, um gelobt zu werden, sondern weil mich friert.« Die Umstehenden lachten beifällig und versöhnt, und der Hauptmann, seiner einzigen Genugtuung schon beraubt, erwiderte: »Auf alle Fälle, hier können Sie das zu Ihrem Vorgesetzten sagen, drüben wäre es Ihnen übel ergangen.«
Der kleine runde Kopf des Hauptmanns, genau bemessen für die beruflich notwendige Gehirnmasse, leuchtete selbstzufrieden. Er hatte etwas Endgültiges, Unbestreitbares gesagt. Ihm etwas von seinen handlichen, blankgescheuerten Weisheiten ausreden zu wollen, war aussichtslos. Und was eigentlich antworten? Was blieb denn von allen Wahrheiten noch übrig? Die Ahnungslosigkeit und Beschränktheit des Hauptmannes waren durch Worte so wenig besiegbar wie ein Gebirge. Sie genügten sich selbst, sie bestanden und fanden darin ihre Rechtfertigung, aber Gnade ihm, wenn er eines Tages mit der Wirklichkeit zusammenstieß. Es war schwierig, schmerzlich und aussichtslos zu reden. Weiter wußte ich nichts; ich hatte den Leuten nur Angst und Ahnung voraus.

Das Abschiedsmittagessen, reichlicher als sonst, wurde durch eine halbe Flasche Schaumwein pro Mann gekrönt, die der Hauptmann spendete, um seiner Zufriedenheit über den reibungslosen Ablauf der Übung Ausdruck zu verleihen. Hiernach erst begann es recht lustig zu werden.

Der Bauer, der schon am Morgen begonnen hatte zu feiern, war wieder gesund und warf randalierlustig mit sämtlichen Kissen und Decken der Stube um sich. Dabei ging das Handtuch verloren, das die Republik mir anvertraut hatte. »Hep«, sagte ich, »mein Handtuch, finde es wieder, oder ich halte mich an dich.«

»Und was willst du denn tun?« fragte der Angetrunkene hämisch.

»Ich werde das deine nehmen.«

»Du irrst dich, mein Junge. Das ist immer noch mein Land hier, Hergelaufene haben mir nichts zu sagen.«

»Es ist dein Land, das mich hierher befohlen hat.«

Wir waren schon von einer Menge lachender Leute umringt, die gar nicht wußten, um was es ging. Sie lachten, weil es an der Tagesordnung war zu lachen, und es gab schließlich nicht viel Dinge, die lustiger waren als ein Streit zwischen einem betrunkenen Bauern und einem der Sprache schlecht mächtigen Fremden. Aber der Bauer schien zu glauben, daß das Gelächter ihm allein gelte, und mit den Gebärden eines Possenreißers fuhr er fort: »Ich sage dir nur: merde. Lern erst einmal richtig reden, ehe du mir etwas erzählen willst. Bis dahin aber: merde, merde, merde.«

»Gut, das habe ich nun gelernt«, sagte ich, um Kaltblütigkeit vorzutäuschen.

»Was willst du eigentlich hier? Du hast überhaupt nicht das Recht, das Maul aufzutun. Du frißt unser Brot. Bei mir zu Hause verprügelt man Kerle wie dich und jagt sie weg; die Weiber zieht man durch. Hah, so ein Kerl kommt her, frißt uns arm und kundschaftet alles aus.«

Er erntete Gelächter und wartete seines Erfolges stolz auf eine Antwort, wie ein Kämpfer, der zusieht, wie sich sein geworfener Gegner vom Boden zu erheben versucht. Ich war hilflos und mußte meine Worte suchen, weil die Verwirrung und der Widerwille die kaum erlernte Sprache vergessen machten, und sagte mühselig und leise: »Wenn ich es mir nur leisten könnte, in die Bunker zu gehen, und wenn die Bunker nur nicht so sehr voller Läuse wären, dann hätte ich dir schon längst auf das Maul geschlagen, aber dein Handtuch gehört mir, verlaß dich darauf.«

»Komm nur her, ich werde dich schon zurichten, wie es sich gehört; Kerle wie dich, die fickt man in den Arsch«, schrie der Bauer und gab sich eine kämpferische Haltung, selbstgefällig die Stirne runzelnd, alles Gebärden, die den Zuschauern zuliebe gemacht und auch dankbar belacht wurden. Mir brannten die Sohlen unter den Füßen, aber ich wollte nicht vor den Lachern weichen. Ich suchte fieberhaft nach einem guten Abgang. Ich dachte benommen, wie kommt es, daß ich nicht auf ihn los bin? Drüben hätte es nur der Hälfte bedurft, um einem die Zähne in den Hals zu schlagen. Sind wir denn gemacht wie die Hunde, die in ihrem Hofe bellen und beißen? Ich wartete auf eine Befreiung, und plötzlich wußte ich, warum ich darauf wartete: wenn sich niemand fand, der mir half, so war alles verloren, Frankreich war nicht Canon. Aber die Erlösung kam.

Der Geistliche im Range eines Sergeanten, von einem Unbekannten benachrichtigt, bahnte sich einen Weg durch die Zuschauer und wandte sich an den Bauern: »Hör zu, wenn du noch einmal dein Maul auftust, werde ich dich für zwanzig Tage ins Loch bringen.«

»Oooohoooh«, unterbrach ihn der Weinselige, »was macht mir das schon aus, dann komme ich eben zwanzig Tage später heim.«

Mehr noch als das Eingreifen des Unteroffiziers ernüchterte diese Antwort die Lacher. Sie sahen den Betrunkenen plötzlich mißtrauisch an; wo mußte er herkommen, um von der Aussicht, zwanzig Tage später heimzukommen, nicht beeindruckt zu sein?

Der Soldat, der den Geistlichen zu Hilfe geholt hatte, sagte: »Er hat die ganze Zeit über die übelsten Gemeinheiten geredet – so ist es doch nicht in Frankreich –, er verdient eine gehörige Tracht.«
Einige redeten auf den Bauern ein, um ihn zu bewegen, seinen Rausch auszuschlafen. »Aber was wollt ihr denn alle«, widerstand er, »ich will mich doch nur mit dem Kumpel aussprechen, und ihr mischt euch ein.«
Ich traute meinen Ohren nicht, aber er lud mich ein: »Komm, trinken wir ein Glas.«
Ein fröhliches, reinigendes Gelächter, in das der Geistliche einfiel, antwortete. Lachten sie über den Bauern oder über mich, der fassungslos fragte, gingen sie blind an Abgründen vorüber, oder war ich es, der Gespenster sah?
In der Art der Betrunkenen kam der Bauer immer wieder auf sein Angebot zurück, und ich ging in eine andere Stube, um meine Ruhe zu haben. Erst zum abendlichen Antreten kam ich zurück. Als die Lichter schon gelöscht waren, begann der Betrunkene, sich zu erbrechen. Auch etliche Nachbarn waren in einem verdächtigen Zustand. Ich nahm meine Decken und suchte das Weite; einige Betten standen am anderen Ende des Saales leer. Ein Hocker saß noch am Tisch in der Mitte des Saales vor einem halbleeren Glas. Er erzählte sich selber seine Lebensgeschichte, wie jedesmal, wenn er betrunken war. »Geburtsort und Datum?« äffte er einen Schreiber nach, einen der vielen, denen er hatte antworten müssen.
»Geburtsort und Datum? – Am siebzehnten Januar an der Pforte von Sankt Johann aufgelesen.
Namen der Eltern? – Öffentliche Wohlfahrt. Bildungsgrad? – Erziehungsanstalten.
Besondere Merkmale? – Mit sechzehn Jahren von einem Wärter mißbraucht.
Verheiratet? – Einmal.
Alter? – Neununddreißig.
Kinder? – Drei.
 Vorstrafen? – Vier.

Teilnahme an Gefechten? – Zwei.«
In grübelnder Verzweiflung starrte er vor sich hin und machte eine ausbreitende, ohnmächtige Handbewegung, die besagen wollte: da ist alles, alles ausgepackt und aufgezählt.
Ich konnte nicht einschlafen. Ich stand auf, um auf dem Flur eine Pfeife zu rauchen. Unter der vergitterten Lampe vor der Tür lag eine Abendzeitung auf dem Boden. Es fiel mir ein, daß ich über dem Durcheinander dieses letzten Tages noch nicht dazu gekommen war, in ein Blatt zu sehen. Ich las, unter der Lampe stehend, und wurde plötzlich müde und klein. Ich vergaß die Zeitung in meiner Hand. Ich kehrte lautlos in die Stube zurück, es war mir, als hätte ich eine böse Erscheinung in der Nacht gesehen und fürchtete, sie nachzuziehen. Ich legte mich angekleidet auf mein Bett und breitete meinen Mantel über mich. Das Licht durch das Fenster beleuchtete den Rauch meiner Pfeife.
Ich hatte mir, nicht anders als alle Leute, die ewig unterwegs sind, eine eilfertige Welt aus Papier und Hoffnungen gemacht; solche Menschen unterliegen Zwang und Versuchung und erlangen eine große Fertigkeit darin, sich in jedwelcher Umgebung geschwind eine flüchtige Heimat für eine Stunde zu bauen, so wie Reisende, die täglich den Ort wechseln, einige Bilder und Gegenstände mit sich führen, die sie abends an ihr Bett stellen, um sich in eigenen Wänden glauben zu können. Nun hatte ich einen Erdstoß gespürt und wußte, wo die Mitte der Katastrophe lag. Meine erste Regung war, sofort davonzufahren und nachzusehen, von der Angst getrieben, das gebrechliche Gefüge meines kaum angedeuteten Daseins zerstört zu finden. Ich konnte nicht länger mit der Nachricht allein bleiben. Ich stützte mich auf den Ellbogen und sah prüfend auf meinen Nachbarn: »Schläfst du?«
Der Mann brummte halb verneinend. Ich beugte mich näher zu ihm und flüsterte buchstabierend: »Sie sind in Prag einmarschiert.« Fassungslos vernahm ich, daß mein

Nachbar das längst wußte. Er versicherte mir, daß die Neuigkeit seit Stunden durch das Lager gegangen war. »Aber beruhige dich«, tröstete er, »wir auch, wir haben auch befürchtet, daß sie uns daraufhin zurückbehalten würden. Aber es steht fest, wir gehen morgen nach Hause – also schlaf ruhig.«

Der Mann schlief ein. Er verließ mich wie auf einem anderen Stern ausgesetzt, und kehrte zu seinen Erdengenossen zurück. Die entspannten Gesichter der Schläfer wurden dem runden, selbstgefälligen Antlitz des Hauptmanns verwandt. Sie zogen ihre Ahnungslosigkeit und Unwissenheit wie warme, schalldämpfende Decken über die Ohren.

Mich bedrückte die Ahnung eines ungeheuerlichen Fehlers in der scheinbar so gut gelösten Rechnung fanzösischen Glücks.

Ich erinnerte mich der Urteile eines gewesenen k. und k. Leutnants, der nach dem Anschluß geflüchtet war: der beste aller Soldaten sei der französische, weil er allein die Gabe besitze, die im Schützengraben entscheidet, die Gabe, sich in allen Lagen mit rasch erfundenen Notbehelfen zu retten. Ich wiederholte es mir, um einschlafen zu können.

XIV Der achte Wochentag

Wie große Atemzüge begannen, erfüllten sich die Wochen, ebbten sie ab. Die stete Wiederkehr von kleinsten Ansprüchen, Zwiespalten, Verrichtungen und Notwendigkeiten innerhalb desselben Kreises von Menschen schliffen das Leben von Canon glatt. Das Außerordentliche und Einmalige in jedem wurde durch tägliche Gewöhnung und zu enge Nähe und Vertrautheit abgescheuert. Wenn ich noch die Spannungen in den Menschen und die großen, geheimen Gewalten durch alle hindurch spürte, so nur, weil ich gewarnt war.
Es war wie in einem Walde, in dem ich allen Bäumen einen Namen geben konnte. Der Friede war groß, aber ab und zu erzählte die Verkrümmung eines Gewächses von einem gnadenlosen Trauerspiel in der Stille und dem ergreifenden Halbdunkel eines Domes. Ich lauschte auf etwas, das mich schon oft verfolgt hatte, das in den Bäumen enthalten war, weil sie dem Ganzen angehörten, aber gleichzeitig lauerte zwischen ihnen, allen gefährlich, vielleicht der Friede selbst.
Wenn ich zum Wochenende nicht nach Paris fuhr, besuchte ich wohl mit dem Grafen eines der nahen Seebäder, oder wir lagen nachmittagelang im Schatten der Buchen einer der vernachlässigten Schloßalleen. Er dehnte und reckte sich, kaute an einem Halm, fuhr Sonne und Ruhe ein, als wollte er Vorräte davon anlegen, und plauderte hin und wieder, als ob er angesammelte Briefe und Bilder sichtete; doch stets das gleiche, immer um seine Frauen herum: auch er bemühte sich, etwas zu heilen.

Die Züge gaben uns die Uhrzeit verläßlich an. Um siebzehn Uhr dreißig der Zug nach Cherbourg. Um neunzehn Uhr heulte das Horn des Triebwagens. Eine sanfte Flut

kühler Luft wehte zu der Stunde vom Meere herüber. Wir standen dann auf und gingen essen, ohne Hast noch Hunger. Auf dem Wege begegneten uns Kameraden aus den Werkstätten, bestaubt, müde, stolz auf ein blutüberströmtes Karnickel, mehr noch aber auf die Jagdflinten. Ein abendlicher Duft ging von der jungen Natur aus, schwer wie ein Schlaftrunk. Die Bäume, die Weiden, von lebenden Zäunen eingeschlossen, spannten sich mit aller Kraft in einer reglosen Anstrengung, um aufzubrechen, Früchte zu füllen und zu wachsen.
Die Mauern des alten Dorfes waren von Jahren schief wie Wälle. Die hellen Farben der neuen Häuser schimmerten aus den Obsthainen wie die Kleider junger Mädchen.
Zwei mächtige Gefühle rangen gegeneinander in mir: ich wiederholte das Flehen, auf daß nun alles dies bestehen bleiben möge. Und die reglosen, ragenden Bäume und die Jäger, die ausschritten wie Bauern, die eine reifende Saat sichten, schienen zu versichern: ewig – aber gleichzeitig hatte ich Angst, daß nichts mehr sich ändern könnte.
Die Woche der fünfmal acht Stunden ließ der Stille und dem Staub zwei Tage Zeit, um sich dichter um die Maschinen und Werkbänke zu legen. An den Montagmorgen war es kälter. Das Heulzeichen war jäher und durchdringender. Die Menschen trugen noch die Spuren ihrer Feiertagsbeschäftigung auf ihren unausgeschlafenen Gesichtern. Meist waren sie mißmutig oder traurig, als ob sie gewaltsam bei ihrem Tun unterbrochen worden wären. Zu Ende jeder Woche entfernten sie sich, jeder auf seinem eigenen Wege, und doch immer zuhauf: diese auf eine Angelfahrt, jene auf Tanzdielen oder in Zwiegespräche mit Gefährtinnen, zufällige, auserwählte oder gekaufte, und wurden stets zurückgerufen, bevor sie angekommen waren. Sie glaubten alle, daß sie ein herrliches Ziel erreicht hätten, hätte man ihnen nur mehr Zeit gelassen. Von allen Errungenschaften der Volksfront, zu leicht errungen und deshalb ohne Kampf verloren, war

ihnen die Vierzigstundenwoche, die ihnen zwei volle Ruhetage verbürgt hatte, die teuerste. Deshalb warteten sie die ganze Woche auf die folgenden freien Tage, um sofort wieder denselben Weg zu beschreiten; es war, als ob früher einmal eine Brücke zu einem achten, wunderbaren Wochentag geführt hätte, die seitdem eingebrochen, aber über hundert Geschlechter bis zu den heute Lebenden nie ganz vergessen worden war.
Die Feuer der Brenner und Essen flammten später auf als an den folgenden Tagen. Es entstand ein beklemmendes Zögern: kein noch so ungeduldiger Meister wagte zur Eile aufzufordern, denn jeder war dabei, einen schmerzenden Eingriff zu erdulden, gegen den alle seine Empfindungen, sein ganzes Wesen sich sträubten, und ein scharfes Wort hätte den Ekel über die Unterwerfung siegen lassen.
Der Chef machte seine erste Runde. Er war sich immer gleich. Er trug stets fünfhundert Jahre Lateinschule auf sich, und war nebeneinander ein spöttischer, bis zur Zweifelssucht vorsichtiger, nur der Überlegung und Beweisführung zugänglicher Ungläubiger, und, ob er es wollte oder nicht, ein geistlicher Herr. Nach einigen Wochen gegenseitiger Beobachtung hatte er begonnen, sich mit leiser Stimme mit mir zu unterhalten, und seit der ersten Stunde hatten unsere Zwiegespräche die Vertraulichkeit heimlicher Zusammenkünfte angenommen. Wir waren verbündet gegen etwas, gegen einen Geist, der keinen Namen hatte. Daß wir uns verstanden, selbst wenn wir einander Zweifel vorbrachten an den allgemein von den Bürgern bis zu den Linken anerkannten Wahrheiten, an Worten, die so fest zu stehen schienen, daß niemand mehr sie von neuem dachte, erwärmte unsere Gespräche und machte sie uns kostbar.
»Wir nennen Arbeiter«, führte er aus, »Leute, die eigentlich Bauern sind. Sie stehen zur Arbeit genau wie Ackerbauern, die sich zeitweise verdingen, um so viel Geld als irgend möglich, in so kurzer Zeit als irgend möglich, mit so wenig Aufwand an Kraft als irgend möglich zu verdie-

nen, mit dem sie Pferd und Feld zu kaufen gedenken. Sie wollen nicht abdanken; sie wollen nicht einsehen, daß ihre Arbeit ihr Feld und ihr Pferd ist. Ein Mann aber, der nur arbeitet, weil er muß, und der all sein Wollen, seine Träume, seine Entdeckerlust und sein Bedürfnis nach Kampf, Anstrengung und Sieg hinterher oder nebenbei auf einem Sportfelde oder an einem Ufer mit Fischen zu ermüden sucht, ist unglücklich, ist wie ein Fuchs, der aus der Schüssel frißt und dann hinter einem künstlichen Hasen herrennt.

Solange die Menschen nicht ihren Platz an Maschine und Bank besitzen können, genau so wie die Bauern ihre Erde und Tiere, werden sie daran gekettet werden müssen. Schauen Sie sich nur um: gewissenhaft und mit Genugtuung arbeiten nur noch diejenigen, die sich wenigstens glauben machen können, sie seien selbständig, die Schmiede, Schweißer, Werkzeugmacher, die nie anders sagen als ›mein Hammer, meine Zange, meine Bank‹, Théreau mit seiner Mannschaft, die tatsächlich ein Unternehmen mit eigener Buchführung und Rechnung bilden, in dem der Meister nur noch der Kunde ist, der die getane Arbeit entgegennimmt und prüft, und hie und da Leute wie der Lagerverwalter, ein ungelernter Mann, aber mit einem abgegrenzten Aufgabenbereich, fast ein Ladeninhaber –«

Alle anderen im Werk wurden zusehends von schleichenden Krankheiten heimgesucht; von wachsender Gleichgültigkeit und Ablehnung jeglicher Verantwortung und Sorgfalt, eine Haltung, die schon einen Namen wie eine Weltanschauung hatte: Je m'enfoutisme, und einer fortlaufenden Plünderung, die viele Wege fand und höhnisch entschuldigt wurde mit ›la princesse qui paye‹, die Prinzessin, die zahlt. Zeit und Rohstoffe wurden vergeudet, Arbeiten gewissenlos verfälscht – Risse in Wagenunterbauten, die zu schweißen waren, wurden mit Öl und Staub verschmiert –, und kaum noch heimlich Haushaltungsgegenstände, Spielzeuge und Gartengeräte angefertigt.

Es war hoffnungslos. Das alte Gesetz schien ihnen unveränderlich wie der Lauf der Welt, das die Arbeit einen Fluch nannte und die Freiheit nur in der Freizeit gewährte. Wie überall, wo die Freiheit nur ein Teil ist, versuchten sie, sie ungesetzlich zu vergrößern, und hatten trotz alledem eine dunkle Ahnung, daß, solange die Arbeit ein Muß war, auch die Ferien ein Gefängnis bleiben mußten. Vernon flüchtete sich an die einsamen Ufer der fischreichen Bäche des Calvados; fischreich vor allem für ihn, denn er kam mit riesigen Hechten heim, die er stolz zeigte und deren mit aufgesperrten Mäulern auf Bretter genagelte Köpfe er aufbewahrte. Er gab sich damit viel Mühe, um zu verbergen, daß ihm das Fischen nur ein Vorwand war. Denn heimlich brachte er mit, wovon er lebte, zuckte, aufbrauste, unruhig brütete, drohte; mit welchem ungezähmten Geiste traf er sich an seinen Ufern im Schilf, um so genau zu erkennen, wo und hinter welchen Worten und Unternehmen die menschenfeindlichen Kräfte sich verbargen, und um sich so zitternd vor Zorn zu weigern?
Richer blieb ruhig, es schien, als habe er hundert friedliche Jahre vor sich, um seine Sache gemächlich zu bestellen. Er überbrückte alle Klüfte zwischen dem Wortschatz der Arbeiterzeitungen und Redner und seinen eigenen Befürchtungen und Beobachtungen mit dem Wort »Erziehung«. Auch in den schlimmsten Stunden verließ ihn eine innere Gewißheit nicht. Er hatte schon als Kind an der Hand seines Vaters die Entstehung der ersten Gewerkschaften erlebt und diese Arbeit fortgesetzt. Als zum erstenmal, drei Tage vor der ersten Versammlung der Partei, ganz plötzlich Ängste aus den Menschen brachen, die sie bis dahin unterdrückt hatten, nahm er seelenruhig in Kauf, daß sie ihn allein ließen. Richer hatte in der Gewerkschaftssitzung gesprochen, leise und beschaulich wie gewohnt. Er buhlte nie um Beifall, dessen er trotzdem sicher war. Aber die Stimme eines merkwürdigen Mannes übertönte den Beifall: der Meister Marchives bat um das Wort. Und im selben Augenblick

veränderte sich die Luft im Saale. Es war, als ob in einem Dorf, dessen Dasein lange Zeit durch unbestimmte, halb geglaubte Gerüchte über eine Talsperre in Frage gestellt worden wäre, plötzlich der erste Landvermesser das erste Merkzeichen für kommende Arbeiten einschlüge.
Marchives war Bürgermeister von Canon gewesen. Aus seiner Amtszeit war die neue, überraschende Schule geblieben, ein nach neuesten Erkenntnissen errichtetes Bauwerk mit Klassenräumen ganz aus Glaswänden, die bei schönem Wetter beiseitegeschoben werden konnten. Er hatte sich mit seiner Partei überworfen und war durch Richer abgelöst worden. Seitdem hatte er sich zurückgezogen und war zu einem Außenseiter geworden, ein Freibeuter aller Ideen, aus allen Programmen herausklaubend, was ihm gefiel, alle bekämpfend, reizbar, belesen, unermüdlich.
»Richer«, sagte er, »ich will mit dir nicht streiten. Wenn das Schiff untergeht, auf dem wir alle sind, dann ist es mir gleich, ob es rot oder grün gestrichen ist, oder ob der Kapitän schuld daran ist oder nicht – nachher, nachher bitte. Jetzt frage ich dich nur eins: nach Spanien, nach den Sudeten, nach Österreich, nach Prag, nach München, was sollen wir tun, wenn es losgeht? Weltproletariat, Republik, Arbeiterschaft, Volk, Gewerkschaften; wenn es losgeht, dann muß eine Minute lang sich jeder allein, ganz allein entscheiden, und kein Gott hilft ihm, und darauf kommt es an; ich, was soll ich tun? Hände heben? Gewehr nehmen? Blumen oder Handgranaten werfen? Antworte!«
Es stand allen auf dem Gesicht geschrieben, daß sie mit der Frage schon vertraut waren, sie hatten sie vielleicht noch nicht geradeheraus gedacht. Nur wenige blieben betroffen stumm. Die anderen schrien den Außenseiter wütend nieder, aber sie konnten nicht verbergen, daß sie ihm böse waren, weil er an eine Stelle gerührt hatte, die schon vorher gedrückt. Fiebrige Worte liefen nun um, die niemand mehr einholen konnte. Sie bereiteten die Versammlung der Partei vor.

Richer sah gedankenverloren zu, wie Bäume, von mehreren Menschenaltern behütet und gepflegt, umgelegt wurden, um Scheiterhaufen zu bilden. Ich hatte Angst; war es Hoffnung oder Ohnmacht, sein Blick verriet es nicht.

Solange ich nun schon in Canon war, gab es doch immer noch neue Eindrücke, erstmalige Gefühle. Am Abend der ersten Parteiversammlung erwartete ich zum erstenmal einen Besuch auf einem Bahnsteig. Vier oder fünf Wochen zuvor war mir feierlich zumute geworden, als ich von Canon nach Paris gefahren und der Zug langsam in den Bahnhof eingerollt war; zum erstenmal hatte ich mich einem Ziele genähert, an dem ich erwartet worden war. Es half nichts, mir zu sagen, daß auch diese Besuche zur Gewohnheit werden mußten, zu einem Teil des Alltags.

Ich sah das kleine Persönchen aus dem Zuge klettern, linkisch und entschlossen einen viel zu großen Koffer nach sich ziehend. Sie trug Kleider und Hut verschoben, schlecht angepaßt und ohne Geschick, aber sie war so außergewöhnlich jung, daß ihre Unbeholfenheit ihren Liebreiz nur erhöhte. Ich dachte: »Meine Frau«, und diese Worte gingen mir so schwer ein, sie traten feierlich in mein Bewußtsein, wie ein Zug durch eine Pforte, sie ließen sich so widerspenstig kleindenken, daß ich vergaß, ihr entgegenzueilen. Sie fiel mir weinend vor Freude um den Hals. Sie war womöglich noch blasser als in meiner Erinnerung, es konnten auch ihre schwarzen, schweren Haare sein, die ihr kindliches Antlitz durchsichtig erscheinen ließen. Wie stets nach einer längeren Trennung kam mir ihre Stimme sanfter und winziger vor. Ich war immer von neuem erstaunt. Wir gingen Hand in Hand über die Landstraße, und sie erzählte erlöst: »Wir haben alle Angst um dich gehabt; sie hätten euch unter den Waffen behalten können, damals, als Prag besetzt wurde.«

Es war wieder neu, daß Menschen um mich Angst haben konnten, und ich verbarg eine Rührung unter einem

spöttischen Lächeln: »Ich kann mir deine Alten gut vorstellen, aufgescheucht wie ein Hühnervolk an alle Gerüchte glaubend, und die Koffer packend und jammernd –«
Wir lachten beide. Die Erinnerung an ihre Eltern rief jedesmal eine Fülle von kleinen, spaßhaften Erinnerungen wach, aus der Zeit, als ich mittellos von der Hand in den Mund lebend die Berufsschulen besucht hatte, die mir dank der Gesellschaft für Umschulung offengestanden hatten.
Sie hatte mich den Alten vorgestellt, und ich hatte Gnade vor deren Augen gefunden und seitdem jeden Sonntag an dem reichen Tisch der behaglich alternden Leute gesessen. Da ich ohne jegliche halbwegs anständige Kleidung gewesen war, hatten mir jedesmal Freunde ihre Anzüge leihen müssen. Nie dieselben, wie es verständlich ist, so daß ich jeden Sonntag mit einem anderen Gewand erschienen war. Die aufmerksame Mutter war so günstig von diesem unerschöpflichen Wechsel beeindruckt gewesen, daß sie sich nicht hatte enthalten können zu bewundern: »Er hält etwas auf sich: er hat mindestens drei saubere Anzüge, ohne die Lederjacken, Sportblusen und Mäntel zu rechnen.« Mit oder ohne Wissen der Eltern hatten wir uns jeden Tag gesehen, und sie war nie ohne eine Tüte voller Früchte und Kuchen gekommen; meine einzige warme Mahlzeit war oft nur der sonntägliche Mittagstisch gewesen. »Wissen Sie«, hatte die Mutter mir strahlend anvertraut, »seit sie Ihnen versprochen ist, hat sie einen gesünderen Hunger. Nicht nur ißt sie mehr bei Tisch, sondern nimmt auch darüber hinaus gehörige Taschen voll Eßwaren mit.«
Der müde, vielbeschäftigte Vater hatte wenig gesprochen. Mit warnend erhobenem Zeigefinger hatte er mit schüchternem Argwohn geboten: »Und seid artig –« Oder weihevoll verkündet: »Heute sind Sie noch Herr Valentin, morgen bist du mein Sohn.«
Er hatte mein Gesellenstück gekauft, einen kunstvoll handgefertigten Kohleneimer, ein Prunkstück, zu scha-

de für den Gebrauch: »Wir haben ihn nicht nötig; es geht uns allein um den Eimer Herrn Valentins.«
Stumm vor Erfurcht waren beide Alten geworden, als die Staatsbahn mich aufgenommen hatte. Sie hatten ein Leben ohne nennenswerte Mißgeschicke hinter sich, ihre Wohnung war überfüllt mit Gut, die Wäscheschränke voll, die Arbeit des Mannes gesichert, sie hatten einige Erparnisse und Zinsen. Nach menschlichem Ermessen konnte ihnen nicht viel mehr zustoßen, sie waren über sechzig.
Aber Beamter sein, das hieß, noch gesicherter, noch gelinder, versorgter, behüteter leben. Sie waren es nie satt geworden, sich die Vorteile und Rechte eines Bahnbeamten aufzählen zu lassen, so wie Kinder immer wieder um dasselbe Märchen bitten. Ich hatte ihnen den Gefallen getan, mich so breitspurig wie möglich auf den Stuhl gedrückt, um mein Beamtengewicht recht zu verdeutlichen, und aufgesagt, was ich glücklicherweise schon erfahren hatte.
Es mutete wie ein Wunder an, daß zwischen diesen beiden Alten ein spätgeborenes Mädchen hatte aufwachsen können, die muffige Luft der Lebensangst atmend, ohne davon erkrankt zu sein. Das müde Blut der Eltern war in dem jungen Leib durch zwanzig Weltstadtkinderjahre seltsam wachgerüttelt worden und hatte seiner Trägerin einen fremdartigen Reiz gegeben, der sie allen Einschätzungen auf Alter und Rasse entzog. Vom ersten Tage an war sie eine begeisterte, erfindungsreiche Mitschuldige des vielfältigen Betruges geworden, durch den ich mich in ihre Familie gelogen hatte, um sie herauszuholen. Sie war die Gewissenlosere. Mit einem Schwung, als ob ich von außen eine Türe geöffnet hätte, gegen die sie von innen gedrückt, war sie mir gefolgt, so ohne jegliche Angst und jegliches Zögern, daß sie mir manchmal fast zur Last wurde; war sie sich wirklich im klaren über unser beider Lage? Hatte ich zu einer Blinden gesagt: »Springe«, und sie war, mir grenzenlos vertrauend, entschlossen und begeistert in einen Abgrund ge-

sprungen, dessen Boden nur meine Hoffnung wahrhaben wollte? Sie sagte: »Du bist alles: mein Lehrer, mein Vater, mein Freund, mein Bruder und mein Geliebter.« Sie schritt lachend und tapfer neben mir einher, ihre Hand in der meinen. Ich spürte sanft jeden der überfeinen, zerbrechlichen Finger. Ich wußte, was niemand ihr ansah, daß sie beharrlicher und stärker war als ich. Niemand ahnte auch, daß in diesem Kind das ungestüm gebende und fordernde Herz einer reifen Frau schlug. Dankbarkeit, Stolz, Liebe und Genugtuung verwirrten mich warm.

Vor dem Versammlungslokal standen einige junge Leute um einen älteren Wagen einer verbreiteten Marke. Ich fing ihre Blicke auf; ich erkannte sie plötzlich wieder: in allen Ländern der Erde ruhten sie auf Motorfahrzeugen, denen geheimnisvolle Eigenschaften innewohnten. Der Wagen des Parteimannes war geheim. Er hatte keine äußeren Zeichen, er war den Wagen der geheimen Polizeien verwandt, die leise und lauernd durch die Straßen rollten.

Die jungen Leute, die aus den Lehrwerkstätten der Bahn hervorgegangen waren, hielten den Eingang fast besetzt. Sie hatten eine hervorragende Ausbildung erhalten und waren behütete Beamtenanwärter mit guten Aussichten; aber sie wußten schon heute, wie sie morgen, in einem Jahre, in zehn, in dreißig Jahren leben würden, falls nicht Dinge von außen in ihr Leben treten sollten. Wenn sie den kahlen, einfarbigen Gang vor sich sahen, den sie zu gehen hatten, so sehnten sie das Abenteuer herbei. Der vierschrötige, rauflustige Mimile, der seine Einberufung zum Heeresdienst erwartete, sagte traurig: »Es ist eine Schande, aber ich glaube, wir können nichts daran ändern; es wird wieder zu einem Krieg kommen.« Seine Augen jedoch waren nicht unglücklich, sondern sahen die einzige Tür ins Abenteuer, die sich auftun konnte. Er fragte wie von ungefähr: »Sind die Mädchen drüben nett?«

Die meisten Leute kamen mit der Miene eines Mannes, der mit einem Knüppel nachsehen will, wer vor seinem Hause rumort. Aber sie konnten schlecht heucheln; sie hatten Angst und wollten wissen, was sie tun sollten. Sie waren für München, und sie waren für einen heiligen Krieg, beides aus derselben Angst.
Ich kletterte auf eine Fensterbank und sah in den Saal. Marchives stand auf der Bühne.
»Vor zweiundzwanzig Jahren im Dreck von Flandern«, schrie er, »hörten wir von der russischen Revolution; wir waren Feuer und Flamme. Es schien aus zu sein mit allen Drahtziehern, Diplomaten, Kriegs- und Friedensstiftern, unsere Genossen waren in den Himmel der Herren eingedrungen, wir warteten auf die Veröffentlichungen und das große Aufdecken der Karten – wir warten heute noch. Die großen Führer waren in die Macht gestiegen wie in eine Festung und hatten die Türe hinter sich zugemacht. Durch die Guckfenster erzählten sie uns von Zeit zu Zeit etwas – lange Zeit wollten wir es glauben –«
Die ersten Zwischenrufe unterbrachen ihn. Ich sah erstaunt, daß es durchaus nicht Freunde der Partei waren, die ihn unterbrachen: »Maul halten, Verkaufter.«
Der Außenseiter lachte verächtlich, um zu zeigen, daß er nicht gewillt war, sich mundtot schreien zu lassen: »Wir wollten glauben, daß sie Polizeien nötig hätten, um die gestürzten Ausbeuter zu überwachen, daß sie die Revolution gegen ungeheuerliche Verschwörungen verteidigten, als sie die linken und rechten Flügel der Arbeiterbewegung ausrotteten, als sie zehntausend Matrosen erschossen; daß sie feindliche Kundschafter und Aufwiegler aufhalten wollten, als sie die Grenzen luftdicht absperrten, so daß niemand hinein, aber auch niemand heraus konnte –«
Die Ungeduld und die Empörung wurde allgemein. Sie wurden von einem Hasse getrieben, der lediglich der Erscheinung des Außenseiters galt. Sie vergaßen, daß durchaus nicht alle derselben Meinung waren; sie rotte-

ten sich nach einem mächtigeren Gesetze zusammen: sie griffen ihn an, nur weil er allein war.
»Wir wußten nichts mehr, wir konnten nur erraten, wir ließen uns belehren, daß wir nur noch einem Gebote folgen mußten: Schutz dem neuen Lande. Aber wir kannten es nicht, wir wußten nur, daß viele alte Dinge wieder gültig geworden waren neben neuen, die nichts mit unseren Gedanken zu tun hatten. Die Niederlagen, Fehler, Blutbäder, der Gehorsam und die Verfolgung der Zweifler wurden begründet durch den Vergleich der Partei mit einem kämpfenden Heere –«
Ich verstand nur noch Teile von Sätzen, denn die Hörer begannen, ununterbrochen zu trommeln und zu schreien.
»– die Republik war eine Lüge, nun sollen wir sie verteidigen gegen den Krieg, nun sollen wir das Geld der Gewerkschaften in Rüstungen anlegen –«
Er gab es auf, setzte sich, und die Menge mied ihn, als fürchtete sie, er lenke die Strafe der Götter auf alle. Es wurde nicht mehr still. Vergebens schrie Robert, ein Schmied, in den Saal. Als er drohte, jeden zum Fenster hinauszuwerfen, der sich noch einen Zwischenruf erlaubte, schwiegen die Leute eine Minute lang betroffen und lachten herzlich.
Der junge, glatte Redner sprach so laut er irgend konnte, aber ich konnte seine Worte lediglich erraten an der Röte seiner Schläfen und dem verzerrten Munde. Nur einzelne Sätze erreichten mich.

Wir trafen den Grafen auf der Straße, trübselig und geschlagen. Nahm er plötzlich auch Anteil an den Geschehnissen? Er hatte einen anderen Grund zur Trauer: »Mir ist etwas Schreckliches zugestoßen«, berichtete er düster, »stell dir vor – ich habe meine Goldplombe verloren. Wann, frage ich dich, wann werde ich mir je eine andere anschaffen können, bei dem Lohn –« Er war niedergeschmettert: »Das ist der Anfang vom Ende, da bist in einem Loch, und da stirbst du stückweis, stückweis –«.

Théreau trank, verzeifelt brütend. Wie in die Enge getrieben, in höchster Not, sagte er: »Lassen wir doch Hitler einfach einmarschieren; was ist schon dabei? Glaubt ihr nicht?«
Ich erschrak. Ich wagte nicht, den Frager anzuschauen; ich fürchtete, er könnte auf einer Antwort bestehen. Alles war aussichtslos; unerträglich war allein die Vorstellung, die Gewaltschleicher könnten das Land einnehmen, ohne auf Widerstand zu stoßen. Was aber konnte ich anführen, um diese Menschen als Kämpfer für den Frieden dazu zu bewegen, auf meine Landsleute zu schießen? Es war zu naheliegend, daß ich um meiner eigenen Haut willen die der anderen aufs Spiel setzte!
Wie einfach und gerade wurde die Linie der Partei vom Leben eines arbeitenden, geplagten Menschen aus gesehen. Es schien so eindeutig wahr, daß die Welt freier würde atmen können, wenn die Ursache der steten Unruhe beseitigt sein würde. Die Partei bekam ein anderes Gesicht. Es war, als wenn man einen Bauern, der in den Wandelgängen eines Theaters recht dumm und unbeholfen ausgesehen hat, plötzlich auf seiner Erde arbeiten sieht – seine Gebärden wurden sinnvoll und wahr. Sie begründete und bewies klar und jedem verständlich, was sie forderte. Um der Frage Théreaus zu entgehen, wandte ich mich an den schweigsam Glas auf Glas genießenden Philippe: »Und was denkst du?« Er erwiderte langsam und traurig: »Ich bin Philosoph geworden – ich denke nicht mehr.«

Ich legte den Arm um die Schultern meiner Gefährtin, als wir an der Kirche vorbei in die Landstraße einbogen und einen kühlen Wind in den Rücken empfingen, und fragte: »Was wirst du tun, wenn es zu einem Kriege kommen wird?«
Sie hatte sich sicherlich schon selbst die Frage vorgelegt und beantwortet, denn sie erwiderte ohne Zögern: »Ich werde mich töten.«
Es war ihr bitter ernst, ich wußte es. Sie hatte den

unbeholfenen, täppischen Wagemut der jungen Tiere und Menschen, die Gefahr und Fallen noch nicht ahnen. Ihr ganzes Sinnen kreiste um die schreckliche Möglichkeit eines Blutbades zwischen ihrem und meinem Volk. Sie hieß alles gut, was dieser Gefahr entgegenzuarbeiten schien. Sie trug noch die letzte Nummer der vom Propagandaministerium in Berlin erdachten »Monatshefte für deutsch-französische Annäherung« unter dem Arm. Ihr unschuldiges Bemühen erschütterte mich. Ich preßte sie an mich und sagte liebkosend: »Meine kleine Annäherung.« Ich hatte Angst um sie. Hundert angefangene Existenzen, halbgereifte Lieben, gemeinsam mit anderen begonnene Arbeiten hatte ich verlassen, wie ein brandschatzender Landfremder den Bauernhof, ich war verwundert und überrascht: nun sorgte ich mich um jemanden. Und auf der Suche nach den Ursachen dieses neuen Zustandes berührte mich der Verdacht, daß ich mir eine Verantwortung hatte aufbürden lassen, die sich als freier Entschluß vorgestellt hatte, um hinterher zum Zwang zu werden. Ich hatte etwas tun wollen, und nun mußte ich es tun.

Es war nicht gefährlich, aber beunruhigend; von nun an mußte ich jeden Gedanken von zwei Seiten her denken, jeden Schritt zweimal unternehmen, jede Angst doppelt ausstehen, jede Last schwerer tragen, ob ich wollte oder nicht. Die Notwendigkeit hatte mich eingefangen. Die Erinnerungen an hundert Stuben, in denen Paare einander totgelitten hatten, die Erscheinung der flehenden Mutter, die blassen Gesichter so vieler Kinder hatten mich gewarnt. Ich hatte klug und vorsichtig Sicherungen angebracht, Übereinkommen getroffen, die gegenseitige Freiheit gewährleisteten. Aber ich war trotzdem überlistet worden. Ich fühlte mich langsam beengt, und ich sah sie an, aufgebracht und bereit, sie verborgener Berechnungen zu verdächtigen. Sie hatte so bereitwillig allen Abmachungen und Vorkehrungen zugesagt, so ohne Zaudern und Überlegen, als sei sie ihrer Sache von Anfang an sicher gewesen und habe gewußt – Frauen hat-

ten wahrscheinlich ein angeborenes Wissen um solche Vorgänge –, daß sie mich doch besitzen würde.
Im selben Augenblick nahm ich wahr, daß ich dabei war, so ratlos wütend nach einem Ausweg zu suchen und sie wie eine hindernde Mauer haßerfüllt anzuschauen, wie der Alte. Ich spürte, wie alle Kräfte, denen ich ausgeliefert war, mich gegen die schwache Frau drängten und mir die Axt in die Hand drückten, mit der mein Alter und der Alte meines Alten ihre Frauen getötet hatten. Mich packte ein panisches Entsetzen. Ich hielt in meinen Gedanken inne, wie vor einem Abgrund. Ich wollte nicht, nie, nie, ich wollte nicht dazu kommen.
Ahnungslos sah die Kleine gläubig und besorgt zu mir auf. Ich dachte an ihre Worte »mein Vater, mein Bruder, mein Geliebter zugleich«, umarmte sie, wie um mich zu ihr zu flüchten, wie nach einer großen Gefahr, küßte sie und suchte nach einem Wort. Ich begann: »Mein –«, ich fand das folgende Wort nicht, blieb stehen und suchte es in meinem Taschenwörterbuch. Ich vollendete: »– Opfer. Mein Opfer.«
Sie lachte belustigt hellauf. Zerbrechlich schwach an mir, antwortete sie leidenschaftlich auf die leisesten Eingebungen meines Mundes und meiner Hände. Bedrängt von allen Seiten, eingeengt von rätselhaften Gewalten, die riesengroß immer näher rückten, floh ich zu der winzigen Frau; inmitten einer feindlichen, erstickenden Welt das einzige Leben, das nachgab, gegen das ich die Gewalt war. Ich beschwor meine ganze Fähigkeit zu lieben und zu verstehen, um sie vor mir zu schützen.

XV Krieg

Sooft ich damals konnte, fuhr ich nach Paris. Alle Feiertage und Ferien gehörten der Stadt. Denn nun hatte ich Geld und Wohnung, brauchte mich vor keinem Flic mehr zu fürchten; nun konnte ich das Geheimnis gewinnen.
Ich wurde ein bekannter Gast der Kaffeehäuser um Saint-Germain-des-Prés, deren späteren Erfolg wir damals schon voraussahen, wir – das waren noch die kleinen Stammbesatzungen dieser Häuser, Maler, Schauspieler und Dichter neben Leuten unbestimmten Standes. Mit oder ohne meine Frau, stets aber mit vielen lustigen Freunden, unternahm ich oft die festgelegte nächtliche Fahrt durch Paris, die unter der Bezeichnung »Tournée du Grand-duc«, Rundfahrt des Großherzogs, bekannt war, und die gegen fünf Uhr morgens an den »Halles« zu enden hatte, wo zwischen riesigen Bergen von Gemüsen und Früchten Zwiebelsuppen oder Austern unserer warteten. Ich besuchte Ausstellungen, las Bücher, und wuchs langsam in diese wunderbare Welt hinein, in der ein Gemälde als geschichtliches Ereignis gelten konnte, oder ein Gedicht als Umsturz.
Ich kannte nur noch wenige Flüchtlinge. Zwei junge Eheleute aus der Vorstadt, denen es gelungen war, ein gutgehendes Unternehmen mit Fernsprecher und Kleinwagen aufzubauen, unterrichteten mich manchmal über das Schicksal gemeinsamer Bekannter. Durch einen Rohrpostbrief verständigten sie mich von der Ankunft Alberts; am selben Tage mußte ich nach Canon zurückfahren, aber am folgenden Wochenende nahm ich am Bahnhof ein Taxi, um ihn aufzusuchen.
Ich erkannte ihn nicht an äußeren Einzelheiten, denn nichts erinnerte an den Mann, der mein Freund gewesen war. Aber aus dem Körper des ergrauten, aschenblassen, fiebernden Kranken, aus den tiefen Augenhöhlen hinter

der Brille, grüßte mich das Flackern einer Seele, deren Beschaffenheit ich nie vergessen hatte. Eine unbändige Freude nahm ihren Anlauf: »Mann Gottes, es ist also wahr, es ist also wahr.«

Die Augen Alberts antworteten leuchtend vor Stolz und Glück: »Ja, es ist wahr, ich habs geschafft, ich habs geschafft.«

Und das Glück in dem zehnmal toten Antlitz war so über alle Maßen schmerzlich, daß ein Grauen die begonnene Freude auslöschte. Ich hatte von den Vorgängen in den deutschen Schutzhaftlagern gehört und gelesen – seit einer halben Minute sah ich, daß ich nichts gewußt hatte, außer der Ahnung eines Entsetzens, das wie in Fabriken erzeugt wurde –, Fabriken des Entsetzens: ich kannte die Herstellungsweise.

Der Stabschef der Sturmabteilungen des Kreises Vorstadt, Karl Fürst, der dem Blutbad des dreißigsten Juni vierunddreißig knapp entronnen war, hatte mir den in den Lagern geltenden Grundsatz erklärt: in gewissen Gegenden unseres Erdteiles entledigten sich die Bauern, deren Höfe von Ratten heimgesucht wurden, ihrer nagenden Feinde auf eine unfehlbare Weise.

Sie fangen eine Ratte, eine einzige, lebend in einer Falle und mißhandeln das Tier auf entsetzliche Art mit glühenden Eisen, Nadeln und allem, was Menschen irgendwie erfinden können, um zu peinigen. Danach lassen sie das wahnsinnige und blinde Geschöpf, das wie ein Kind schreit, so daß es selbst die Henker kalt überläuft, zu seinen Artgenossen zurücklaufen. Wohin kein Gift und kein Eisen dringen kann, trägt es ein Entsetzen in die geheimsten Verstecke, und eine Stunde später sind alle Nager verschwunden.

So verließen Hunderttausende und abermals Hunderttausende von Menschen Jahr für Jahr irre und blind vor Entsetzen die Lager, nachdem man sie mit Vorbedacht am Leben gelassen hatte. Sie trugen das Grauen in alle Winkel, in denen sich unseresgleichen verborgen hielt. Es war so wirksam, daß der Mensch Albert, seit Wochen entronnen und von einem freien Winde gelüftet, in einem freien Land in Sicherheit, diesseits der damals gewaltigsten Befestigungen der Welt, es noch übertrug. Fast unheimlich, wie treu er sich geblieben war, durch die unmenschlichsten Proben hindurch; leidend, krank und grau, zog er immer noch alle Unbilden auf sich, war er immer noch Vorbote einer Verwicklung, wo er auch hingeriet.

Zu jener Zeit beunruhigte das rätselhafte Verschwinden von Fremden und eine Reihe von Morden, deren Opfer alle mit denselben Genickschüssen aufgefunden wurden, die öffentliche Meinung.
So wenig ihm auch in den Pariser Zeitungen zu lesen übrigblieb, verachtete Albert doch wie von jeher alle Mordgeschichten. Er baute an einem Luftschloß: ein guter Freund hatte ihm eine glänzend bezahlte Arbeit in Aussicht gestellt, ein geheimnisvoller Mann, über den er leider nichts erzählen durfte. Mein Verdacht wurde wach. Mit ähnlichen Versprechen und derselben Vorsicht hatten die braunen Kundschafter an der Saar sich an die Flüchtlinge herangeschlichen. Ich begleitete Albert nach Hause. Ein Rohrpostbrief wartete auf ihn, der schlimme Nachrichten enthalten mußte, denn mein Freund geriet außer sich. Sein Gönner schrieb ihm, und es erwies sich als unbedingt notwendig, ihn noch zur selben Stunde aufzusuchen; Albert wollte mir nichts weiteres gestehen. Es war zehn Uhr abends, der Unbekannte wohnte weit draußen in der Bannmeile, kaum vor Mitternacht zu erreichen. Und auch das Stelldichein an einem einsamen Ort gehörte zu dem bekannten Verfahren. Ich begleitete Albert.
Wir fuhren bis zur Porte Saint-Cloud, an der Kraftdroschken warteten, die eine Art Buslinie in die Bannmeile unterhielten. Wir wurden am Rande einer Landstraße ausgesetzt und mußten ein Wäldchen durchqueren. Es war totenstill, und die Straße roch nach Teer. Mir fielen plötzlich die Morde und geheimnisvollen

Vorgänge ein, von denen die Zeitungen voll waren. Albert lachte und weigerte sich, mich anzuhören.
Eine kleine Siedlung, deren Häuser so von Bäumen und Gärten verdeckt waren, daß wir nur an den Randsteinen erkannten, seit wann wir den Wald verlassen hatten, lag völlig im Dunkel. Wir mußten Streichhölzer anzünden, um die Straßennamen zu entziffern. Am Gartentor eines kleinen Landhauses läutete Albert. Ein großer, teurer Wagen stand hinter dem Zaun. Niemand antwortete zunächst, mein Freund mußte laut nach einem Johann rufen, bis endlich eine Lampe über der Treppe zur Haustüre aufflammte, Schlüssel klirrten und ein junger, wohlgebauter Mann in buntem Schlafrock auf der Schwelle erschien. Albert rief: »Ich bin es, Albert.«
Er ließ uns in einen verwüsteten Wohnraum ein; das erste, was ich sah, war ein wunderbarer Damenpelzmantel auf einem breiten Lotterbett. Aber ich konnte wenig mehr beobachten. Der Unbekannte ließ seine mißtrauischen Augen nicht von mir. Er war nicht häßlich, eher im Gegenteil, aber unter seinen Augen trug er Tränensäcke, die seinen Blick hart machten. Die unteren Lider waren nicht nach unten gebogen, sondern gerade wie Striche: er mußte mit einer unerhörten Grausamkeit handeln können. Im selben Augenblick erkannte ich ihn, und ein heißer Schrecken durchfuhr mich ... Billigheim. Ich tat alles, um ihn nicht wissen zu lassen, daß ich mich seiner erinnerte. Albert stellte ihn mir vor, als einen Schweizer namens Karrer. Ich sagte: »Sie haben aber eine Aussprache, die eher an Frankfurt erinnert« – ich sagte es gerade deshalb, um nicht zu verraten, daß ich im Bilde war. Er erläuterte mir, daß er neun Jahre an der Frankfurter Börse gearbeitet habe.
Er zeigte mir Bilder großer Landhäuser und Schlösser, deren Verkauf er betrieb; denn er hatte sich als Vermittler von Grundstücken niedergelassen, erzählte er. Er ließ mich wissen, daß er zwei Wagen besaß. Ich bewunderte, aber jeder neue Reichtum machte die Gefahr und das Geheimnis größer.

Er erbot sich, uns bis an die Porte Saint-Cloud zurückzubringen, in einem seiner Wagen, zu dem er jedoch erst ein notdürftiges Nummernschild anfertigen mußte. Wir warteten im trüben Schein einer Stallaterne, die Garagentüre stand offen und ich sagte: »Wenn ein Vorübergehender uns so sähe, so würde er sicherlich ein Verbrechen vermuten.« Karrer fuhr auf, und ich mußte meine Worte deutlich wiederholen, um ihn zu besänftigen. Mitten im Walde hielt er an, stieg aus und ging hinter den Wagen, so daß wir ihn im Rücken hatten. Ich drehte mich um, richtete mich halb auf und fragte; aber es war nur seine Sorge um das Rücklicht, das schlecht brannte. Zwölf Stunden später waren die Zeitungen voll, die Straßen waren durchtobt von wild schreienden Verkäufern der Sonderausgaben, auf deren ersten Seiten das Bild Karrers prangte. Er hatte sechs Menschen ermordet, die kostbaren Wagen waren Teile seiner Beute; außer einer wunderschönen kleinen Tänzerin waren alle mit einem Schuß ins Genick umgebracht worden. Ich fuhr im Mietwagen durch halb Paris, um Albert zu finden. Er saß vor einem Café, niedergeschmettert, entsetzt, hilflos wie ein Kind. Ich mußte ihn trösten und ihm lange zureden, um ihn zu bewegen, mit mir zur Polizei zu gehen.
Auf den geheimen Wegen der Meinungsbildung begann die entsetzliche Situation sich gegen die deutschen Flüchtlinge zu richten. Ich ließ mich verleiten, dagegen auftreten zu wollen. Ich gab alle Gründe an, die umgekehrt dafür sprachen, daß Karrer mit geheimen Aufträgen geschickt worden war, ich wollte die Warnung übersetzen und in Worten wiederholen, die in dem Benehmen Karrers nach seiner Ankunft in Paris enthalten war; in diesem Land, in dem viele Gesetze entweder unserer Zeit weit voraus waren – gleich Schlagbäumen und Warnzeichen längs der Linie einer Bahn, die noch nicht gebaut war –, oder aber wunderlich alt, wie die noch bestehenden Zollgrenzen um Städte mitten in den Provinzen; in diesem Land war die Staatsgewalt schwach, nicht ziffernmäßig klein oder durch Zweifel zersetzt, son-

dern ohnmächtig wie jede alte Einrichtung gegenüber neu erwachsenen Aufgaben: die Hilflosigkeit eines Kutschers, der mit Peitsche und Zügel ein Dampfpferd lenken will. Es konnte einem Fachmann wie Karrer, der in mehreren Ländern der Erde vorbestraft war, nicht entgehen. Seine schlimmen Erfahrungen mit der neuzeitlichen Polizei unserer Heimat hatten ihm der französischen Macht gegenüber ein Gefühl der Überlegenheit gegeben.
Alle meine Bemühungen wurden zuschanden. Entweder schwiegen Richter und Zeitungen über Umstände, die den guten Beziehungen zur Hitlerregierung hätten schaden können. Oder sie benutzten schauerliche Einzelheiten zu plumpen Angriffen gegen den »Faschismus«. Niemandem schien es wichtig zu wissen, daß Menschen aus einem Mehr an Zwang, Angst und Pflichten eine größere Sicherheit beziehen konnten.
Ich lud Albert ein, zu mir nach Canon zu kommen, um sich einige Wochen lang zu erholen. Als ich ihn aus dem Zuge steigen sah, schämte ich mich; ich hatte ihn ein wenig eingeladen, wie der Besitzer eines neuen Hauses gerne Gäste sieht, vor denen er prahlen kann. Aber angesichts dieser grauen Haare, dieser gehetzten Züge und dieser zitternden Hände wollte ich nur noch helfen, und ich empfand ein Gefühl des Dankes, es tun zu können. Ich duldete nicht, daß er auch nur das leichteste seiner Gepäckstücke trug. Ich machte meiner Eitelkeit ein letztes Zugeständnis; ich nahm doch nicht die Landstraße aller Leute, sondern den Pfad neben den Geleisen, nur den Eisenbahnern erlaubt, den zu gehen ich vorgesehen hatte, um Albert von Anfang an zu zeigen, wie sehr ich dazugehörte.
Langsam wuchs Canon aus dem Laube. Ein herrlicher, überreifer Hochsommer jubelte über dem Land. Nur ganz vereinzelte Bäume hatten schon müde, braune oder gelbe Töne angelegt. Mir wurde das Herz schwer: vor Monaten war ich mit dem Grafen angekommen, zwei winzige Tropfen, die mühelos aufgesaugt worden

waren. Aber seitdem hatten größere Gewalten die Gemüter aufgeschreckt. Und nun führte ich ihnen eine noch schlimmere Zusammenballung von Fremdem, Unbegreiflichem und der Ruhe Feindlichem zu.
Ich hatte einigen Vertrauten den Besucher angekündigt: ein verdienstvoller Genosse, in der Reichsleitung einer bedeutenden linken Gruppe, drei Jahre im Lager, Monate in den Kellern der SS-Kasernen; Vernon, Richer und Théreau gaben ihm die Hand. Sie blieben stumm; ihre Neugierde war eingeschüchtert. Der Abstand war zu groß. Théreau sah Albert vorsichtig von der Seite her an und war sehr auf der Hut, sich nicht von einem Blick aus dessen harten Augen erwischen zu lassen. Die dreie spürten das Grauen, das der Gefolterte verbreitete, in dessen Wesen sie nicht eindringen konnten; sie spürten das Grauen nur wie eine Abneigung, stärker als ihre Scham. Mein Vorhaben war fehlgeschlagen. Sie waren guten Willens, aber unbeteiligt. Wenn eine Herde einen fernen Reiter sieht, so kann sie nicht spüren, daß er vielleicht eine Botschaft trägt, die das Leben der Herde angeht. Aber Albert und ich weilten unter ihnen, derselben Gattung angehörend, und wußten, wußten brennend, was Reiter bedeuten können. Aber wir konnten unser Wissen nicht übermitteln. Die Gesetze der menschlichen Sprache wollten, daß ein Wort zwischen zwei Menschen nur Geltung haben kann, wenn beide dieselbe Erfahrung gemacht haben, die das Wort bezeichnen will, sonst bedeutet es entweder »unbekannt« oder ruft einen Irrtum hervor. Ein Triebwagen heulte sein langgedehntes Heulzeichen. Albert fuhr entsetzt auf, sah sich erleichtert um und lächelte kläglich. Aber er konnte nicht verhindern, daß er am ganzen Leib zitterte.
»Ich kann nichts dafür, das Lager«, bat er um Verzeihung, »sie gaben jedesmal eine ähnliche Warnung mit der Lagersirene, wenn sie einen umlegen wollten. Wir mußten uns dann blitzschnell mit dem Gesicht nach unten zu Boden werfen. Der Lagerordnung nach war es
 eine fluchtverhindernde Vorschrift; in Wirklichkeit ge-

schah es, um uns nicht sehen zu lassen, was sie taten. Aber wir wußten immer schon im voraus, an wem die Reihe war. Denn sie hatten den Betreffenden schon mehrere Tage zuvor aufs Korn genommen und besonders gequält. Oft mehrere zugleich – tausend Tage lang.«
Richer fragte: »Warum gebt ihr denn nicht so ungeheuerliche Tatsachen an die Zeitungen?«, genau in dem Tonfall, in dem er gefragt hätte: »Warum wenden Sie sich nicht an die öffentliche Wohlfahrt?«
Albert lachte bitter: »Meine lieben Freunde, habt ihr eine Ahnung. Seit Jahren versuchen Tausende zu veröffentlichen, und wenn sie wirklich einmal gedruckt werden, dann so verfälscht, daß Tatsachen zu Lügen werden. Ich habe von hundert Zeitungen Absagen bekommen, nur eine englische Zeitung hat mir Geld geschickt, aber nichts veröffentlicht.«
Und wenn alles, alles gedruckt werden würde, was würde es ändern? Sooft ich am Tische meiner Schwiegereltern saß, schrie ein Kind im Hofe jammervoll. Zum ersten Male war ich bis ins Mark erschüttert ans Fenster geeilt, aber meine Schwiegereltern hatten mich beschwichtigt: »Das ist der und der; er schlägt sein Töchterlein, seit Jahr und Tag.« Die Fenster der Wohnung sahen auf den Innenhof, so wie in alten Vierteln von Paris. Die flehenden, gellenden, angstirren Schreie des Kindes drangen in nahezu fünfzig Wohnungen, von mindestens einhundertfünfzig Menschen bewohnt. Keiner war eingeschritten, sie hatten es alle täglich mitangehört. Ich hatte lernen müssen, zu essen, wie man einen Mord begeht. In den Zeitungen waren sie mir wieder begegnet, ein ununterbrochener Zug verbrannter, erwürgter, verhungerter und zu Tode gequälter Kinder.
»Nicht wenige der Ermordeten«, sagte Albert, »haben bis zum letzten Atemzug auf die Hilfe der Arbeiter und Freisinnigen in den Nachbarländern gehofft; sie hatten ein Recht darauf, sie durften es hoffen, denn heute stirbt kein Mensch mehr in unserem Erdteil für ein einziges Land, selbst wenn es ihm selber so scheint.«

Eine kleine, runde Dienstmagd, deren Heimatort den Namen einer berühmten Käsesorte trug, kam und bat Albert, ihr zu folgen. Sie wollte ihm sein Zimmer anweisen. Ich ging mit den Koffern hinterdrein. Die Kleine tupfte noch ein wenig auf dem Bett herum und wischte über Gesimse und Stühle. Währenddessen packte Albert seinen Handkoffer aus und stellte sein Waschzeug auf das Brett unter dem Spiegel.
Und plötzlich hielt das pausbäckige Kind inne, und sah fassungslos mit Augen, so weit offen wie ihr Mund, auf Albert. Der war dabei, unzählige Arzneiflaschen und Pillenschachteln zu Tage zu fördern und behutsam auf dem Nachttisch aufzubauen; wie konnte er es aushalten, wie konnte ein Mensch mit so vielen Flicken leben! Sie erstarrte förmlich, als ob er sich vor ihr entblößt hätte.
Allmählich bedauerte ich fast, ihn eingeladen zu haben. So leise er auftrat, so wenig Platz er beanspruchte, jeder seiner Schritte wirbelte einen seit Jahrzehnten ruhig lagernden Staub auf, er war ein Stein des Anstoßes, von ihm kam Ärgernis.

Der nächste Morgen begann als fröhliche Aufforderung, zu vergessen und guter Dinge zu sein. Erstes Glück der arbeitsfreien Tage: Ich erwachte eine halbe Stunde später. Ich wusch mich und klapperte in Holzschuhen nach dem Gasthaus, um meinen Gast zum Frühstück zu wekken. Die Sonne schien mit einer so selten gut abgeschmeckten Wärme, daß ich mehrere Male stehenblieb, und in Holzschuhen in dieser Sonne zu stehen, war eine zusätzliche Freude. Ich konnte mich wie ein Besitzer auf eigener Erde fühlen.
Als Albert an den Tisch in der Laube kam, entschlossen und bereit, sich von keinen Unbilden daran hindern zu lassen, sich zu erholen, und ingrimmig bereit, sich zu freuen, hatte ich schon ein Morgenmahl auffahren lassen, das unseren Gaumen köstlich war; riesige Näpfe Milch, leicht mit Kaffee gebräunt, kleine Berge von Butter und Töpfe voll Eingemachtes, Latwerge und Säfte,

drei Sorten Käse und einen Laib weißen, lockeren Brotes. Alles war so frisch und wohlriechend, daß die Bienen den Tisch wie ein Feld besuchten.
Die Dicke sah uns halb entsetzt, halb belustigt zu. Sie war fassungslos, es schien ihr Ketzerei, zu Butter süße Breie oder Früchte zu genießen. »Ich kann ihr nicht helfen«, bedauerte Albert, griff zu und strich sorgfältig über eine rechte Untermauerung aus Butter einen Belag Latwerge glatt. Als wir beide auf dem Grunde unserer Näpfe angelangt waren, in der Tiefe, in welcher der Zuckerschlamm begann, den mit dem Löffel auszuheben ein besonderes Vergnügen ist, sahen wir den Briefboten eintreten, sahen, wie die Wirtin ihm ein Glas anbot und hörten sie in der Küche reden, was wir nicht weiter beachteten, bis ich die Wirtin aufgeregt ausrufen hörte: »Jesus Maria, ist das nun gut oder schlecht für uns?« Ich hörte es zunächst noch, ohne es würdigen zu wollen. Aber plötzlich fiel der Groschen; eine Ahnung warnte mich und die Angst schoß mitten in meine Ruhe. Ich fragte hastig über den ganzen Hof hinweg: »Was ist denn geschehen, was und wo?«
Hitler hatte die polnische Grenze überschritten.
Die Wirtin sah uns an, als ob sie von uns eine Wahrsagung erhoffte. Wir waren schließlich genau so geheimnisvoll wie die Ereignisse; wir mußten mit ihnen auf du und du stehen; Albert hielt sein Löffelchen in der Tasse, er war nicht genug anwesend, weder um es loszulassen, noch um es zum Munde zu führen. Und die Wirtin sah auf seine Hand.
Albert musterte den Tisch, versuchte mit aller Kraft, spöttisch zu lächeln, aber es gelang ihm nicht. Die Falten seines Gesichts, das unter einem grauen Überzug leichenblaß war, ließen sich nicht meistern. Ich nickte ihm eifrig zu, um ihm zu bedeuten, daß ich wußte, was er sagen wollte, wozu er sich eine so ungeheure Mühe gab: das erste Mal an einem Tisch unbeschwert. Ich lud ihn ein, komm, gehen wir, und Albert war hastig, als ob ich ihm eine Tür öffnete, durch die er einer Gefahr entkom-

men konnte. Wir eilten zum Bahnhof, um Zeitungen zu holen und verloren keine Zeit, denn wir rechneten mit einem Ansturm von Käufern. Aber nur ein einziger Mann stand an dem kleinen Zeitungslädchen: der Schloßherr. Er grüßte uns höflich, als ob nichts sich geändert hätte. Aber die Blätter bestätigten unter brüllenden Balken: Die polnische Grenze überschritten.

Wir kehrten im Laufschritt zurück und begannen die Luft der Aufstände, der Unruhen und großen Erschütterungen zu atmen, die aus dem Boden stieg und sich zusammenbraute, die Sonne trübend. Wir hatten sie schon geatmet, diese ersehnte, beklemmende und doch lebensspendende Luft, an jenen Hochtagen voller Erwartung, während die Worte in der Erregung widergehallt hatten wie in einem Gewölbe; während der wir dreißig Stunden nicht an Schlafen gedacht hatten, und nur von Straße zu Straße, von einem Umzug zu einer Ansammlung vor einem Amtsgebäude, von einem gedruckten Aufruf zum Anschlagbrett einer Zeitung gewandert waren; während der wir uns nicht von unseren Freunden hatten trennen dürfen und ernst geblieben waren, während der uns junge Mädchen nichts mehr bedeutet hatten, während der wir keinen Hunger gespürt hatten; während der ein Mann mit einem blutigen Verband plötzlich in die überfüllte Stube einer Arbeiterwirtschaft hatte kommen und blaß verkünden können, mit Worten wie ein Windstoß, der die Schwere und Schwüle weggefegt und die Segel gefüllt, so daß der Boden unseres Schiffes geschwankt hatte: »Es geht los, Genossen, die ersten Zusammenstöße ...«

Philippe, der Beauftragte der Eisenbahnergewerkschaft, der gegenüber allen übrigen Verbänden des Kreises klein und ohnmächtig war, wohnte in einem kleinen, von einem Garten umgebenen Haus nahe der Landstraße. Seine Meinung und seine Haltung konnten wir getrost mit tausend vervielfältigen. Durch ihn hofften wir den Pulsschlag des gutmütigen, aber launenhaften Riesen

der großen Sage unserer Zeit, des urmächtigen »Proletariats«, zu erfühlen.
Wir fanden ihn in seinem Garten vor einem Beet, das mit jungen Herbstpflanzen halb besetzt war. Er war in Hemdsärmeln, er machte zufrieden den Rücken so breit wie möglich, um so viel Sonne wie möglich aufzufangen. Er begrüßte uns herzlich: »Eine kleine Wanderung, schönes Wetter, wie?«
Ich drehte einen Satz umeinander, um das Ende zu finden, bei dem ich ihn anpacken mußte. Es blieb eine halbe Hoffnung: Philippe konnte es noch nicht wissen. Ich zog einen Stapel Zeitungen aus der Tasche und wollte beginnen, aber Philippe ließ mich nicht zu Worte kommen: »Ja, ja, ich habe es heute morgen gehört – ich habe einen sehr guten Empfänger, ich habe noch nie Ärger gehabt damit, sechs Röhren –, es sieht sehr schlecht aus, sehr schlecht«, und nahm ein Pflanzholz zur Hand.
Wir warteten und Albert sah ihn an, wie eine unerklärliche Erscheinung. Ich stellte eine Frage mit demselben verzweifelten Entschluß, mit dem einer einen Ertrinkenden retten will: »Ja Mann, was denkst du darüber, meinst du nicht, daß ihr euer Wort dazu zu sagen habt?«
Nun erst bemerkte der Gärtner, daß wir etwas von ihm als Beauftragtem erwarteten. Er konnte nicht wissen, daß wir das Zauberwort »Arbeiterklasse« dachten, so inbrünstig wie Abtrünnige in letzter Stunde den Namen Gottes, daß wir angstvoll aus seinen Worten eine Antwort auf die Frage »Was wird die Arbeiterschaft tun?« herausraten wollten, so wie die Alten die Zukunft aus den Gedärmen der Opfertiere lasen. »Ja«, sagte Philippe in öffentlicher Betonung und Haltung – er hatte dazu nicht einmal seinen Sonntagsrock anziehen müssen –, »wenn sie es wirklich wagen sollten, dann wird die Pariser Arbeiterschaft auf die Straße gehen«, und weil wir unser Elend vor ihm nicht verbargen, faßte auch er den Mut, seine Schwäche zu zeigen und schickte seinen revolutionären Worten einen unsicheren, hilflosen Blick

nach, der um Verzeihung bat und flehte, ihm seine Bürde abzunehmen oder wenigstens nicht zu erschweren. Danach bückte er sich schamerfüllt, kleine Erdschollen zwischen den Fingern zerreibend, um den jungen Wurzeln seiner Steckpflanzen ein zartes Bett zu bereiten.
»Vernon ist beim Fischen, und ich weiß wo«, spornte ich Albert an, und als wir das Dorf verlassen hatten, erläuterte ich ihm kurz: »Er wälzt die kläglichen, kleinen Fragen seines Daseins im Gehirne eines Entdeckers und Suchers, es ist, als ob ein Riese mit Fingern wie Dachbalken Linsen ausläse. Niemals haben sich ihm Gelegenheiten geboten, um seine außergewöhnliche Kraft anzusetzen, nie ist er einem begegnet, der ihm Bücher hätte anraten können. Er durchhechelt sein kleines All jeden Tag dreimal von Anfang bis zu Ende und ist unglücklich, er irrt darin im Kreise.«
Wir verließen die Landstraße und bogen in einen Feldweg ein, der zu einem Wiesenpfad wurde. So unmittelbar, als ob wir mit zehn Schritten in die Zeit vor dem Ackerbau zurückgekehrt wären, fanden wir uns mitten in der brodelnden, modernden, gurgelnden Stille der Ufer eines träge schleifenden Baches, den keine künstliche Vorrichtung hinderte, hier Erdreich mitzunehmen und anderswo Bänke anzusetzen. Ungezähmt und üppig gediehen die Pflanzen, kleinen, fast nur hörbaren Lebewesen Schutz bietend, die Natur unserer Breiten, ergreifend und geheimnisvoll.
Schon von weitem sahen wir Vernon bis zum Gürtel im Wasser stehen, so ferne und versunken, daß wir uns nur zögernd und leise zu nähern wagten. Er wurde unserer erst gewahr, als wir kaum noch zwanzig Schritte von ihm entfernt waren. Er fuhr unwirsch herum und sah uns mit jedem Atemzuge feindseliger an. Seine Augen drohten in böser Verzweiflung. Ich brachte kein Wort über die Lippen, ich wünschte mich selbst zum Teufel. Ich verfluchte meine Leichtfertigkeit; zum zweitenmal stöberten wir einen Mann in seiner Zuflucht auf und zwangen ihn, sein ganzes Elend zur Schau zu stellen. Wie schwer

mußte es dem rastlos grübelnden, sich unter jedem Schlag aufbäumenden Menschen fallen, das stillschweigende Übereinkommen, das die Zeit allen anbot, zähneknirschend anzunehmen: »Füge dich in den Alltag, ergib dich, wofür wir dir Ruhe sichern.« Er war niemals zerbrochen und hatte niemals abgedankt. Er demütigte sich jeden Tag von neuem und schämte sich dessen Tag für Tag von neuem, und die Schande und Reue veränderte unauslöschlich seine Züge.

Er kannte die Neuigkeit; obgleich er bisher den Vertrag mit der Zeit gehalten hatte, brach die Zeit das Übereinkommen und ließ ihn nicht einmal mehr in seinem Elend in Ruhe. Ich entschuldigte mich roten Kopfes: »Wir wollten dir nur die Hand zum Abschied geben.« Vernon wachte auf, seine Augen füllten sich mit Bedauern, und er reichte uns die Hand: »Leb wohl, Landsmann«, sagte er, er gebrauchte die spaßhafte Anrede, die wir uns angewöhnt hatten, und nickte wehmütig.

Richer stand mit dem Rücken gegen das Hoftor und blickte lächelnd auf das Treiben vor seinen Augen. Er trug ein offenes, weißes Hemd und weiße Leinenschuhe. Er hatte die Hände in den Taschen und dachte sichtlich an das, was er sah; sein Lächeln war nur in Bereitschaft. Seine Frau sah uns zuerst und blickte uns mit ihren verschämten Augen entgegen. Sie war Mutter dreier Kinder, und es schien, als könnte sie sich nicht an den Gedanken gewöhnen, daß alle Menschen wußten, wie man zu Kindern kam. Die halbwüchsige Tochter und der Schwager trugen Wasser auf die Beete des Gemüsegartens, und die Schwägerin wiegte ein Kind.

Ich rief den Sinnenden an, der sein Lächeln sogleich ins Bewußtsein schaltete und uns freudestrahlend, herzlich und hilfsbereit wie stets entgegenkam. Ich empfing ihn sofort: »Du weißt sicherlich schon, was los ist, was denkst du darüber?«

Richer nahm sein Lächeln aus dem Munde, um seine Verlegenheit ausdrücken zu können: »Ich weiß nicht –« Er sah uns an, der Reihe nach, und fragte zurück: »Und

ihr?« Keiner antwortete. Wir standen uns gegenüber, Nachkommen der Denker und Kämpfer, die weniger als hundert Jahre zuvor verkündet hatten, daß Menschen bereit und fähig waren, ein Paradies auf Erden zu schaffen, da Gott ihnen das seine verwehrte.
Es war keinem schon mehr der Mühe wert, eine der gewohnten Wahrheiten überhaupt hervorzuholen. Aber als wir uns gerade trennen wollten, als Richer und ich schon eine Bewegung der Hände begonnen hatten, um uns zu verabschieden, fuhr Albert auf und fing an zu sprechen. Er bannte uns in ein gelindes Grauen; es war ergreifend, es erheischte Achtung und Liebe, daß nach vielen furchtbaren Jahren und schon wieder von kommenden Gefahren bedrängt, sein Gehirn noch so wunderbar arbeitete, aber es war doch eher unmenschlich als übermenschlich, es war eine phantastische Mechanik der Analyse, die ihre eigene Grabrede erfand: »Die Arbeiterbewegung war nie mehr als eine ergänzende Kritik der bürgerlichen Gesellschaft. Seitdem die Gewaltschleicher bewiesen haben, daß die bürgerliche Ordnung anders als durch diese Kritik und zugunsten anderer Gruppen als der Arbeiterklasse verändert werden kann, ist unsere ganze Geschichtsbetrachtung wieder in Frage gestellt, und aus einer notwendigen Entwicklungsstufe wird der Liberalismus zu einem einzigartigen Unfall, einem mißglückten Versuch, die Macht anders als unmittelbar auszuüben. Die Arbeiterbewegung geht an denselben Widerständen zugrunde wie die bürgerliche Gesellschaft. Der letzte Versuch, beide, Liberalismus und Arbeiterbewegung, in die Zukunft zu retten, der Versuch der Volksfront ist gescheitert. Überall da, wo die Bewegung auf eigene Faust ihre Gedanken in die Tat hat umsetzen wollen, ist sie entweder in den blutigsten aller Bürgerkriege zurückgewiesen worden, oder aber, wenn sie gesiegt hat, in eine endlose, elende und tragische Spottpose auf ihre eigenen Ideen ausgemündet –«

Wir packten hastig unsere Koffer. Ich hatte Angst um meinen kleinen Schatz an Liebe, Sicherheit und Wohlstand, ich hoffte in verzweifelten Aufwallungen auf die Partei, die allein kühl, klar und mutig einen Weg zu weisen schien. Ich half Albert, der nicht allein mit seinem Gepäck fertig wurde. Ich wollte mich von dem Grafen verabschieden – ich hatte vergessen, daß er zu einem behaglichen Wochenende nach dem nahen Seebad gefahren war –, ich tat und dachte alles ohne Empfindung, ich hörte im Vorübereilen einen Vogel singen, und ich wußte genau, daß sein Lied mich schmerzen würde, sobald ich aus der Betäubung erwachen würde.
Das Abteil war leer. Die Fahrzeit überschritt kaum zwei Stunden, in denen wir erzählen mußten, was wir uns zu berichten für die vorgesehenen Wanderungen durch das Calvados aufgespart hatten. Wir konnten nur das Wichtigste erwähnen: die Freunde. Es war eine Zählung während einer Windstille im Sturm.
»Jockel?« fragte Albert.
»In Spanien gefallen.«
»Bruno?«
»Er ist vom Nachrichtendienst der Partei als Spitzel der Braunen erwischt worden. Sie haben ihn umgelegt. Ich habe es zum Teil mitangesehen –«
Ich fragte: »Reitinger?«
»Ich war mit ihm in Preungesheim«, sagte Albert. »Er war gerade zwanzig geworden, als sie ihn mit dem Handbeil hingerichtet haben. Bis zur letzten Minute haben alle Leute um ihn her und er selbst an eine Begnadigung geglaubt. Der Anstaltsdirektor – ein sehr anständiger Mensch, wie du vielleicht selber weißt – hat ihm alle möglichen Erleichterungen verschafft. Reitinger hat Reisebücher haben wollen. Als sie ihn hinausgeführt haben, hat er nach seiner Mutter geschrien.«
»Weidner?«
»Keine Ahnung.«
»Lysiane?«
»Sehr zurückgezogen, wahrscheinlich überwacht. Ich hat-

te keine Zeit, mich ihr zu nähern. Sie leitet ein Kinderheim, so viel ich weiß.«
»Rudi?«
»Du weißt doch – SS.«
»Wer bleibt noch, die beiden Heiner, der Alte und der Junge?«
»Der Alte ist noch im Lager, der Junge hat sich erhängt. Es war entsetzlich; sie haben ihn jeden Tag verhört. Du weißt, was es bedeutete. Eines Abends ist er zurückgekommen, blutüberströmt, und hat gesagt: ›Genossen, ich kann nicht mehr, ich werde gestehen, was sie wollen, wenn sie morgen wiederkommen. Es bleibt mir nur das eine.‹«
Albert erzählte, bis der Zug in den Endbahnhof einfuhr.
»Den Ohl hast du auch gekannt, ein schmächtiger, übertrieben gepflegter Mensch, genau die Art Menschen, die sofort den Haß der Schläger auf sich gezogen haben. Sie haben ihn in die Grube der Latrine geworfen und seinen Kopf solange mit Stangen unter dem Schlamm gehalten, bis er tot war.«
Gegen alle Erschütterung und gegen alle die Namen und Schicksale kehrten immer häufiger – wie ein Schmerz mit den Pulsschlägen einer Wunde erwacht – die letzten Minuten in Canon wieder. Ich sah mich mit Holzschuhen an den Füßen in der Sonne stehen, ich sah Richer, Vernon, Philippe warten. Ein geduldiges, ruhiges, trotziges Warten.
Aber der böse Weg, den ich mit Albert ging, führte weiter. Er führte zurück nach Paris, unter die seltsame Herde der Flüchtlinge, die nach der Machtergreifung Hitlers von wüsten Schmähschriften und Aufrufen an allen Mauern der Stadt empfangen wurden. Während sie versucht hatten, vor einer Gefahr zu warnen, waren viele hervorragende Staatsmänner und Gelehrte des Gastlandes zu Freunden derselben Machthaber geworden, die sie als Mörder anklagten. Frühere Geschäftsleute, denen es lediglich um Besitz und Haut ging, Anwälte verlorener Sachen und übler Ziele, hundert kleinste Rot-

ten und Grüpplein und die Partei, drohend, erpressend, verleumdend.

Alle waren verfolgt von einem erbarmungslosen Gegner, von der einzigen wirklichen Internationale: von der Polizei. Außer den Erfahrungen einiger reicher Kaufleute und einiger begehrter Fachleute war die Geschichte der deutschen Emigration eine erschütternde Folge von Elend, Beleidigung, Flucht, Hunger und Tod. Die Holländer wiesen sie aus unter dem Vorwand der »Landstreicherei«, die Belgier arbeiteten mit Himmler zusammen. Nur selten wurde die Tragödie allen sichtbar; nachdem sich die Gemüter nach der Besetzung der Sudeten wieder beruhigt hatten, waren die Überfallwagen der tschechischen Polizei zu einer entsetzlichen Jagd aufgefahren: auf deutsche Flüchtlinge. Die Opfer, oft erst den Lagern entronnen, wissend also, was sie erwartete, hatten sich mit bloßen Händen gewehrt, sie hatten sich an das Pflaster von Prag zu klammern versucht und die teilnahmslosen Zuschauer um Hilfe angerufen.

Und nun, noch bevor der erste Soldat Gelegenheit hatte, den ersten Schuß abzugeben, vereinigten sich die Ordnungskräfte aller sich feindlichen Länder zu einem letzten Kesseltreiben, als ob die verwirrte, ratlose, zitternde Herde den erwarteten Krieg hätte stören können. Alle wußten aus Erfahrung und aus dem feinen Instinkt, den Gehetzte entwickeln, daß sie nun gegen die Stacheldrähte der unbeteiligten Länder gejagt werden würden, deren Grenzen sich nicht auftun würden, auch wenn die Henker ihnen auf den Fersen säßen. Sie würden in Hungerlagern verenden. Die Mienen der zu den Polizeiämtern Geladenen waren ernst und bleich, wie die der Knechte eines verlorenen Haufens im Morgengrauen vor dem Sturm.

Ich rannte nach Zeitungen: die allgemeine Mobilmachung war angeordnet worden. Ich hatte die rote Karte der Jahrgänge, die sich am neunten Tag zu stellen hatten. In der Untergrundbahn las ich Untersuchungen über die undurchsichtige, verdächtige Haltung Ruß-

lands, und es wurde mir klar, daß der Krieg unabwendbar war.
Meine Frau war niedergeschlagen. Ich dachte an ihr Vorhaben, und ich tröstete und ermunterte sie. Es war merkwürdig; sie von einem Selbstmord abhalten zu wollen, ihr einen Krieg ertragbar und annehmbar darzustellen, verursachte ein Gefühl der Scham, als ob ich ein unsauberes Handwerk betriebe.
Die »Schriftsteller deutscher Sprache« wollten eine Erklärung an die französische Regierung schicken, in der sie ihre Aufrichtigkeit beteuern wollten. Hutten war dagegen, überzeugte einen guten Teil der Wähler von der Richtigkeit seines Standpunktes und es fand sich, daß meine Ansicht den Ausschlag geben sollte. Alle Anwesenden waren überrascht, daß ich, der eine Landestochter zur Frau hatte, Staatsarbeiter und Soldat war, mit Hutten übereinstimmte.
Alles war ein hastiges Tasten und Suchen in einem zunehmenden Dunkel voller ohrenbetäubender Geräusche. Auf einer Terrasse in der Nähe eines großen Bahnhofes sitzend – die Sonne schien –, hörte ich den Lautsprecher den Krieg verkünden. Die Frau hinter der Kasse begann zu weinen. Die Gäste hielten reglos ihre Gläser in der Hand, die Kellner unterbrachen ihre Gänge. Ich wartete auf Hutten. Als Hutten mich fragte: »Wann haben Sie Canon verlassen?« fiel plötzlich die Betäubung von mir ab. Unerbittlich klar wußte ich, daß ich Canon verloren hatte. Und ich konnte ihnen nicht mehr versichern, was ich nun erst brennend spürte: ich war mit ihnen, in ihrer Angst, ihrem Unwissen, ihrer Hilflosigkeit, ihrer Friedfertigkeit, ihrer Suche und ihrem Warten.
Als ich auf meinen ersten Urlaub kam, wartete ein Brief des Grafen auf mich, mit einer kleinen Photographie: er war in die Fremdenlegion eingetreten. Er bezahlte seine Ferien in Canon.
Ich nahm während der Urlaubstage Arbeit in den großen Rüstungswerken auf einer Seineinsel an. Entgegen mei-

ner Erwartung ruhten die Fließbänder der Kampfwagenherstellung. Auf meine erstaunte Frage hin erläuterten die Kameraden mir:
»Was willst du; an der Front gibt es wenig Bruch. Die Werkleitung läßt langsam laufen, weil das Heer nichts anfordert; ein drolliger Krieg.« Zwei Wochen später kehrte ich zu meiner Einheit zurück, meine Ahnungen betäubend, auf die Fertigkeit des geistreichen Volkes bauend, das mit jener ganz besonderen, zauberhaften Eigenschaft beschenkt ist: sich aus dem Stegreif zu helfen.

DRITTER TEIL

I Der Krieg ist aus, der eigene Kampf beginnt

Der erste, der etwas von dem Ende erfuhr, das alle erwarteten, dem Ende des »drolligen Krieges«, wie der Volksmund den zweiten Weltkrieg bis zur bösen Überraschung des Mai 1940 getauft hatte, war ausgerechnet ich, den sie den Kerl von »Keinerweißwoher« nannten. Sie sahen mich aus dem gegenüberliegenden Hause kommen, in dem man mich aufgenomen hatte, weil ich zwei alte Frauen bezaubert hatte, mit Teller und Eßgeschirr in den Händen, und sie konnten mir aus dem Gesicht ablesen, daß ich eine große Neuigkeit brachte. Aber noch ehe ich den Mund auftun konnte, wies mich der Bauernknecht, der mich schon seit Tagen mit lynchlüsternen Augen verfolgte, haßerfüllt ab: »Wenn du nicht hierbleiben kannst wie alle, dann suche auch dein Fressen woanders.«

Ich sah mich hilfesuchend um. Die meisten lagen im Stroh und ließen ihre wunden Füße in der Sonne heilen. Von den heftigen Worten des Bauernknechtes aus ihrem Halbschlaf geweckt, sahen einige gleichgültig oder feindselig zu mir auf. Der Schwarze, den wir irgendwo auf den Straßen der Flucht aufgelesen hatten, war zu weit von uns entfernt, zu weit entträumt, um sich auf das einfache Geräusch grober Worte hin wieder in das gottverlassene Dorf der Mayenne, in dem wir seit vier Tagen abgeschnitten und eingeschlossen versteckt lagen, zurückzufinden. Ich, der Mann von »Keinerweißwoher«, war ausgeschlossen wie immer.

Es gelang mir kaum, die Falten, die eine klägliche Verbitterung mir aufzwingen wollte, in ein geringschätziges Lächeln umzubiegen, ich klappte mein leeres Geschirr zusammen, und da ich meine Neuigkeit doch loswerden wollte, wandte ich mich an den Schwarzen: »Goupil, der Krieg ist aus.«

»Aaaah, das ist aber sehr gut«, fuhr der aus seinem Traume auf, »wer hat denn gewonnen?«
Ich konnte mein Lächeln ändern, und ich vergaß es auf meinem Gesicht und trug es mit meiner Einsamkeit in das kleine, gastliche Haus hinüber. Die Beschränktheit meiner Fluchtgenossen verweigerte mir, das furchtbare Erleben der letzten Wochen in gemeinsamen Gesprächen aufzulösen.

Mein Leben lang hatte ich nur so erleben und aufnehmen können, wie man eine Ernte hastig einbringt und vorläufig aufstapelt, um sie in der stillen Jahreszeit gemächlich auszudreschen. Mir waren nie Jahreszeiten der Besinnung beschert worden. Die Monate in den Gefängnissen und die Muße von Canon hatten mir gerade genug Ruhe geschenkt, um die ältesten Erlebnisse heraufzubeschwören, aber keine Zeit, um sie zu verarbeiten.
Ein ausgeschirrter Ackergaul, der an einen Gartenzaun gebunden wartete, sah mir geheimnisvoll und tiefgründig in die Augen, und schon diese leise Berührung von außen ließ das Behältnis meiner Erinnerungen überquellen, wie ein Fingerdruck einen vollgesaugten Schwamm.
Auf der Suche nach meiner Einheit im Kessel um Dünkirchen war ich tagelang durch die Weideebenen Walloniens gewandert, in denen Tausende von verlassenen Kühen verzweifelt gebrüllt hatten. Sie waren mir hinter den Einzäunungen ihrer Weiden entlang gefolgt, die Euter zum Platzen geschwollen, fiebernd, bettelnd, brüllend und ihre großen Augen nicht von mir lassend. Ich hatte nie gewagt, ihrem Blick zu begegnen, und das Gefühl einer Schuld, an der ich teilhatte, verfolgte mich in jedem Schrei eines Tieres – ich war ein Vertragsbrecher, und ich fürchtete die Strafe, so wie die Tiere von der angezüchteten Last gequält wurden, während Kinder vergebens nach Milch schrien.
 Die in der belagerten Festung eintreffenden Einheiten

entschirrten ihre Tiere und scheuchten sie von sich. Es kam mir jeden Tag vor, daß eines dieser herrenlosen Geschöpfe mir zu folgen begann. Ich versuchte dann, es wegzujagen. Aber es sah mich mit dunklen ratlosen Augen an – es bestand auf dem Vertrag, den seine Ureltern mit den Ahnen der Menschen eingegangen waren, und es hielt mich für einen Menschen. Mit List benutzte ich Hauseingänge und überkletterte Mauern, um der Anhänglichen ledig zu werden, wie ein Missetäter, der seine Spur verwischen will. Die Pferde und Maultiere in der Festung zwischen den Dünen fanden allmählich ihre alten Antriebe wieder und rotteten sich zu unzählbaren Herden zusammen. Der Durst zwang sie, Meerwasser zu trinken, das sie wahnsinnig machte – alle Leitungen waren zerschossen. Früher als die eingeschlossenen Soldaten witterten sie die nahen Sturzkampfverbände, und die Menschen, noch ehe sie an die menschlichen Angreifer denken konnten, mußten sich vor den tödlichen Hufen der Tiere retten, die, die Augen weiß vor Entsetzen, in rasenden, donnernden Fluchten durch die zerstörten, brennenden Straßen stürmten.
Ich zog mich in der Stube, deren geschlossene Fensterläden eine angenehme, dunkle Kühle bewahrten, nackt aus und legte mich langausgestreckt, zur Decke hinaufblickend, auf das Bett. Ich schloß nicht die Augen, aber ließ meine Gedanken entlaufen, die vergeblich versuchten, zu Träumen zu werden. Sie waren zu sehr beschwert von dem Wissen um das nun doch nahende, gefürchtete Ende – was sie auch umspielten und umsannen. An der Wand hing das leichte Maschinengewehr, das mir anvertraut worden war, das einzige, das von Dünkirchen zurückgekommen war. Ich hatte es nicht wegwerfen können.
Die Engländer waren ein geschlagenes Heer, wir, die Franzosen, jedoch ein aus allen Fugen gehauener Haufe. Und doch geschah das Unglaubliche – wir wurden eingeschifft. Wir hatten vier Tage unter Granatfeuer und Bomben in den Dünen gewartet, nahe dem zerschosse-

nen Hafen, von einer Abenddämmerung auf die andere – zu keiner anderen Tageszeit konnten Schiffe anlegen. Als wir das kleine Dampfboot fast besetzt hatten, kam uns eine Gruppe von »Gardes Mobiles« nach, vaterländisch gesinnte Leute, die dem Feinde keine volle Flasche hatten hinterlassen wollen. Wir alle mußten in einem kühnen Satz in das heftig schaukelnde unvertäute Schiffchen springen, aber der letzte bemaß die Spanne zu kurz und fiel zwischen Schiff und Hafenmauer. Die Zeit war bemessen, jeden Augenblick konnten die leichten Geschütze den Hafen bestreichen. Auch warteten andere Schiffe auf den Platz, um andere Leute aufzunehmen. Eine Minute kostete oft ein Fahrzeug voller Menschen, mehr als hundert Schiffe waren vor unseren Augen versenkt worden. Trotz alledem bemühten sich zwei englische Matrosen um den Ertrinkenden. Aber der, völlig von seinen guten Geistern verlassen, schlug um sich und machte eine hastig versuchte Rettung zu einem langwierigen Unternehmen. Die Matrosen ließen ihn fallen, und das menschenüberladene Boot stach in See. Ich stand an der Reling, meine Hand konnte den Wasserspiegel berühren. Ich hatte meine Waffe vor mir. Abbé Parent fragte mich, warum ich nicht wie alle anderen das lästige Eisen im Sande gelassen hatte – ich konnte ihm nicht antworten. Ich wußte es selbst nicht genau – ich nahm Arbeiten an oder verweigerte sie, aber ich führte sie nicht halb aus, es schien mir, ich gäbe zu viel von mir selbst auf, wenn ich die Waffe im Stich ließe, ich war lieber Soldat als Flüchtling, ich klammerte mich an, ich wollte Soldat bleiben.

Nie in meinem Leben hatte ich eine so große Erleichterung empfunden als auf dem langsam sich entfernenden Boot. Die brennende Festung, die himmelhohen Flammen der Brennstoffkessel wurden zu einem einzigen blutroten, gewaltigen Leuchten am Nachthimmel. Die folternde Aussicht, gefangengenommen zu werden, verließ mich. Die Gefahr eines Todes in den Flammen verminderte sich, noch waren wir in der Gefahrenzone,

weittragende Geschütze konnten uns noch vom Land her erreichen. Wie viele Fahrzeuge waren weit vom Ufer gesunken? Ich war bereit, nach dem ersten Treffer ins Wasser zu springen. Fürsorglich trug ich um den Leib einen mächtigen Luftschlauch, einem zerstörten Kraftwagen ausgeweidet. Besorgt prüfte ich ihn von Zeit zu Zeit, indem ich ihn zwischen den Fingern preßte, er hielt dicht. Wenig später verfolgten wir atemlos das großartige Schauspiel der hundert grauen Kriegsschiffe der englischen Flotte, die durch den Nebel glitten, und wir sahen den Hafen von Dover, starrend von Geschützen und überdacht von Fesselballonen.
Ein Schuß knallte. Er hieb mir mitten in das kühle Gleiten der Gedanken das Wort »Aus« in die Gewißheit. Im Augenblick danach stand ich nackt und erregt hinter dem Fenster und sah durch die Spalten der Läden: ich sah Staub in der Sonne segeln, einen Lastwagen, von grauen Soldaten fremd und wachsam umringt, auf der Straße, und um die Giebel von dem Warnschuß aufgescheuchte Tauben.
Ich war hundertmal geflohen, und ich war in letzter Minute noch aus dem Gefängnis an der Saar befreit worden. Aber nun hatte mich der Verfolger endgültig erreicht. Der Schuß war der Grenzpfahl, ich war innerhalb des Machtbereiches. Nun begann eine neues, gefürchtetes Kapitel.
Als ich mich wieder der dunklen, kühlen Stube zuwandte, blieb mir die Junisonne noch eine Minute lang blendend in den Augen. Helle farbige Kreise entstanden, vergrößerten und überdeckten sich in rascher Folge, und mit diesen Erscheinungen entstand und folgte mein ganzes Leben – es war wie in der Sekunde des Todes, man sieht sein ganzes Leben ungeheuer scharf und deutlich rasend schnell vorübergleiten: die Muße von Canon, den Tag, an dem sie in Prag einmarschierten, Städte, Städte, Städte, und auf den bunten, lärmenden Folgen entstanden Bilder, die langsamer wieder verschwanden – ich sah mich, zwanzig Jahre alt, Angst haben, zu

spät geboren zu sein, um noch eine glänzende geschichtliche Rolle im letzten Gefecht um die Zukunft spielen zu können, ich sah einige Gesichter auftauchen, und alle sahen mich wehmütig an, ein Abschied vor einem schweren Gange, und alles entfernte sich, als ob ich in einem riesigen Vorführungsraume immer weiter weg von der Leinwand, aber immer näher an den Schalltrichter glitte.

Die hellen Kreise verschwanden, das Blut hörte auf, mir in den Ohren zu rauschen, und es blieb nur noch die Stille, die Kühle und das Dunkel der Stube, deren Einzelheiten ich wieder wahrnehmen konnte. Wie ein Mensch, der nicht recht weiß, was er tut – denn ich wußte es nicht –, begann ich, meine Waffenkleidung anzuziehen, jedes Stück sorgfältig durchsuchend. Immer noch im Halbdunkel zerriß ich Briefe und Fotos, die ich dicht an die Augen führen mußte, um sie noch einmal zu sehen. Es war mir, als durchstöberte ich die Taschen eines Gefallenen.

Dieses kleine fremde Kind mit braunen Haaren und den tiefen Augen einer erfahrenen Frau trug meinen Namen, Madame Haueisen – es erschien mir seltsam. Dieser arme verstörte Mensch unter dem zu großen Mantel der Fremdenlegion wie ein Sperling unter einer Wollmütze wurde in Friedenszeiten »Graf« genannt, weil er stets vornehm gekleidet gewesen war. Ich tilgte jede Spur des Namens Haueisen, des Gatten jener Frau, des Freundes jenes Legionärs. Es war unheimlich – ich verließ mich wirklich, mich, den fränzösischen Arbeiter und Soldaten, und das in dem Augenblick, in dem ich hastig einen gutfranzösischen Namen annehmen und mich einer fehlerlosen Sprache befleißigen mußte, um mich so weit wie irgend möglich in die Gestalt eines französischen Gefangenen flüchten zu können.

Mein Leutnant und mein Feldwebel hatten getan, als könnten sie meine Angst nicht ernst nehmen und hatten sich geweigert, mir zu helfen, sich sogar empört gebärdet, so als ob ich ein lächerliches, beleidigendes

Ansinnen an sie stellte. In Wirklichkeit waren sie von mir abgerückt, weil Gefahr und Verfolgtsein einen Menschen anrüchig und gemieden macht wie einen Aussätzigen, sobald die verfolgende Gewalt unwiderstehlich scheint und jeden zu treffen entschlossen ist, der sie hindern will, zu töten. Angst zu zeigen bedeutet, den Haß derer auf sich zu lenken, die selber Angst haben.
Ich sah durch die Fenster, wie die gefangenen Soldaten ihre Waffen zu großen Haufen zusammentrugen, ich zog es vor, mein Gewehr zu verstecken. Ich verbrannte die Fetzen der Papiere und mein Soldbuch und löschte mich aus einem Heere aus, das selber ausgelöscht war.
Als meine Kameraden, die französischen Soldaten, schon entwaffnet, sich anschickten, sich auf einer Wiese am Ausgang des Dorfes zu sammeln, rannte ich bis in den Hof zurück, den mir mein Zugführer hastig bezeichnet hatte, fand nach fieberhaftem Suchen die Namenslisten und verbrannte sie vor den Augen der Bäuerin und einer Gruppe junger Offiziere unseres Bataillons. Die Frau jammerte beeindruckt, wie von einem geheimnisvollen Schauspiel in Angst gejagt: »Mein Gott, mein Gott – was wird aus uns werden?« Die Offiziere fragten mich aus. Sie waren ernst und freundlich. Ich bot ihnen an, plötzlich und alles aufs Spiel setzend, so wie man sich Würfeln anvertraut: »Ich kann euch nützlich sein in dem Kampf, der nun beginnen wird: ein freies Europa gegen ein braunes Europa« – ich wußte es erst, seitdem ich mich selber gehört hatte, nicht daß so die Fronten verliefen, aber daß sie so würden verlaufen können – »ich weiß, wie man unterirdisch arbeitet.« Ihr Wortführer schüttelte den Kopf, sah mich mitleidig an und sagte: »In den nächsten fünfzehn Jahren ist daran nicht zu denken.«
Auf der Wiese abseits, mich halb verbergend, sah ich die feldgrauen Einheiten in einem unaufhörlichen Zug vorbeirollen, und Scham und Neid brannten mich aus – der Boden aus jungen Verwahrlosten und ziellosen Arbeitern, aus dem sich diese von keinem geahnte Kraft erho-

ben hatte, war vor wenigen Jahren, halb verwildert, billig preisgegeben worden. Keiner hatte ihn ernsthaft streitig gemacht. Die neuen Herren konnten mit gutem Recht sagen: »Wir allein haben die Kraft geahnt, seht – das haben wir daraus gemacht.« Sie hatten den Schatz gehoben und verschleuderten das zu leicht erworbene Gut einer möglichen Zukunft für ein verbrecherisches Abenteuer, das zeitweilig bleiben mußte, mußte. Frischen Auges, zu Pferd, zu Fuß und zu Wagen, die Wangen noch glühend von dem überwältigenden Erlebnis eines einzigartigen Vormarsches, auf den starken, geschwinden Fahrzeugen sitzend, stolz den neuen Hoheitsadler auf der rechten Brustseite tragend, wußte keiner, kein einziger – so wenig wie die stumpfsinnigen Geschlagenen und ihre kühlen entmutigten Vorgesetzten es ahnten –, daß die Vernichtung sie erwartete. Keiner, obwohl die Unechtheit und zeitliche Beschränktheit schon sichtbar geworden war. In Frankreich hatte der grenzenlose Sieg nur einen alten General und einen übelbeleumdeten Staatsmann an die Oberfläche getrieben, so wie ein Erdbeben seltsame Lebewesen aus unbekannten Tiefen an die Oberfläche des Meeres kommen läßt.
Ein feldgrauer, bebrillter Zahlmeister nahm unsere Namen auf, nachdem wir uns auf Weisung unserer eigenen Vorgesetzten zu Zügen geordnet hatten. Ich, der Mann von »Keinerweißwoher«, erfand aus dem Stegreif:
»Vorname?»
»Antoine.«
»Familienname?«
»Ferreux.«
Die Kameraden hörten zu, der Bauernknecht spöttisch lächelnd, um ja gut zu zeigen, daß er im Bilde war, einige mißbilligend wie Zeugen einer Unredlichkeit, der Leutnant, der sich geweigert hatte, mir zu helfen, offensichtlich angeekelt. Wenige, im Grunde nur Abbé Parent, ahnten die Schwere des Augenblickes und waren ernst wie bei einer öffentlichen Totsagung.
 Jeder Schritt wiederholte das »Aus, aus, aus«, unab-

wendbar wie ein letztgültiges Urteil. Als der Zug der Gefangenen, von Radfahrern auf beiden Seiten eingezäunt, an dem kleinen Haus vorüberkam, standen die beiden alten Damen, die mich einige Tage lang beherbergt hatten, mit ihrem Enkelkind am Tor, gaben mir ein Paket Brote, umarmten und küßten mich, weinten und sagten zehnmal durch Tränen hindurch: »Wir werden jeden Tag für Sie beten, wir werden jeden Tag für Sie beten.«

Dieses Versprechen tat mir zu meinem eigenen Erstaunen unendlich wohl, und ich nahm es so unüberlegt und unmittelbar dankbar an, wie es gegeben war. Ich war noch lange danach verwirrt von der Wucht, mit der sich diese wohltuende Dankbarkeit in meinem ganzen Denken Platz geschaffen, wie ein Strom in mich ergossen und bewirkt hatte, daß ich die Worte der Frauen sofort als eine ernste Gabe würdigen konnte.

Die meisten Gefangenen waren ohne Sorgen. Keiner wußte, was vor ihm lag, aber alle hofften. Und der weitaus größte Teil war es zufrieden, daß die wochenlange Flucht zu Ende war, während der sie geklagt hatten: »Lieber ein lebender Boche als ein toter Franzose«, worauf ich ihnen mehr als einmal entgegengeschrien hatte: »Ihr wißt nicht, was es heißen kann, ein lebender Boche zu sein.«

Sie sahen mit Genugtuung die schwarzen Sturzkampfflugzeuge nun ungefährlich über sich hinwegfliegen. Von mir, dem fremden Menschen, der bestrebt war, sich ihnen anzugleichen, von dem sie nur wußten, daß er nicht Antoine Ferreux heißen konnte, nahmen sie kaum mehr Notiz. Sie ließen mich allein, jetzt, da ich nach einer Flucht von vielen Jahren in einer ausweglosen Falle gestellt, endlich mein Gesicht dem Verfolger zuwandte, am Tage, an dem der Widerstand des Heeres, dessen Farbe ich trug, öffentlich aufgehört hatte.

Unser Marsch dauerte bis in die späte Nacht. Ein spinnfadenfeiner Regen, fast nur ein Nebel, verwischte die Umrisse einer unbekannten Ortschaft, in der wir endlich in einen großen, von einer beschnittenen Hecke umgebenen Obstgarten gepfercht wurden. Ich, mit dem mir selber fremden Namen, lag allein unter dem sternlosen Himmel. Noch nie hatte ich so sehr die Entscheidung über mich selbst verloren. Mir war zumute wie einem Menschen, den eine namenlose Gewalt beharrlich und unwiderstehlich in einen gespenstischen See drängt. Es war so dunkel um mich her, daß ich das Wasser nicht von der Luft unterscheiden konnte, selbst nicht an der Linie des Horizonts. Ich spürte nur, daß die Nässe immer höher stieg bei jedem Schritt und ich bald würde schwimmen müssen. Ich sah nicht das jenseitige Ufer – gab es überhaupt ein jenseitiges Ufer? Und ich konnte nicht wissen, ob es mir je erreichbar sein würde.

Blinder Passagier auf einem feindlichen Schiffe, verbarg ich mich in der Folge vor den Siegern, die stolz und übermütig die elenden Tausende in den Sammellagern besichtigten und knipsten, wie sie am Boden hockten und sich ihrer Läuse zu entledigen versuchten. Sie lagen stundenlang hungernd und kartenspielend in der Sonne, bis ein Gerücht sie in Bewegung brachte und zu Rotten gerinnen ließ, wie Säure die Milch. Einmal aber unterbrach ein anderer Ton als der der Flugzeugmotoren oder der Lastwagenkolonnen die flimmernde Julistille. Pochenden Herzens und mit Tränen in den Augen sahen die Gefangenen einen Triebwagenzug am Lager vorbeifahren, und ihr Jubel begleitete ihn dreitausend Meter weit, so lange der Stacheldraht der Bahnlinie folgte. Die Jubelnden wollten das erste Lebenszeichen des wiedererwachenden Friedens grüßen, aber nicht sehen, daß der Zug andersgekleidete Fahrer hatte. Sogleich ging das Gerücht von Mund zu Mund, daß die Freilassung der Gefangenen nur von der Wiederaufnahme der Bahnverbindungen abhinge.

Sie waren wie ans Licht geratene Maulwürfe, die sofort wieder den Kopf in die dunkle warme Erde wühlen. Sie wähnten sich schon wieder in ihr altes Leben, in das Jahr neunzehnhundertachtunddreißig heimgekehrt. Sie konnten nicht begreifen, daß kein Zug in die Zeit zurückfährt.

Der Zufall bescherte mir eine wunderliche Zeit eines milden Überganges, einer fast lustigen Eingewöhnung. Die Gefangenschaft wuchs langsam um mich herum; unter dreißig Gefangenen wurde ich zur Arbeit in die Werkstätten eines Kraftwagenbataillons geschickt, in die liebliche Ortschaft Domfront in der Provinz Orne. Nur ein einziger der dreißig wußte ein wenig von meiner Vergangenheit.

Die Bevölkerung half uns in jeder Weise. Die Wachsoldaten ließen uns frei ausgehen; sie waren der ehrlichen Meinung, daß unsere Gefangenschaft nicht mehr lange dauern würde. Bäcker, Fleischer und Wirte bevorzugten uns. Vorübergehende steckten uns Geld und Waren zu. Das Beutegut, das wir in Güterzüge nach Deutschland zu verladen hatten, verringerten wir um alle Dinge, die wir unter den Mänteln davontragen konnten. Ich verkaufte über ein Dutzend Heeresschuhe um billiges Geld. In den Werkstätten fertigten wir Ringe und Schmuckstücke an, die wir an die Soldaten verkauften. Mit unserem rechtmäßigen Lohn konnten wir alles in allem bis zu tausend Franken im Monat verdienen; ein Liter Wein kostete drei Franken fünfzig, die Flasche Apfelbranntwein zehn. Es läßt sich denken, auf welche Weise wir den ersten Zahltag feierten.

Wir waren in einigen Räumen der von einem Priester geleiteten Lateinschule untergebracht, die neben uns notdürftig weiterbestand. Der Pfarrer, die Köchin, die Haushälterin, alle Lehrer und Schüler halfen uns auf jede Weise. So oft mußten alle hin- und herlaufen zwischen Weinhändlern und unseren Stuben, daß sie sich zuletzt entschlossen, in der strengen Klosterküche ein Faß anzustechen, von dem wir an einem Tisch wie im Wirtshause tranken.

Um den ersten Zahltag zu feiern, hatten wir Geld zusammengetan, mit dem die Frauen uns ein Festmahl bereiteten, zu dem wir Geistliche, Lehrer, Köchinnen und wer sonst wollte, einluden. Zu den Vorspeisen Sardinen, Radieschen, Butter, Salätchen, schwarzen und grünen Oliven, Rauchwürsten und Schinken tranken wir weißen Wein. Die folgenden Gänge: Geflügel, Hammelkeulen – in zarte Erbsen gebettet –, Ochsenbraten sowie die verschiedenen Käse begossen wir mit Rotem. Nach dem belebenden Kaffee kosteten wir allerlei duftende Geister aus Flaschen von Cognac, Burgund und dem Calvados. Erst danach begannen wir recht eigentlich zu trinken, und die Folge für mich war, daß ich zum ersten Male gezwungen war, wieder deutsch zu sprechen. Und das kam so: Wir vollführten einen solchen Heidenlärm, daß uns die Unteroffiziere einer gegen elf Uhr nachts vorbeifahrenden Streife hörten und uns höchst zornig Ruhe geboten. Aber einem jungen schlanken Burschen, der bei den algerischen Schützen in Afrika gedient und von dort ein Fieber mitgebracht hatte, bekam der Alkohol schlecht. Er fuhr fort, zu toben und noch nach Mitternacht war er in einem Zustand, der uns für seine Gesundheit fürchten ließ. Er torkelte auf die Tür zu, wahrscheinlich um auszutreten, und im Augenblick, als er die Türklinke ergriff, schossen die Wachunteroffiziere, aufs höchste erbost, herein. Sie waren groß, schauten finster unter ihren Stahlhelmen hervor, einer schlug mit einer Reitpeitsche knallend gegen seine Stiefel und brüllte, so wüst er konnte, mitten in das Gesicht des von Fieber und Trunk Geschüttelten, der durch den plötzlichen Schreck vollends wahnsinnig wurde. Er glaubte, man wolle ihn erschießen und schrie: »Ich habe keine Angst, ihr werdet sehen, wie ein Franzose stirbt, ich habe keine Angst!« Die Deutschen verstanden kein Wort. Sie beurteilten seine Absicht nur nach seinen Gebärden; er schlug sich auf die Brust, er zeigte die Faust, er geiferte. Ich bekam es mit der Angst zu tun. Die Unteroffiziere wurden dunkelrot. Ich stand auf und begann in einem gewollten Kauderwelsch zu erläutern: »Tropen – er sechs Jahre Afrika – Tropenfieber.« Und alles war gut.

Die Gesichter unter den Helmen wurden sofort sanfter; ich wußte, was Worte wie »Tropen« bedeuteten. Hätte ich von China oder von Haiti reden können, sicherlich wären sie noch freundlicher geworden. »Er muß sofort zum Arzt gebracht werden«, beschlossen sie, fast besorgt, »man kann den Mann nicht so lassen ...« und fügten hinzu: »Sie sprechen etwas deutsch, Sie begleiten ihn.«
Ich mußte mich anziehen, wir stiegen in den Kraftwagen der Streife. Der Kranke glaubte, seine letzte Fahrt anzutreten. »Sag den Kameraden« schrie er, »daß du gesehen hast, wie ich gefallen bin.« Ich steckte ihm eine Zigarette in den Mund, um ihn zum Schweigen zu bringen. Ein Deutscher beeilte sich, ihm Feuer anzubieten; der Fiebernde spuckte seine Zigarette aus. Der freundliche Soldat steckte sein Feuerzeug ein und lächelte. Wir fuhren zum Krankenhaus. Eine Schwester, eine Nonne kam an die Tür. Ich erklärte ihr hastig, die Deutschen konnten mich nicht verstehen: »Er hat Fieber, aber er ist vor allem betrunken.« Die arme Frau wich entsetzt zurück: »Aber was sollen wir denn mit ihm anfangen?« – »Um Gottes willen«, beschwor ich, »tun Sie so als ob.« Der Besessene mischte sich ein: »Schwester«, bat er, »erlauben Sie, daß ein Sterbender Sie zum Abschied küßt.« Die Arme verlor vollends den Verstand. Sie sperrte ein kleines Gelaß hinter dem Pförtnerhäuschen auf. Die Unteroffiziere leuchteten mit ihren Taschenlampen hinein. Sie waren empört: »Man kann den Mann doch nicht hier lassen, er würde sich den Kopf einrennen!« Sie wurden argwöhnisch, und ich beeilte mich, zu erfinden: »Keine Spezialist – keine Medizin – hier keine Kranke von Kolonien.«
Nach kurzer Beratung stiegen wir wieder in den Wagen und fuhren zum Oberstabsarzt. Er mußte geweckt werden. Der Kranke machte einen furchtbaren Krach. Leute beugten sich aus den Fenstern und schimpften. Die Unteroffiziere mahnten sie wütend zur Ruhe. Der Arzt kam heraus, noch im Laufen seinen Rock mit den ge-

stickten Achselstücken zuknöpfend. Er besah sich den Kranken und schrie: »Besoffen ist er, sternhagelvoll!« Von neuem wurden die Unteroffiziere mißtrauisch. Ich versicherte und beschrieb: »Er verrückt. Er glaubt, man ihn erschießt.« – »Hm«, stockte der Doktor, »allerdings, tatsächlich, typische Begleiterscheinungen des Tropenfiebers«, und ließ seinen Wagen vorfahren. Als eine regelrechte kleine Expedition fuhren wir in die Kaserne. Die Sanitäter wurden geweckt, Spritzen ausgekocht, ein Fahrer mußte aus dem Bett geholt werden, um einen Krankenwagen zu führen, dem ein Wachmann beigegeben werden mußte. Zehnmal wiederholte sich dasselbe Schauspiel; die Leute kamen mürrisch an, schlaftrunken und ärgerlich, und sobald das Wort »Tropen« gefallen war, klärten sich die Gesichter auf.

Von Domfront fuhren wir nach Alençon, an die sechzig Kilometer durch die Nacht. Dreimal mußten wir anhalten, der Wachmann mußte aussteigen und die Türe öffnen, ich meinem Kameraden helfen beim Aussteigen, um ihn pissen zu lassen. Er enthielt unglaubliche Mengen Flüssigkeit. Von halb vier Uhr bis sechs Uhr morgens suchten wir in Alençon vergeblich das Gefangenenlazarett. Wir mußten unseren Kranken endlich in einer Wachstube lassen. Sie war von Landesschützen belegt, älteren Leuten, die sich lange weigerten, ihn aufzunehmen, denn sie fürchteten einen neuen Anfall des Fieberwahns. Aber die Spritze begann zu wirken. Unser Pflegling schlief ein.

Wir kamen gegen acht Uhr früh nach Domfront zurück, ich war müde, aber glücklich; der erste Beginn des gefährlichen Spieles war ermutigend.

Ein Nachbar unserer Köchin, der nach Paris fuhr, nahm einen Brief an meine Frau mit, wohlweislich unter ihrem Mädchennamen, in das Haus ihrer Eltern. Vorsichtig kam meine Frau die Köchin besuchen, als deren Nichte sie sich ausgab. Der Pfarrer überließ uns zu einer ersten Aussprache sein Studierzimmer, zur Nacht bot uns ein Paar, das Lehrer und Lehrerin in unserer Schule war,

eine Schlafstube an. Nach der abendlichen Zählung ging ich durch die Küche über eine Wiese und einen Feldweg in das Haus, in dem meine Frau mich erwartete.
Wir zwei durchlebten traumhafte Tage. Wie unter einem wolkenschweren Himmel über eine menschenleere Heide ohne Horizont gingen wir in dem kleinen Garten des Hauses auf und ab, dessen Zaunhecke uns vor Neugierigen schützte. Mit den unerhörten Schlägen, die uns selbst verwandelt hatten, waren alle Maße und Aussichten der Vergangenheit zerstört worden, noch nie war das unbekannte Ende der Zukunft so dicht an uns herangetreten, noch niemals hatten wir die Gewalten so nahe von Angesicht zu Angesicht gesehen, niemals noch waren wir so innig einer dem anderen verschworen.
Eine böse Gewißheit brachte sie mir: das Schicksal hatte mich nicht vergessen, der Braune Gott führte Buch; sofort nach dem Einmarsch in Paris hatten die Geheimen begonnen, nach mir zu fahnden. »Sie sind gekommen, während ich nicht zu Hause war. Sie sind zwei oder dreimal gekommen, bis sie mir eine bestimmte Stunde angaben, mit dem Befehl, sie zu erwarten. Ich habe Lola gebeten, zugegen zu sein, du weißt, daß sie Deutsch versteht.«
Es kommt vor, daß einer einen bedrückenden Traum erleidet, aber im innersten Bewußtsein doch nicht vergißt, daß es ein Traum ist. Ich aber wachte auf, und es war Wirklichkeit.
Ich ließ mich krank schreiben. Der Sanitäter, der dem Heeresarzt beistand, bewunderte meinen »germanischen Typus«. Ich zuckte nicht mit der Wimper. Mein Aussehen brachte mir vierzehn Tage Ruhe ein, aber ich ließ doch meinen Schnurbart und ein Knebelbärtchen wachsen und schnitt meine Haare kurz, ich verstümmelte mich so gut ich konnte.
Eines Morgens führten uns die Wachsoldaten fröhlicher als sonst zur Arbeit. Der alte Unteroffizier, der die Arbeit am Bahnhof überwachte, berichtete uns mit Freudentränen in den Augen, daß deutsche Truppen in England

gelandet seien. Der Rundfunk habe es gemeldet. Die Bewegung erstickte seine Stimme. Aber keine ergänzende Meldung folgte dieser ersten Nachricht. Die Monate gingen dahin, und einige Gefangene rückten aus. Sie kamen zu mir und fragten, wie »Oie« auf deutsch heiße. Nachdem sie das Wort geübt hatten, näherten sie sich dem Posten, der uns am Bahnhof überwachte, deuteten auf einen Bauernhof, von dem uns nur eine Wiese trennte, schlugen mit den Armen aus, um das Flügelschlagen nachzuahmen und sagten: »Fünf Minuten – dort Gans kaufen – Gans, Gans.« Der Mann riß die Augen auf und erwiderte lüstern: »O, Gans, mir auch, mir auch eine, zweie« und wollte ihnen sofort Geld geben. Sie versicherten ihm, daß sie damit zur Genüge versehen seien, und überquerten die Wiese, bis sie hinter den Mauern des Hofes verschwanden. Der Posten wartete, fünf, zehn, fünfzehn Minuten, bis sich eine immer größere Unruhe seiner bemächtigte. Nach einer halben Stunde hatte er verstanden.

Wir erzählten die Geschichte in ganz Domfront, und der arme Mann, nachdem er zwei Wochen im Bunker verbracht hatte, konnte sich nicht mehr sehen lassen, ohne auf allen Gesichtern ein spöttisches Lächeln zu lesen, selbst wenn er vor dem Kasernentor Wache stand. Seine eigenen Kameraden verspotteten ihn noch unverblümter. Aber am schlimmsten war es, wenn an ihm die Reihe war, uns morgens zu wecken. Er trat ein, schrie: »Raus, aufstehen«, und im selben Augenblick richteten wir uns in den Betten auf, schlugen mit den Armen flügelschlagend aus und erwiderten laut: »Quak, quak, quak, quak.« Er wurde langsam schwermütig.

Unsere neuen Herren bauten uns hinter der Kaserne Wellblechunterkünfte, die aussahen wie riesige halbe Stahlfässer, und umgaben sie mit einem doppelten Zaun aus Stacheldraht. Das hinderte in der Folge einige doch nicht, auszureißen. Eine letzte mächtige Versuchung bestürmte mich: noch einmal fliehen. Noch einmal das ganze Leben abstreifen und am Wege liegen lassen, die begonnene Existenz vergessen. Ich schuldete nichts. Noch einmal ohne spätere Rückkehr ein armseliges Fädchen durchreißen, das mich mit einem kümmerlichen Dasein verknüpfte, diesem vorläufigen Entwurf, der schon verriet, daß er nie vollendet sein würde. Noch einmal ohne Alltag sein. Mit einer kurzen berauschenden Flucht mich vor den schürfenden, schnuppernden Fährtenhunden retten, die in Paris meine Spur aufgenommen hatten, auf einsamen Fluchtwegen die Welt wieder erreichen, deren Grenzpfahl der Warnschuß in dem Dorf der Mayenne gewesen war? Von allen früheren Existenzen hatte ich etwas mit mir genommen, zunächst ohne es zu wissen, zuletzt lastete es so schwer, daß ich nicht weiter hatte gehen können. Aber ich wußte nun: kein Mensch kann fliehen. Man entflieht sich selber nie. Keiner kann reinen Tisch machen.

Meine Frau kam noch einmal nach Domfront. Aber ich konnte sie nicht mehr besuchen. Sie kam an den Stacheldraht unseres Lagers, der Posten verjagte sie. Sie blieb fünfzig Schritte weiter stehen, und wir sahen uns an. Es war schon recht spät im Herbst, die Erde war vom Regen durchweicht.

Weihnachten lag Schnee. Die Einwohner von Domfront hatten die Erlaubnis erhalten, uns zu beschenken. Sie kamen an, von Posten bewacht, mit riesigen Körben voll guter Dinge, Dutzende von Flaschen Weines, Branntweins und teurer Liköre. Wenig später wurden wir in ein Lager bei Chartres gebracht.

Eines Tages hieß man uns einen aus geschlossenen Güterwagen bestehenden Zug besteigen, der uns ins Reich bringen sollte. Ich nahm die Gelegenheit wahr, dank der mit Kreide an die Wagentüren geschriebenen Nummern der Bestimmungslager, in einen Wagen mit anderem Ziel zu steigen als mein Vordermann, der mich noch vor der Gefangennahme gekannt hatte und wußte, daß etwas mit mir nicht in Ordnung war. Ich sah endlich nicht mehr die dummdreisten Augen des Bauernknechtes, der mich bislang belauert und mich mit seinem ungefähren Wissen um mein Geheimnis wie mit einer Waffe zu unterwerfen versucht hatte; genau so wie er umgekehrt, als wir mit den flüchtenden Völkern auf den Landstraßen gelegen hatten, immer mit der versteckten Drohung gespielt hatte, mich als wahrscheinliches Mitglied der »Fünften Kolonne« der sinnlosen Erbitterung der Unglücklichen auszuliefern.

Ich hatte das Glück, Platz in einer Ecke des Güterwagens zu finden, in der ich allein bleiben konnte und nicht angehalten war, Karten zu spielen oder von den Möglichkeiten einer baldigen Rückkehr oder von der bezweifelten Treue der alleingelassenen Frauen reden zu müssen. Ich besaß nun Papiere, die meinen Namen bezeugen konnten: die Briefe aus Paris, an den Gefangenen Ferreux gerichtet. In der Nacht wurde ich durch Schimpfen und Gepolter geweckt; in einem Nachbarwagen hatten die Gefangenen den Boden durchbrochen, und sechs Mann waren geflohen, ehe die Begleitmannschaften auch nur das geringste bemerkt hatten. Die Schiebetüren wurden aufgestoßen, und wütende Soldaten zählten die Insassen der Wagen ab. Im Scheine einer blau abgeblendeten Handlampe las ich hinter dem Namen eines kleinen Bahnhofes: Departement Moselle. Wir waren nahe der Grenze. Bald würden wir auf dem Boden des Reiches sein.

Ich lauschte auf das eintönige Tacken. Fast erwartete ich, daß die Räder jenseits der Grenze anders klingen würden. Ich wollte nicht fliehen, aber meine Angst wurde so tierisch, daß mir die Herdenwärme der Gefangenen teuer wurde. Es war gut, daß sie so ungeheuer zahlreich waren, daß ich mich unter zwei Millionen verstecken konnte.

Wie mit gerettetem Hausrat stattete ich mein beginnendes Gefangenenleben mit den Überresten des Daseins zwischen Paris und Canon aus. Ich schrieb über eine ungefährliche Anschrift an meine Frau und warf den Brief, dem Beispiel meiner Kameraden folgend, in einer Konservenbüchse durch die Luke des Wagens, als der

Zug durch einen Vorort fuhr, dessen Einwohner unsere erläuternden Schreie verstanden und die Büchsen auflasen.

Am nächsten Morgen hielt der Zug zum erstenmal auf dem Boden des Reiches in Trier. Auf den Rampen, vor denen die Viehwagen geöffnet wurden, standen eine Menge Kinder neben für uns bestimmten Suppenkübeln. Ein zehnjähriger Junge glaubte, sich uns Gefangenen verständlicher zu machen, indem er radebrechte: »Wir gewonnen – drei Wochen nur für Polen – sechs Wochen nur für Frankreich – jetzt bald England.«

Ich antwortete ihm: »Du sagst ›Wir‹, aber du warst doch nicht dabei –«, und um ihn zu demütigen, »du bist doch noch naß hinter den Ohren.«

Der Junge sah mich zunächst überrascht an, aus der Fassung gebracht von der unerwartet fehlerlosen Aussprache eines Soldaten in feindlicher Uniform, schwieg daraufhin nachdenklich und gab zurück: »Doch, doch – ›wir‹ haben gewonnen, ›wir‹; die Kinder haben natürlich nicht gekämpft, aber sie haben die Ernte eingebracht und Kartoffeln gelesen.«

Er hatte recht. Ich war erschüttert von diesem ersten Gruß des neuen Geistes. Ich fühlte mich einen Augenblick lang dumm und alt, von Jüngeren beiseite geschoben. Die hunderttausend stolzen Feldgrauen hatten mir nicht so jäh und eindeutig vermittelt, daß eine tiefgreifende Veränderung sich vollzogen hatte, von der Zeit an gerechnet, als Millionen Junger ihren Vertrag mit der Gesellschaft gekündigt hatten, weil er von der Gesellschaft nicht gehalten worden war. Wie selbstbewußt, stolz auf ihre Arbeit und deren Wert und Tragweite, wie aufgegangen und eingegliedert und notwendig in ihrer Gemeinschaft waren die Kinder vor mir.

Meine Mitgefangenen drängten; sie wollten wissen, was der Junge erzählt hatte. Ich übersetzte es ihnen wortgetreu. Keiner erfaßte den Grundinhalt der Worte. »Ich«, sagte ein dicker gutmütiger Gefangener, Schreiner seines Zeichens, »ich finde es schon ein gutes Zeichen, daß

die Kinder nicht mit Steinen nach uns geworfen haben!«
Ich konnte durch eine Spalte zwischen zwei Brettern Bruchstücke der Landschaft wahrnehmen, und eine Ahnung wurde langsam zur Gewißheit. Ich erkannte die Täler und wußte, wo die Linie endigte, der wir entlangfuhren. Ich hatte meinen Wagen selbst gewählt; ich argwöhnte, daß ich es vorausgesehen hatte, daß ich es gewünscht hatte; vom ersten Tage der französischen Kapitulation an hatte ich insgeheim erwartet, in die Vorstadt zurückzukehren; und nur deshalb hatte ich mich ergeben. Nur in der Vorstadt konnte ich die schwerste aller Lasten loswerden, die ich je auf eine Flucht mitgenommen hatte: das Nichtwissen um mein eigenes Land, die unvollendete Suche. Trotzdem erfüllte mich die Erregung mit einem so lähmenden Druck, daß ich mich nicht rühren konnte.

Als aber der Zug seine Fahrt verlangsamte, über unzählige Weichen tackte und anhielt, als die Türen geöffnet wurden und vor meinen Augen genau das Bild lag, das ich so lange in mir getragen hatte, spürte ich angstvoll jeden einzelnen Pulsschlag in mir. Da kehrte ich zurück wie ein Toter zu den Lebenden, die meine Gegenwart nicht ahnen konnten und den Zug der Gefangenen gleichgültig vorüberlaufen ließen; ich sah alles, ohne gesehen zu werden. Keiner bemerkte unter den tausend Augen der Verschickten, die hungrig nach seltsamen Entdeckungen auf allen Gesichtern, in allen Schaufenstern, auf allen Häuserfronten bis zu den spitzen Fachwerkgiebeln durcheinanderhuschten, meine Augen, die anders schauten. Ein Straßenkehrer erläuterte einer Frau: »Die mit den roten Bommeln, das sind Mariner« und ich erschrak; hatte er nicht bemerkt, daß ich ihn verstand?

Zum erstenmal in meinem Leben sah ich Straßen voller Leute anders als ein Zuschauer. Eine ganz neue Gewalt nahm mich ein, flüchtig nur, aber unvergeßlich. Sie trieb mich den Menschen entgegen, so jäh und unwiderstehlich, daß ich den Fahrgästen, die Gucklöcher in die Scheiben der Straßenbahnen wischten, suchend in die Augen schaute, als ob ich ein Zeichen des Einverständnisses erwarten dürfte. Es wurde mir plötzlich bewußt, wie weit ich mich von ihnen weggelebt hatte; sie hatten weiter in der Vorstadt geatmet, unmerklich in andere Wege gelenkt, aber seit sieben Jahren allem fremder und fremder, was in der ganzen übrigen Welt gültig war.

Und ich, der ich gekommen war, um zu lernen, ich hätte ihnen zuschreien mögen. Es schien mir, als trüge ich eine Leben und Tod bedeutende Botschaft und spräche nicht ihre Sprache, so wie sie mich nicht sehen konnten. Und ich kannte nicht einmal den Wortlaut der Botschaft.

Ich konnte zum erstenmal meine eigene Angst vergessen über der Angst um andere, aber nur um niedergeschmettert zu erkennen, wie wenig ich darauf vorbereitet war. Ich hatte versäumt zu erlernen, was ich ihnen zu überbringen hatte, und wußte nicht, ob ich es würde finden können, ehe es zu spät war.

Die Öde von Straßen voller Menschen und geräuschvollen Verkehrs, aber ohne Freunde, die nach den ersten Schlägen dreiunddreißig aus allen Schatten geschaut hatte, die Öde war noch da. Aber damals war es eine Öde gewesen, aus der man Geflüster zu hören hatte glauben können, sie war noch warm gewesen vom letzten Hauch der Genossen, die sie vorher ausgefüllt hatten. Nun war sie gefroren und ein anerkannter Bestandteil des Lebens; es nützte nichts, daß dieses Leben hundertmal mächtiger brauste und lärmender pulste.

Ein silberner Totenkopf auf einer schwarzen Mütze traf meine Augen. Auch dieses Bild war alltäglich geworden. Ich nahm mich jäh zusammen, dachte: »Nicht verrückt werden« und bemühte mich, so unwissend neugierig und lebhaft wie meine Kameraden umherzugaffen. Das alte Rathaus mit der berühmten Brüstung, der Zeitungsstand mit den rot unterstrichenen Balken der Blätter: »Belgrad gefallen. Stürmischer Vormarsch unserer Truppen.« Was für eine List des Schicksals, zu warten, bis ich hier war, gut bewacht innerhalb der Reichsgrenzen, um höhnisch zu sagen: »Sieh, ein neuer Krieg, es geht noch lange, lange weiter! Noch lange sind die Grenzen nicht erreicht.« Wenn ich in den ersten Monaten nach der Kapitulation geahnt hätte, was mir jetzt möglich schien, wenn ich nicht als einzigen Trost die Hoffnung im Herzen gehabt hätte, daß es nicht mehr lange dauern könnte, vielleicht wäre ich doch geflohen.

Nach einigen ermüdenden Tagen im Stammlager, ausgefüllt mit Entlausungen, Brausen, Aufnahmen und Einschreiben in Listen und Karteien, waren wir Neuankömmlinge zur Verschickung in die Arbeitskommandos hergerichtet und zugestutzt. Wie es folgerichtig und natürlich war, wurde der Anzeichner im Kesselschmiedebau Ferreux dem Kommando der Stahlwerke zugeteilt.

Nichts hatte sich geändert. Die Vorstadt war noch von der Altstadt durch die Bahnanlagen getrennt, die man durch eine lange, immer noch nach Urin riechende Unterführung hinter sich brachte. Die weitläufigen Verschiebeanlagen machten einen riesigen Bogen, in dessen ungefährem Mittelpunkt die Stahlwerke lagen. Hätte man den Halbbogen zu einem Kreise vollenden wollen, so hätte man den ruhenden Schenkel des Zirkels in den Stahlwerken ansetzen müssen.

Die Vorstadt drängte sich zwischen den Werken und den Bahnanlagen hindurch und wurde dabei übel mitgenommen, denn alles wuchs gleichzeitig in die Breite; nur war der Stahl der Werke und der Schienen härter als das bröckelnde Mörtelgewirr der Mietskasernen.

Die an vielen Stellen eingedrückte Straße führte zunächst leicht bergan. Von der Anhöhe aus konnte man über die Bahnanlagen hinweg das ganze Land überschauen. Alles war noch beim alten. Vielleicht war die Vorstadt doch weiter nördlich und südlich der Innenstadt über die Bahnanlagen hinausgewachsen und im Begriff, die letztere wie zwischen zwei großen Kinnbakken aufzuzehren, während die Stahlwerke ihr den Rükken eindrückten.

Zwei alte Hammermühlen waren innerhalb weniger Menschenalter zu den Stahlwerken geworden. Um ein altes Frauenkloster hatte sich die Vorstadt gesammelt, die den Zustrom aus dem flachen Lande auffing. Niemals waren die von den Löhnen der Stahlwerke Angelockten über die Vorstadt hinausgekommen und niemals auch hatten sie wieder zurückkehren können, von wo sie gekommen waren. Sie hatten ihr Heimweh nach dem Bauernlande in den Kleingärten gestillt, die trotz des Platzmangels noch bis mitten zwischen die bewohnten Viertel wuchsen. Entweder Eigentum der Werke, für spätere Erweiterungen vorgesehen, oder Besitz überkluger Geduldiger, die ein Steigen der Bodenpreise erwarteten; arme Irre, die nicht wußten, was die braune Stunde geschlagen hatte.
Jedes der kleinen, aus Blech und Kistenholz zusammengenagelten, von mit Menschenkot gedüngten Jammerrosen umgebenen Gartenhäuschen war ein steckengebliebener Fluchtversuch. Sie säumten die Stadt ein wie zerbrochene Troßwagen eines heillos geschlagenen Heeres. Unser trauriger Trupp zog am »Roten Eck« vorüber, und die »Zwölf Apostel« nahmen mit der Bleisoldatenwürde eines Denkmals der neuesten Geschichte die Parade der Geschlagenen ab. Das Haus des Alten sah ich nur flüchtig. Es leuchtete in erschreckend fieberfrischen Farben.
Ich legte meine Decke und meinen Mantel auf den mir zugewiesenen Strohsack, und ein tiefer Friede verbreitete sich in mir, wohltuend wie ein warmer Trunk nach einer langen Fahrt im Schnee.
Endlich eine Wand im Rücken. Ich war allen Dingen und allen Menschen zugetan. Ich sah beschaulich die Betten in drei Stockwerken übereinander, die Tische, die Gitter vor den Fenstern, durch die man auf einer Seite die Kleingärten, auf der anderen die Werkanlagen sah, die Gefangenen der Nachtschicht, die, um den rotglühenden Ofen stehend, auf ihr Essen warteten. Es waren alles Erscheinungen, die auch morgen noch galten.

Ich war auf dem unverrückbaren Grunde meines Lebens angelangt. Ich konnte nicht mehr tiefer fallen. Von nun an war alles voraussehbar. Nach der ersten Woche des Einlebens würden sich die Tage folgen, jeder allen anderen gleich, aber von nun an würde der eintönige Alltag mir helfen, er würde wie Gras über mein Versteck wachsen. Er würde die Mitgefangenen, deren Landsmann zu sein ich vorgeben mußte, an mich gewöhnen und ebenso meine wirklichen Landsleute, denen ich um den Preis meines Lebens verheimlichen mußte, daß ich es war. Ich ersehnte ungeduldig den Tag, an dem ich spüren konnte, daß die Zeit ohne jede weitere Störung, ohne jeden weiteren Lärm weiterlaufen würde. Danach erst würde ich mich vorsichtig hervorwagen und umsehen können. Ich wußte nicht recht, woran ich war noch was ich wollte. Ich war seit langem ohne Partei und ohne Bewegung, aber ich hoffte doch auf ein Lebenszeichen von deren Seite.

Ich hatte mein ganzes vergangenes Leben handgerecht vor mir; Zeugen und Hintergründe aus jedem Zeitabschnitt bildeten mein Verlies. Franzosen, Deutsche und wenig später die Bürger der neuen Zeit.

Ich hatte die Beziehung zu einer über unser Leben hinausgehenden Vergangenheit wieder gefunden, die in Steinen, Worten und Gebräuchen verborgen ist, als ich die Straßen wiedergesehen und die weichen Sprachlaute meiner Heimat wieder gehört hatte. Ich hatte mit dem Herzen erlernt, daß niemand ohne seine Vergangenheit und Zukunft auskommen kann.

Die Zukunft: ich war in der Mitte des Geheimnisses, das sie enthielt. Ich war allein; aber ich war es immer gewesen, selbst wenn ich als gehorsamer Teil einer Partei, eines Landes, einer Kirche, eines Heeres gekämpft hatte. Ich war immer nur zeitweise mit ihnen verbündet gewesen. Ein Augenblick war stets gekommen, in dem ich mich ganz allein hatte entscheiden müssen. Ich hatte immer meine eigene Sache gewählt.

II Das erlaubte Ewige Leben

Die Hoffnungen der Gefangenen versuchten, in unglaubliche Gerüchte ud in gewollt günstigste Auslegungen von Worten großer Verantwortlicher auszubrechen, aber der zweite Winter schloß uns unerbittlich und ohne Hast, Schritt für Schritt ein: jeden Morgen war der Nebel dichter, die Sonne begann es aufzugeben, ihn stets von neuem zu durchbrechen, und eines Tages kam eisig leuchtend, still und endgültig der Schnee.
Im ungewissen Licht der morgendlichen Gassen zwischen dem Lager und den Werken, die unsere Kolonne Tag um Tag widerwillig ergeben durchwanderte, sah ich einmal kurz vor dem Tor der Werke eine Frau sich durch den Schnee kämpfen. Ihr entschiedenes, tapferes Ausschreiten war das eines Menschen, der immer weiß, wohin er will, und ließ meine Aufmerksamkeit aus dem erleidenden Hinnehmen auffahren, in die mich die Gewöhnung des Alltags gelullt hatte. Ich sah nur einen Augenblick lang ihr Gesicht, gealtert, aber nicht verbittert noch vergrämt, noch mit denselben ruhigen Augen, in denen noch derselbe gütige Spott flimmerte und dieselbe Freundschaft lebte, und ich konnte nicht mehr zweifeln: ich sah sie leben, wie jenseits eines unüberbrückbaren Stroms zwischen Dasein und Jenseits: Lysiane. – Hatte ich wirklich geschrien? Sie schien eine Sekunde lang wie über eine Sinnestäuschung verwundert aufzusehen. Ich war stehengeblieben, aber meine Hintermänner traten mir auf die Absätze und stießen mich voran durch das Tor, in den langen, langen Tag eines Gefangenen unter Kriegsrecht.

Im Rüstungsbetrieb. Eine Verschiebebrücke kam in ihrer ganzen Breite durch den Nebel auf mich zu. Ihre massigen Umrisse vereinigten sich mit den Formen der

riesigen Hüttenwagen, die sie verschob, überragt von deren stumpf drohenden Stahltüten, zu einem unbegreiflichen Ungeheuer. Ich nahm ein Stahlmaß zur Hand und ließ es sofort wieder fallen; das Metall war kalt wie Eis und gefror an die Haut. Meine Finger waren klamm und wie meine Handgelenke schmierig von Fett, das seit Tagen geblieben war, weil es weder warmes Wasser noch Seife gab. – Ein Mann lag unter einem Wagen in starrem, an den Knien und am Gesäß verkrusteten Arbeitsanzug. Er hämmerte mühselig, fluchte rasend, nahm einen schwereren Hammer und weinte fast vor Wut, denn auch damit blieb seine Mühe fruchtlos. Er blutete am Finger, die Wunde war von der fetten Schmiere verwischt, auf der sich das Blut zu Tropfen formte.
Eine Ostarbeiterin breitete einen Lumpen auf dem Boden aus, ehe sie darauf niederkniete, widerstrebend unterworfen, wie ein Lasttier, das man dazu anhält. Sie nahm einen von der ausströmenden Preßluft vereisten Lufthammer auf und suchte lange nach einer handgerechten Haltung. Dann drückte sie auf den kleinen Daumenhebel und ergab sich mit gequält verzerrtem Gesicht den hartbebenden Pulsschlägen des Werkzeuges. Stahl schlug unnachgiebig auf Stahl zurück. Die Konstrukteure – in der ganzen Welt nach den gleichen Richtlinien der industriellen Zweckmäßigkeit arbeitend – hatten als einzige federnde Vorrichtung, um die Erschütterungen der Rückschläge aufzufangen, den Körper des bedienenden Arbeiters eingerechnet, der ein kräftiger Mann sein mußte. Ich hatte einige Wochen hindurch einen solchen Hammer bedient und war jede Nacht aufgewacht, von einem merkwürdigen Schüttelkrampf geweckt, den ich nicht besiegen konnte und dessen Ende ich abwarten mußte, um wieder einschlafen zu können. Aber statt eines harten Männerleibes wurden vor mir die weichen, empfindlichen Gewebe eines jungen Frauenkörpers, eines warmen, sanften Schoßes, von stündlich tausend kurzheftigen Schlägen zerrissen, Tag für Tag, Monat um Monat, Jahr um Jahr.

Schon sah ich auf die Uhr. Fünf Minuten waren seit dem Beginn der Arbeit vergangen. Eine unendlich lange Zeit trennte mich noch von der weiten Einsamkeit der Nächte auf meinem Strohlager; wenn das Licht gelöscht und die letzte Gefangenenklage verebbt war und ich endlich erstehen lassen konnte, was ich schwer und verborgen in mir tragen mußte.

Die Tage waren sich gefolgt, über ein volles Jahr, ich hatte mich in meinem Elend häuslich eingerichtet. Eine flüchtige Begegnung, die nicht mehr wog als ein Schatten, hatte das mühselig erworbene Gleichgewicht zerstört, und der Tag war schwerer als je. Der Ekel war größer.

Denn seit über einem Jahre hatte ich Tag für Tag dieselbe Suche begonnen, wie ein Mensch, der immer wieder ergrimmt über eine nie aufgehende Rechnung herfällt: Ich war bekannt geworden wie ein bunter Hund und kannte meinerseits – außer den Überwachten, denen sich zu nähern zu gefährlich war –, alle Leute, die mir und denen ich etwas sagen konnte. Vorsichtig die unter Aufsicht stehenden ehemaligen Mitglieder von Partei und Bewegung meidend, durchlief ich rastlos die Werkstätten, eine Tabakwolke hinter mir, immer auf der Jagd nach Neuem, und immer die Menschen abtastend und lotend, ohne scheinbar je mehr zu finden als Nachrichten.

Ich sah durch den Filter meiner plötzlich angewiderten Müdigkeit die trostlose Nichtigkeit meiner Bemühungen: es war sinnlos, weiterhin zu suchen, die Ausbeute war erschöpft.

Zwei deutsche Anzeichner arbeiteten mir gegenüber an derselben Platte. Links ein junger, bebrillter Angehöriger eines braunen Wehrverbandes, als Rüstungsarbeiter vom Heeresdienst befreit. Seine sommerliche Tracht – ein offenes Hemd und kniefreie Hosen – war Ursache eines peinlichen Mißverständnisses gewesen: ich hatte ihn für einen Überlebenden der Erneuerungsbewegungen, der »Los-vom-Bürger«-Rufer aus der wirren Zeit von Weimar gehalten. Rechts ein älterer, hinkender Kriegsverletzter aus dem ersten Weltkrieg: er war rund, seine Welt war seit Jahren gefeilt, geglättet, abgeteilt und nicht mehr zu ändern; ein ganz kleines Weltchen. Er gab alles zu: es ging schlecht, die Armen waren ärmer als je, die Fehler offensichtlich; aber vorher waren auch Fehler gemacht worden, es war auch schlecht gegangen. Jetzt war etwas im Gang und deshalb Hoffnung. Es wurde zu viel befohlen und zu viel beherrscht? Gott sei Dank, denn er erinnerte sich der Zeit mit Grausen, während welcher zu wenig befohlen worden war. Und er persönlich hatte die besten Erinnerungen an seine Vorgesetzten aus der Dienstzeit: »Sie haben Geburtstag heute, Meier?« – »Jawohl, Herr Hauptmann.« – »Sie lieben Zigarren, wenn ich mich recht erinnere?« – »Jawohl, Herr Hauptmann.« Und liebevoll fügte der Hinkende hinzu: »Er hat sich an alles erinnert. Er hat den Geburtstag eines jeden gewußt und was jeder am liebsten rauchte und trank.«

Er war der beste Mensch, stets hilfsbereit und freigebig. Ich hatte ihm von dem Mangel an frischer Nahrung erzählt, der das Lageressen unbekömmlich machte. Daraufhin brachte der Hinkefuß mir ein kleines Bündel Grünzeug mit, und er wollte nicht einmal Zigaretten als Gegengeschenk annehmen.

Je näher die Stunde rückte, zu der ich jeden Morgen meine erste Runde durch die Hallen zu machen gewohnt war, desto zwingender wurde der Hunger nach dem einzigen Salz dieser faden Wochen: den verbotenen Nachrichten.

Wie gewöhnlich füllte ich meine Pfeife so sorgfältig, als handele es sich um einen Ausrüstungsgegenstand, von dem der Erfolg eines gefährlichen Unternehmens abhängt, zündete sie mit noch größerer Fürsorge an und machte mich paffend auf den Weg, wachsam den Werkschutzstreifen ausweichend, denn es war verboten zu rauchen, und Begegnungen mit Werkmeistern vermeidend, denn es war untersagt, seinen Platz zu verlassen.

Die erste Rast boten mir die Schirme des Schweißers Knopp. Diese Vorrichtungen schützten die in der Nähe Arbeitenden vor den Strahlen der Schweißbögen, Knopp und mich jedoch noch besser vor den Blicken der Meister und Aufseher. Der Schweißer war immer noch derselbe kleine, nachdenkliche Mann, kahl und behende. Er lachte und nickte bejahend, als ich ihn fragte: »Guten Morgen, was Neues?«
»Also«, er hielt inne, um seine Sätze zu ordnen, ehe er sie aussprach, »der Iwan hat eine Bahn über das Eis gelegt, da oben, über einen großen See – ich weiß den Namen nicht – und damit den Einschließungsring, und damit den Einschließungsring« – er wiederholte alle Worte des Fremdsenders, die er wortgetreu wiedergab – »unterbrochen, unterbrochen.«
Ich sah ihn an. Auf seiner Stirn standen die Spuren der Anstrengung zu lesen, die vielen Leuten der Fleiß kostet, Schriftdeutsch zu sprechen, und wenn er so sprach, so nur, um mir, dem Ausländer, verständlicher zu sein. Darunter aber leuchtete die bittere Genugtuung, den Tod nicht gescheut zu haben, um diese Frontnachrichten der anderen Seite wissen und verbreiten zu können. Ich antwortete ihm: »Damit ist das Jahr verloren; sie müssen auf freiem Feld überwintern. Was das heißt – im Stalag draußen liegen einige Tausend, die es erzählen können –, soweit sie noch bei Sinnen sind; es kann der Anfang vom Ende sein, und was für ein furchtbares Ende.«
Der Mann zuckte die Schultern, seufzte und schwieg. Einer wußte genau vom andern, was er dachte. Wir hatten es zu oft ausgesprochen. Spanne um Spanne sahen wir das Ende immer näher, immer deutlicher wurden die möglichen und wahrscheinlichen Einzelheiten; wir sahen, wie sich der Haß in den Polen und Russen kühl und schwer sammelte, gleich Teichen von Blei; wir hörten Berichte aus den Lagern.
Was tun? Im Namen welcher Sache, welchen Weg mit welchen Mitteln? Wer in der Welt konnte diesem Manne

vor mir, der schon für unbedachte Worte, für eine kleine Flüsterei oder für ein einmaliges Abhören des Londoner Senders zu sterben bereit war, wer konnte ihm raten?
Im Blechlager brauchte ich mich nicht zu verbergen, denn meine Arbeit gab mir genug Vorwände, dort zu verweilen. Ich grüßte einen langen, hageren Mann, der einem Blick in die Augen nie standhalten konnte, und sagte: »Es sieht übel aus, die Fronten bleiben im Schnee liegen, der Anfang vom Ende.«
Der Mann klopfte mir auf die Schultern: »Ich habe keine Angst«, zwinkerte mit den Augen, lächelte unsicher, und zeigte auf seine Brieftache, in der er, wie ich seit langem wußte, das Entlassungspapier aus dem Lager Buchenwald verwahrte.

»Sie müssen vorsichtig sein, Ferreux«, sagte die Franke, ihres Zeichens Schreiberin der Betriebsleitung, »der Betriebsleiter hat Sie mehrere Male umherstrolchen sehen.« Ich schlug den Rat mit gespielter Sorglosigkeit in den Wind und gab der Unterhaltung die Wendung, die sich ein Mann aus der großen Lebestadt Paris schuldig war. Ich hatte es seit langem aufgegeben zu radebrechen, denn die Nachteile waren so groß wie die Vorteile, und wenn die Leute mir mein Franzosentum doch glaubten, so, weil ich einen Franzosen – nicht einen wirklichen, sondern einen Franzosen, wie die Leute ihn sich vorstellten – besser spielte als meine Mitgefangenen. Als ein Mann aus Paris mußte ich in Röcke vernarrt sein, leichtlebig und stets gewagte Angebote machend. Also sagte ich: »Wann endlich werde ich jede Pore der Haut dieser wunderschönen Brüste einzeln küssen dürfen?«
Sie lachte: »Sie Schlemmer, Sie Genießer – wenn wir den Krieg gewonnen haben werden.«
»Oh«, sagte ich betrübt, »niemals also, denn der ist verloren.«
Sie wurde plötzlich ernst und wehrte erschrocken ab: »Um Gottes willen, wir dürfen, wir dürfen den Krieg nicht verlieren.« Sie verlor sich in einer Erinnerung und

sagte nach einer Weile: »Wenn Sie wüßten, was ich gesehen habe – ich darf nicht reden –, wir dürfen den Krieg nicht verlieren.«

»Ich habe einen Brief von meiner Mutter«, begrüßte mich ein Schlosser. Er sah mir mit grundehrlichen, Offenheit heischenden Augen ins Gesicht. »Von den dreißig Jungen meiner Gruppe, die ich seinerzeit aufgebaut habe, leben nur noch elf.«

Eine merkwürdige Gegnerschaft verband mich mit dem Manne. Er hatte einmal, in glühender Begeisterung, in seinem heimatlichen Marktflecken Kilianstädten eine Gruppe Hitlerjugend gesammelt, zu einer Zeit, in der dies gewiß keine Vorteile geboten hatte. Aber er war im Laufe der Reinigung des dreißigsten Juni ausgebootet worden und mit knapper Not den Gewehrläufen seiner Genossen entgangen. Seitdem hatte er erbittert ansehen müssen, wie die Kluft zwischen dem, was er gewollt und dem, was daraus geworden war, immer breiter wurde. Das Getriebe des neuen Gemeinwesens, das alle so endgültig entmannte, hatte ihn zu hastig oder unaufmerksam behandelt. Er hatte einige männliche Züge und Regungen gerettet, er war ritterlich, anständig und sauber. Entgegen allen strengen Verboten verkehrte er mit mir offen und freundschaftlich, ungefähr wie in den romantischen Erzählungen siegreiche Edle die Haft ihrer geschlagenen Gleichen mildern. Wir sprachen kaum von den Ereignissen an den Fronten – trotzdem gab er mir die einzige genaue Schilderung des mißglückten Landungsversuches in England –, aber wir wurden nie müde, geförderte oder behinderte, tatsächliche oder geglaubte und angedichtete Eigenschaften unserer Heimatvölker zu vergleichen.

Im Gußlager wartete ein schmächtiger, junger Arbeiter mit dunkelfunkelnden Augen auf mein tägliches Kommen. Er war einer von drei Brüdern, die samt ihrem Vater ehemalige Mitglieder der Eisernen Front waren, unerschütterlich an ihren Übungen festhielten und wunderbarerweise bislang unbehelligt geblieben waren. »Weißt

du schon«, sagte ich ihm, »daß die Verbündeten vorhaben, nach dem Zusammenbruch alle braunen Verantwortlichen vor Gericht zu stellen?«
»Dazu werden sie zu spät kommen«, rief der Junge leidenschaftlich aus, »wenn sie die Lumpen werden verhaften wollen, dann werden sie nur noch stinkendes Aas in den Wohnungen finden. Mann«, er zitterte vor Haß, »Mann, wir warten doch darauf, Hunderttausende warten seit Jahren nur auf den Tag, an dem sie werden abrechnen können ...«

»Meiner Meinung nach«, sagte mir der Mann am Glühofen, ein bebrillter, gutmütiger Buckliger, »ich habe lange darüber nachgedacht und gegrübelt, und ich bin zu der Überzeugung gekommen, es ist die Schuld des Weltjudentums.« Er sprach das Wort Weltjudentum aus wie ein Geheimwort, es würde wahrscheinlich nie gesagt haben »Juden«, weil es sich dann um Menschen gehandelt haben würde, gegen die er keinen Grund zur Feindschaft haben konnte.
»Du liest jeden Tag die Zeitung?« fragte ich.
»Natürlich.«
»Du hörst regelmäßig den Rundfunk?« beharrte ich.
»Ja, aber warum?« zögerte er erstaunt.
»Du liest die ›Arbeitsfront‹, sooft sie erscheint?« drang ich in ihn.
»Auch, aber warum fragst du das alles?« empörte er sich. Er verstand nicht. Ich ließ ihn stehen, ohne zu antworten. Es war vergeblich, an diese Mauer zu pochen. Millionenfach schrien die Blätter und Schalltrichter das Wort »Weltjudentum« hinaus; es war seine persönliche Meinung, er hatte lange darüber nachgedacht. Und sicherlich war es wahr.
Warum wurde kein Wort laut?
Warum erstand in diesem Lande, in dem Millionen leichten Herzens für die Gewaltschleicher starben, nicht ein Wort wie eine Fahne, für das Hunderttausende ihr Leben fruchtbar in die Schanze zu schlagen bereit waren?

Warum ließen es alle stumm zu, daß sich das Verbrechen bis zur letzten Minute vollendete, reglos wie kleine Nager vor den gaukelnden todbringenden Schleifen einer Schlange?
Warum hatte dieser entsetzliche Druck nicht das Wort aus einer Seele pressen können, so laut, daß die Welt es hätte hören können, als die Bande es unternommen hatte, »im Namen des Volkes« die Verbrechen zu begehen, die sie vor allem an diesem Volke selbst begangen?
Warum konnten alle, alle den Krieg erleiden, mit trockenen Augen ihre Frauen und Kinder versklaven und ihre Häuser brennen sehen, ihre Peiniger in allen Ländern des Erdteils die Schandtaten wiederholen sehen, die sie bis vor dem Kriege nur im Lande selbst begangen hatten – und sich darüber hinaus in den Augen der ganzen Menschheit die Verantwortung dafür aufbürden lassen? Denn wenn nach den Verlautbarungen der heimlich gehörten Sender die Welt den Deutschen eine Gesamtschuld zudachte, so setzte diese Welt nur das Werk der Verbrecher fort, die seit elf Jahren dafür sorgten, das deutsche Volk in seiner Gesamtheit als tatsächlichen Urheber der Dinge gelten zu lassen, die es in Wahrheit nur unwissend oder gezwungen mit seinen Leibern deckte. Selbst der Gedanke einer Gesamtverantwortung war eine »faschistische« Erfindung.
Nichts von dem, was ich emsig gesammelt hatte – und ich hoffte nicht mehr, je anderes zu erfahren, ich konnte nur noch die Zahl der Beispiele erhöhen, aber nicht deren Inhalt erneuern – war eine Antwort: sei es die Geschichte der beiden Alten von zusammen hundertvierzig Jahren, die gehängt worden waren, weil sie einem geflüchteten Gefangenen geholfen hatten; sei es der Kampf und das Ende der fünfzehn übermenschlich tapferen Unterirdischen von Mannheim, die mitten im Krieg eine Zeitung herausgegeben und dafür in Ludwigsburg hingerichtet worden waren; sei es der Fall des Arbeiters, der nach dem großen Brand der Lackiererei als Brandstifter verhaftet und geköpft worden war, nachdem als

Beweis seiner Verbindung zu den Feinden bezeugt worden – mit blutigem Ernst beschworen –, »daß er sich noch im Augenblick seiner Verhaftung im Besitz russischer Rubel befunden habe«.
Auch nicht was alle in der Welt wußten, gab eine Antwort: seien es die Blutbäder ohne Aufhören, die vielen tausend Toten des dreißigsten Juni; die Ermordung des Ehepaares Schleicher; die stets glimmenden Verschwörungen und Auflehnungen von Junkern und Generälen; die Schutzhaftlager – nun die ersten westlichen Häftlinge darin ankamen, mußten sie wohl daran glauben, und sie mußten sehen, daß die Balken der Folterbänke schon seit Jahren blankgescheuert waren –; die ermordeten Dichter und Bekenner, die hunderttausend und abermals hunderttausend Mitglieder von Partei und Bewegung, die seit dem Reichstagsbrand elend umgekommen waren – unter dem Schweigen der Welt und dem stillen Beifall vieler Mächtiger. Und hatte Hitler nicht schon eigenhändig Röhm ermordet und mit lautschallender Stimme den Befehl zu Massenmorden und Verfolgungen gegeben, als die Staatsmänner der größten Nachbarstaaten ihm lächelnd die Hand drückten?
Lautlose Heere waren so mutig, gelassen und aufrecht oder zitternd und weinend gestorben, wie überall in der Welt; es war ein schändliches Beginnen, diese Toten totschweigen zu wollen, wie es etliche draußen notwendig zu finden schienen; sie hatten unter schweren Bedingungen entsagungsvoll ihren Mann gestanden; niemand hatte ihnen, wie der Widerstandsbewegung in den besetzten Gebieten, Waffen vom Himmel geschickt, niemand hatte ihnen Sender jenseits der Grenzen gebaut, und sie hatten nicht gegen landfremde, ihrer Sprache nicht mächtige Eroberer gekämpft, was sicherlich leichter war. Ihre Ziele waren die jeder anderen Widerstandsbewegung wert gewesen: sie waren ein unübersehbarer Zug, aber keine Antwort. Weil sie so wenig dem Morgen eine Gasse bereiteten, wie sie das Gestern verteidigt hatten, war es überhaupt möglich, sie zu vergessen und

zu verleugnen. Solange sie keine Antwort waren, mußten sie allein bleiben, ungehört und geschmäht.
Die Frage stand seit nunmehr neun Jahren offen, seit dem Tag, an dem das brüllende Geheimnis des tollen, immer noch nicht eingedämmten Erfolges der Gewaltschleicher wie ein reißendes Tier eingebrochen war; die Antwort konnte nur Etwas sein, was niemand mehr vergessen konnte, und das mit Feuer und Mord zu bekämpfen nutzlos war.

Als ich während einer Mittagspause durch den Hof ging, vernahm ich zunächst nicht, daß mir jemand nachrief, aber der Rufer holte mich ein und zog mich hart am Arm. Ich folgte dem Arm und fand mich vor dem gewaltigen Herrscher der Dieselhallen.
»Was haben Sie in diesem Bündel?«
»Grünkram, Persil, Zwiebeln –«
»Wo haben Sie das her?«
»Ich weiß nicht –«
»Geben Sie her, sofort, und kommen Sie nach der Mittagspause in meinen Dienstraum.«
Ich erlebte einen jener Tage, in denen sich Dinge zusammenballen, die sich oft während vieler Jahre entwickelt haben. Nun stand mir eine schlimme Stunde bevor.
Denn der Mann hieß Weidner, und alle Welt wußte, aus der Flüsterzeitung der Stahlwerke, daß er einst die rote Fahne den Aufmärschen der nun ausgerotteten Partei vorangetragen hatte. Er war groß und gewichtig wie ein Riese, aber bösartig wie ein Zwerg. Die Umrisse seiner Gestalt und die Züge seines Gesichtes waren unbestimmt, und nur die kleinen Augen hart. Er lächelte, sein Lächeln wurde falsch. Er wollte leutselig sein, es berührte nur peinlich. Er ließ oft daran denken, daß er seit neun Jahren dreimal geschieden worden war. Er konnte einen Abgrund zwischen sich und den Menschen nicht mehr überbrücken. Er hatte nur noch eine Möglichkeit, echt zu sein, das war, drohend und böse zu sein; dann war er lähmend, weil unberechenbar.

Er leitete die riesigen Werkstätten des Dieselbaues wie am Schnürchen. In jeder Abteilung hatte er »seine« Leute, aus seinem Sturm, die ihn vergötterten, denn wenn er von ihnen bedingungslosen Gehorsam verlangte, so gab er seinen Getreuen Gewalt über Leben und Tod der Gefolgschaft und stand für sie ein durch dick und dünn. Er liebte es, auf dem Gehsteig vor den Verwaltungsräumen, die wie helle Glaskäfige über den Hallen hingen, zu stehen, eine Hand auf dem Geländer ruhen zu lassen und zu beobachten, wie überall da, wo sein Blick hingeriet, die Feilen und Hämmer schneller arbeiteten. Er herrschte – auf seinem angeborenen Platz. Er konnte nicht mehr höher hinaus; er wuchs von hier aus in die Breite der satten Genugtuung.
Er versuchte, mich mit einem kaltdrohenden Blicke hörig zu machen: »Ich wiederhole – wo haben Sie das Zeug her?«
»Ich weiß nicht.«
»Passen Sie gut auf: wenn Sie nicht angeben wollen, woher Sie das Bündel haben, dann lasse ich Sie unter Verdacht des Diebstahls abführen. So werden Sie wohl oder übel reden müssen, um nicht wegen dieses Vergehens bestraft zu werden.«
»Bitte, rufen Sie an – ich werde nicht reden.«
»Sie haben mit der Waffe in der Hand gegen unser Land gekämpft, und Sie wollen sich einsperren lassen, um einen Feindangehörigen zu schützen, denn für Sie ist es ein Feind.«
Eine reine Freude erfüllte mich: alles war leichter, als ich gedacht hatte. Ich spürte die Verwunderung der Wände über meine Worte: »Er kann nicht mein Feind sein, da er ein anständiger Mensch ist.«
Weidner maß mich höhnisch, wartete eine Minute lang und deckte frohlockend auf: »Aber ich weiß, wer er ist; wir brauchen Sie gar nicht.« Er wandte sich an den Laufjungen: »Hol den Kerl.«
Noch ehe der Bote wiederkehrte, traten der Leiter der
 Werksicherheit, gleichzeitig Obmann der Gefolgschaft,

und der dem Gefangenenlager vorgesetzte Unteroffizier ein. Sie brauchten nicht lange zu warten, bis der Schuldige, sicherlich von einem zufälligen Zeugen gemeldet, blaß vor Furcht eintrat. Er trug seine Jacke, an deren Aufschlag einige Bändchen von Auszeichnungen des ersten Weltkrieges leuchteten. Ich sah ihn ermutigend an, aber der Unglückliche wagte nicht, die Augen zu heben. Weidner wandte sich mir zu, hob die Schultern in einer Bewegung, die besagen wollte: »Du siehst, uns bleibt nichts verborgen«, aber in seinen Augen verbarg sich schlecht eine Fortsetzung: »Du hast den Helden spielen wollen, gegen uns, wir sehen uns wieder.« Und in derselben Sekunde klinkte der Argwohn in ihm ein. Sein Blick wurde wach fragend, und er durchforschte mein Gesicht. Er suchte in der Vergangenheit nach einem Platz, in den meine Züge paßten.
In mir spannten sich alle Nerven. Ich überwachte jede meiner Wimpern. Ich zwang mich, nicht an die Gefahr zu denken, keine zu künstliche sorglose Miene und keine zu aufdringlich gleichgültige Gebärde zu zeigen; die Grausamkeit der anderen hatte den Mann zu hart gemacht, als daß ich ihm Sand in die Augen hätte streuen können. Stärker noch als die Angst aber beseelte mich eine Wut auf die kümmerliche Ursache dieses Abenteuers, das kleine Sträußchen Grün. Weidner ließ von mir ab wie von einem Gegenstand, den man für spätere Betrachtungen beiseite stellt, baute sich dicht vor dem alten Arbeiter auf, ihm um einen Kopf überragend, sagte lauernd und fast leise: »Sie, Sie wollen ein Glied der Volksgemeinschaft sein –« und brüllte plötzlich, weiß vor Haß: »Schämen Sie sich, Sie Schwein!«
Der Unteroffizier rückte erregt an seiner Waffentasche. Er war in einer peinlichen Lage: die Gefangenen ließen ihn wohlleben, denn »er ist ein Zuhälter, er stiehlt und er läßt sich bestechen, also kann man mit ihm auskommen. Gott bewahre uns vor einem gerechten, die Lagerordnung einhaltenden Heiligen.« Das Lager war voll von Nahrungsmitteln und Gegenständen, welche ein-

heimische Arbeiter »ihren« Gefangenen gegeben oder verhandelt hatten. Er konnte mir nicht gut mein lächerliches Päckchen Grün vorwerfen, noch dazu er mein Maul fürchtete, aber er mußte doch vor Dritten streng tun, um waltende Aufsicht zu verkörpern. Er wählte den Weg des geringsten Widerstandes: er ging auf den alten Anzeichner zu, schrie zornerfüllt: »Das ist also der Säkkel« und schlug ihm ins Gesicht. Der Arme wankte nicht um ein Haar breit. »Du trauriger Lump, du«, vollendete der Kommandoführer.

Den Leiter der Sicherheit und Obmann der Gefolgschaft, Langlahr, hatte nur eine einzige Eigenschaft zu seinen Ehren und Ämtern erhoben: Gefügsamkeit. Und um die seinem Rang angemessene Würde zu erzeugen, war ihm nur das wohlfeilste Mittel erreichbar: Schweigen. Er war versöhnlich und beschwichtigend, er liebte eine Gebärde seiner Hände, die unsichtbares Öl auf Wunden zu gießen schien; er fürchtete heftige Erschütterungen, denn die Sprosse der Leiter, auf der er stand, war ihm doch ein wenig zu hoch. Weidner fragte ihn, auf den Mißhandelten deutend: »Was machen wir mit dem da?«

Der Leiter der Sicherheit erwiderte langsam, um glauben zu machen, daß er tief nachdachte: »Sein Sohn ist bei der Leibstandarte. Wenn nur der geringste Fleck auf die Ehre des Alten kommt, muß es der Junge bezahlen.« Er schwieg wie der Geist vor der Schöpfung und fuhr fort: »Der Alte verdient es ja nicht, aber ...«

Der Unteroffizier nutzte ein erneutes Schweigen aus, um mit einer Stimme, die fürchterliche Strafe versprach, aber mit einem lustigen Zwinkern in den Augen zu sagen: »Sie, Gefangener, Sie können gehen!« Ich spürte den Blick Weidners im Rücken und wagte nicht, mich zu beeilen.

Während wir am Abend in das Lager zurückkehrten, suchte ich die Straße ab, aber nur die Holzschuhe meiner Kameraden knirschten im Schnee. Der Ekel und die Müdigkeit griffen mich von neuem an und überfluteten meine Gedanken. Schon die bloße Bewegung des Gehens wurde sinnlos. Ich hatte die Arbeit eines Tages in den Gliedern und war im voraus müde von den Stunden, die mich erwarteten, müde auch, mit den Posten immer die gleichen Klagen zu tauschen, wie Hunde, die sich von Hof zu Hof antworten. Sie erzählen zu hören peinigte mich körperlich, ich verfluchte meinen Eifer, denn ich hatte sie daran gewöhnt, indem ich ihnen die ersten Geständnisse abgelistet: meine suchende Sucht hatte mich gezwungen, mich in den ersten Stunden nach der Ankunft schon den Soldaten zu nähern, eine Zigarette anbietend, immer mit derselben scheinheiligen Frage, die zweischneidig genug war, um nach beiden Seiten zu dienen: »Geht den Weltverbrechern bald der Atem aus?« Manche der Jüngeren hatten die Frage in aller Unschuld ernst genommen, und das war stets beschämend gewesen. Einfach, weil ihr Führer es ihnen gesagt hatte, glaubten sie begeistert und felsenfest an den neuen Bund der Völker unter seiner Führung, und sie hatten mir stets wie einem Kampfgenossen von den Ereignissen an Front und Hinterland erzählt. Aber die meisten hatten mich argwöhnisch angesehen – der Ton der Frage war dazu angetan – und mich schnell durchschaut, was ich ja gewollt hatte. Selten hatten sie sich verulkt gefühlt und mich abgewiesen, fast immer hatten sie begonnen, zunächst vorsichtig auf die verborgene Einladung einzugehen und Sorgen und Tadel zu gestehen.

Ein junger Verwundeter – die nahe Schule war, wie schon im ersten Weltkriege, Lazarett geworden – hatte wohl meine Worte ernst genommen, aber daraufhin vorsichtig und beharrlich versucht, meine vermeintliche Begeisterung für das braune Europa zu dämpfen. Er hatte von den Kämpfen gegen die Freischaren im Rükken der Ostfront erzählt, von dem niederschmetternden Schauspiel der Erhängten ...

An einige aber hatte ich gerührt wie an Schleusentore, die ich nie mehr hatte schließen können: sie hatten seit der großen Wendung nie mehr frei reden können und jahrelang Groll und Kummer in sich gestaut. Entzückt von der Sprachgewandtheit eines Gefangenen, dank der sie sich gehen lassen konnten – ihren eigenen Landsleuten gegenüber mußten sie sich in acht nehmen, ich jedoch war verbürgt sicher, da ich Ausländer war –, trotteten sie neben mir her, wenn die Reihe an ihnen war, die Gefangenen auf ihren Wegen zu begleiten, und sie schütteten mir ihr Herz aus. Winzige Opfer, die verständnislos wie Zugtiere nur duldeten und jahrein, jahraus benommen den unerbittlichen Zügeln folgten und nicht wußten warum, wofür, wohin.

Ein Landesschütze, dessen dunkle Augen in einem blassen, schmalen Gesicht trostlos einem ersehnten Ziel nachtrauerten, das immer ferner zu gleiten schien, nachdem er es einmal geschaut hatte, sprach englisch mit mir, um nicht von seinen Kameraden verstanden zu werden. Er kannte ein gutes Stück der Welt, war jahrelang in den Vereinigten Staaten gewesen, er hatte Paris und London gesehen. Von Leidenschaft und Leiden plötzlich entstellt, klagte er: »I never can forget it – freedom, freedom, freedom.«

Ein dicker, gutmütiger Münchener Obsthändler hielt mich auf dem laufenden über alle Schläge, die ihn und seine zahlreiche, weitverzweigte Verwandtschaft trafen: »Es sind wieder zwei Verordnungen herausgekommen: die Frauen sollen alle in der Rüstung arbeiten. Meine Frau hat schon unser Geschäft schließen müssen; alle Leute müssen ›eisern sparen‹, das heißt, man zieht dir gleich eine Summe vom Lohn ab, du kannst nicht einmal sagen, daß du dein Geld gesehen hast. Und wenn du das Maul aufreißt, dann ade, du mein lieb Vaterland. Ihr könnt nicht wissen ...« Er gehörte zu den vielen, welche die Geschichte der großen Revolution wie eine Bibel gelesen hatten und deshalb die Heimat der Gefangenen als den Hort der Freiheit und Menschenwürde verehrten. Er war einmal in Paris gewesen, ganz zu Anfang der Besetzung, und er war wie närrisch umhergerannt, um ein »echtes Gemälde aus Paris« zu erstehen; so wie einer den echten Camembert nur aus der Normandie bezieht

und eine echte Solinger Klinge nur aus Solingen. Seitdem hingen zwei sorgfältig rosig gemalte Hinterbacken über seinem Bette; so seltsam es schien, waren sie der Ausdruck all der hohen Träume, die ihm in Frankreich verwirklicht schienen. Er seufzte: »Ihr Glücklichen.«
Wir wanderten nebeneinander her, und in mir hielt das Erbarmen dem Widerwillen die Waage, bis plötzlich die Angst wieder wach wurde, die ich eine Stunde zuvor im Dienstraum des großen Weidner hatte erwürgen müssen. Ich wurde scheu vor Entsetzen: ich hatte diese guten, armen, kleinsten Menschen wie einen Strick um den Hals, der mich in deren winziges Leben und ihren nutzlosen Tod niederzog. Es war nicht faßbar, trotzdem es alle Tage von neuem Wahrheit wurde: für dieses Jammern, Schmollen und Plärren fielen sie, jawohl, sie kamen dafür um. Sterben, ja, aber nicht nutzlos umkommen.
Meine Gedanken standen still; ich hatte nie aufgehört, den Tod als den Beginn eines ewigen Lebens der Sache zu sehen, die er besiegelt hatte.
Der Soldat, der das Lagertor öffnete und schloß, war daheim Schulmeister. Seine Mütze saß genau waagrecht über dem Nickelgestell der Brille. Er aß nicht; »er führte Nahrung zu sich.« Er ging, lief, rannte nicht; er übte das Gehen aus, als ob er es einer anatomischen Tafel abgesehen hätte. Er war in einer eigentümlich erfrischenden Art auf meine Schlüsselfrage eingegangen. Seine Ohren waren dergestalt umgebügelt, daß er die Bedeutung der Worte überhaupt nicht vernommen hatte und nur die Leistung des Schülers geprüft hatte: erstaunt hatte er eine gute Note erteilt. »Sie sprechen aber ein einwandfreies Deutsch«, und er hatte mich angespornt: »Das ist sehr nützlich.«
»Da Sie so ausgezeichnet deutsch sprechen, werden Sie mich sicherlich verstehen – sagen Sie doch bitte ihren Kameraden, daß es sich doch für Angehörige eines so alten Kulturvolkes nicht gehört, immer neben die Öffnungen im Abort zu scheißen.«

»Es ist wahr«, sagte ich beschämt, »unsere Kultur hat die Scheißhäuser ein wenig vernachlässigt.«

Zwischen den Stockwerken der übereinandergestellten Betten hindurch, die einen Rahmen um den Tisch unter der Lampe bildeten, konnte ich die Gefangenen von dem Halbdunkel um meinen Strohsack aus wie durch ein Schlüsselloch belauschen. Der finstere Wolkow, ein jüdischer Schneider, der immer weniger Briefe erhielt mit immer mehr Todesnachrichten, erzählte: »Ich habe doch dem halbwüchsigen, flachsblonden Ostarbeiter, den sie mir als Handlanger beigegeben haben, monatelang Tag für Tag ein Stück Brot mitgebracht, ihr erinnert euch, jetzt sind doch neue Schübe zwangsverschickter Russen angekommen, und in meine Mannschaft haben sie eine Moskauerin gesteckt, so ausgehungert, daß ich lieber ihr das Stück Brot gab als dem Jungen. Aber der kleine Halunke hat nichts Eiligers zu tun gehabt, als mich beim Meister zu verklagen: er hat erzählt, was ja wahr ist, daß ich ihn stets dazu angehalten habe, so wenig als möglich zu arbeiten. Daraufhin hat der Meister uns heute gegenübergestellt. Ich habe mir die Beschuldigung wiederholen lassen, aber statt aller Antwort habe ich ihm vor dem Meister zwei Ohrfeigen versetzt, ohne ein Wort, aber ich sage euch: die Glocken haben ihm geläutet; der Meister hat nur zugeschaut, er war überrascht, aber dann hat er uns an die Arbeit geschickt und ist weggegangen.«
»Geh mir weg mit den Russen«, sagte ein Zuhörer.
Eine helle Hoffnung hatte uns vier Monate zuvor auf die Wiese rennen lassen, auf die das Lagertor mündete, als die ersten Verschickten aus dem Osten angekommen waren. Sie waren seit mehreren Tagen erwartet worden, und viele Züge voll einer fremden Menschheit waren schon an den Werken vorbei in den Westen des Reiches gerollt, ehe ein Gefangener geschrien hatte: Sie kommen, sie sind da.
Als der Ruf durch das Gefangenenlager von Mund zu Mund geflogen war, hatten wohl hundert Mann alles

stehen und liegen lassen und waren über die Grasfläche gerannt. Die »amis de la musique«, die Musikfreunde, die beim Üben waren, hatten spornstreichs ihre Lärmzeuge unter den Arm genommen - eine Oboe, mehrere Zupfgeigen, ein Schlagzeug der widerstandsfähigsten Sorte mit allen dazugehörigen, tönenden Hölzern und Blechen - und waren mitgelaufen. Wir mußten, nachdem die Ankömmlinge durch das Lagertor einmarschiert waren, staubbedeckt und müde, angsterfüllte Blicke um sich werfend, eine halbe Stunde warten, um sie wiederzusehen, aber nur, um zu erleben, wie die Baracken buchstäblich unter Hunderten von Wäschestücken verschwanden, ach es waren oft nur Lappen, Leinenstücke, armselige Reste, die oft fraglich erscheinen ließen, wozu sie dienen konnten, ohne jegliche Spur des Reizes weiblicher Leibwäsche, aber ohne Seife rührend sauber, blendend weiß, peinlich rein gewaschen; sie schmückten den Hof um die Baracken wie zu einem Siege des Willens über die Verzweiflung.
Eine jauchzende Erwartung hatte uns mitgerissen; wie oft hatten wir uns wiederholt, daß die Gewaltschleicher mit Blindheit geschlagen sein mußten, um nicht vorauszusehen, daß sie ihr eigenes Land mit menschlichem Sprengstoff vollpfropften, indem sie die Verschickten, die an der Mutterbrust schon die Worte Lenins erfahren hatten, in unübersehbaren Massen in die Werke des Reiches pumpten. Wehe ihnen; die Herren hatten in allen eroberten Gebieten zu gierig nach diesem Reichtum gegriffen: der menschlichen Arbeitskraft. Was wir erhofft hatten, schien den Einheimischen Grund zur Furcht gewesen zu sein, denn sie waren von der neuen Nachbarschaft wenig erbaut gewesen und hatten argwöhnisch lauernd in allen Fenstern der Hinterfronten gelegen, Hunderte. Wir hatten vor einem erhebenden Erlebnis gestanden: einer ersten Begegnung zweier Völker, die sich noch nie hatten treffen können, außer mittels Gesandtschaften, Abordnungen, bewaffneter Besatzungsheere oder auf Reisen. Wir aber waren auf jeder

Seite Schuster, Schmiede, Bauern und Arbeiter, Gelehrte und Unwissende gewesen, es war uns feierlich und jungfräulich zumute, als ob wir die ersten Schritte auf einer neuentdeckten Erde getan hätten. Niemals auch hatten wir so fast greifbar gespürt, daß am Ende der Sieg uns befreien würde; es war, als seien wir die Vorhuten der Heere, die von Osten und Westen her drängend sich eines Tages treffen würden, so wie wir. Wir hatten uns gegenübergestanden, durch die drei Meter Breite des Weges getrennt.

Die Gefangenen hatten den Verschickten Mut zugelacht, denn sie hatten zu schüchtern hinter ihrem Drahtzaun gestanden, die Frauen – unter ihnen licht und ergreifend Anja – in langen, ausgefransten Röcken, barfuß, die Mannsleute vielfach in durchgelaufenen Stiefeln, deren Schäfte aus einer Art Lederersatz bestanden; sie hatten das Lachen nicht erwidert.

Wir hatten uns alles bereitwillig erklärt; man hatte ihnen sicherlich ihre guten Kleider geraubt, und wie sehr mußten die Armen durch Mißhandlungen eingeschüchtert worden sein. Und einer unter uns hatte ein unerwartetes, erschütterndes Mittel gefunden, um den Neuankömmlingen Mut und Zuversicht einzuflößen: mit Musik und Gesang hatten wir die »Internationale« angestimmt: *»Wacht auf, Verdammte dieser Erde ...«*

Ich war von einem Taumel des Schreckens und gleichzeitig der Begeisterung umgeworfen worden. Wie eine jähe Flamme hatte der alte Glaube noch einmal alle Zweifel, Vorbehalte und Erfahrungen verbrannt: *»das Recht wie Glut im Kraterherde ...«*

Ich hatte mitten unter den Singenden gestanden und unbemerkt ihre ahnungslosen, begeisterten Gesichter von der Seite her sehen können. Stolz und Liebe hatten mich überwältigt; sie waren herrlich gewesen in ihrem sorglosen Mut, mitten in der Vorstadt; sie hatten es verachtet wie ein schmähliches Angebot, an etwaige Folgen zu denken, von Pauken und Trompeten begleitet, das Lied zu singen, auf dem der Tod stand, nur um

mögliche Freunde zu grüßen: *»Reinen Tisch macht mit den Bedrängern ...«*
Hätte mir jemand eine halbe Stunde zuvor gesagt, daß Leute mitten in Deutschland während des Krieges mit Rußland die Internationale zu singen gewagt, so hätte ich mein Leben, ach mehr noch, meine Pfeifen und meinen Tabak hätte ich gewettet, daß es nicht möglich sein könnte. Aber nicht weit von mir hatte Abbé Parent gestanden und mitgesungen; die Stellen, zu denen ihm die Worte gefehlt, hatte er mitgeträllert, und ich hatte sein inbrünstiges Gesicht mit dem fliehenden Kinn und den unbestimmt umrissenen, beweglichen Lippen, von Kraft und Reinheit erleuchtet gesehen. *»Heer der Sklaven, wache auf ...«*
Selbst der kleine Zöllner, dieser rebellische Widder, der seinen Tischgenossen das Leben vergällte, hatte gesungen und neben ihm der rasend unglückliche Wolkow: *»Auf zum letzten Gefecht ...«*
Als wir geendet hatten, hatten wir auf eine Wirkung gewartet, deren Ausmaß wir uns vorstellten: unsere eigene Begeisterung, wenn fremde Leute uns am Tage unserer Ankunft in einem feindlichen Lande mit der Marseillaise begrüßt hätten, auch wenn wir die Marseillaise nicht geliebt hätten. Wir hatten immer noch einladend gelacht, wenn auch allmählich betreten. Die Deutschen in den Fenstern hatten weder Beifall noch Feindseligkeit bekundet; sie hatten wahrscheinlich nicht gewagt zu zeigen, daß sie die Weise zu oft selber gesungen hatten, um sie nicht sofort erkannt zu haben. Auch sie hatten erwartungsvoll auf die Russen geschaut; aber außer dem kleinen Jungen, den wir später »Stalin« getauft hatten, außer Nikolaus, Grischa und Anja waren alle stumm geblieben, wie aus Angst vor dem Gott eines fremden Tempels.
Um zehn Uhr wurde der Strom unterbrochen. Man hörte nur noch das Geraschel des Strohes in den Säcken, auf denen sich die Gefangenen zum Schlafe zurechtkauerten. Ich konnte mich endlich aufsuchen. Wie ein Helfer

einem Verfolgten des Nachts Nahrung und Nachricht in sein Versteck bringt.
Eine letzte Stimme klagte: »Qu'est-ce qu'on a donc fait au bon Dieu?« »Was haben wir nur dem lieben Gott angetan?« Die Worte waren von dem Dunkel eingefaßt und zur Geltung gebracht wie Steine auf dunklem Sammet.
Es war schwer, zu mir vorzudringen. Am Anfang jeder Nacht wartete und lauschte ich auf die Atemzüge der Nachbarn, denn ich wagte nicht, vor Wachenden zu denken. Ich mußte mein kunstgerecht erbautes Gefangenendasein öffnen, das mich wie ein starres Gehäuse umgab, und mich aus verkrampfter Angst und panischer Hoffnung lösen, Finger um Finger. Und selbst daraus befreit, blieb ich unschlüssig wie gelähmt. Ich wußte nicht mehr, wohin mich wenden. Schon seit langem war ich vor den Fallen der vorgefaßten Ziele gewarnt, aber nun blieb mir auch nicht einmal mehr ein kleines Leuchten. Denn der fluchbeladene Alltag des Dritten Reiches enthielt die höhnischen Darstellungen aller unserer Grundsätze und Ziele, Wünsche und Träume, von meinen eigenen bis zu den Sehnsüchten von Unzähligen.
Ungeheuerliche Spaßvögel hatten sich die Forderungen nach Abschaffung der Familie, Bekämpfung der Kirche; Bewaffnung des Volkes; Einheit Europas; nebenbei, um den Scherz zu würzen, die Lebenserneuerungsvorschläge, bis zur Feuerbestattung, ja selbst die Träume eines jungen Begeisterten von zwölfstündiger Arbeit für den großen Plan und das Verlangen eines Verbannten nach einer Beziehung zur Arbeit und Gemeinschaft, mit tödlichem Ernste aber die Erkenntnis von der das Gold besiegenden Arbeitskraft, angeeignet und verwirklicht.
Gewiß verzerrt, wie um sie in Verruf zu bringen – aber mehr als eine List einiger kühner Diebe. Hinter dem verblüffenden Schwindel mußte ein furchtbares Gesetz, so alt wie die Geschichte, stehen. Denn vor wie vielen Menschenaltern schon hatte der Seher geklagt: »Feindliche Götter haben unsere Gebete erhört?«

Aus dem Zuchthaus entkommen – aber wohin? Wir hatten einmal gefordert, die Gefängnisse durch Heilanstalten zu ersetzen: »Ärzte an Stelle der Büttel!«
Oh, ich hätte an einen Gott glauben mögen, nur um ihn anflehen zu dürfen, diesen unseren Schrei aus der Vergangenheit zu tilgen, auf daß niemand ihn je gehört haben könnte!
Hatten die gierigen Ohren ihn nicht schon aufgenommen?
Hatten die Gewaltschleicher die Werke der großen Erforscher der menschlichen Seele – so wie sie es mit den Arbeiten der Entdecker der wirtschaftlichen Zusammenhänge und Grundlagen getan hatten – auch nur verboten, um deren Erkenntnisse als Staatsgeheimnisse zu verwahren und anzuwenden?
Keine Polizei und kein Zuchthaus, kein Knüppel und kein Entsetzen reichte so weit in die Seelen, als die Künste der Zauberer in weißen Kitteln. Aber konnten sie wirklich mehr, als besser töten? War die stumpfe Ergebenheit der Russen die Ruhe eines Seelenfriedhofes? Oder war es ein Warten durch Jahrhunderte?
Um ihren Himmel errichten zu können, um an ihn glauben machen zu können, mußten sie Herren der Seele sein. Solange es nicht anging, Seelen zu zähmen, bis sie Zügeln folgten, hatten sie nur ihre allen gegenwärtige Hölle, zu der Folterungen und Straflager nur das Fegefeuer waren.
Niemand konnte in die Zukunft gelangen außerhalb ihres Weges. Wer das erlaubte Ewige Leben nicht wollte, starb abseits, endgültig, unnütz.

III Die große Arche

Jeden Abend, von der Arbeit zurück, entledigte ich mich schon im Laufen zwischen Tür und Lagerstatt meines Mantels und meiner Mütze und Jacke, wählte sorgfältig eine Pfeife aus der kleinen Sammlung über dem Strohsack – es war eine gegenseitige Wahl, ein täglich neues Übereinkommen mit einer der Pfeifen – beroch sie und stopfte sie zärtlich, bevor ich sie andachtsvoll anzündete wie eine Altarkerze.
Es war seltsam: ich war gleichzeitig in einer trostlosen Einsamkeit und nie allein, und beidesmal halfen mir die Pfeifen. Ich war mit vielen bei der Arbeit, die mir vorgedacht und vorgemessen war, ich aß mit vielen ein Essen, das vorgekocht und vorgeschmeckt war, nach Einschätzung und Geschmack anderer, der Schnitt und die Farbe meiner Kleidung war Hunderttausenden gemeinsam, ich konnte keinen Wind fahren lassen, ohne gleichzeitig dreißig andere zu riechen, aber mit meiner Pfeife, gefüllt mit einem Tabak, den ich sorgfältig ausgesucht und gemischt hatte, konnte ich mitten unter hundert lärmenden Kameraden wie in einem Kämmerlein eingeschlossen sein.
Und die stete Nähe so vieler Menschen, mit denen ich nur allgemeine Dinge austauschen konnte, immer allein mit meinem Geheimnis, schuf eine Wüstenei. es war noch einmal meine Pfeife, die mir eine Gesellschaft war; ich barg ihren heißen Kopf im Handinnern wie ein kleines Freundesherz, von dem ich allein wußte.
Meine Nachbarn machten sich über meine Schrullen lustig. Ich war es zufrieden, denn es half mir, die Züge des Helden aufzurunden, den ich, den Bedürfnissen angepaßt, Tag für Tag spielen mußte, die Wirkung jeder Gebärde genau beobachtend. Ich mußte sonderliche Schwächen und Fehler haben, damit meine Vorbehalte

und meine Vermeidung allzu naher Berührung nicht wie Rügen aussahen, und meine Ablehnung zu großer Vertrautheit nicht als Verachtung ausgelegt wurde. Ich mußte lustig, schlagfertig und voll gewagter Einfälle sein, damit meine mangelhafte Aussprache – die sonst Mißtrauen und Feindschaft erzeugt hätte – als ein zusätzliches, meine Scherze köstlich würzendes Vergnügen empfunden wurde.
Mit der Zeit aber wurde es meine größte Schwäche, welche die Gefangenen bewegte, mich als ihresgleichen anzuerkennen: meine unaufhörliche Suche. Was ich morgens in den Werkstätten begann, mit den Posten fortsetzte, beendete ich abends in den Baracken. Meine großen Pfeifen und mein Gruß »Was Neues?« wurden zu volkstümlichen Bestandteilen des Lagerlebens. Ich las jeden Fetzen deutschgedruckten Papiers, und die Gefangenen gewöhnten sich an, mir alle Zeitungen zu bringen, deren sie habhaft werden konnten. Ich bezahlte sie mit den zuverlässigsten Nachrichten, welche meine Hörer dann weitertrugen und überall glaubhaft machten, wenn sie nur versicherten: »Ferreux hat es gesagt.«
Diese meine Suche schützte und verriet mich zugleich, denn einige ahnten doch, daß es eine ernstere Sorge als bloße Neugier sein mußte, die mir dieses stetige Fieber verursachte.
Aber selbst ihr Verdacht diente mir, denn nur die Klügsten konnten ihn hegen, und diese waren fähig, weiter zu folgern, daß mein Geheimnis zu schlecht nach ihrer Seite hin gesichert war, um sie weder zu bedrohen noch sie zu fürchten!

Wie viele meiner Kameraden konnten stundenlang hinter dem Stacheldraht stehen und die Leute beobachten, die in den Kleingärten gegenüber dem Lager arbeiteten. Während der Arbeitsstunden waren es zumeist nur Frauen, Kinder und Alte. Aber wenn die Männer aus ihren Werkstätten zu ihren Angehörigen auf die Felder kamen, ihren Frauen die Hand gaben und sich auf eine

Bank setzten, dann schäumten die Beobachter – in deren Heimat die Leute sich küßten, sooft und wo sie sich auch trafen – über: »Habt ihr gesehen, die Ungeschliffenen, die Wilden. Sie haben kein Herz, sie sind kalt und grob wie Klötze!«
Seit Beginn des Winters kamen lange Güterzüge voll erfrorener Frontsoldaten in der Vorstadt an. Um sie vor der Bevölkerung zu verbergen, wurden sie nur nachts ausgeladen, in überdachten Lastwagen durch die Stadt in das Gefangenenstammlager gefahren, wo der Raum so gering war, daß sie zu Tausenden auf ebener Erde niedergelegt wurden, ein furchtbares Feld des Leidens, Klagens, Blutens und Sterbens. Die Gefangenen, die zu Arztbesuchen oder um Pakete abzuholen durch das Stammlager gegangen waren, erzählten leuchtenden Auges: »Auf dem freien Platz, wißt ihr, zwischen dem Posten der Entlausung und dem Krankenhaus einerseits und dem Russenlager andererseits, haben sie gelegen, auf bloßer Erde, ohne Decken und ohne Stroh; hätte man uns das zumuten wollen, ich glaube, wir hätten alles kurz und klein geschlagen; Tausende, und immer noch fuhren verdeckte Lastwagen hin und her. Grauenhaft, grauenhaft, Notverbände, seit Tagen nicht gewechselt, durchblutet und hartgefroren, schwarze Nasen, Ohren, Hände. Die Pfleger konnten die Kleider nicht benutsam genug aufschneiden und ablösen: bei der geringsten Bewegung, die mit ein wenig zu großer Hast getan wurde, rissen sie die Haut mit. Die Kerle brüllten und jammerten und flehten; ›Camerade, Camerade‹, sie bemühten sich, französisch zu sprechen, denn es waren unsere Pfleger und Ärzte, die sich um sie kümmern mußten, unter den Kranken waren zwei Freiwillige der französischen Legion. Sie glaubten am Anfang, besonders gut behandelt zu werden, weil die Pfleger Landsleute waren. Aber der Chefarzt, während er neben ihnen kniet, um sie zu verbinden, flüsterte ohne Aufhören: ›Was klagt ihr, ihr habt es ja gewollt, wer hat euch denn geheißen ...‹ Aber die Russen hättet ihr sehen sollen. Sie standen hinter

dem Stacheldraht, verlumpt, verhungert und ohne Stiefel, manche krallten sich an den Draht, weil sie zu schwach waren, um so lange aufrecht stehenzubleiben – aber mit welchen Augen – sie sprachen kein Wort und rührten sich nicht, als ob die geringste Bewegung sie eines Teils des Schauspiels beraubt hätte, und sie wollten nicht verjagt werden, sie wollten keinen Deut verlieren. Sie wagten nicht, sich offen und sichtbar zu freuen, aber sie sahen uns an, als wir vorübergingen, wie um zu sagen: ›Seht, das ist unser Winter, unser allereigenster, russischer Winter –‹, sie waren so stolz darauf, als ob sie ihn gemacht hätten –«

»Schade, daß ich nicht dort war«, bedauerte ein Mann aus dem Norden, »ich hätte es sehen wollen, mit eigenen Augen sehen wollen«, er redete sich in Zorn und Haß, »– sie pfeifen auf dem letzten Loch – so hat sie Gott geschlagen, mit Mann und Roß und Wagen –, wenn ich sie zu bewachen haben würde, das versichere ich euch, sie würden sich nicht mit mir erlauben können, was wir uns mit ihnen hier herausnehmen.«

Niemand ging darauf ein. Ich wartete auf ein rügendes Wort. Etliche schämten sich des feigen Schweigens. Noch sagten sie nichts als: »Qu'est-ce qu'on a donc fait au bon Dieu?« Aber war nicht das Schweigen schon ein Versprechen für später? Etwas mußte eines Tages erstehen.

In den einzelnen Handlungen zwar belustigend, in ihrem ganzen Ausmaße aber packend und oft selbst erschütternd, hatte eine Naturgewalt sofort in den ersten Wochen begonnen, alle Schranken einzudrücken, und kein Stacheldraht, keine Zuchthausstrafe, kein Wachtposten, keine Rassenlehre und kein Wort des großen Einzigen, keines der gegen sie sorgfältig ausgedachten Gesetze, hielt ihr stand: es war die Anziehungskraft der Geschlechter, die gute alte Liebe.

Das einzige natürliche Hindernis war die Verschiedenheit der Sprachen; es wegräumen zu helfen, wurde ein Dienst, den ich mit der Zeit Hunderten leisten mußte;

mein Ansehen wurde so groß, daß die Gefangenen vieler Kommandos im Umkreis zu mir kamen. Wohlwollende hatten mich gewarnt: »Du gibst dich dazu her, aber wenn nur ein Fall herauskommt, dann hast du genau so gut deine drei Jahre Festung wie das betreffende Weib und deren Liebhaber; und die haben wenigstens ihre Freude gehabt, an die sie während der Jahre zurückdenken können.« Übelwollende hatten wie zu einem anrüchigen Tun die Nase gerümpft, und ich hatte zunächst versucht, ihre Bedenken zu entkräften: warum nicht jungen Kerlen helfen, die ihre besten Jahre in der Gefangenschaft verlieren, warum nicht die Liebe, wie es für den Hunger gang und gäbe ist, als eine umstürzende Gewalt ansehen – zudem die Gewaltschleicher bestrebt waren, sie wie ein Zugtier einzuspannen –, warum nicht eine Annäherung erleichtern. Die Männer messen den Stand eines Gemeinwesens an dessen Frauen, und warum nicht anerkennen, daß es ein edleres Gefühl ist, das Frauen dazu bewegen kann, sich einer Liebe zu einem Gefangenen hinzugeben, als das alte Gesetz, das die Frauen den Siegern zutreibt?

Ich wurde dabei auf harte Proben gestellt. Ein finsterer Mensch kam zu mir, der mir seine Bitte wie eine Last auferlegte. Er war verfolgt von sich selbst. Seine Seele war zerrissen von ihren eigenen, sich bekämpfenden Bestandteilen gleich einem Sack voller Katzen, in seinem Blute wüteten noch die Seuchen der Eltern, in seinem Gehirne spukte noch der Wahnsinn der Voreltern. Seine Beziehungen zu seinen Mitmenschen bestanden aus einer einzigen List: sich mit von Angst erzeugter Leere zu umgeben. Die blauen Tätowierungen, der wüste Blick, der Stiernacken, die drohende Stimme, die unbestreitbare Angriffslust hätten dazu nicht ausgereicht, denn viele konnten es an Kraft und Gewandtheit mit ihm aufnehmen. Aber die Gejagtheit dieses in eine nie verstandene Welt Verschlagenen wurde zu nicht meßbarer Tücke. Er spann lange Pläne aus, die er jäh wechselte. Er wollte nach dem Krieg im Lande bleiben, er

wollte auch in die entferntesten Kolonien gehen, von denen er aus Erfahrung sagte: »Dort bist du König.« Begannen die Katzen im Sack sich zu balgen, so rannte er in den Baracken auf und ab, an den Gitterstäben rüttelnd oder sich gegen eine Tür werfend. Packte es ihn während der Arbeit, so begann er entweder wie ein Toller zu schuften oder aber reglos sitzenzubleiben und sich selbst auf Schußdrohungen der Wachleute hin nicht mehr zu rühren.
Er kochte seine Rote-Kreuz-Schokolade in Industriealkohol auf, um sich besser betrinken zu können. Nur einmal hatte ich ihn scherzen sehen – an Weihnachten hatte er sich als Bär verkleidet – und verkleidet ist nicht das rechte Wort: ein Freund hatte den Bärenführer gespielt und seinen Bären, der eine rasselnde Kette um den Hals trug, mit viel Geschrei vorgeführt. Der Bär war splitternackt, fürchterlich behaart am ganzen Leibe, kroch auf allen Vieren und trug eine brennende Kerze im Hintern; sobald sie erlosch, und sie erlosch oft, sprangen wohl zwanzig Leute mit Feuerzeugen herzu, um sie wieder anzuzünden, so ungestüm hilfsbereit, so blind vor Lachen umherfuchtelnd, daß der Bär für seine Haare zu fürchten begonnen hatte.
Wer konnte die Frau sein, die diesem Manne zugetan war; der sich seiner Gattin, die er in Frankreich zurückgelassen hatte, nur erinnerte in den Worten: »Es sind nun soundsoviel Jahre und soundsoviel Monate her, seitdem ich mich meiner Frau zum letztenmal bedient habe –«

Viele Wochen lang schrieben sie sich dieselben eintönigen Worte hin und her, aus denen ich nichts erfahren konnte. Einmal nur, ganz unvermutet, schrie die Unbekannte auf: »Wenn ich wüßte, daß das kein Ende nehmen würde, ach, heute noch möchte ich sterben.« Aber das war nur eine Entgleisung gewesen, und beide kamen nicht mehr darauf zurück. Noch ehe ich es satt wurde, die immer gleichen Sätze zu wiederholen, begann ich zu

spüren, was eigentlich sich begab: nicht in dem Sinn der Worte, sondern nur in der steten eintönigen Wiederholung lag die Bedeutung. Ich erinnerte mich dunkel alter Bräuche, sogar heute noch vielerorts gültig, nach denen einer Hochzeit unendlich lang dauernde klagende Gesänge vorausgingen, und ich hatte das Gefühl, von seltsamen Gewalten ganz nebensächlich benutzt zu werden. Es war stets die Frau, die drängte und neue Anspielungen wagte. Ich gewann endlich ein Bild von ihr aus Bemerkungen: »Ich war beim Zahnarzt. Im Wartezimmer denke ich immer an Sie, denn Sie haben auch oft Zahnschmerzen«, »Mein Mann will sich scheiden lassen, weil ich ihm keine Kinder schenken kann!« Ich war niedergeschmettert.
Zu dieser Zeit war mein Gewissen schon so wund und überempfindlich geworden, daß jeder Vorsatz mir tagelange, quälende Zweifel und inneren Widerstreit verursachte; zu viele unserer sauberen Anfänge waren von höhnischen Feinden weitergeführt und vollendet worden. Ich frug mich lange, ob ich es wagen durfte, die Beziehungen der beiden zu beeinflussen; verriet ich ihn nicht, wenn ich anders schrieb, als er mir vorsagte?
Aber alles um mich her versank immer tiefer, und ich hatte das Gefühl, den allerletzten Widerstand auf dem tiefsten Grunde des Leides und der Finsternis zu erstikken, wenn ich die beiden aufgäbe.
Ich schrieb der kranken, unfruchtbaren Frau, als ob ihr weiteres Verhalten der Einsatz des Ringens der ganzen Welt sei. Ich war nicht ohne Hoffnung, ich hatte erfahren, daß der verkommenste, beschränkteste Mensch eine Minute leben kann, während der er der größte ist. Ich hörte nicht mehr die belanglosen Worte, welche der Gefangene mir aufsagte, und schrieb, nur angstvoll meine Sätze wägend, um ihre Seele nicht zu zwingen, bekehren, verführen, zähmen. Ich durfte ihr nur Luft zum Atmen schaffen: »Ich bin ein Mensch voller Unruhe, ich bin jähzornig, und mein Leben ist immer wirr und dunkel gewesen, und es wird es auch bleiben. Aber glaube

mir: wenn ich brülle, so ist es, weil etwas Unheimliches mich quält. Darum tröste und ermutige mich.«
Es schien mir wahrscheinlich, daß beide durch die Hände von Ärzten und Seelensalbern gegangen waren und lebenslange, grausame Urteile davongetragen hatten: »Du auf deiner Seite hast auch nur Jammer und Elend gekannt, man hat dich vielleicht auch mit Namen versehen, die unbegreiflich wie Benennungen von Arzneien sind, die aber demütigen, verdammen und wie Messer verstümmeln, und was steht uns noch bevor? Wir haben weder Geld noch Macht, und sie wollen uns nur als nützliche Teilchen eines Ganzen gelten lassen, das nach einem einzigen, fremden Willen arbeitet. Menschen mit eigenem Herzen, Hirn und Lust sind wir nur uns, einer dem andern, und wir müssen es uns stehlen in der Nacht, müde und schmutzig! Es ist nicht viel, aber es ist alles für uns. Sei vorsichtig, aber halte zu mir. Stelle dir vor, unsere Liebe sei das allerletzte kleine Licht in unserer Welt, weshalb unser beider Hände es sorgsam schützen müßten, denn wenn es erlösche, dann sei es für immer Nacht.«
Bis zu dem Tage, an dem wir öffentlich die Internationale gesungen hatten, war nur ein Mann unseres Kommandos von der hitlerischen Werbung beeinflußt gewesen: der Postmeister, ein von Tropenfieber geschüttelter, trunksüchtiger Kaufmann, der seine Jugend in den Kolonien zerstört hatte und nun seinen Gelagen mit billigen Negerinnen nachtrauerte. Der Deckname, unter dem meine Frau mir Briefe und Pakete schickte, und meine Aussprache verleiteten ihn, mich anderen gegenüber als Juden zu verdächtigen. Es kam mir zu Ohren, und in der ersten Erregung suchte ich ihn auf und versetzte ihm einen Faustschlag in die Zähne. Aber schon währenddessen wurde mein Zorn zu bitterer Ergebenheit, ich konnte das Geschwätz nicht mehr einholen. Ich würde nicht mehr von Ereignissen reden, nie mehr eine Meinung äußern können, ohne in den Augen der Mitgefangenen lesen zu müssen, daß sie mich für voreingenommen hielten.

Nachdem wir die Internationale gesungen hatten, was sicherlich doch weitergemeldet worden war, schickten uns die Lagerbehörden einen Vertrauensmann, einen Missionar der neuen Heilsbotschaft. Niemals hatte ich einen Deutschen besser die hitlerische Welt verteidigen hören, als dieser Franzose es tat. Es war, als sei die französische Denkweise ein klärendes Sieb. Es war unmöglich, dem Apostel beizukommen. Man bedeutete ihm, daß der Krieg für seine Seite verloren war. Er antwortete: »Mag kommen was da will. Niemand wird mehr aus der Welt schaffen können, daß Europa zum ersten Male eine Einheit ist, alle haben es geträumt, nur Hitler hat es verwirklicht. Damit hat er schon gesiegt. Nur noch von außen her kann dieses Europa angegriffen werden; der Sieg der Alliierten wird ein Sieg fremder Eroberer sein und deshalb nicht lange dauern – die lügenhafte Anwendung des Wortes Sozialismus. Niemand hat das Wort gepachtet. Es gibt keine allgemeingültige Auslegung dafür. Hitler hat seine Lösung gefunden, andere die ihre –«
Ich verstrickte mich anfänglich in nicht enden wollende Auseinandersetzungen. Ich nahm Zuflucht zu Schilderungen und Anspielungen auf Greuel. Aber schnell lähmte mich die Aussichtslosigkeit: hundert Opfer waren ein bedauerlicher Übergriff Untergeordneter, tausend waren die Späne, die beim Hobeln fliegen, fünfhundert mal tausend jedoch waren eine bösartige, wahnsinnige Erfindung, die auch kein Hitlergegner glaubte. Man konnte eine so ungeheuere Anzahl von Menschen nicht austilgen, ohne bemerkt zu werden. Und ich bekam es satt, vor dem Widersacher von Toten und Toden zu reden, denn der rechnete mich verächtlich zu den Raben, die im Morgenrot jeder neuen Zeit um die Hochgerichte gekrächzt hatten.
Die Gewaltschleicher hatten den Mord nicht erfunden, aber ihn aus einem Handwerk zu einer Industrie, aus einem Trieb zu einer abgefeimten Wissenschaft gemacht und ihn damit der Aufmerksamkeit entzogen. Man ver-

meidet Mördergassen und man warnt vor Wäldern, in denen Räuber und Wahnsinnige irren. Aber keine Hochschule erregt Verdacht, und wer wollte wissen, was in fernen Fabriken hergestellt wurde?

Die Mitgefangenen scherten sich wenig um Beweise und Entgegnungen. Sie nannten den Vertrauensmann einen Schurken, aber sie duldeten ihn wohlweislich über sich, weil er ihnen nützlich war. Denn die Lagerbehörden, die ihn geschickt hatten, erlaubten ihm Bemerkungen und volkstümliche Verbesserungen. Einem Hauptmann, der zu einer Untersuchung und Strafrede in das Kommando geschickt worden war, nachdem die Arbeitsleistungen der Gefangenen zurückgegangen waren, hatte der Vertrauensmann erwidert: »Sie haben keinen Grund zur Unzufriedenheit. Seit fast zwei Jahren arbeiten hier dreihundert Gefangene. Ist Ihnen je zu Ohren gekommen, daß auch nur einer absichtlichen Schaden angerichtet hat? Ich darf Sie daran erinnern, daß es noch den Gefangenen des ersten Weltkrieges geläufig war, Treibriemen zu zerschneiden, Säuren auszugießen, Glassplitter in Schweinefutter zu mischen. Es ist natürlich, daß Leute nach zwei Jahren entmutigt sind. Es ist auch natürlich, daß meine Landsleute es lieben, zu schimpfen und gemütlich zu arbeiten; sie machen es nicht anders zu Hause, müssen Sie wissen.«

Ich hörte nicht mehr, was der Hauptmann erwiderte. Ich war niedergeschmettert. Der sonderbare Fürsprecher hatte genau das in Worte gefaßt, was mich immer ausschließlicher bedrückte: keine lebende Kraft ging von meinen Kameraden aus, die französische Freiheit, die Erklärung der Menschenrechte, die Erstürmung der Bastille, die ganze glorreiche Geschichte, die sie anderen voraus hatten, es war in ihnen, ja; aber so wie Münzen und Marmorbilder in alter Erde: sie halfen keinem neuen Wachstum.

In meinen jungen Jahren war ich wortkarg gewesen, vielleicht, weil es mir an Worten gefehlt hatte. Ich muß schon meiner eigentlichen Natur nach beredt sein, wie

hätte ich sonst jahrelang ohne Unterbrechung vom Morgen bis zum Abend jeden Tages reden können, mit deutschen Arbeitern und Soldaten, meinen französischen Kameraden, mit Polen, Tschechen, Serben, Holländern, Belgiern, Russen aller Arten. Viele Polen wurden schwach und feige, Schmeichler und Verräter. Aber auch die Starken, die während der Arbeit Flüche murmelten und eifrig Nachrichten der Fremdsender weitergaben, und die, deren Stimme von Haß und Wut erstickt wurde, alle lebten in einer dumpfen Luft grimmiger, verzweifelter Unterwürfigkeit, die nicht von gestern auf heute hatte entstehen können. Es schien mir, als seien sie seit Jahrhunderten von eigenen Herren und fremden Eroberern so furchtbar ausgeblutet worden, daß ihre Haltung die einzige Waffe von zu Schwachen geworden war, so wie die Schlammwege ihrer Heimat hatten helfen sollen, erobernde Heere zu erwürgen.
Die Serben waren meist alte, bärtige, kranke Leute, trugen große Pelzmützen und versuchten gleich nach ihrer Ankunft, den Schwarzmarkt des Stammlagers zu monopolisieren. Die wenigen Arbeitsfähigen unter ihnen wurden meist in der Landwirtschaft eingesetzt. Sie erzählten uns, daß die jungen Jahrgänge ihres Heeres alle hatten eingeschifft werden können.
Schmach und Beleidigung für alle waren die freiwilligen französischen Arbeiter. Für die Gefangenen jedoch waren sie mehr noch: eine Verhöhnung und Beiseitestellung. Ihr großer Trost war, daß die Mehrzahl der Freiwilligen übelstes Gesindel waren, Mannsleute wie Frauenzimmer. Die Gefangenen schämten sich ihrer so sehr, daß sie vermieden, vor den Augen der Deutschen mit ihnen zu reden. Mit den Jungens des französischen Zwangsarbeitsdienstes, die bald nach den Russen kamen, waren sie dagegen sofort verbrüdert, obwohl sie auch an ihnen befremdende Änderungen feststellen mußten, die sich während ihrer Abwesenheit in der Heimat vollzogen hatten. Die Tschechen waren die bestgekleideten, belesensten aller Ausländer, jedoch auch die füg-

samsten und fleißigsten Arbeiter. Die Holländer waren von heimatlichen SS-Leuten durchsetzt, vor denen sich auch die Deutschen fürchten mußten. Zum Bau des neuen Kühlturmes wurden der Werkleitung Juden zugeteilt, denen sich zu nähern lebensgefährlich war. Wir plauderten doch mit ihnen und steckten ihnen Tabak zu. Sie waren hundertzwanzig Überlebende eines Zuges von sechshundert, geborene Polen, Franzosen, Tschechen, bis auf einen, der uns in gutem Französisch haßerfüllt antwortete: »Ich bin ein jüdischer boche.« Er war in Frankreich als Deutscher eingesperrt gewesen, bis ihn die Deutschen als Juden abgeholt hatten. Er brachte den übermenschlichen Mut auf zu fliehen. Wir konnten nie in Erfahrung bringen, ob er die Freiheit oder den Tod hatte finden können.
Seit auch die Russen während der Freistunden ausgehen durften, konnte ich ihnen näherkommen als während der Arbeit oder über den Stacheldraht. An sonnigen Feiernachmittagen lagen sie zu bunten Kreisen geordnet im Gras um das Fußballfeld, die Mädchen enger zusammen, meist sitzend, die jungen Burschen um sie her, auf dem Bauche liegend. Es war leicht zu erraten, daß sie einige Zeit zuvor genau so auf den Wiesen vor ihren heimatlichen Dörfern geruht hatten.
Ich war bescheiden geworden. Ich verlangte nicht mehr, in ihnen den neuen sozialistischen Menschen zu entdekken. Die überwältigende Mehrzahl war bäuerlicher Herkunft, und ich wiederholte mir die alte Erklärung: in zwanzig Jahren konnten die Spuren einer fünfhundert Jahre alten Leibeigenschaft nicht ausgemerzt werden. Sie warteten wie seit Jahrhunderten auf kommende Jahrhunderte, und sie waren ihres Wartens so sicher, daß ich daran irre wurde: es sah aus, als hätten sie einen Versuch unternommen, vor mehreren Menschenaltern begonnen und in weiter Zukunft erst beendet, und niemand konnte sie rügen, bevor sie ihren Beweis nicht bis zu Ende geführt hatten. Ich konnte sie nicht mit der Ungeduld messen, die in zehn Jahren eine Ewigkeit

sieht. Aber ich konnte doch nicht gegen ein heimliches Grauen ankommen, und es erlöste mich, als ich unter den stumm und ergeben Wartenden den einen oder den anderen entdeckte, der eigene Entschlüsse faßte und sich auf eigene Rechnung wehrte. Nicola war ein behender, ungewöhnlich starker Bursche, als Wachtmeister in einer Funkerbatterie zu Beginn des Ostfeldzues gefangengenommen. Er war geflohen und hatte wochenlang zusammen mit Grischa den Krieg auf eigene Faust weitergeführt, sich tollkühn abseits gelegenen Landjägerwachen nähernd und den Nachschub störend. Er war bei einer Erkundung, zu der er seine Waffe hatte zurücklassen müssen, in einem Dorf angehalten worden und hatte als letzte lebensrettende Ausrede angegeben, auf der Suche nach einer Dienststelle zu sein, die freiwillige Arbeiter für das Reich anwarb. Er bereitete unentwegt eine zweite Flucht vor. Ich half ihm, einen Kompaß zu bauen und Zwieback und andere haltbare Nahrung zu sammeln, die ihm helfen sollten, bis in die polnischen Wälder zu gelangen, ohne von menschlichen Siedlungen abhängig zu sein. Er wurde in der fünften Nacht nach seiner Flucht festgenommen, in Ketten zurückgebracht und als warnendes Beispiel vor dem Tor des Russenlagers mit einem Schild auf der Brust an den Pranger gestellt, ehe er für immer weggeführt wurde.
Ich erwartete, daß die Russen sich seiner als eines Vorbildes erinnern würden, aber sie fuhren fort zu schweigen. Was sie mir sagten, wenn sie auf meine begeisterten Nachrufe mit Worten antworteten, war so unglaublich, daß ich nicht mehr wußte, ob es echte Auflehnung oder größte Unterwerfung war, die Nicola zum Helden gemacht hatte. Ich ließ es mir hundertmal wiederholen: sie warteten nicht wie wir auf den Sieg der Verbündeten und die Befreiung, denn sie wußten, daß sie nach ihrer Heimkehr zur Verantwortung gezogen würden, dafür, daß sie sich hatten fangen und verschicken lassen. Der einzige gelernte Arbeiter unter ihnen, ein verschlossener, stets vor sich hinbrütender Mann, bestätigte: »Wenn

wir zurückkommen, dann werden wir bestraft werden. Und es wird gerecht sein. Denn unsere Pflicht war uns klar aufgezeigt, wie ein gerader Weg, dem wir nur zu folgen hatten – kämpfen, entfliehen und weiterkämpfen. Wir haben Angst gehabt, wir haben unsere Haut zu sehr geliebt, wir haben verdient, was uns erwartet.«

Als die russischen Soldaten nach Stalingrad den deutschen Grenzen unaufhörlich näherrückten, kam in die wartenden Völker aus dem Osten doch Bewegung. Einige wagten sich in eine aufrührerische Haltung, aber die Gefangenen aus dem Westen mußten fassungslos zusehen, wie Russen in hellen Scharen unter die Fahnen der Ostfreiwilligenregimenter strömten. Wie Nicola ergriffen sie die Flucht, aber in entgegengesetzter Richtung. Grischa war unter ihnen.

Ich traf ihn mit seinesgleichen, halb stolz, halb schamerfüllt in ausgewaschenen, deutschen Uniformen durch die Straße spazierend. Grischa der Partisan, Grischa, der mir erzählt hatte, wie er zu Hause ein Fahrrad hatte erwerben können; eine Geschichte mit so vielen glücklichen Zufällen und außerordentlichen Umständen, daß ich verstand, warum er mit staunenden Augen die Fülle der Fahrräder, Uhren und Kinderwagen der Deutschen bewunderte. Ich warf ihm streng seine feindliche Waffenkleidung vor. Er antwortete mir betreten: »Das verstehst du nicht«, aber einer seiner Kameraden unterbrach ihn eifrig und schilderte mir, was ihn bewogen hatte, die Waffen gegen seine eigene Regierung zu ergreifen: Gefängnis, Zwangsarbeit, Unrecht, Armut – ich hatte es zu oft gehört, ich mißtraute ihm.

Die große Mehrzahl der Russen blieb bei der Arbeit. Sie erlernten Schliche und Ränke, stahlen oder handelten, wurden zum Teil gute Arbeiter und nicht selten Angeber. Ab und zu wagte einer unter tausend abwehrend die Hand zu heben, wenn man sich anschickte, ihn zu schlagen, und die Zeitung berichtete dann: »Der Ostarbeiter X wurde hingerichtet, weil er eine drohende Haltung gegen seinen Arbeitgeber eingenommen hatte.«

Die Deutschen in den Fabriken wurden immer seltener. Jeder neue Schub Ausländer machte einen älteren und einen jüngeren Jahrgang für die Front frei. Die Zurückbleibenden wurden fast alle, ob sie es wollten oder nicht, zu Vorarbeitern. Von ihrer Unsicherheit gegenüber der Überzahl der Fremden und dem ewig andauernden seelischen Entsetzen vor ihrem Führer ließen sie sich befehlen, zu befehlen.
Die zehn Millionen meist junger, starker Menschen, die in den Lagern unter sich waren und Sprachen gebrauchten, die ihre Wächter nicht verstanden, junge, die zum Teil mit der Waffe in der Hand gegen die Eroberer gekämpft hatten, die besser als die Einheimischen wußten, was sich in der Welt zutrug, gehorchten trotz alledem. Der Leib des Trojanischen Pferdes war leer von Helden.
Die riesige Arche, in der alle, ob sie sich haßten oder liebten, aufrecht oder gebückt duldeten, mitzufahren gezwungen waren, glitt immer schneller dem großen Fall zu. Noch versuchten die Fährleute, ihr mit immer neuen Millionen Menschen und immer breiteren Fronten mehr Gewicht zu geben.

Vom ersten Tage an hatte Anja mich in Besitz genommen. Sie war mir teuer, weil noch niemals, bevor ich sie an jenem denkwürdigen ersten Tage erblickt hatte, ein Menschenkind mir so vollständig, so erschütternd weit und tief als eine Landschaft erschienen war. Ich wußte zu jener Stunde noch nichts von ihrer engeren Heimat, aber ihr biegsam schlanker Leib war eine junge Birke, ein Schein in ihren Haaren war der einer jungen Sonne in der Krone einer Birke, ihr Antlitz schaute über weite, grüne Ebenen, ich las aus ihm, daß junge fruchtversprechende Halme im Winde wogten. Ihre Augen aber waren wie ein schweres, klagendes Lied über den Feldern, gleichzeitig jedoch sandten sie kleine Fünkchen Übermutes und unschuldiger Neugier aus, so wie schillernde Tierchen durch das Gras huschen.

Ich hätte ihr Freund sein wollen, aber ein grobschlächtiger französischer Gefangener russischer Herkunft hatte sie schon beschlagnahmt. Er war in Frankreich aufgewachsen, Sohn russischer Flüchtlinge aus der Zeit des Bürgerkrieges, und war mit uns gefangen, weil er, so wie ich, dem Gesetze über die Wehrpflicht der Heimatlosen hatte folgen müssen. Seine ängstliche Kinderseele war von geheimnisvollem, verworrenem Wunderglauben umwittert. Er hatte mit Anja die Muttersprache gemeinsam, aber er ging sogleich daran, sie dreist mit Reichtümern aus amerikanischen und französischen Liebesgabensendungen zu verlocken. Wenn dies auch viele mit Erfolg bei anderen Mädchen unternahmen, so wollte ich doch nicht glauben, daß Anja sich so würde gewinnen lassen, es sei denn, ihr Liebreiz und ihre Feinheit wäre übles Blendwerk. Der Mann war zu grob. Ich beschloß zu warten, den Werber nicht zu hindern, mich aber doch nicht vergessen zu lassen.

Es nahm sehr bald ein übles Ende. Er liebte sie leidenschaftlich. Aber die weite Landschaft, die sie war, allen Winden frei, öffnete sich nicht dem Manne. Wie an der Schwelle eines geschlossenen Tores legte er seine Schokoklade, seinen Necafé, seine Kuchen und Rosinen, seine Heerespullover nieder. Er weinte und flehte, erzählte seine Weihrauch- und Ikonensagen, wollte beweisen, daß es seine Landschaft, seine Heimat war, und versuchte am Ende, mit Gewalt einzudringen. Er lauerte ihr auf, er lief ihr nach, und eines Tages fiel er sie auf der Straße an, faßte sie bei den Handgelenken, zerrte und beschimpfte sie schluchzend und drohte ihr mit Tod und Selbstmord. Zeugen mußten Anja beistehen.

Ich schlug ihr vor, mit mir auszugehen, und sie nahm an. Auch ich mußte die Frage der Nahrung lösen; wir hatten zu essen, mehr als genug, während die Ostarbeiter hungerten. Sie stahlen, um Suppen daraus zu kochen, das Kastanienmehl, das in der Gießerei gebraucht wurde. Ich nahm auf alle unsere Fahrten und kleinen Streifen Eßwaren mit, und wir hielten unsere Mahlzeiten im

Grase. Und um dieser Vorkehrung noch das Gesicht einer klugen Berechnung zu nehmen, sprach ich offen meine Gedanken aus wie über eine gemeinsame Schwierigkeit. Es brauchte Zeit, bis sie ohne Scheu annahm. Sie hatte die Ursache der Qual zu tief hassen gelernt, der ihr Freier sie ausgesetzt, indem er ihr Dinge angeboten hatte, nach denen ihr Hunger verlangt, aber als Sinnbilder eines Begehrens, dem sie sich hatte verweigern müssen.

Ich war zu der Zeit, nach den Erfahrungen mit Nicola und Grischa, schon so bereit, mit dem allergeheimsten und mit dem alleroberflächlichsten Anzeichen des neuen Menschen vorlieb zu nehmen, daß ich die zwei Preismünzen, die Anja von ihren Heimatbehörden für genaues Scheibenschießen und schnelles Skifahren erhalten hatte, als erstaunliche Schöpfungen bewundern wollte, dergleichen ich, wie viele, Geldmünzen mit dem Wappen der Rätestaaten und Knöpfe der Roten Armee sammelte. Aber das hielt nicht lange an.

Ich fragte Anja aus, aber statt der Geschichte einer persönlichen Revolution im Rahmen einer Revolution des Sechstels der Erde erfuhr ich den Lebenslauf eines kleinen Bauernmädchens, das Lehrerin geworden war, wie es in unseren Breiten alltäglich ist. Es war ein Hintergrund ohne die erwartete Handlung: ihr Dorf, die Felder, die Blumen, die sonntäglichen Bauerntänze, die Gestalten einiger bemerkenswerter Einwohner, ihres Vaters. Als sie sechzehn Jahre alt gewesen war, hatte ihr Vater sie gefragt, welchen Beruf sie erwählen wollte. »Fliegerin oder Lehrerin« Ihr Herz war zu schwach für den ersten. Sie zeigte mir ein Gruppenbild ihrer Klasse im Lehrerseminar. Lauter rundliche, sanfte, sehr artige junge Mädchen, die alle genau wie Anja folgsam Dostojewskij mißbilligten und vor ihren Vätern zitterten. Sie hatten nicht einmal die Neugier der halbwüchsigen Gören in allen anderen Ländern der Erde, die verpönte Bücher erst recht zu lesen trachten. Bei Kriegsausbruch war das Seminar geschlossen worden, und sie hatte sich

zu ihren Eltern im Gebiet von Kiew geflüchtet. Die Besatzungsbehörden hatten dem Dorf auferlegt, eine bestimmte Anzahl Menschen zu einem Sammeltransport ins Reich zu stellen. Der Dorfbürgermeister hatte die Forderung auf die Familien verteilt. Anja hatte nur einen älteren Bruder, und sie hatte es selbst gutgeheißen, als die Eltern ohne Zögern übereingekommen waren, das Mädchen fortzuschicken, um den Jungen zu behalten.
Eine Trauer bemächtigte sich meiner. Es schien mir, als sei etwas Kostbares, Lebenswichtiges, ein Wille zu Auflehnung und Freiheit in Anja erstorben. Die Seelen waren doch zähmbar. An Wochentagen, während der kurzen Stunden nach der Arbeit, führten uns unsere traurigen Gänge nicht weiter als in die nächste Umgebung des Lagers, auf die Wege zwischen den Schrebergärten, an deren grasbewachsenen Rändern wir uns niederließen. Ich erwartete die Minute, von der an wir uns nichts mehr zu sagen haben würden. An einem solchen Abend näherte sich uns verstohlen eine deutsche Frau, die wir schon öfters in einem der Gärten hatten arbeiten sehen. Sie sah sich ängstlich um, sie gewann jeden Schritt der Furcht vor einem versteckten Beobachter ab, trat vor uns, reichte uns eine Handvoll sorgfältig in Blätter gebetteter Erdbeeren und entfernte sich eilig. Ich hielt die wunderschönen, sorgfältig ausgelesenen Früchte in der Hand, die ersten des Jahres, und niemals noch hatte ich so inbrünstig für eine Ernte gedankt. Die Gabe machte mir plötzlich sichtbar, durch eine unbekannte Beweisführung, daß in meinem Verhältnis zu Anja, während meine ersten Hoffnungen erstorben waren, eine andere Beziehung entstanden war, die Ahnung einer großen, in ihr schlummernden Fülle. Es war eine Änderung, kein Ende.
Ich weiß nicht, wie viele Fahrten ich mit ihr unternahm, vom Morgen bis zum Abend jeden Feiertags unterwegs. Sooft ich daran denke, verwirrt mich immer noch die gleißende Sonne über der Landschaft, das träge Summen der Insekten, das Leben zwischen Heide und Tan-

nenwäldchen, um Birkenfamilien, das knisternde, heiße, trockene Leben, das sich uns offenbarte, sobald wir die Stille des Mittags reglos, andächtig befolgten.
Ich wollte sie zwei Dinge lehren: die Liebe und die Sehnsucht nach einer grenzenlosen Freiheit vor dem Unbekannten, Unermeßlichen. Und zwei Dinge waren ihr neu in der Landschaft: die Rehe und die blauen Berge am Horizont. Nirgendwo habe ich so viele Rehe gesehen wie im Ried. Wir sahen einmal eine Herde von fünfundzwanzig Tieren auf einem Feld in der Sonne liegen. Ich lehrte Anja, sie aus der Nähe zu belauschen. Wir verbargen uns im Buschwerk gegen Abend am Rande einer Lichtung, geflissentlich das Gesicht dem Winde zugewandt. Manchmal kamen sie bis auf drei, vier Meter vor unser Versteck, und dann durften wir uns nicht rühren. Anja und das Reh sahen sich in die Augen, beide gleich erstaunt und ratlos. Ein Rehfräulein graste und tat, als bemerkte sie nicht den Jüngling, der sich ihr näherte. Aber als er sie beroch und seine Wangen an ihren Hals schmiegte, hob sie empört das Haupt und trottete davon, und ihr kleines weißes Herz auf dem zierlichen Hintern schaukelte beleidigt. Der Jüngling blieb betreten stehen – was hatte er angerichtet –, aber als dreißig Schritte weiter die junge Dame den Kopf wandte, ahnte er darin eine Ermutigung und eilte ihr nach. Sie ließ ihm gerade genug Freiheiten, um von neuem Grund zur Empörung zu haben, lief wieder davon, wandte wieder den Kopf, und dies so lange, bis der ein wenig begriffstutzige Junge doch verstanden hatte. Von da an wurde sie übermütig, sprang jauchzend, spielte ihm hundert Streiche, stellte ihn auf tausend Proben in einem entzückenden Spiel.
Zum ersten Male schaute ich durch die Augen eines anderen Menschen, und ich lernte, daß ich viermal reicher sah. Im sinkenden Abend waren die Berge schon schwarz vor dem glühenden Himmel, und während ich ihr von der Einsamkeit und den Begegnungen erzählte, die uns dort erwarteten, ließ ihr Antlitz, auf dem die

letzten Schimmer des Tages lagen, mich verstummen. Sie war mir weit voraus, meine Worte waren längst zu schwach geworden, um sie noch zu erreichen. Aus ihren Augen erlebte ich erst eigentlich, was ich ihr vermittelt hatte, so viel wahrer und größer, daß ich es nicht wiedererkannte. Sie waren groß geöffnet, als sähen sie über alle Berge hinweg, gebannt, aber schwermütig wie zu einem Abschied. Eine Unruhe erfaßte mich, es war, als sei ich dabei, sie zu verlieren, und ich sagte: »Wir werden auf die Berge gehen.« Sie lächelte ungläubig und fragte: »Wann?« Ich erwiderte: »Am ersten Tage der Freiheit.« Sie wiederholte: »Am ersten Tage der Freiheit«, so schmerzlich und so gewiß dessen, was sie erwartete, daß ich nur stumm leiden konnte. Vor dem Tor sagten wir uns gute Nacht, und jeder ging in seine Baracke. Meine Kameraden machten die üblichen Bemerkungen, sie gaben vor, genau zu wissen, was wir in den Wäldern allein trieben. Ich wußte auch, daß während derselben Zeit Anja böse Worte ertragen mußte. Allen Mädchen wurden ihre Freundschaften mit Nichtrussen übelgenommen, Anja aber war schlimmer bedroht, weil es hieß, ich sei Jude. So waren wir immer ausschließlicher aufeinander angewiesen, und wir erwarteten sehnsüchtig die Stunden, die wir für uns hatten. Wir mußten einen bitteren, schweigsamen Weg zurücklegen, bis unsere Liebe und unser Bund wieder stärker wurden. Auf jeder Fahrt wurde dieser Weg länger, aber die Flamme wilder. Es kam vor, daß Anja dann plötzlich innehielt, von Traum, Entdeckungen, Auflehnung, von der Schöpfung, an der wir arbeiteten, taumelnd, geblendet, verwirrt, und fassungslos fragte: »Was ist in uns? Was geschieht uns?« Und sich behutsam und wehmütig ergab, wie eine, die nicht mehr lange zu leben hat. Wir lagen in der Sonne, und Anjas blütenweiße Bluse mit den Stickereien ihrer heimatlichen Tracht war die Vollendung der Landschaft. Sie selbst war eine Einheit mit allem, was sie umgab, und in ihren Augen war geblieben, was die Rehe hineingesehen. Ich spürte den Duft ihrer Haut und sah im

Ausschnitt des Kleides die dunklere Brust leise atmen. Wenn ich sie nur mit einer Hand sanft berührte, so verbreitete sich ein Beben in ihrem ganzen Körper, so wie man eine spiegelblanke Wasserfläche verletzt. Wir rührten an die Grenze zwischen Freude und Leid, wo die Lust dem Schmerz schon seine Tränen entleiht. Aber wenn sie sich so wehrlos mir anvertraute, so nur, weil sie zuinnerst wußte, daß ich niemals weiter gehen würde, als wir beide wollten. Auch ich hielt im Rausch inne und versuchte, kühl die Ursachen meiner Scheu zu ergründen: um uns einander hingeben zu können, hätten wir auf der Stufe der zynischen, gegenseitigen Erleichterung – wie der beobachtende Unteroffizier es verstand –, oder auf der Höhe der heiteren Liebelei haltmachen müssen. Aber weder sie noch ich hätten es gewollt noch gekonnt. Wir entdeckten, daß eine große Liebe nur in der Freiheit ihre Erfüllung finden kann; jeder hat sein eigenes Maß dafür, vielen genügt ein Winkel, aber uns war sie unlöslich verbunden mit dem Abenteuer unserer Sehnsucht, in das wir seit dem ersten Tage verstrickt waren, mit den Bergen. Wir hielten es den ganzen Sommer über aus. Unsere Körper nahmen sich wahr und antworteten sich immer leidenschaftlicher in dem vor Sonne und Reife berstenden Land. Das erhöhte unsere Qual. Und die Qual trieb uns enger zusammen. Im Spätherbst kamen wir überein, uns zu trennen, um der Folter ein Ende zu bereiten, um nicht doch noch zu unterliegen.

Wir sagten uns die letzten Worte auf einem regennassen Feldweg, ich sah die Pein, die uns erwartete, denn wir würden uns jeden Tag in den Werken sehen. Und das Bewußtsein, gesiegt zu haben, würde uns stärken. Wie stets, wenn ich daran dachte, stand ich halb ungläubig vor dem, was mir geschah. Wir hatten uns nichts mehr zu sagen, aber keiner hatte die Kraft, den ersten trennenden Schritt zu tun. Ich ließ ihre Zöpfe durch meine Hände gleiten, ich sah die großen Augen, zwischen die feine Stirne und die breiten, ruhigen Backenknochen

tief eingebettet, den traurigen, vollen Mund. Verzweifelt versuchte ich, uns eine tröstende Hoffnung zu gründen: »Anja, am ersten Tage, wenn die Rote Armee uns befreit haben wird, dann werden wir in die Berge gehen, du wirst es sehen, am allerersten Tage.«
Sie schüttelte den Kopf, aber sie mußte innehalten, um die Tränen nicht zu verspritzen: »Nein, nein. Wenn die Rote Armee kommt, dann ...« Ich weigerte mich, es überhaupt als möglich zu denken, daß der finstere Grundsatz der Strafe es wagen würde, sich an ihr zu vergreifen, und ich bestand ohne Grund, ohne Hoffnung, ohne Wissen, wie ein unglückliches Kind: »Doch, doch, doch.«

Von allen Fahrten und allen Entdeckungsreisen zu Russen und Deutschen kehrte ich zu den französischen Gefangenen zurück. Sie allein schlugen unbesonnen und kräftig zurück, wenn man sie strafte. Sie allein auch ließen reden und sprachen selber ungehemmt aus, was sie dachten. In meiner Unruhe baute ich auf die unscheinbarsten Nachrichten und Beobachtungen seltsame Denkmäler menschlichen Widerstandes. Als die englischen Abgeordneten mitten im Krieg zwischen zwei Niederlagen aufstanden, um ihre Regierung hart zu rügen, erfuhr ich es wie eine Botschaft aus einer besseren Welt. Als ein alter Modellschreiner mich geheimnisvoll in sein Gartenhäuschen führte, mir anvertraute, daß er ein Freimaurer sei, und mir einen Stock zeigte, in den eine Vogelflinte eingebaut war – mit Gebärden, als besitze er eine vernichtende Waffe gegen die Wehrmacht und Polizei –, wollte ich trotz meiner grauslichen Verwunderung über diesen Überlebenden doch in ihm einen Kern des Widerstandes sehen.
Ich wurde allmählich stolz auf jedes der freien Worte und jede der mutigen Gebärden meiner Mitgefangenen. Auch die Nachrichten über die Widerstandsbewegung in Frankreich stärkten mich. Ich gewann daraus eine bescheidene Lehre, einen zögernden Glauben an den be-

sonderen Wert französischer Lebensweise und Vergangenheit. Es schien mir selbst recht und billig, daß alle, nur weil sie Franzosen waren, sich für die besten Liebespartner hielten, die besten in der Küche, beim Weine und im Bett. Ich wurde elend enttäuscht, als die Behörden uns die Möglichkeit anboten, »freie Arbeiter« zu werden. Es war der Versuch einer Gleichschaltung der Gefangenen. Und die vielen, die darauf eingingen, begründeten ihre Haltung mit der Eigenschaft der Franzosen, sich aus dem Stegreif zu helfen, eine bestimmte Lage geschickt auszunutzen.
Ich lebte einen der einsamsten, bittersten Tage. Auf allen Öfen, und darüber hinaus auf schlecht und recht erbauten Feuerstellen im Hofe, wurden Gerichte und Getränke gekocht. Mit wieviel Liebe, Sorgfalt und List bemühten sich alle, um zu ihrem sonntäglichen Festessen zu kommen. Jedes Gewürz, jede Flasche, selbst das Holz zum Feuer war erhandelt, mühsam in den Werken beiseite geschafft und unter dem Mantel verborgen heimgetragen worden. Unausbleiblich faßte ein Sprecher die Hochstimmung des Sieges zusammen, wenn die Tafel gedeckt war: »Sie essen weniger gut als wir heute.« Der Reichtum der Tafel mußte unbedingt aus Geschenken, vorteilhaften Tauschgeschäften und kleinen Entwendungen entstanden sein, er mußte umsonst, ohne Gegenleistung sein. Denn er war die Versicherung, daß sie immer noch Anspruch ohne Dank hatten, weil sie immer noch die Kinder des Vaterlandes waren. Sie hätten nicht mehr über die Gleichschaltung gestritten, wenn nicht einer besorgt gefragt hätte: »Aber werden wir als ›freie Arbeiter‹ auch noch weiterhin Pakete und Liebesgaben erhalten?«
Ich lief Sturm. Ich bewies ihnen, daß allein aus den Soldaten, die zur Bewachung der »freigewordenen« Gefangenen nicht mehr nötig waren, die Wehrmacht mindestens drei Divisionen würde bilden können, daß ein guter Teil der betroffenen Wächter uns dafür verfluchen würde, daß sie als »freie Arbeiter« die vorgeschriebene

Arbeitsleistung voll würden bewältigen müssen, weil sie auf ihren Lohn angewiesen sein würden – während wir immer auf unsere Eigenschaft als Gefangene pochten, um weniger zu schaffen – daß sie also nicht nur Soldaten, sondern auch Waffen an die Front lieferten, daß es ehrlos sei, freiwillig zu tun, wozu einer drei Jahre lang gezwungen worden sei.
Nur zwei Leute standen von vornherein ohne Zögern auf meiner Seite: Abbé Parent und der kleine Zöllner. Ein verächtliches Lächeln verzerrte des ersteren Mund fast unzüchtig. Er ging aufgebracht auf und ab. Sein Nacken schien aus demselben Stück gehauen zu sein wie sein breiter Rücken, der unbeweglich auf starken Beinen ruhte. Obgleich er außer sich war, setzte er seine Füße mit Überlegung und Folgerichtigkeit auf, als trüge er eine schwere Kutte und fürchte, deren Saum fege den Boden, sobald er der Last nachgäbe. Die Höckerchen auf der winzigen Stirn des Zöllners röteten sich vor Zorn. Er schloß sich mit dem Abbé in eine Verschwörung ein, sie wollten fliehen, ohne Aussicht auf Erfolg, nur um sich abzugrenzen, um ihre Weigerung mit den äußerst möglichen Mitteln zu verwirklichen. Beraubt und gefangen, ohne zu wissen, wie lange noch, sahen die Gefangenen, daß alle Wegweiser in die Zukunft, denen sie bisher sorglos gefolgt waren, nicht mehr galten. Wie aufgestörte Ameisen ihre Puppen retteten sie ihre Hoffnungen und legten sie nieder, wo ihnen vorläufige Sicherheit schien. Sie verließen das Vertrauen in den guten Willen der Menschen und in die Verbundenheit aller Unterdrückten und flüchteten sich in den alterprobten Haß. Es mutete mich zunächst merkwürdig an, daß gerade die »freien Arbeiter« ihren Haß geflissentlich zeigten, wie ein Abzeichen, das die verlassene Waffenkleidung ersetzen sollte.
Ich wollte verstehen: Verweigerer wie Überläufer verließen den Gedanken Europa und lieferten sich den beiden Mächten aus, auf deren glorreiches Kommen sie warteten. Sie kämpften nicht, weil jene kämpften, sie suchten

nicht, weil jene versicherten, die Lösung zu besitzen. Es spiegelte sich in ihren Worten wider: übermenschliche, unwiderstehliche Anhäufung von Macht, deren Waffen unvorstellbar zahlreich und schrecklich waren, deren Ordnung jedem einen Platz sicherte. So seltsam es war: das Wissen um die beiden fernen freundlichen Riesen machte, daß sie dem verhaßten dritten leichter untertan waren.

Von der Not getrieben, entschloß ich mich schweren Herzens und furchterfüllt, mich den Gebrandmarkten zu nähern, den ehemaligen Verantwortlichen und hervorragenden Mitgliedern von Partei und Bewegung, die, weil sie treffliche Fachleute waren, in den Stahlwerken arbeiteten, oft nach Jahren aus einem Lager entlassen, überwacht und gemieden.

IV Das Geheimnis der Erfindung

Ich trat in den Bannkreis, der jeden der Gebrandmarkten umgab, wie in einen lichtüberfluteten Ring, von dem aus ich die Augen ungezählter Zuschauer im Dunkel nur ahnen konnte, während jede Fingerbewegung wahrgenommen und aufgezeichnet wurde. Ich breitete geschäftig eine Zeichnung neben Willem auf der Werkbank aus, beugte mich darüber und begann, sie eifrig zu erläutern. Ich sprach, die Augen auf das Blatt geheftet, mit erklärenden Fingern die Linien der Risse des Planes nachfahrend, jede Bewegung, selbst der Lippen, übertreibend, um sie heimlich lauernden Augen recht sichtbar werden zu lassen, wie Schauspieler im Rampenlicht. Ich wagte kaum, einen ersten vertraulichen Satz auszusprechen, denn ich fürchtete ein unbedachtes Erschrecken des Einsamen, der düster in seiner Leere werkte, wie im Hörbereich der Klapper eines Aussätzigen. Ich sagte, nach dem ersten geflüsterten Wort innehaltend, um dem Hörer Zeit zur Fassung zu lassen: »Geduld, Genosse, bald werden sie ausgeschissen haben: London meldet, daß Tobruk gefallen ist.«
Durch den wuchtigen Körper des Mannes, der, wenn einer um sein Zuhause wußte, an einen Baum denken ließ, der Efeu und Mistel geduldig und aufrecht mitträgt, ging ein Zittern, so unmerklich wie das reglose Warten eines Baumes auf das nahende Gewitter. Er sagte nichts, nicht einmal die übliche, staunende Begutachtung meiner guten Sprachkenntnis. Er wandte nicht den Kopf. Trotzdem wußte er genau, daß ich, der Gefangene, der ihm eine Nachricht zugeflüstert hatte, neben ihm stand, als ich ihn zum zweitenmal aufsuchte, und er fragte hastig, als ob ihm die Worte seit langem auf der Zunge brannten: »Was geht draußen vor? Was tun die Genossen der anderen Länder?«

Noch ehe der Inhalt der Frage mich niederschmetterte, erschütterte mich die bloße Überraschung, daß dieser Mensch gelernt hatte zu sprechen. Nicht fließend, sondern in Sätzen, die seit langem fertig in ihm warteten und so ungestüm ausbrachen, daß der Druck spürbar wurde, der hinter ihnen wirkte. Über seine sprichwörtliche Schweigsamkeit hatten wir uns erzählt: er hatte einem kriegsverletzten Freund einen Wagen voll Kohlen, den er vor dem Haus hatte stehen sehen, in den Keller getragen, nur weil er die Frage »Kann ich dir helfen?« nicht über die Lippen hatte bringen können. Er hatte die Kohlen aus dem Keller wieder auf den Wagen zurücktragen müssen, weil sie nicht für den Freund bestimmt gewesen waren. Ich hatte ihn weinen sehen vor Verzweiflung und Scham, weil er nicht eines der Drei-Mark-Bücher, mit denen die Partei uns in die Arbeitslosenwohnungen geschickt, hatte verkaufen können. Es war selbst redseligen Genossen schwergefallen, die Leute davon zu überzeugen, daß sie das Buch voller glänzender, glücklicher Bilder über das neue Rußland zu ihrem eigenen Nutzen kaufen mußten, aber Willem hatte stumm auf die Tische geschaut, um die Frauen und Kinder vor armseligen Schüsseln trockener Kartoffeln gesessen hatten, und er hatte ausgerechnet, was drei Mark einem Arbeitslosen bedeuteten. Aber was Willem mich an der Werkbank fragte, warf mich jäh in das erste Jahr Hitlers zurück, als wir noch auf das Ausland gehofft hatten, und ich konnte plötzlich ermessen, was wir seitdem noch dazu verloren hatten. Damals war uns gewesen, als ob alle Werte uns entglitten, nur weil wir nicht mehr hinter Fahnen unter Zehntausenden hatten marschieren können, weil ein Geheimnis schrecklich um uns gewirkt, auf das die Partei keine Antwort gegeben hatte. Aber die Zerstörung hatte nicht aufgehört, in uns selbst, in die Zeit zurück und in die Zukunft hinein. Und ich ahnte mit Grauen, daß Willem es noch nicht wußte.

Seit über dreitausend Tagen und Nächten lebte er auf dieser Bühne, auf die ihn die neuen Herren gestellt

hatten. Er war unter Beobachtung, im Betrieb, zu Hause und überall. Jeder, der sich ihm näherte, wußte, daß er in dieses helle Feld geriet, in dem Freundschaft, Liebe und Hilfe als Verbrechen geahndet wurden. Man bemaß den Gebrandmarkten genau die notwendige Menge an Bewegungsfreiheit zu, um sie stumm arbeiten lassen zu können, und sie wußten, daß sie nur dazu atmen durften. Wo sie auch hinflüchteten – und auch die Hartnäckigsten hatten es längst aufgegegeben, Flucht zu versuchen –, folgten ihnen die unsichtbaren Lichtbündel, deren Helle sie besser einschloß als Zuchthausmauern. Um jede Mietsstube lauerten gewarnte Nachbarn, in jede Arbeitsstätte folgten die Benachrichtigungen an den Werkschutz: Achtung, Achtung, gefährlich.
Nicht aus mangelnder Geschicklichkeit, sondern umgekehrt, wohlüberlegt und durch ihre Einrichtungen ermöglicht, ließen die Peiniger ihre Opfer wissen, daß sie nicht vergessen waren: sie waren nicht zum Heeresdienst zugelassen, aber man führte sie in den Stammrollen und stellte ihnen Wehrpässe aus, über deren erste Seite die großen roten Buchstaben N.Z.V., »nicht zu verwenden«, gestempelt waren. So mußten sie sich mit allen anderen zu Musterungen stellen, nur um Demütigungen zu erfahren. Man lud sie vor: »Was war in dem Papier, das sie am Vierzehnten dieses Monats gegen zehn Uhr abends von einem Unbekannten erhielten?« »Was besprachen Sie mit dem ehemaligen Stadtrat, der Sie am Sechzehnten aufsuchte und eine Stunde lang bei Ihnen verweilte?« Vor jedem großen Unternehmen der Gewaltschleicher, zum letztenmal in der Nacht vor dem Einfall in Rußland, wurden die Gequälten in Schutzhaft genommen. Die Beamten holten sie vor Tagesanbruch aus ihren Betten. Niemals erfuhren sie den Grund. Nie wußten sie, ob und wann sie wieder zurückkommen konnten. Jedesmal sahen sie ihre Frauen und Kinder zum letztenmal.
Die Meister warfen ihnen vor: »Wir sehen Sie zu oft mit Feindangehörigen in geradezu freundschaftlicher Weise

verkehren. Sie haben diesen Leuten ihre Arbeit anzugeben und deren Ausführung zu überwachen. Ich stelle fest, daß Ihre Kolonne in der Leistung zurückgeblieben ist. Das ist die Folge Ihres Verhaltens. Ich will sehen, daß Sie diesem faulen Gesindel in die Fresse schlagen.« Der Betriebsobmann warnte sie: »Es gefällt mir nicht, daß Sie durch ein stets mürrisches Gesicht ununterbrochen die Führung tadeln. Nehmen Sie sich in acht! Nehmen Sie sich in acht, Mann! Wir wissen, wer Sie sind!«

Der schwermütige, fast blinde Mann beugte sich tief über seinen Schraubstock, um zu verbergen, daß seine Lippen sich bewegten. Ich ließ ihn erzählen, Todeskälte im Herzen. Ich ermunterte ihn und gab ihm in allem recht. Ich wagte nicht, von alledem zu sprechen, was ich erfahren hatte, seit ich die Stube der alten Margaret zum letztenmal gesehen hatte. Ich konnte nur einem Sterbenden das Ende erleichtern. Er hatte erleben müssen, wie einer nach dem anderen der alten Freunde sich vorsichtig von ihm entfernt hatte, er hatte seit langem aufgehört, von der Verlegenheit, Angst, Scham und Feigheit, die er auf den umgebenden Gesichtern lesen mußte, angewidert zu sein. Keine Zeitung und keine öffentlichen Reden unterstützten mehr seinen Glauben, mit dem er eingeschlossen war. Er hatte, auf sich gestellt, nicht mit seinen Pfunden wuchern können, nicht weil ihm der Wille gefehlt hätte, sondern weil sie außer Handel gekommen waren. Er ahnte es, denn er stand nicht so außerhalb der Geschehnisse, daß er nicht sehen konnte, wie altbekannte, teure Worte zu billigem Blendwerk geworden waren, mit dem seine Todfeinde üppig und schreiend ihre Feste ausschmückten. Er wußte so gut wie ich, daß Vorsicht geboten war, sobald ein Unbekannter etwa die »überstaatlichen Geldmächte« angriff, denn er war nicht mehr Genosse im Kampf, sondern hitlerhörig.
Aber der arme Einsame konnte nur vorsichtig, als ob er einen gefährlichen Zündstoff handhabte, flüstern, was

Bischöfe und Heerführer längst wie Kleingeld unter die Menge warfen: »Die Schuld der Besitzenden«, »Den Arbeitern gehört die Zukunft«. In seinem ohnmächtigen Elend versuchte er, die Worte so zu betonen, daß sie sich anders anhörten als die Schreie der Lautsprecher. In einem Land, das einen unerhörten industriellen Aufbau und einen furchtbaren Krieg ohne eine Unze Gold bestritten hatte, flüsterte er: »Gold regiert die Welt«. Es kam ihm nicht in den Sinn, daß er längst, gewaltiger als Worte es vermögen, durch sein Leben bezeugt hatte, daß er nicht das gleiche meinte.

Meine Augen waren bald darin geübt, die Gebrandmarkten zu erkennen. Sie gingen einher, frühzeitig gealtert, immer auf der Hut, sich stets verfolgt wissend, und retteten ihre Ehre mit der einzigen Tat, die sie ihrer Angst Tag für Tag abkämpften, und die allein ihnen möglich war: der Treue zu dem großen Traum ihres Lebens, des Lebens alter Gewerkschafter, ehemaliger Weltkriegssoldaten; dem Traum der weltumspannenden Verbrüderung aller Ausgebeuteten. Sie halfen den Gefangenen und Zwangsarbeitern mit heimlich zugesteckten Broten und Früchten, die sie sich vom Munde absparen mußten, flüsterten, wechselten vielsagende Zwinkerblicke und waren freundlich und hilfsbereit zu den Fremden, die ihnen meist wenig Dank dafür wußten, weil keiner, keiner das Wagnis schätzen konnte, das sich noch hinter der einfachsten dieser Gebärden verbarg. Die Gefangenen kamen abends in die Baracken zurück, warfen ein Brot auf den Tisch und antworteten auf die Frage nach dem Woher: »Von meinem Boche, ein guter Alter.« Das unentwegte Wirken der Alten, die nicht immer so alt waren, wie sie aussahen, blieb ohne Einfluß mindestens auf das augenblickliche Geschehen, nutzlos und rührend wie heimliche Blumen auf einem verbotenen Altar.

Aus den Augen des alten Heiner leuchtete ein Feuer, das seit langem Fleisch und Blut aufgezehrt hatte und sich seitdem aus sich selbst erneuerte. Er war einer dieser Menschen, vor denen man sich fassungslos fragt, wie sie leben können. Er konnte nicht sprechen, ohne den Mund zu verzerren und die Worte wie mißlungene Anfänge von sich zu reißen. Seine Lippen zuckten, als ob das in ihm brennende Fieber sich eigene Laute prägte und ihm aufzwänge, die er mühselig umformte.

Vor ihm wurde ich demütig und klein. Seit ich ihn zum letztenmal besucht, hatte ich nur einmal, im Süden Frankreichs, ein Antlitz gesehen, dessen sich der Geist so ausschließlich bemächtigt hatte: das des Erzbischofs von T. am Tage seiner Weihe zum Kardinal. Zu schwach, um die Reise nach Rom unternehmen zu können, war er in seinem Dom gekrönt worden. Zwei Würdenträger seines Sprengels hatten ihn unter den Armen die Stufen empor zu dem Thron seitlich des Hauptaltars getragen. Ich hatte meine Sinne der Erschütterung entziehen wollen, der mich der Anblick des Greises ausgesetzt, und meine Augen hatten sich an die entlegensten Steinbilder und die höchsten Kreuzbögen des Hauptschiffes geflüchtet. Aber unwiderstehlich hatten sie den Linien der Bögen und Pfeiler folgen müssen. Die Emporen voller Nonnen, deren weiße Hauben auf schwarzen Gewändern wie Schwalben geflattert und gezwitschert, hatten den Blick nicht aufgehalten, sondern ihn empfangen und weitergegeben an die tragenden Pfeiler, die ihn gegen den Boden gelenkt, wo die schwarze Menge ihn entgegengenommen und nach vorne getragen, ob ich wollte oder nicht, wie man etwas über den Häuptern von tragendem Arm zu Arm weitergibt, bis zu den braunen und weißen Kutten der Orden, den schon feierlich erregenden Gewändern der violetten, gelben und weißen Würdenträger und vor die riesige Purpurflamme der Kardinalsschleppe über den Stufen, die erstarrt das wachsgelbe, schmerzliche und friedliche Gesicht getragen hatte. Es war gewesen, als ob dieses Antlitz zunächst allein an seinem Platz, und die Flamme, der Dom und die Versammlung nachträglich erst, immer nach dieser

wachsbleichen Mitte zu geordnet und geboren worden wären, nur zu einem Rahmen und Grund. Und indem ich es empfunden, war mir gewiß geworden, daß es sich wirklich so zugetragen hatte.
Ich hatte mir seitdem oft wiederholt, daß die Anhäufungen von so viel Erfahrung, Erfindung, Tand und Prunk um das Haupt der greisen Kirchenfürsten den Verdacht der unredlichen Absicht rechtfertigte. Ihre Wucht war zu überwältigend, um befreien zu können. Der Dom, um den Gedanken gebaut, konnte dessen Gefängnis sein.
Aber erst der Geächtete vor mir erlöste mich von dem Druck jenes großen Erlebnisses. Er stammelte nur und rang, um sich aus seiner Welt der farblos gescheuerten Wohnküche und des Staubes der Gießerei wie aus dem Lehm des ersten Tages zu lösen, aber er war ein gewaltigerer Zeuge. Eindringlicher als der Sproß eines alten Geschlechts trug er die Geschichte einer langen Zeit in sich. Das Weh auf seinen Zügen sagte aus, daß ihm die Menschenalter, die sich vor ihm vergeblich bemüht hatten, die Schwere zu besiegen, ihre Erfahrung übermittelt hatten. Aus der Nacht, in der sein Sohn in den Tod gegangen war, hatte er das Grau seiner Schläfen behalten. Er versuchte tapfer, davon zu sprechen: »Mein Bub«, begann er, und schon würgte er rauh, »jeden Abend zurück, immer elender, bis . . .«. Er hielt inne und suchte, als ob er eine Arbeit am falschen Ende angepackt hätte, begann von neuem und schüttelte nach dem ersten angefangenen Satz den Kopf: »Es gibt Dinge, die sich nicht sagen lassen, es gibt keine Worte dafür. Zudem, was ich dich wissen lassen will, sind Worte wie – wie Ratten, die an einem Bilde nagen.« Oft half er sich damit, indem er einen Satz, den er bekräftigen wollte, mehrere Male hintereinander sagte: »Unser Weizen blüht, unser Weizen blüht –«.
Er lenkte eine Laufbrücke, die man vom Boden aus mittels herabhängender Ketten bedient, als das Gußstück, das er so vom Platz schaffte, aus der umfassenden Kette glitt und den Beiseitespringenden am Fuß er-

wischte. Heiner lag im selben Augenblick am Boden, und sein Schrei übertönte das Dröhnen des aufschlagenden Werkstückes. Ich rannte mit flatternden Knien und bemühte mich wild, mit Hilfe von Hebeln das schwere Gußstück von dem Fuße des Getroffenen zu heben. Während ich mit aller Kraft einen Hebel niederdrückte, faßte ein Nachbar den Verunglückten unter den Armen und zog ihn beiseite. Heiner schrie auf, und er wurde noch blasser, als er schon war, denn das bislang aufgehaltene Blut pulste nun in mächtigen Stößen durch eine breiige, vermengte Zerstörung aus Lumpen, Fleisch, Sehnen und Knochen. Ich band notdürftig das Blut ab, während der andere Helfer nach einer Tragbahre lief. Aber der Verletzte schüttelte den Kopf. Seine Lippen zitterten, wie von einer fremden Kraft bewegt, und er versuchte vergebens, die Herrschaft über sie zurückzugewinnen. Er deutete auf das kleine Pult, auf dem er die Begleitscheine für die Gießaufträge anmerkte und aufbewahrte. Der Mann und ich hoben ihn auf und wollten ihn tragen. Aber Heiner schüttelte den Kopf, Tränen in den Augen, fast heulend vor Schmerz, und drängte uns mit beiden Händen verzweifelt von sich weg. Er wollte allein auf das Pult zugehen. Unversehens wußte ich, was der Stumme im Sinn hatte. Ich hielt meinen Nachbarn am Arm zurück: »Laß ihm seinen Willen –«, und es geschah, was ich erraten hatte: es waren etwa fünf Schritte bis zum Pult. Heiner sammelte alle seine Kraft – es war sichtbar, wie er sie zusammenlas und vereinigte – und hüpfte auf einem Fuß vorwärts. Nach jeder heftigen Bewegung, die wie ein Geschoß seinen Körper durchschlug, stand er still, preßte die Zähne zusammen und atmete kaum mehr. Fünfmal schoß ihm das Blut wie heißes Blei in den formlosen Schwamm, den er triefend an Stelle seines Fußes nachzog, immer schwerer. Ich hielt den zweiten Helfer mit Gewalt zurück, aber mich selbst zugleich an dessen Wams fest. Ich hatte Angst, mich unter dieser Folter mit meinem wahren Namen zu nennen, um Heiner helfen zu können.

Der Verwundete klammerte sich mit einer Hand an das Pult, während er mit der anderen die Schublade öffnete, grade weit genug, um mit der flachen Hand hineinlangen zu können, zu wenig, um die Fernerstehenden sehen zu lassen, was er darin tat. Er tastete suchend, fand, und nur ich, der es erwartete, sah, daß er hastig ein kleines flaches Päckchen in die Brusttasche schob. Dann erst überlieferte er sich dem Schmerz. Seine Hände krampften sich um das Pult, so daß die Knöchel weiß anliefen, er biß sich auf die Unterlippe, und sah uns flehend an. Während wir ihn, Erschütterungen sorgsam vermeidend, denn der Unglückliche schrie bei jedem kleinsten Stoß auf, nach dem Verbandsraum brachten, sah ich plötzlich die Gefahr voraus: wir lieferten ihn in die Arme der Spinne. Ich konnte nichts mehr verhindern. Um uns drängten sich Neugierige. Ein Werkschutzmann ging uns zur Seite, um uns Platz zu schaffen.
Ein Faden des Netzes führte durch den Verbandsraum, dessen Verwalter, ein schmächtiges Bürschlein, zu den freiwilligen Horchern und Kundschaftern der Werksicherheit gehörte. Es gelang ihm nie, dem Blick eines Menschen standzuhalten. Seine Augen flatterten unstet wie Sperlinge, die ihr Nest besetzt finden, sobald jemand ihn ruhig ansah. Vergebens versuchte er dann, indem er aus seinen Brauen zwei spitze Giebel bildete, seinen Blick zu vertiefen und zu verteidigen. Weil jeder Blick eines Menschen ihm eine Demütigung und Niederlage war, hatte er dieses Aussehen eines armen Geprügelten. Irgendwo mußte er sich stärker als die anderen fühlen können. Und weil er zu oberflächlich und leer war, um in sich selber finden zu können, wessen er bedurfte, nahm er seine Zuflucht zu den beiden einzigen Sinnbildern der Macht und Bedeutung, die ihm in seinem jämmerlichen Prügelknabenleben begegnet waren: den Amtsstempeln und den Schutzmännern. Es gab nur zwei Arten Menschen: mit oder ohne Recht Stempel zu führen. Er hatte mehrere; rote, grüne, blaue. Gewiß bot ihm sein Beruf Gelegenheit, sich an den Menschen zu

rächen. Er konnte Nickelscheren, Messer, brennende, ätzende, reißende Salben, Wasser und Säuren handhaben und alles, ohne eine handgreifliche Entgegnung von seiten der Opfer fürchten zu müssen. Er konnte Angst hervorrufen, aber er spürte doch mit sicherem Unterscheidungsvermögen, daß der unterste aller Polizeibeamten eine weit echtere Furcht erzeugen konnte.

Die neuen Herren hatten ein furchtbares Machtmittel erschlossen, indem sie sich die unzähligen verhinderten Schutzleute dienstbar gemacht hatten; indem sie ihnen etwas zu verfolgen, zu überwachen gaben und ihre Tätigkeit anerkannten. Sie wandten das Wort Polizei verschwenderisch an: Feuerpolizei statt Feuerwehr, Gesundheitspolizei, Feldpolizei; der Heilgehilfe hatte sich mit den Jahren selbst insgeheim davon überzeugt, daß die weißen Wände, Schränke und Marterstühle seines Verbandsraumes nur die geschickte Tarnung zu einer eigentlichen, übergeheimen Tätigkeit waren. Er lauerte darin wie in einer Falle und schoß verderbengeladen auf jeden zu, der in seinen Bereich kam.

Er kannte Heiner als einen Gebrandmarkten und musterte ihn gierig, aber mit Weile, wie eine Beute, die ihm sicher und mit Genuß zu zerreißen erlaubt war. Er faßte den Puls, er öffnete die Jacke und suchte nach dem Herzen, aber der halb Besinnungslose spürte die tastenden Hände und fuhr in einer Aufwallung panischen Schreckens nach der Brusttasche, um deren Geheimnis er schützend die Hände schloß. Der Wundpfleger bildete seine drohenden Giebel über den Augen, schaute argwöhnisch zuerst auf den Liegenden, danach auf die beiden Helfer. Er versuchte, ein nichtssagendes Gesicht aufzusetzen, und da es von Geburt aus nichtssagend war, wurde es dummschlau. Ich hielt den Blick mit Mühe aus. Es war mir unheimlich zumute. Der Verdacht des armseligen Menschen glitt widerlich über mich wie eine Schlange, und ich mußte mich totstellen. Er sagte: »Ihr könnt gehen.« Ich wandte mich um, es war furchtbar, ich war erlöst und alle Scham, die ich spürte, weil ich den

Unglücklichen, der totenähnlich auf der Bahre zu meinen Füßen lag, kampflos dem Feind überlassen mußte, hinderte nicht, daß ich erlöst war. Mein Nachbar drängte mich vor die Tür und stob davon, als habe er den Leibhaftigen gesehen, dessen Erscheinen Verderben ankündet. Er wie ich warteten unruhig auf eine Folge. Sie blieb nicht lange aus: noch am selben Abend wurden wir beide für den nächsten Morgen vor die Leitung der Werksicherheit befohlen.

Die Nacht kam auf mich zu wie ein Tor, das sich vor mir schloß. Ein junger Soldat, im Osten verwundet und als Genesender dem Wachtdienst zugeteilt, sprach zu mir. Ich hörte ihm zerstreut zu, das Wort »Polenfeldzug« blieb in meinen Ohren wie ein Echo, und plötzlich jagte mich ein Satz auf wie ein Peitschenhieb, wie brennende Säure: »Ich habe neunundzwanzig Juden erschossen.« Ich sah fassungslos in das Kindergesicht – ich sah es jetzt erst – das vor Zufriedenheit und Gesundheit leuchtete, von der Sonne gebräunt und durch Körperübungen in freier Luft (sie ließen ihre Genesenden eine gutdurchdachte, angemessene Folge von täglichen Leibesübungen ausführen, um behindernde Folgen der Verwundung zu vermeiden) von Blut durchpulst war. Sah man seine treuen, sauberen Augen, so hätte man geschworen, daß er noch kein Weib gekannt hatte. Ich konnte mit Mühe meinen Abscheu und Zorn in Worte dämmen: »Und die Schande erstickt dich nicht? Du bist kein Soldat, du bist ein Mörder; laß mich, ich rede nicht mehr mit dir . . .« In der nächsten Sekunde hatte ich Angst, ihn wild gemacht zu haben. Schließlich hatte er ein Gewehr, und ich war sein Gefangener. Aber er war mir nicht böse. Er hatte fast Mitleid mit mir, und herablassend, bereitwillig und eifrig ging er daran, mich aufzuklären wie einen armen Bruder, dem noch niemand die Heilsbotschaft verkündet hatte. Und während er versuchte, mich zu bekehren, einfältig glaubend, freudig zeugend, sahen mich aus ihm hunderttausend der jungen Verelendeten aus der Zeit vor dem Abenteuer an. Es waren wenige darunter, auch meine Freunde und ich nicht, die nicht geträumt und inbrünstig davon geschwärmt hatten, die nicht fähig und bereit gewesen waren, neunundzwanzig Junker, Pfaffen oder Bürger, alle, die ihnen einen Platz an der Sonne hatten verweigern wollen oder Unordnung in die Welt gebracht hatten, aufzuhängen, eigenhändig, im fröhlichen Bewußtsein, eine neue saubere Welt damit vorzubereiten. Ich konnte doch den Jungen nicht mehr schuldig finden als zuvor. Eine Kraft, weder gut noch schlecht, blind und ewig wie eine Naturgewalt, war hier zu einem Vorspann des Verbrechens geworden. Dieselben Abenteurer, die unsere Gedanken und Ziele geplündert, hatten sich dieser Kraft bemächtigt, die wir selbst hatten großziehen helfen, die wir selbst mißbraucht und verkrüppelt hatten, weil wir leichtsinnig genug gewesen waren zu glauben, daß sie ausschließlich uns vorbehalten sein würde.

Ich tastete durch den hinter mir liegenden Tag und durch die vergangenen Jahre wie mit ausgestreckten Armen durch eine nachtdunkle Zelle, immer hoffend, einen Weg nach draußen zu finden. Meine Hände streiften in der Finsternis die Gesichter meiner Genossen, unter ihnen das stöhnende, ringende Antlitz Heiners – was geschah ihm zur Stunde? Aber die Wände blieben. Ich entdeckte andere Geheimnisse der großen Erfindung; aber sie steigerten nur meine Ohnmacht und meine Angst, sie bewiesen mir, daß die Wände unverletzbar waren: ich kannte nicht wenige Arbeiter, die noch nie die Hand zum römischen Gruß erhoben und die immer noch mit »Guten Tag« grüßten. Es war viel verschwendeter Mut.

Tausenden bekannt war der alte Schmied, der am Lufthammer arbeitete und der die braunen Büchsensammler und Zeitungsverkäufer empört abwies, mit Hammer oder Zange in der Hand, und der mit Worten und eindeutigen Gebärden nicht kargte, um ihnen seinen Abscheu vor den Augen aller zu verdeutlichen. Er wurde geschont wie das letzte Haupt einer aussterbenden Gattung.

Hundertmal hatte ich Leuten, deren hitlerfeindliche Haltung ich genau kannte, vorgeschlagen, sie mit Landsleuten gleicher Sinnesart bekannt zu machen. Sie hatten sich jedes Mal mit Händen und Füßen gewehrt. Ich hatte mit der halben Belegschaft nacheinander und mit jedem unter vier Augen gesprochen, und alle, selbst Amtswalter der staatlichen Einrichtungen, waren zugänglich gewesen und hatten offen ihre Meinungen ausgesprochen. Hatte ich aber die Rede an sie gerichtet, wenn sie beieinander gestanden, so waren dieselben Menschen ablehnend und häufig feindselig geworden.
Dies entging auch den Ausländern nicht, die darin eine den Deutschen eigene Feigheit sehen wollten. Ich aber wußte, seit ich die Urteile der Gerichte las, daß ich hier an einen Stein der lückenlosen Mauer rührte, die das neue Gesetz sorgfältig errichtet hatte: hörte ein Mann allein einen Feindsender, so lief er Gefahr, zu drei oder fünf Jahren Gefängnis verurteilt zu werden. Fanden sich jedoch mehrere zusammen, um gemeinsam über die Fronten zu lauschen, so wagten alle ihr Leben.
Die Guten-Tag-Sager und der Schmied blieben unbehelligt, aber wer Gerüchte weitergab, verschwand. Das Gesetz ahndete nicht ausdrücklich die persönliche Meinung, solange sie absonderte, aber es hütete mit grausamen, unmenschlichen Waffen, was Eigentum des Staates geworden war: diese geheimnisvollen und gleichzeitig kindlich einfachen Ursachen, die aus vielen einzelnen eine Menge machen, eine Menge, diese Göttin und dieses Lasttier unserer Zeit. Die Gewaltschleicher hielten diese Ursachen und Bedingungen beschlagnahmt und diesen Weg besetzt wie eine Wasserstelle, mit der sie die Wüste beherrschten. Denn sie hatten erkannt: was die Einfachen befähigt, über ihren eigenen Vorteil hinaus zu handeln, mit nackten Händen Siege zu erringen, auf Lumpen stolz zu sein, singend zu hungern, was immer einen Mann bewogen hat, seine Gegenwart für eine Zukunft zu opfern, war das Bewußtsein eines Auftrages, den er von der Gemeinschaft erhalten hatte, zu der er

sich bekannte. Die Gewißheit aber dieses Auftrages konnte er nur empfangen in dem Zustande zwischen Gnade und Rausch, in dem er aufhörte, als Einzelwesen zu zittern, weil er fühlen durfte, daß er Teil eines Ganzen war.

Aus den jungen Verwahrlosten, die hungrig auf die Lenkräder der Kraftwagen geschaut und die um eine Möglichkeit, sich bewähren zu dürfen, gebettelt hatten, waren die Soldaten, die schwarzen Sturzkampfflieger und Kampfwagenbesatzungen geworden, die Befehle vom Munde ihrer Oberen ablasen und neunzehnhundertvierzig über die Länder gestürmt waren, nicht wie gehorsame Heere, sondern wie die Reiterei eines Propheten. Aus den Arbeitslosen, die ihr Leben hatten versickern sehen und die Welt nur noch wie durch die Lücken eines Bretterverschlages hatten betrachten können, waren die Gefolgschaften der Werke des Reiches geworden, die auf ein Wort aus einem Blechtrichter hin Überstunden machten, deren Entgelt sie ihrer Führung überließen. Aus den Mördern der nächtlichen Straßenecken waren die verbrämten Vollstrecker des öffentlichen Armes geworden, die durch ihr grausames Handwerk so an den Tod der anderen gewöhnt waren, daß sie mit versteinerten Zügen durch die Lebenden gingen, aber immer noch ihr schlimmstes Wüten für heiliges Feuer hielten und überzeugt waren, ihr flammendes Schwert, das »nackte Schwert der Revolution« aus Gottes eigenen Händen empfangen zu haben! Vor ihren Gesichtern, die keine Blöße boten, ergriff mich ein Gefühl der Ohnmacht. Sie waren unerschütterliche, unverletzbare, bewaffnete Verkünder. Sie waren nur gegen wirkliche Kugeln nicht gefeit. Wie groß war die Versuchung zu glauben, daß nur ihre Ausrottung in unzähligen Schlachten sie aus der Welt schaffen konnte; so sehr fordert der Mord den Mord heraus.

Aber während mein Haß zu jeder Niederlage der Mörder frohlockte, wuchs der Alpdruck des Endes ins Ungeheuerliche. Denn mit den Schuldigen ging zugrunde, mißbraucht, besudelt und blutbefleckt, was ihnen Waffe und Schild war; alles, was uns einst teuer gewesen war, unsere Jugend und unsere Zukunft, unsere Träume und unsere Kraft. Und zermalmten die verbündeten Panzer und Bomber wirklich neben den Kindern den Ungeist zwischen den Backen ihrer Fronten, und begruben sie neben den Frauen die Mörder unter den Trümmern der Wohnhäuser? Waren nicht draußen viele Anwärter dabei, eifrig zu erlernen, was die Gewaltschleicher der Welt vorführten: wie man ein großes Volk durch niegekannte Leiden in den sichtbaren Tod führen konnte, nicht nur ohne Widerstand und Auflehnung – diese Gespenster der Stäbe des vorigen Krieges – fürchten zu müssen, sondern darüber hinaus die Unruhe, den blinden Drang und die Sehnsucht einer Gemeinde in Bewegung zügelnd und zureitend, um deren Kraft dem Abenteuer dienstbar zu machen? Und das mit einfachen, längst bekannten Künsten, oft so beschämend und erniedrigend wie der billige Zauber, mit dem gewissenlose Verführer gewohnheitsmäßig Frauen unterwerfen und ausbeuten.

Nur eine deutsche Empörung konnte das Verbrechen von der Wahrheit trennen, mit einem Schlag das Gesicht unserer Zeit ändern, das Gepräge der Widerstandsbewegungen in allen andern Ländern ändern und den kostbaren Einsatz aus den Fingern derer retten, die sich um ihn stritten, um ihn besser zu vernichten. Noch nie hatten von dem Verhalten einer Gruppe Menschen Entscheidungen von so gewaltiger Tragweite abgehangen; noch nie war der Abstand zwischen der Größe einer Aufgabe und der Stärke, geistigen Vorbereitung und Zahl der Beauftragten so ungeheuer weit gewesen!

Ich sah meine Genossen im Ausland – wo mochten sie sein? – gejagt, versteckt, geschändet, gefangen und von Leuten, denen sie sich anvertraut hatten, an die Henker ausgeliefert, unfähig zu begreifen, in alten Worten gefangen, in fernen Fluchtländern mundtot gemacht, geduldet. Und in Deutschland, nach jahrelangem Lauschen innerhalb der Mauern der berannten Festung, hörte ich immer noch nur Geflüster und das Aufstöhnen der Gebrandmarkten in ihrer jahrelangen Todesstunde. Wie viele waren es wirklich, die sahen, was Hutten schon vor Jahren erkannt hatte?

Noch niemals hatte auf so wenigen Schultern eine so große Bürde gelegen. Ich trug an ihr, in Ohnmacht, Beklemmung und schwerer Ahnung. Die Tage tickten ab. Die Frist verstrich. Ich raffte mich auf. Ich wollte nicht wahrhaben, ich wollte nicht glauben, daß es zu spät war, daß in Blut und Trauer versank, was wir schon am Horizont hatten leuchten sehen, was unsere Hände schon begonnen hatten: eine neue Welt zu errichten zum erstenmal, seit Menschen lebten, aus den Bausteinen und auf dem Boden einer zweitausend Jahre alten Zeit.

In den toten Winkeln der Werkstätten sammelten sich Tümpel von Müdigkeit, Enttäuschung und Ratlosigkeit. Etliche erinnerten sich früherer Meinungen. Die Bewegungen erlahmten und stockten. Knopp frohlockte voller Hoffnung: »Der und der, mit dem man bis gestern nicht ein vernünftiges Wort hat wechseln können, ist gekommen und hat gesagt ...« Manchmal wurden die Augen trostlos, fragend, verwirrt oder erschreckt. Die Geächteten, die Vergessenen, die Verborgenen, alle heimlichen Gegner der Gewaltschleicher wurden aufmerksam und warteten auf das nahe Erwachen des großen Zornes oder des großen Besinnens. Zaudernd holten sie hervor, was sie seit Jahren in ihren Köpfen aufbewahrten und spürten selbst, wenn sie es aussprachen, daß es an der Wand verhallte.

Sie sprachen von der Bewaffnung des Volkes, und ich, ich wußte gut, was sie meinten. Wir hatten uns an den Bildern der über den Roten Platz marschierenden bewaffneten Betriebsarbeiter nie satt sehen können, und wir hatten gejubelt, wenn uns in den Filmen die erregenden einzigartigen Tage gezeigt worden waren, während der diese Betriebsarbeiter zu ihren Waffen gekommen waren, um sie nie mehr aus den Händen zu geben. Wie

stürmisch hatte uns das Herz geklopft, wenn wir im Verlauf von Übungen unserer Wehrverbände in stillen Tälern der Berge den Schaft eines Gewehres hatten umklammern können; einer Waffe, des einzigen untrüglichen Zeichens der Mannbarkeit, der Freiheit.
Aber sie sprachen zu Leuten, die in Aufmärschen eine soldatische Kleidung, breite Messer und kleine Schußwaffen tragen durften. Sie sprachen von der gerechten Verteilung der erarbeiteten Reichtümer. Aber sie sprachen zu Menschen, die einen Volkswagen schon zur Hälfte bezahlt hatten und noch in den Erinnerungen einer Reise auf einem Kraft-durch-Freude-Schiff schwelgten, die in sauberen Siedlungen wohnten und im Winter Ski fuhren; es war, als seien die Menschen mit wenigen geschwächten Erregern geimpft worden, gegen alle die gefährlichen, die echte Aufstände bewirken.
Auch die mit guten Gründen vorgebrachten Einwände schienen nebensächlich, gegenstandslos, nur Teilfragen eines Ganzen. Es war, als ob ein Ketzer dem Heiland selbst den Reichtum der Klöster hätte zur Last legen wollen, während er doch nur eine Aussicht hatte, diesen Reichtum gerechter zu verteilen: zu beweisen, daß er ein echterer Jünger des Gesalbten war.
Die Genossen wußten nicht, daß es ein Wahn war, die Gleichheit der Menschen, als winzige Stäublein eines großen Ganzen – der vor zehn Jahren noch von allen Parteien angestrebten »Einheit« –, innerhalb dessen jedes seine Aufgabe hatte, auf der Grundlage des gemeinsamen Genusses aller Erzeugnisse aufbauen zu wollen. Nur die geistigen Güter konnten streng gleich verteilt werden, also der Kitt des großen Körpers sein; damit aber wurden sie eine Glaubensgemeinschaft.
Fast mit Recht konnten die Abenteurer sagen, daß sie im Namen des Volkes handelten. Denn hätten sie ihm in einer dieser schwachen Stunden die Gewalt verweigert, hätten sie es mitten auf dem Wege stehenlassen, vielleicht wären sie zerrissen worden. Wahrscheinlich ließen sie absichtlich Spannungen und Leeren entstehen, bis

die Genarrten in ihrer hilflosen Not riefen: »Führer befiehl, wir folgen«, um erst dann wie Erlöser zu erscheinen und das alte Schauspiel vorzuführen. Über allen, schon mehr als ein Mensch, stand der Große Einzige, der nur mit finsteren Schatten unter den Brauen für kurze Stunden vom Berge stieg, auf dem er einsam mit Gott rang. Er hatte nur dem Allmächtigen Rede zu stehen und ließ es zur Genüge wissen. Den Menschen war er keine Rechenschaft schuldig, und wenn er mit seinem Volk sprach, so nur von einer Liebe getrieben, die er stets betonte. Und noch die durch kein genaues Wissen bestätigte, bedrückende Ahnung von dem unübersehbaren Umfang seiner Morde umgab ihn mit schrecklichem Glanze. Er sagte stets dasselbe, erinnerte an die kurzen, glücklichen Jahre vor dem Krieg, verheißungsvoll wie die Früchte, welche die Kundschafter aus dem Gelobten Land zurückgebracht hatten, und er versprach, daß Gott und er sie an das erträumte Ziel bringen würden.

Und das Volk erhob sich und ging weiter auf dem Weg durch die Wüste, etliche freiwillig und begeistert, etliche, weil sie leichter auf einen Befehl hin starben als auf eigenen Entschluß, etliche von der Gewißheit gezwungen, nie mehr lebend an den Ausgangspunkt des Abenteuers zurückkehren zu können.

Abseits und zurück blieben die Geächteten mit ihren Beweisen, wie mit Schlüsseln, zu denen die Türen fehlen.

Beharrlich verfolgte mich das Gesicht Heiners durch die ganze Nacht. Ich verstand, daß er mir etwas übermitteln wollte, aber ich konnte nicht erkennen, was, so geduldig er es auch wiederholte. Es war verschieden von allem, was ich bisher erfahren hatte, aber ich spürte, daß ich es wissen würde, wie man aus geheimen Anzeichen errät, daß man sich einer Küste nähert. Der Morgen graute. Ich hatte die ganze Nacht hindurch gewacht. Ich mußte zusehen, ohnmächtig und hilflos wie ein Gefesselter, vor

dessen Augen man einen Freund foltert, wie sich die Angst vor der Angst und das Dasein eines Gefangenen meiner bemächtigte.
Der Obmann Langlahr trug den Amtsrock des Befehlshabers der Werksicherheit. Der Stehkragen mit den gestickten Kragenspiegeln klaffte aufgehakt; das Zeichen, daß keiner der Anwesenden einen höheren Rang bekleidete. Der steife Rand des Kragens trennte scharf den rosigen, nichtssagenden Kopf eines kleinen, kundenbeflissenen Krauters von dem Leibe eines Herrn Hauptmanns. Die offensichtliche Gutmütigkeit des Gesichts erleichterte mich, die nächtlichen Vorstellungen, die enger werdenden Wände schienen mir Alpdrücke, es war alles nicht mehr wahr, ich hatte das fröhliche Gefühl, wieder unter Menschen von Fleisch und Blut zu sein, und ich grüßte fast heiter, so wie einer seinem Krämer, den er jeden Tag vor der Ladentür sieht, guten Tag bietet. Aber mein Gruß stieß gegen ein Hindernis aus Würde. Ich sah mich um, und mein Blick traf die kalte Herrschermaske Weidners! Neben ihm lauerte das Männlein aus dem Verbandsraum, weiterhin ein Wachtmeister des Werkschutzes, Kraftmarder. Und zwei bleiche, grauglattrasierte Herren, so kalt und unverschämt abmessend, so aufdringlich geheim, daß ich sofort wußte, wer sie waren. Sie alle waren jenseits des Hindernisses, sie hatten die »Schranken des Gerichts« errichtet.
Der Alpdruck ging weiter, entsetzlicher, weil am hellichten Tage, ohne das Dunkel, sanft wie ein Bad, ohne die beruhigende Einsamkeit. Ein Wachmann an der Tür nahm einen Augenblick lang die steife hohe Mütze vom Kopf, und der rote Reifen, den sie um den kahlen Schädel gedrückt hatte, ließ ihn plötzlich wie zu Hause aussehen, in Hosenträgern vor einer Tasse am Küchentisch sitzend, die Frau verängstigend, das Trugbild der Behäbigkeit, des Friedens.
Sie wollten richten, sie durften nicht viel. Die beiden Geheimen wachten, um die Galgenrechte des Staates zu wahren. Sie durften eigentlich nur bestrafen, worüber sie

sich vorher hatten entrüsten können. Liederlichkeit, rote Hetze, Faulheit. Aber zusammen mit ihrer Partei und deren Staat waren sie eine erbarmungslose Körperschaft, die um der Empörung anständiger Kirchgänger willen tötete.
Ihr Aufbau war eine getreue Wiederholung der in Rußland und Italien gelungenen Parteigebäude. Aber sie war ihren Vorbildern überlegen, weil sie allein das Gepräge der Volkserhebung mit der Würde der Gesetzmäßigkeit hatte vereinigen können, eine unglaubliche Vermählung von Gegensätzen, die nur dem finsteren Zauberer hatte gelingen können. Die glückliche Verbindung hatte zu Beginn seiner Herrschaft den Widerstand entscheidender Kräfte ausgeschaltet – die nicht dem Führer gefolgt waren, hatten dem Kanzler gehorcht –, aber das war nur ein nebensächlicher Gewinn gewesen. Der große Fund waren die Mitglieder der Partei, bis zur Machtergreifung vor allem aus den Reihen der verarmten Kleinbürger gewonnen, brave, schüchterne Leute, wie sie vor mir saßen, die dank der Erfindungen des Führers gleichzeitig nebeneinander sein konnten, wonach sie sich abwechselnd, schwankend, gesehnt hatten: Schutzmann und Rebell, was mir Ausblicke in die Tiefen der Menschenseele eröffnete und meine Erinnerungen an die Forderungen nach Sauberkeit, Ordnung, Erneuerung und deren Bedeutung erweckte.
Sie ließen sich den Vorgang erzählen, stellten überraschende Fragen und hörten argwöhnisch zu, aber alles war doch zu einfach: ich, den die Arbeit in die Gießerei geführt hatte, ich hatte den Unfall gesehen und war dem Verletzten zu Hilfe geeilt. Sie waren überzeugt davon, daß ich, der so gut sprach, besser als sie selbst, und aus meinen Meinungen kein Hehl machte, nicht in so nahe Berührung mit dem alten Feind gekommen sein konnte, ohne mehr erfahren zu haben, als ich sagen wollte. Es widerstrebte ihnen, mich ungestraft aus ihren Händen zu entlassen. Weidner hatte mich auf dem Korn. Und sie konnten nicht anders: ein Erscheinen vor ihrem Rate

mußte immer schrecklich sein. Sie wußten nicht, wie sie mich packen konnten, und ich stand vor ihnen und hatte das Gefühl, daß Tiere um mich kreisten, denen ich nicht die Augen zuwenden durfte. Wenn ich mich trotzdem sicher fühlte, so nur, weil ich durch die Kriegsgesetze geschützt war, welche die Behandlung von Gefangenen genau vorschreiben.

Was sie fanden, erschien mir harmlos: ich wurde noch am selben Tage in eine andere Abteilung versetzt und einem Anzeichner des Lokbaues beigegeben. Der war ein breitschultriger, ein wenig buckliger Riese mit einem dichten dunklen Krauspelz auf dem Kopfe, und er sah mich mit traurigen großen Samtaugen an und gab mir freundlich Bescheid, wies mir meinen Platz und meine Werkzeuge an. Ich richtete mich ein und begann, wie gewohnt, Rundgänge zu machen, pfeifenrauchend mit Bekannten zu plaudern, Unbekannten bei der Arbeit zuzuschauen, um zur rechten Minute ein geschicktes Wort einzuwerfen, das eine Unterhaltung in Gang bringen konnte. Der Kraushaarige warnte mich mit scheuen Augen. Ich schalt ihn im stillen einen Angsthasen.

Aber zwei Tage später wurde ich in die Schreibstube befohlen, auf deren Tür ein Schild »Obermeister Reik« genagelt war. Reik richtete seine brillenbewehrten Augen im Gesichte eines scheinklugen Winkelarztes wie Gewehrmündungen auf mich und fuhr mich an: »Sie haben an Ihrem Arbeitsplatz zu bleiben, bis das Heulzeichen die Pausen angibt«, und auf eine Bewegung meinerseits hin, die er als Einspruch auslegte: »Ruhe und keine Widerrede. Sie haben Ihre Mitgefangenen in der Dreherei aufgesucht, Sie haben sich mit einem Vorarbeiter des Kesselbaues angebiedert, Sie sind zu dem Russen, der die Laufbrücke bedient, auf den Führerstand geklettert – den Russen haben wir zurechtgestoßen, daß er sich zeitlebens daran erinnern wird. Ihnen aber sage ich ein einziges Mal, wohlgemerkt, nicht zweimal: es ist verboten. Merken Sie es sich genau: ich rede nicht in den Wind.«

In der ersten Minute, während der getreuen Aufzählung meines verstohlenen Tuns, hatte mich das wohlbekannte gezähmte Grauen heimgesucht, das sich einstellt, wenn einer der Gefahr gewahr wird, die er nichtsahnend schon hinter sich gebracht hat. Fieberhaft versuchte ich zu überschlagen, wie groß der Schaden war; hatte ich mich während der letzten Tage in besonders bloßstellender Gesellschaft gezeigt? Aber sogleich fegte ein neues Entsetzen diesen Nachhall der Angst weg, und verstört, gelähmt und vernichtet verließ ich die Schreibstube: geräuschlos hatten sich die Gitter um mich geschlossen. Ich war in dem beleuchteten Feld, und das kalt mordende Ungeheuer, das im Lande hauste, hatte seine Augen auf mich geworfen. Zögernd – denn er traute keinem Menschen – bestätigte der Krauskopf die Entdeckung: im Lokbau arbeiteten nur Verdächtige unter der aufmerksamen Obhut bibelfester Hitlerleute, nur Seuchenverdächtige unter geimpften Pflegern.
Ich war unter einem haarscharfen Vergrößerungsglas, und das erste Anzeichen der vermuteten Seuche war der Beginn eines elenden Sterbens. Ich zog mich überstürzt zurück. Ich ließ alle Beziehungen fallen. Ich verwünschte die Leichtigkeit, mit der es mir gelungen war, Vertraute zu gewinnen, denn sie allein hatte mich die anfängliche Vorsicht vergessen lassen. Mein ganzes Trachten ging dahin, mich aus der Schlinge zu ziehen, aber der Erfahrung gemäß erwürgte ich mich nur noch mehr; ich sah keinen Weg und kein Mittel. Manchmal am Tage, immer häufiger mit der Zeit, fiel ein Wort, das schlecht eine Drohung einzukleiden schien oder eine Gefahr der Entdeckung bedeuten konnte, und in den Nächten, die darauf folgten, berechnete ich meine Aussichten. Waren die Verfolger fähig, waren sie vielleicht dabei, in meinem angeblichen Heimatort nachzuprüfen? Wenn sie herausfinden würden, daß ich unter falschem Namen lebte, schützten mich dann die Verträge von Genf? Ich erinnerte mich eines dunklen Falles: ein Gefangener hatte, mit einem Handwerksmeister in einer Wohnung arbeitend,

das Bild des Führers angespuckt. Er war spurlos verschwunden. Kein Vertrauensmann und kein »Hoher Kommissar für die Gefangenen« der französischen Regierung hatte je etwas erfahren können; wenn sie überhaupt etwas hatten erfahren wollen.
Ich hatte mit einem blauweißgestreiften Häftling sprechen können, der mit seinem Arbeitskommando durch die Entlausung des Stalags gekommen war: Sohn eines Münchener Reichstagsabgeordneten, war er geflohen und hatte sich zu Kriegsanfang in die Fremdenlegion gemeldet. Er war in Nordalgerien von deutschen Offizieren aus den Reihen des Regiments geholt worden, unter der Fahne heraus, die zu verteidigen er geschworen hatte. Er hatte versucht zu fliehen, er hatte an der Grenze von Spanisch-Marokko die Gardes Mobiles angefleht, ihn laufen zu lassen. Vergebens. Und der Mann, der das zugelassen hatte, trug noch den Waffenrock eines Soldaten und ließ sich noch Marschall nennen; niemals war der alte Begriff der Waffenehre schlimmer zuschanden geworden.
War der Graf auch ausgeliefert worden? Hatte dieser allem Treiben Fremde, weil seine Unschuld auf einem solchen Grunde leuchtete wie eine Tat, hatte auch er seine bescheidene Zeugenkrone erworben? Die Genossen in den Lagern von Gürs und anderen hatten seinesgleichen Verslein gewidmet:

Vierzehn, für den Kaiser
stand er vor Verdun,
heut kämpft der arme Scheißer
für Monsieur Lebrun.

Nicht eine Minute lang konnte ich auf Hilfe von seiten meiner »Regierung« hoffen. Es blieb mir nur eine einzige Hoffnung: ich hatte als Geburtsort »Bar-sur-Seine« angegeben, in der Voraussicht, daß, würde man mich eines Tages rufen, um mir das Ergebnis etwaiger Erhebungen vorzuhalten, ich immer noch behaupten konnte, in »Bar-sur-Aube« geboren zu sein, mich über den Irrtum eines schwerhörigen Schreibers lustig machend. Dadurch würden neue Nachforschungen notwendig werden, während derer ich fliehen konnte. Fliehen. Solange der gewisse Tod mich nicht dazu zwang, konnte nichts mich dazu bewegen, mich von der Stelle zu rühren. Denn vor mir türmten sich die Schwierigkeiten und unsäglichen Leiden einer Flucht durch ganz Mitteleuropa auf; einer Flucht, die in einem von zwanzig Fällen gelang und oft furchtbar endete. In unser aller Erinnerung lebte noch Benedikt, ein belgischer Gelehrter, der eines Tages seine Studienhefte zugeklappt und sich in einem Viehwagen versteckt hatte, der, wie er geglaubt, seiner Heimat zurollte. Aber der Zug war in den Balkan gefahren, und Benedikt war bei Belgrad tot aufgefunden worden, an einer Bauchfellentzündung gestorben. Flucht, die ganz sicher die Nachforschungen auslösen würde, die ich bis jetzt nur fürchtete; Flucht, welche im besten Falle in einem besetzten, vergewaltigten Gebiet enden konnte, in dem ich gehetzt, meiner Aussprache wegen von der eigenen Seite verdächtigt, würde leben müssen; Flucht von einem Gefängnis in ein anderes. Wie von Anfang an. Als ich zwanzig Jahre alt gewesen war, auf den Landstraßen, hatte ich hundertmal denselben Alptraum gehabt: ich hatte mich im väterlichen Hause gesehen, unfähig mich zu rühren, von geheimnisvollen Fesseln behindert. Ich war erwacht und hatte mich erleichtert und glücklich zwischen den Landstreichern auf einer Halde vor den Toren einer Stadt gefunden. Nun aber war ich im väterlichen Hause, wach.

Das rasende Tier der Angst riß sich in mir los. Genau wie ich mich im Gefängnis an der Saar mit allen Mitteln ermüdet hatte, um dem Schlaf zu helfen, gegen die Panik zu gewinnen, so suchte ich die Angst vor dem Tode zu schwächen, indem ich ihm hastig einen Sinn anzudichten trachtete. Ich las aus den elenden Scherben aller Glauben Stücke aus; die Ahnung eines Gesetzes, nach dem nichts umsonst getan werden kann, nach dem alles eine Spur hinterläßt, vielleicht auch die Nähe des jungen Geistlichen Parent, brachten mich in Versuchung, mich der Kirche zu nähern. Mir war übel von einem unheimlichen Geruch, der um »Reue« und »Sühne« lag, aber ich hätte mich dem Bösen verschrieben, um meinem Tod Gewicht zu geben.

Viele Nächte lang wehrte ich mich gegen die verzweifelte Versuchung, mich zu stellen. Ich malte an einer Erklärung, die, ohne ein Kniefall zu sein, Straflosigkeit hätte erreichen können. Aber so wie die unsichtbaren Fesseln des väterlichen Zuchthauses Gestalt gewonnen hatten, so waren auch die Umrisse dessen sichtbar geworden, was ich nur hatte verweigern können. Zeitweilig begann ich selbst wieder, mich der großen, schrecklichen Mutter zu nähern, die sich vom Blute ihrer Kinder nährt.

Ringsum schliefen die Kameraden, für einige Stunden frei von ihren armseligen Sorgen um Liebesgaben, das Ende der Prüfung und die Treue ihrer Frauen. Auch sie waren mit ihrer Regierung, der »Schutzmacht«, uneins, aber deshalb vor allem, weil sie dadurch schlechter mit Gaben versorgt waren als die belgischen und englischen Kameraden. Sie waren sich keiner Schuld bewußt und vergaßen nie, die Welt zu fragen: »Was haben wir nur dem lieben Gott angetan?«

Ich war allein in einem Tal mit dem Tier und mußte ihm standhalten. Noch die letzte Zuflucht und Kraftquelle – die Einsamkeit – wurde feindlich. Ich mußte alle meine Kräfte daransetzen, um bereit und tapfer zu sein, auch ohne Zeugen. Alles, was ich zu wissen verlangte, war, wie eine Tat auch ohne Zeugen Früchte bringen kann. Etwas in mir glaubte daran. Aber wie groß war die Versuchung, zu heulen und sich zu verstecken.

Wie leicht war der Tod auf einer Bühne.

Wie einem Verdurstenden eine kleine Wolke in der Ferne Hoffnung gibt und ihn ausrechnen läßt: »In vier Stunden wird es vielleicht regnen, und vielleicht werde ich noch leben und die ersten Tropfen auflecken können«, so belebte mich auf meinem Strohlager der ferne Schimmer des französischen Widerstandes. Ich erinnerte mich meiner besten Tage in Canon, als ich die Freiheit entdeckt hatte, und machte mir aus den Trümmern des feurigen Wagens einen Handkarren, auf den ich meine Enttäuschungen laden konnte. Ich las begierig zwischen den Zeilen der den Gefangenen erlaubten Zeitungen aus Frankreich die Nachrichten über die wachsende Bewegung, und ich hinterbrachte sie jeden Morgen dem Krauskopf. Vielleicht hatte meine Stimme einen besonderen Klang, ein »Wir Franzosen sind doch andere Kerle als ihr!« Während einer Luftgefahr, als die Belegschaft in den Bunkern saß, blieben wir allein in den Werken zurück, versteckt, und der Krauskopf antwortete mir: »Ihr denkt, wir sind weniger mutig als ihr, aber ich sage dir: Wenn die Braunen nur mit euch zu tun hätten, so wie sie sechs Jahre lang Zeit gehabt haben, um in aller Ruhe mit uns fertig zu werden, ihr wäret schon so klein, so artig wie Mäuse. Ich habe das auch nicht gedacht, als es angefangen hat; in unserem Dorfe war zu Anfang kein Mensch für die Braunen, wir haben bei jeder Wahl für Albert gestimmt, einen Riesen, einen ehrlichen Kerl. Bei der ersten Abstimmung, als er gesehen hat, daß rechts von der Urne zwei Schwarze und links zwei Braune gestanden haben, um zuzusehen, was einer auf den Zettel schrieb, ist er einfach weggeblieben. Am Ende waren doch vier Nein-Stimmen im Kasten. Alle Leute waren sich darüber einig, daß die Braunen sie selber hineingesteckt hatten, um den Schein der Wahlfreiheit zu wahren. Albert ist geholt worden. Nach zwei Monaten ist er zurückgekommen. ›Jetzt wird er etwas erzählen‹, haben wir gedacht; kein Wort, keine Silbe. Das hat uns zu denken gegeben. Aber zur zweiten Abstimmung ist er trotzdem nicht gegangen. Er ist wieder geholt worden, diesmal für vier Monate. Bei der dritten Wahl ist er in die Bürgermeisterei gekommen, hat die Hand gehoben, so hoch wie es nur ging, und Ja geschrien, so laut, daß es aussah, als verhöhne er ... Mein lieber Freund. Ich bin mit einer Jüdin verheiratet. Weißt du, was das heißt?

Seit zehn Jahren fahre ich zu jedem Wochenende heim, und jedesmal frage ich mich, wenn ich mein Haus von ferne sehe, schweren Herzens, so schwer, daß mir die Luft im Halse stecken bleibt, wenn ich die Klinke herunterdrücke: ›Lebt sie noch? Ist sie noch da?‹ Und ich will mich nicht beklagen; sie wartet noch. Es ist ein Wunder, ein Wunder. Sie haben mich zwingen wollen, mich scheiden zu lassen. Anfang dreiunddreißig haben sie Steine gegen das Haus geworfen. In der Nacht bin ich hinausgerannt, in Schlappen, Hemd und Hose, mit einem Schürhaken in der Hand, und habe einem den Kopf eingeschlagen. Ich war blind vor Wut – lieber Freund, ich bin nicht feige. Der Kerl, der dort arbeitet«, er zeigte auf einen Schweißstand, »der einen Stehkragen trägt, seit er zwei halbwüchsige Russenjungen unter sich hat, der ist ein alter Kämpfer, ein echter Hitler. Dem habe ich vor ein paar Monaten die Fresse eingeschlagen. Aber ich habe dazu jahrelang gewartet, bis ich einen Grund hatte, der nichts, aber auch nichts mit der Partei zu tun hat. Ich bin nicht feige; aber wenn sie heute kämen, um mir Steine in die Fenster zu werfen, ich bin nicht feige, nein, aber ich würde die Steine auflesen und ihnen in die Hand geben, damit sie sich nicht zu bücken brauchten, und ich würde zu jedem Wurf Dankeschön sagen. Was habt ihr denn getan? Was haben eure Herren denn getan? Habt ihr sie deshalb ausgeräuchert? Als er das Rheinland wieder besetzt hat, da haben wir gehofft. Als er Österreich besetzt hat, da haben wir wieder gehofft. Als er die Sudeten gewollt hat, haben wir gehofft, daß man sie ihm nicht geben würde. Er hat sie bekommen und Prag dazu. Noch als er Polen schon besetzt hatte und gegen euch losgezogen ist, haben wir gehofft: jetzt aber werden ihm die Franzmänner die Schnauze vollschlagen; mein lieber Freund, Hunderttausend und nochmal Hunderttausend haben sich erst gefügt, nachdem ihr euch habt heimjagen lassen. Nachdem die ganze Welt ihm recht gegeben hat, haben ihm hier die Letzten beigestimmt. Was wollt ihr denen vorwerfen?

Daß sie leben wollen? Und weißt du – das gilt nicht für mich und manche andere –, aber wenn sich einer einmal unterworfen hat, dann ist er wie ein Kind: wenn es seinen Vater liebt, dann will es ihn stärker, schrecklicher, strahlender als die anderen. Das ist in den Menschen drin.«

Ich antwortete nicht. Ich war von Scham erfüllt und wütend darüber, daß meine eigenen Erfahrungen dem Manne recht gaben, mehr noch aber niedergeschmettert über die Wahrheit, daß selbst die Mordgewalt noch als vollendende, freundliche Macht gelten konnte, nicht nur nach dem Grundsatz der Rattenjäger Angst erzeugte, sondern wohltuende Sicherheit und das Gefühl der Stärke schenkte. Ich dachte an den Massenmörder in Paris. Und wer in der Welt, der schon für eine Polizei war, wollte sie nicht schlagfertig, streng, unbesiegbar und durch ihr bloßes Erscheinen dunkle Feinde verjagend? Wer ist stark genug, um nicht nach dem Schutzmann zu schreien, wenn Unordnung droht?

Plötzlich und ohne Angabe des Grundes – wahrscheinlich, weil meine Freundschaft mit dem Krauskopf entdeckt worden war – wurde ich von der Anreißplatte weg in den Kesselbau versetzt. Ich wurde einem Arbeiter unterstellt, der mich mit schielenden Augen unter einer engen, niedrigen Stirn ansah, dumm und mißtrauisch; ein neuer, ein unbekannter Mensch, also eine Gefahr. Es hatte eines mörderischen Krieges bedurft, der die Werkstätten von gelernten Arbeitern entblößte, um diesen Menschen über andere zu erheben. Er war so feige, daß er mir nicht zu sagen wagte, das Rauchen sei verboten, wenn ich meine Pfeife anzündete. Er konnte mich nur vorwurfsvoll anschauen, und wenn ich nicht verstehen wollte, zum Meister laufen. Aber er war ein unermüdlicher Arbeiter; Verzeihung, er war kein Arbeiter, er war, was wir früher einen Würger, Wühler, Wurzler nannten, Anspielungen auf Wildschweine, die mit ihren Rüsseln die Erde zerwühlen; er war ein Stoßarbeiter, ein Udarnik, ein Held der Arbeit, ein Stachanow.

Ich war genötigt, der von dem Schielenden angegebenen Arbeitsgeschwindigkeit zu folgen, denn wir arbeiteten Hand in Hand; wir schlugen wechselseitig mit den Vorschlaghämmern zu, und der Wütende hätte mir oder ich ihm weh tun können, wäre einer aus dem Gleichtakt geraten. Überdies mußte die Arbeit beendet sein, ehe die Bleche kalt geworden waren. Um Zeit zu gewinnen, waren sie nie bis zu dem vorteilhaftesten Grade geglüht. Am ersten Tage schon, unfähig vor Müdigkeit, einen ausgleitenden Hammer aufzufangen, verletzte ich mich am Knöchel.
Seit langem ahnte ich, daß nichts erreicht ist, solange das Gottesurteil besteht, das die Arbeit zur Strafe macht. Nun aber war sie eine Höllenpein. Der Fluch »Im Schweiße deines Angesichts –« hatte einen neuen tückischen Ausdruck gefunden, nach außen harmlos, mehr noch, eindrucksvoll glänzend, innen aber furchtbar, vernichtend: den Plan.
Seit langem wußte ich schon, daß die Verworfenheit Edler die Herrschaft der Edlen beendet hatte, und daß Bürger die Erreger der Fäulnis waren, an der ihre Gesellschaft verendete. Nun sah ich, daß auch die Arbeiter selbst den Abenteurer hervorgebracht haben, der sie umbringen wird: Stachanow. Unter dem Sonnenkönig war der Abenteurer goldverbrämt wie seine Zeit, unter der Geldherrschaft Bankherr oder Kaiser von Kalifornien, unter den Arbeitern, die noch nie ihr Elend verlassen hatten und noch nie Erwachsene hatten sein können, war er erbärmlich und schmierig. Der schielende Stachanow des Führers haßte seine Frau, die ihm mit Haß antwortete. Seine Kinder mieden ihn, sie waren krank und mißraten, und er haßte sie. Sein Gehirn war trocken wie eine ausgedörrte Kröte: er konnte nicht begreifen, was Leute bewegen konnte, Bücher zu lesen oder einen Film zu sehen. Er konnte nicht drei Leute finden, die es hätten aushalten können, abends mit ihm Karten zu spielen. Vor der furchtbaren Einsamkeit, die sich in der ersten Sekunde des Erwachens seiner be-

mächtigte, um ihn erst tief in der Nacht loszulassen, flüchtend, wühlte er sich in die Arbeit, als ob er sich bis in den Kern der Erde graben wollte.
Nach zehn oder zwölf Tagen war ich in der bekannten Verfassung, in der einer glaubt, nicht mehr eine Minute länger dulden zu können, und alle Folgen einer Verzweiflungstat unterschätzt. Die Haut von Ruß, Rost und Schweiß überklebt und entzündet, die Augen von Feuer und Staub brennend und tränend, den Kopf dröhnend vor Ermattung, zitternd vor Überanstrengung, mit leerem Magen, denn ich hatte vor Erschöpfung selbst nicht mehr essen können, sah ich atemringend in die Flammen einer Bodenesse.
Die gehaßte Stimme des Schielenden weckte mich auf. Die groben Worte rissen mich so jäh in das Heute zurück, daß es mir war, als müßte ich mich endgültig entscheiden. Vom Ekel überwältigt, von der Empörung durchbrannt, unfähig, auch nur die bloße Berührung eines Werkzeuges länger ertragen zu können, warf ich dem Stachanoffel meinen Hammer vor die Füße – er sprang entsetzt zur Seite und sah mich an wie ein Gespenst – und humpelte davon, ohne mich umzusehen, entschlossen, ein Ende zu suchen, koste es, was es wolle.
Kaum war ich allein in dem dunkelnden Hof, so entführte der kühle Abendwind meinen Entschluß wie Rauch. Wohin konnte ich entkommen? Ich lief ziellos durch die Werkstraßen, mit der Sicherheit eines Schlafwandlers die Verschiebebrücken, Züge, Karren und entgegenkommenden Arbeiter vermeidend. Ich war bisher immer durch Lücken geschlüpft, um von einem kleineren in ein größeres Verlies zu geraten, bis in das letzte und größte, das keine Lücken mehr hatte. Das Zuchthaus war mit mir gewachsen und erwachsen. Bislang war alles Spiel gewesen, der Herr der Kerker hatte mich höhnisch fliehen lassen, es konnte ihm keiner entrinnen.
Ein hellerleuchtetes Fenster fiel mir auf: es war ungewöhnlich in der sinkenden Nacht. Wer hatte trotz der strengen Vorschriften vergessen können, die dichtschlie-

ßenden Verdunkelungsvorhänge zu schließen? Ich erkannte durch die Scheiben hindurch den spitzbärtigen Kopf des obersten Ingenieurs. Ich wußte einiges von ihm, die Gefangenen lobten ihn, die Arbeiter flüsterten über ihn, vielleicht ahnungslos war er eine Mitte der Hoffnung und der Auflehnung.

Ich erlitt eine merkwürdige Verwandlung. Meine Gedanken waren von der Not ermattet, wie von der Kälte klamm, alle Erfahrungen und Lehren entfielen mir, und es blieb das Dasein meiner Kindheit. Sicherlich veränderte mich auch die Umgebung: regennasse Straße, in der sich Laternen spiegelten, dunkler Himmel, Kälte, nahende Weihnacht. Vielleicht hat jeder Mensch seine Landschaft, in der allein er seine eigene Tiefe ermessen kann. Mir war es Regen, Pflaster, dunkler Hof des Hinterhauses, der Platz vor den Türmen von Saint-Sulpice, hinter nassen Vorhängen.

Ich war von dem Mann hinter dem Fenster angezogen, als sei er der folgende Bewohner des väterlichen Hauses, nach dem Kirchenvorstand Knopp, nach dem Lokführer Kästner. Ohne zu denken, unter dem Zwang eines Traumes, öffnete ich die Tür und blieb vor dem Gewaltigen stehen. Neben dem großen Schreibtisch saß eine erstaunte Schreiberin vor einem kleinen Pult. Der Spitzbart hörte sich aufmerksam an, was ich ihm vortrug: »Ich bin Anzeichner. Warum läßt man mich nicht in einem Fach arbeiten, in dem ich mich auskenne? Ich werde den Eindruck nicht los, daß es eine Strafe ist, aber ich weiß nicht wofür.«

Der Mann wußte genau, daß meine Beschwerde nur ein äußeres Kleid war. Er spürte, daß ich mehr und anderes von ihm wollte. Er nickte gütig, blickte eine Weile vor sich hin, als rechne er im Kopf, nahm den Hörer seines Fernsprechers ab und verlangte sachlich: »Verbinden Sie mich mit dem Obermeister Reik.«

Während er so sprach, beschlich mich die Ahnung, daß meine Sache verloren war, und als der Mann den Hörer auf die Gabel legte und sagte: »Reik wird sofort kom-

men«, wurde die Ahnung zur Gewißheit. Ich verstand ihn gut: er konnte nichts anderes für mich tun. Er war ohnmächtig.
Reik fegte vielbeschäftigt durch die Tür, und schon nach den ersten Worten brach das Mienenspiel eines beleidigten Dummkopfes durch die scheinkluge, starre Würde seines Lumpendoktorgesichts. Er hackte seine Worte: »Der Mann hat sich in fremden Abteilungen umhergetrieben.«
Ich entgegnete heftig: »Ich bin lediglich fortgegangen, um meine Freunde von meiner Versetzung in Kenntnis zu setzen, überdies haben Sie mich schon deswegen gerügt, und seitdem habe ich mich nicht mehr vom Platz entfernt.«
Reik warf gereizt ein: »Der Mann hat schlecht gearbeitet: er hat mehrere Werkstücke versaut.«
Der Spitzbart hob überrascht die Brauen und sah mich an.
Ich fuhr empört auf und schrie: »Das ist nicht wahr.«
Ich wollte hinzufügen, daß ich stets und immer sehr langsam gearbeitet hatte, einfach weil ich Gefangener war, aber nie und nimmer schlecht, aber es geschah etwas von allen Unerwartetes: Reik platzte auseinander. Seine Stimme überschlug sich in einem unglaublichen Zorn: »Das ist unerhört, das ist eine Schande«, er rang nach Atem, und seine Stimme wurde häßlich schrill, er stotterte, er fletschte: »Ich sitze mit dem Gauleiter am selben Tisch, und dieser Lümmel beleidigt mich.«
Ich schrie zurück: »Ich habe Sie nicht beleidigt«, und der Ingenieur, fassungslos vor der krankhaften Wut des Dummkopfes, unterstrich dröhnend – so wie man den ersten besten Lappen nimmt, um ein Loch zu verstopfen: »Jawohl, keinesfalls hat er Sie beleidigt.«
Reik konnte nicht mehr reden. Er öffnete den Mund vergebens. Blaß schlug er mit den Fäusten auf den Tisch, seine Hornbrille verschob sich, und er wurde um so wahnsinniger, je deutlicher er fühlte, daß er niemanden von der Echtheit seines Zornes überzeugen konnte. Ich

spürte, daß der Ingenieur sich seiner vor mir schämte, und er spürte es genau so gut.
»Seine Landsleute«, würgte Reik, »fallen unseren prächtigen Jungen in den Rücken, und der Kerl«, wieder rang er nach Atem und Worten, aber als er nicht weiterfand, fuhr er mit der rechten Hand in die Gesäßtasche und schrie: »Ich schieße Sie nieder wie einen Hund!«
Ich fühlte mich plötzlich in einer seltsamen Nebelbank, in der alle Dinge in scheinbarer Unordnung über- und durcheinanderglitten. Ich sah gut, aber unbeteiligt, alles, was um mich her geschah. Die Schreiberin verbarg entsetzt ihr Gesicht in den verschränkten Armen. Der Spitzbart fuhr auf, schlug auf den Tisch und unterbrach brüllend den Wahnsinnigen: »Falls Sie sich nicht sofort mäßigen, werde ich den Raum verlassen –«
Ich dachte besorgt, aber ohne Angst: »Es wäre besser, er bliebe hier.« Es verwunderte mich, daß ich keine Angst hatte. Reik schien beeindruckt zu sein, denn ich hörte ihn schreien, ein Unterton ließ erraten, daß es ein Rückzug war: »Die Geheime Staatspolizei. Sofort die Gestapo anrufen.«
Während dieses Schauspieles aber bannten mich zwei Entdeckungen, ein Frohlocken: wie erbärmlich schwach war das gewaltige Gefüge. Ein heftiges Wort von Mann zu Mann konnte es in Gefahr bringen. Gegen die Weigerung eines Gefangenen mitten in einem waffenstarrenden Lande, einen Würdenträger, »der mit dem Gauleiter am selben Tische saß«, – deshalb mehr zu fürchten als einen Menschen, mußte er mit dem Tode drohen und die ganze Staatsmacht zu Hilfe rufen und konnte doch nicht siegen und blieb doch lächerlich, und ein Gefühl wie vor einem endgültigen Wort oder einem vernichtenden Ereignis: ich hatte hinter der kläffenden Wut des Tollen gespürt die heillose Angst, eine Angst, die ich selbst in meinen schlimmsten Nächten nicht empfunden hatte, eine Angst, nicht vor mir noch vor bekannten Gefahren, ich war ihr schon begegnet damals, als das ganze Volk das Nahen einer furchtbaren Weltkatastro-

phe zu spüren geglaubt, als die Sterndeuter, Wahrsager und Propheten sich tausendfach vermehrt und die Sektierer das Jüngste Gericht und den Gegenchrist angekündet hatten. Es war die Angst von Menschen vor dem Versagen einer Technik, um deretwillen sie sich hatten verstümmeln lassen, eine Angst vor Maschinenteilen, ohne Gewissen und Verantwortung und deshalb gnadenlos.

Sie hatten auf beiden Seiten der Barrikaden gesiegt und erfinden müssen, gegen wen. Denn die Angst ist immer gegen, – sie hatte Leute morden müssen, die zum großen Teile mit Tränen der Dankbarkeit die Hand zum Führergruß erhoben hätten, hätte man es ihnen nur erlaubt. Nur so war ihr Zorn ernst geworden – selbst wenn ein Mummenschanz in einer Straße tobt, ist sie ernst, sobald Menschen darin an Galgen hängen.

Ich wurde gleichgültig vor Müdigkeit. Die Dinge schienen mir unlösbar. Es war eine »natürliche« Ordnung, vielleicht hatte sie eine natürliche Grenze. Was wollte ich? Es hatte einmal ein Größerer versucht, uns von der Angst zu erlösen, indem er uns die Botschaft des Gottes der Liebe gebracht hatte: es war doch ein Gott des Zornes und der Rache geworden. Da es unmöglich war, den gehaßten Feind aus dem Hause zu verjagen, wollte ich es verlassen und mich auf die Seite derer schlagen, die sich anschickten, es zu umstellen und in Brand zu setzen. Es gab keinen anderen Weg, das Böse ganz sicher aus der Welt zu tilgen.

Meine Wunde am Fuß hatte sich verschlimmert. Ich meldete mich zum Arzt und tat alles, um in das Krankenhaus des Stalags aufgenommen zu werden, wo ich unter »Landsleuten« das Ende abwarten konnte.

Die letzte Nacht. Ich wartete stundenlang auf das Klirren der Riegel und das Dröhnen der schweren Stiefel auf den Dielen, gefolgt von dem unbarmherzigen Befehl: »Aufstehen!« Aus Gewohnheit glitten meine Gedanken in den kommenden Tag, der aus Staub und dem ohrenzerreißenden Getöse der bearbeiteten Kesselwände gemacht war. Und mit Erleichterung, die zu warmer Freude wurde, wurde mir erst recht bewußt, daß ich nicht mehr in die Werkstätten zurückzukehren brauchte. Der Posten kam und marschierte donnernd auf den Holzdielen, vor jeder Bettgasse »Aufstehen« schreiend. Er ging bis zum Ende der Baracke, kehrte um und schrie schon ungeduldig: »Aufstehen, raus, raus.« Ich brauchte nicht die Augen zu öffnen, um zu wissen, was vorging. Schuhe polterten, Trinkbecher klapperten. Ein Mann klagte: »Was haben wir nur dem lieben Gott angetan?« Münder schlürften. Bänke und Stühle wurden zurückgeschoben. Vor dem Lager klapperten Hunderte von Holzklumpen vorbei: die Russen und Polen marschierten zur Arbeit. Wie stets und ständig waren die Kriegsgefangenen in Verspätung. Hastig trippelten ihre Schuhe und Holzpantinen auf den Bohlen, polternd wie Karren voll Pflastersteine, die man leerkippt. Türen schlugen auf und zu, ein eisiger Wind schnitt in die warme Stalluft. Draußen knirschte Schnee. Posten riefen: »Schnell, schnell«, und endlich: »Ab – marsch.« Ich begleitete in Gedanken die Gefangenen. Ich malte mir aus, wie der Krauskopf, Willem, Knopp und wie viele andere nach Stunden schon, nach Tagen und nach Wochen mich vermissen würden, und unruhig nach mir fragen würden. Flüchtig beschlichen mich Reue und Scham. Aber was konnte ich am Lauf der Dinge ändern?

V Eine letzte Insel bürgerlicher Freiheit

Ich trat in die Schreibstube der »Aufnahme«, in der alle Ortsveränderungen der Gefangenen säuberlich auf Karten vermerkt wurden. Der Weg von einem Arbeitskommando, von der Arbeit in ein Krankenhaus, vom Stalag in eine Arbeit führte immer und vorgeschriebenerweise durch die »Aufnahme«, die mit den Wohnräumen der Wachen und der Verwaltung in dem einzigen Gebäude außerhalb der Stacheldrähte untergebracht war. Vor einem Tisch rechter Hand saß ein feldgrauer Unterführer mit einer feldgrauen Tellermütze auf dem Kopf. Vor einem zweiten Tisch linker Hand ein erdbrauner Unterführer mit einer erdbraunen Topfmütze. Über dem Manne rechter Hand dräute der Führer auf der Wand, unter einer Tellermütze hervor, linker Hand blickte ernst der greise Marschall aus dem Rahmen, seine Topfmütze genau über der väterlichen Nase. Jeder der beiden Schreiber sah von Zeit zu Zeit träumend zu seinem Herrgott hinauf, mit einem Ausdruck, der verriet, daß jeder den seinen für mächtiger hielt. Auf der Brust des Feldgrauen strahlte der Teller der Partei, auf der des Erdbraunen schimmerte das Abzeichen des greisen Marschalls, das alte Schlachtbeil der Gallier, dessen Schaft zu einem Marschallstab mit sieben Sternen umgebildet war. In der Mitte der Stube glühte ein Öfchen, und darauf kochten schnalzend und schnurrend zwei Töpfchen Kaffee einträchtig beieinander.

Die Wunde am Knöchel wollte nicht heilen. Es bildete sich keine neue Haut über der entzündeten Fläche, groß wie ein Taler. Der untersuchende Arzt steckte mich zu den Hautkranken. Ich bekam eine Lagerstatt zwischen einem Rotlauf und einem anderen, merkwürdigen und widerlichen Fall. Die Laken waren feucht und fleckig, hastig gewaschen und geglättet. Ich begann sogleich,

mich durch übertriebene Reinlichkeit gegen den Ekel zu wehren, der mich stets ergriffen hatte, sobald ich in eine Anstalt eingeliefert worden war. Ich hatte ihn zum erstenmal gespürt, als ich in einer Wanderherberge von Fremden getragene Wäsche hatte anziehen müssen. Ich wußte, ich mußte nur einige Tage Geduld haben, um mich einzuleben, dann würde der Ekel einschlafen, sobald meine eigene Körperwärme die nahen Dinge durchdrungen haben würde. Ich richtete mich ein und stellte das Bild meiner Frau auf das kleine Brett über dem Bettgestell. Es war eine gelungene Aufnahme. Ich konnte nicht satt werden, das schüchtern lächelnde Gesicht zu betrachten und wurde von der Feststellung verwirrt, daß die Gegenwart dieses fernen Kindes in meinem Leben plötzlich wichtig und unentbehrlich geworden war, seit den achtundvierzig Stunden, die ich mit dem Rükken gegen die Vorstadt lebte.
Ich erkundigte mich bei Nachbarn und Pflegern nach den Gelegenheiten zum Brausen, suchte nach Schachspielpartnern, erfuhr die Preise des Schwarzmarktes, erlernte die hundert verbotenen Möglichkeiten und Listen, die in allen Männergemeinschaften die ungeschriebenen Ausführungsbestimmungen der strengen Ordnung sind, ohne die ein Leben nicht erträglich wäre. Ich begann, tägliche, humpelnde Gänge in das Lager zu unternehmen, besuchte Theater und Kino, wurde Gast der Bücherei und gewann Freunde und Bekannte. Es galt, eine lange, lange Wartezeit auszufüllen. Jeden Mittwoch kam eine kleine Gruppe des Gefangenenlagers der Stahlwerke in das Stalag: der Vertrauensmann, um Weisungen zu empfangen, der Postmeister, um Briefe einzuholen, drei Mann mit einem Handkarren, um Liebesgaben abzufahren, andere, um sich dem Arzt vorzustellen oder ihre Zähne behandeln zu lassen. Ich wartete stets ungeduldig auf ihr Erscheinen und verbrachte Stunden im Wartezimmer mit ihnen. Sie erzählten mir, was sich in den Stahlwerken zutrug. Dieser war verunglückt, jener war an die Front geschickt worden; Abbé Parent und der

kleine Widder hatten ihren lange gereiften Plan ausgeführt: sie waren geflohen.
Am Abend desselben Tages, an dem ich von der Flucht der beiden erfahren hatte, unterbrachen die Lautsprecher, die an allen Ecken und Enden des Lagers an Masten aufgehängt waren, ihre blechernen Gesänge, und der »Kuckuck« rief, das erste harmloseste Warnzeichen der Luftgefahr. Ein Sprecher gab an: »Zahlreiche Verbände schwerster Kampfflugzeuge nähern sich der Grenze, Richtung West-Ost.« Minutenlange, gespannte Stille. Der Kuckuck. »Zahlreiche Verbände schwerster Kampfflugzeuge über Südwestdeutschland. Weiterflug Richtung Südwest-Nordost.« Es war ein gewohntes Spiel, das wir bislang noch nie bis zu Ende hatten spielen können: jenseits der Grenze bedrohten sie noch jede Stadt. Die Möglichkeit eines Angriffs auf die Vorstadt war höchstens eins zu hundert. Diesseits und in Richtung auf ihr Gebiet verminderte sie sich auf eins zu zwanzig. Oft hatte sie auf eins zu zwei oder drei gestanden, dann hatten wir sie gehört. Plötzlich verstummten die Lautsprecher, und in derselben Sekunde heulten die Sirenen das dringendste Warnzeichen. Wachen wurden verstärkt, Brandbekämpfung aufgerufen. Ein beklemmender Ernst senkte sich in die Nacht. Eine Minute später dröhnten die Abwehrgeschütze einer Stellung in den Vorbergen, eine Autostunde vor der Stadt. Ihre Mündungsfeuer erhellten die Nacht wie kurzes Wetterleuchten, und zwischen ihnen war es um so dunkler. Die Geschütze verstummten, und nun war das unheimliche Dröhnen eines Verbandes zu hören. Irgendwo in ungeheurer Höhe, in einem überwältigenden, eisigen Weltall, unsichtbar und ruhig näher und lauter. Das Dröhnen der Flugzeuge erschütterte das Gewölbe des Himmels. Sie schienen tausend und überall gleichzeitig zu sein. Viele Gefangene verloren den Mut, warfen sich zu Boden, krochen in Löcher oder legten sich achtfach gefaltete Decken auf den Kopf, geeignet, hieß es, Splitter zu bremsen. Und in derselben Sekunde bellten fünfzig Kanonen rasend auf.

Aber sie übertönten nicht mehr das unbeirrbare Zittern der Geschwader, harte riesige Lasttiere, die sich nicht von dem Kläffen der stählernen Hunde abhalten ließen. Die Motoren hämmerten wummernd unter ihrer Ladung. So wie ihr Geräusch stärker war als das der Geschütze, so besiegte ihr Licht das Blitzen der Abwehr: inmitten der tausend Blitzlichter berstender Geschosse hängten die fremden Todesboten rote, ruhig schwebende Laternen in die Luft, über den Ort, dem die Bomben der nachfolgenden Einheiten galten, und umgrenzten gleichzeitig mit grellweißen, leuchtenden Bündeln von Stichflammen das zu vernichtende Gebiet auf dem Erdboden. Damit war der Tod von vielen tausend Menschen, die noch Zeit hatten zu beten, aber nicht mehr zu rennen, ihre Kinder zu küssen, aber nicht mehr zu retten, die Zerstörung von Bauten, deren Umrisse sich noch eine Minute lang gegen das weiße Flackern und den blutroten Himmel abheben durften, damit man sie ins Gedächtnis aufnehmen konnte, denn sie hatten seit Jahrhunderten gestanden wie für die Ewigkeit, die sie hatten verkünden wollen, endgültig besiegelt. Kein Gott und kein Wunder konnte mehr einen Stein oder ein Kind retten. Aus den vielen hundert Meilen Nacht, von den Maschinen durchflogen, war die Vorstadt blendend herausgeschnitten, wie man die Haare aus dem Nacken schert und das Hemd ausschneidet, um die Stelle zu zeichnen, die das Beil treffen soll. Und die Geschütze geiferten wahnsinnig und vergeblich, wie ein zum Tode Verurteilter nutzlos tobt und ringt und sich an Grashalme klammert. Aber die Zeit eines Atemzuges, in der ein Beil seine Bahn vollendet, waren vor mir Minuten, die Menschenalter schienen. Fast träge flogen die fliegenden Festungen an, sich unaufhörlich folgend, jede neue Welle von der sich verzweifelt aufbäumenden Abwehr empfangen, und sandten stur den Tod nach unten, die Zerstörung zerstörend. Wie ein dumpfes Rollen eines riesigen Wagens folgten sich die Erschütterungen der aufschlagenden Bomben.

Zu Beginn des Angriffes, in der Minute, als die roten Lichter die unwiderrufliche Vollstreckung des Urteils verkündet hatten, war es mir fast ein Zeichen des Himmels gewesen, daß die Vernichtung gewartet hatte, bis Parent und sein Genosse die Stadt verlassen und ich ins Stalag geflohen war. Aber in der Sekunde selbst fühlte ich, daß die erbärmliche Feigheit meines Bauches mir diese Gedanken eingab; stets wenn Leute ein Verbrechen nicht hatten verhindern können, weil sie die Mörder gefürchtet, fanden sie nachträglich die Ermordeten anrüchig. Ich hatte es dreiunddreißig in der Vorstadt gesehen. Ein namenloser Schmerz und eine flackernde Scham erfaßte mich, als sei ich Spießgeselle. Plötzlich wurde es still. Ich hörte einen Gefangenen sagen, mit unsicherer Stimme beschönigend, wie seinem Gewissen trotzend: »Das ist recht; das wird sie lehren, was Krieg ist.« Und ein Zweiter: »Wie haben sie es denn bei uns getrieben?« Ich lächelte zustimmend, um zu verbergen, wie mir zumute war. Aber ich war froh, daß die Nacht mein Lächeln verhüllte. Alle schienen auf etwas zu warten. Wir nahmen endlich wahr, daß die Feuerpause andauerte und kein Flugzeug mehr zu hören war. Es war vorüber. Nur die Flammen am Horizont fuhren fort, wie ringende Hände, wie zu tanzendem Feuer gewordene Schreie und Todesgebete zu klagen, zu wimmern, zu stöhnen. Ich sah auf die Uhr. Es waren fünfundzwanzig Minuten vergangen. Keiner wollte es glauben, wir verglichen unsere Uhren. Es war unfaßbar. Wir waren um Jahre älter, nein, es war mehr, wir waren in einer anderen Zeit.

Drei Tage ging die Sonne nicht mehr auf. Eine Rauchfahne, so breit wie das Himmelsgewölbe, so hoch wie die Sterne, so unendlich und beharrlich, daß einer aufgab, ihr Ende zu erhoffen, verfinsterte die Erde. Die Tiere selbst waren bedrückt. Zwischen Grau, beizendem Gelb und Schwarz quirlten die Schwaden, als ob hunderttausend Gewalten sich darin mischten und gegeneinander rängen.

Die ersten vierundzwanzig Stunden blieben wir ohne Kunde aus der Vorstadt. Es war, als ob der Gang des Lebens bis auf den Grund zerstört wäre, als ob das Stammlager allein überlebte. Aber am zweiten Morgen erreichten tausend Nachrichten das Stammlager gleichzeitig, wie ein von den Winden herangetragener Schrei eines Entsetzens, das so groß war, daß es sich einen Tag und eine Nacht lang nicht hatte regen können. Tastend begann das Leben sich zu rühren.

Den Gefangenenärzten wurde befohlen, sich um die getroffenen Fremdarbeiterlager zu bemühen. Sie stellten aus Pflegern und Leichtkranken kleine Hilfskolonnen zusammen, die auf Lastwagen, mit Salben und Verbandstoffen ausgestattet, gegen die Stadt geschickt wurden. Ich war unter den ersten Freiwilligen.

Schon in den äußeren Straßen mußten wir die Kraftwagen verlassen und zu Fuß weiterdringen. Drähte und Trümmer, wie Spielzeuge aufgeschleuderte Fahrzeuge und Pferdeleichen versperrten die Fahrbahnen. Die Balken der zerstörten Häuser schwelten noch. Notdürftig beiseite geräumt und bedeckt, lagen Tote auf den Bürgersteigen. Ein Mann hatte aus den Trümmern seines Hauses einen Stiefel gescharrt und suchte nach dem zweiten. Wir trafen Gefangene bei Aufräumungsarbeiten, die uns berichteten: Ein Volltreffer hatte den Hindenburgbau zusammengehauen, in dessen Kellern zweihundertfünfzig Menschen lebendig begraben worden waren. Sie hatten noch zehn oder zwölf Stunden lang Lebenszeichen gegeben und waren von dem allmählich steigenden Wasser aus den zerstörten Leitungen ertränkt worden. Ein französisches Gefangenenkommando von mehr als zweihundert Kameraden war bis auf den letzten umgekommen.

Meine Abteilung wurde in ein halbverbranntes Lager von Ostarbeiterinnen gewiesen. Die Unglücklichen, mit Lumpen und Decken notdürftig bekleidet, nackt unter Säcken, mit schrecklichen Brandwunden, noch ohne jede Hilfe, rutschten auf den Knien den Helfern entgegen, erhaschten und küßten uns weinend die Hände und flehten wahnsinnig dankbar: »Franzuski gut, Franzuski gut.« Auf einer Bank im Splittergraben saß ein blutjunges Mädchen. Mitten im Winter trug sie einen fürchterlichen violetten Strohhut ungeschickt auf den Kopf gestülpt. Die Gefangenen mußten lachen, obwohl ihnen nicht danach zumute war. Ich hielt inne wie vor einem Wunder: ihre grauen Augen glänzten frech und schüchtern zugleich, wie die Perlen im Köpfchen eines Sperlings, der vom Regen noch naß ist. Sie trotzte dem Spott. Sie kam aus der Welt der Kopftücher, und der Hut war das erste Zeichen einer neuen Würde. Sie hatte nicht vergessen, ihn aus dem Feuer zu retten. Sie saß in dem Graben, mitten unter Trümmern, Wehklagen und Rauch, so unversehrt, ihre Träume so vollständig in sich, ihr Lebenshunger so gesund und fest wie das Gewebe ihrer jungen Brüste. Ich bot ihr ein Stück Schokolade an. Sie zögerte: »Ich weiß ...«, sagte sie ablehnend: »Schokolade – Promenade.« Ich war ergriffen; sie hatte nicht einmal das vergessen. Das Geschehen war an ihr abgeglitten; es war ihr selbstverständlich, so wie den Jungen die gleiche Dampfmaschine harmlos erscheint, die den Alten schreckerregend war. Ich schüttelte den Kopf: »Nein, nein, Freund, Kamerad«, und das ungestüme Verlangen suchte mich heim, ihre Zustimmung zu gewinnen, das Leben auf meiner Seite zu haben. Jedermann weiß, daß selbst die erbärmlichsten Galgenvögel noch die Gesetze des Lebens auf ihrer Seite haben wollen, wenn sie sagen, »so ist das Leben, deshalb tue ich das und jenes.« Ich setzte mich neben sie, zog meine Brieftasche und zeigte ihr Aufnahmen von meiner Frau, erzählte ihr vom Dasein eines gelernten Arbeiters in Frankreich und redete mich warm, während ich zum erstenmal ausprobierte, was ich in den vergangenen Tagen im Stalag zusammengescharrt und geleimt hatte: das Bild einer Zukunft, einer Friedenszeit, in der das Vaterland der Werktätigen und die Partei die Meinungsfreiheit wiederhergestellt – hatten sie nicht die Kirche wieder erlaubt? – einer Zukunft, in der die Kirche umgekehrt um die gerechte Verteilung der Reichtümer focht, in der die Sieger sich als Erzieher und Befreier über die Besiegten beugten. Ich hatte mir das zusammengeholt so wie ein Mann, der vor allen Altären Kerzen anzündet ohne zu wissen, welcher Gott der Lebendige ist.

Ich hatte eine merkwürdige Begegnung. Rechts von mir lag die Krankenbaracke, die mir seit Monaten Obdach war, denn ich konnte meine Wunde am Fuße nicht loswerden, die durch Kälte, Unterernährung und Heilmittel nur verschlimmert wurde; halb war ich dessen froh, weil es meinen Aufenthalt im Lager rechtfertigte, aber ich war doch auch unruhig: die Krankheit wurde bösartig, ein Rätsel für die Ärzte. Trotzdem: jeden Morgen verließ ich humpelnd die von einem riesigen Roten Kreuz übermalte Holzbude, um im Lager nach Nachrichten zu fahnden.

In meinem Rücken lag die Entlausungsanstalt, in welche die endlosen Züge der Gefangenen aus dem Osten mündeten, deren Nachzügler oft in minutenlangen Abständen folgten, nachschlurfend, ohne die Füße vom Boden lösen zu können. Sie kamen im Ankleideraum an, entledigten sich vorsichtig, als ob sie zu zerbrechen drohten, ihrer Kleider, kauerten nieder, um ihre Schuhe aufzunesteln und konnten sich nicht mehr erheben. Ihre Augen begannen hoffnungslos zu betteln, aber die Pfleger, vertraut mit ihren Pflichten, klaubten sie auf und ohne sich die überflüssige Mühe zu geben, sie wieder zu bekleiden, luden sie sie noch lebend neben ihren Lumpen auf einen Handwagen. Die Widerstandsfähigsten wurden am Fließband vollends entmenschlicht. Ihre Herren hatten sie an die Fronten geworfen, um in ihren Massen die Angreifer wie in Wasser zu ertränken – zwanzig Leute können einem Kampfwagen nichts anhaben, aber hundertfünfzig wohl – und die Angreifer versuchten diese Flut aus dem Leben zu schöpfen. Der Wert eines Menschenlebens wurde von dem Gesetz des Angebots und der Nachfrage bestimmt. Nun schnitt man den Überlebenden die Haare von Kopf und Körper und ließ sie nackt, jammervolle Gliederpuppen, warten, während ihre Kleider entlaust und mit grellfarbenen Buchstaben S U gezeichnet wurden. Niemals war ein Heer namenloser.

Danach wurden sie im Russenlager – dieses Viereck, mit Stacheldrahtverhauen aus dem großen Viereck des Stammlagers herausgeschnitten, lag links von mir – geparkt, in dem sie eine unmenschliche Widerstandsprobe gegen Hunger, Kälte und Mißhandlung bestanden oder nicht. Sie waren noch näher an der Natur als die Gefangenen aus dem Westen und widerstanden deshalb schlechter, trotzdem sie sich gegenseitig aufaßen; viele ließen sich für die Ostfreiwilligenverbände anwerben. Mehr noch starben.

Genau gegenüber der Tür der Krankenstube lag das Tor des Russenlagers, durch das jeden Morgen dieselbe Fuhre kam: ich kannte schon die fünf oder sechs Mann, die Tag für Tag denselben vierrädrigen Karren zogen und schoben, auf dem quer die Sargkisten standen, Tag für Tag dieselben vier, schon abgescheuert und zerstoßen. Die Deckel klafften, denn jede enthielt mehrere Tote. Sie wurden gleich Mülleimern in eine große Grube hinter dem Lager entleert. Einem Posten, der mit einer baumlangen Stange dem Gefährt folgte, kam es zu, sie mittels seines Gerätes in vorschriftsmäßige Haltung zu rücken. Den Russen blieb der Tod ihrer Landsleute gleichgültig – ihr Grauen und ihre Furcht hatten andere Maße – aber die Gefangenen aus dem Westen nahmen noch nach Monaten Habachtstellung ein und legten die Hand an die Mütze, Spiele, Arbeit und Reden unterbrechend, sobald die Totenfuhre durch die Lagerstraße torkelte.

Die niedrige, langgestreckte Krankenbaracke rechts und das Verhau des Russenlagers links bildeten eine enge Gasse, die der Karren ganz ausfüllte. Ich konnte ihn nicht überholen und ging langsam hinterher, als eine aus entgegengesetzter Richtung kommende Gruppe von drei gefesselten Russen, die von zwei Posten nach den Verliesen gebracht wurden, sich eng an die Wand drücken mußte, um den Wagen vorbeizulassen. Ich haßte die Wächter, die den Gefangenen die Hände so fest gebunden hatten, daß sie blau und leblos wie ein entsetzlicher Strauß von Fingern auf den Rücken starrten. Waren sie Entflohene, hatten sie gestohlen oder die Hand gegen Vorgesetzte erhoben? Es war ohne Bedeutung. In ihrer Welt hatten Schuld und Recht, Klugheit, Lüge, Wert, Mut oder Ursache keinen Sinn. Sie sahen die gleichmütige Totenabfuhr mit einem Anflug von Entsetzen, weil es sie betraf, es war ihr Wagen; Entsetzen, das nicht groß wurde, weil sie nicht mehr genug dazu lebten. Hinter dem Wagen sahen sie mich.

Es war nicht Verzweiflung, denn in der Verzweiflung steckt noch Auflehnung, also noch Hoffnung, es war kein Hilferuf, denn sie wußten gut, daß ich, der KGF-Gefangene, ihnen nicht helfen konnte – was aber schickten ihre Augen mir zu? Unvermittelt wie ein Schlag kam mir die Antwort: mitten in diesem unermeßlichen Feld, grau in grau und kalt wie ein Funke im Schnee, schickten Menschen – deren letzte Zuckung eines Bewußtseins es war, Menschen zu sein, Menschen, die nie einen Gott gekannt hatten – einem anderen Menschen, der einen toten Glauben wie einen schweren Stein in sich trug, eine Bitte um Gebete, das war, Zeuge zu sein und nicht zu vergessen. Ich gab ihnen das unverbrüchliche Versprechen: ich machte das Zeichen, das in der Sprache der zum Schweigen Verurteilten Mut, Hoffnung, Ausharren und Trotz bedeutet: ein unmerkliches Steifen des Nackens. Dieses Versprechen ließ die Dinge wieder in ihren natürlichen Raum zurückfallen, aus dem sie das Flehen gesprengt hatte. Aber ihre Umrisse blieben wie von einem schwarzen Griffel auf der Netzhaut nachgezogen, an dem Platze außerhalb des täglichen Lebens, außerhalb der Welt der greifbaren Gegenstände.

Ich bog, immer noch hinter dem Karren, in die Lagerstraße ein. Die erste Baracke war die der glücklichen Unglücklichen, die durch Betriebsunfälle, Kriegsverletzungen oder Krankheiten dienstuntauglich geworden waren und ihre Entlassung abwarteten. In der folgenden lebten die Handwerker der Lagerverwaltung. In der dritten die französischen Unteroffiziere, durch die Genfer Verträge oder durch die Notwendigkeiten des Lagerbetriebes vor der Verschickung in die Arbeitskommandos bewahrt. Sie saßen wie ihre belgischen Ranggleichen aus der vierten Baracke in den Schreibstuben der Post und der Verwaltung umher; die berüchtigte, verrufene »Mafia«. Unter ihnen lebten, halb beschützt, halb verborgen, eine Menge Leute ohne Arbeit noch Aufgabe. Alle sahen das Leben des Landes, von dem sie nur über Dritte erfuhren, ohne Teilnahme, wie durch die Wände eines Aquariums. Sie pflegten treu ihre von zu Hause mitgebrachten Meinungen, hatten ihren Schwarzmarkt, auf dem die durchkommenden Kameraden der Arbeitskommandos ihre Mundvorräte, Rauchtabak und Sonntagsschuhe erhandeln konnten, ihre Gewohnheiten und ihre hundert Mittel und Wege, allen Verboten zum Trotz, ihre Lage zu verbessern, sich in den Krieg und die Gefangenschaft einzunisten. Jeder konnte sich sein Nest nach eigenem Gutdünken bauen, alle duldeten sich: den Stacheldrahtzäunen des Russenlagers näherten sich Franzosen und Belgier, um den Hungernden Brot zuzuwerfen. Sie setzten ihr Leben dafür ein; zwei waren erschossen worden, weil sie auf Anruf der Wachen nicht zurückgewichen waren. Aber es näherten sich den Drahtverhauen auch Händler, die den Russen unter den Augen bestochener Wachen – die am Ende einen regelrechten Zoll erhoben – die letzten Paare der begehrten Schaftstiefel gegen Eßwaren und Zigaretten abhandelten. Kranke tauschten ihr letztes Hemd gegen Zwieback ein, und wahre Könige des Schwarzmarktes schickten auf Schleichwegen Tausende von Mark nach Hause.

Nach der Ermordung der beiden mutigen Mitleidigen durch einen übereifrigen jungen Wachtposten waren der

Lagerkommandant und dessen Stab nach dem Tatort geeilt, um den Sachverhalt aufzunehmen. Die Leichen waren auf Bahren durch die Lagerstraße getragen worden, in einigem Abstand von den zurückkehrenden Lageroffizieren gefolgt. Vor den Toten hatten die Gefangenen, nach Barackenbelegschaften geordnet, sich ihrer militärischen Vergangenheit erinnert und in vorschriftsmäßiger, strammer Haltung gegrüßt; vor den folgenden Offizieren hatten sie auf eine halblaute Weisung ihrer Ältesten hin eine makellose Kehrtwendung ausgeführt und die Herrgötter waren durch zwei Reihen vieler tausend Rücken gegangen. Die Stacheldrahtzäune der Stammlager umgrenzten die letzten Inseln der bürgerlichen Freiheit auf dem Festlande unseres Erdteiles.

Ich las die Briefe meiner Frau aus Paris immer wieder, nachdem ich auf jeden gewartet hatte wie auf eine kleine Erlösung. Ich kostete die Fäden und das Packpapier, mit denen die Päckchen, die sie mir geschickt, liebevoll umwickelt waren.

Ich hatte mich in das Kloster hinter Stacheldraht zurückgezogen und war unter tausend Menschen wie in einer Zelle. Die täglichen Messen vor den Berichten des Londonsenders ließen mich nicht aus der Einsamkeit entkommen. Jeder meiner Freunde gehörte einer Familie an, welche die Gefangenen um gemeinsame Kochtöpfe gebildet hatten, ich paßte in keine. Ich blieb ein Besucher. Größer noch war die Leere, welche die Enttäuschung und der Verzicht gelassen hatten. Die Hoffnung auf den Sieg der Alliierten und den darauffolgenden Frieden füllte sie nicht aus. Deshalb wurde der Platz der kleinen Frau immer größer. Ich entdeckte ein einzigartiges Wesen in ihr. Jede Erinnerung hellte neue überraschende Züge auf. Ich begann, sie zu verehren wie eine Madonna. Ihr Schweigen, das ich so oft gerügt und im Zorne als Beschränktheit gedeutet hatte, wurde eine seltene Zartheit, die verletzt zu haben ich fürchtete. Ihr Aushalten an meiner Seite, während ich mittellos und

ohne Aussicht durch die Straßen von Paris gestromert war, ein unverdientes Geschenk.
Ich erinnerte mich mit Rührung einer Wanderung durch das Calvados. Den ganzen Tag lang war ein feiner Regen gefallen. Wir waren durch Gehölze und Felder gestreift, von unserem Hündlein Bobby begleitet, die Luft hatte nach Regen gerochen, wir hatten, reglos lauschend, feierlich berührt das Geläute weitentfernter Glocken gehört, waren in einem Gasthaus von Crevecœur auf eine Bauernhochzeit gestoßen, deren heitere Teilnehmer uns umringt und genötigt hatten, den märchenhaften Schmaus der Gesellschaft zu teilen, wir hatten ehrfürchtig die wunderschönen, alten Namen der durchwanderten Orte wiederholt: Lebrasdor, Crevecœur, Saint-Loup-les-Fribois, Vieux-Fume. Wir waren spät am Abend heimgekehrt, naß, müde und mit Erleben beladen, und erst in Sicht der Haustür hatte ich bemerkt, daß das Kind sich zwanzig Schritte hinter mir gehalten hatte, gefolgt von dem noch müderen Bobby.
Und nun erst, nach drei Jahren, fiel mir siedendheiß ein, daß ich meinen gewohnten stürmischen Schritt gegangen war, in der Freude und Lust womöglich noch schneller, und nicht daran gedacht hatte, mich zu vergewissern, ob sie hatten folgen können. Und sie hatte sich den ganzen Tag über tapfer auf meiner Höhe gehalten, bis auf die letzte Stunde, in der sie sich hinter mir hergeschleift hatte, ohne ein Wort der Klage oder des Einspruchs.
Eine Ahnung beunruhigte mich: hatte ich eine Aussicht verschüttet, mit meiner Weisheit das feine, blasse Gebilde einer Seele zerstört? Ich hatte als ein Mensch von morgen handeln wollen, der in einem kunstfertigen Liebesspiel und der Anwerbung der Frau für den Klassenkampf die Grundlagen einer glücklichen Ehe entdeckt zu haben geglaubt.
Aber neunzehnhundertvierzig hatte ein mächtiger Hammer mir die ersten Zweifel ins Bewußtsein getrieben: unter dem ersten Angriff der Sturzkampfflieger hatte

ich eine Sekunde lang den Tod gesehen, als eine Bombe neben mir aufgeschlagen war, mich versengt, zu Boden geschleudert und mit Erde überdeckt hatte. Wie stets in solchen Sekunden hatte ich die Bilanz meines Lebens gezogen und zwei Empfindungen waren sich blitzschnell in mir gefolgt: ein Erstaunen über die Leichtigkeit, mit der ich mich von meinem Leben hatte trennen können, das mir bisher so wichtig gewesen war, ohne Bedauern und Angst, und ein brennendes Weh über ein Vergessen: kein Kind zurückzulassen.
Ich schrieb Briefe, ohnmächtig und angstvoll, als sähe ich sie schlafend in einem weit entfernten Raum, dem sich Feinde näherten. Ich zählte die Tage bis zu den Antworten. Als sie mir von der ersten Ferienreise, die sie ohne mich gemacht hatte, erzählte, blieb ich tagelang niedergeschlagen und ohne Hoffnung.
Ich dachte an die erste Zeit, in der sie geschwärmt hatte: »Ich möchte reisen, reisen; das Herz tut mir weh, sooft ich nur an einem Bahnhof vorübergehe.« Sie hatte mich in Canon besucht, wir waren durch die ganze Gegend gewandert, sie hatte mich in Le Havre wiedergefunden, als ich in den ersten Monaten des Krieges dort Soldat hatte sein müssen. Durch mich hatte sie Häfen und Schiffe, den ersten Sturm an der Kanalküste, die Kneipen um den Segelschiffhafen kennengelernt. Die Namen wie vieler Orte konnte sie nicht hören, ohne an mich erinnert zu werden.
Immer häufiger erwachte ich aus demselben Traum: ich sah sie von bebrillten aschfarbenen Männern und Frauen umringt, die sie mir streitig machten, und sie schien auf deren Seite zu sein, denn sie sah mich fremd und unwillig an; es war keine körperliche Eifersucht, die feindlichen Lebewesen waren keine Menschen, sondern Lehrsätze. Ich wollte rennen, ich fürchtete, etwas zu verlieren, ohne das mein Leben für immer ärmer sein würde.

Von der Künstlerwerkstatt des Lagers aus – Werkstatt, in der der kleine Maler Dundee hauste, die Wände mit

Frauenbildern und Schiffsplänen bedeckend – besuchte ich meine Freunde in der Bücherei, in der die Nachrichten des Londonsenders regelmäßig abgehört, vervielfältigt und verbreitet wurden, oft in den Baracken angeheftet wie eine öffentliche Bekanntmachung, der lediglich die Unterschrift des Kommandanten fehlte. Und hiernach war die Reihe an dem Belgier Morgentau, dessen beschauliches Dasein inmitten des Trauerspieles eine kleine Posse war; aber immer im Schatten des Dramas, zu dem sie werden konnte.

Morgentau verminderte die Last der Gefangenschaft, indem er alle Lebensäußerungen auf die mindestens notwendigen beschränkte, zu denen außer Essen und Reinlichkeit eigentlich nur der tägliche Gang zur Paketpost und die Namensaufrufe gehörten. Er lag in einem wüsten Durcheinander von Decken, Kleidern und Strohsäcken – die letzteren so gut unter sich als auf sich – auf seinem Lager, und nur unabwendbarer Zwang konnte ihn auf die Füße bringen. Er fuhr dann in so viele Jacken, Pulswärmer, Mäntel, Kopfschützer und Pferdedecken, daß seine Bekleidung eine tragbare Abwandlung seines Pfühls wurde. Er liebte Teigwaren über alles. Aus einem vergessenen Grund wurde er der »Oberst« genannt. Sooft ein Schwarzhändler Teigwaren zu verkaufen hatte, ließ er durch einen Trompeter das Hornzeichen »Der Oberst wartet« blasen, um seinen besten Kunden zu benachrichtigen. Wie oft mögen sich die Wachen mißtrauisch gefragt haben, was die unbekannten, kriegerischen Signale zu bedeuten hatten. Sein Äußeres und sein Name waren einem der Lageroffiziere aufgefallen, der ihn eines Tages gefragt hatte: »Wo haben Sie denn gedient?«, das »Sie« besonders verächtlich betonend. »Bei der Flak, Herr Hauptmann.« – »Ahaaah –«, eine überlegene und spöttische Gebärde, und »Na, und wieviel Flugzeuge haben Sie denn abgeschossen?« – »Vierundfünfzig, Herr Hauptmann.« Der Frager war erstaunt und ungläubig, eine Weile nachdenklich, schließlich aber stumm geblieben.

Mein letzter Besuch galt dem Kameraden Lasalle. Er war daheim Verwaltungsbeamter und gehörte der Partei an. Zwischen den Vergünstigungen und Ehrgeboten eines französischen Sergeanten, die ihn verpflichteten, die Arbeit außerhalb des Lagers zu verweigern und seiner Überzeugung, die ihn antrieb, sich mit den Kriegsgegnern zu verbrüdern, schwankend, hatte er einen merkwürdigen Mittelweg gefunden: er lernte Deutsch, aber nicht anders als zu Hause, sich hartnäckig weigernd, die Einheimischen jenseits der Stacheldrähte kennenzulernen. Er empfing mich stets hinter seinen dicken Wörterbüchern, froh, daß ich ihm bei den täglichen Schwierigkeiten seines Studiums helfen konnte.
Über einem der Gänge zwischen den Bettreihen hing ein Schild »Marschall-Pétain-Straße«, über dem folgenden, wahrscheinlich von Gegnern bewohnten »Arme-Schlukker-Straße«. Am letzten Tisch thronte wie ein fetter Klotz Butter »der Kaiser«. Er war der wohlhabendste und erfolgreichste Schwarzhändler, der vom frischen Bratenfleisch, das selbst in der Stadt nicht mehr zu finden war, bis zu Schuhen, Hemden und gar einer Schreibmaschine alles auf Lager hatte. Zehn oder zwölf Angestellte - deren jeder eine Warensorte verwaltete, und ein Heer von Unterverkäufern, die von Baracke zu Baracke gingen, standen ihm bei. Bei größeren Einkäufen gab der Kaiser eine Schachtel Streichhölzer - gesuchte Waren - als anspornendes Geschenk zu, ganz wie ein großes Kaufhaus. Auch deutsche Soldaten arbeiteten für ihn.
Nach der Gefangenenordnung hatte jeder Gefangene die Erlaubnis, bis zu zwanzig, zeitweise bis zu vierzig Mark monatlich nach Hause zu schicken. Der Kaiser bediente sich gegen ein Trinkgeld einer Anzahl armer Kerle, die selbst nichts zu schicken hatten, um über sie und ihre Familien das Zehn- und Zwanzigfache der erlaubten Summe auf die Seite zu bringen. Lasalle haßte ihn natürlich aus ganzer Seele und aus ganzem Gemüt. »Kleinbürger«, schnob er verachtungsvoll, »erbärmliches

Volk, mit dem man rechnen muß. Manövriermasse. Schon Lenin hat Frankreich als das kleinbürgerlichste Land der Welt bezeichnet. Die Partei ist klug, sie nutzt sie aus, sie lenkt sie in das Fahrwasser des Aufstandes; ich habe Nachrichten und Flugschriften von daheim: die Partei hat nur eine Losung: ›Tuez les Boches.‹«

Zunächst plauderte und hörte ich weiter, so wie ein Geräusch noch in den Ohren weiterklingt, wenn es plötzlich aufhört. Ich lachte noch herzlich über ein Narrenstück des Bärtigen, nickte noch zu den Worten Lasalles, hörte noch, während eine Welle von unsäglichem Schmerz sich anbahnte, die Gassenhauer und Soldatenlieder und das Redegewirr. Aber wie über einen weiten Raum voll Stille stand ich auf und war nicht mehr imstande, »auf Wiedersehn« zu sagen. Ich war von einem so übermenschlichen Elend gepackt, daß ich nicht mehr die geringste Berührung ertragen konnte. Und alles: jeder Stein, jedes Wort, das Gesicht des rund und rot erstaunten Lasalle war grobe Berührung. Ich hätte die dicken Brillengläser einschlagen mögen, nur um den Schmerz zu unterbinden, den sein freundlich verwundert fragender Blick auslöste.

Ich ging über die Grasfläche zwischen den Baracken und der äußeren Einzäunung bis dicht vor die Stacheldrähte, schaute durch die Drähte nach der angeschossenen, blutenden Stadt, deren Schornsteine und Türme, soweit sie noch standen, einen Rauch festhielten, der vielleicht schon wieder der der Arbeit war. Es ging mir wie allen Menschen, welche eine Wunde foltert: ich konnte mich nicht hindern, immer wieder daran zu rühren, so schlimm es auch schmerzte. Aber ich kam nie über den ersten Anfang einer Gewißheit hinaus: »Es ist aus, für ewig aus.«

Ich hörte schreiende Befehle und schaute mich um, so willenlos folgsam, daß, glaube ich, ein Kind mich bei der Hand nehmen und hätte wegführen können: Gefangene stellten Kübel mit Suppenresten vor einem Tor des Russenlagers auf, hinter dem sich Hunderte drängten.

Aber bevor der Wachmann das Tor zu öffnen wagen konnte, mußten sich zehn oder zwölf mit Knüppeln bewaffnete Russen, die einem wohlgenährten Ordnungsdienst angehörten, zu Seiten der Gefäße aufstellen. Denn sobald die Türe aufging, stürzten sich die Ausgehungerten wie eine durchgehende Herde auf die Kübel, begannen mit den Händen zu schöpfen, versuchten die Behälter wegzuschleifen und schlugen sich, faßten einander an der Gurgel, um die besten Plätze nächst den Kübeln zu erreichen, stießen zu guter Letzt die Behälter um und rafften mit bloßen Händen, ja auf den Knien liegend, mit der Zunge die verschüttete Nahrung auf. Unbarmherzig sausten die Knüppel ihrer Landsleute auf die Schädel, nicht um Schuldige zu treffen, sondern wie man mit Rutenbündeln einen Waldbrand schlägt, nur um einer wahnsinnigen Gewalt eine andere Gewalt entgegenzusetzen – beide Gewalten aber waren gewollt. Ich sah das Schauspiel am Tor wie eine erste Begegnung mit Bewohnern der Erde, die mir fremd war, weil ich sie hinter mir hatte.

VI Opfer dreier Höllen

Ich war so leer und unwissend wie Jahre zuvor vor den Türmen von Saint-Sulpice, als die Ahnung mich zum ersten Male erschüttert hatte, aus der das »Tuez les Boches« nach langem Schweigen der Partei eine furchtbare Gewißheit gemacht hatte. Ich war an derselben Stelle wieder angekommen, aber ich hatte einen Kreislauf vollendet. Denn nun war ich bereit, unbeirrbar und begierig entschlossen zu handeln, und daß ich immer noch nicht wußte, was tun, schreckte mich nicht mehr. Ich hatte die innerste Zuversicht, daß sich offenbaren würde, wohin der zweite Schritt getan werden müßte, sobald ich den ersten gewagt: das war, meine überlebenden Freunde der Zelle Vorstadt aufzusuchen und mich unter meinem wahren Namen zu erkennen zu geben. Es konnte nicht sein, daß nichts, nichts getan werden konnte, um dem Wahnsinn zu wehren. Ich war von dem Drang beherrscht, in ein Dunkel zu stürmen, dem allein ich vertraute, nachdem das letzte Licht mich betrogen hatte. Ich wandte mich von den Zielen ab, und ich wollte nur noch Wege gehen.

Während der letzten Tage, die ich noch im Stalag abwarten mußte, folterten mich die Ungeduld – es war mir, als liefe die letzte Stunde ab – und der Schmerz einer Trennung, die so endgültig war, wie es selbst der Tod nicht sein konnte. Jetzt erst wußte ich, daß ich immer noch durch hundert Fäden mit den Genossen verbunden gewesen war, solange die einzige Frage nach der menschlichen Persönlichkeit offengestanden hatte. Das Ziel, das letzte endgültige Ziel hatte ich doch immer noch gemeinsam zu haben geglaubt. Aber nun war sie beantwortet durch einen unglaublichen Anschlag auf die Menschen, und alle Brücken waren abgebrochen. Wie harmlos waren die politischen Zweifel gewesen, die mich

unglücklich gemacht hatten, und wie fremd waren sie mir nun. Ich war nur noch erstaunt darüber, daß sie mir einmal lebenswichtig hatten scheinen können. Ich empfand nicht einmal mehr den Überdruß und Ekel, der mich vor dem scheinwissenschaftlichen Geplapper jenes Ölgötzen in Berlin überwältigt hatte.
Ich wußte schon seit jenen Tagen, daß ich mich nicht einer linken oder rechten Splitterung, einer anderen Kirche oder Partei nähern würde. Ich war fast überzeugt, daß die Genossen von weither noch am ehesten recht hatten. Sie waren wahrscheinlich die klügste Versammlung und ganz bestimmt die einzige Regierung, die immer recht hatte. Aber sie gingen mich nichts mehr an, denn mit ihrer Äußerung »Tuez les Boches« hatten sie zum erstenmal unmittelbar zu den Menschen selbst Stellung genommen; sie hatten darauf gespuckt, weniger noch auf die Deutschen als auf das Volk, dem ich anzugehören getrachtet hatte.

Der Tag kam endlich, an dem ich packen konnte. Das fast feierliche Gefühl, vor einer großen Reise zu stehen, erfüllte mich ganz. Ich nahm die Bilder der kleinen Frau von dem Brett über dem Bett, und ich betrachtete sie prüfend. Dieses fremde Kind war mir von einem Verstorbenen vermacht worden, von dem Menschen, der in Canon hatte beginnen wollen, ein erwachsener Mensch zu werden.
Ich hatte auf den Sieg der Verbündeten gewartet. Der Flug der Gewaltschleicher gegen die Sonne war verdammt, ein Abenteuer bleiben zu müssen, in Zeit und Ausdehnung beschränkt und trotz ihrer Mordmaschinen menschlich schwach. Aber schon während ihr Gefüge die allerersten Anzeichen der künftigen Vernichtung aufwies, schafften die siegenden Genossen von weither kühl berechnend beiseite, was ihnen die kostbarste Kriegsbeute war: die Erfindungen Hitlers, die Geheimnisse einer unfehlbaren Herrschaft, mit Hilfe des Gesetzes das Gesetz zu vernichten und mit Hilfe des Lebens-

willens der Menschen die Menschen zu töten. Bisher war ihnen die »Wissenschaft« Schild gewesen, nun wurde es ihnen die »Technik«. Sie mußten den Besitzwechsel verheimlichen, so wie umgekehrt die Gewaltschleicher die wissenschaftlichen Entdeckungen ihrer Gegner öffentlich hatten verbrennen müssen, um sie heimlich anwenden zu können. Sie taten es, indem sie die Meinung gültig machten, daß ein Befehl zum Morden nur in deutscher Sprache gegeben werde, die Erkennungszeichen der Schreckensherrschaft allein das Hakenkreuz, das Führerwesen, die Straflager und Rassengesetze sein konnten. Sie ließen das abgetragene Gewand des Verbrechens zerreißen, nachdem sie aus dessen Taschen den Inhalt gesichert hatten.
Ich lief durch alle Baracken, um mich von meinen Freunden zu verabschieden. Der Maler Dundee war krank. Er erhoffte seine Feilassung als Dienstuntauglicher. In der Bücherei wurden Worte des englischen Premiers gedreht und gedeutet, die für die kommenden Frühsommermonate eine »zweite Front« zu versprechen schienen. Morgentau empfing mich faul und stöhnend, aber er lud mich zu Nudeln mit Büchsenfleisch und Curry ein. Danach rauchten wir zusammen mit einem dritten Tischgenossen Pfeifen, und jeder lobte die seine als die beste. Morgentau kramte in seinen unzähligen Kästen und Schachteln und förderte eine Pfeife »Dunhill« zutage! Es war eine so plötzliche Erinnerung an jene Zeit vor dem Krieg, in der einer noch die Sorgfalt und Auslese selbst in Pfeifen hatte kaufen können, daß wir alle schwiegen. Bis einer spöttisch bewegt sagte: »Ich schlage vor, uns zu erheben und zu Ehren der ›Dunhill‹ eine Minute Schweigen zu bewahren.«
Es blieb noch Lasalle. Aber ich hatte Angst davor, ihm die Hand geben zu müssen. Er hatte noch drei Wochen lang fortgefahren, Deutsch zu lernen. Er war ein wenig langsam, es war kein schlechter Wille. Dicht hinter den anderen her, war er bereit, Orden und Räucherkerzen zu tragen, er war ein echter Genosse, Ergebnis einer furcht-

baren Erziehung. Er erläuterte: »Es ist, um die Massen zu gewinnen«, als ob es sich um die Abrichtung von Hunden handelte. Bald würden auch die geringsten unter den Genossen die krumme Schläue der Halbfreien auf der Stirn tragen und die Schleichwege zur Macht verdecken helfen. Sie würden durchsichtig und unangreifbar zugleich sein, so wie der Rotz, herablassend, weil sie sich im Geheimnis der Götter wähnten. Ich kannte das Lied zu gut: wie oft hatten die gelehrigen kleinen Braunen mir, nicht blöde, listig geantwortet: »Aber was willst du? Es waren doch nicht wir, die den Krieg erklärt haben!« Und saubere junge Knaben, unschuldig und begeistert, würden stolz prahlen: »Ich habe neunundzwanzig Boches erschossen.« Ihre Tücke würde doppelt sein müssen. Denn sie würden verbergen müssen, was die Braunen nicht hatten zu verdecken brauchen: daß sie der Wissenschaft untreu geworden waren, um die Technik zu wählen.

Ich hatte gelogen, gestohlen, betrogen und gemordet. Ich war feige gewesen, und ich hatte mich vom Hunger besiegen lassen. Ich hatte ein »Dasein« aufbauen wollen. Aber ich fühlte mich heil unter den Schrammen und Narben. Ich durfte noch trachten, die menschliche Würde zu erringen.

Hinter dem großen, äußeren Tor lag ein viereckiger Platz, auf dem die »Abgänge« sich zu bestimmten Stunden zu sammeln hatten, um ein letztes Mal gezählt, mit einem »Marschbefehl« versehen oder von Wachsoldaten der Arbeitskommandos übernommen zu werden. Einige Haufen Russen, ein Zug Serben und mehrere zerstreute Rotten Franzosen warteten, als ich ankam. Ich trug einen angeschmutzten Mantel, eine Mütze schief auf dem Kopf, einen hängenden Schnurrbart, wie der Gallier der französischen Streichholzschachteln. Aber mit Verwunderung nahm ich zum erstenmal wahr, daß ich bislang eine wichtige Einzelheit im Gepräge der Franzosen, die ich so sorgfältig nachgeahmt hatte, übersehen hatte: ihr

Gepäck. Fast alle Gefangenen staken in der gleichen Kluft. Sie trugen die Bestände des französischen Heeres auf, die von den Deutschen in den Kasernen der Republik erobert worden waren. Trotzdem waren schon aus tausend Schritt Entfernung die Franzosen von den Gefangenen jedes anderen Heeres zu unterscheiden. Denn die Russen trugen lediglich einen kleinen Sack, oft gar nur ein Eßgeschirr mit sich, die Engländer trugen ihre vorschriftsmäßige Soldatenausrüstung, die Franzosen jedoch, neben mehreren prallgefüllten Brotbeuteln, riesige Rucksäcke mit angehängten Holzschuhen, Pfannen und Töpfen und einen oder zwei Koffer oder Pappschachteln.

Allein, einen Marschbefehl in der Tasche, strebte ich den Stahlwerken zu, als mich mitten auf dem Weg die Heulzeichen der dringendsten Luftgefahr anbrüllten. Die Stadt zuckte unter ihrem unheimlichen Geheul. Die Trambahnen hielten sofort an und wurden von allen Fahrgästen und Fahrern eilends verlassen. Fahrzeuge stellten sich längs der Bürgersteige auf, die Straßen wurden eine Minute lang von Menschen überschwemmt, die sich mit ihrem Notgepäck in die Bunker retteten, und danach leer. Eine atemberaubende Erwartung lag über den glatten Flächen der Fahrbahnen. Eine andere Angst als die vor dem ersten Angriff beherrschte die Seelen; Menschen, die der erste Hieb des Scharfrichters verfehlt hat, hoffen auf Gnade.

Die Geschütze in den Vorbergen begannen zu dröhnen. Nachzügler und Scheinmutige liefen wie irre. Ein Kind stand allein auf der Straße, und keiner kümmerte sich darum. Ich rannte auf einen Hochbunker zu, der mir von allen Schutzeinrichtungen die sicherste schien. Aber ein alter Mann in der Kleidung des Luftschutzes verwehrte mir den Eingang. Nie zuvor hatte ich ein so bösartig entschlossenes Gesicht gesehen; das eines Wolfes, der aus seiner letzten Zuflucht geräuchert wird. Ich rannte weiter und geriet vor eine Schule, die mir fest genug gebaut schien, um bombensichere Keller zu besitzen. Ich wußte, welche höllischen Fallen die Keller waren, aber ich konnte wie alle Menschen das Gefühl der Geborgenheit im Dunkel der Erde nicht entbehren, ohne das Millionen während der Angriffe wahnsinnig geworden wären.

Die Schule diente als Lazarett, wie schon während des vorhergegangenen Krieges, und die vor der Tür stehenden Soldaten ließen mich blaßlächelnd ein. Ich folgte einem Strom von Verwundeten aus den oberen Stockwerken, die mittels Krücken, an Stöcken oder längs der Treppengeländer in die Keller hasteten. Die Schwerverwundeten auf Bahren hatten den Vorrang, und deren Träger schrien wild nach Platz. Durch eine Tür aus dem Garten hinter dem Gebäude drängten sich zwei Stelzbeine, die einen dritten Soldaten schleppten, der beide Beine verloren hatte – drei Menschen auf zusammen zwei Beinen. Die eigentlichen Kellerräume waren bleibend von den Schwerstverwundeten belegt, die unbeweglich in Verbänden, an Schienen und Streckgewichte gebunden, in ihren Betten liegen mußten. Den Zuströmenden blieben nur die Gänge zwischen den Betten, die bald überfüllt waren. Und nun hörte ich die Geschütze unmittelbar vor der Stadt.

Reglos und schweigend horchten alle hinauf und vernahmen das Dröhnen der Motoren. Und plötzlich roch ich die Luft des Gewölbes, gesättigt von dem süßlichen Geruch verfaulenden Fleisches, des Blutes, der Arzneien, des Äthers und der Betäubungsmittel, hörte ich das Stöhnen der Besinnungslosen und das wirre Gemurmel der Fiebernden, sah ich die blutdurchtränkten Verbände um Gliederstümpfe und die ausgemergelten, bleichen Gesichter der Kranken, und ein unerträgliches Grauen befiel mich bei der Vorstellung, mit all diesem Jammer in demselben Grabe eingeschlossen zu werden, oder durch einen Volltreffer mit den Sterbenden und Blutenden vermischt zu werden wie in einer fürchterlichen Mühle.

Es entstand Bewegung: Ärzte umringten vor mir ein

Bett, dessen Kranker am Abscheiden war, Tische voller Messer, Scheren und Flaschen, Bündel von Verbandstoffen und Watte wurden herangerollt. Das dumpfe Summen der Motoren war nun genau über uns. Im selben Augenblick hörten wir das donnernde Rollen der ersten Aufschläge der Bomben. Das Haus zitterte in seinen Fundamenten. Die angstvolle Stille verdickte die Luft. Ich hörte meine Nachbarn schwer atmen. Langsam spürte ich mich ersticken, das Gemisch von Furcht und Blut war zäh wie Brei. Und plötzlich drängte ich mich rücksichtslos durch die wartenden Verwundeten, der Beschimpfungen, Schreie und Befehle nicht achtend, und rannte die Treppe hinauf. Einige Sekunden lang atmete ich befreit und beinahe glücklich auf. Der Himmel hatte sich entwölkt, ich sah in einen jener klirrend kalten, sonnigen Januartage, in die glitzernde Pracht des Winters. Ich nahm das Licht und die Luft auf, als ob ich sie wieder hätte kosten dürfen, nachdem ich sie schon verloren hatte. Aber das tiefe Hämmern nahender Geschwader ließ mich aufblicken. Die Vorhut war bereits abgeflogen, sie hatte das Ziel bezeichnet; ich schätzte, daß es das Gelände um den Verschiebebahnhof sein mußte. So wie sie des Nachts rote Leuchtkugeln aufhängten und weiße Lichtbündel streuten, so warfen die Anzeichner des Todes bei Tagesangriffen Rauchbomben auf das verurteilte Gebiet, die von der Flughöhe aus bis auf den Erdboden breite, milchige Fallbahnen bezeichneten, denen entlang die folgenden Maschinen ihre Ladungen zu werfen hatten. Nicht genug damit, hatten die ersten Flugzeuge weiße Kondensstreifen am Himmel hinterlassen, von den heißen Abgasen der Motoren erzeugt, die allen nachfolgenden den Weg wiesen. Die Geschütze bellten wieder auf. Nun sah ich die ankommenden Geschwader, und im ersten Augenblick war ich von dem herrlichen Bild überwältigt.

Sie flogen in sehr großer Höhe, und nur dank der weißen Streifen, die sie hinterließen, konnte ich sie sogleich am Himmelsgewölbe ausmachen. Aber einmal im Auge gefangen, waren sie in der klaren Luft deutlich zu erkennen. Sie schienen weiß von Reif und Eis und schwankten leise, so daß ihre Tragflächen unaufhörlich in der Sonne blitzten. Je dreißig Flugzeuge bildeten einen stumpfen Keil, und drei dieser Einheiten bildeten wiederum ein größeres Dreieck. Ich zählte zehn sich folgende oder nebeneinander schwebende große Flotten, ehe ich es aufgab zu zählen. Immer neue Streifen entstanden am Horizont. Sicherlich flogen sie in großer Geschwindigkeit an, aber sie schienen fast unbeweglich zu schwimmen, wunderschöne silberne Vögel, zitternd vor Kraft. Was den Eindruck ungeheurer Stärke und Unbeweglichkeit vermehrte, war, daß sie so genau dieselbe Geschwindigkeit beibehielten und so gut denselben Abstand voneinander wahrten, als seien sie ein einziges, tausendmotoriges Gefüge. Nichts, nichts in der Welt war ein so unwiderstehliches, zerschmetterndes Sinnbild der Macht, der reinen Macht, ein so berauschendes, übermenschliches Schauspiel der Kraftentfaltung. Die ersten Verbände erreichten die todgeweihten Viertel um den Verschiebebahnhof, und die folgenden flogen über die Schule mit dem Roten Kreuz. Mein Denken setzte eine Zeitspanne lang aus, die nicht ermeßbar war. Ich war nur noch Hoffen, Beten und Wünschen. Nichts regte sich in den Häusern, die den Tod erwarteten, außer den langsam emporschwebenden und sich auflösenden Rauchfahnen. Die Sonne lag lieblich auf den Dächern und Wänden. Kein Vorhang flatterte in den offenen Fenstern, und keine Windfahne drehte sich. Ich wußte, daß Zehntausende in den Kellern saßen und hofften, daß der Angriff einem anderen Stadtteil gelten würde, so wie ich inbrünstig betete, daß kein Flugzeug sich irren möchte, um die Schule in Schutt und Asche zu legen. Jäh, trotzdem ich es erwartete, vernahm ich das Heulen der niedersausenden Bomben und kroch in mich zusammen, um den folgenden Stoß der Explosionen auszuhalten. Danach konnte ich nur noch bestehen, krampfhaft beharren, um nicht mit dem Kopf durch eine Wand zu rennen, mein Gesicht mit den Nägeln zu zerkratzen oder zu heulen, zu heulen. Es mochten tausend viermotorige Festungen gewesen sein, sicherlich von einigen hundert Jägern und Beobachtern begleitet. Darüber hinaus hatten wahrscheinlich kleinere Flotten ablenkende Angriffe auf andere Städte unternommen. Zu jedem Flugzeug waren zweihundert Menschen nötig, angefangen von der Besatzung bis zum Bodendienst und den Motorenschlossern. Um den Brennstoff, die Bomben und Ersatzteile bis zu den Flughäfen zu bringen, wurden Schiffe und Eisenbahnen beansprucht. Um sie herzustellen: Werkstätten, Bohrtürme, Bergwerke, Schmelzen. Ein Hinterland von Bauernwirtschaften mußte nur für die Ernährung all jener Flieger, Seeleute und Arbeiter sorgen, wozu sie wiederum Maschinen und Dünger brauchten. Ein großer Bomber war gleich einem kreuzfahrenden Ritter, für dessen Panzer, Waffen, Pferd und Reisegeld eine ganze Landschaft hatte fronen müssen. Ein Heer, das nach dem Heiligen Grabe gezogen, war der Ausdruck der Anstrengung und der Beginn der Verarmung des ganzen Abendlandes gewesen.

Der mit so ungeheurem Aufwand geführte, stählerne Faustschlag hatte einige tausend Wohnungen zerstört, zwanzig oder dreißig Schienenstränge aufgerissen und zehntausend Menschen von neunzig Millionen getötet oder verstümmelt. Zog man die Anstrengung des Angreifers von dem angerichteten Schaden ab, so blieb nur ein winziger Überschuß. Es war, als schlügen sich Riesen von gewaltiger Stärke, aber in Lehm verstrickt und mit Bleigewichten belastet, so daß ihre Schläge schon schwach waren, bevor sie den Gegner trafen.

Waren nicht die gewohnten Maßstäbe der Zeit falsch? War das doppelte Gesicht der Ereignisse nicht das Zeichen dafür, daß das Ende, an dem wir angelangt waren, vielleicht viele tausend Jahre abschloß, und der Anfang, vor dem wir standen, ein allererster Beginn der Seßhaftigkeit werden würde?

 Kaum zehn Minuten nach dem letzten Aufschlag und

dem letzten Zittern der Fenster war das Leben wieder im Gang, und ich begegnete zahlreichen Mannschaften des Luftschutzes und der Feuerwehren, des Heeres und der Polizei, zu Fuß und auf Kraftwagen, langen Zügen von Gefangenen und Ostarbeitern, die der zerstörten Gegend zufuhren und -marschierten. Das war die eigentliche Abwehr, weit erfolgreicher als die Flak; zehntausend Hände gegen eine Bombe, um die Straße freizulegen, die Schienen zu flicken und Tote und Lebende zu bergen. Unaufhörlich schaufelnd und Steine schichtend, in ganz Deutschland wohl zehn Millionen Hände, von einem Trümmerfeld zum anderen gelenkt, nur noch in Rauch atmend, maßen sich Menschen mit Maschinen. Hundertmal zerrissen, zerstampft und gesprengt, wurden die Linien immer wieder befahrbar.
Diese Anstrengungen, dieses übermenschliche Aufbäumen gegen die Zerstörung, fast als ob die Menschen in allen zerstörten Städten aller Länder einen Kampf führten gegen alle Luftflotten aller Heere, die überall anderswo ein Hohelied des Mutes, des Sieges, des Lebens, des starken Willens hätten sein können, wurden zu dem geifernden Zähnefletschen und der verzweifelten Wut des bedrängten Verbrechens.
Im Arbeitskommando hatte sich nichts geändert. Es war, als sei es in einem Lande außerhalb aller Bomben und Feuer gelegen. Die alten Kameraden umringten mich lachend, beglückwünschten mich zu meinem langen Krankenurlaub, fragten, auf meine Gewohnheit anspielend: »Was Neues, was Neues?« Es wurde mir ordentlich warm ums Herz. Sie erzählten mir die wichtigsten Begebenheiten, die sich während meiner Abwesenheit zugetragen hatten, und von allen lag ihnen am schwersten auf dem Herzen – ich mußte sie wohl zehnmal hören – das traurige Ende eines Truthahnes, des meistbedauerten Tieres in dieser großen Zeit des Sterbens: drei Gefangene, zu einer Kochgenossenschaft vereinigt, hatten, um Weihnachten würdig zu feiern, einen Truthahn erhandelt. Durch die Ratschläge von dreihun-

dert Gefangenen belehrt und unter hundert aufmerksamen Augen hatten sie das Tier gebraten und sich zu Tisch gesetzt, umringt von fünfzig Zuschauern. Aber zu diesem prächtigen Schauessen tranken sie auch drei Flaschen übelsten Branntweins. Und es geschah, daß sie fünfzehn Minuten, nachdem sie den letzten Knochen des Geflügels abgenagt hatten, die ganze Herrlichkeit in einen Mülleimer hatten zurückgeben müssen. Noch zwei Monate nachher, während die Zeugen es mir erzählten, malte sich die Bestürzung, der Kummer und die Trauer über den nutzlosen Tod des Tieres auf ihren Zügen: »Stell dir vor, völlig unverdaut.«

Während dreier Tage wurde unser Kommando eingesetzt, um bei wichtigen Aufräumungsarbeiten zu helfen. Im Morgengrauen rückten von allen Seiten endlose Züge Kriegsgefangener, freiwilliger und gezwungener Fremdarbeiter, Straflagerhäftlingen, deutscher Soldaten und Juden an. Drei Minuten später flackerten im kalten Nebel hundert kleine Feuer auf, über die riesige Ebene des Verschiebebahnhofs zerstreut, gespeist aus den zahllosen Holzsplittern der zertrümmerten, wie Zigarrenkisten hochgeschleuderten Güterwagen; ich sah einen Güterwagen rittlings auf dem Dachrande einer schätzungsweise vier Meter hohen Eisenbahnwerkstätte sitzen. In der nächsten Viertelstunde untersuchten Hunderte von huschenden Spähern den Inhalt der beschädigten oder lediglich auf freie Durchfahrt wartenden vielen tausend Güterwagen. Wehe dem Gefährt, das brauchbare Last enthielt. Ein Raunen ging durch die schätzungsweise fünftausend Gefangenen und Arbeiter. Ich verfolgte das Schicksal einer Ladung italienischen Tabaks. Innerhalb zweier Stunden war der riesige, vierachsige Wagen leergenagt, wie ein Gerippe von einem Ameisenvolk, selbst bis auf die letzten Splitter der Holzwände. Alles hinter dem Rücken der ahnungslosen Posten. Erst als plötzlich die fünftausend Plünderer anhuben, ununterbrochen und gleichzeitig gewaltige, selbstgedrehte Zigaretten und Pfeifen zu rauchen, zu paffen und zu qualmen wie Kamine, schnupperten die Wachen argwöhnisch auf. Wenig später sah ich sie einen nach dem anderen um den beraubten Wagen gebückt mit ihren Seitengewehren zwischen den Steinen der Schienenwege scharren, um verlorene kleine Blättchen und Bruchstücke aufzuklauben. Die Plünderung hatte noch ihre Rechfertigung; die Leute hungerten, und der Tabak war das beste Zahlungsmittel. Aber hinterher begann der Urwald: die ersten Entdecker des Wagens hatten natürlich die größten Mengen an Rauchwaren beiseite geschafft und notdürftig versteckt. Die Spätergekommenen hatten sich mit einigen Handvoll begnügen müssen, aber einige unter ihnen waren damit nicht zufrieden und spürten die Verstecke auf, um sie auszurauben. Es war beschämend, die zerlumpten und verhungerten Russen, die sich schon ausgerechnet hatten, was sie mit ihrer Beute hätten eintauschen können, vor den leeren Verstecken zu sehen, deren Inhalt vielleicht nun einem Dieb gehörte, der nie Hunger gelitten hatte. Die Auflösung begann. Die Diebe und die Diebe der Diebe wurden in der Folge alle Opfer des Zustandes, zu dem sie beigetragen hatten.

Wieder in die Kesselschmiede eintreten, den anfallenden Geruch des Rostes und des Staubes, des Öles, des Feuers und des verbrannten Leimes der Schmirgelscheiben aushalten, die Stahlkörner, den Ruß, die Schleifspäne und das Eillicht spitz und heiß auf der Haut und in den Winkeln der Augen spüren, war eine schwere Prüfung, ein nimmer enden wollender, immer schroffer ansteigender Weg, den immer schneller zu gehen ich gezwungen war, der mich am Leben verzweifeln ließ und mir den letzten Gedanken, den letzten Willen, den letzten Wunsch außer dem nach dem Strohsack, den letzten Funken Mut nahm. – Und doch blieb etwas wach in mir, das sich unabhängig vom Elend meines Leibes frisch umsah, das aufnahm und bewahrte; ich war noch neugierig, ich hatte mich noch nicht sattgesehen an dieser Vergangenheit, die wir die Gegenwart nennen.

Das Wesen der Zeit blieb die Zweideutigkeit, hohe Vollendung und einfältiges Tasten durch Qual und Zufall. Woran gemessen war es Vollendung? Warum wurde von Gelehrten wie von Schreiern »der hohe Stand der Technik« behauptet? Warum erfüllte uns der Anblick eines blitzenden, großen Flugzeuges mit Stolz und Entzükken? Maßen wir den Erfolg an Holzpflügen und Steinbeilen? Es ging nicht darum, daß ein Arbeiter der Stahlwerke dreihundert Löcher bohrte in derselben Zeit, die ein Schlosser des Mittelalters zu dreien brauchte! Nicht allein deshalb, weil er zu demselben Stück Brot hundertmal mehr Löcher brauchte, sondern vor allem weil sich die Summe der Zufälle, der Tücken und der Müdigkeit, all der Umstände, die dem Handarbeiter sind was dem Bauern Hagel, Frost, Wind, Sonne und Beschaffenheit der Erde, ins Ungeheure vergrößert haben. Der Bauer kam über seine eigene Arbeit unmittelbar zu seinem Brot. Aber zwischen dem Mann der Stahlwerke und seiner Nahrung breitete sich ein undurchdingliches Gewirr aus. Seine Arbeit wurde hunderttausendmal ausgetauscht, und geheimnisvolle Kräfte konnten bewirken, daß die verdiente Nahrung sich nicht zu ihm zurückfand. Und selbst seine einfache Handreichung, die ewig zu wiederholen er verurteilt war, enthielt Tücken und Gefahren. Er mußte ohnmächtig vor dem Widerstand eines kleinen Stückes Stahl unter einer Maschine im Dreck liegen, fluchend und rasend die Zähne fletschen und mit blutenden Fingern die Ursache der Weigerung abtasten. Mit Leiden in täglichen, winzigen Abenteuern, mit seinem Blute und seiner Gesundheit berichtigte er die Rechnungen des Planes, den die fremden Maschinen täglich umstießen, indem sie immer mehr Lokomotiven zerstörten, so daß immer mehr, immer kurzlebigere und billigere gebaut werden mußten, die Vorräte der Erde für Jahrhunderte geplündert werden mußten und die Hoffnungen immer ausschließlicher auf das künftig zu erobernde Gebiet gelenkt wurden, mit immer müderen, schwächeren Menschen, immer ähnlicher dem Wahngebilde eines Welteroberers, dessen purpurnes Zelt und Fahnen und Gepränge die Errungenschaften der Technik waren.

Die den Ausländern überlassenen Bedürfnisanstalten waren die einzige Zuflucht, Ruhestätte während der Arbeitszeit. Die Werkschutzleute hatten Türen und Fenster ausgehängt, um einen eisigen Luftzug zu erzeugen, der uns den Aufenhalt verleiden sollte. Trotzdem mußten sie zehnmal am Tage kommen, um jeden an die Arbeit zu schicken, der nicht mit entblößtem Hintern auf einer Brille saß. Aber sie konnten nicht verhindern, daß es wie in der Schriftleitung eines Weltblattes zuging: so zahlreich und rasch liefen dort alle Gerüchte, Unfallmeldungen, Sendenachrichten und Heimatberichte zusammen und wurden von dort aus verbreitet.

Schon am ersten Tage nach meiner Rückkehr spürte ich einen neuen Geist. Bald fielen mir unter den hunderterlei Gefangenen die Jungen auf, die erst kurz zuvor aus Frankreich angekommen waren. Ich erkannte die ersten sichtbaren Spuren der Zerstörung durch die Haßschlagworte der Partei, die zum erstenmal in der Geschichte der Arbeiterbewegung auf jeden, selbst nur stillschweigend einbegriffenen Hinweis auf ein bejahendes, aufbauendes Ziel verzichtet hatte. Zu allen Zeiten haben sich Bewegungen, die ausschließlich Zerstörung anstrebten, nur selbst vernichtet. Denn die Summe des Hasses, den ein Volk ertragen kann, ohne daran zu sterben, muß mehr als doppelt aufgewogen werden von den Summen der Arbeitsbereitschaft und des Aufbauwillens, der Liebe und des Strebens nach Recht. Die Schandtaten der Geheimen Staatspolizei hatten in Frankreich Haß genug erzeugt; die darüber hinaus erzeugte Menge künstlichen Hasses war ein sicheres Gift. Die Jungen, denen der Haß das Leben selbst und der einzige Wegweiser in die Zukunft bedeutete, erzählten von Kämpfen der unterirdischen Bewegungen, von selbst vollbrachten und von Heldentaten, deren Zeugen sie gewesen waren, und es war niederschmetternd, zu sehen, wie sie sich der gefährlichen Schwächen der Vorkriegszeit – der Gleichgültigkeit, der Mißachtung und Ausplünderung öffentlichen Eigentums – brüsteten, als seien es vaterländische Tugenden. Es war traurig, zu hören, wie sie mit geheimer Lust und offenem Stolz von Grausamkeiten berichteten, die sie mit der noch größeren Gemeinheit des Feindes rechtfertigten. Jedes besiegte Volk suchte die Eigenschaften zu erwerben, dank denen der Gegner gewonnen hatte. Parteien, die sich lange Zeit hindurch unentschieden bekämpfen, werden sich ähnlich. Geschlagene Heere lernen gut. Aber der Haß war ein schlechter, übler Lehrer. Denn er unterschlug, was die anfänglichen Siege der Gewaltschleicher erleichtet hatte; gründliche Vorbereitung des Krieges, die ausgezeichnet aufgebauten und emsig arbeitenden Rüstungsbetriebe, die durchdachte Planung der Wirtschaft, großzügige, kühne Anwendung neuzeitlichster Kriegsmaschinen, der Geist und der flinke Gehorsam der Soldaten und der Arbeitswille der Heimat. Der Haß wollte leugnen, daß die Deutschen vor allem selbst schwer gearbeitet hatten. Er machte glauben, daß die Ursachen des Erfolges dieselben Eigenschaften waren, die in Wirklichkeit den Untergang der Abenteurer beschleunigten: die Grausamkeit und die Erbarmungslosigkeit, der Rassenstolz, die Willkür und blinde Gewalt. Aber indem er, unausgesprochen, aber tief eingeprägt, die Gewissenlosigkeit, den Raub und den Wahnsinn als Schlüssel des Gelingens erscheinen ließ, verlockte er die lernbegierigen Gedemütigten dazu, sie anzunehmen.

Die zage Hoffnung, daß Frankreich nach dem Kriege eine anziehende und ausstrahlende Mitte unseres Erdteils werden könnte, erlosch. Es war der Haß, der es innerlich allen neuen Zukunftsfragen entfremdete. Er ließ es hinterwäldlerisch abgeschlossen. Jeder Vorschlag einer erneuten Zusammenarbeit auf sauberen Grundlagen würde als feindliche Einflüsterung verschrieen werden. Das »Erschlagt die Boches« – vielleicht wohlberechnet wie eine Brandfackel vorausgeworfen – hatte

gesiegt über das »freie Europa gegen das braune Europa«, noch ehe es einer ausgesprochen. So wie das »Juda verrecke« gesiegt hatte über einen mächtigen Traum, den keiner noch in Worte gefaßt.
Ich war aus Gründen, die ich nicht hatte erfahren können, wieder an die Zeichenplatte gestellt, und ein junger, wohlerzogener Mensch aus Marseille, Sohn eines Großmühlenbesitzers, war mir als Lehrling anvertraut worden. Ich lehrte ihn vor allem, die Schliche und Künste anzuwenden, so wenig wie irgend möglich zu arbeiten, ohne deshalb unangenehm aufzufallen. Ich half ihm gegen Meister und Beamte. Er verschaffte mir die unauffälligen Zivilkleider, die ich zu meinem Unternehmen benötigte. Ich verhehlte ihm mein Ziel; ich gab vor, mich mit einer kleinen Salzburgerin, die öfter an unserer Zeichenplatte verweilte, als es unbedingt notwendig war, treffen zu wollen. Mein junger Freund schüttelte enttäuscht den Kopf: »Du also auch; von dir hätte ich das nicht geglaubt.«
Die Ungeduld und die Angst vor dem nahenden Unheil, das ich nach jedem Gespräch und nach jeder Begegnung deutlicher sah, ließen mich manchmal den Kopf verlieren, dann schien es mir, als müßte ich noch in derselben Sekunde etwas tun.
Ein kleiner Russe – wir nannten ihn spaßeshalber »Stalin« –, der nach eigenen Angaben fünfzehn Jahre alt war, aber wie ein Zwölfjähriger aussah, kam oft heimlich in unsere Baracken, um sich mit zahlreichen Speiseresten vollzustopfen. Einmal jedoch bemerkte ihn das »Waschbrett«, ein Werkschutzmann, der seinen Spitznamen den zahlreichen Schmissen auf seiner rechten Backe verdankte. Er drang mit gezogener Schußwaffe in unser Lager ein und suchte drohend und brüllend nach dem Kind, das sich unter eine Bettstatt gerettet hatte. Den Gefangenen stand das Herz still. Sie beteten um das bedrohte Menschlein in seinem Versteck, aber sie wagten sich nicht zu rühren. Ich jedoch trat dem Wütenden entgegen. Ich schüchterte ihn mit Worten ein, mit »Be-

stimmungen«, »Beschwerden«, »Recht«, »Genf«, »Ordnung«, »Internationale Abkommen«. Nicht eine einzige Behauptung war stichhaltig. Ich brüllte lauter, wenn er brüllen wollte. Er wich zurück. Aber ich war auf meinen Sieg nicht stolz. Es war ein erbärmliches Schauspiel, zu sehen, wie genau vorausberechenbar Menschen handeln, so wie man die Speicheldrüsen der Hunde reizen kann, wenn man sie daran gewöhnt, mit dem Aufleuchten einer Birne die Vorstellung eines Napfes zu verbinden.
Die Juden arbeiteten seit der Vollendung des Kühlturmes im Inneren der Werkhallen auf kleinen Baustellen; Unterbauten schwerster Maschinen und Gräben zu Leitungen. Ich sah eines der jammervollen Gerippe einen zweirädrigen Karren schieben. Am Eingang der Dreherei hemmte ein Stein plötzlich das linke Rad, so daß die Deichsel nach rechts ausschlug; so jäh, daß sie den Hungerschwachen zu Boden schleuderte. Einige Dreher hielten inne und schauten dem mühselig am Boden Kriechenden zu. Mir war, als könnte ich nie wieder ein Mensch sein, wenn ich der Vorsicht, die uns den Juden fernhielt, noch eine Sekunde gehorchte. Ich fing den Blick der Dreher auf, während ich zu dem Unglücklichen eilte und ihm auf die Füße half. Ich mußte ihm jede Hand einzeln um die Deichsel legen, denn er war betäubt und wußte nicht mehr ganz, wo er war. Danach griff ich in die Speichen, um das Rad über den Stein zu schieben. Und während ich gebückt angestrengt schaffte, sah ich zwei Dreher ihre Bänke verlassen, auf uns zukommen und Hand anlegen, um uns zu helfen. In der ersten Überraschung war ich glücklich und stolz wie auf ein gelungenes Werk. Aber danach war ich niedergeschlagen – wie schon nach dem Zwischenfall mit dem »Waschbrett« –, ich schämte mich, ich hatte das Gefühl, einen Ausweg zu suchen, ich wußte nicht, welchen, um mein Vorhaben stückweise zu verschleudern, derselben Schwäche zu unterliegen, die aus der Nächstenliebe die Almosenpflege gemacht hatte.
 Manchmal litt ich unter dem Verdacht, nur meine eige-

ne Untauglichkeit ließe mich die Parteileute verachten. Dann brach ich einen Streit vom Zaun, in dem mir der Zweck die Mittel heiligte: ich machte einem jungen Wachmann, treuem Gefolgsmann des Führers und unbestechlich sauber und streng, das Leben so sauer, daß er den Hauptmann seiner Kompanie anrief. Der kam, hörte sich die Klage des jungen Soldaten an und erteilte mir daraufhin das Wort zu meiner Verteidigung. Ich entstellte die Wahrheit so sehr, daß der Junge mich empört unterbrach. Damit war er verloren. Ich wandte ihm mein Gesicht voll zu und sagte eisig: »In der französischen Armee spricht ein Soldat in Gegenwart eines Vorgesetzten nur, wenn ihm das Wort erteilt wird.« Wie ich vorausgesehen hatte, zuckte der Hauptmann wie von der Tarantel gestochen zusammen, er wurde rot vor Scham, er sah die Ehre der deutschen Armee in Gefahr, er platzte auseinander, zudem er daheim Schulmeister war. Er hauchte den Soldaten derart an, daß der ein für allemal schwieg, ich konnte da reden, was ich wollte.

Durch meine Arbeit kam ich wieder mit dem buckligen, krausköpfigen Riesen in Berührung. Er erzählte mir, was in seinem Dorfe vorging, immer traurig, manchmal zornig überschäumend oder in Schwermut versinkend. »Lieber Freund«, klagte er an einem Montag, »ich habe achtundvierzig Stunden hinter mir, die im Leben eines Menschen zählen. Stell dir vor, wir erhalten ein amtliches Schreiben: meine Frau muß sich stellen. Wir wissen, das ist der Tod. Wir schlafen nicht, wir können nicht essen, wir nehmen am Morgen den Zug. Der Zug fährt, fährt, fährt, neben dir sitzt deine Frau, die du in das Schlachthaus führst wie ein Rind, du weißt, es ist der Tod, sie weiß, es ist der Tod, aber du darfst es nicht einmal sagen, und wenn du es trotzdem sagst, so glaubt es dir keiner, es ist auch nicht faßbar. Ich, ich selbst fasse es nicht. Und du hoffst, hoffst, gegen alles Wissen, du malst dir aus, eine letzte Verhandlung, ein – weiß Gott was. Schnellbomber greifen den Zug an. Die Maschine wird wörtlich durchsiebt von Kugeln. Wir kehren zu Fuß zurück. Lieber Freund; wir sehen unsere Stube wieder, wir drücken die Klinke herunter, wir fassen das Holz der Stuhllehnen wieder an und den Tisch, Geschirr klirrt, du hörst den Schritt deiner Frau wieder nach diesem Gang; es ist ein Gefühl, ein Gefühl, ich kann dir nicht sagen. Und nun warten wir auf das nächste Schreiben, wie seit Jahren, und wir hoffen, hoffen, hoffen auf das große Ende, hoffen, daß es kommt, bevor ...«

»Erschlagt die Boches«, sagte ich, »erschlagt die Boches, das ist die Kampflosung der Partei in Frankreich.«

Er schwieg und eine leichte Röte stieg ihm in die Wangen. Er antwortete leise, wie ein Geständnis: »Es wundert mich nicht; ich war in der Partei. Ich habe geglüht, Mann, hätten sie uns befohlen, über eine brennende Mauer zu springen, wir wären gesprungen; nicht aus Gehorsam. Wir hatten Zweifel, aber wir haben uns getröstet: Deutschland ein Rätestaat wäre das Tor in die Welt gewesen. Wir haben die sozialistischen Arbeiter angegriffen, Schulter an Schulter mit den Braunen, nicht leichten Herzens, nein. Wir haben die ›Faschisten geschlagen, wo wir sie trafen‹, dann haben sie uns plötzlich befohlen, sie vor dem Karl-Liebknecht-Haus aufmarschieren zu lassen. Wir haben gehorcht. Wir haben nicht verstanden. Als Hitler noch nicht fest im Sattel saß, hat er gebeten: ›Gebt mir fünf Jahre Zeit‹, und die Genossen von weither haben uns aufgefordert zu warten: ›Wir sind die Erben des kommenden Zerfalls der Hitlerbewegung.‹ Sie haben die besten Genossen aus der unterirdischen Arbeit gezogen und Kundschafter der Roten Armee aus ihnen gemacht. Dann sind sie Verträge mit den Gaunern eingegangen und haben auf ihren Flugbahnhöfen die Hakenkreuzfahne gehißt, so oft ein hoher Mörder zu Besuch kam, dieselbe Fahne, die über den KZ-Lagern weht. Ein guter Freund von mir hat sich nach Frankreich retten können, wo ihn die Regierung in ein Lager gesperrt hat. Auch daraus hat er sich retten können, als die Deutschen Frankreich besetzten. Dann ist er freiwillig hierher zurückgegangen, weil die Partei allen Genossen anbefohlen hat: »Wer nicht mehr als fünf Jahre zu erwarten hat, geht ins Reich zurück.« Der Narr hat gehorcht. Er hat drei Monate lang gearbeitet, dann haben sie ihn eingesperrt, verurteilt, aus dem Gefängnis heraus ins Afrikakorps gesteckt, dann zurückgeholt und im Zuchthaus von Kassel mit einer Spritze ins Jenseits geschickt. Wie viele sind so verreckt, um zu bekräftigen, daß der Freundschaftsvertrag, den die hohen Genossen mit unseren Mördern geschlossen hatten, ehrlich gemeint war; genau so, wie euer Pétain ein paar tausend deutsche Flüchtlinge an den Galgen geliefert hat, so wie man Geschenke unter Freunden austauscht. Wir waren Narren, als wir gehofft hatten, daß Deutschland ein Rätestaat und damit Rußland die ›revolutionäre Provinz‹ und unsere Linie und Kampfweise wieder international werden würde. Wer kann glauben, daß die Herren, die ganze Länder und Völker aufgeopfert haben, wenn es ihrem Lande hat nützen können, daß sie gewillt sind, eine Sache vorwärts zu treiben, die todsicher aus den allmächtigen Halbgöttern, die sie jetzt sind, Landräte machen würde?«

Jetzt kam es darauf an, zu erfahren, wer von allen Genossen noch am Leben war, wer noch zuverlässig war, und wo die körperlich und geistig Überlebenden wohnten. Nur Willem war mir erreichbar, um mir Auskunft geben zu können. Ich überlegte lange; ich mußte ihn davon überzeugen, daß ich echt war, und daß meine Neugier durch gewichtige Gründe gerechtfertigt war. Ich fand, daß ich mich zu erkennen geben mußte; ich mußte mein Leben als Pfand für das der anderen hinterlegen. Wie ich es so oft geübt, breitete ich eine Zeichnung auf der Werkbank neben Willems Schraubstock aus, fuhr mit den Fingern und mit einem Zollstock darauf umher und murmelte währenddessen: »Laß dir nichts anmerken, lebt Margaret noch? Ist das Haus noch nicht umgefallen? Macht ihr noch Striche an die Wand?« Er feilte gebeugt weiter und antwortete: »Die Margaret lebt noch, das Haus ist zerstört, gib dir keine Mühe, ich habe dich vom ersten Tag an erkannt.«

Ich war erleichtert wie nach einem gelungenen Gang durch einen tödlichen Wald. Ich war diesseits. Ich fragte:
»Was ist aus Heiner geworden?«
»Geköpft.«
»Appel?«
»Im Lager umgekommen.«
»Gottwohl?«
»Tot.«
»Aschenbrenner?«
»Zu den Braunen übergegangen.«
»Franziska?«
»Im Zuchthaus erhängt.«
Mir wurde unheimlich zumute, als ob es die Nennung ihrer Namen sei, welche die Genossen sterben machte. Ich hoffte, unter den unbekannteren, seinerzeit am Rande der Partei mitgelaufenen Genossen den einen zu finden, der inzwischen hart geworden war:
»Bretzel?«
»In Rußland vermißt.«
»Parrer?«
»In Frankreich von Freischärlern erschossen.«
»Lisa?«
»Als Jüdin verschollen.«
Meine letzte Hoffnung wandte sich den Freisinnigen zu, die ich einst bekämpft hatte:
»Bürger?«
»Sieben Jahre Haft, heute überwacht.«
»Varlegen?«
»Überwacht.«
»Der Anwalt Frank?«
»Nach Frankreich geflüchtet. Ausgeliefert und verschwunden.«
Es blieb mir noch ein Name, den ich aufgespart hatte, der teuerste unter allen. Ich sprach ihn leise aus und hoffte, das Schicksal überhörte ihn: »Lysiane?«
Ich sah Willem lächeln, und mich durchbrauste ein Jubel ohnegleichen. Er sagte: »Sie lebt. Sie wohnt noch in ihrer alten Wohnung, sie wehrt sich gut.«

VII Verhaftung, Disziplin und Flucht

Am nächsten Morgen stand ich auf der Anzeichenplatte vor einem riesigen Werkstück, einem Träger, bestimmt, die ungeheuer schweren Büchsen der senkrecht nach unten wirkenden Kolben einer Schiffsmaschine zu stützen. Selbst daß ich für den Krieg arbeitete, konnte mir die Freude an einem sauberen, schönen Werk nicht vergällen; auch die kriegsgefangenen Bauern konnten nichts anderes, als das Vieh gut zu betreuen, das ihnen anvertraut worden war, sie hielten an einem Vertrag, an einem Bund fest, der älter war als die Worte Frankreich und Deutschland, und den die ganze Menschheit unterschrieben hatte. Ich zeichnete sorgfältig die Grundfläche an, ich körnte die feinen Linien der Reißnadel nach, denen eine Fräsmaschine folgen würde, um die spiegelglatte Fläche herzustellen, deren Neigungen den Platz der acht Meter darüber aufgehängten Büchsen bestimmten. Ich sah den Kommandoführer, begleitet von einem Soldaten mit umgehängtem Gewehr und einem Feldgrauen mit den Achselstücken eines »Sonderführers« durch den Mittelgang der Halle näherkommen. Ich vergaß sie eine halbe Minute lang, denn meine Arbeit beanspruchte alle meine Aufmerksamkeit. Plötzlich standen sie dicht vor mir, und der Sonderführer fragte mich förmlich, amtlich, obwohl unser Zuhälter mich seit Jahr und Tag auswendig kannte: »Sie sind der Kriegsgefangene Ferreux, Nummer elftausendeinhunderteinundfünfzig?« Ich erstarrte. Die nutzlose Frage war unheildrohend. Ich nahm mich zusammen, und ich brauchte meine ganze Kraft, um mit annähernd fester Stimme »Jawohl« antworten zu können.

»Kommen Sie sofort mit.« Schon hatte sich in mir die schützende, polsternde Betäubung gebildet, die den Menschen über die furchtbarsten Stunden hinweghilft.

Meine Augen sahen ohne mein Zutun, selbsttätig, die deutschen Anzeichner und den Jungen aus Marseille, die Arbeiter der nächststehenden Maschinen und die Leute, die in der Fahrbahn stehenblieben. Alle schauten mich scheu an, meinen und meiner Wächter Blicke vermeidend. Aller Gesichter waren blaß, gebannt und angsterfüllt. Keiner rührte sich. Ich hörte die Maschinen nicht mehr – alles hatte aufgehört. Ich raffte traumwandelnd meine Werkzeuge zusammen und sagte: »Ich will nur eben meine Geräte beiseitelegen.« Aber »Halt« schrie der Sonderführer, »alles liegen lassen«, und verstellte mir den Weg zu meinem Werkzeugschrank. Ich hörte ihn fragen: »Ist das sein Spind?« und auf die wahrscheinlich bejahende Antwort hin hinzufügen: »Ich verbiete ausdrücklich, daran zu rühren.« Sie führten mich, der Zuhälter links, der Sonderführer rechts, der Soldat mit dem Gewehr hinter mir, durch die Hallen. Ich spürte, daß ich blaß war, es lag wie kalte Feuchtigkeit auf meiner Haut. Und immer dieselben Worte sprangen in mir auf wie Tiere, die immer wieder Stäbe durchbrechen wollten: »Es ist so weit, es ist so weit.« Meine Augen suchten nach einer Gelegenheit, um davonlaufen zu können. Aber sie begegneten nur den reglosen Gesichtern der Arbeiter und meiner Kameraden, die stumm fragten, und den gespenstisch unhörbar laufenden Maschinen. Ich sah die Schleifmaschine, die von Anja bedient wurde. Aber Anja war nicht an ihrem Platz, und ich vermißte sie schmerzlich, obwohl wir uns nicht mehr kannten. Auf dem Weg zum Lager fragte ich den Sonderführer so einfältig wie möglich: »Warum das alles?« Er erwiderte rätselhaft: »Können Sie sich das gar nicht denken?«
In der Stube des Kommandoführers mußte ich mich nackt ausziehen. Noch nie zuvor hatte ich so deutlich ermessen können, wie sehr die Gefangenschaft mich hatte verwahrlosen lassen. Vor den sauberen Heimatsoldaten mußte ich meine Füße aus den Holzschuhen und den zerrissenen, von Stahlspänen übersäten Fußlappen schälen. Der Sonderführer faßte jedes Stück meiner

Wäsche mit spitzen Fingern, schüttelte es aus und krempelte es um. Er durchsuchte alle meine Taschen. Jedes Stück Papier, das er fand, verwahrte er sorgfältig in einem Briefumschlag, auf den er den jeweiligen Fundort schrieb. Nachdem ich mich wieder hatte bekleiden dürfen, wurde ich, von denselben dreien begleitet, zu meiner Schlafstelle geführt. Die Nachtschicht war dabei, sich schlafen zu legen. Sie sahen stumm zu, wie meine Kleider, meine Wäsche, Bücher, Briefe, Lebensmittel, Dekken, Pfeifen, Schuhe, Strohsack und Spiele wie nach Stecknadeln durchsucht wurden. Jedes Lichtbild und jeder Fetzen beschriebenen Papiers wurden versiegelt. Ich wurde aus dem Leben herausgetrennt, wie ein krankes Glied aus dem Körper abgelöst wird, Faden um Faden durchschnitten, Ader um Ader abgebunden. Meine Kameraden schauten mich an, eingeschüchtert und mitleidig, schon andere Menschen. Man hieß mich meine Sachen packen. Um einen Blick in mein Schicksal tun zu können, fragte ich unschuldig: »Ich nehme nur die notwendigsten Dinge mit – warum alles hin- und zurückschleppen?« Aber die gefürchtete Antwort kam unerbittlich: »Sie kommen nicht mehr zurück.«
Ich ging durch den Hof, und die Kameraden, durch irgendwelche Boten benachrichtigt, standen in allen Türen. Einige schrien: »Auf Wiedersehn.« Ich lächelte. Ihre Grüße taten mir weh und wohl. Ich zuckte die Achseln im Vorübergehen und rief einmal, ehe der Sonderführer mir den Mund verbot: »Ich weiß nicht, ob ich wiederkomme.« – »Wir halten den Daumen«, riefen andere und »Guten Mut«.
Vor dem Tor der Stahlwerke hielten wir an. Der Sonderführer hatte noch geheimnisvolle Beratungen mit dem Leiter der Werksicherheit zu Ende zu führen, während ich auf der Straße warten mußte, mit Sack und Pack, den Soldaten mit seinem Gewehr im Rücken. Der Mann schaute mich aus großen, erschreckten Augen an; er wußte also auch nicht, wessen ich verdächtig war. Eine kleine Tschechin kam vorüber, eine Freundin Anjas, mit

der ich oft gescherzt hatte. »Maria«, sagte ich, »auf Wiedersehn, und grüße mir Anja und alle Freunde.« »Aber kommst du denn nicht wieder?« fragte sie klagend, sah auf den Posten und auf mein Gepäck und wurde nun erst der besonderen Stimmung gewahr, nun erst verkündete sich ihr das Unheil, und in ihren großen, dunklen Augen gingen zwei prächtige, strahlende Tränen auf. Ich sagte: »Nein«, und meiner Treu, auch mir kamen die Tränen. Ich wußte, was mich auch erwartete, die Zeit der hellen duftenden sauberen Frauen, der weichen Arme und der Herzen, die mir so gut zuhören wollten, war vorbei. Ich kehrte in das finstere, grausame Reich der Männer zurück. Ich sagte noch einmal: »Grüß mir Anja.«

Der Sonderführer kam endlich zurück und wir setzten uns in Bewegung. Wir gingen zu Fuß durch die ganze Vorstadt, und die Landstraße hinaus bis in das Stammlager. Ich mußte mich noch einmal nackt ausziehen, noch einmal wurden alle Kleider und Habseligkeiten betastet, beklopft, geschüttelt und durchstochen. »Warum ist er verhaftet worden?« fragte der Gefreite der Aufnahme. »Weiß nicht«, antwortete der Wachmann. »Hast du gar keine Ahnung, warum du verhaftet worden bist?« fragte er mich. »Weiß nicht.« Ich wurde in das Gefängnis des Stammlagers eingeliefert. Der Kerkermeister mit einem großen Bund Schlüssel las ein begleitendes Papier, warf einen forschenden Blick auf mich, brummte »Hmmmh«, und schloß mich in eine Zelle ein. Meine Pfeifen und meinen Tabak hatte ich behalten dürfen. Aber ich hatte das Schild sehen können, das an meine Zellentür gehängt worden war: »Geheim.«

Von der ersten Anrede des Sonderführers an bis zur ersten Minute allein in der Zelle waren nicht ganz zwei Stunden vergangen. Ich habe sie erzählt, aber ohne übermitteln zu können, daß sie sich wie neben einem sinnverwirrend rauschenden Wasserfall abspielten. Die zuschlagende Zellentüre jedoch schnitt dieses Geräusch der Betäubung mit einem dumpfen Knall ab, in der Stille

kehrte die Besinnung wieder, stechend und schmerzend. Ich hatte einige Erfahrung mit ersten Stunden nach einer Verhaftung, und ich wußte, daß die irrsinnige Angst mich erwartete. Ich wollte mich aber nicht von diesem grimmigen Folterknecht mißhandeln lassen, und ich spürte, daß ich gelassener war als seinerzeit in der Zelle des Geistpförtchens oder später in Saarbrücken. Es war merkwürdig: es war, weil ich sicherer als zuvor mit dem Tode rechnete.
Ich stopfte meine Pfeife und zündete sie an, mich bemühend und bezähmend, um jede Handbewegung ruhig und gelassen auszuführen, und ich begann nach einer Antwort auf die große, geheimnisvolle Frage zu suchen: was lag meiner Verhaftung zugrunde? Ich hatte keine Weibergeschichten, außer den Briefen, die ich im Namen anderer geschrieben hatte. Aber das konnte nicht die Ursache sein, denn dann hätten sie den oder die Liebhaber vor mir oder mit mir verhaftet. Überdies wurden die der Liebe Schuldigen nie in Geheimhaft gesteckt. Es konnten nicht meine Unterhaltungen mit Willem sein, denn der hätte sich eher totschlagen lassen als ein Wort preiszugeben. Ich hatte die mit Bleistift geschriebenen Briefe meiner Frau leerradiert und auf das so gewonnene Papier, das den schützenden Stempel »Geprüft« trug, einige Aufzeichnungen niedergeschrieben. Sie hatten alle bisherigen Durchsuchungen erfolgreich bestanden, und auch sie konnten nicht die Ursache sein, denn sie waren erst durch meine Verhaftung entdeckt und beschlagnahmt worden. Es war geschehen, daß ich mit unbekannten Deutschen Gespräche geführt hatte. Aber in allen Fällen, in die Deutsche verwickelt waren, führte die Geheime Staatspolizei die Untersuchung durch. Ich wußte es zu gut; ich hatte mit einem älteren Mann fast drei Stunden lang über einen Gartenzaun hinweg gesprochen und war kaum vierundzwanzig Stunden später auf die Werksicherheit geladen worden. Ein Mann hatte mir die ganze Unterhaltung wortgetreu wiederholt; es war unheimlich gewesen. Bis ich mich

einer alten Frau erinnert hatte, die im Nachbargarten eifrig gearbeitet hatte; das Bild der emsigen Greisin hatte mich sogar gerührt. Ich hatte mich und den Deutschen retten können, indem ich keinen Satz ganz geleugnet, aber den Sinn jeden Wortes verändert hatte.
Jemand klopfte leise an die Tür der Zelle. Ich näherte mich dem Guckloch. Ein französischer Kriegsgefangener, wahrscheinlich der Gehilfe des Kerkermeisters, flüsterte mir zu: »Hallo.« Ich antwortete: »Hallo.« Er fragte: »Was hast du ausgefressen – weißt du, daß du geheim bist?« Er sprach aus: »Gehäm.« Ich erwiderte: »Ich weiß nicht, sie haben mich bis unter die Haut durchsucht, mit geladenem Gewehr bewacht, weißt du, was das heißen kann?« Er zögerte: »Ich weiß nicht – ich habe nur einen einzigen ähnlichen Fall erlebt: ein Sergeant-Chef, daheim Anwalt, der wegen Gefährdung der Staatssicherheit angeklagt worden war.«
Ich nahm war, daß ich alle möglichen Gründe erwogen und hatte verwerfen müssen, außer meinem eigenen großen Geheimnis, und wenn es darum ging, wenn der Obermeister Weidner oder ein mir Unbekannter mich erkannt hatte, dann bedeutete es den Tod. Ich nahm mir vor, ohne Heulen und Zähneklappern zu sterben, ich überprüfte alle Abenteuer, während derer ich den Tod gestreift hatte, um mich zu vergewissern, daß ich dem Entsetzen zu widerstehen wirklich stark genug war. Ich wußte auch um die Möglichkeit, durch langdauernde Mißhandlungen zermürbt und tierisch feige zu werden – wodurch erst dieses Spiel zwischen Opfer und Henker möglich wurde, in dem jeder den anderen ruft – und ich schwor mir, dem ersten Peiniger an die Gurgel zu springen und mich mit der letzten Kraft an ihn zu klammern, um ihn zu zwingen, mich rasch zu töten, sobald mein Tod besiegelt sein würde. Mit dem Dunkel der Nacht aber senkte sich die Frage in meine Einsamkeit: starb ich noch für etwas?
Ich wußte um eine furchtbare Wahrheit: in einem oder mehreren Schutzhaftlagern hatten die Genossen der

Partei die Verwaltung übernommen und den so erworbenen Einfluß benutzt, um an Stelle ihrer Gesinnungsgenossen, die für die Gaskammern vorbestimmt worden waren, Juden oder Mitglieder anderer Parteien und Bewegungen in den Tod zu schicken.
Sie verrichteten die furchtbare Arbeit der Mörder, nicht um ihre eigene Haut, sondern um die Sache, deren einzige Träger sie waren, in die Zukunft zu retten. Obwohl die Sorge um die Idee fragwürdig wurde, sobald einer sie von dem eigenen Überleben abhängig dachte, mußte ich annehmen, daß diese Henker ihrer eigenen Leidensgefährten sich rein fühlten, denn sie hatten zehn Jahre in den Lagern hinter sich, ohne wahnsinnig noch käuflich geworden zu sein. Es gab jedoch eine Grenze, über die hinaus ein Mensch den Mut haben mußte, jeden weiteren Handel abzulehnen, weil von da ab eine höhere Sache um einer minderen willen in Gefahr geriet. Der größeren Sache einen Namen geben zu können, hätte es mir durch die erwarteten Stunden geholfen? Ob Arbeiter, Landstreicher, Aufständischer oder Dichter, was anderes hatte ich gesucht? Nur um eine unheimliche Auflösung zu finden, die nur wuchs in der Gegenwart, in der Vergangenheit und in die Zukunft hinein, den Zerfall des Gebäudes aus millionenfacher Sehnsucht und Hunger der Arbeiter, die Aushöhlung von Begriffen, die für die Ewigkeit hatten gelten sollen? Geblieben war ein panischer Aufbruch, ich hätte es früher wissen können: waren wir nicht hunderttausend gewesen, die nicht mehr besessen hatten und nicht mehr hatten besitzen wollen als eine soldatische Kleidung und gerade so viel Gut, als sie in einem Sack auf dem Rücken hätten mittragen können? Einen Namen, einen Namen der Ewigkeit innerhalb unserer Welt, der größeren Gerechtigkeit, des größeren Zieles, um daraus die Gewißheit schöpfen zu können, daß ein Tod auch ohne Partei fruchtbar sein kann.
Es war zu schwer, nur für Ahnungen zu sterben. Die wilde Reiterei wird ihre Grenzen erreichen. Sie wird spur-

los verschwinden, wie alle wandernden Weltreiche. Ich hatte schon erfahren, wie schwach eine Macht ist, deren Wahrzeichen Schädelpyramiden sind. Darum wußten sicherlich schon überall in der Welt Menschen, die sich nicht kannten, aber doch voneinander auf geheime Weise erfuhren. Aber neue Scheiterhaufen erwarteten sie. Denn der Zug begann erst recht. Einen Namen der Seßhaftigkeit!

Kurz vor neun Uhr morgens wurde ich zum Verhör geführt. Ich ging vor dem Wachmann her und bereitete mich auf die Prüfung vor. Sie hatten meine Aufzeichnungen, in Französisch geschrieben, und einen mündlichen Bericht des Leiters der Werksicherheit. Das war nicht wenig, aber was hatten sie mehr? Ich mußte die Wahrheit sagen, so oft es anging. Denn fiel es ihnen ein, meine Angaben nachzuprüfen, so war es gut, sie zum Teil bestätigt zu sehen. Vielleicht entmutigte es weitere Nachforschungen, mindestens aber nahm es ihnen einen Teil ihrer Sicherheit. Ich entdeckte plötzlich, wie überlegen die Wahrheit macht. Ich hätte in der Lage sein wollen, ihnen alles gestehen zu können, wie stark hätte es mich gemacht.

Der Posten öffnete mir eine Tür. Ich trat in eine Stube, bestückt mit Stühlen, einem großen Schreibtisch und einem kleinen Tisch, auf dem eine Schreibmaschine stand. Vier Leute erwarteten mich: der Hauptmann der Abwehr hinter dem großen Tisch, mir halb im Rücken ein Gefreiter vor der Maschine, neben dem Hauptmann aufrecht der Sonderführer und ein Übersetzer. Der Wachmann hieß mich vor den dreien stillstehen. Er selbst baute sich an der Türschwelle auf.

Die drei faßten mich scharf in die Augen und schwiegen. Der Hauptmann wählte seine erste Frage aus, geeignet, mich zu überraschen und mein Selbstvertrauen zu erschüttern. Es galt, flink, unbesonnen, wie geradewegs aus dem Herzen kommend, auf die Frage zu antworten. Es glich einem Tontaubenschießen; war jedoch weitaus schwieriger: denn ich wußte nicht, von wo aus die Ton-

tauben der Fragen auffliegen würden, mußte aber sogleich mit einer Antwort treffen, um den Preis meines Lebens vielleicht, und zu jeder Taube gehörte ein anderes Gewehr. Kein Wimperzucken, keine Röte und keine Blässe, kein Suchen und kein Stottern durften verraten, was in mir vorging, denn sechs Augen hingen aufmerksam an meinem Gesicht. Ich zog meine Miene in das bewährte Versteck der Einfalt; es ist immer dienlich, anderen zu erlauben, sich überlegen zu fühlen.
Und plötzlich fuhr der Hauptmann auf: »Haben Sie sich schon mit Politik befaßt?«
Nur ganz tief in mir wankte etwas, rührte sich eine Angst, ein Zusammenlaufen vor einer Brandglocke, aber ich konnte ohne sichtbares Zaudern hellauf antworten: »Mein ganzes Leben lang. Ich bin, was Sie in Ihrer Sprache nennen: ein politischer Mensch.«
Ich jubelte innerlich. Ich hatte im ersten Treffen gesiegt. Sie waren überrascht und enttäuscht. Sie hatten gehofft, mich leugnen zu hören, um mich daraufhin überführen zu können, und der Hauptmann glaubte an meine Einfalt, schien mir. Er zog sich zurück und fragte weit milder: »Welches sind Ihre Anschauungen? Reden Sie ruhig, Ihre Aussagen werden nicht niedergelegt, ich frage Sie, um Sie kennenzulernen«, und er lehnte sich faul zurück, als ob er sich ganz persönlich unterhalten wollte.
»Sie dürfen es nachschreiben lassen«, erwiderte ich, »ich werde Ihnen mit der gleichen Offenheit antworten. Ich habe nichts zu verbergen, und ich schäme mich nicht meiner Überzeugung. Ich war stets für die Freiheit, gegen das Unrecht, gegen den Hunger, gegen die Ausbeutung, den Mord in jeder Gestalt. Ich bin Freidenker, gegen die Grenzen zwischen Ländern und Rassen.«
»Was denken Sie über Deutschland?«
»Nicht wenige Dinge sind der Beachtung wert und verdienen eine gründliche Betrachtung; aber viele sind schändlich.«
»Was zum Beispiel?« fragte er mit hochgezogenen Augenbrauen.

»Die Behandlung der Juden.«
»Was wissen Sie darüber?«
»In den Stahlwerken arbeiten Juden, von SS-Leuten bewacht.«
Sein Schweigen antwortete mir. Er war gegen das Abenteuer.
Ich empfand zunehmend Mitgefühl, nahe der Zuneigung. Er mußte zu Hause Anwalt oder Kreisrichter sein, des Verurteilens müde und menschlichem Elend vertraut. Er war schon grau, und er war sicherlich Vater von Töchtern, ohne Sohn. Durch ihn gelangte ein Gruß aus der Welt der Frauen an mich. Er sah mich auf eine merkwürdige Weise an. Den anderen gegenüber war es sinnend. Mir gegenüber war es ein stummer Vertrag: »Ich ahne, wer du bist. Antworte du so glaubhaft, daß ich es in die Akten aufnehmen und mich darauf berufen kann. Ich will es glauben.«
Er beugte sich über die Papiere auf seinem Schreibtisch. Ich wartete gespannt, denn noch kannte ich nicht den eigentlichen Grund meiner Verhaftung. Er fragte: »Warum stecken Sie täglich mit den Russen zusammen? Sie wissen doch, daß es verboten ist?«
Meine Beziehungen zu den Russen hatten sich schon seit längerer Zeit auf wenige Besuche beschränkt. Demnach mußte die Anklage schon seit langer Zeit vorbereitet worden sein. Aber mir war es leichter zumute, denn es ging nur um meine Tätigkeit in den Stahlwerken. Ich antwortete: »Ich bin ein politischer Mensch. Was ich auch von Rußland denken kann, es bleibt ein gewaltiger, einmaliger Versuch. Ich fragte mich, wie dieses Unternehmen die Menschen verändert haben konnte, und ob es sie verändert hat. Ich konnte endlich erfahren, wie ein Mensch aussieht, denkt und fühlt, der in einem Lande ohne Markt aufgewachsen ist.«
»Und was denken Sie über Ihre Freunde?«
Ich wollte meine Enttäuschungen nicht gestehen, aber ich konnte auch keine Begeisterung heucheln. Ich sagte zögernd: »Ich werfe ihnen etwas vor; aber es wird Ihnen

nicht behagen, daß ich es den Russen vorwerfe: daß sie vor jedem Polizeidiener, vor jedem Metallknopf eines Briefboten untertänig zittern.«
Er ging nicht darauf ein, er überlegte eine Weile lang und sagte: »Gut, ich kann verstehen, daß Sie die Leute kennenlernen wollten. Aber mir scheint doch, Sie gehen weiter; ich lese, daß Sie ihnen Nahrungsmittel haben zukommen lassen, es sieht doch aus, als seien vor allem die Russen Ihre Freunde.«
»– weil sie die Unglücklichsten sind«, ergänzte ich, und der glückliche Verlauf des Verhöres erfüllte mich mit einer Kühnheit, vor der mir schwindelte. Ich sah den Mann an, ich wollte wissen, ob er verstand, was ich sagen wollte, und fuhr fort: »Wenn die Deutschen die Unglücklichsten sein werden, werden die Deutschen meine besten Freunde sein.«
Der Sonderführer und der Übersetzer sahen entsetzt auf den Hauptmann. Aber der blieb stumm; ich ermaß den Mut, der dazu gehörte. Nach einer Weile bedeutete er durch eine Handbewegung, mich abzuführen. Ich hatte meine Rolle gut gespielt; ich war in aller Augen ein sonderbarer Heiliger, nicht gefährlich, weil zu ehrlich. Vielleicht, weil ich es wirklich war. Aber es bleibt; das Fühlen und Denken der Menschen war schon so sehr auf Tücke, Lüge und Hinterlist geeicht, daß sie geringschätzten, wenn einer offen am hellichten Tag aussprach, wofür andere heimlich in der Nacht das Leben verlieren.
Die zweite Vernehmung war ein Spiel; ich hätte gern den Namen des Mannes erfahren, der mich verraten hatte, der Hauptmann war nur noch bestrebt, eine belanglose Aufgabe rasch zu beenden: »Einige Punkte bleiben zu klären; man gibt an, Sie sprächen französisch mit fremder Betonung. Sind Sie Jude?«
»Ich weiß nun«, erklärte ich geringschätzend, »wer mich beschuldigt hat. Meine Aussprache ist leicht erklärlich: meine Mutter ist Lothringerin.«
»Und«, beeilte er sich, um einen Raum sauber zu fegen, aus dem er den schwersten Hausrat schon entfernt hat-

te, »Sie wechseln Briefe mit einer Frau, die nicht Ihren Namen trägt, die Sie jedoch als Ihre angetraute Frau bezeichnen.«

Ich wurde langsam wütend, wie über eine Fliege, die immer wiederkehrt, nicht gefährlich, aber wie lästig, und ich erläuterte: »Es ist eine alte Sitte unter Arbeitern von Paris« - ich wußte, wie sehr meine Behauptungen den Vorstellungen der Deutschen über Paris entsprach, und ich wußte, daß alle Jungen von Heines »mouche« geträumt haben - »den Segen des Priesters und des Bürgermeisters abzulehnen. Aber es ist meine Lebensgefährtin.« Der Hauptmann nickte eifrig, er wußte es sehr genau.

»Ja also« setzte er einen Punkt und fragte: »Sind Sie schon einmal geflohen, nein?« und entschied: »Ich werde Sie in die Disziplin überweisen lassen.«

Er sah mir traurig und müde nach, Überlebender einer seßhaften Kaste, von der Bewegung zersplittert und beiseitegeschoben!

Die Disziplin! Sie war die schmutzigste, menschenunwürdigste Unterkunft: zwei Ställe, je für dreißig Pferde bemessen und mit vierhundert Menschen gefüllt, für die nur zweihundert Schlafstellen vorhanden waren, von Millionen Wanzen, Flöhen und Läusen bewohnt. Jeden Abend wurden die Stallfenster von außen luftdicht verschlossen, die Türen mit schweren Eisenbarren verriegelt und mit Schlössern gesichert, und sogleich nach dem letzten Klirren des letzten Schlüssels flammten hundert Feuer auf, in Öfchen und Büchsen, die tagsüber versteckt waren. Der Rauch des meist nassen Holzes konnte nicht abziehen, selbst nicht durch die Löcher in Decke und Dach, die eine Bombe zerschlagen hatte.

Die Disziplin: sie hatte die stinkendste, unverdaulichste Küche. Ich sah, roch und aß mit vorsichtigen Zähnen die Suppen aus Trockengemüsen, zu deren Genuß der Leutnant Vitamine uns aufforderte: »Sehr gut, viel Vitamine, Vitamine gut -«, aber nur der allernackteste Hunger konnte mich überzeugen.

Die Disziplin: sie war von den schlimmsten Wachleuten behütet, wenn nicht schon dazu ausgelesen, so doch bösartig geworden durch den steten Umgang mit Gefangenen, die jede Gelegenheit wahrnahmen, um Verbote und Hindernisse zu überschreiten, wofür die Posten büßen mußten.
Die Disziplin: letzte Versammlung von Rebellen und Verweigerern aus eigener Kraft, eigenem Entschluß und mit eigenen Mitteln, letzte Fahne, letztes Lied: gewiß waren die ertappten Liebhaber zahlreich, und einige Leute waren zweideutiger Vergehen beschuldigt, Körperverletzungen, Diebstähle, ein Geisteskranker hatte einen Hitlerjungen geliebkost und antwortete auf alle, meist absichtlich gestellten Fragen nach dem Grunde seiner Verhaftung, mit quäkender Stimme: »Weibergeschichten.« Aber die wenigen, deren Beweggründe nicht die mindeste Auflehnung enthielten, wurden von dem Übergewicht des Geistes der Verweigerer und Fluchtgeübten, die durch Rawa-Russka gegangen waren, überwältigt, ertränkt, verdaut. Es gab Ausreißer aus Heimweh – oft nach gelungener Flucht und einer Woche Ruhe von Nachbarn verraten, wenn nicht von der Frau, die mit einem jungen Geliebten hatte weiterleben wollen – aber sie galten nicht vor Bagarre, dem herrlichen Bagarre, klein, häßlich, frühzeitig kahl, an den Folgen eines Bajonettstiches leidend, der seine elfte Flucht hinter sich hatte und sagte: ». . . nicht um heimzukommen. Ich bin Waise, ohne Frau noch Freund, ohne Vaterland und ohne Führer. Aber ich arbeite nicht für den Krieg.«
Mitten im beizenden Rauch, hustend und tränenden Auges, einen grimmigen Krieg gegen das Ungeziefer führend, hungrig, zu zehnt an einer Pfeife rauchend, von den Bombern über unseren Köpfen unterbrochen und den Donner der Geschütze und Bomber übertönend, sangen wir doch, in der Verbundenheit von Rebellen, von einem freudigen Stolz erfüllt, einen Funken in den Augen; ich war froh, unter diesen Genossen auf das Ergebnis der Untersuchung warten zu dürfen, die meinen Tod

bedeuten konnte. Es waren mein Boden und meine Familie, Verwandte des heiß suchenden Brandstifters, dessen Ähnlichkeit mit mir keine Unruhe mehr bedeutete. Der Stall war von einem zwanzig Meter breiten Gürtel aus Stacheldraht umgeben, verschlossen und bewacht; mitten im Lande eine Front, besser geschützt als die Stellungen der vordersten Linien. Vielleicht schien ihnen unser Geist ein gefährlicherer Feind. In den Tagen, die einer Verschickung nach der Festung Graudenz vorausgingen, unternahmen Betroffene, die mehrere Jahre Zwangsarbeit zu verbüßen hatten, verzweifelte Fluchtversuche. Dann hörten wir Schüsse in der Nacht, und Verblutende blieben im Stacheldraht hängen.
Die Luftangriffe folgten einander so dicht, daß niemand sie mehr zählte. Und immer noch, immer wieder und wieder krochen durch den trägen Rauch und Staub tausend Menschen aus Löchern und Notwohnungen und schaufelten und räumten auf. Der Hände gegen die Maschinen wurden immer weniger; sie brauchten die unseren. Am ersten Tag des Einsatzes wurden wir sorgfältig bewacht in die Nähe des Bahnhofes geführt. Wir mußten warten in Reih und Glied, Offiziere kamen und gingen, Würdenträger der Partei, der Polizei und der Eisenbahn berieten sich verstört und ratlos. Zwei Stunden später heulten die Warnzeichen. Wir retteten uns in die Splittergräben neben dem Bahnhof, und ich sah, wovon mir schon Leute erzählt hatten: vor den Eingängen lagen beschmutzte Kleidungsstücke. Die Menschen waren allmählich so zerrüttet und widerstandslos geworden, daß sie die Herrschaft über ihren Körper verloren hatten, so vollständig, daß die Heulzeichen allein sie zusammenbrechen ließen. Nach dem Abflug des schwachen Verbandes mußten wir wieder warten, und gegen zwei Uhr nachmittags wurden wir in unseren Stall zurückgeführt. Man hatte für uns keine Arbeit finden können! Auf dem Heimwege sahen wir die Leute in den Trümmern scharren. Auf heilgebliebenen Bürgersteigen wartete geretteter Hausrat. Ein Toter lag unter einer

Unterführung. Alte Paare trippelten müde, vor Handwagen gespannt, aus der Stadt. Mein Nachbar zur Rechten schüttelte nach jedem Bild den Kopf und sagte halb höhnisch, halb verwundert: »Und sie haben keine Arbeit gefunden.«

Es war das erste Versagen der Maschine, unheilverkündend wie eine erste Ohnmacht, ein erstes Aussetzen des Herzschlags. Er kam wieder in Gang. Wir wurden in den verschiedenen Stadtteilen Handwerkern beigegeben, die uns täglich gegen Unterschrift entgegenzunehmen hatten. Wir halfen, beschädigte Wohnhäuser instandzusetzen. Mein Dachdecker holte mich ab, unterschrieb seinen Schein und führte mich unter ein Dach; das erste war das des Kreistierarztes Gläser. Allein mit mir sagte er, um über die erste Schüchternheit hinwegzuhelfen: »Die Hunde sollen verrecken. Jeder Mensch kann mein Freund sein, jeder, aber die Nazis . . .«, er holte Atem, um betonen zu können, wie es ihm zumute war, »verrecken sollen sie, verrecken.« Dann klopfte er mir auf die Schulter: »Hunger? Ohne Essen keine Arbeit, warte.« Er überzeugte die Frau des Hauses, und deren schwäbische Dienstmagd kam daraufhin mit einem Brett herauf, auf dem Kaffee und Milch, Brot und Butter, ein Stück Kuchen und Äpfel lockten. Die drallen sauberen Arme, die das Brett hielten, waren so frisch und schmackhaft, als ob sie zu dem Mahl gehörten. Wenig später schenkte mir der Hausherr eine Schachtel Zigaretten, und nach ihm kam die Hausfrau mit einem Krug frischen Mostes.

Auf dem Weg zur Arbeit begegneten wir einer alten Russin, die einen Sack Kartoffeln schleppte. Unser Posten, in der Absicht, uns zu gewinnen, verjagte die Arme und bot uns den Sack an. Und zur selben Zeit, da schon Millionen in einem Dschungel lebten, verweigerten zwanzig hungrige Strafgefangene bitter notwendige Nahrung, ohne es wert zu erachten, »Nein« zu sagen.

Wir traten in Streik, den einzigen Streik, den ich in fünf Jahren erlebt hatte. Der Obmann der Handwerkerinnung, ein fuchsroter Halunke, entlieh uns an Tagen, an denen keine andere Arbeit auf uns wartete, zu Arbeiten in seinem Unternehmen. An einem Sonnabend befahl er uns, ein Feld inmitten einer von ihm erbauten Siedlung umzugraben. Er maß hundert Fuß aus und versprach, uns heimzuschicken, sobald wir seinen Plan erfüllt haben würden. Wir beeilten uns und reinigten unsere Spaten frohen Mutes gegen elf Uhr. Das ließ den Rotfuchs in hellem Zorn auffahren: »Ihr könnt also arbeiten, wenn ihr wollt; aber ich werde euch lehren«, und er maß uns ein weiteres Stück Feld ab. Ich erinnerte ihn an sein gegebenes Versprechen. Er verbot mir den Mund. Ich erwiderte ihm, daß ich mich weigere, die Worte eines Lügners zu übersetzen. Wir traten in Streik. Wir blieben in einer Reihe stehen, zwanzig Genossen, die Spaten vor uns in der Erde, und rauchten. Der Wachmann hinter uns drohte uns abwechselnd mit Erschießen und versprach uns Zulagen, Würste und Zigaretten. Der Fall war in seinem Unterricht nicht erwähnt worden. Eine Stunde verging, zwei Stunden vergingen. In einer Lücke zwischen den Häusern war ein kleines Lager russischer Kriegsgefangener, die ihre Arbeit beendet hatten und uns hinter ihren Stacheldrähten zuschauten, erstaunt und furchtsam, als seien sie Zeugen eines Anschlags. Sie hatten es noch nie gesehen und wußten nicht, was es bedeutete. In den Vorgärten aller Häuser hatten sich die Leute aufgestellt. Auf den Straßen standen erregt streitende und mit den Händen fuchtelnde Haufen. Uns lachte das Herz.

Nicht lange. Drei Männer in kniefreien Hosen und mit aufgekrempelten Hemdsärmeln kamen auf uns zu. Einer ging voran, die beiden anderen folgten im Abstand von Untergeordneten zu Vorgesetzten. Der erste blieb vor mir stehen, die folgenden hinter ihm, und er sagte: »Unser Volk kämpft um sein Leben. Unsere Söhne fallen an allen Fronten ...«, ich sah ihn fragend an, er holte Atem, »sagen Sie Ihren Leuten, daß die SA ihnen Fleiß beibringen wird, wenn sie nicht in fünf Minuten mitten in der Arbeit sein werden.« Er machte kehrt, sein Gefol-

ge ließ ihn an sich vorbei, machte ebenfalls kehrt, und sie entfernten sich, eine betretene Stille hinterlassend.
Ich übersetzte meinen Gefährten wortgetreu. Es wurde ernst. Wir wußten genau, die SA, die Partei, war nicht die Wehrmacht. Wir kamen überein, eine Arbeit vorzutäuschen, um die aus der Entfernung Beobachtenden zu beruhigen. Aber noch ehe eine Minute vergangen war, kamen die drei zurück, diesmal an der Spitze eines halben Hunderts Männer, mit Latten und Stöcken bewaffnet. Mich packte die Wut. Sie hatten nicht einmal die fünf Minuten abwarten wollen; sie hatten befürchtet, eine Heldentat nicht ausführen zu dürfen. Noch versuchte ich, sie abzulenken. Ich trat ihnen einige Schritte entgegen und schrie: »Aber hören Sie doch wenigstens an, warum wir streiken«, und sofort rief jemand: »Ja.« Aber schon lief der Sturmführer blau an und brüllte: »Nein, sie haben die Befehle auszuführen, Punkt«, und begann wieder im Ton der öffentlichen Rede: »Unsere Soldaten fallen an den Fronten . . .«
Er wollte, er mußte seine Schaustellung durchführen. Wir hatten vor tausend Augen ein Bild geboten, das halbvergessene Gedanken und Kräfte in Erinnerung gerufen hatte. Er mußte es durch ein noch eindrucksvolleres Spiel vergessen machen. Es war mehr als die Eifersucht eines Komödianten; wir hatten an eigentliche, ernste, innere Dinge gerührt. Wir mußten drei Schritte zurücktreten. Zwischen den Geräten und uns stellten sich die Schläger auf, und der Führer warnte: »Ich werde nun befehlen: ›An die Arbeit‹, Sie werden an die Spaten springen und graben, sonst –.« Wir folgten ihm, und trotzdem konnten sich etliche nicht enthalten, auf uns einzuschlagen. Am folgenden Montag erzählte ich der guten Frau Gläser und deren Dienstmagd die Geschichte, ich übertrieb ein wenig die Zahl und Gewalt der Schläge. Beiden schossen die Tränen in die Augen, und die unschuldige Dame des Hauses rief empört: »Oh, wenn das unser Führer wüßte; wie würde er es ihnen heimzahlen.«

Ganz plötzlich war es aus. Mein Name wurde morgens aufgerufen, ich mußte zurückbleiben. Bagarre und Abbé Parent sahen mich besorgt an. Ein Sonderführer der Abwehr mit einer großen Aktentasche kam und sagte mir befehlend: »Antworten Sie mit ja oder nein: Sie heißen Ferreux?« Nach der Feststellung meines Vornamens, Geburtstages und -jahres, fragte er : »In Bar-sur-Seine?« Darauf ich: »Sur Aube, A, U, B, E, nicht Seine.« »Ah«, sagte er verblüfft, machte eine Anmerkung in seine Papiere und beendete: »Vorläufig werden Sie nicht mehr zur Arbeit zu gehen brauchen.«
Auf der Stelle mußte ich Schuhe und Hosen abgeben und wurde eingekleidet wie alle Genossen, die der schwersten Verbrechen beschuldigt waren: wir trugen Hosen, deren linkes Bein rot, deren rechtes grün war und durften uns nur in weiten, mörderischen Holzklumpen bewegen. Mein Leben wurde ein enger Gang, von Stunde zu Stunde kürzer. Ich hatte noch die Zeit vor mir, die ein amtliches Schreiben nach Bar-sur-Aube und eine Antwort an die Abwehr brauchen. Ich hörte den Veteranen von Rawa Russka zu, die mit mir im Stalle eingeschlossen blieben. Es begann als eine harmlose Plauderei, ich hatte Zerstreuung nötig, und die Genossen halfen mir, denn sie ahnten, daß es schlimm mit mir stand. Und jäh wachte ich auf: einer erzählte, was er in den galizischen Städten gesehen hatte, zur Zeit der ersten großen Blutbäder. Ich ging fiebernd vor Grauen und Elend von einem zum anderen und fragte. Ich stelle jedem eindringlich vor: »Sag nur, was du selbst gesehen hast mit deinen eigenen Augen – nicht was andere dir erzählt haben, auch wenn es deine besten Freunde waren.«
Ein großes Stauwerk war durch britische Flieger zerstört worden. Die plötzlich entfesselten Gebirge Wassers hatten sich gleich einer überirdischen Gewalt in das unter dem Werk liegende Tal ergossen und Hunderte ertränkt. Die deutschen Zeitungen hatten diesen entsetzlichen Erfolg der Gegner mit dem Verrat eines geflüchteten deutschen Juden erklärt. Als Vergeltung hatten die Ge-

waltschleicher anbefohlen, was mir die Kameraden erzählten. SS, Polizei, Einheiten der Wehrmacht und galizische Hilfstruppen hatten tagelang blind, betrunken von Blut, Juden abgeschlachtet. Sie hatten jeden Mann, jede Frau, jedes Kind jüdischer Gemeinde mitten auf den Straßen erschossen. »Vor unserem Kommando lag drei Tage lang die Leiche eines zehnjährigen Knaben, denn es war selbst verboten, den Toten in ein Grab zu helfen.« Sie hatten die Überlebenden aus den Ghettos zusammengejagt, sie gezwungen, sich nackt auszuziehen und sie zum Bahnhof gefahren. Zu hundert in Güterwagen; wenn die lebende Fracht aus den offenen Türen hatte quellen wollen, hatte die Hüter einige Garben aus ihren Maschinengewehren hineingeschickt, so wie man einen Sack Kornfrucht aufstößt, um die Körner dichter aneinander zu ordnen.

Bis im späten Abend die zurückkehrenden Genossen mich aufstörten, blieb ich reglos auf meinem Strohsack liegen. Es war, als ob der Schatten der Geschehnisse nie mehr weichen könnte.

Ich hatte mich dagegen wehren wollen, wie ungeduldig und entschlossen war ich vier Wochen zuvor aus dem Stalag in die Stahlwerke zurückgeeilt. Es war gewesen, als hätte ich über einen Sumpf stürmen wollen. Noch ehe ich einen Schritt hatte tun können, war ich eingebrochen, wartete in einem Stall wie ein Tier auf den Genickschuß, und die Gefahr, die Drohung war gewachsen. Ich wollte nicht warten, mich ergeben –

Es war nicht nötig, dem Abbé und Bagarre viel zu erzählen, nachdem sie wußten, was der Sonderführer von mir gewollt hatte. Bagarre, der Meister der Ausreißer, hatte am ersten Tag schon mein Geheimnis erraten: »Du bist kein Lothringer, gib dir keine Mühe, ich rate dir, dich als Elsässer auszugeben, denn die Lothringer sprechen ganz anders.« Es gab keinen anderen Ausweg als die Flucht. Noch war es kalt in diesen letzten Märztagen. Aber sie wollten mich nicht im Stiche lassen. Sie bereiteten das Abenteuer vor, ich brauchte nur zu warten.

VIII Am Ende der Welt

Es konnte im Jahre neunzehnhundertvierundvierzig notwendig werden, sich auf eine Reise mitten durch Europa vorzubereiten wie auf eine Entdeckungsfahrt in eine unbekannte Wildnis. Eine Woche und einen Tag mußten wir dransetzen, unsere Flucht in die Wege zu leiten. Die reichen Erfahrungen aus tausend Versuchen der Gefährten dienten uns. Wir mußten Nahrung für mindestens vierzehn Tage beiseite schaffen. Hundert Genossen gaben uns Zwieback oder eine Büchse Fisch. Wir brauchten Decken und warme Kleidung. Ich nähte Socken übereinander, zu unförmigen Fußmuffen, eine Fahrt in winddurchwehten Güterwagen von der Vorstadt bis nach Frankreich, mitten im März, war gefährlich. Wir brauchten Behälter, um genügend Trinkwasser mitführen zu können, denn der Durst hatte mehr Flüchtlinge besiegt als jeder andere Feind. Wir brauchten Werkzeuge. Der Abbé stahl sie auf seiner Baustelle. Jeden Morgen trugen Genossen kleine Vorräte unter ihren Mänteln verborgen aus dem Stall. Mir war es, als trügen sie mich selbst stückweise davon. Es war in der Frühe noch recht kalt, und die vermummten Gestalten erregten keinen Argwohn. Aber mich selbst hinauszuschmuggeln war schwieriger.

Es war noch leicht, mich während der Namensverlesung an Stelle eines anderen Gefangenen zu melden, vermummt und unkenntlich wie wir waren. Denn ich wußte, daß dieser andere sich zur selben Zeit auf dem Wege zur Krankenstube befand, gebührlich eingeschrieben und gemeldet. Wie jedoch erreicht worden war, denselben Mann auf zwei Listen zu setzen, war undurchdringlich und blieb es, so hartnäckig die deutschen Verwalter in der Folge auch nach dem Verantwortlichen suchten. Es war ein Meisterstück gewollter Verwirrung, und unseren

Schreibern sicherlich nur gelungen, weil sie es schon daheim auf ihren Amtsstuben lange hatten üben können.

Ich erinnere mich noch jenes Morgens. Ein besonders langes, banges Warten, quälend und alle Geduld und allen Mut aufzehrend, und ein kurzer Schnellauf von zehn Minuten, die gewaltigste Anstrengung meines Lebens, die Zusammenballung der Kraft von Tagen auf wenige Minuten, während derer mein Herz das Blut mit so mächtigem Druck pumpte, daß es in harten schmerzenden Säulen in die Schlagadern fuhr.

Ich wartete zwischen Bagarre und dem Abbé auf die Öffnung des Tors. Unser Wachmann gab dem Pförtner einen Zettel, der Pförtner holte einen Schlüssel, schloß das Tor auf und begann, uns zu zählen – wer weiß nicht, was es heißt, in Kasernenhöfen zu zählen. Beide bewegten sich so langsam und umständlich, daß ich sie mit Fußtritten hätte antreiben mögen. Endlich durchschritten wir das Tor. Ich mußte mich zusammennehmen, um nicht schneller zu laufen. Wir brauchten bis zur Baustelle eine halbe Stunde, während der sie meine Flucht entdecken konnten.

Die Abteilung arbeitete an einem Graben zu einer Wasserleitung. Wir waren auf eine ansehnliche Länge verteilt, und der Wachmann konnte uns nicht gleichzeitig überschauen, zudem der Graben uns verbarg. Der Soldat lief ohne Ruhe von einem Ende zum anderen. Ich blieb nahe bei meinen Freunden, denn um den Morgennebel ausnutzen zu können, mußten wir losrennen, sobald der Wächter zum ersten Male am anderen Ende des Grabens angelangt war.

Bagarre rief plötzlich: »Los«, wir holten Atem und warfen uns aus dem Graben hinter den Wall aufgeworfener Erde, den wir auf allen vieren entlangkrochen; erst eine Stunde später spürte und sah ich verwundert, daß Steine und Erde mir Hände, Knie und Schienbeine zerschunden hatten. Wir gewannen eine niedere Mauer, in deren Schutz wir gebückt rennen konnten, bis zu einem

zertrümmerten Haus, in dessen halb verschüttetem Keller wir unsere Bündel mit Nahrung und Decken aufnahmen. So sorgfältig wir auch nur die allernotwendigsten Dinge ausgewählt hatten, die Lasten wogen schwer. Schwer, denn wir mußten eine tiefe Mulde im Laufschritt überschreiten, die der Wind mit Schnee gefüllt hatte. Wir brachen oft bis an den Leib ein, denn wir konnten Gräben und Ackerfurchen nicht erraten, die Oberfläche des Schnees war vom Winde geglättet. Aber wir durften nicht eine Sekunde verlieren. Der Soldat mußte unsere Flucht nach drei oder vier Minuten bemerkt haben. Er hatte dann nach Vorschrift einen Handwerker der Baustelle aufzufordern, im Lager anzurufen. Zwei weitere Minuten für uns. Im Augenblick des Anrufes waren wir mitten in der Mulde. Wir wußten, daß höchstens zehn Minuten später die freiwilligen Heimwehren jeden Steg und Weg besetzen würden, und diese Hitlerjungen und Großväter waren unerbittlich. Aber wir durften unsere Lasten auch nicht im Stich lassen. Ich dachte nicht mehr. Ich zwang mich und erreichte, die Schwerarbeit eines Lastträgers mit der Behendigkeit eines Schnelläufers auszuführen: im Schnee einbrechend, mich aufraffend, meinen Schweiß mit dem auf meiner Haut schmelzenden Schnee mischend, keuchend, die Augen unter dem Druck des Blutes sprühend und heiß. Wir erreichten die Eisenbahnböschung, und fast verzweifelte ich vor der Aufgabe, sie emporzuklettern, ohne auszugleiten, ohne zu verschnaufen, ohne mich meiner Last zu entledigen.
Die jungen französischen Eisenbahner erwarteten uns im Nebel. Sie winkten und flüsterten: »Schnell, schnell«, und während sie neben uns herrannten, raunten sie keuchend: »Ihr habt Glück, es ist ein Wagen voll Zellwolle, die hält warm. Er fährt bis nach Mühlhausen.« Wir setzten, von den Jungen geführt, über die verwirrend zahlreichen Schienen und hatten kaum Zeit, unseren Wagen zu sehen, einen riesigen, überdachten Vierachser.
 Die Tür war gerade weit genug zurückgeschoben, um

einem Mann zu erlauben, in das Innere zu klettern. Wir wurden geschoben und an den Handgelenken gezogen, die Jungen warfen uns unsere Bündel nach; ich hatte kaum Zeit zu atmen, meine Glieder zitterten von der überstandenen Anstrengung. Ich sah kaum, daß der Wagen dunkel war, die Luken waren geschlossen, aber ich hörte Menschen sich regen und flüstern und erriet, daß außer uns dreien noch andere warteten. Im letzten Augenblick kam noch jemand an, ein riesengroßer Mensch, aber ohne Packen. Ich erkannte ihn auf den ersten Blick, während er im fahlen Licht der Türspalte erschien: es war mein Narr, der Mann, der »auch immer Zahnschmerzen hatte«. Unbehagliche Vorahnungen befielen mich, das Unberechenbare schickte sich an, uns zu begleiten. Die jungen Eisenbahner raunten uns zu: »Viel Glück« und schoben die Tür ins Schloß. Der Haken fiel in seine Öse, und die Plombierzange knackte.
Eine brausende Erleichterung hielt der Enttäuschung die Waage. Dieses Rechteck aus Holz und Stahl, auf Rädern rollend, hatte uns von aller Verwirrung, Gefahr und Unruhe trennen sollen; aber ich hörte Unbekannte wispern, den täppischen Riesen geräuschvoll die Bohlen entlangschlürfen, obwohl es ratsam war, sich mäuschenstill zu verhalten. Mein Groll gegen ihn wuchs, aber gleichzeitig damit eine Scham. Ohne mein Wissen hatte sich ein anderer Fluchtgedanke in meine Vorstellungen geschlichen, ich war erstaunt, ihn zu überraschen: mit meinen auserlesenen Weggenossen hätte der Wagen ein kleines sauberes Weltall werden sollen, ein Elfenbeinturm, mit mehr Mut, Geist, Auflehnung, reineren Beweggründen, mit weniger menschlichem Geruch. Ich hatte mich noch einmal von den Lebenden wegstehlen wollen, eine heimliche Flucht innerhalb der äußeren. Ich schwor, alles zu tun, um mit meinen unerwarteten Genossen zu siegen, mit ihren Schwächen, Krankheiten und Eigenarten. Ich träumte die Ankunft voraus, vielleicht in der Schweiz, vielleicht in England. Ich erfand Worte zu Zeugnissen, die abzulegen ich entschlossen war.

Das stählerne Klirren von Puffer auf Puffer unterbrach mich, das immer lauter sich auf uns zu fortpflanzte, bis unser Wagen davon erschüttert wurde, um zum Ächzen, Ticken und Rollen zu werden. Meine letzte große Fahrt begann.

Sobald wir auf freier Strecke rollten, durften wir unbesorgt reden und uns rühren. Wir öffneten die Klappen der Luken weit genug, um uns in deren kärglichem Licht zurechtfinden zu können. Wir zogen mit vieler Mühe einen Ballen aus dem Stapel, um die Stelle des Bodens freizulegen, durch die wir ein Loch brechen mußten, um aus unserem freiwilligen Verlies wieder hinauskommen zu können. Zwei weitere Ballen rückten wir vor die Türen. Denn viele Ausreißer waren aufgegriffen worden, seitdem alle Wagen, die nicht ihr Meistgewicht an Fracht trugen, unterwegs geöffnet wurden, um zusätzliche Fracht aufzunehmen. Indem wir die Türen versperrten, mußten wir bei den Eisenbahnern den Eindruck erwecken, der Wagen sei vollgepfropft. Zuletzt schnitten wir andere Ballen auf, einen in der fernsten Ecke, der uns als Abort diente, worauf die Kälte ihn allmählich zu einem Block gefrieren ließ, drei weitere, um uns mit der Zellwolle warme Nester zu bereiten. Wir ruhten uns aus, und zum erstenmal wechselten wir mehr als nur die notwendigsten, der gemeinsamen Arbeit geltenden Worte.

Außer Bagarre, dem Abbé und mir fuhren zwei Bretonen mit, die schon Zeit gefunden hatten, ihre Vorräte an Nahrung und Wasser zu einem Haufen zusammenzurükken, den sie mit ihren Leibern deckten, und mein alter Bekannter, ohne Decken, ohne Nahrung und ohne Wasser. Seine Geschichte war wirr und wild wie er selbst: er war drei Tage zuvor im Bett seiner Geliebten überrascht worden, in einem kleinen Dorf vor der Stadt. Sie hatten ihn im Spritzenhaus verwahrt, aber noch ehe ein Wachmann des Stalags ihn hatte abholen können, hatte er ein Fenster mitsamt den Gittern ausgerissen und war entflohen. »Was kann ich schon aufs Spiel setzen. Kriegen sie mich, so erwarten mich drei Jahre Festung. Also –«

Es war nicht schlimm, daß er weder Decken noch Winterkleider hatte. Mitten unter uns, in Zellwolle verpackt, konnte er nicht erfrieren. Wir konnten auch unsere Nahrung mit ihm teilen; es konnte sein, daß wir am Ende einen oder zwei Tage würden hungern müssen, das war erträglich. Aber daß er ohne Wasser gekommen war, das er sich leicht hätte beschaffen können, nahmen wir ihm übel. Der Durst war schlimmer als Kälte und Hunger. Ich rechnete aus, daß wir nicht mehr als dreiviertel Liter auf den Kopf und Tag verbrauchen durften. Es war wenig, denn unsere Nahrung, nur ihrer Haltbarkeit wegen ausgewählt, war trocken. Wenn aber die Reise länger als vierzehn Tage dauern würde, so konnte der Durst uns zwingen, uns zu ergeben.
Es war schwer, den Eindringling nicht zu hassen. Noch war er schüchtern und schuldbewußt, er hing von uns ab und wollte die Erpressung vergessen machen, die darin bestand, daß wir ihn wohl oder übel hatten mitnehmen müssen. Morgen würde er frech und streitlustig sein. Er setzte wenig ein und hatte nichts zu verlieren und nichts zu gewinnen. Ich aber spielte um mein Leben. Es war schwer.
Wir arbeiteten abwechselnd an dem Loch, das wir durch den Fußboden brechen wollten. Ein Sägeblatt erwies sich als zu schwach für das geteerte Eichenholz. Wir arbeiteten mit Hammer, Meißel und Stichel. Sooft wir auf einem Bahnhof anhielten, mußten wir die Arbeit unterbrechen. In der zweiten Nacht hielt der Zug auf freier Strecke. Wir sahen durch die Luken ein blutrotes Leuchten am Horizont und hörten ein dumpfes Rollen. Menschen waren dabei zu sterben. Zwei Stunden später wurde die Strecke freigegeben, aber vom folgenden Bahnhof ab fuhren wir in einer veränderten Richtung weiter und ließen die rote Glut, auf die wir bisher zugefahren waren, links hinter uns. In der vierten Nacht warteten wir auf einem Verschiebebahnhof, als gegen drei Uhr morgens die Heulzeichen der höchsten Luftgefahr ertönten und fast augenblicklich darauf die Geschütze zu

bellen begannen. Zum erstenmal hörte ich das helle Knattern der »Oerlikon«. Wir warteten in unserem Kasten eingeschlossen bebend auf das Ende der Nacht. Noch war unser Ausschlupf nicht fertig. Eine einzige kleine Brandbombe in die Zellwolle, und wir hätten heulend und brüllend die Holzwände zerkratzen können, kein Mensch hätte uns gehört.

Am Tage darauf arbeiteten wir fieberhaft weiter, und als wir endlich die durchnagten Bohlen abheben konnten, entdeckten wir einen stählernen Querträger genau unter der entstandenen Öffnung. Fast wollte uns die Verzweiflung packen. Stumm rückten wir den nächsten Ballen auf das unnütze Loch, um Platz für ein zweites zu gewinnen und sofort wieder zu beginnen. In der sechsten oder siebenten Nacht hielten wir wieder auf freiem Feld an, und wieder sahen wir eine ferne Stadt, die unser Ziel hätte sein sollen, unter den roten Todeslampen, von bleichen Blitzen unaufhörlich durchzuckt und von dem Rollen der fast gleichzeitig aufschlagenden Bomben erschüttert. Wir blieben bis weit in den folgenden Tag stehen, und ich beobachtete aufmerksam, was sich draußen abspielte. Nur ein Zug fuhr an uns vorbei in Richtung der Stadt, ein »Frischwasserhilfszug«. Unaufhörlich jedoch rollten Züge von der brennenden Stadt weg. So wie unser Zug mußten viele andere aufgehalten worden sein. Plötzlich erkannte ich einen Zug, den ich Tage zuvor auf einem Güterbahnhof gesehen hatte, ich konnte mich nicht täuschen, es waren dieselben Faßwagen einer Weinhandlung aus Narbonne. Ich sah einige vierachsige Wagen wieder, mit langen Stahlträgern beladen, nach Brest bestimmt. Ich verstand allmählich, was sich zutrug, und mir wurde unheimlich zumute. Wie Rudel aufgescheuchter Tiere versuchten die Züge, nach Westen durchzubrechen und stießen immer wieder auf einen Feuerwall, der sie zwang, ihre Richtung zu ändern. Es war ein Schauspiel, das die tiefsten Gründe des Bewußtseins erschütterte: die Technik in Gestalt einer Herde, von Panik ergriffen.

Am frühen Nachmittag setzte sich unser Zug wieder in Bewegung und rollte in die Richtung zurück, aus der wir gekommen waren. In einem kleinen Bahnhof wurde er in Teile von je sechs oder sieben Wagen auseinandergehängt, und zu Beginn der Nacht wurde eine kleine Bahnhofsmaschine an unseren Wagen gekuppelt. Es begann eine unheimliche Fahrt. Immer bergan, stundenlang durch die Nacht. Immer seltener wurden die Häuser und Straßen. Es wurde kälter und feuchter. Der Nebel und der Dampf der kleinen fauchenden Maschine drang durch die Luken. Gegen Morgen stand der Zug still. Die Maschine wurde abgehängt und fuhr davon. Ihr Keuchen war das letzte Geräusch, das wir hörten. Danach war es totenstill, und ich lag beklommen an einer Luke, um mit dem werdenden Licht des Tages langsam zu entdecken, wo wir uns befanden. Wir spürten es eigentlich schon in der Dunkelheit, seit der ersten Minute.
Ich kroch von Luke zu Luke, und nach einer Stunde kannte ich das Ende der Welt. Gegen Norden lag ein winziger Bahnhof, eine Hütte nur, schneebedeckt und den Winden ausgesetzt. Hinter ihm ein Gasthof an einer Straße, die den Schienenweg überschnitt. Die beiden Menschenwohnungen lagen am Fuße einer endlosen, kahlen Höhe, ohne Feld noch Strauch. Keine Menschenseele war zu sehen, kein Hund noch Huhn. Nicht ein Baum, dessen in sanftem Winde leise schwankender Wipfel noch das Leben bedeutet hätte.
Gegen Westen standen auf einem toten Geleise zwei offene Güterwagen, mit Kohlen beladen, und im Verlauf des Tages sahen wir vier von einem Bauern geführte russische Kriegsgefangene ankommen. Nach ihnen einige Gebirgswägelchen, die Kohlen abholten. Wir sahen sie arbeiten und fahren, ab und zu drang das Schürfen einer Schaufel oder das Klirren einer Zugkette zu uns herüber; wir wollten keine Bewegung und keinen Laut verlieren, als ob sie der letzte Zusammenhang mit der Erde, der letzte Gruß des Lebens seien. Aber mit der Zeit wurden die wenigen Leute und die ewigen drei

Pferdchen so winzig vor den trostlosen, weißen Höhen, daß sie die Leere nur noch betonten und ihr Anblick uns noch mehr entmutigte.
Gegen Süden und Osten aber dehnte sich eine Hochebene aus, unermeßlich flach und nur vom Horizont begrenzt; wenn sich die Augen auf sie wagten, retteten sie sich wie vor dem Boden- und Uferlosen an einen einzigen Halt: einen Pfad, der vom Bahnhof ausgehend die Schienen überschnitt und an unserem Wagen vorbei mitten durch die Weite führte. Ein einziges Mal sahen und hörten wir Menschen, zwei Frauen und einen Halbwüchsigen, an dem Wagen vorbei durch den Schnee stapfen und sich auf dem Pfad entfernen. Sie ahnten nicht, daß sechs Paar Augen ihnen hungrig nach allem, nach dem Geräusch ihrer Schritte, ihres Atems, ihrer Kleider, nachschauten. Oh, wie gern hätten wir wissen mögen, woher sie kamen, wohin sie gingen, wie sie lebten, um was sie sich sorgten. Ich sah ihnen nach, und so flach war die Landschaft, daß ich sie kleiner und kleiner werden und nach einer Stunde nur noch als winzige schwarze Stäubchen auf- und niederflackern sah. Aber nachdem ich die Augen nur einmal von ihnen gelassen hatte, fand ich sie nicht mehr wieder. Es schien mir wohl, ich sähe einen flimmernden dunklen Pulsschlag, aber ich wußte, daß die weiße, weiße Unendlichkeit mich narrte.
Länger als vier volle Tage und Nächte, als hundert Stunden, hundert Stunden in einem Sarg, lagen wir in der Einsamkeit. Wir kürzten die Wasserration auf einen halben Liter am Tage. Angstvoll sahen wir dieses farblose Lebensblut verrinnen. Wir begannen zu fürchten, der Zug sei vergessen worden. Es schien uns, als sei es oft vorgekommen. Mein Narr redete irre. Er wollte die Öffnung im Boden vollenden. Er wollte Schnee schmelzen.
Der Abbé versuchte zu widerstehen. Er las wissenschaftliche Bücher, volkstümliche Darstellungen der Ergebnisse der Atomforschung. Leise stellte er mir die Frage dar. »Es ist heute möglich«, sagte er bange, »die Ge-

schwindigkeit der um den Atomkern kreisenden Elektronen zu messen. Aber dieselben Erscheinungen bestanden schon vor zweitausend Jahren.« Er tat mir weh. Ich sah, daß er am Rande einer Schlucht stand, durch die der Weg zu neuen Wahrheiten führte, ein Weg ohne Glauben, den niemand mehr verlassen kann. Ich fühlte mich ihm gegenüber plötzlich alt. Ich hatte Angst, er könne verlieren, was er kaum noch besaß. Ich fühlte mich nicht wohl in der Haut eines Trösters, aber ich versuchte vorsichtig, ihn zu bestärken und zum Ausharren zu bewegen.

Unsere Unterhaltungen erstarben. Alles starb in unserem Grabe. Ich wich nicht mehr von der Luke, von der aus ich den Pfad überschauen konnte. Ich wartete auf einen Menschen, der auf mich zuschritt, immer sichtbarer, ich wußte nicht, was ich von ihm erhoffte.

Stunden, hundert Stunden, aber was heißen Stunden? Ich verblutete, ich sah mein Leben immer weniger wahrscheinlich. Die Grenzen verblichen. Keine Zelle war so sehr das Ende gewesen wie diese Weite.

Mir war es schon einmal zugestoßen, vor einer leeren Welt zu stehen. Während dieser hundert Stunden wurde ich endlich gewahr, was ich eigentlich gesucht hatte, ich erinnerte mich der vergessenen Zeit, jeder Minute und jeder Angst der Zeit, die ich vor mir selbst verborgen hatte, so gut, daß ich sie selbst nicht hatte wiederfinden können.

IX Gott war einmal eine Straße

Am Heiligen Abend des Jahres, in dem ich mein Vaterhaus endgültig verlassen hatte, fand ich mich ganz in der Nähe des Dorfes meiner Großeltern mütterlicherseits, und eine Versuchung überkam mich. Mit einem Ruck, als hätte ich mich plötzlich entschlossen, ein Geschenk sofort anzunehmen, das mir eigentlich erst für später angeboten war, nahm ich den Weg. Es war ein trüber Tag, der Nebel hielt die Dämmerung gefangen, und kein Schnee erhellte weihnachtlich die Fluren und rosaroten Weinberge. Ich blieb stehen neben dem gleichen Stein, vor dem mein Großvater haltgemacht, so oft der Wind günstig gewesen war, und gesagt hatte: »Hörst du den Krieg?« Wir waren daraufhin reglos stehengeblieben, meine kleine Hand hatte in der riesigen, harten Faust des verwitterten alten Mannes geruht, und hatten ferne im Westen, fremd und beängstigend, ein leises Grollen gehört.
An diesem Weihnachtsabend jedoch war das Land grau und verschlossen. Ich sah nicht mehr den Donnersberg und nicht mehr die grüne lerchenerfüllte Weite, die zwischen dem Grollen und mir gelegen hatten. Es war einfarbig und totenstill, als sei die Ursache jenes Grollens seit langem verwüstend und alles Leben auslöschend über das Land gebraust.
Ich verließ die Landstraße, um auf dem kürzesten Weg, dem »Mehlpfädchen«, weiterzugehen. Ich wanderte der Grenze zwischen den sanft ansteigenden Weinberghängen und dem flachen Getreideland entlang, vorbei an dem Ort, an dem ich Gott begegnet war; ich war das Mehlpfädchen bis vor die Weinberge hinausgewandert und hatte lange Zeit, auf dem Bauche liegend, kleine Käfer genarrt. Die Sonne hatte trübe und schläfrig gebrannt. Plötzlich hatte ich gespürt, daß etwas Außeror-

dentliches in Gang gekommen war: die Äste der Bäume hatten, wie in Furcht erstarrt, innegehalten. Die Blätter hatten nicht mehr gewagt zu wispern. Keine Biene hatte mehr gesummt. Die Halme des Weizens hatten, ein Zittern unterdrückend, auf eine Ankunft gewartet. Die Blumen hatten unverwandt geradeaus geschaut, um dem Blick des Kommenden entgehen zu können. Die Hitze war hart geworden. Die Vögel hatten gefürchtet, im Fluge an den Himmel zu stoßen, der so reglos und glatt, so zum Zerreißen angespannt gewesen war, daß die Berührung einer leichten Feder ihn hätte bersten lassen.

Eine herrliche Angst hatte sich meiner bemächtigt. Ich hatte gewußt, daß der Erwartete mir nicht weh tun konnte. Aber seine gütige Hand war zu gewaltig gewesen. Es war dieselbe Angst geworden, jedoch tausendmal stärker und köstlicher, die ich immer empfunden, wenn mein Großvater mich mit beiden unbesiegbaren Händen gepackt, hoch über seinen Kopf geworfen und wieder aufgefangen hatte. Aber nun waren die Zweige blätterlos und die Erde ohne Halme, der Himmel ohne Sonne und Vögel. Und es war keineswegs der Winter allein, der alles verändert hatte; über alle Jahreszeiten hinaus war etwas fremd und feindlich geworden. Ich ging, von bangen Ahnungen erfüllt, auf die Wohnungen der Menschen zu.

Ich klopfte an den Tiefentäler Hof, in dessen großer Stube die Brüdergemeinschaft sich um die Hausorgel versammelt hatte, pochenden Herzens und erwartungsfroh gegen alle ahnende Furcht. Aber die Leute sahen mich stumm und verstört an; ich ging von Haus zu Haus, und es war, als läge in jeder Diele ein Toter aufgebahrt, von dem alle sich verlassen wähnten.

Jede Tür ließ eine Hoffnung aufflackern, und jede kalte Abweisung eines fremden Gesichtes blies sie unbarmherzig aus. Ich wurde immer erbitterter lustig und laut, und ich klopfte an Türen, die ich früher vermieden hatte. Nirgends fand ich einen freundlichen, erkennenden Gruß.

Die Großeltern waren tot. Von allen Verwandten lebte nur noch die Schwester meiner Mutter, Maria, im Dorfe. Sie war Witwe und bewirtschaftete mit ihren drei halbwüchsigen Söhnen ihr Gütchen, die Handgriffe des Pfluges und der Sensen nicht scheuend. Ich kam zu ihr, lärmte und betrug mich gewaltsam fröhlich, um mit allen Mitteln glauben zu machen, daß mein Glück zu übermächtig sei, um es bändigen zu können. Ich setzte mich an den Tisch, und je entsetzter die Augen Marias wurden – sie musterte sachkundig meine zerschlissenen Kleider –, um so prahlender erzählte ich von meinem Landstreicherdasein. »Ich arbeiten?« rief ich aus. »Du machst mich lachen; arbeiten ist für die Dummen. Ich laufe die Straßen entlang und sehe mir die weite Welt an. Das kostet mich gar nichts. Im Sommer schlafe ich bei Mutter Grün, im Winter sind genug Bleiben offen, und Essen gibt mir jeder Einfältige vor jeder Tür.«

Die Frau wurde immer hilfloser. Ihre Augen wurden bald kalt und abweisend wie die der Leute an den Türen. Sie schickte ihre Buben aus der Stube, hastig, als gälte es, ihnen einen häßlichen oder unschicklichen Anblick zu ersparen. Ich erriet ihre Gedanken, und ein stechender Schmerz ließ mich auch die letzte Zurückhaltung vergessen. Ich wandte meinen ganzen Schatz Bettlerwelsch an und freute mich bis an die Grenze des Weinens über den Erfolg meines Betragens: Marias Gesicht wurde grau vor Verstörung.

»Geld?« schrie ich. Ich zog ein Fünfmarkstück aus der Tasche und wirbelte es vor mir hoch, damit sie es gut sehen konnte. »Ich bettle das nicht groschenweise zusammen, wie die alten Speckjäger von Tür zu Tür gehen; heute war ich beim Pfarrer aus dem Nachbardorf, dem ich eine schöne Erzählung von trautem Heim, liebendem Vater und Weihnachtssehnsucht vorgetragen habe, und hop, die blanken Taler sprangen allein in meine Tasche.«

»Und du willst immer weiter so leben?« fragte die Frau in ungläubigem Entsetzen.

»Aber natürlich, warum denn nicht«, brüllte ich übermäßig lachend, um mein heulendes Elend zu überschreien. – »Und willst du nie mehr heim?« Mich packte unvermittelt ein tödlicher, haßerfüllter Ernst. Wenn sie nichts spürte, das wollte ich sie spüren lassen: »Nie«, würgte ich, »nie, hörst du, nie. Ich habe oft im Regen gehungert, ich will es dir gestehen. Aber dann habe ich die Tage gezählt, und das hat mir genügt: zehn, hundert Tage ohne ihn; das war mir wie ein warmer Trunk.«
Sie fragte nicht mehr, und ich hatte alles gesagt, was ich auswendig wußte. Wir sahen einander an, und ich nahm wahr, daß ich nun gehen mußte, ohne dem begegnet zu sein, was ich im Dorfe zu finden gehofft hatte; ich sah erst in dieser Minute, daß ich etwas gesucht hatte.
In der Tür stehend, mit der Straße vor Augen, wurde ich schwach. Fast wäre ich zurückgewichen. Es war zu folternd, zuerst der Frau und hiernach dem ganzen Dorf den Rücken zu kehren.
Aus ihren Fenstern sahen die Leute mir nach wie die Einwohner eines Landes, das die ordentlichen Truppen vor einem anrückenden, wilden Volk geräumt haben, den ersten streifenden Vorboten der Nahenden belauern. Ich schlug den Weg zur Kreisstadt ein, in der es eine Herberge gab. Keine Menschenseele war mehr auf Wegen und Gassen. Der Heilige Abend begann. Meine Gedanken waren in eine seltsame Leere gefroren.
Ich wollte meinen Augen nicht trauen, und ein wehes Bedauern, ein Mitleid mit mir selbst ergriff mich. Beklommen ließ ich mich wie ein Kind von einem jungen Mädchen an einen Platz führen und griff mit frostklammen Fingern nach einem der kleinen Tannenzweige, welche die Tafel schmückten. Ich mußte das harzduftende Zweigchen zwischen den Fingern fühlen, um daran zu glauben. Alle Tische waren mit weißen Vierecken aus Seidenpapier belegt, und vor jedem Bettler und Landstreicher stand ein Teller mit Weihnachtsgebäck. In der Ecke flimmerte ein Lichterbaum.
Ich spürte, wie die trauliche, vom Duft der Tannen durch-

setzte Wärme meine Verstocktheit auftaute. Plötzlich huben Männer und Frauen, die sich vor dem brennenden Baum aufgestellt hatten, zu singen an. Das Erkennen durchzuckte mich heiß – diese schlichten Gesichter, von gütigen Augen durchleuchtet, diese selbstvergessene Inbrunst ihrer Dank- und Jubellieder zur Geburt des Erlösers und dieses unerschütterliche Vertrauen in die Weisheit und Liebe des Höchsten, Vertrauen, das die bloße Nähe dieser Menschen zu einer Zuflucht machte, waren mir bekannt, und ich hatte sie vermißt, die Brüdergemeinde.

Der Bruder Prediger verlas die Botschaft: Und es waren Hirten auf dem Felde in derselben Gegend bei den Hürden, die hüteten des Nachts ihre Herde. Und siehe, des Herrn Engel trat zu ihnen, und sie fürchteten sich sehr. Und der Engel sprach: fürchtet euch nicht; siehe ich verkündige euch große Freude, die allem Volk widerfahren wird; denn euch ist heute der Heiland geboren!

Nach diesen Worten brach ich zusammen. Ich wußte noch nicht warum. Es war die Wirkung einer Erkenntnis, die der Erkenntnis vorausging. Ich verbarg mein Gesicht in den Händen. Unwiderstehlich und jäh wie ein Fall war mir bewußt geworden, daß etwas vorbei und verloren war. Eine ganze Schar von Mitleidigen bemühten sich um mich, junge Frauen fuhren mir über die Haare, und ihre Liebkosungen waren dazu angetan, meine Ströme von Tränen zu vermehren. Ich versuchte schwach, mich ihrer Zusprüche, Tröstungen und fürsorglichen Berührungen zu erwehren. Sie waren mir peinlich, weil gerade sie mich erfühlen ließen, was in mir vorging. Sie beruhten auf einem Irrtum: die Brüder glaubten, ich sei der Gnade Gottes teilhaftig geworden. Die Speckjäger sahen mich mürrisch und scheelen Auges an! Mitleid zu erregen, war ihrer aller Beruf, aber sie fanden, ich verunglimpfe das Handwerk und beute die Wirkung meines Milchgesichts zu schamlos aus.

Die Brüder der Kreisstadt waren selbständige Handwerker oder Bauern auf eigenem Boden. Sie luden mich der

Reihe nach zum Essen ein. Sie fragten mich nicht aus, und besonders die Frauen, die Zeugen meines Zusammenbruchs gewesen waren, behandelten mich wie einen Genesenden. Ich blieb mehrere Tage im Ort und wanderte zwischen den Mahlzeiten am Rheinufer entlang oder weit in das eisklirrende Ried. Es waren wunderliche Tage; ich lief wie halberwacht, noch von einem Traume benommen, durch die heimatliche Welt, und ich erkannte sie als die Erde meines Traumes, aber sie erschien mir plötzlich kälter und klarer. Ich entdeckte von neuem den Stein am Ufer, der den Rheinübergang Gustav Adolfs pries, das Beinhaus in den Kellern der Katharinenkirche, dessen tausend Schädel jene Waffentat verfluchten, und die auf den Hügeln geduckte Burg Landskron, die Rebenhügel des linken Ufers, das Ried. Und vor allem nahm ich verwundert wahr, daß ich schon oft daran vorbeigewandert war, ohne sie gesehen zu haben wie jetzt, so glücklich und wohlbehaglich, so wie du auf frischgewaschener Haut die Luft anders spürst.
Der stete Vergleich des Vorher und Nachher jedoch ließ mich meinen Weg und meine Verwandlung langsam erkennen. Ich entdeckte, daß ich einen ganzen Sommer und den darauffolgenden Herbst hindurch rheinauf, rheinab gezogen war, wie an einem Faden hängend, dessen anderes Ende an den Glockenturm meines Mutterdorfes geknüpft war. Ich begann zu ahnen, was ich darin zu finden gehofft hatte; es wurden mir einige Seiten sichtbar von einem Ganzen, das ich größer ahnte.
In diesen Tagen lernte ich ermessen, wie entscheidend die Erinnerung an meine einzigen glücklichen Kinderjahre, die ich fern vom Alten im Heimatdorf der Mutter gelebt hatte, mein ganzes seitheriges Dasein bestimmt hatte. Aus ihr hatte ich die Kraft zum Widerstand gegen den Alten gewonnen, ihretwegen hatte ich mich nahe der Mutter wie ein Verbannter mit einer Verbannten gefühlt, und sie hatte mir zu der Flucht in die krankhafte Inbrunst des Glaubens geleuchtet, eine Flucht, die mich in sonderbare Brüderschaften geführt hatte – in denen

ich den Gott des Dorfes nie wiedergefunden hatte. Er war mehr gewesen. Wodurch er sich von allen anderen unterschied, wußte ich nicht. Aber wenn ich als Kind einem Menschen begegnet war, so hatte ich ihn freudig gegrüßt; denn ein Mensch war ein Freund gewesen. Ich hatte jede Türe aufklinken können, um daheim zu sein. Türen wollten nichts anderes heißen. Ich hatte den Großvater begleitet, unter dessen Hände ich meinen Kopf hatte schieben können, ohne mich bücken zu müssen. Ich hatte geliebt, seine starken Schenkel kurz über den Knien zu umarmen und meine Nase in den Streifsamt zu pressen, der nach gepflügter Erde, Stallungen, Kühen, Pferden, Hunden, harzigem Holz, Traubenmost und Regen gerochen hatte. Ich war mit ihm auf dem Feld gewesen, wenn er gesät hatte und hinterher an manchen Sonntagmorgen, wenn er ausgegangen war, den Stand der jungen Saat zu schätzen. Ich hatte die heißen Erntetage im Schatten eines Baumes neben den gemähten Feldern zugebracht, hatte die Schnitter und Binderinnen beobachtet, war hoch oben auf dem Erntewagen heimgefahren, hatte mich neugierig, aber vorsichtig der Scheune genähert, aus der das Ticktack der Dreschflegel gelockt hatte. Der Großvater hatte mich mit zur Mühle genommen, wenn er sein Getreide – Roggen für das Brot und ein Säcklein Weizen für festtägliche Kuchen – zu Mehl hatte mahlen lassen, aus dem die Großmutter Teig zu Brot und Kuchen geknetet, den der Bäckermeister vor meinen Augen zu braunen Laiben gebacken hatte.

Ich hatte von Anfang bis zu Ende das Brot werden sehen. Und doch, wenn der Großvater vor jedem Mahle die harten rissigen Hände gefaltet und andächtig gebetet hatte: »Unser täglich Brot gib uns heute . . .«, dann hatte es auf dem Tisch gelegen, als ob er es beschert hätte.

Die überraschende, menschenfreundliche Beschenkung der Bettler durch die Brudergemeinde hatte plötzlich erstehen lassen, wonach ich Stunden zuvor noch gesucht hatte, aber nur, um mir die unbarmherzige Gewißheit zu vermitteln, daß alle Sehnsüchte, Träume und Wünsche, alle Hoffnungen meiner Kindheit nach einem »Aufgenommenwerden« nie erfüllt werden konnten. Unvermittelt hatte ich mich gesehen, siebzehn Jahre alt, Bettler, aus meiner Kindheit verwiesen, ohne daß ich je ein Kind hatte sein dürfen. An der Schwelle der Zeit aber, in die ich seit diesem Augenblick eingetreten war, hatte ich mein einziges, großes, geheimes Ziel zurücklassen müssen. Ich wußte nicht, wohin nun gehen.

Gewiß mit kluger Berechnung war die Einladung des Bruders Prediger die letzte der Reihe. Die Teller und dampfenden Schüsseln warteten schon auf dem Tisch der Wohnküche, als ich eintrat, aber ich mußte den Hausherrn verdächtigen, sie eigens aufgestellt zu haben, um seine vorbedachte Absicht zu verbergen. Denn er spielte schlecht eine plötzliche Eingebung vor, als er vorschlug, gemeinsam um die Erleuchtung und Rettung meiner Seele zu beten. Ich kannte diese Bräuche und Glaubenslehren seit langem: die Brüder waren überzeugt davon, daß die Erleuchtung und Gewinnung eines Irrenden nur wie ein wuchtiger Überfall, gleich der Begegnung auf dem Wege nach Damaskus, sich vollziehen könne. Ich kniete nieder, mit dem Gesicht gegen den Tisch, die Frau zu meiner Linken, den Bruder zu meiner Rechten. Ich hörte ihn mit getragener, eindringlicher, nachzitternder Stimme – er sprach den Widerhall der Gewölbe eines Domes mit – aufsagen, was er nannte: »Mit dem Herrn ringen«.

Ich vergaß ihn, denn sein Verhalten war ein Schlüssel zur Pforte, die in ein finsteres Reich führte: das eines Gottes aus Worten, Gebärden und einem goldenen Sarg. Der Gott, den ich gesucht hatte, war wie eine Straße gewesen, auf der alle Menschen sich früher oder später begegnet waren, eine Straße, die ein Haus erhoffen ließ. Solange die Straße, solange mußten noch Häuser sein. Wie eine Straße war er im Alltäglichen, Gewohnten und im Außerordentlichen enthalten gewesen, ob einer Wasser trug oder ein Kind aus der Taufe hob, zum Pflügen fuhr oder zur Kirche ging, aber in Worten nur, weil eine Straße eine Straße heißt. Er hatte alles mit allem verbunden. Auf diese Straße hatte ich gehofft, um die Menschen wiederzufinden, und den Frieden mit ihnen, den der Alte gebrochen hatte.

Der Beter unterbrach sich und fragte: »Spürst du Gott in dich dringen?« Er tat mir leid und meiner Treu, die Schüsseln, genau in Höhe meiner Nase, lockten lieblich. Aber ich gewann es nicht über mich, zu dieser Frage zu lügen, so gut ich es noch einige Tage zuvor gekonnt hatte, als ich einem Pfarrer einen Taler abgeredet hatte. Ich schüttelte betreten den Kopf: »Nein.« Mit verdoppelter Inbrunst warf er sich in ein zweites Gefecht. Er war laut und aufdringlich wie ein Klageweib oder wie ein Irrer, der ein Steinbild anfleht, lebendig zu werden. Ich stand in einer trostlosen Leere und wußte genau, daß auch hundert Jahre Beten mich nicht mehr an den Toten glauben machen konnten, den er mit Geschrei aufwecken wollte. Ich hatte die Zeit gekannt, während der er unter den Brüdern und Schwestern des Dorfes noch gelebt hatte, so wahr, daß es mich kaum gewundert hätte, wäre ein milder, riesengroßer Alter mir begegnet und hätte mich bei meinem Namen genannt. Und selbst in jener Einfalt der Kindheit hatte ich gewußt, daß er mehr war. Nun war er Gegenstand eines Mummenschanzes. Was hatten sie ihm angetan? Mit Grauen erahnte ich ein Verbrechen.

Der Bruder kam wieder zu sich und fragte von neuem: »Fühlst du –?« Es war peinlich, ich schämte mich, aber darunter glomm ein erbitterter Haß. Ich war betrogen worden, genarrt und bestohlen. Ich antwortete: »Nein.« Er sammelte sich zu einem dritten Ringen. Aber in meiner Nachbarin zur Linken besiegte die Hausfrau die Heilige. Sie murmelte schüchtern unverständliche Worte und zeigte auf die Schüsseln: das Essen wurde kalt. Meine Knie schmerzten, als ich mich erhob. Wir aßen in folterndem Schweigen. Ich ging, und die Landstraße hatte mich wieder. Keine Sehnsucht und keine Suche

nach einer anderen Straße lenkte mehr auf ein Ziel. Ich kannte nur noch Wege, harte Straßen unter meinen Sohlen, die nach Wohnorten mit Menschen, Kirchen, Eisenwerken, Kaufläden und Standbildern führten.
Der große Platz in mir, den die Erinnerung an das Dorf der Brüder ausgefüllt hatte, war leer. Die Scham und die Erbitterung trieben wie mit Ruten das Kind aus mir, das nach Gott gesucht hatte. Ich konnte nicht an die Geistlichen denken, ohne von einem flammenden Haß verzehrt zu werden. Es war meine erste, freigewählte Stellungnahme im Meinungskampf. Aber die Leere in mir war so schmerzend hungrig und begierig, daß sie wirkte wie ein luftleerer Raum und durch meine Augen die allein noch bestehende Welt aus bekannten, nennbaren Stoffen ansaugte, um aus ihr einen neuen Inhalt zu finden, eine andere Straße zu den Menschen.

X Die fünfte Himmelsrichtung

Wir zählten nicht mehr, als nach vier Tagen und vier Nächten der fünfte Morgen anbrach. Gegen Mittag hörten wir eine Maschine keuchen, fern noch, aber unsere Ohren waren empfänglich geworden für Geräusche, die wir zuvor nicht vernommen hätten. Wir hörten sie eine halbe Stunde lang, bevor sie die Höhe gewann. Aber wir hielten unsere Hoffnung zurück. Wir hatten uns dem weiten Gefängnis schon ergeben. Zu oft während der hundert Stunden hatten wir stürmisch klopfenden Herzens einen einsamen Eisenbahner um die Wagen laufen hören, mit Kreide auf die Wände schreibend, die Räder beklopfend, eine Buchse schmierend, und jedesmal hatten wir eine marternde Stunde gebraucht, um uns wieder an das weiße, totenstille Warten zu gewöhnen. Aber das Schnaufen der Maschine setzte sich fort, es kam immer näher, und plötzlich hörten wir die Schienen unter uns leise klirren und ächzen. Als die Maschine auf die Wagenreihe stieß, als wir es körperlich spürten, sahen wir uns durch Tränen an. Noch hielten wir den Atem an, als ob der leiseste Hauch das Wunder hätte verscheuchen können, als aber ein harter Ruck nach vorn ein nicht mehr innehaltendes, immer schnelleres Gleiten einleitete, als wir das weiße Todesreich sich auflösen sahen, fielen wir uns in die Arme, wir drückten uns die Hände, wir lachten uns zu. Wir knüpften wieder mit dem Leben an. Der Abbé zog ein Taschenbuch hervor und sagte: »Wir sind mitten im April.« Merkwürdig, wir hatten hundert Stunden in einer Zeit ohne Monate gelebt, außerhalb unseres Sonnensystems.

Und unten mußten schon die Bäume blühen! Wir fuhren in rasender Geschwindigkeit bergab, lebenerfüllten, blühenden Tälern zu. Die Gesichter meiner Gefährten leuchteten erlöst, und ich ermaß, daß auch sie von einer

Begegnung zurückkehrten. Wir hatten gelernt, die Angriffe tausender schneller Bomber auszuhalten, im Getöse und im Staub der Einschläge den Kopf zwischen die Schultern zu ziehen und zu warten, und etwas hatte sich in der Reglosigkeit und im Schweigen offenbart.
Wie nahe mußten fast alle daran gewesen sein, aufzuspringen und gegen die Wände zu schlagen, um etwas zu hören, um sich zu ergeben. Der Riese hatte begonnen, von Syrien zu träumen, von seinen Taten am Djebel Drus und in Damaskus, und er hatte gesagt: »Dort bist du König ...« mit einer erdrückenden Betonung. Der Abbé hatte seinen schlimmsten Streit bestehen müssen. Aber am Ende hatten sich die Geister der Leere im Schnee verloren.
Ich nahm etwas mit, unnennbar, einen Anfang, keine Klarheit, nach Kerzen meßbar, keinen Auftrag, einen Inhalt ohne Gefäß. Es war keine fertige, nur noch mit Wissenschaft auszumauernde Welt, das Dunkel war nicht erhellt, ich war nicht versucht, einen alten Glauben wiederzugewinnen, ich hatte die fünfte Himmelsrichtung gefunden, die Mitte – ruhende Mitte, die doch eine Richtung war.
Die Menschen, die mich wortlos gelehrt, daß die zwei Worte »Freund« und »Mensch« denselben Inhalt hatten, waren die letzten Seßhaften gewesen, in einer Zeit beharrend, aus der die Völker seit hundert Jahren auswanderten. Sie hatten noch die fünfte Himmelsrichtung gekannt, die auf die Erde unter ihren Füßen und auf den Himmel über ihnen zeigte. Ihr täglicher Dank war die stete Mahnung daran gewesen, daß außer der Arbeit der gegebene Reichtum der Erde den Wert der Güter ausmacht.
Wir arbeiteten rastlos, um unseren Ausschlupf zu vollenden, und erlöst und festlich gestimmt konnten wir endlich durch ein ausreichendes Viereck den Unrat werfen, den wir bisher hatten mitführen müssen. Wir verteilten ihn fürsorglich auf viele Meilen, um keines Streckengängers Argwohn zu erregen. Im Talbahnhof wurde unser

Zug mit anderen Wagen zusammengekuppelt und gegen Einbruch der Nacht fuhren wir ab. Wir rollten die ganze Nacht hindurch – die ganze, blühende, duftende Nacht hindurch. Ich war voller Erwartung und wie neu, als verließe ich nun erst die Kreisstadt nach Weihnacht! Wir rechneten nach Stunden und Geschwindigkeit die zurückgelegte Entfernung aus, wir mußten nahe am Rhein sein. Im Morgengrauen sah ich, daß linker Hand eine breite Straße den Schienen folgte, rechter Hand aber ein Flußlauf. Ich sah nicht das Wasser, aber eine dichte Nebelbank ließ ihn erraten. In einer Schleife näherte sich der Fluß, und ich roch den Rhein. Warum hat – soviel ich weiß – noch keiner unter allen, die vom Wein, den Frauen, den Burgen, den Kieseln, dem Golde, der Farbe und den Städten und Domen des Rheines gesungen hat, dessen einzigartigen Geruch nach Gletscher und Schnee, Gebirgsluft und Höhenwind gepriesen? Vielleicht verliert er sich gegen Norden. Ich roch in ihm die Freiheit – und mir fiel das Wort ein, das die Pariser Volkssprache für die Freiheit gefunden hat: »La Belle«, die »Schöne«. Kein Dichter hat ein besseres gefunden. Ich atmete diese Luft in vollen Zügen, und ich tat gut daran, denn bald darauf verließ der Zug die Ufer, und nach Stunden lief er in einen Verschiebebahnhof ein, den ich im Badischen schätzte. Wir warteten bis in die Nacht. Noch ehe wir uns wieder in Bewegung gesetzt hatten, ertönten die Heulzeichen, fast augenblicklich darauf die Abwehrgeschütze, und wir mußten noch einmal durchhalten, dieselbe furchtbare Reihenfolge: das Dröhnen der Motoren, die blutroten Lampen, die Erschütterungen der Aufschläge, gefolgt von Luftstößen, die unseren Wagen in allen Fugen ächzen ließen, die Splitter der Geschosse, die auf das Dach prasselten. Wir warteten zusammengekauert nahe dem Ausschlupf; wir waren aus den Bergen mitten in das Schlachtfeld zurückgekehrt, ein Feld von vielen tausend Meilen. Die Züge fuhren fort, sich an einem feurigen Vorhang entlangzutasten, und es wurde fraglich, ob sie den Ausweg finden würden, aber wir waren immerhin in blühenden Tälern. Am nächsten Morgen setzte sich der Zug wieder gen Norden in Bewegung. Vom folgenden Knotenpunkt an fuhr er nordostwärts, dem Reichsinnern zu, die Freiheit im Rücken. Durch das Maintal versuchte er wieder, nach Westen durchzubrechen. Aber wir gelangten nicht mehr bis zum Rhein. Wir hatten gerade noch genug Wasser, um uns einen Liter jeden Tag zu teilen, wir konnten uns den Mund noch anfeuchten. Ich träumte, sooft ich in einen unruhigen Schlaf fiel, von schäumenden, brausenden Wasserstürzen, hin und wieder von eiskalten, ungemein erfrischenden, mächtig überschäumenden Fällen von Bier. Wir rollten seit Wochen, das Rütteln und Tikken der Räder wurde zu einer dumpfen Last. Wir hatten vergessen, die Tage zu zählen. Wir tranken den letzten Tropfen Wasser, rot vom Rost der Blechkannen, wir hofften zwei oder drei Tage lang, bis zum Ende aushalten zu können. Nach den ersten zwei Tagen ohne jeden Trunk sah ich durch die Luken und erkannte die Landschaft. Wir fuhren der Vorstadt zu.

Die Wagen wurden auseinandergehängt, eine Maschine schob sie auf einen Rollberg, von dem hinunter sie in vorgewiesene Abstellgeleise glitten. Wir spürten unser Gefährt immer langsamer rollen, wir hörten das stählerne, herzzerreißende Kreischen der Bremsschuhe, und unser Wagen stand still. Wir warteten, warteten, als könne er sich doch wieder in Bewegung setzen, aber nichts mehr rührte sich.

Was uns zu tun übrigblieb, war nicht schwer zu finden, aber wir berieten uns flüsternd während mehrerer Stunden. Wir kamen überein, die Dunkelheit abzuwarten und in gehörigem Abstand voneinander, jeder allein, den Wagen zu verlassen. Der Narr war der erste. Wir sahen ihn über die Schienen setzen, viel Glück, Genosse! Ihm folgen die zwei Bretonen, dann der Abbé. Ich hatte wohl verstanden, daß Bagarre absichtlich die anderen hatte vorausgehen lassen, um mit mir allein zurückbleiben zu können. »Ich werde versuchen, zu Fuß weiterzukommen«, sagte er leise. »Dich aber schicke ich zu einem Kommando, in dem ich Freunde habe. Wenn sie noch dort sind, werden sie dich verstecken, wie sie mich versteckt haben, wochenlang.«

Das hätte er mir vor den Ohren der anderen auch sagen können. Er war aber mit mir allein geblieben, um mir mehr zu geben: »Tauschen wir unsere Heimatadressen aus, um uns wiederfinden zu können, wenn alles vorbei ist. Es wird gut sein, wir werden uns helfen müssen. Denn sie werden nach dem Kriege die Deutschen ohne Unterschied in einer Flut von Haß und Rache ertränken wollen.«

Ich folgte zum ersten Male dem französischen Brauch unter Verwandten und guten Freunden: ich umarmte und küßte ihn. Er ging, jung an Jahren, kahl, häßlich und lauter wie ein Diamant, krank an der Wunde, die ein Bajonett vor seiner dreizehnten Flucht in seine Eingeweide gerissen hatte, und er ließ mich allein mit seinem letzten, herrlichen Geschenk.

Ich fand die Genossen in ihrem kleinen Kommando. Zwanzig Gefangene, von einem alten Mann versorgt, der zufrieden war, sie unter sich zu lassen, solange sie ihm keine Sorgen bereiteten. Sie halfen mir tapfer. Ich trank zehn Gläser Bier. Sie suchten in meinem Namen den Jungen aus Marseille auf, der meine Kleider aufbewahrt hatte.

Zwei Tage später war ich wohlversehen mit einem Anzug aus graublauem Wollstoff, einem hellen Hemd und einem bunten Selbstbinder, Halbschuhen und einer Baskenmütze. Ich bemühte mich, meine Kopfhaare so zu kleben, wie es das Lichtbild auf der geliehenen Ausweiskarte eines französischen Pflichtarbeiters wollte. Unter dem spöttischen Beifall meiner Kameraden beseitigte ich meinen Schnurrbart. Die Kleider waren ungewohnt leicht nach allen Jahren unter den schweren Soldatenröcken und -mänteln. Das Hemd war frisch, und ich spürte es auf der Haut, beklommen, erregt und ernst. Ich mußte an den alten Brauch der Seeleute denken, die zu

Beginn einer Schlacht ihre besten Hemden anzogen, um sauber sterben zu können. Ich lächelte zu den Worten der Zuschauer, aber indem ich den Schnurrbart abnahm, verließ ich endgültig das Gehäuse eines Gefangenen, in dem ich mich so lange verborgen hatte. Über meinen Anzug zog ich einen Soldatenmantel. Die Baskenmütze durfte ich zeigen, denn es war den Gefangenen erlaubt, sie zu tragen.

Es war notwendig, das Gepräge eines Gefangenen zu wahren, um aus der nächsten Umgebung des Kommandos unbemerkt zu entkommen. Es war dunkel. Ein Gefangener wollte mich bis an eine menschenleere Straßenecke begleiten, um meinen Mantel mit dem großen roten KGF zurückzutragen. Es war kalt. Wir schlenderten gemächlich rauchend und plaudernd an der Türe der Schenke vorbei, hinter der unser Wachmann das Ende des Krieges abwartete. Wir ließen die warme Unterkunft des Kommandos hinter uns; wie allerletzte bergende Hülle verließ ich die Sicherheit und Wärme, die Geborgenheit in der Menge und in der Vertrautheit der Gefangenschaft.

Noch einige hundert Meter weit trug ich den erdbraunen Mantel, der mir den Vorteil der Genfer Abmachungen und die Behandlung als Kriegsgefangener gewährleistete. Ich brauchte Mut, um ihn auszuziehen. Einmal ohne ihn, rührte ich an grimmigere Gesetze, und ein anderer Feind als der des Feldzuges neunzehnhundertvierzig, ein Feind, der keine Abmachungen kannte, erwartete mich. Jeder Stein war eine Drohung, jede Straße ein Hinterhalt. Ich mußte mich zwingen, ein nicht zu ernstes Gesicht zu zeigen, das Fragen meines Begleiters hätte herausfordern können. »Viel Glück«, sagte er nur, zwinkerte anzüglich grinsend mit den Augen und hing sich meinen Mantel über. Ich hatte ihn an eine Liebesgeschichte glauben gemacht. Ich ging allein weiter.

Und sofort war alles ungewohnt. Hundertmal war ich während der vergangenen Jahre durch die Vorstadt gegangen, allein oder unter Kameraden, am Tage oder zur

Nacht. Aber nun erst kehrte ich zurück, alt und fremd, aber lebend. Selbst der Hall meiner Schritte hörte sich fremd an und zu lebendig.
Einige Straßen waren noch unversehrt. Sie trugen immer noch die Zeichen der Unordnung ihrer Bauzeit, sie waren immer noch nur Wagenburgen. Das Haus des Alten stand auch noch, aber allein in den Trümmern seiner Straßenseite. Seine Seitenmauern waren von hellschimmernden Vierecken verunglimpft, den Wohnungswänden der zerstörten Nachbarhäuser. Noch hingen hie und da Bilder, Hausrat, Reste von Betten. Was an die Kinder erinnerte, die in den Stuben gespielt hatten, war rührend, aber der Hauch des heimlichen Lebens der Großen, den die Wände noch bewahrten, allen Blicken ausgesetzt, erweckte ein Gefühl erniedrigender Scham. Das Haus, ein düsterer, niedriger Block geworden, stand nicht stolz inmitten der Zerstörung, sondern bloßgestellt wie am Pranger.
Ich näherte mich Lysianes Wohnung. Endlich führte ich aus, was ich mir vor Monaten vorgenommen hatte. Aber es war kein freiwilliges Unternehmen mehr, sondern eine letzte Zuflucht, es war aussichtslos und zu spät geworden. Ich war geneigt, ein Verhängnis zu beschuldigen, aber schlechten Gewissens, denn ich wußte insgeheim gut, daß nur Wunder mir hätten helfen können, mein Vorhaben vollständig und rein zu verwirklichen. Das Natürliche war, daß ein Mensch mit einer befremdenden Aussprache, mit verbotenen Beziehungen, mit einem Geheimnis, das Freunde und Feinde witterten, Verdacht erregen mußte, und daß es ein verzweifeltes Unternehmen war, eine Hoffnung auf ein Wunder, unversehrt durch einen Erdteil in Flammen reisen zu wollen.
Ich hatte noch einmal einen Plan aufgestellt: Genossen aufsuchen, mit ihnen das reine Ziel finden, eine Tat unternehmen, einen Sprechchor bilden, in der Hoffnung, die Geschichte zu beeinflussen. Er hatte das Schicksal aller Pläne erlitten, die aus dem Zusammenstoß mit der
 unberechenbaren Vielfältigkeit des Lebens nur vermin-

dert hervorgehen konnten, gleich ob besiegt oder siegreich.
Ich näherte mich vorsichtig dem Hause Lysianes, ich spähte die Straße entlang, denn ich mußte unbemerkt durch die Tür verschwinden. Es hätte Argwohn erregt, einen Fremdarbeiter zur Nacht in einem Wohnhaus zu sehen.
Meine Knie schwankten, als ich die Tür öffnete. Ich stieg mühselig die Treppe hinauf. Ich spürte jede Bewegung sich ohne mein Zutun vollziehen. Ich läutete. Ich hörte Schritte hinter der Tür. Eine Hand rührte an Schlüssel, die klirrten. Die Tür öffnete sich. Ich sagte: »Ich bin es, Lysiane«, und ich ermaß plötzlich, wie alt ich geworden war, denn zu den vier Worten hatte ich meine ganze Kraft gebraucht, und ich erinnerte mich ähnlicher Schwächen und plötzlicher Lähmungen, die mich in der letzten Zeit immer häufiger anfielen. Einige Atemzüge lang konnte ich mich nicht rühren, nicht meine Hand zu einem Gruß erheben und nicht meine Lippen zu einem Lächeln umbilden. Sie sah mich an, erschüttert und ohne ein Wort. Schweigend gab sie mir den Eingang frei, und ich trat ein. Ich machte die Tür hinter mir zu, sie ging voran, ich folgte in die Wohnstube, stumm und zitternd. Nur ein ganz klein weniger eilig ging sie auf den Lehnstuhl zu und setzte sich nur ein ganz klein weniger hastig, wie jemand, den am Ende einer gewaltigen Anstrengung angesichts des Zieles die Kräfte verlassen. Ich rückte einen Stuhl heran, das Blut rauschte immer stärker in meinen Ohren, ich war betäubt und gefühllos, schließlich blieb ich aufrecht vor ihr stehen. Meine Lippen zitterten, als ich sie zwingen wollte, Worte zu bilden. Ich nahm mich zusammen, ich holte mehrere Male Atem und sagte: »Lys–« und die folgende Silbe wurde schon von einem haltlosen Schluchzen weggeschwemmt. Wir lagen uns in den Armen und weinten, weinten. Unsere Tränen mischten sich auf unseren Wangen. Ich lernte wie aus den Sätzen eines gewaltigen Meisters, daß, um zu große Lasten von Schmerz und Elend abzunehmen, auch

heute noch nur Tränen, Tränen, Tränen fähig sein können. Keine Erkenntnis und keine neue Hoffnung hätte mir eine so aus dem tiefsten Grunde des Herzens kommende Erleichterung bringen können. Es schien mir, ein Ende sei erreicht und alles müsse von nun an gut werden. Unsere Tränen berichteten unser beider Geschichten vollständig und klärten alles, alles auf.

Jäh ertönten die Heulzeichen der dringendsten Luftgefahr.

Lysiane ließ ihre Augen auf mir ruhen; sie besaß noch dieselbe Kraft, sich ganz und gar einzusetzen für jede Andeutung und jedes Wort, und damit jeden zu zwingen, eindeutig zu antworten. Sie zögerte nur während der Anrede: »Valentin –« und entschied sich plötzlich, jeden Satz sorgfältig überlegt aussprechend: »Wir leben seit elf Jahren wie eingeschlossen in unserer Welt, die immer kleiner wird. Wir haben seit langem gelernt, nur Beweggründen zu folgen, die schwerer wiegen als das Leben selbst, schwerer als das Überleben, um bei meinem Vergleich zu bleiben: wir rühren uns nur behutsam, um die Luft zu sparen. Du bist der erste, der zu uns kommt. Du darfst nicht erschrecken, wenn ich dir sage: ich habe nicht den Mut, dich allein zu hören. Deine Ankunft ist so außerordentlich, so unfaßbar, was du uns bringst, zu wichtig für meine Ohren allein.«

Im selben Augenblick wurde der Strom unterbrochen. Die eingeflogenen Verbände mußten der Vorstadt nahe sein. Ich war dem Dunkel dankbar. Denn ich schämte mich, und ich hatte Angst. Ich war gekommen, um Lysiane zu bitten, mich zu verstecken. Ich war aus der Fremde in die Vorstadt geflohen, und es ging mir fast wie seinerzeit den Jungen, die aus dem Reich ins Ausland geflohen waren: ich hatte ein schlechtes Gewissen und fragte mich, ob nicht ich allein versagt hatte. Bestand nicht in der Welt die große Macht, als deren Boten Lysiane mich empfing.

Wir hörten verworrene, durch die Wände gedämpfte Geräusche, Rufe, Poltern, eilendes Schlurfen von Schuhen und wußten: die Nachbarn rüsteten sich zur Flucht in die Bunker. »Gib mir die Hand«, flüsterte Lysiane, »ich werde dich führen. Ich werde dich in ein Versteck führen, in dem schon zwei Genossen leben. Aber sei vorsichtig, stoße nicht an Steine und rede kein Wort auf dem Weg.«

Wir folgten einem Pfad über Schutt, Steine und verkohlte Balken. Das Mondlicht erhellte Mauerreste und im Feuer gekrümmte Stahlträger, die frei in die Luft ragten, schwarze, gespreizte Riesenhände aus einem unendlichen Grab. Durch einen halbverschütteten Eingang krochen wir unter die aufgetürmte Erde. Die letzten Stufen einer Treppe halfen uns, einen Keller zu gewinnen, der noch heil war. Noch bevor jemand ein Wort gesagt oder gehört hatte, bevor ein Lichtschimmer oder eine Bewegung es sichtbar gemacht, spürte ich eine Gegenwart im Dunkel. Lysiane flüsterte, jemand antwortete. Im selben Augenblick bellten die Geschütze auf, und gleichzeitig blühten die furchtbaren roten Blumen, so nahe und so grell, daß sie das Silber des Mondes überdeckten und durch Luken und Eingang unseren Keller schwach erhellten. Ich sah zwei Menschengestalten vor mir, blasse Gesichter, trotz des feurigen Scheines. Eine Stimme flüsterte rauh: »Es gilt der Vorstadt.« Wir blieben stumm. Unser aller Schweigen bildete einen tiefen Brunnen, in den die Worte wie Steine fielen. Aber sie fielen und fielen, ohne einen Grund zu erreichen.

Die Nacht war mondhell und klar, klirrend klar und kalt, es war eine Frühlingsnacht tödlichen Reifes, und das unbewegliche Licht des Mondes machte sie noch erbarmungsloser. Eine Nacht für Großangriffe, die erst enden würde, nachdem alle Grenzen des Entsetzens überschritten sein würden, nachdem die Luft voll von Seelen Ermordeter sein würde. Alles war unabwendbar, und nur unsere Begegnung außerordentlich – das einzige Zeichen, an das eine Hoffnung sich klammern konnte. Uns schien, als sei der eingeleitete Angriff der endgültige und letzte, als bestände noch eine Möglichkeit, das Leben gegen den Tod zu verteidigen, solange die anfliegenden Festungen ihre Last nicht abgeworfen hatten. Aus Erfahrung wußten wir, daß zwei Minuten vergehen würden, bevor die Geschwader die Stelle erreicht haben würden, welche die Erkunder angezeichnet hatten. Es war uns, als könnten wir sie abwenden, gelänge es uns, das Wort zu finden, das Schicksal zu überreden, mit Gott zu streiten, um zehn Gerechter willen, um fünf Gerechter willen.

Unser Aufenthalt in dem Versteck unter der Erde dauerte ein Jahr und einen Monat, das sind siebenundfünfzig Wochen, das sind dreihundertsechsundachtzig Tage, aber ich weiß nicht, wie viele Menschenalter.
Oft mußten wir tagelang stumm verharren. Es wurde ein Warten, ähnlich dem der Russen, zwischen Furcht und Hoffnung. Ich hatte Zeit, mein Leben zu überdenken, zu versuchen, mit mir ins reine zu kommen, vielleicht zu viel Zeit. Ich fand mich zum ersten Erlebnis meines Lebens zurück: eine Henne hatte sich angewöhnt, auf den Rand meiner Wiege zu fliegen, um die Brosamen aufzupicken, die ich um mich her streute. Ich war noch nicht ganz zwei Jahre alt, und meine Mutter gab mir stets eine Brotrinde zu kauen, um meine Zähne zu üben. Ich wußte noch nicht, was eine Henne war, aber ich kannte die Besucherin unmittelbar; ich kannte sie in meiner Welt, in der alle Erscheinungen des Lebens sich lediglich nach den Farbtönen unterschieden, die sie hinter meinen Augen erzeugten.
Ich war als begabtes Kind gewertet worden und hatte eine Freistelle in einer höheren Schule erhalten. Es war mein Anteil an Gleichheit und Gerechtigkeit gewesen, mit denen der junge Volksstaat von Weimar sich geschmückt hatte. Ich war als Eindringling in höhere Kasten empfangen worden und das Opfer gemeinster Nachstellungen von Lehrern und Schülern geworden. Ich war der einzige Barfüßler in der Reichenschule gewesen, und sie hatten mir auf die Füße getreten. Die Schüler hat-

ten mich unter dem Beifall der Lehrer geschlagen und verhöhnt – niemals werde ich den bitterbösen Professor Faulstroh vergessen können. Wenn ich ihn in der Folge nicht getötet habe, so hat auch er es dem Arme meiner Mutter zu verdanken, die seine Vergehen zurückgekauft hat.

Obwohl ich das Schmiedehandwerk über alles liebte, hatte ich mehrere Lehrzeiten in höher gewerteten Berufen verfehlen müssen. Ich war in deutschnationalen Handlungsgehilfenverbänden gewesen, die sich Hakenkreuze als heimliche Abzeichen gewählt hatten. Ich war in christlichen Jungmännerbünden eifrig tätig gewesen. Ich hatte an alle Türen geklopft.

Die Partei hatte mich aufgenommen. Wie blind hatten wir geglaubt. Wir hatten mit den Hitlerischen gewetteifert um den Rang, die besseren Verteidiger der Reichseinheit von der Etsch bis an den Belt zu sein, während wir doch in keinem Vaterlande zu Hause gewesen waren. Glühenden Herzens und freudig hatten wir betrogen, ohne uns der Tragweite der Worte bewußt zu sein, nur weil die Partei es gewollt hatte. Wir hatten geschrien und den Erwerbslosen aufgeredet zu wiederholen: »Gebt uns Arbeit und Brot«, und Hitler hatte das Verlangen erfüllt. Wir hatten nicht mehr sagen können, daß es uns um mehr gegangen war.

Die Jahre zwischen Toulouse und Canon waren hart gewesen. Ich hatte als Erdarbeiter, als Schlosser und als Ausfahrer gearbeitet und keine Zeit gehabt, zu verfolgen, wie sich das Bewußtsein einer Schuld im Gewissen der Menschen ausgewirkt hatte, das durch den Verkauf der Saar entstanden war.

Alles – die Schuld, die Gedanken, die kühnen Würfe Huttens, die Vergehen und Fehler, meine Erschütterung ob Reitingers Tod – war ungültig geworden oder hatte sich in einer einzigen, großen Frage aufgelöst, einer Frage, so mächtig und allumfassend wie das Vergessen, in vielen Gestalten wiederkehrend: alles, was einmal gewollt und gewünscht und oft mit Menschenleben im voraus bezahlt worden war, tauchte nach Jahren wieder auf, heiliggesprochen im mörderischen Sinne. Was war während dieser geheimnisvollen Verwandlung vom Traum zur tätigen Lehre und Verwirklichung, von der Tat eines Menschen zum Befehl einer Partei verlorengegangen und hinzugefügt worden?

Am Tage der Kriegserklärung saß ich mit Hutten und dem roten Leutnant Jockel gegenüber einem Bahnhof in Paris. Die Zeitungsverkäufer rannten schreiend mit Sonderausgaben an uns vorbei. Frauen weinten, und der kaum vollendete Weltmann Jockel war besorgt. Ich fragte Hutten: »Was nun?« Er überlegte und erwiderte am Ende: »Ich weiß nicht.«

Damals schien es mir das Eingeständnis der Ohnmacht selbst dieses hervorragenden Mannes. Es half mir, mich zur Teilnahme am Krieg zu entschließen. Seitdem aber erfuhr ich, wieviel Mut und Freiheit dazu gehört, angesichts einer furchtbaren Erschütterung zu gestehen: »Ich weiß nicht.« Immer mehr schien es mir die erste Bedingung der Freiheit.

Manchmal durften wir reden. Ich spürte schon nach den ersten Worten, daß meine Freunde ihre alten Meinungen zu verteidigen bereit waren, so erschütternd und wahnsinnig wie jene Mütter, denen man ihre toten Kinder nur wegstehlen kann, indem man ihnen Puppen zu pflegen gibt. Die Gefahr lag nahe, uns in einen wüsten, aussichtslosen Streit zu verbeißen.

Vor meiner Flucht im Eisenbahnwagen hatte ich noch mit den fernen Mächtigen gehadert. Ich hatte sie doppelte Verräter genannt. Aber die Partei war sich nicht untreu. Sie war der echte Ausdruck, die höchste Vollendung, die Gesetz gewordene Reiterei, deren Sturm Jahrhunderte zuvor begonnen hatte, der wilde Ritt nach dem Reichtum ohne Mühe, der Ernte ohne Aussaat, dem Genusse ohne Dank. Der Kampf der Partei gegen ihre Vorgänger, die noch gebetet, während sie die Erde geplündert hatten, war nur ein kleiner Streit im Rahmen einer größeren Umwälzung.

Es kam zu keinem Streite. Die Genossen hörten mich an mit dem dumpfen Groll der »Mitglieder« gegen Menschen - werben, befehlen ist die Aufgabe der Organisationen, tun die Freiheit des Menschen. Hätte ich sie überzeugen wollen - mit welchen Worten? Ich hatte keinen Namen, aus dem sie Vertrauen genug gewinnen konnten, um diese Angst zu besiegen, die schuld daran war, daß immer noch die Waffe das Sinnbild der Freiheit ist. Mit welchen Bürgen konnten sie den Vertrag der Seßhaften mit der Erde eingehen?
Es schien mir, als könnten wir nie einen anderen Namen finden als »namenlos« und keinen anderen Maßstab dafür als »unermeßlich«, als sei jedes genauere Wort ein Stein zur Säule eines Götzen, der das einzig wahre Bild des stets neuen Ewigen, des Vielfältigen, des Schöpferischen, des immer Gegenwärtigen zu vernichten trachtete: den Menschen.
Ich hielt die Leere, die seit jenem fernen Weihnachtsabend nichts hatte ausfüllen können, frei. Ich ertrug sie mit Zuversicht, ich hütete sie wachsam. Die Teile der Lösung waren bekannt: die Menschen und die Erde, die Erde zu unseren Füßen. Die Antwort wartete, die größere Umwälzung, die größere Reinigung.

Wir hörten die Kanonen immer deutlicher. Aus den Schallrichtungen und Entfernungen konnten wir die Bewegungen der Heere verfolgen. Die alte Margaret rettete sich zu uns in den Keller, und ihr Lächeln und ihre Erinnerungen erhellten unsere Nacht. Zwei Tage später blieb auch Lysiane endgültig bei uns. Willem folgte mit einem Packen Decken, Kleidern und den Bildern von Liebknecht, Rosa und Lenin. Er erzählte uns, daß der Bevölkerung anbefohlen worden sei, die Vorstadt zu räumen. Aber Zehntausende hatten sich in den Trümmern versteckt, um sich vor den SS-Streifen zu retten. Als die Front schon so nahe war, daß wir das Feuer der leichten Waffen hören konnten, schlüpften zwei bewaffnete Soldaten zu uns herein. Sie beschworen uns, ihnen Zivilkleider zu geben, denn die SS tötete unbarmherzig alle Soldaten, die ihre Einheit verloren hatten. Als ich ihnen gestand, Kriegsgefangener zu sein, schlug mir der ältere der beiden vor, sie doch gefangenzunehmen, denn »ich will lieber in französische als in amerikanische Gefangenschaft kommen.« Er gab mir seine Maschinenpistole, die mir in den Händen brannte. Ich reichte sie Willem weiter, der sie in eine Ecke warf.

Als wir das Gekläff der Panzergeschütze um einen Ton dumpfer vernahmen, wußten wir, daß sie in die Straßen eingedrungen waren. SS-Rotten durchkämmten die Trümmer. Ein Mann, der eine Zeltdecke in vielen Tarnfarben über seinem feldgrauen Waffenrock mit den schwarzen Spiegeln trug, geriet ahnungslos vor uns. Er richtete seine Lampe voll auf uns, nacheinander jedem einzelnen ins Gesicht, und blieb reglos stehen. Sein eigenes Gesicht blieb im Dunkeln, und ich war meiner nicht sicher, aber es schien mir, es sei Rudi. Ich weiß nicht, wie lange er blieb, und ich kann schwer in Worte fassen, was vorging. Keiner sprach ein Wort. Er drehte sich um und ging, und ich war sicher, daß ich nicht der einzige war, der ihm hätte zurufen mögen: bleib. Er ging mit den Schritten eines Besiegten; wir waren alle von derselben Gewalt besiegt.

Ich wagte, aus einer Luke zu schauen. Ich sah die letzten Nachhuten sich aus der Vorstadt zurückziehen. Blutjunge, verschmutzte, müde Gesichter, trostlose Augen. Ich nahm den letzten bitteren Abschied von den letzten Schatten meiner Jugend, meines Traumes, des geschundenen und geplünderten Traumes. Die Jungen hatten ihn durch eine Welt zu tragen geglaubt, und sie hatten nur zerstört, zerstört, zerstört. Sie waren besiegt und geschlagen und wanderten in ein grauenhaftes Nichts.

Eine Stunde Schweigen über den Trümmern begann. Fünf Jahre zuvor hatte ich die Grenze der neuen Gewalt von außen nach innen überschritten, als ich gefangen worden war. Aber ich konnte sie nicht mehr von innen nach außen überschreiten, indem ich freigelassen wurde. Denn sie war gewachsen und umfaßte die Erde, heimlich, halb öffentlich oder unverschämt. Ein Leben war zu kurz, um sie wieder zu erreichen. Der Versuch meiner Zeit war beendet.

In dieser Stunde Schweigens schon zeichnete sich Europa ab; ein Vorfeld aus verwüsteten Ländern, bewohnt von sich zerfleischenden Stämmen, über allem Wissenschaftler, die kühl Gefühlsmischungen zusammenstellten, berechnet und ausgewogen.

Meine Gefährten warteten. Sie kannten die Anklage, die gegen sie gerichtet war: die Gesamtschuld. Eine Belastung, der sie nicht entrinnen konnten. Denn die Verbrechen, deren man sie schuldig hielt, waren nach demselben Grundsatz der Gesamtverantwortung begangen worden. Die Mörder hatten die Klage eingeleitet.

Meine Freunde waren niedergeschlagen. Ich schämte mich heimlich. Ich konnte mich bald aus dem Staube machen, in ein Siegerland zurückkehren. Sie mußten bleiben. Betreten sah ich sie heimlich von der Seite an und erkannte, daß sie mir doch etwas voraus hatten, sie wußten nicht. Ich spürte in ihnen dieses sichere Gefühl für den Wert und die Bedeutung einer Stunde, das aus den Erfahrungen aller Zeiten entstanden scheint; es ist, als trügen wir in uns die Erinnerung an alle Geschichte.

Sie schienen zu wittern, daß der Sturm nicht zu Ende war. Es war noch zu früh, um zur Arbeit zu gehen, jeder auf sein Feld, rings um die Gemeinde. Noch war es leichter, der Angst nachzugeben. Sie sahen nach Westen und Osten, nach Norden und Süden. Sie warteten auf einen Erlöser.

Nachwort

GEHEIMNIS UND GEWALT zählt stofflich wie stilistisch zu den beeindruckendsten und bedeutendsten Büchern der Nachkriegsjahre; eines der wenigen, das die Mechanismen des nationalsozialistischen Alltags in so scharfe und eindringliche Bilder faßt, daß sie einer klassifizierenden Rezeption im Wege standen, und einer der unversöhnlichsten und widerspenstigsten Berichte, der aller Funktionalisierung widerstand. In einer an der Lutherbibel geschulten Sprache wird die Geschichte eines Lebens erzählt, das die Jahre vom Ersten bis zum Ende des Zweiten Weltkriegs umfaßt: Hungerjahre und Vagabundenleben, Erziehungsheim und Gefängnis, Arbeiterbewegung und Widerstand, Exil und Arbeitslager.
Das Buch wird hier zum achten Mal in achtunddreißig Jahren aufgelegt, zum ersten Mal seit 1951 wieder in seinem vollständigen Umfang. Erste Notizen zum Buch entstanden bereits in der Kriegsgefangenschaft; in Paris schrieb Glaser von 1945 bis 1948 an seinem Hauptwerk. Nachdem er 1948 das Manuskript Walter Dirks, dem Mitherausgeber der »Frankfurter Hefte«, anvertraut hatte, schien die Chance für eine deutsche Publikation günstig. Doch alle Verlage, die der vom Manuskript beeindruckte Dirks einschaltete, winkten damals ab (Büchergilde Gutenberg, Desch, Drexel), auch der eigene Verlag der »Frankfurter Hefte«. Rowohlt stellte dem Autor zwar einen Vertrag in Aussicht, doch die Verlagslektoren C. W. Ceram (Kurt W. Marek) und Ernst von Salomon erteilten dem aus Paris angereisten Glaser eine Absage. So erschien GEHEIMNIS UND GEWALT im Frühjahr 1951 zuerst in einer französischen Übersetzung (in Maurice Nadeaus Reihe »Le chemin de la vie«), und erst nach euphorischen Stimmen der französischen Literaturkritik folgte eine deutsche und eine holländische Ausgabe.

Während in Holland fünfzigtausend Exemplare verkauft wurden, waren es in Deutschland nur wenige Hundert. Die zweibändige Edition des Schweizer Vineta-Verlages vom November 1951, »von Druckfehlern verhagelt« (Glaser), war teuer, zudem ging der Verlag bald darauf in Konkurs. Die zweite deutsche Ausgabe erschien 1953 bei Scherz & Goverts, 1955 folgte eine Lizenzausgabe der Büchergilde Gutenberg. 1956 erschienen Teile des Buches, die zuvor in der Zeitschrift »Der Monat« veröffentlicht worden waren, als Ullstein-Taschenbuch (ohne daß die Kürzung gekennzeichnet war). 1969 erschien eine ebenfalls gekürzte Ausgabe im Claassen-Verlag in der von Peter Härtling initiierten Reihe der »Vergessenen Bücher«, und 1983 eine Rowohlt-Taschenbuchausgabe, die im wesentlichen der Claassen-Edition entsprach. GEHEIMNIS UND GEWALT hat inzwischen eine heimliche Berühmtheit erlangt; der Titel ist zum Begriff geworden. Diesen Ruf verdanken Buch und Autor nicht den Herausgebern von Literaturlexika oder der Universitätsgermanistik, die bislang Glasers Werk nicht zur Kenntnis genommen hat, sondern einigen Randgängern der Literatur wie Erich Kuby, Walter Dirks, Peter Härtling, Uwe Schweikert oder Harun Farocki.

Georg Glaser, am 30. Mai 1910 im rheinhessischen Guntersblum geboren als Sohn eines zum Postbeamten aufgestiegenen Schusters, aufgewachsen im benachbarten Dolgesheim und in Worms, geriet als jugendlicher Vagabund und Rebell in verschiedene Erziehungsanstalten und schloß sich anarchistischen wie kommunistischen Jugendverbänden an. 1929 kam er wegen Landfriedensbruch ins Gefängnis. Als Arbeiter verdiente er sich seinen Lebensunterhalt in verschiedenen Industriezweigen im Rhein-Main- und Ruhrgebiet. Ende der zwanziger Jahre organisierte er sich in der KPD; er begann Erzählungen, Skizzen und Reportagen zu schreiben, unter anderem für die »Frankfurter Zeitung« und die »Linkskurve«. 1932 veröffentlichte er im kommunistischen Agis-

Verlag sein erstes Buch, die Erzählung SCHLUCKEBIER, floh vor der Gestapo nach Paris, nahm teil am Saarkampf und ging nach einem Gefängnisaufenthalt erneut nach Frankreich. In Paris traf er auch auf Arthur Koestler, der sich in seiner Autobiographie (»Die Geheimschrift«) an die Hilfsbereitschaft Glasers erinnert, »der ebenso auf den Hund gekommen war wie ich. Georg war ein sehr begabter und liebenswerter Junge von echter blaublütiger proletarischer Abstammung; nicht ein bürgerlicher Bohémien, sondern ein wirklicher Landstreicher, mit der Gabe, sich unter den unwahrscheinlichsten Umständen über Wasser zu halten. Er wohnte in einem Zelt, das er sich von irgendeiner Wohltätigkeitsorganisation hatte geben lassen und das in einer verwilderten Ecke des Parks stand; die paar Franken, die er brauchte, verdiente er sich mit Gelegenheitsarbeiten für die Siedler. Als er von meiner Not hörte, überredete er Paul, mich auf dem Heuboden eines der Sommerhäuser schlafen zu lassen«. (Soweit ich sehe, handelt es sich hier um die einzige Erwähnung Glasers in dem Konvolut der Exil-Autobiographien und Erinnerungen.) Nach einem Zwischenaufenthalt in Toulouse arbeitete er in der Normandie bei der Französischen Staatsbahn. Er wurde 1939, inzwischen französischer Staatsbürger, zum 129. Infanterieregiment nach Le Havre eingezogen und geriet in der Normandie in Kriegsgefangenschaft. 1943 floh er aus dem Kriegsgefangenenlager von Görlitz und wurde in der Nähe von Straßburg wieder festgenommen. In den letzten eineinhalb Kriegsjahren war er in verschiedenen Straflagern interniert. 1945 kehrte er nach Paris zurück, arbeitete am Fließband der Renault-Werke und engagierte sich in der deutsch-französischen Arbeiterbegegnung. 1949 machte er sich mit der Gründung einer Werkstatt im Pariser Saint-Germain-des-Prés selbständig und zog 1968 um in den Stadtteil Marais, wo er noch heute, unterstützt von seiner Frau Anne, als »Dinandier« (Kupfer- und Silberschmied) arbeitet. Im selben Jahr erschien seine Erzählung DIE GESCHICHTE DES WEH, 1985 eine Sammlung seiner früheren Arbeiten (Aus der Chronik der Rosengasse) und der literarische Bericht seines Lebens in Frankreich nach 1945: Jenseits der Grenzen.

Geheimnis und Gewalt sei keine Autobiographie, betont Georg Glaser; doch seine Bücher sind dichterische Lebensberichte, denen die eigene Biographie zugrundeliegt. 1948 schreibt der Handwerker Glaser über Geheimnis und Gewalt an Walter Dirks: »Mein Buch ist keine Autobiographie und keine Polemik, sondern ein Kunstwerk, eine Schöpfung nach den Maßen der Schönheit. Es hat also noch einen anderen Wert – hoffe ich – als den seiner Wirkung im Wortstreit.« Als Sammlung von biographischen Mitteilungen kann Geheimnis und Gewalt nicht verstanden werden; das würde zu Mißverständnissen wie jenem führen, das bislang durch Nachworte und Rezensionen geistert: daß nicht nur Glasers Protagonist Valentin Haueisen, sondern auch der Autor selbst bei der Untergrundarbeit im nationalsozialistischen Deutschland auf der Flucht einen Verfolger erschossen habe. Die geometrischen Figuren seines Buches machen deutlich, daß es Glaser nicht um biographische Treue geht. Haueisen zieht Kreise um seine »Vorstadt« – eine Kompilation verschiedener Städte, in denen Glaser gelebt und gearbeitet hat, unter anderem Frankfurt (Höchst) und Worms –, als Jugendlicher kehrt er von seinen Ausbrüchen dorthin zurück, als Kriegsgefangener muß er in einem Lager nahe der »Vorstadt« arbeiten, und als Flüchtender bringt ihn der Zug erneut dorthin zurück. Bereits in seiner Erzählung Schluckebier hatte Glaser seinen autobiographischen Helden am Ende durch Polizeikugeln sterben lassen und damit ein schwerlich übersehbares Zeichen gesetzt, daß sein Protagonist ein eigenes Schicksal trägt. Glaser im Gespräch: »Es geht nicht um Fieberkurven, Lebensdaten, die ich aufzeichne, ich habe in Schluckebier und in Geheimnis und Gewalt nicht die Geschichte eines Trampeltiers geschrieben, sondern die der Graugans Martina. Man kann Autobiographie dazu sagen, muß aber bedeuten, was es ist: der sich selbst Beobachtende, aus dem einzigen Grund, weil es der Menschenleib, die Menschengestalt ist, weil man das an sich selbst am besten beobachten kann. Also mit Abstand zu sich selbst, unter Einbeziehung typischer Schicksale. Das ist doch das Wesentliche.«

So lassen sich auch die Namen der Handelnden in Geheimnis und Gewalt nicht einfach entschlüsseln. Oft handelt es sich um synthetische Figuren, die aus verschiedenen Vorbildern zusammengesetzt sind. Der »Parteidichter« Hans trägt Züge von Johannes R. Becher, der Glaser literarisch gefördert und ihn einige Zeit als Leibwächter bei sich einquartiert hat; hinter dem »Parteidichter« Kirsch verbirgt sich Egon Erwin Kisch, der Glasers Erzählung »Die Nummer Eins der Rotfabrik« in Paris kritisierte; andererseits ist die Figur der Schriftstellerin Käthe kein Porträt von Anna Seghers, (die ihn in ihrer Erzählung vom »Räuber Woynok« porträtieren wollte); in Käthe sind Züge von Anna Seghers, Hermynia zur Mühlen, Trude Richter und anderen literarischen Geburtshelferinnen verschmolzen.

Geheimnis und Gewalt heißt ein Kapitel im ersten Teil des Buches (dessen geplanter Titel »In der Erwartung« war); »Geheimnis« und »Gewalt« sind die begrifflichen Pole, die in verschiedenen Konfigurationen das Buch bestimmen.

»Geheimnis« kann heißen: erlösendes Wort; Verdichtung; literarische Wahrheit; das Mißtrauen gegen Sprachformeln; Farben ohne Namen und Begriffe; Zauberworte; Geduld; das Schweigen Van der Lubbes; die Ungeheuer, die nur Haueisen wahrnehmen kann; Geheimnis des Lebens; Geheimnis der Stadt; Geheimnis der Frau; zuletzt: die Mutter. Ihren Namen, Katharina, hat Glaser mit Geheimnis und Gewalt zu dem des Autors gemacht. Das »K« in seinem Namen sei das Grabkreuz seiner Mutter, sagt Glaser im Gespräch.

»Gewalt« kann heißen: die Knüppel der »Grünen«; der

Terror der Erziehungsanstalten und der Gefängnisse; das System des »Gewaltschleichers«; genagelte Stiefel; Funktionstüchtigkeit und Monopolanspruch der »Partei«; die Befehle der fernen Parteizentrale; »Gewalt, geadelt durch die Lehre«; Verführung durch Sprache; Bevormundung; Menschenhaß; Lüge; mit Gewalt das Geheimnis der Frau erzwingen wollen; zuletzt: der Vater. Sein Name bleibt ungenannt.

Glaser unterstreicht die Verwandtschaft zwischen seinem Protagonisten und dem Brandstifter des Reichstags, Van der Lubbe, über den er in den fünfziger Jahren ein Drama schrieb: »Die Passion des Menschen«. Glaser war damals schon überzeugt, daß Van der Lubbe Einzeltäter war und nicht Agent von Kommunisten oder Nationalsozialisten. Im Vorwort zu seinem Drama heißt es: »Hier ist ein Mensch, der aus einem flammenden Glauben an den Messias unserer Zeit, das welterlösende Proletariat, eine Tat allein erdacht und allein ausgeführt hatte. Schon in der Nacht des Brandes, kaum verhaftet, mußte er, der die Sache nicht verlassen hatte, erkennen, daß die Sache ihn verlassen hatte. Und das eigentliche Drama begann erst dann:

Zu einer Zeit, in der jeder vor das Dilemma – dieser geistigen Form des Zwangs – gestellt war, zwischen zwei Lagern zu wählen (wer nicht für, ist gegen uns), wurde es bald das einzige Bestreben beider Lager, zu beweisen, daß Van der Lubbe nicht allein gewesen sein konnte. [. . .] Der Gegenprozeß von London war, kann man wohl sagen, der erste ›Moskauer Prozeß‹.«

Auch die Geschichte Haueisens trägt Züge der Passionsgeschichte – die eines Rebellen, der zwischen die Lager totalitärer Parteien gerät. Seine Zeit ersetzt den Rebellen durch den Archetypus des Befehlsempfängers, des Parteisoldaten. (Glasers Freund Jockel wird später Oberst der Nationalen Volksarmee.) Der Autor läßt seinen Haueisen auf die Suche nach den Spuren von Menschlichkeit gehen – ecce home. Leitmotivisch kehrt das Bekenntnis wieder, daß »der Mensch gut ist«. Auf

der Flucht nach Frankreich läßt sein Autor ihn im Stall übernachten, »auf einer Lage Stroh, so wie neunzehnhundertdreiunddreißig Jahre zuvor die kleine Familie, die der Pfarrer heute als Heilige verehrte«, auf seinem Passionsweg wird er von Mitleidigen getröstet.
Und offensichtlich sind in GEHEIMNIS UND GEWALT auch die Spuren einer Odyssee. Unter falschem Namen geht Haueisen in »die Höhle des Löwen«, »Keinerweißwoher« nennen ihn seine französischen Kameraden, ihm ist »zumute wie einem Menschen, den eine namenlose Gewalt beharrlich und unwiderstehlich in einen gespenstischen See drängt«. Als er nach seinen Irrfahrten nach Paris zurückkehrt (in JENSEITS DER GRENZEN), tritt er als Bettler auf und muß die Freier der Partei aus der Wohnung seiner Frau verjagen.

Zwanzig Jahre vor Franz Jungs Gleichnis vom Torpedokäfer hat Georg Katharina Glaser ein Bild gefunden, das dem vom Torpedokäfer verwandt ist:
»Als Kind hatte ich oft mit Käfern gespielt, die ich an Halmen hatte emporklettern lassen, welche ich umgedreht, genau in dem Augenblick, in dem die also Genarrten an der höchsten Spitze angekommen waren. Mir war zumute wie jenen kleinen Lebewesen, die ihren Aufstieg von neuem hatten beginnen müssen.«
Und wie in Jungs Buch »Der Torpedokäfer« klingt auch bei Glaser der Schrei auf: »Keiner antwortet.« Ist es für eine Antwort zu spät?

Michael Rohrwasser

Zur Edition

Bei der zweiten deutschen Ausgabe von »Geheimnis und Gewalt« (Scherz & Goverts 1953) sind unzählige Setzfehler der ersten getilgt – die Drucker des Lausanner Vineta-Verlages waren aus der französischen Schweiz. Trotz ihrer Mängel hatte die Vineta-Ausgabe jedoch den Vorzug, die von Glaser verwendete Technik der Satzbrüche sichtbarer zu machen. So heißt es beispielsweise im ersten Kapitel des 3. Teils von »Geheimnis und Gewalt«:

»[...] überdacht von Fesselballonen.

Ein Schuß knallte –

Er hieb mir mitten in das kühle Gleiten der Gedanken [...]«

(Bd. II, S. 112)

In der Ausgabe von Scherz & Goverts dagegen:

»[...] überdacht von Fesselballonen.
Ein Schuß knallte. Er hieb mir mitten in das kühle Gleiten der Gedanken [...]«

(S. 357)

Neu hinzugekommen sind 1953 die Kapitelüberschriften, die in der Vineta-Ausgabe noch völlig fehlen. Abgesehen von diesen Überschriften wurden die Korrekturen in der Ausabe von Scherz & Goverts vom Lektorat und, soweit sich Glaser erinnert, ohne Absprache mit dem Autor vorgenommen. Sie betreffen zahlreiche Wörter und Sätze; Absätze wurden ineinandergefügt und umgestellt. Dies im einzelnen zu dokumentieren, erschien hier wenig sinnvoll. Stattdessen sind im folgenden die Passagen aufgeführt, die (auch) im vorliegenden Text

fehlen. Um ihren Platz hier aufzufinden, ist der vorangehende Satz angerissen.
Im folgenden bezieht sich die erste Seitenangabe auf die zweibändige Vineta-Ausgabe, die zweite Angabe (in Klammern) auf die vorliegende.

Band I

21 (19) Er näherte sich mir in einer Mischung von Angst, Fürsorge und versteckter Wut, behutsam wie ein Mann sich hinter ein ausgebrochenes Tierlein schleicht, das er um Himmelswillen wieder einfangen muß, da es einen kostbaren Ring verschluckt hat, bevor es ausgeflogen ist, einen Ring, von dem des Mannes Leben abhängt. Aber ich spürte die Eigensucht unter seinen freundschaftlichen Berührungen – ich wußte, daß es ihm nur um den Ring zu tun war.

51 (43) Ohne Einleitung, wahrscheinlich, weil er wußte, daß ich [...] mir darüber Gedanken machte (eine Frau war eilends dem Zug entstiegen, hatte kaum Zeit gefunden, ein Mutterheim aufzusuchen, und einen Sohn geboren. Sie war aus einem fremden Lande zugereist, hatte nach Hamburg weiterfahren wollen, um dort den Vater des Kindes zu treffen und mit ihm nach der Neuen Welt auszuwandern. Aber sie hatte ihn für immer verfehlt und war geblieben, hier so gut wie anderswo) sagte er: [...]

53 (44) [...] Tisch ein. – Der arme Alte hätte zu jener Zeit schon mit Freuden einen Buddha gekauft, so groß und dick wie er selbst, wenn es uns eingefallen wäre, ein solches Bild verehren zu wollen, nur um uns von den politischen Auseinandersetzungen abzulenken. Er fragte sich sicherlich schon manchmal [...]

92 (75) [...] Furcht und Schrecken zu erregen – der

alten Welt war jedes Mittel wohlbekannt und recht –, ihre Vorrechte zu behaupten.

95/96 (78) Ich erinnere mich der alten »Blasebalg« und der steckenmageren »Schee eng«, die mir Kosenamen zuriefen [...]

99 (80) Das Tier, das begonnen hatte zu streunen, war wieder gefangen; eine Erinnerung an einen Alpdruck.

165 (133) [...] Zuhörerbänke des Schwurgerichts. Es war noch ungewohnt, daß keiner mehr eine Nadel am Rockaufschlag trug.

176 (142) Die Neue Zeit kam schweigend und unsichtbar. Wahrzunehmen war nur die Leere, die jeder ihrer Schritte hinter sich ließ, wie die Leere eines Bücherbrettes, auf dem plötzlich alle Bände fehlen, oder wie die dunklen Vierecke, die abgehängte Bilder auf verblaßten Wänden lassen.

177 (142) Ich war betreten und hilflos. Sie nötigte mich in eine Lage, der ich nicht gewachsen war, sie verlangte etwas, das ich nicht geben konnte. Sie mißverstand [...]

183 (147) Ich war guten Willens. Ich hätte Worte finden wollen. Aber ich konnte über den Mann nicht hinweg.

186/87 (150) Vielleicht waren die Greuel im Gewissen der Menschen nur wie das Gerücht von einer Bude, die voller Darstellungen der »größten Mörder der Geschichte« und der »schrecklichsten Blutbäder seit den Christenverfolgungen« sein sollte, aber eine grausenerregende Schaubude gehörte zum Fest.

188 (151) Und ganz plötzlich flackerte ein letztes Mal das Feuer wild auf, ein Vorgang, den ich so oft beobachtet habe, ehe es endgültig in die Asche zurücksank: [...]

193 (154) Es wurde uns befohlen, von denselben Arbeitern, die seit vielen Jahren endlich wieder ein Werkzeug zur Hand nehmen durften, – ganz abgesehen davon, daß tausende von Arbeitslosen der braunen Sturmabteilungen die Plätze der linken Arbeiter eingenommen hatten, – den »Streik gegen die Handlanger der Ausbeuter« zu fordern.

195 (156) Zögernd setzten wir einen Fuß vor den anderen und gingen, die ersten hundert Schritte auf dem Damm, wie gegen einen Hund, der angreifen will.
Wir gingen die Nidda aufwärts. Zwischen dem Damm und dem Bett zog sich ein breites Band Flachland hin, das dem Hochwasser ausgesetzt war; es hatte breite Wirbellöcher darin gelassen. Das Gehölz reichte hundert Schritte lang bis an den Damm, Schwarzdorn wuchs darüber hinaus, darnach zog sich der Wald zurück. Der Damm wurde zu einer sich in riesigen Schleifen windenden Schlange auf der weiten Ebene. Keiner sprach ein Wort.

201 (160) [. . .] als ich in Stunden hätte sagen können; seitdem die Klarheit uns verlassen, hatte ich den Feind, die alte Bedrängnis wieder auf mich zu kriechen sehen, so großgeworden und so allgegenwärtig, so elend, daß ich keinen Begriff, keine Bezeichnung und kein Bild dafür hatte finden können.
Er hatte mir die Zuflucht in der Menge genommen, indem er sie auf seine Seite gebracht hatte; so wie ein Jäger eine Höhle langsam ausgräbt, in der sich ein gehetztes Tier verbirgt, ich war ausgemerzt, bloßgestellt und preisgegeben.
Aber endlich sah auch ich ihn wieder in einer Gestalt, in einer verletzbaren, namentlichen, in einer zerstörbaren Gestalt.
Ich wußte [. . .]

209 (166) das eindrucksvollste und unheimlichste Schauspiel, das ich je gesehen, – weiß Gott, daß ich

unzählige nächtliche Gefechte, blutige Schlägereien und tödliche Verfolgungen erlebt habe.

213 (169) Als wir dort an einem Tische saßen – Jockel weigerte sich beharrlich, von Fragen der Bewegung zu sprechen, »es ist uns streng verboten, wir sind Soldaten« – [...]

223 (178) [...] wehmütige Schönheit der Ruinen.
Die Menschen standen zu ihm wie ein Tier vielleicht zu einem Zaune: es war ein sanfter, schmerzloser Zaun, aber doch ein Fremdkörper, der nie das Gesicht eines Vertrages hatte annehmen können.

229 (183) [...] eines großen Unterganges einhielt.
Was aber ermutigte das Getier, sich zu regen und seinerseits den Frieden zu brechen? Sie krochen ihm lüstern aus den Augen und huschten um den schmutzig lächelnden Mund. Lockte sie meine Hilflosigkeit und rochen sie meine Qual wie eine angespülte Leiche?

231 (184) Sie war inzwischen gestorben. Er hatte wahrscheinlich sauber und treu zu ihr gehalten, was sicherlich nicht immer leicht gewesen war.

235 (187) [...] ein wenig verhurt.
Ich fühlte mich zu einem Spuk unter Spukgestalten werden, – seit jenem Abend erkenne ich die Schatten unter der Menge. Sie tragen keine weißen Laken, sondern Altweiberkleider, alltägliche, schweißgelbe Stehkragen, dunkle Anzüge oder zerfranste Golfhosen. Kein Lebender, der nicht schon einmal unter ihnen geweilt hat, erkennt sie. Keiner hört ihr Wimmern.

245 (194) Noch während des ganzen Heimweges wiederholte er das Wort alle hundert Schritte, immer verzweifelter brüllend, um den Preis brüllend, den er für eine furchtbare Tat erhofft hatte.

246/247 (195/196) [...] einem jungen Traum genährt. Die Haut Gottwohls war im Lichte der Lampen gelb wie altes Wachs, und seine Mundwinkel schienen von Fäulnis zerfressen, wenn er lachte. Die Alte roch widerlich nach Fenchel und Gas.

253 (200) [...] und der Wut. Um eine Suppe zu erhalten, hatte ich seit langem nichts mehr daranzugeben gehabt, keinen Pfennig, kein zweites Hemd, keinen Gegenstand mehr, außer einer Erniedrigung.
Ich hatte sie am Ende eines unsäglichen Darbens gegeben, und nun ich sie nicht mehr zurückholen konnte, betrog man mich um den Preis.

254 (201) Ich war davon besessen, daß ich nur durch ihre Türe wieder in die Welt aufgenommen werden konnte, ich wollte meine Erniedrigung zurückgewinnen.

257 (203) [...] nahe an das Geheimnis. Ich schuldete der Welt nichts mehr, die mir nichts mehr schuldete. Ich konnte sie wieder gewinnen.

266 (210) Ich hatte nach Frage und Antwort gelechzt [...], Urteile und Bestätigungen, die den Stempel der Gültigkeit trugen, ersehnt und angestrebt. Sie entzogen sich mir geduldig und hartnäckig in einem langdauernden Versteckspielen.

267 (210) [...] »in der Art einer hölzernen Glocke« nannten.
Das brachte mir ein übles Nachspiel ein. Der Besitzer suchte mich wütend und bereit, mich umzubringen. Er fand mich unversehens in einer stillen Gasse und ließ mich erst wieder frei, als ich ihm meine nunmehrige Adresse angegeben hatte, die ich, da ich obdachlos war, vor Angst schwitzend aus dem Stegreif erfinden mußte und so weit wie möglich vor die Tore der Stadt legte.
Nicht genug damit. Der Mann scheute die Entfernung

nicht und suchte in jenem Vorort nach mir, mit einem Flüchtling seines Hotels als Übersetzer und Beischiff. Der arme Freund mußte während der ganzen Reise so tun als ob, obwohl er wußte, wie vergeblich die Fahrt sein würde.
Aber an der Türe des angegebenen Hauses, das ich nie gesehen, öffnete ihnen eine Frau, die bei ihrem Anblick heftig erschrak und nur stotternd und errötend verneinen konnte, mich zu kennen. Welches Geheimnis, welches Stelldichein mochten sie unterbrochen haben? Die Überzeugung des Hotelbesitzers jedoch stand nunmehr fest: »Hier muß er wohnen. Die Frau lügt zu schlecht, nun, – eines wenigstens bleibt: er hat nicht gelogen, als er mir die Adresse angegeben hat.«

283 (222) [...] und nie erreichend! Nie zuvor hatte ich bitterer meine Armut gespürt.

285/286 (224) Es war nicht einmal mehr glaubhaft, daß wissenschaftliche Erkenntnisse den Intellektuellen zur Partei geraten hatten, sie spielten sich zu besessen auf, ich sah sie plötzlich getrieben und geschüttelt von Kräften, die ein Zwang widerlich mißbildet hatte.

302 (236) Mit Bestechung durch vieles Geld und Schleichhändel übelster Sorte hatte Berlin ihre Zeitung zu zerstören versucht, eine Mühe, die es für keine andere Schrift aufgewandt hatte.

305/306 (239) [...] ohne sich schämen zu müssen.
Ich erinnerte mich der Geschichte, die über ihn umlief: er liebte kurz und barsch. Er stieg zu einer Fünffrankenhure, die über seiner Stube wohnte, kam herunter und sagte zufrieden mit sich selbst und männlich: »Die war zufrieden mit mir, die hab ich versorgt.«
Worauf er drei Tage später zu einem Arzt hatte gehen müssen!

307 (249) [. . .] so unzählig, daß wir mit jedem Hieb einen trafen, daß wahrscheinlich unter den Verfolgern des entdeckten Schelms der eine oder andere zur Gegnerseite gehörte [. . .].

309 (242) Und doch haben sich neunundneunzig von hundert abführen lassen; von einer Hoffnung, einer Chance von eins zu hunderttausend, wie Hämmel am Gängelband abführen lassen. Er versuchte zu glauben, vielleicht auch uns zu überlisten [. . .].

311 (243) Die Schande brauste in meinen Ohren. Ich hatte es gefürchtet und mich versteckt vor ihm, und trotzdem war ich unvorbereitet. Ich konnte nicht antworten. Und ich hatte Angst, so wie meine Genossen, daß die Straße um uns erwachte und die Augen auf uns richtete, daß ihr bewußt würde, ihr, den Frauen, den Kindern, den Bäumen, der Sonne, daß jemand sterben sollte.

314 (245) [. . .] des alten Redners zu erledigen.
Wander verurteilte uns alle, Gefangene wie Wächter. Wir alle bargen Mörder in unseren Reihen, halfen uns fast gegenseitig, um das Eingreifen der Obrigkeit als dritter Macht zu verhindern, benutzten die toten Schächte als Verstecke für hindernde Leichen; wir hatten das Spiel zerstört, seit unserer Ankunft konnten die Veröffentlichungen einer fernen Regierung die Entscheidung an der Saar beeinflussen.
Wir hatten keinen Glauben mehr, wir kämpften nicht mehr gegen Ausbeuter, wir waren nicht einmal für unsere Arbeit bezahlt, wir hatten nicht am eigenen Leibe den Schaden erlitten, den der Gefangene angerichtet.

315 (245) [. . .] gezwungen hatte, abzudanken. Was aber hatte ihn veranlaßt, sich so unerhört zu benehmen, wollte er seine Bühne zu seinem Spiele, selbst um zu sterben?

323 (251) Aber die Wände blieben die Wände.
– mich umstellen. Ich hatte keine Partei und keine Fahne mehr zu verlassen! Warum also nicht? Ich hatte Angst, tierische Angst. Aber es ging nicht.

Band II

19 (292) [. . .] einer helfenden Hand – und doch das allererste Gold am Boden des Kessels.

26 (298) [. . .] die Sachen gekauft hatten. Aber keiner versuchte, sich durch Gönnerhaftigkeit bezahlt zu machen.

34 (304) [. . .] wie durch einen Zauberspiegel verschönert hatten. Der Tisch war ein vorläufiger Gelegenheitstisch gewesen, der hatte dienen sollen, genau wie die übrigen armseligen Stücke, bis zum Erwerb der eigentlichen schönen Wohnungseinrichtung. Aber es sah aus, als seien sie die endgültigen, letzten Besitztümer, zwischen denen zu leben er von nun an verdammt war.

34/35 (304) Ohne Übergang – noch Stunden zuvor, war er leuchtenden Auges seiner Familie näher und näher geeilt – jagten ihn verfolgende, hungrige Kinderaugen [. . .]

35 (304) [. . .] in die Gegenwart.
Beherrscht von einem aus Ekel genährten Haß, ließ er die fleischige Unterlippe hängen. Seine gesunden, starken Zähne bleckten gefährlich unter dem Schnurrbart, dessen Enden aufwärts gedreht waren. Sein Nacken, flach und kantig wie eine Diele, spannte sich unter dem Druck des Blutes. Seine Stirne lief rot an. Wir Kinder rückten näher an die Mutter, wie eine Herde, die den Feind wittert.

35 (304) [. . .] war, zu der wir der Köder waren.
Wir warteten mit der Gewißheit der Unentrinnbarkeit.

36 (305) [. . .] was er uns bereitete.
Als er endlich den Mund auftat, um zur Mutter zu reden, hielten wir den Atem an. Er richtete die Gesetze seiner Ordnung auf wie Gitter, und jeder Stab vermehrte das Dunkel und machte es ewiger und alleiniger.

37 (306) [. . .] aus der er während seiner Freizeit Geld schlug; aus jeder Minute eines jeden machte er einen Pfennig, um zu dem eigenen Hause zu kommen.
Alles wurde betrieben vom ersten Tage an, während Maja sich sterben legte. Sie wußte, daß der Mann nicht mehr gehen würde und weigerte sich zu leben.

39 (307) [. . .] aber nicht Herr seines Lebens. Er schlug aus wie ein Stier im Güterwagen; er sah nichts außer den vier Wänden, dem Stroh unter den Füßen und dem Dache, die wie stillstehend in immer gleichen Abstande von ihm blieben, und er hatte die Füße fest gegen den Boden gestemmt, und er glitt nicht aus, aber er änderte trotzdem den Standort. Und erst damit wurde er zu dem todbringenden tollwütigen Raubtiere, als den wir ihn in der Erinnerung behalten haben.

39/40 (307) [. . .] Besitztümern geworden. Er ließ sich in kluge Berechnungen ein; er wollte den Wert des Hauses heben, indem er es erneuerte. Aber er glaubte, daß, wenn er tausend Mark in Farben anlegte, an ein Haus, das ihn fünftausend gekostet, er dann nicht einen* Besitz von sechs-, sondern von zehntausend hatte.

40 (308) [. . .] als ein Kichern gehört. Er haßte den Gott, an den er glaubte, um dessen Schöpfung willen, in der einer in den Augen von seinesgleichen zum Narren wer-

* Im Original: ein

den konnte, nur weil er sein unumstößliches Recht verlangte.

41 (308) Er fühlte sich von heimtückischen Gewalten geneckt und bestohlen. Er erhielt Fußtritte und Schläge, und wenn er in die Richtung schaute, aus der sie gekommen waren, so sah er nur die Menge, die schadenfroh zu lächeln schien. Unter ihr suchte er die Feinde, und sein angeborener Haß, der ihm gerecht war, nur weil er ihn empfand, leitete seinen Argwohn; er verdächtigte alle, die schon von den Schulknaben verfolgt werden, die seiner Meinung nach die Male der Minderwertigkeit und Tücke schon auf sich trugen: Linkshänder, Schielende, Rothaarige, Verwachsene, Juden und Träumer.
Mit der Zeit war ein Urbild des Bösen in seiner Vorstellung gewuchert wie ein Krebs, das alle jene Makel auf sich vereinigte und mit übelriechenden Plattfüßen, feuchten Händen und ekelhaft sinnlichen Begierden behaftet war, und so stark war es, daß ihm umgekehrt alle Leute, deren Gegner er war, schlecht zu riechen schienen.

44 (310) [...] erkundigten sich nach Herkunft und Stand. Als ich, in die Enge getrieben, die erste Antwort gab, sahen mich die Leute natürlich betroffen an. Ich, mit einer Hast, die vergeblich das peinliche Schweigen zu durchbrechen versuchte, gab nun Auskunft, ohne weitere Fragen abzuwarten. »Ich bin verheiratet, in Paris, meine Schwiegereltern –« und ich sah, wie weh ihnen meine Aussprache in den Ohren tat.
Die Leute nickten tröstend. Sie verstanden sofort, daß ich ihnen meine Zugehörigkeit zu ihnen beweisen wollte, aber so gerne sie es wollten, die Verantwortung für die Aufnahme in ihren Reihen schien ihre Befugnisse zu überschreiten.

49 (313) Was blieb denn von allen Wahrheiten noch übrig? Wurde nicht das vom natürlichen Anstand gebo-

tene Unternehmen, Menschen vor ungerechtem Urteil zu bewahren, noch zu einer Hilfe für die Gewaltschleicher?

57–59 (319) [. . .] etwas zu heilen.
Als er sechzehn Jahre alt war – »ich erzähle dir das nur, damit du siehst, was für ein selten feiner Mensch mein Vater war«, versicherte er mir – nahm ihn sein Vater einmal nach Berlin mit, in einen großen Tanzsaal, bestellte Schaumwein und flüsterte dem Ober ins Ohr, worauf eine bildhübsche, teuergekleidete Dame an ihren Tisch kam. Der Vater forderte seinen Sohn auf, mit ihr zu tanzen, und als sie an ihren Platz zurückkamen, war er verschwunden. »Ja, aber wo ist denn dein Bruder«, hat sie gefragt, »das war nicht mein Bruder, sondern mein Vater«. »Ah, aber eins will ich dir sagen: er hat mir besser gefallen als du.« Auf dem Tisch lag ein Briefumschlag, darin ein goldenes Zwanzigmarkstück – »das war viel zu der Zeit, genug für vier, fünf, sechs Flaschen«, – und einige Zeilen: »Viel Vergnügen, Dein Vater.«
Mit einem tollen Aufwand, in teuren Wagen, auf Skiern, im Weine, zwischen Städten, hatte er eine ruhelose, zwanzigjährige Fahrt unternommen, kaum unterbrochen durch den Ersten Weltkrieg, gleichzeitig jagend und fliehend, immer erbärmlichere Niederlagen erleidend, weil, was er suchte, genau das war, was er floh, in eine elende Einsamkeit gedrängt, verdammt, nie zu besitzen, was sein Vater ihm mit Gold zu kaufen versucht hatte.
Er war reich, jung und schön gewesen, die Frauen hatten ihm nie gefehlt, – in der höheren Mundart, die leutselige Prinzen und Skilehrer zur vornehmsten Ausdrucksweise erhoben haben, erzählte er: »Um überhaupt mit einer Frau auskommen zu können, braucht I eine Frau, die mir imponiert, die mir bezahlt, ein bisserl verhurt, wie die Marlene, aber eine gebildete Frau –
Die einzige Frau, wo I geliebt hab, das ist scho Jahre her, – der hab I nie sagen können, warum. Sie hat es oft wissen wolln, aber I hätt ihr Gesicht sehn wolln, wenn I

ihr gestanden hätt, daß es das Pelzerrl war, was sie gehabt hat, wie Astrachan, sag I dir –«
Nie konnte er mehrere Tage hintereinander mit einer Frau leben; er fuhr dann plötzlich mit ihr ab, von München nach Rothenburg, von Rothenburg an den Rhein, und wenn sie noch nicht verstanden hatte, daß er sie floh, dann ließ er sie sitzen und fuhr nach Garmisch zum Skifahren. Während er dort war, schrieb ihm eine der also Verlassenen jeden Tag einen Brief, »aber was sie während der Zeit gemacht hat, das hat sie nicht geschrieben, das haben mir meine Freunde erzählt – besoffen hat sie sich jeden Tag. Und in der ersten Minute, als ich sie* wieder gesehen hab, da hab ich gar nicht anders können – weil mich ihre Anhänglichkeit also doch ein bisserl zu sehr beunruhigt hat –, als sie ins Gesicht hinein zu fragen: ›Na, und mit* wem hast denn herumgehurt, die ganzen Tage?‹ Da war sie aber empört.«
Die Angst zwang ihm Vorstellungen auf, die immer wiederkehrten: »Du machst dich schmutzig, waschen kannst dich net recht, brausen kannst auch net jeden Tag. Die Wäsche muß sie im selben Zimmer waschen und trocknen, in dem ihr eßt und schlaft. Und es gibt Zeiten, wo es besser wäre, ihr schliefet allein – und manchmal hast nötig, allein zu sein –, da werdet ihr euch nit mehr ausstehen können, und ihr werdet euch auch net trennen können und her- und hinzerren –«

»Fahr auf zu Gottes Thron,
fahr in die Hölle ein,
ein guter Rat, mein Sohn,
am besten fährst allein«

sagte er spöttisch auf, was er aus einem alten Film behalten hatte, und schloß: »Die beste Wohnung ist ein Hotelzimmer; das ist vielleicht das einzige, was mir am Sozialismus gefällt, daß dann alles im Hotel wohnen wird.« Mein Erstaunen wollte sich zur Entrüstung steigern, aber wurde zu Unbehagen.

 * Im Original fehlen die mit * gekennzeichneten Wörter.

70 (328) [. . .] er war den Wagen der geheimen Polizeien verwandt, die leise und lauernd durch die Straßen rollten, wie Würgeengel, er war gleichzeitig ein Nachkomme des Esels, der den Herrn getragen.

73 (330) Nur einzelne Sätze erreichten mich: »Sozialismus - durch verschiedene Bewegungen in Bewußtsein und Glauben Gestalt an, unter verschiedene Losungen - Menschen mit, die bewußt, dunkel bewußt, gar nicht im Bilde sind - verlangt man von uns, ich weiß nicht, welche Reinheit - wir suchen nicht winselnd und stöhnend -«

86 (340) [. . .] am ganzen Leibe zitterte. Alle sahen ihn besorgt fragend an.

87 (341) »[. . .] - tausend Tage lang.«
Sie waren bedrängt, wie von einem Flehenden, den sie nicht anschauen konnten, weil sein Elend sie anekelte. Er wollte etwas von ihnen, das sie nicht geben konnten, und sie schämten sich ihrer Armut. Richer fragte: »Warum [. . .] Wohlfahrt?«
Die Zeitung verbürgte, daß sich die Gefahr weit vom Leibe der Leser hielt, und sie beglaubigte, erlaubte und forderte und weihte, was sie schrieb. Jeder Leser konnte sich getrost empören; er empörte sich bestimmt nicht allein. Von Angesicht zu Angesicht jedoch verlangte der Fremde, sie wußten nicht was; eine Entscheidung und Verantwortung, eine Einmischung in einen Streit, von dem sie weder die Ursachen, noch die angewandten Waffen, noch den Gegner kannten.

90 (343) [. . .] wie ein Feld besuchten. Die Reichtümer vor unseren Augen waren noch nahe dem Klirren eines Schabeisens auf einem Pfluge, dem Duft der hochschwangeren Bäume und des Heues, Duft, der sanft an uns vorüberglitt, wie ein Ufer vor einem Kahne.

94 (346) [. . .] ergreifend und geheimnisvoll, Furcht aber

nie Schrecken erregend, weil sie nie menschliche Maßstäbe überschreitet.

99 (350) »Es bleibt mir nur eins –«
Kein Mensch hat schlafen können. Wir haben alle jeden Schritt und jedes Ächzen gehört und jedes tastende Schürfen im Dunkel –«

112 (361) [...] aufgescheuchte Tauben. Das »Aus« wiederholte sich mit anderen Worten: »So also beginnt es.«

114/115 (363) [...] die selber Angst haben, – greift ein Rudel Hunde nicht den Artgenossen an, der vor Schmerz aufjault?

116 (364) [...] in Frankreich hatte der grenzenlose Sieg nur einen alten General und ein übelbeleumdeten Staatsmann gemeinster Prägung an die Oberfläche getrieben, so wie ein Erdbeben faulende Pflanzenbündel und verendete, seltsame Lebenwesen aus unbekannten Tiefen an die Oberfläche des Meeres kommen läßt.

118 (365) [...] hatte würdigen können, – welche riesigen Berge waren so hohl gewesen wie Blasen, um so widerstandslos dem Strom zu weichen.

128 (373) Keiner konnte reinen Tisch machen. Von allen früheren Existenzen hatte ich etwas mit mir genommen, zunächst ohne es zu wissen, zuletzt aber so schwer, daß ich nicht weiter hatte gehen können.

132 (376) [...] spürte ich angstvoll jeden einzelnen Pulsschlag ausholen, langsam anschwellen und versuchen, wie ein Holzfäller eine Axt gebraucht, mich zu sprengen.

141 (383) Der Ekel war größer.
Ich war an einem Ende angekommen, oder vielmehr, ich war es plötzlich satt, im Kreise zu laufen.

141 (383) [. . .] die Ausbeute war erschöpft. Auch zehn Jahre weiteren Suchens konnten mich nicht um neues und mehreres bereichern.

143 (384) [. . .] die verbotenen Nachrichten. Und war es nicht möglich, daß mich heute erwartete, was ich bisher nicht gefunden hatte?

150 (390) [. . .] ihm lächelnd die Hand drückten, noch die unzähligen Soldaten, die oftmals mit den Abzeichen vieler Feldzüge geschmückt, hinter der Front gehängt wurden, gaben eine Antwort.

151 (391) [. . .] wie ein reißendes Tier eingebrochen war; die Antwort konnte nur sein, was niemand mehr vergessen konnte und gegen die mit Feuer und Mord zu kämpfen, nutzlos war. Das notwendige, ersehnte Wort war so wirklich und unleugbar wie ein Fels, so hörbar wie ein Paukenschlag, der in aller Ohren dröhnte.

161 (398) Sie kommen, sie sind da –.
Einige Stapel Stahlrahmen mitten im Grase zeigten an, daß die Wiese als Bauplatz für spätere Hallen vorgesehen war. Zwei Seiten waren von der Gießerei und den Verwaltungsgebäuden begrenzt, die beiden anderen von den Hinterfronten der Wohnhäuser zweier Straßen im rechten Winkel zueinander. Am anderen Ende der Wiese, dem Lagertor gegenüber, waren Baracken erstellt und eingezäunt worden, die auf die Russen gewartet hatten.

171 (405) [. . .] noch sie zu fürchten!
Was alle verfolgte und peinigte, war die ungeheure Demütigung. Sie trugen die Waffenkleidung der Flucht wie einen Fluch. Einige geißelten sich mit Selbstverspottung, aber die meisten versuchten, den Durst der Scham zu löschen, indem sie aus den Nachrichten und Gerüchten nur Schwächen, Niederlagen und Verluste ihrer Be-

sieger heraushörten, so wie man gierig bittere Früchte auspreßt.
Sie schenkten ihren Gegnern keine Blöße, und wie die geringste Bewegung eines Flohes im Ohre zu einem Donnerschlag wird, widerhallte gnadenlos jedes voreilige Wort eines Einheimischen, oft falsch verstanden und entstellt, überlaut in ihren verbitterten Berichten.

175 (408) [...] das die Frauen den Siegern zutreibt? Sicherlich wollte man mich eines unsauberen Vorhabens überführen, aber es beschlich mich eine ganz andere Scham, während ich Rechtfertigung gegen Bedenken setzte: es war, als handelte ich um den Marktwert eines geliebten Wesens.
Es gab keine vermittelnde Haltung zwischen denen, die verurteilten, und denen, die sich weigerten. Für die Menschen war einer ganz, außerhalb sachlicher Befürwortung, Verteidigung oder Einwand, oder er war es gar nicht.

180 (412) [...] denn der rechnete mich verächtlich zu den Raben, die im Morgenrot jeder neuen Zeit um die Hochgerichte gekrächzt hatten, von den Toten lebend, tot am Leibe und tot in der Seele.

183 (414) [...] eine Verhöhnung und Beiseitestellung. Es war, als nähmen sie nicht mehr am Leben teil. Sie waren Gefangene aus der Zeit eines Krieges, den man nicht mehr wahrhaben wollte, und über sie hinweg vollzog sich eine Geschichte, die bis zu den Ursachen ihres Elendes zurück anders schrieb.

194 (423) [...] die wir für uns hatten. Aber um die Baracken verlassen zu können, mußten wir am Fenster der Wachstube vorbeigehen, in dem der Unteroffizier stand und die Mädchen belustigt mit den Fingern zeigte: »Das ist Duponts Braut, das ist Durands Braut –«.
 Immer mehr mußte ich an die Affen in den Käfigen

denken, die sich unter den Augen der Zuschauer paaren. Es war schwer, die Rehe wieder zu finden.

199/200 (427) [. . .] möglichen Mitteln zu verwirklichen. Kein Wort mehr hatte Tragweite und Bedeutung. Es war, als hätten die Gewaltschleicher den Pflock herausgezogen, der die Hoffnungen und den Willen der ganzen Menschheit zusammengehalten, als sie die nahen Ziele der größten Bewegungen sich angeeignet oder auf ein totes Geleise geschoben hatten; sie hatten so gründlich geplündert und alle anziehenden Werte, alle, um die ein Traum sich hatte kristallisieren können, auf sich zu beziehen verstanden, daß das bloße Wort »Europa« in den Ohren selbst getreuer und klarsichtiger Genossen anrüchig klang.

201 (428) [. . .] daß sie dem verhaßten dritten besser untertan waren.
Ich wurde müde und dumpf. Ich irrte von wochenlangen, marternden Gewissenskämpfen um einen Menschen, bis zu Auffassungen jeden Alters, die Menschen nur in riesigen, zu tötenden, zu rettenden, zu verdammenden oder zu preisenden Gruppen dachten. Ich versuchte, alles, alles was die Zeitläufte mir eingaben zu leben, so wie einer Schuhwerk probiert oder eine neue Speise kostet, nichts hielt stand.

216 (440) [. . .] eine neue saubere Welt damit vorzubereiten. Ein Zwiespalt zerriß mich schmerzlich: ich konnte nicht aufhören, den Mord zu hassen, so sehr, daß ich versucht war, dem Eiferer an die Kehle zu springen, um wenigstens auf diese Weise Entsetzen auf seine Züge zu zwingen, und ich konnte doch [. . .]

217 (440) [. . .] daß sie ausschließlich uns vorbehalten sein würde, und die Angst, die Menschen, wie sie vorher waren, rein und strebend, zurückzugewinnen, und die Ahnung, daß jedes Menschenalter nur eine Hochzeit

hatte, die für unsere Zeit unwiederbringlich den Abenteurern gehörte; die wie der Alte der Sage, das Gefäß, von dessen Inhalt das Leben und die Gesundheit aller abhing, gestohlen und ausgetrunken hatten, um allein zu überleben; engten mich immer grauenvoller ein, wie Wände eines Verließes, die von allen Seiten zugleich näher rückten.

217 (440) Es war viel verschwendeter Mut. Aber warum nahmen die Henker das Leben nicht an, das die Aufrechten mit dem bescheidensten aller Worte anboten?

224 (445) [. . .] damit aber wurden sie eine Glaubensgemeinschaft.
Die Geächteten mahnten und riefen die Vernunft der Zögernden und Ermattenden an. Sie versuchten, mit vielen sich folgenden, logischen Schlüssen und genauen Feststellungen die Richtigkeit ihrer Gedanken zu beweisen, die sich anders nicht beweisen ließen, und luden ein, mitzudenken, ohne zu sehen, daß sich währenddessen die Menschen in der Ratlosigkeit einer Zauberpause von der ängstlichen Überlegung und der eigenen Suche wie von einer immer schwerer werdenden Last bedrückt fühlten, die sie loszuwerden trachteten, daß es ihnen allen viel leichter war, einem Befehl zu gehorchen, der sie in den Tod schickte, als der Aufforderung, gegenüber einem riesengroßen, unüberschaubaren Geschehen, eine eigene Verantwortung zu übernehmen.

229 (449) [. . .] Behandlung von Gefangenen genau vorschreiben. Wir hatten sie immer als Heuchelei und Lüge bloßgestellt. Gottseidank hatte uns niemand ernst genommen, selbst Hitler nicht.

238/239 (456) [. . .] wenn Unordnung droht?
Ich sah die riesige Halle vor mir, und das Unbehagen, das ich jedesmal empfand, wenn ich morgens zur Arbeit

kam, wurde unerträglich. Ein großer, schnurrbärtiger Mann befehligte junge Ostarbeiter. Seine Gesäßtasche verriet die Umrisse einer Schußwaffe. Die Jungen lächelten unterwürfig. Auf einem besonderen Stande wurden die Feuerungsbüchsen der schweren Maschinen zusammengebaut: in einen äußeren Kasten, so groß wie eine Wohnstube, wurde ein zweiter, nur wenig kleinerer, gesenkt, solchermaßen, daß zwischen beiden ringsum und darunter eine gute Spanne Abstand blieb. Die beiden Kästen wurden durch unzählige Querschrauben miteinander verbunden. Da die vorgebohrten Löcher, durch welche die Schrauben führen mußten, sich genau gegenüberzuliegen hatten, wurden lange Aufreibahlen durch sie hindurchgedreht, um sie in dieselbe Achse zu bringen. Zu dieser Arbeit saß eine kleine Russin, ein Mädchen von schätzungsweise zwölf bis dreizehn Jahren, mit Haaren, die schmerzlich an Flachs in der Sonne erinnerten, den ganzen Tag über in dem inneren Kasten, dessen Boden den Rost der Dampfmaschine bildete, und fing die eindringenden Ahlen mittels eines Stückes Rohr auf, um sie am Flattern zu hindern. Sie stieg morgens, noch vor Sonnenaufgang über eine kleine Leiter in den Eisenwürfel und kletterte abends in der Dunkelheit heraus, ihr Gesichtlein unbeweglich wie aus Wachs. Das Leben in ihr war nur ein schwacher Schimmer über der feinen Haut, selbst die Müdigkeit veränderte nicht ihre Züge; sie war geboren, um ergeben zu sein, müde, gehorsam, nur ganz innen flackernde Lichtlein Lebens zu besitzen.

240 (449) [. . .] ein Stachanov.
Laufbrücken brachten die riesigen, aus Zwanzigmillimeterblechen gewalzten und gepreßten Teile der Feuerbüchsen und Kessel an, die ineinanderzustecken und genau anzupassen, um sie zu vernieten, die Aufgabe der Mannschaft des Schielenden war. Die Enden der Bleche, die aufeinander zu liegen kamen, die Ecken, in denen die viereckigen Büchsen sich mit den runden Kesseln treffen, mußten auf Bodenessen glühend ge-

wärmt und mit schweren Hammerschlägen dicht aneinander geschmiegt werden.

241/242 (458) [. . .] als ob er sich bis in den Kern der Erde graben wollte, und so mit Gewalt an das Herz, in die Mitte der Menschheit zu gelangen.
Aber er versuchte auch, um nicht mehr allein zu sein, uns zu zwingen, ihm gleich zu werden. Kein Lächeln von Frauenlippen mehr zu ernten, uns nicht mehr zu freuen –, es gelang ihm fast.

242 (458) [. . .] einer Bodenesse.
Aber diese Esse sah einer anderen ähnlich, die ich in den Werkstätten von Canon gesehen hatte und neben der Thereau gestanden hatte, der Herr, le seigneur, der Werkzeuge und Schmiedefeuer.
Oh Genossen von Canon. Wir haben uns wortlos verlassen müssen. Ich hatte auch noch keine Worte damals. Aber ich lernte sie, ich dachte an euch, nachdem ich euresgleichen hier gerade noch hatte sterben sehen, in Stunden, in denen ich so sehr von der finsteren Ordnung bedrängt und so geschlagen von der Auspressung meiner letzten Leibeskraft war, daß ich selbst nicht mehr den Leib einer Frau träumen konnte, die Erinnerung an euch war allein noch stärker. Wie gut verstand ich nun eure Unbeirrbarkeit, die sich oft nur in einem Mangel an Parteieifer offenbarte. Ihr hattet ein besseres Wissen. Ich wußte nun mehr um den achten Wochentag, – keine Narrenfreiheit geschwenkter Feiertage, kein erster Tag des Fluches . . .

245 (460) Er war ohnmächtig. Trotzdem, was ich erwartet hatte, war ein Wunder, kein Streit und keine Verhandlung. Ich suchte, was in allem mich so sehr schmerzte, und ich wußte plötzlich: die Farben. Selbst die Farben in mir trogen, die Farben, die mich ein letztes Mal geleitet hatten.

254 (466) [...] und ruhig näher und lauter.
Die Gefangenen wie die Wachen, die vergaßen, die Stacheldrähte entlang zu spähen, sahen nach der Vorstadt und wußten mit Genugtuung, daß vier Kilometer Übungsgelände zwischen dem Stalag und der bedrohten Mitte lagen.

267/268 (477) [...] kein Kind zurückzulassen.
Seitdem hatte ich uns durch die Linse des Zweifels den* armseligsten Menschen immer ähnlicher werden sehen; den wohlhabenden Kleinbürgern, die ohne Kinder bleiben, weil sie um ihr Gut und ihre Ruhe fürchten. Und ich erinnerte mich des trostlosen Heeres der Frauen, deren Augen auf der Suche nach dem ungeborenen Kinde wimmern.
Wovor ich mich ergeben und geflüchtet hatte, vor dem unlösbaren Zauber, der lebendige Kräfte zu Todesgeistern verhexte, ich fand es wieder auf dem Ende meines Rückzuges, in diesem ältesten, trautesten, kleinsten aller Bünde; wir hatten uns gegen die geplapperten Worte »im Glück, wie im Unglück, vereint bis in den Tod«, und »Mutterglück«, und »Kindersegen« und »Treue« aufgelehnt, weil beamtete Diener und Vorsprecher, hirnlose Wortwäscher und Zuchthauswärter sie mit Zwang und Geplärr verunglimpft hatten, weil es geknechtete, erdrosselte, ermordete und unter Gold begrabene Wahrheiten waren; seit wann waren die Mörder am Werke?

271 (479) [...] seines Studiums helfen konnte.
Um ihn herum tobten die Kameraden der Unteroffiziersbaracke. Ein bärtiger, ein wenig geistesverwirrter Bursche, über dessen verschrobene Einfälle alle sich lustig machten, hämmerte auf einem kleinen Amboß, am selben Tische, an dem Lassalle sich mit der deutschen Sprache verbrüderte. Die Erschütterungen und der Lärm des Schmiedes störte natürlich den Gelehr-

* Im Original: der

ten, und der schaute den Bärtigen durch seine dicken Brillengläser empört an. Sein erster leiser Vorwurf leitete jedoch ein wüstes Geschimpfe ein, bei dem keiner das letzte Wort hatte, beide aber den Beifall der ganzen Belegschaft ernteten.

276 (482) [. . .] wie es selbst der Tod nicht sein konnte. Die Nachricht vom Sterben eines geliebten Menschen liest einer hundertmal wieder; gewiß im unbewußten Bestreben sich an die schmerzliche Kunde zu gewöhnen. Aber die Wiederholung der scheußlichen Worte, Ergebnis wissenschaftlich berechnender Niedertracht, konnte den würgenden Knäuel von Scham, Empörung, Elend und Erbitterung nicht auflösen und das brennende Weh nicht lindern, welches wild aufflackerte, sooft ich nur mit dem leisesten Gedanken an die Schande meiner, meiner, meiner Genossen rührte.

277 (483) [. . .] ein erwachsener Mensch zu werden. Er hatte erfahren müssen, daß mächtigere Väter ihn zur Unmündigkeit verdammten.

279 (484) »[. . .] eine Minute Schweigen zu bewahren.« Wir folgten ihm, und ich mußte an die vielen Tage denken, in Berlin, an der Saar und in Paris, während derer die Leute vergnügt gegessen hatten, während zur selben Zeit –.

280 (485) [. . .] »Dasein« aufbauen wollen. Ich tastete mich ab, wie einer nach einem langen wilden Raufen, der Angst hat, eine lebensgefährliche Wunde empfangen zu haben. Aber ich fühlte mich heil unter den Schrammen und Narben. Ich war noch nicht vermindert. Ich war verschont von dem Geschwür der Angst und der Flucht; der Reue. Ich durfte noch trachten, die menschliche Würde zu erringen.

 281 (486) [. . .] zwei Koffer oder Pappschachteln.

Einer meiner Bettnachbarn hatte ausreißen wollen. Mit unendlicher Mühe und Gefahr hatte er seine Flucht vorbereitet. Aber als es gegolten hatte, sich auf den Weg zu machen, hatte er augenblicklich sein Vorhaben aufgegeben. Denn es war unmöglich gewesen, mit zwei Zentnern Gepäck durch den Schnee zu entkommen, und er hatte sich nicht von seinem Kram trennen können. Er war geblieben, ein Mann, breit wie ein Kleiderschrank.

286 (490) [. . .] oder zu heulen, zu heulen.
Die Engel des Herrn hatten an die Tore gepocht. Langsam sanken die berghohen Säulen aus weißem, zerstäubtem Mörtel zusammen und erhoben sich die schwarzen Rauchwolken, schoben, quollen über und mischten und drängten sich, wie um angewiesene Plätze in einer Zugordnung über dem Himmel einzunehmen. Ich war zu weit von den betroffenen Straßen entfernt und zudem auf einer Anhöhe, um hören zu können, aber die Steine mußten nun wimmern, und unter dem Knistern der brennenden Balken mußte das Schreien Eingeschlossener hörbar sein. Unter vielen haushohen Anhäufungen von Schutt mußten kleine Räume erhalten geblieben sein, in denen noch Menschen atmeten, während man über ihnen ein Kreuz mit ihrem Namen aufstellte.
Aber alles Elend konnte das Bild der fliegenden Macht nicht wieder verwischen, das mich verfolgte.

287 (490) [. . .] bevor sie den Gegner trafen.
Dasselbe Geschehen war furchtbar und nahe an der Vollendung, gemessen an den Leibern der Menschen inmitten des Höllenwirbels von Stahl, Stein und Feuer, an den zerstörenden Kräften der Natur, an der Oberfläche der Erde, aber gleichzeitig ohnmächtig und unbeholfen, gemessen durch den Abstand zwischen Wollen und Können, hohl und gleißend wie das Zelt eines wilden Eroberers, gemessen an dem Verbrechen; so wie mit den Tieren von Flandern, hatten sie den Vertrag mit der Erde gebrochen: die Zerstörung der Natur verminderte

nicht den Bestand aller Werte, aber die Menschen entzogen hundert Tonnen Stahl endgültig, um tausend Tonnen Mauerwerk zu zerstören. Sie verschleuderten das Kapital ihrer Kinder. Sie plünderten die Erde aus wie einen Jagdgrund, den sie verlassen zu können glaubten, um einen anderen aufzusuchen.

288 (490) [...] Beginn der Seßhaftigkeit werden würde? Wenn einer aus einem Hause tritt, nachdem er eine große Nachricht empfangen – aus einer Kirche, aus einem Gefängnis nach einem Freispruch –, dann sieht er geblendet die Straße mit neuen Augen. Alles hat sich geändert und steht in einem anderen Verhältnis zu ihm.
Die Tage seit dem »Tuez les Boches« hatten mich fähig gemacht, die Ahnung eines anderen Zeitmaßes aufzunehmen, die das Schauspiel der fliegenden Festungen mir vermittelt hatte. Ich ging so benommen und erstaunt durch die Vorstadt, wie dieser Freigesprochene. Ich sah die Menschen mit einer Teilnahme, fast, als gehörte der Januartag dieses Jahres einer längst vergessenen Zeit an.

289 (491) [...] Linien immer wieder befahrbar. Ein Lastwagen, hochbeladen mit Särgen – nicht würdig nebeneinander und mit Tüchern bedeckt, sondern hoch aufeinandergeschichtet und mit einem großen Seil gesichert, so wie eine Ladung Heu –, schwankte vorüber, den Glücklichen unter den Toten bestimmt, die erst ihr Grab gefunden, nachdem sie den letzten Atemzug getan hatten.
In müden Gesichtern voll Ruß und Staub sah ich wieder den bösen, gejagt entschlossenen Blick, mit dem der Alte am Eingange des Hochbunkers mich zurückgewiesen hatte; unter den zermalmenden Schlägen der gegnerischen Luftflotten sprangen Funken erbitterten Hasses in die Seelen. Mein Herz krampfte sich zusammen; das Verhängnis ging seinen Gang.

289 (491) [. . .] des bedrängten Verbrechens.
Hie und da in den Trümmern, auf Maueranschlägen und Zeitungen las ich das Wort »Sozialismus«. Wieviele Völker im Kriege hatten diesen Sozialismus schon angenommen. War es, weil er das Gesetz einer Menschheit in verheerend einfallender Bewegung war?

292/293 (493) Wieder in die Kesselschmiede eintreten, den anfallenden Geruch des Rostes und Staubes, des Öles, des Feuers und des verbrannten Leimes der Schmirgelscheiben aushalten, die Stahlkörper, den Ruß, die Schleifspäne und das Eillicht spitz und heiß auf der Haut und in den Winkeln der Augen spüren, fühlen, wie langsam die Trommelfelle zerrissen, die elenden, blassen Gesichter, das Kind in dem Käfig einer Feuerungsbüchse wiedersehen, die ekelerregende Fresse des schielenden Stachanoffel wieder auf sich gerichtet zu ahnen, wie eine Beleidigung und eine Bespuckung im Rücken, die Werkzeuge, zunächst noch kalt und schmierig von Öl, dem widerlichen Schweiß der Maschinen, zur Hand nehmen, immer schneller hasten, um zu versinken und zu vergehen in dem Getöse und den verzehrenden Anstrengungen, müde, müde, müde sein und spüren, daß die eigenen Augen unter dem Druck des Blutes und der Hast allmählich hervorquellen wie die eines wahnsinnigen Pferdes, war eine schwere Prüfung [. . .].

297 (497) [. . .] den keiner noch in Worte gefaßt.
Meine Überlegungen wurden meiner Ahnungen nicht Herr, und ich konnte den Umfang und das Wesen der kommenden Gewalt nur immer noch mittels der Farben ermessen. Ich lebte unter meinesgleichen wie einer, der eine Katastrophe vorausspürt, vor der er nicht warnen kann, weil ihm selbst die Worte fehlen, den anderen jedoch das Vermögen, sie kommen zu sehen.
Jeden Tag, den ich daran wenden mußte, um mich auf mein Wagnis vorzubereiten, schien mir unwiederbringlich verloren, aber je näher der Augenblick rückte, an

dem ich den ersten Schritt zu tun imstande sein würde, um so größer wurde das Gefühl der Hilflosigkeit.

329 (521) [. . .] Geschehnisse nie mehr weichen könnte. Nie mehr konnten wir auf Sonne hoffen. Ich dachte brennenden Herzens an meine Freunde und alle, die müden Herzens und grau vor Gram in den Trümmern scharrten und die hofften; über deren Häuptern wie ein Berg der Tag drohte, an dem das Verbrechen ruchbar werden mußte. Wie leicht mußte es dann sein, den vor Entsetzen blinden und stummen Menschen die Ursache des Mordes zu verheimlichen.

336 (526) Meine letzte große Fahrt nach einer Mitte, nach einer Hauptstadt, begann.

370/371 (551) [. . .] um fünf Gerechter willen.
Ich hatte etwas zu sagen, ich hatte etwas zu sagen.

373 (553) [. . .] im Rahmen einer größeren Umwälzung. Ich hörte auf zu wünschen, es sei. Ich bezeichnete, was ich wollte ohne wenn.